AUSWAHLBÜCHER

Die Kurzfassungen in diesem Buch erscheinen
mit Genehmigung der Autoren und Verleger

Projektleitung „Reader's Digest Auswahlbücher": Christian Berger
041772 (339)
Printed in Germany
ISBN: 978-3-95619-292-0

Besuchen Sie uns im Internet: readersdigest-verlag.de | readersdigest-verlag.ch | readersdigest-verlag.at

READER'S DIGEST

Auswahlbücher

Reader's Digest

DEUTSCHLAND · SCHWEIZ · ÖSTERREICH

Clare Mackintosh SEITE 6

Meine Seele so kalt

An einem regnerischen Herbstabend ereignet sich in Bristol ein tödlicher Unfall: Der fünfjährige Jacob reißt sich von der Hand seiner Mutter los und rennt auf die Straße – direkt vor einen scheinbar aus dem Nichts heranrasenden Wagen, der ebenso schnell verschwindet, wie er aufgetaucht ist. Während Detective Inspector Stevens nach dem flüchtigen Fahrer fahndet, versucht Jenna Gray, die Trauer um ihr Kind in der Einsamkeit eines walisischen Dorfes zu verarbeiten. Doch ihre Vergangenheit ist ihr dicht auf den Fersen. Und die kennt kein Erbarmen.

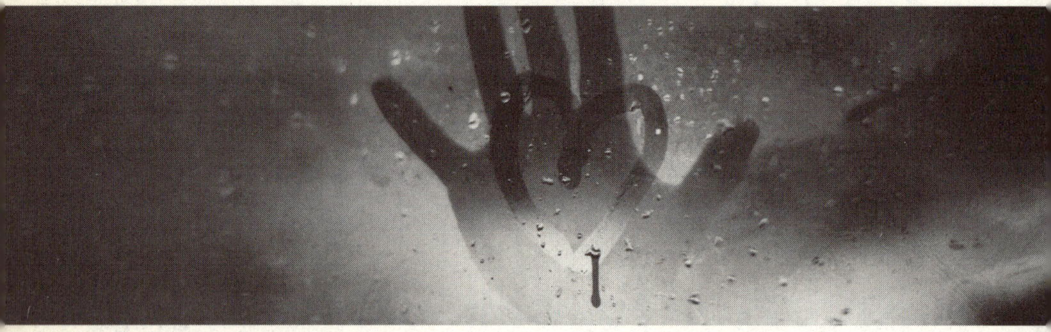

Guido Dieckmann

SEITE 148

Luther

Ein dramatisches Unwetter im Sommer des Jahres 1505 entscheidet über den Lebensweg eines jungen Mannes – voller Dankbarkeit, überlebt zu haben, tritt Martin Luther in ein Augustinerkloster ein. Sein fassungsloser Vater, der alles dafür getan hat, damit aus seinem Sohn ein angesehener Rechtsgelehrter wird, bricht daraufhin mit ihm. Martin aber bleibt standhaft und hält sich eisern an die strengen Regeln des Ordens. In seinem Innern wachsen allerdings Zweifel an den Praktiken der Kirche. Zweifel, die ihn zu einem gewagten Schritt treiben …

JAMES CAROL SEITE 328

Watch Me – Ich werde es wieder tun

Einst war Jefferson Winter Leiter der Abteilung für Fallanalyse beim FBI. Seit sein Vater als 15-facher Frauenmörder hingerichtet wurde, zieht er rastlos um die Welt, um als freiberuflicher Profiler Serientätern das Handwerk zu legen. Dem Hilferuf eines Sheriffs folgend, sucht er eine Kleinstadt im Süden der USA auf. Hier wurde ein Anwalt bei lebendigem Leibe verbrannt – und ein Countdown im Internet tickt gnadenlos auf die nächste Tat zu. Winter und sein Kollege Taylor wissen, dass ihnen wenig Zeit bleibt, um ein weiteres Verbrechen zu verhindern.

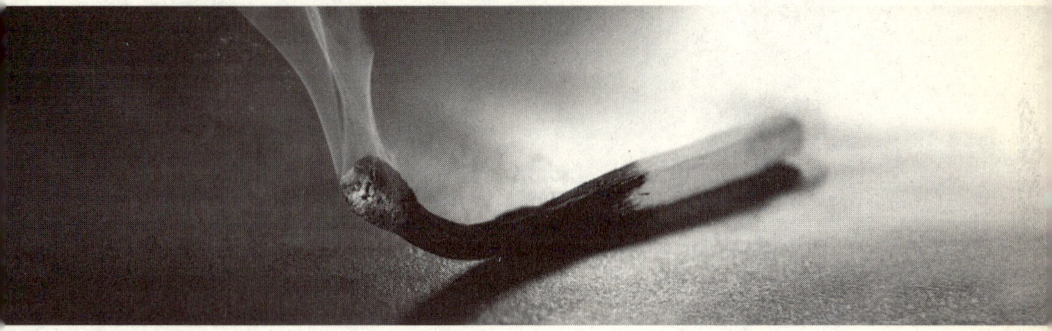

TANIA KRÄTSCHMAR SEITE 468

Nora und die Novemberrosen

Welch ein Glück, dass es die hilfsbereiten Senioren Udo, Elie und Margarete gibt! Ohne ihre tatkräftige Unterstützung wäre Nora als alleinerziehende Mutter schon oft aufgeschmissen gewesen. Als sie ihre Stelle als Gärtnerin verliert, nehmen alle gemeinsam ein ungewöhnliches Projekt in Angriff: Sie wollen eine verlassene, verwilderte Gärtnerei in der Mark Brandenburg in ein blühendes Paradies verwandeln. Aber können „Nora und die Novemberrosen“ der städtischen Verwaltung, die mit der Räumung des Grundstücks droht, Paroli bieten?

MEINE SEELE SO KALT

Clare Mackintosh

Wir haben die Bucht erreicht. Langsam kriecht die Flut den Strand hinauf. Ich will mich gerade verabschieden, als ich Buchstaben auf dem Sand sehe, dicht am Wellensaum. Die Brandung leckt an ihnen, und ich kann nicht erkennen, was da steht. Dann ist die Schrift ganz verschwunden, aber ich bin sicher, da war etwas. Plötzlich ist mir kalt. Mein Blick wandert prüfend über die Klippen. Ist er da irgendwo? Beobachtet er mich?

PROLOG

Der Wind weht ihr das nasse Haar ins Gesicht, und zum Schutz vor dem Regen kneift sie die Augen zusammen. Ein Wetter wie dieses treibt jeden zur Eile. Die Menschen, die über den rutschigen Bürgersteig huschen, vergraben das Kinn im Kragen. Vorbeifahrende Autos spritzen ihnen Wasser auf die Schuhe. Der Verkehrslärm macht es ihr unmöglich, mehr als nur ein paar Worte des aufgeregten Geplappers zu verstehen, das sofort einsetzte, als die Schultüren sich öffneten. Die Worte sprudeln nur so aus ihm heraus. Sie hört irgendetwas von einem besten Freund und einem Projekt über den Weltraum. Lächelnd schaut sie zu dem Jungen hinunter, und er grinst zurück.

„Und ich kann schon meinen Namen schreiben, Mami!"

„Du bist ja auch ein kluger Junge", sagt sie und beugt sich vor, um ihn leidenschaftlich auf die feuchte Stirn zu küssen. „Wenn wir wieder zu Hause sind, musst du mir das unbedingt zeigen."

So schnell die Beine eines Fünfjährigen es zulassen, marschieren sie los. In der freien Hand hält sie seinen Ranzen, der immer wieder gegen ihre Knie schlägt.

Fast daheim.

Scheinwerferlicht funkelt auf dem nassen Asphalt und blendet sie alle paar Sekunden. Sie warten auf eine Lücke im Verkehr und überqueren geduckt die belebte Straße. Sie verstärkt ihren Griff um die kleine Hand in dem weichen Wollhandschuh.

Dann erreichen sie die ruhige Straße, in der ihr Zuhause liegt. In der Sicherheit der vertrauten Nachbarschaft lässt sie seine Hand los, um sich das nasse Haar aus den Augen zu wischen.

„Da sind wir schon", sagt sie, als sie um die letzte Ecke biegen. „Ich habe das Licht für uns angelassen."

Auf der anderen Straßenseite steht ein rotes Ziegelhaus. Es hat zwei Schlafzimmer, die winzigste aller Küchen und einen Garten voller Blumentöpfe, die sie schon seit Langem bepflanzen will. Dort gibt es nur sie beide.

„Lass uns um die Wette rennen, Mami …“

Es dauert nur den Bruchteil einer Sekunde. Plötzlich ist der Platz neben ihr leer. Der Junge rennt auf das Haus zu, wo die warme Diele und das sanfte Licht im Windfang locken. Milch, Kekse, zwanzig Minuten Fernsehen und Fischstäbchen zum Abendessen. Das ist schnell zu ihrem Ritual geworden, dabei geht er erst seit einem knappen halben Jahr zur Schule.

Das Auto kommt aus dem Nichts. Bremsen quietschen, dann prallt der Junge auf die Windschutzscheibe. Sein kleiner Körper wirbelt herum, bevor er auf dem Asphalt aufschlägt. Sie rennt hinterher, rennt vor den noch immer nicht zum Stillstand gekommenen Wagen, rutscht aus, fällt auf die ausgestreckten Hände.

Sie kauert neben ihm und tastet verzweifelt nach seinem Puls. Sieht einen dunklen, rasch wachsenden Schatten unter seinem Kopf und hört ihr eigenes Heulen wie aus weiter Ferne. Ihr Blick sucht die Windschutzscheibe des Wagens, die vor ihren Augen zu verschwimmen scheint. Die Scheibenwischer schaufeln Wasser in die immer dunkler werdende Nacht. Sie schreit den unsichtbaren Fahrer an, er solle ihr helfen.

Sie beugt sich vor, um den Jungen mit ihrem Körper zu wärmen, und schlägt ihren Mantel über sie beide. Und als sie ihn küsst und ihn anfleht, doch wieder aufzuwachen, schrumpft das gelbe Licht, das sie umgibt, zu einem schmalen Strahl. Der Wagen setzt zurück. Vorwurfsvoll heult der Motor auf. Das Auto wendet in zwei, drei, vier Zügen und streift in seiner Eile einen der riesigen Ahornbäume, die entlang der Straße wachsen.

Und dann ist es dunkel.

TEIL EINS

1

Detective Inspector Ray Stevens stand am Fenster und betrachtete nachdenklich seinen Bürostuhl, dessen Armlehne schon seit mindestens einem Jahr gebrochen war. Während er in der Mittagspause gewesen war, hatte irgendjemand mit einem dicken schwarzen Filzstift „defekt“ auf die Rückenlehne gekritzelt. Er fragte sich, ob der wiedererwachte Enthusiasmus der Verwaltung wohl so weit gehen würde, dass man ihm ein Ersatzmöbel zuteilte, oder ob er das Kriminalkommissariat Bristol bis ans Ende seiner Tage von einem Stuhl aus würde leiten müssen, der ernste Zweifel an seiner Professionalität weckte.

Da öffnete sich die Tür zu seinem Büro.

„Ah, Kate … Ich …“ Ray hielt inne. Er wusste sofort, was Kates Blick bedeutete, noch bevor er den Ausdruck aus der Notrufzentrale in ihrer Hand sah. „Was gibt's?"

„Einen tödlichen Unfall mit Fahrerflucht in Fishponds. Es hat einen fünfjährigen Jungen erwischt."

Ray streckte die Hand nach dem Blatt Papier aus und überflog es, während Kate verlegen in der Tür stand. Sie war erst vor ein paar Monaten vom Streifendienst zur Kriminalpolizei versetzt worden und hatte sich noch nicht so recht eingelebt. Aber sie war gut, sogar besser, als sie selbst glaubte. Sie war mit einem Eifer bei der Sache, der Ray wehmütig an seine Zeit als Detective Constable zurückdenken ließ. Inzwischen hatten ihn siebzehn Jahre Bürokratie auf den Boden der Tatsachen geholt.

„Kein Kennzeichen bekannt?"

„Nicht, soweit wir wissen. Der Tatort ist abgesperrt, und der Sergeant nimmt gerade die Aussage der Mutter auf. Wie du dir denken kannst, steht sie unter Schock."

„Dann wollen wir mal."

SIE NICKTEN den Rauchern zu, die sich unter dem kleinen Vordach am Hintereingang versammelt hatten.

Ray wandte sich an einen der Männer. „Stumpy, ich fahre mit Kate zu der Fahrerflucht in Fishponds. Kannst du mal bei der Verkehrsüberwachung nachfragen, ob schon was reingekommen ist?"

„Klar." Der ältere Mann nahm einen letzten Zug von seiner selbst gedrehten Kippe. Detective Sergeant Jake Owen wurde schon so lange Stumpy genannt, dass man jedes Mal überrascht war, wenn bei Gericht sein richtiger Name verlesen wurde.

Kate lenkte den Corsa, ein Zivilfahrzeug, durch den Feierabendverkehr in Richtung Fishponds. Sie war eine ungeduldige Fahrerin. Vor jeder roten Ampel schüttelte sie missbilligend den Kopf und reckte den Hals, um an den wartenden Autos vorbeischauen zu können. Abgesehen von ein wenig Kajal hatte sie auf Make-up verzichtet, und ihre dunkelbraunen Locken fielen unfrisiert auf ihre Schultern.

Ray kramte sein Handy hervor, um sich zu vergewissern, dass die Spurensicherung auf dem Weg war und dass man den diensthabenden Superintendent informiert hatte. Als Detective Inspector trug er letzten Endes die Verantwortung für den Einsatz.

Kate bog ab und bremste den Wagen auf Schritttempo herunter. Ein halbes Dutzend Streifenwagen stand willkürlich verteilt und mit eingeschaltetem Blaulicht auf der Straße.

Sie stellten den Wagen gut hundert Meter vor einem großen weißen Zelt ab, das errichtet worden war, um mögliche Spuren vor dem Regen zu schützen. Ein Stück weiter die Straße hinunter untersuchte eine Gestalt in einem weißen Schutzanzug den Stamm eines der großen Bäume.

Als Ray und Kate sich dem Tatort näherten, wurden sie von einem jungen Beamten in Leuchtweste aufgehalten. „Guten Abend, Sir. Wollen Sie ins Zelt? Dann muss ich Sie eintragen."

„Nein, danke", erwiderte Ray. „Aber Sie könnten mir sagen, wo Ihr Sergeant ist."

„Dort drüben im Haus der Mutter", antwortete der Beamte und deutete auf ein paar kleine Reihenhäuser. „Nummer vier."

„Gott, was für ein mieser Job", sagte Ray, als er und Kate sich von dem Mann entfernten. „Ich erinnere mich noch daran, wie ich als blutiger Anfänger einmal zwölf Stunden lang einen Tatort bewachen musste. Im strömenden Regen."

Kate lachte. „Bist du deshalb zur Kripo gegangen?"

„Nicht nur deshalb", antwortete Ray, „aber das war sicher auch ein Grund."

Sie erreichten die Häuser, auf die der Beamte gedeutet hatte. Die Eingangstür von Nummer vier war sauber lackiert und stand einen Spaltbreit offen. Ray schob sie auf und rief hinein: „Kriminalpolizei! Dürfen wir reinkommen?"

„Kommen Sie ins Wohnzimmer", erhielten sie zur Antwort.

Sie traten sich die Füße ab und gingen durch den schmalen Flur.

Die Mutter des Kindes saß auf einem kleinen Sofa und starrte auf den blauen Schulranzen auf ihrem Schoß.

„Ich bin Detective Inspector Ray Stevens. Das mit Ihrem Sohn tut mir sehr leid."

Die Frau hob den Kopf, schaute ihn an und wickelte sich den Riemen des Schulranzens so fest um die Hand, dass sich das Blut staute. „Jacob", sagte sie. „Sein Name ist Jacob."

Auf einem Küchenstuhl neben dem Sofa balancierte ein uniformierter Sergeant den Papierkram auf seinem Schoß. Laut Namensschild hieß er Brian.

„Brian, würde es Ihnen etwas ausmachen, Kate in die Küche zu begleiten und ihr mitzuteilen, was Sie bis jetzt herausgefunden haben? Vielleicht könnten Sie bei dieser Gelegenheit auch gleich Tee machen."

Brian stand auf und verließ mit Kate den Raum.

„Bitte entschuldigen Sie, dass ich Ihnen noch weitere Fragen stellen muss", sagte Ray, an die Frau auf dem Sofa gewandt, „aber wir brauchen so viele Informationen wie möglich – und das schnell."

Jacobs Mutter nickte, hob aber nicht den Blick.

„Wenn ich richtig informiert bin, haben Sie das Kennzeichen nicht erkennen können, oder?"

„Es ging alles so schnell", schluchzte die Frau. „Er hat von der Schule erzählt, und dann … Ich habe ihn nur kurz losgelassen." Sie zog den Riemen noch fester um die Hand. „Der Wagen war so schnell."

„Wie sah der Fahrer aus?"

„Ich konnte nicht in den Wagen sehen", antwortete die Frau.

„Gab es Beifahrer?"

„Ich konnte nicht in den Wagen sehen", wiederholte sie.

„Okay", sagte Ray. Wo zum Teufel sollten sie anfangen?

Die Frau schaute ihn an. „Werden Sie ihn finden? Den Mann, der Jacob getötet hat, meine ich. Werden Sie ihn finden?" Ihre Stimme brach.

„Wir werden alles in unserer Macht Stehende tun", erklärte er.

Kate kehrte aus der Küche zurück, gefolgt von Brian, der einen Becher Tee in der Hand hielt. „Darf ich jetzt weiter ihre Aussage aufnehmen, Sir?", fragte er.

„Natürlich. Danke. Entschuldigen Sie die Störung. Haben wir alles, was wir brauchen, Kate?"

Kate nickte. Sie sah blass aus, und Ray fragte sich, ob Brian etwas zu ihr gesagt haben mochte, das ihr zusetzte.

Sie verließen das Haus und kehrten schweigend zum Wagen zurück.

„Alles okay?", fragte Ray, obwohl er Kate ansah, dass dem nicht so war.

Sie nickte und nahm einen tiefen, zitternden Atemzug. „Tut mir leid. Normalerweise bin ich nicht so. Ich habe schon Dutzende Todesnachrichten überbracht, aber … Gott, er war erst *fünf!* Offenbar wollte Jacobs Vater nie etwas mit ihm zu tun haben, deshalb waren sie immer nur zu zweit. Völlig unvorstellbar, was die arme Frau gerade durchmacht."

Unwillkürlich wanderten Rays Gedanken zu seinen eigenen Kindern, und er verspürte das irrationale Verlangen, sofort zu Hause anzurufen und sich zu vergewissern, dass es den beiden gut ging.

Im Wegfahren warf Kate einen Blick zurück zum Tatort, wo die Kriminaltechniker noch immer bei der Arbeit waren. „Was muss das für ein Unmensch sein, der einen Fünfjährigen umbringt und dann einfach weiterfährt?"

„Genau das werden wir herausfinden."

ICH WILL keine Tasse Tee, nehme sie aber trotzdem.

„Vielleicht auch etwas zu essen?"

Wie kann er mir Essen und Trinken anbieten, als wäre nichts geschehen? Eine Welle der Übelkeit steigt in mir auf, und ich schlucke Galle herunter.

Er gibt mir die Schuld. Zwar hat er das nicht so gesagt, doch das ist auch nicht nötig. Ich sehe es in seinen Augen. Und er hat recht: Es *war* meine Schuld.

„Nein, danke“, sage ich leise. „Ich habe keinen Hunger.“

Der Unfall läuft in meinem Kopf wie ein Film in Dauerschleife. Ich will auf „Pause“ drücken, doch gnadenlos prallt der kleine Körper wieder und wieder auf die Windschutzscheibe. Obwohl ich keine Tränen in meinen Augen spüre, zerplatzen dicke Tropfen auf meinen Knien. Meine Hand schmerzt. Ich bin froh über den Schmerz. Ich wünschte, er wäre stärker. Ich wünschte, *ich* wäre überfahren worden.

Er spricht wieder. *Die Polizei sucht überall nach dem Auto … Die Zeitungen werden Zeugen bitten, sich zu melden … Es wird in den Nachrichten gesendet …*

Meine Hände zittern, und ich stelle den Tee, von dem ich keinen Schluck getrunken habe, ab, bevor ich die Tasse noch fallen lasse. Sie macht ein lautes, klapperndes Geräusch auf der Glasplatte des Beistelltischs.

„Verzeihung“, sage ich. Ich habe einen metallischen Geschmack im Mund und merke, dass ich mir auf die Lippe gebissen habe. Ich schlucke das Blut herunter, denn ich will keine Aufmerksamkeit auf mich lenken, indem ich um ein Taschentuch bitte.

Alles hat sich verändert. In dem Augenblick, als das Auto über den Asphalt gerutscht ist, hat sich mein ganzes Leben verändert. Jetzt sehe ich alles klar und deutlich, als würde ich es von außen betrachten. Ich kann so nicht weitermachen.

Auf meinem Nachttisch steht der Messingwecker, den Eve mir geschenkt hat, als ich auf die Universität gegangen bin. Mit Entsetzen stelle ich fest, dass es schon halb elf ist. Der Schmerz in meiner Hand ist von hämmernden Kopfschmerzen verdrängt worden, und als ich mich aus dem Bett wuchte, tut mir jeder Knochen weh.

Ich ziehe dieselben Sachen an wie gestern und gehe in den Garten, ohne mir vorher einen Kaffee zu kochen.

Mein Gartenatelier hat mir in den letzten fünf Jahren als Zuflucht gedient. Von außen betrachtet ist es kaum mehr als ein Schuppen. Hierhin ziehe ich mich zurück, um zu arbeiten und in Ruhe nachzudenken. Der Holzboden ist immer fleckig von den Tonklumpen, die von meiner Töpferscheibe fallen. Sie steht mitten im Raum. An drei Wänden befinden sich Regale für meine Skulpturen: ein Regal für die Werke, an denen ich gerade arbeite, eines für gebrannte, aber noch unglasierte Stücke und eines für Objekte, die nur noch darauf warten, an die Kunden verschickt zu werden.

Ich öffne die Tür. Es ist schlimmer, als ich gedacht habe. Der Boden ist mit einem Teppich aus Tonscherben bedeckt. Die Holzregale sind leer, und die kleinen Figuren auf der Fensterbank sind nur noch ein Haufen Splitter, die im Sonnenlicht funkeln.

Neben der Tür liegt die kleine Skulptur einer Frau. Sie gehört zu einer Serie, die ich letztes Jahr für einen Laden in Clifton gemacht habe, insgesamt zehn weibliche Figuren mit individuellen Rundungen, Narben und Unzulänglichkeiten. Die hier bin ich. Der Busen ist ein wenig zu flach, die Hüften sind ein wenig zu schmal und die Füße ein wenig zu groß. Die Haare sind im Nacken zu einem Knoten zusammengebunden. Ich bücke mich, um die Figur aufzuheben. Ich hatte gedacht, sie wäre intakt geblieben, doch als ich sie berühre, reißt der Ton, und ich halte zwei Hälften in der Hand. Ich betrachte sie kurz, dann schleudere ich sie mit aller Kraft gegen die Wand, wo sie in winzige Splitter zerbersten.

Ich atme tief ein und sehr langsam wieder aus.

Ich bin nicht sicher, wie viele Tage seit dem Unfall vergangen sind. Ich weiß auch nicht, warum ich der Meinung bin, dass heute der Tag gekommen ist; ich weiß nur, dass es so ist. Wenn ich jetzt nicht gehe, werde ich vermutlich nie mehr gehen, so viel steht fest. Ich nehme nur mit, was in meine Reisetasche passt. Kann ich das? Ist es wirklich möglich, sein altes Leben einfach so zurückzulassen und ein neues zu beginnen? Ich muss es zumindest versuchen. Es ist meine einzige Chance, das Ganze zu überstehen.

Mein Laptop ist in der Küche. Obwohl er schwer und unhandlich ist, packe ich ihn ein. Die Tasche ist schon fast voll, aber ohne ein letztes Stück meiner Vergangenheit kann ich unmöglich gehen. Ich nehme einen Pullover und ein paar T-Shirts aus der Tasche, um Platz für die kleine Zedernholzkiste zu schaffen, in der sich Erinnerungen befinden: ein paar Tagebücher aus meiner Teenagerzeit, mein Abschlusszeugnis, eine Sammlung Konzertkarten und Zeitungsartikel zu meiner ersten Ausstellung. Und Fotos von dem Sohn, den ich mit einer Intensität geliebt habe, die ich kaum für möglich gehalten hatte. Kostbare Fotos. Zu wenige Fotos für jemanden, der so geliebt worden ist.

Ich kann der Versuchung nicht widerstehen. Ich öffne die Kiste und hole das oberste Foto heraus – ein Polaroid, das die Hebamme am Tag seiner Geburt aufgenommen hat. Darauf ist er nur als winziges rosiges Etwas zu erkennen, kaum sichtbar unter der weißen Krankenhausdecke. Auf dem Foto halte ich ihn auf die unbeholfene Art einer frischgebackenen Mutter, die in Liebe und Erschöpfung zu ertrinken droht. Plötzlich kann ich nicht mehr atmen. Ich lege das Foto zurück und stopfe die Kiste in meine Reisetasche.

Jacobs Tod macht Schlagzeilen. Sie schreien mich am Zeitungsautomaten vor dem Parkhaus an, aus dem Schaufenster an der Ecke und in der Schlange an der Bushaltestelle, wo ich stehe, als wäre ich genau wie alle anderen … Als wäre ich nicht auf der Flucht.

Im Bus sitzt eine Frau neben mir. Sie schlägt die Zeitung auf, und Jacobs Gesicht starrt mich an. Seine geschwollenen Augen klagen mich an, weil ich ihn nicht beschützt habe, weil ich ihn habe sterben lassen. Ich zwinge mich, ihn anzusehen, und es schnürt mir die Kehle zu. Mein Blick verschwimmt, und ich kann die Worte nicht mehr lesen, aber das muss ich auch gar nicht. Ich habe eine Version dieses Artikels in jeder Zeitung gesehen, an der ich heute vorbeigekommen bin. Zitate von am Boden zerstörten Lehrern, Beileidsbekundungen an den Blumensträußen neben der Straße, die Ermittlungen, die eröffnet und erst einmal wieder eingestellt wurden. Ein zweites Foto zeigt einen Kranz aus gelben Chrysanthemen auf einem absurd kleinen Sarg.

Die Frau seufzt und schüttelt den Kopf. „Schrecklich, nicht wahr?“, sagt sie. „Und das so kurz vor Weihnachten.“

Ich bleibe stumm.

„Einfach so wegzufahren, ohne anzuhalten.“ Wieder schüttelt sie den Kopf. „Und er war erst fünf! Was für eine Mutter lässt ein so kleines Kind allein über die Straße laufen?“

Ich kann nicht anders. Ich schluchze. Heiße Tränen laufen mir über die Wangen und in das Taschentuch, das sie mir sanft in die Hand drückt.

„Armes Ding“, sagt die Frau. Meint sie mich oder Jacob? „Das ist einfach unvorstellbar.“

Nein, das ist es nicht, und ich möchte ihr sagen, dass es noch tausend Mal schlimmer ist, als sie es sich vorstellen kann.

„Morgen zusammen“, begann Ray. „Ich will euch nicht lange aufhalten. Zunächst einmal will ich euch Brian Walton und Pat Bryce von der Bereitschaftspolizei vorstellen. Es ist schön, euch dabeizuhaben, Jungs. Es gibt viel zu tun.“ Brian und Pat nickten zur Bestätigung. „Okay“, fuhr Ray fort, „der Zweck dieser Besprechung ist es, noch einmal durchzugehen, was wir über den Unfall in Fishponds wissen, und uns zu überlegen, wie wir weiter vorgehen wollen.“ Er sah auf seine Notizen, obwohl er sie auswendig kannte. „Am Montag, den 26. November, ging um 16:28 Uhr ein Notruf von einer Anwohnerin aus der Enfield Avenue ein. Sie hatte einen lauten Knall gehört und dann einen Schrei. Als sie nach draußen eilte, war schon alles vorbei, und die Mutter kauerte mitten auf der Straße neben ihrem Sohn. Nach sechs

Minuten traf der Krankenwagen ein, und Jacob wurde noch vor Ort für tot erklärt.“ Ray hielt kurz inne. „Jacob ist letzten Monat fünf geworden, kurz nachdem er in St. Marys in der Beckett Street eingeschult wurde. Am Tag des Unfalls hat er nach der Schule noch eine AG besucht, während seine Mutter gearbeitet hat. Ihrer Aussage zufolge befanden sie sich auf dem Heimweg und unterhielten sich über den Tag, als sie kurz seine Hand losließ und er über die Straße zu ihrem Haus rannte. Seine Mutter erklärt, sie habe ihn auf der Straße immer an die Hand genommen.“ *Außer dieses eine Mal*, fügte Ray in Gedanken hinzu. *Sie hat nur einen Augenblick lang nicht aufgepasst, und das wird sie ihr ganzes Leben lang bereuen.*

„Sie behauptet, anstatt zu bremsen, habe der Wagen sogar noch beschleunigt, bevor er Jacob erfasste, und sie selbst sei ihm nur knapp entkommen. Sie ist tatsächlich gestürzt und hat sich dabei auch verletzt. Die Beamten vor Ort haben ihre Verletzungen bemerkt, doch sie hat jede ärztliche Hilfe abgelehnt. Phil, kannst du uns noch mal den Tatort beschreiben?“

Phil Crocker, der einzige Uniformierte im Raum, war Unfallspezialist.

„Da gibt es nicht viel zu sagen.“ Phil zuckte mit den Schultern. „Aufgrund des Regens haben wir keine Reifenspuren, deshalb kann ich weder die Fahrzeuggeschwindigkeit einschätzen noch sagen, ob der Wagen vor dem Aufprall abgebremst hat. Gut zwanzig Meter von der Unfallstelle entfernt haben wir ein Stück Plastik sicherstellen können, und die Kriminaltechnik hat bestätigt, dass es vom Nebelscheinwerfer eines Volvos stammt.“

„Das klingt ermutigend“, bemerkte Ray.

„Ich habe Stumpy die Details gegeben“, fuhr Phil fort. „Aber ich fürchte, abgesehen davon habe ich nicht viel.“

„Danke, Phil.“ Ray griff wieder nach seinen Notizen. „Bei der Autopsie wurde festgestellt, dass Jacob an einem schweren Schädel-Hirn-Trauma gestorben ist. Außerdem hatte er mehrere Knochenbrüche und einen Milzriss. Den Aufprallspuren nach zu urteilen, suchen wir nach einem kleinen Fahrzeug. Also können wir Vans und Geländewagen ausschließen. Der Pathologe hat Glassplitter in Jacobs Körper gefunden, aber wenn ich richtig informiert bin, kann man die nicht mit einem bestimmten Fahrzeug in Verbindung bringen … Stimmt doch, Phil, oder?“

Der Unfallspezialist nickte. „Wir haben kein Glas am Tatort gefunden, was nahelegt, dass die Windschutzscheibe durch den Aufprall zwar gerissen, aber nicht zerbrochen ist“, erklärte er. „Wenn ihr das Auto findet, können wir das Glas mit den im Körper des Opfers gefundenen Splittern abgleichen, aber ohne …“

„Zumindest wissen wir in etwa, welche Schäden das Fahrzeug davongetragen haben muss“, warf Ray ein, um dem Wenigen, was sie hatten, etwas Positives abzugewinnen. „Stumpy, wie weit sind wir?“

Der Detective Sergeant betrachtete die Karten, Tabellen und Flipchartblätter zu den Ermittlungen, die an der Wand von Rays Büro hingen. „Noch am selben Abend und am folgenden Tag sind wir von Haus zu Haus gegangen und haben die Anwohner befragt. Mehrere Leute haben angegeben, einen ‚lauten Knall‘ und einen Schrei gehört zu haben, doch niemand hat den Wagen gesehen. Die Mitarbeiter vom Kommunalen Ordnungsdienst, die die Schulwege sichern, haben mit Eltern gesprochen, und wir haben in den angrenzenden Straßen Briefe eingeworfen, die Zeugen auffordern, sich zu melden. An den Laternen hängen Plakate, und Kate geht ein paar Anrufen nach, die wir daraufhin bekommen haben.“

„Und? Ist etwas Nützliches dabei?“

Stumpy schüttelte den Kopf. „Es sieht nicht gut aus, Boss. Morgen Abend läuft der Fall im Fernsehen bei *Crimewatch.* Wir haben den Unfall nachgestellt, und die Redakteure haben ein paar Bilder hinzugefügt, die zeigen, wie das Fahrzeug ausgesehen haben könnte. Anschließend bringen sie das Studiointerview, das sie mit dir gemacht haben.“

„Deshalb brauche ich einen Freiwilligen, der Überstunden macht, um den wichtigsten Hinweisen nachzugehen, die nach der Sendung reinkommen“, verkündete Ray und ließ erwartungsvoll den Blick schweifen.

„Mir macht das nichts aus.“ Kate hob die Hand, und Ray lächelte sie anerkennend an. „Was ist mit dem Nebelscheinwerfer, den du erwähnt hast, Phil?“, fragte er dann.

„Volvo hat uns die Teilenummer übermittelt, und wir haben eine Liste aller Werkstätten, die dieses Ersatzteil in den letzten zehn Tagen geordert haben“, erklärte Phil. „Die kontaktieren wir jetzt und lassen uns die Nummern aller Fahrzeuge geben, bei denen der Nebelscheinwerfer gerade erneuert worden ist.“

„Okay“, sagte Ray. „Wer kümmert sich um die Überwachungskameras?“

„Wir, Boss.“ Brian Walton hob die Hand. „Wir haben uns nicht nur das Material der städtischen Kameras besorgt, sondern auch das von Läden, Tankstellen und so weiter. Wir beschränken uns bei der Suche auf die halbe Stunde vor und die halbe Stunde nach dem Unfall. Trotzdem sind es noch Hunderte Stunden Filmmaterial.“

Bei dem Gedanken daran, welche Auswirkungen die bevorstehenden Überstunden auf das Abteilungsbudget haben würden, zuckte Ray unwillkürlich zusammen. „Zeigt mir die Liste der Kameras“, verlangte er. „Wir können unmöglich alles durchgehen. Also müssen wir Prioritäten setzen.“

Brian nickte.

„Gut. Dann haben wir ja genug zu tun“, sagte Ray und lächelte trotz seiner Befürchtungen. Inzwischen lag die „goldene Stunde“ – die Zeitspanne unmittelbar nach einem Verbrechen, in der die Aussichten auf eine erfolgreiche Aufklärung am größten sind – schon vierzehn Tage zurück, und obwohl das Team bereits unzählige Überstunden angehäuft hatte, waren sie noch keinen Schritt weitergekommen.

IM BUS wird mir allmählich bewusst, dass ich keine Idee habe, wohin die Reise eigentlich gehen soll. Als wir den Busbahnhof von Bristol erreichen, steige ich aus und wandere eine Weile ziellos umher. Dann gebe ich dem Mann am Fahrkartenschalter für die Überlandbusse zehn Pfund für eine Fahrkarte Richtung Wales.

Der Bus fährt nach Swansea. Eigentlich komisch, dass ich noch nie in Wales gewesen bin, doch jetzt bin ich froh, dass ich keine Verbindungen dorthin habe. Der perfekte Ort für einen Neuanfang.

Ich steige als Letzte aus und warte an der Haltestelle, bis der Bus wieder abgefahren ist. Dann marschiere ich los und spiele ein Spiel mit mir selbst: Ich werde an der nächsten Ecke links abbiegen – egal wohin die Straße führt –, dann die zweite rechts nehmen und anschließend bis zur ersten Kreuzung gehen. Ich fühle mich wie benommen. Was tue ich hier eigentlich? Wo gehe ich hin? Verliere ich allmählich den Verstand? Egal. Es kümmert mich nicht mehr.

Ich lege Kilometer um Kilometer zurück und lasse Swansea weit hinter mir. Meine Reisetasche trage ich wie einen Rucksack auf dem Rücken. Die Riemen graben sich in meine Schultern, aber ich gehe in gleichmäßigem Tempo weiter und halte nicht an. Alles, was ich höre, ist mein eigener Atem. Nach und nach werde ich ruhiger. Ich hole mein Handy aus der Tasche und werfe es – ohne nachzusehen, wie viele Anrufe ich verpasst habe – in den Straßengraben, wo es mit einem Platschen im Wasser versinkt. Das war die letzte Verbindung zu meiner Vergangenheit, und beinahe sofort fühle ich mich freier.

Es wird dunkel. Ich weiß, dass ich inzwischen nicht mehr weit von der Küste entfernt bin. Ich schmecke Salz auf meinen Lippen und höre das Rauschen der Wellen. Auf einem Schild steht PENFACH. Ich durchquere das Dorf und erreiche den Rand einer Bucht. Klippen umgeben den unter mir liegenden Sandstreifen, als wollten sie ihn beschützen. Über einen gewundenen Pfad steige ich nach unten. Einmal rutsche ich auf dem Schiefer aus und schlittere ein Stück hangabwärts.

Der Himmel ist tintenblau und wolkenlos. Voll und schwer hängt der

Mond über dem Meer, und sein Spiegelbild schimmert auf den Wellen. Nicht daheim. Das ist das Wichtigste. Ich ziehe mir den Mantel enger um die Schultern, setze mich auf meine Tasche und lehne mich gegen den harten Fels. Und dann warte ich.

BEI TAGESANBRUCH merke ich, dass ich eingeschlafen sein muss. Ich war erschöpft, und das sanfte Rauschen der Wellen, die ans Ufer rollen, muss ein Übriges getan haben. Unter Schmerzen strecke ich meine eingefrorenen Glieder und stehe auf, um zu beobachten, wie sich das leuchtende Orange am Horizont ausdehnt. Die Sonne spendet Licht, aber keine Wärme, und ich zittere.

Jetzt sehe ich, dass die Klippen keineswegs verlassen sind. In rund einem Kilometer Entfernung steht ein flaches, zweckmäßig aussehendes Gebäude, daneben erkenne ich Wohnwagen. Für einen Neuanfang ist dieser Ort genauso gut wie jeder andere.

„Guten Morgen", sage ich, als ich in der Wärme des kleinen Ladens am Rande des Campingplatzes stehe, und meine Stimme klingt dünn und hoch. „Ich suche eine Unterkunft."

„Sie machen hier Urlaub?" Der üppige Busen der Frau hinter der Theke ruht auf einer Zeitschrift.

„Ich würde gern hierherziehen", bringe ich mühsam hervor. Ich sehe bestimmt furchtbar aus, schmutzig und ungekämmt. Meine Zähne klappern, und ich beginne zu zittern.

„Aha", sagt die Frau fröhlich. Mein Erscheinungsbild scheint sie nicht im Mindesten zu stören. „Dann möchten Sie also etwas mieten, ja? Leider haben wir den Winter über geschlossen. Bis März ist nur der Laden auf. Sie sollten zu Iestyn Jones gehen. Ihm gehört das Cottage da hinten. Wenn Sie wollen, kann ich ihn anrufen. Aber wie wäre es erst mal mit einer Tasse Tee? Draußen ist es bitterkalt, und Sie sehen völlig durchgefroren aus."

Sie führt mich zu einem Hocker hinter dem Tresen und verschwindet im Nebenraum, um Teewasser aufzusetzen. Dabei plappert sie munter weiter. „Ich heiße Bethan Morgan. Ich führe den Laden hier – also den Penfach Caravan Park." Sie steckt den Kopf zur Tür heraus und lächelt mich an. „Oh! Ich wollte doch Iestyn anrufen."

Bethan verschwindet für ein paar Minuten, während ich versuche, mir Antworten auf die Fragen zu überlegen, die sie mir stellen könnte, sobald wir mit unserem Tee zusammensitzen.

Doch als Bethan zurückkehrt, fragt sie mich nichts. Sie stellt mir einfach einen angeschlagenen Becher voll süßem Tee vor die Nase und zwängt sich in ihren Stuhl. Ich schätze sie auf Mitte vierzig, doch ihr glattes, rundes Gesicht und das lange, zu einem Pferdeschwanz gebundene dunkle Haar lassen sie deutlich jünger wirken.

„Iestyn ist schon auf dem Weg", sagt sie. Sie hat einen dritten Becher Tee neben sich auf den Tresen gestellt. Also nehme ich an, dass Iestyn in wenigen Minuten hier sein wird.

„Wer ist dieser Iestyn?", frage ich. Ich überlege, ob es wohl ein Fehler war, hierherzukommen, wo jeder jeden kennt. Ich hätte in eine Stadt fahren sollen, irgendwohin, wo man anonym bleiben kann.

„Er besitzt eine Farm die Straße runter", antwortet Bethan. „Wenn Sie sein Haus nehmen, werden wir Nachbarinnen sein … Aber es ist kein Palast." Ihre geradlinige Art erinnert mich an meine Schwester Eve.

„Ich brauche nicht viel", sage ich.

„Iestyn ist nicht gerade gesprächig", fährt Bethan fort, „aber trotzdem ganz nett. Er hat ein Ferienhaus im Dorf und ein Cottage weiter oben am Weg, Blaen Cedi."

„Und das könnte mir gefallen, glauben Sie?"

„Falls ja, wären Sie seit Langem die Erste", bemerkt eine Männerstimme hinter mir. Ich fahre herum. Eine schmächtige Gestalt steht in der Tür.

„So schlimm ist es nun auch wieder nicht!", widerspricht Bethan tadelnd. „Trink deinen Tee, und dann zeig der Lady dein Cottage."

Iestyns Gesicht ist braun und so faltig, dass seine Augen fast darin verschwinden. Er schlürft seinen Tee und mustert mich von Kopf bis Fuß. „Blaen Cedi ist den meisten Leuten zu weit von der Straße entfernt", sagt er. Sein Akzent ist so stark, dass ich ihn kaum verstehe.

„Kann ich es mir ansehen?" Ich stehe auf. Ich will, dass dieses ungeliebte, verlassene Cottage die Lösung all meiner Probleme ist.

Iestyn trinkt weiter seinen Tee. Schließlich seufzt er zufrieden und geht hinaus. Ich schaue Bethan an.

„Was habe ich Ihnen gesagt? Iestyn ist kein Mann vieler Worte." Sie lacht. „Gehen Sie. Er wird nicht auf Sie warten."

„Danke für den Tee."

„Gern geschehen. Besuchen Sie mich ruhig, sobald Sie sich eingerichtet haben."

Vor dem Laden sitzt Iestyn auf einem verdreckten Quad. Ich weiche einen Schritt zurück.

„Kommen Sie schon! Nur so kommt man hier vorwärts!", schreit er mir über den Motorlärm hinweg zu.

In meinem Kopf dreht sich alles. Ich versuche, mein Bedürfnis, das Haus zu sehen, und die Furcht, die mich zwingt, wie angewurzelt stehen zu bleiben, ins Gleichgewicht zu bringen.

„Rauf jetzt, dann geht's los!"

Ich überwinde mich und setze mich vorsichtig hinter Iestyn auf den Sattel. Ich bringe es nicht über mich, meine Arme um ihn zu legen. Stattdessen klammere ich mich an den Sattel, als er das Gas aufdreht und das Quad über den holprigen Küstenweg rast. Neben uns erstreckt sich die Bucht. Als wir auf der Höhe des Pfades sind, der vom Strand heraufführt, brüllt Iestyn mir irgendetwas über die Schulter zu und lenkt das Quad landeinwärts. Wir rumpeln über unebenes Gelände, und ich halte Ausschau nach etwas, von dem ich hoffe, dass es mein neues Heim sein wird.

Bethan hatte von einem Cottage gesprochen, doch Blaen Cedi ist kaum mehr als ein Schafstall. Einst war es offenbar weiß, doch die Farbe hat den Kampf gegen die Elemente längst verloren. Jetzt ist das Haus schmutziggrau. Die große Holztür passt so gar nicht zu den beiden winzigen Fenstern unter der Dachrinne, und ein Oberlicht verrät mir, dass es noch eine zweite Etage geben muss, auch wenn kaum genügend Platz dafür sein kann. Mir wird klar, warum Iestyn Probleme hat, es als Ferienhaus zu vermieten.

Der Raum im Erdgeschoss ist kaum dreieinhalb Meter breit. Ein schiefer Holztisch trennt den Wohnbereich von der winzigen Küchenzeile, die unter einen großen Eichenbalken gezwängt ist. Wenigstens gibt es hier fließend Wasser und Strom.

Die obere Etage ist in ein Schlafzimmer und ein winziges Bad unterteilt. Der Spiegel ist fleckig und lässt mein Gesicht verzerrt erscheinen. Wie die meisten Rothaarigen habe ich einen blassen Teint, doch in dem Dämmerlicht hier drinnen hebt sich meine Haut fast unnatürlich weiß von dem dunkelroten Haar ab, das mir bis über die Schultern fällt. Ich gehe wieder hinunter. Iestyn stapelt Holz neben dem Kamin.

„Kann ich das Cottage mieten?", frage ich. „Bitte."

Er beäugt mich misstrauisch. „Sie können doch bezahlen, oder?"

„Ja", antworte ich mit fester Stimme, obwohl ich keine Ahnung habe, wie lange meine Ersparnisse reichen werden und was ich tun werde, wenn sie aufgebraucht sind.

Iestyn scheint nicht überzeugt. „Haben Sie einen Job?"

Ich denke an mein Atelier mit dem Teppich aus Tonscherben. Der Schmerz in meiner Hand ist nicht mehr so stark, aber ich habe noch immer so wenig Gefühl in den Fingern, dass ich befürchte, nie wieder arbeiten zu können. Aber wenn ich keine Bildhauerin mehr bin, was bin ich dann?

„Ich bin Künstlerin", sage ich schließlich.

Iestyn grunzt, als würde das alles erklären.

Wir einigen uns auf eine Miete, die zwar lächerlich niedrig ist, meine Ersparnisse aber trotzdem rasch vernichten wird. Doch für die nächsten paar Monate gehört das winzige Cottage mir, und ich seufze erleichtert. Ich habe einen Platz gefunden.

Als Iestyn gegangen ist, schließe ich die Tür und schiebe den widerspenstigen Riegel vor. Dann setze ich mich aufs Sofa und lausche dem Geräusch meines Atems. Ich kann das Meer nicht hören, doch der Ruf einer einsamen Möwe dringt an mein Ohr. Er klingt wie das Weinen eines Babys, und ich presse die Hände auf die Ohren.

Schließlich übermannt mich die Erschöpfung. Ich rolle mich zusammen und schlinge die Arme um meine Knie. Obwohl ich gewusst habe, dass sie kommen wird, ist die Trauer, die mich jetzt erfüllt, so stark, dass es mir geradezu unmöglich erscheint, dass ich noch lebe, dass mein Herz noch immer schlägt. Ich will ein Bild von ihm in meinem Kopf fixieren, doch alles, was ich sehe, wenn ich die Augen schließe, ist sein lebloser Körper in meinen Armen. Ich habe ihn losgelassen, und das werde ich mir nie verzeihen.

2

„Boss, hast du kurz Zeit? Es geht um die Fahrerflucht." Stumpy schob seinen Kopf zur Tür herein. Kate stand hinter ihm.

Ray hob den Blick. In den letzten drei Monaten waren die Ermittlungen nach und nach zurückgefahren worden, um Kapazitäten für andere, dringendere Fälle zu schaffen.

„Klar."

Kate und Stumpy traten ein und setzten sich. Stumpy kam direkt auf den Punkt. „Wir können Jacobs Mutter nicht erreichen. Ihr Telefon ist tot, und das Haus ist leer. Sie ist wie vom Erdboden verschluckt."

„Sie ist unsere einzige Zeugin!", explodierte Ray. „Ganz zu schweigen davon, dass sie auch die *Mutter* des Opfers ist! Was sagen die Nachbarn?"

„Nicht viel", berichtete Kate. „Sie kannte ihre Nachbarn nicht gut genug, um bei einem von ihnen eine Nachsendeadresse zu hinterlassen, und niemand hat sie gehen sehen."

Sie warf Stumpy einen Blick zu, und Ray kniff die Augen zusammen. „Was verschweigt ihr mir?"

Ein kurzes Schweigen folgte, dann rückte Stumpy mit der Sprache heraus. „Es gab ein paar üble Reaktionen in einem lokalen Internetforum. Irgendjemand hat sie als verantwortungslose Mutter beschimpft."

„Reicht das für eine Anzeige wegen übler Nachrede?"

„Möglicherweise. Doch das ist noch nicht alles, Boss. Allen Berichten zufolge haben die Kollegen von der Streife ein wenig Druck ausgeübt, als sie sie unmittelbar nach dem Unfall befragt haben; jedenfalls waren sie nicht gerade einfühlsam. Offenbar glaubt Jacobs Mum, dass wir sie für den Unfall verantwortlich machen und deshalb nicht wirklich nach dem Fahrer suchen."

„O Gott", stöhnte Ray. „Hört euch mal in der Schule um. Irgendjemand muss doch noch Kontakt zu ihr haben. Und klappert die Hausärzte in der Gegend ab. Vielleicht haben die ja die Adresse ihres neuen Arztes."

„Okay, Boss."

„Gibt es abgesehen davon, dass wir unsere wichtigste Zeugin verloren haben, noch etwas, das ich wissen müsste?", fragte Ray.

„Die Anfragen in den Nachbarbezirken haben nichts gebracht", erwiderte Kate. „Ich habe alle Fahrzeuge überprüft, die an jenem Abend die Geschwindigkeit überschritten haben, irgendwo diesseits oder jenseits der Grenze als gestohlen gemeldet waren oder sonstwie aufgefallen sind. Außerdem habe ich sämtliche Werkstätten abgeklappert. Niemand kann sich an etwas Verdächtiges erinnern."

„Wie kommen Brian und Pat mit den Überwachungskameras voran?"

„Sie haben schon viereckige Augen", antwortete Stumpy. „Ein Wagen, von dem sie glauben, dass es jedes Mal derselbe ist, ist wenige Minuten nach dem Unfall von drei Kameras aufgenommen worden. Er kam aus Richtung Enfield Avenue, hat ein paar gefährliche Überholmanöver gemacht und ist dann verschwunden. Das Bildmaterial ist schlecht. Brian und Pat versuchen herauszufinden, um was für eine Automarke es sich handelt, obwohl bisher nichts darauf hindeutet, dass es tatsächlich der gesuchte Wagen ist."

„Hast du die Sache mit dem Nebelscheinwerfer weiterverfolgt, Kate?"

Sie nickte. „In der Woche nach dem Unfall sind dreiundsiebzig dieser Scheinwerfer ausgetauscht worden. Die Versicherungsmeldungen waren alle korrekt, und die Kunden, die selbst bezahlt haben, überprüfe ich gerade."

Rays Handy vibrierte. Eine SMS. Er nahm das Handy vom Tisch und las. „Mist."

Seine Mitarbeiter schauten ihn an, Kate überrascht und Stumpy mit einem Grinsen. „Was hast du jetzt schon wieder vergessen?", fragte er.

Ray verzog das Gesicht. „Ich muss heim", sagte er statt einer Antwort.

Mags räumte gerade die Spülmaschine ein, als Ray hereinkam. Sie rammte die Teller mit solcher Wucht in die Halterungen, dass er zusammenzuckte.

„Es tut mir schrecklich leid", entschuldigte er sich. „Ich habe das komplett vergessen."

„Es kommt wirklich sehr selten vor, dass ich dich darum bitte, zu einer bestimmten Zeit an einem bestimmten Ort zu sein", beschwerte sich Mags. „Ich weiß, dass der Job manchmal vorgeht. Das verstehe ich. Wirklich. Aber dieser Termin steht schon seit zwei Wochen fest. Seit *zwei* Wochen! Und du hast es versprochen, Ray."

Ihre Stimme zitterte, und Ray legte vorsichtig den Arm um ihre Schultern. „Tut mir leid, Mags", sagte er. „War es sehr schlimm?"

„Es war ganz okay." Sie schüttelte seinen Arm ab und setzte sich an den Küchentisch. „Sie hatten nichts Schlimmes zu berichten, außer dass Tom sich noch nicht so gut an die Schule gewöhnt zu haben scheint wie die anderen Kinder. Das macht ihnen ein wenig Sorgen."

„Und was unternehmen die Lehrer deswegen?" Ray setzte sich zu Mags an den Tisch. „Haben sie mit ihm darüber gesprochen?"

„Tom hat offenbar gesagt, alles sei gut." Mags zuckte mit den Schultern. „Mrs Hickson hat immer wieder versucht, ihn dazu zu motivieren, mehr am Unterricht teilzunehmen, aber er sagt kein Wort."

„Für ein Kind ist der Wechsel auf eine weiterführende Schule eben eine große Sache. Er war lange Zeit ein großer Fisch in einem kleinen Teich, und jetzt schwimmt er mit den Haien. Ich werde mal mit ihm reden."

„Die Schule hat vorgeschlagen, dass wir ein paar Monate abwarten und dann noch mal ein Gespräch führen." Mags sah Ray nachdrücklich an.

„Sag mir einfach, wann", erklärte er. „Ich werde dort sein."

DAS LICHT DER SCHEINWERFER *funkelt auf dem nassen Asphalt und blendet sie. Menschen huschen über die rutschigen Bürgersteige, und die vorbeifahrenden Autos spritzen ihnen Wasser auf die Schuhe.*

Eine leere Straße.

Jacob rennt los.

Das Quietschen von Bremsen, der Knall, als er gegen die Windschutzscheibe prallt. Sein Körper, der herumwirbelt und auf der Straße aufschlägt. Eine Windschutzscheibe, verschwommen. Blut, das sich in einer Lache unter Jacobs Kopf sammelt.

Ein Schrei reißt mich aus dem Schlaf. Es ist mein eigener. Es ist kurz vor Sonnenaufgang, aber im Schlafzimmer brennt Licht. Ich kann die Dunkelheit nicht ertragen. Mein Herz rast, und ich konzentriere mich darauf, ruhiger zu atmen. Ich balle die linke Hand zur Faust und löse die Finger wieder. Der Schmerz stört mich inzwischen nur noch selten, aber ich habe kein Gefühl in meiner Handfläche, und zwei meiner Finger sind taub geblieben. Natürlich hätte ich nach dem Unfall ins Krankenhaus gehen sollen, aber im

Vergleich zu dem, was mit Jacob passiert ist, kam mir meine Verletzung so unbedeutend vor. Außerdem habe ich den Schmerz verdient. Also habe ich die Wunde, so gut es ging, verbunden. Nach und nach ist sie verheilt, doch die Lebenslinie in meiner Handfläche wird wohl für immer unter Narben verborgen bleiben.

Rasch schlüpfe ich in eine Jogginghose und ein Sweatshirt und stapfe nach unten. Die Bodenfliesen sind so kalt, dass ich nach Luft schnappe. Ich ziehe mir die Joggingschuhe über die nackten Füße und entriegele die Haustür.

Eine trübe Wintersonne kämpft sich über den Klippenrand, und auf den Pfützen des Küstenwegs, der um die Bucht herumführt, glitzert Eis. Ich laufe los, und mein Atem wird zu einer Nebelspur. In Bristol bin ich nie gejoggt, hier laufe ich meilenweit.

Ich passe den Rhythmus meiner Schritte dem Schlag meines Herzens an. Der Pfad, der zum Strand hinunterführt, ist mir mittlerweile so vertraut, dass ich ihn blind gehen könnte. Den letzten Meter überspringe ich und lande im feuchten Sand. Langsam jogge ich um die Bucht herum.

Es herrscht Ebbe. Treibholz und Müll bilden eine schmutzige Linie auf dem Sand. Ich drehe um und gehe denselben Weg zurück, den ich gekommen bin. Unterwegs hebe ich ein Stück Treibholz auf und ziehe damit gedankenverloren einen Kreis in den Sand. Plötzlich überkommt mich das kindliche Verlangen, meinen Namen in den Sand zu schreiben, und bringt mich zum Lächeln. Nach dem letzten Buchstaben trete ich einen Schritt zurück, um meine Arbeit zu begutachten. Es fühlt sich irgendwie seltsam an, meinen Namen hier im Sand zu sehen, so kühn und schamlos. Ich war so lange unsichtbar … Was bin ich jetzt? Eine Künstlerin, die nichts erschafft. Eine Mutter ohne Kind. Doch die Buchstaben sind nicht unsichtbar. Sie schreien. Sie sind groß genug, dass man sie von den Klippen aus sehen kann. Ein Schauer läuft mir über den Rücken – vor Angst, aber auch vor Aufregung. Ich gehe ein großes Risiko ein, aber es fühlt sich gut an.

Oben an der Klippe erinnert ein harmloser Zaun Wanderer daran, nicht zu nahe an die bröckelnde Kante zu treten. Die Farbe des Sandes unter mir verwandelt sich langsam von Grau zu Gold, als die Sonne höher steigt, und mein Name tanzt mitten auf dem Strand.

Ich beschließe, ein Bild davon zu machen, bevor die Flut ihn verschluckt, und so den Augenblick festzuhalten, in dem ich mich mutig gefühlt habe. Ich laufe zum Haus zurück, um die Kamera zu holen.

Das erste Foto ist nichts Besonderes. Der Bildausschnitt ist vollkommen falsch, die Buchstaben sind viel zu weit weg. Ich laufe wieder zum Strand hinunter und schreibe Namen aus meiner Vergangenheit in den weichen Sand. Dann nehme ich meine Kamera, hocke mich in den Sand und spiele mit den Aufnahmewinkeln. Ich fotografiere die Namen vor der Brandung, dann zusammen mit den Felsen und schließlich mit einem Streifen blauen Himmels. Zu guter Letzt steige ich wieder den steilen Pfad zur Klippe hinauf, um von dort oben meine letzten Aufnahmen zu machen. Ich balanciere gefährlich nah an der Kante. Der Strand ist mit Schrift in allen möglichen Größen bedeckt, wie das Gekritzel eines Irren, und die Flut leckt bereits an den Buchstaben. Heute Abend, wenn das Wasser sich wieder zurückzieht, werden sie fort sein, und ich kann von Neuem beginnen.

Ich habe keine Ahnung, wie spät es ist, aber die Sonne steht bereits hoch am Himmel. Ich muss Hunderte von Fotos gemacht haben. Ich werde nach Hause gehen und sie auf meinen Laptop laden. Vielleicht sind ein paar davon ja gut geworden. Neue Energie durchströmt mich. Zum ersten Mal seit dem Unfall hat mein Tag wieder einen Sinn.

Als ich Blaen Cedi erreiche, hole ich den Schlüssel aus der Tasche, doch die Tür bewegt sich schon, als ich nur meine Hand darauf lege. Mir wird klar, dass sie gar nicht abgeschlossen ist. Sie ist alt und das Schloss offenbar unzuverlässig.

Ich bin erst ein paar Minuten drinnen, als es an der Tür klopft.

„Ich bin's – Bethan."

Kurz erwäge ich, mich einfach nicht zu rühren, doch dann gewinnt meine Neugier die Oberhand, und ich öffne die Tür. Ja, ich bin auf der Flucht, aber hier in Penfach bin ich vor allem ziemlich allein.

„Ich habe Ihnen eine Pastete mitgebracht." Bethan hält mir einen mit einem Tuch abgedeckten Teller hin. Dann kommt sie einfach herein. Den Teller stellt sie in die Küche und zieht ihren schweren Wollmantel aus. Das reißt mich aus meinen Gedanken. „Danke. Darf ich Ihnen eine Tasse Tee anbieten?"

„Gern, wenn du dir ohnehin einen machen wolltest. Ich darf doch Du sagen?" Ich nicke. „Ich habe mich schon gewundert, dass du mich noch nicht besucht hast, aber ich weiß ja, was es heißt, an einem neuen Ort anzukommen." Sie lässt den Blick durch den kargen Wohnbereich schweifen, der sich seit meinem Einzug nicht verändert hat.

„Ich habe nicht viel", sage ich verlegen.

„Hier in der Gegend hat niemand viel", erwidert Bethan fröhlich. „Solange du es warm und gemütlich hast, ist doch alles okay. Das ist die Hauptsache."

Während sie redet, koche ich Tee, und als ich fertig bin, setzen wir uns mit unseren Bechern an den alten Tisch.

„Und? Wie findest du Blaen Cedi?“, fragt Bethan.

„Es ist einfach perfekt“, antworte ich. „Genau, was ich gebraucht habe.“

„Winzig und kalt, meinst du?“, sagt Bethan und lacht.

Ich lächle. „Nein, wirklich, es gefällt mir. Es ist wunderschön hier.“

„Das stimmt“, sagt sie. „Es gibt wirklich schlimmere Orte, auch wenn es um diese Jahreszeit ein wenig trostlos ist.“

„Wann öffnet der Campingplatz wieder?“

„Ostern“, antwortet Bethan. „Ab dann herrscht Hochbetrieb, den ganzen Sommer über. Im Oktober, nach den Ferien, machen wir wieder dicht. Sag mir Bescheid, wenn deine Familie dich besuchen will und einen Wohnwagen braucht. Hier drin kannst du keine Gäste unterbringen.“

„Das ist sehr nett von dir, aber ich erwarte niemanden.“

„Hast du denn keine Familie?“ Bethan schaut mir in die Augen, und ich kann ihrem Blick nicht ausweichen.

„Ich habe eine Schwester“, gebe ich zu. „Aber wir reden nicht mehr miteinander.“

Ich sehe wieder Eves wütendes Gesicht vor mir, als sie mich anflehte, auf sie zu hören. Doch dazu war ich zu stolz, das wird mir jetzt klar. Zu stolz und blind vor Liebe. Hätte ich auf Eve gehört, wäre vielleicht alles anders gekommen.

„Danke für die Pastete“, sage ich. „Das ist wirklich nett von dir.“

„Unsinn“, erwidert Bethan, die der plötzliche Themenwechsel nicht im Mindesten zu stören scheint. Sie zieht ihren Mantel an und wickelt sich den Schal mehrmals um den Hals. „Dafür sind Nachbarn doch da. Und demnächst sehe ich dich im Laden auf eine Tasse Tee.“

Das ist nicht als Frage gemeint. Trotzdem nicke ich. „Klar“, sage ich, „versprochen.“ Und das meine ich auch so.

Als Bethan weg ist, nehme ich die SD-Karte aus der Kamera und lade die Fotos auf meinen Laptop. Die meisten sind unbrauchbar, doch ein paar haben die Schrift im Sand vor der wilden winterlichen See perfekt eingefangen, und ich habe zum ersten Mal seit Langem wieder das Gefühl, etwas geschafft zu haben. Ich decke den Tisch zum Abendessen und genieße jeden einzelnen Bissen von Bethans Pastete.

Chief Constable Olivia Rippon war eine ebenso brillante wie furchterregende Frau. Sie hatte rasch Karriere gemacht und leitete seit sieben Jahren das Polizeipräsidium von Avon und Somerset.

„Sie können jetzt reingehen“, sagte Rippons Sekretärin.

Ray atmete tief durch und öffnete die Tür. „Guten Morgen, Ma'am.“

Schweigen senkte sich über den Raum. Olivia Rippon schien sich ausführliche Notizen zu machen, und Ray lungerte an der Tür herum und tat so, als würde er die zahlreichen Urkunden und Fotografien bewundern, die die Wände zierten. Schließlich hörte sie auf zu schreiben und hob den Blick.

„Ich möchte, dass Sie die Ermittlungen zu dem Unfall in Fishponds einstellen."

Es war klar, dass sie Ray keinen Stuhl anbieten würde. Also nahm er sich einfach einen. Rippon hob die Augenbrauen, sagte aber nichts.

„Ich glaube, mit ein wenig mehr Zeit …"

„Sie hatten Zeit genug", unterbrach Olivia Rippon ihn. „Fünfeinhalb Monate, um genau zu sein. Das ist einfach nur peinlich. Jedes Mal wenn einer Ihrer sogenannten Berichte über den Stand der Ermittlungen in der *Post* erscheint, erinnert das die Öffentlichkeit nur daran, dass die Polizei den Fall nicht gelöst hat. Schließen Sie die Akte."

DIESMAL war Ray ausnahmsweise dankbar für den Verkehr, der ihn auf dem Weg zum Revier aufhielt. Gleich nach seiner Ankunft rief er Kate und Stumpy zu sich ins Büro.

„Erinnert ihr euch noch an den Wagen, den Brian und Pat auf dem Überwachungsvideo gesehen haben?", fragte Kate, kaum dass Stumpy sich gesetzt hatte. „An den, der es so eilig zu haben schien?"

Ray nickte.

„Auf den Aufnahmen kann man den Wagentyp nicht erkennen. Deshalb würde ich das Material gern zu Wesley bringen. Vielleicht bringt das ja was."

Wesley Barton war Experte für Überwachungskameras und hatte ein atemberaubendes Arsenal an Geräten zur Verfügung, um Kameraaufnahmen so aufzubereiten, dass man sie als Beweise verwenden konnte.

„Tut mir leid, Kate, aber dafür kann ich kein Geld freigeben", sagte Ray.

„So teuer ist das doch gar nicht!", protestierte Kate. „Ich habe mit ihm gesprochen, und …"

Er fiel ihr ins Wort: „Ich kann überhaupt kein Geld mehr freigeben."

Stumpy sah ihn an. Er hatte ausreichend Erfahrung, um zu wissen, was nun kam.

„Chief Constable Rippon hat mir befohlen, die Ermittlungen einzustellen", erklärte Ray.

Kates Blick huschte zwischen Ray und Stumpy hin und her. „Meinst du das ernst? Wir sollen einfach aufgeben?"

„Da gibt es nichts aufzugeben", erwiderte Ray. „Wir können nichts mehr tun. In Sachen Nebelscheinwerfer bist du doch auch nicht weitergekommen …"

„Bis jetzt nicht. Aber das heißt nicht, dass ich nichts finden werde. Ich brauche einfach mehr Zeit."

„Das ist vergebliche Liebesmüh", erwiderte Ray in sanftem Ton. „Manchmal muss man einfach wissen, wann es Zeit ist, aufzuhören."

„Wir haben getan, was wir konnten", meldete Stumpy sich zu Wort. „Aber es ist wie die Suche nach der berühmten Nadel im Heuhaufen. Kein Kennzeichen, keine Farbe, keine Marke und kein Modell … Wir brauchen mehr, Kate."

Ray war dankbar für Stumpys Unterstützung. „Und wir haben nun mal nicht mehr", ergänzte er. „Deshalb fürchte ich, dass wir hier erst einmal einen Schlussstrich ziehen müssen. Sollte sich eine neue Spur ergeben, werden wir sie natürlich verfolgen, aber bis dahin haben wir andere Fälle zu lösen und andere Opfer, für die wir kämpfen müssen."

„Hast du es überhaupt versucht?", verlangte Kate zu wissen. Ihre Wangen waren rot vor Wut. „Oder bist du einfach eingeknickt?"

„Kate!", warnte Stumpy. „Beruhige dich."

Sie ignorierte ihn und starrte Ray trotzig an. „Ich nehme an, du musst an deine Beförderung denken. Da kommt es wohl nicht so gut, wenn man sich mit dem Chief anlegt."

„Das hat nichts damit zu tun!" Ray hätte Kate eigentlich daran erinnern müssen, dass sie nur Constable war und im Büro eines Inspectors stand, und wenn ihr Boss sagte, ein Fall werde zu den Akten gelegt, dann war das so – Punkt! Er öffnete den Mund, brachte aber kein Wort hervor.

Das Problem war, dass Kate den Nagel auf den Kopf getroffen hatte. Er wollte die Ermittlungen genauso wenig einstellen wie sie, und es hatte mal eine Zeit gegeben, da hätte er genauso trotzig vor dem Chief gestanden, wie Kate jetzt vor ihm stand. Vielleicht war er einfach nicht mehr nahe genug an den Ermittlungen dran, oder er schielte tatsächlich zu sehr auf die nächste Beförderung.

„Ich weiß, das ist schwer, wenn man schon so viel Arbeit in eine Ermittlung gesteckt hat", sagte er versöhnlich.

„Um die Arbeit geht es nicht. Es geht um diesen kleinen Jungen." Kate deutete auf Jacobs Foto an der Wand. „Das ist einfach falsch! Entschuldige, ich hätte nicht so mit dir reden dürfen, aber ich habe einfach das Gefühl, ich lasse ihn im Stich."

„Du hast alles gegeben", sagte Ray. „Mehr kann niemand von dir verlangen."

„Aber es hat nicht gereicht, stimmt's?"

Ray schüttelte den Kopf. „Nein. Es hat nicht gereicht."

3 Schon als ich bei Sonnenaufgang zum Strand heruntergekommen bin, hing Regen in der Luft, und jetzt ziehe ich die Kapuze zum Schutz vor den ersten Tropfen zu. Ich habe die Fotos bereits gemacht, die ich mir vorgenommen hatte, und der Strand ist voller Wörter. Inzwischen bin ich ziemlich geschickt darin, den Sand um meine Buchstaben herum zu glätten, bis er unberührt aussieht, und ich bin auch im Umgang mit der Kamera besser geworden. In meinem Kunststudium habe ich mich zwar ebenfalls mit Fotografie beschäftigt, doch meine große Leidenschaft war immer schon die Bildhauerei. Jetzt macht es mir Freude, meine Kamera neu kennenzulernen und mit den unterschiedlichsten Einstellungen zu spielen. Ich nehme sie überallhin mit, sodass sie mittlerweile zu mir gehört wie der Ton, den ich früher verarbeitet habe. Ich habe längst im Kopf, wann Ebbe und wann Flut ist, und zum ersten Mal seit dem Unfall denke ich über die Zukunft nach. Der Campingplatz hat jetzt geöffnet, und Penfach ist voller Menschen. Es amüsiert mich, wie sehr ich inzwischen den Einheimischen gleiche. Auch ich grummle vor mich hin, wenn ich all die Touristen sehe. Das ist „mein" Strand. Er ist so schön ruhig, und so soll er auch bleiben.

Der Regen arbeitet sich hartnäckig durch meine Kleidung, und als ich oben auf den Klippen ankomme, bin ich völlig durchnässt. Ich beschließe, Bethan zu besuchen, und marschiere rasch zum Campingplatz, bevor ich es mir anders überlegen kann.

Bethan begrüßt mich mit einem breiten Lächeln. „Ich setze gleich den Kessel auf."

Ich schlendere durch den Laden, während sie sich um den Tee kümmert. Als ich zum ersten Mal hier war, waren die Regale leer. Jetzt sind sie vollgepackt mit Müsli, Dosen und frischem Obst und Gemüse. Alles ist bereit für die Urlauber. In einem großen Kühlregal stehen Milchkartons und andere Frischeprodukte.

Bethan stellt zwei Becher Tee auf den Tresen und zieht zwei Stühle heran. „Hast du wieder Fotos gemacht?", fragt sie und deutet auf die Kamera um meinen Hals.

„Nur ein paar Bilder von der Bucht."

„Kann ich mal sehen?"

Ich zögere, doch schließlich nehme ich die Kamera ab, schalte sie an und zeige Bethan, wie man sich die Bilder im Display anzeigen lassen kann.

„Die sind ja wunderschön!"

„Danke." Ich spüre, dass ich rot werde.

„Wirklich, Jenna. Die Fotos sind fantastisch. Willst du sie verkaufen?"

Fast hätte ich laut aufgelacht, doch Bethan lächelt nicht. Offenbar meint sie es ernst. Ich überlege, ob das nicht tatsächlich eine Möglichkeit wäre.

„Vielleicht", höre ich mich zu meiner eigenen Überraschung sagen.

Bethan sieht sich auch die restlichen Bilder an und lacht, als sie ihren Namen im Sand sieht. „Da bin ja ich!"

Ich werde wieder rot. „Ich habe nur etwas ausprobiert."

„Wunderbar … Kann ich das Bild kaufen?"

„Sei nicht albern!", entgegne ich. „Ich werde einen Abzug für dich machen lassen. Das ist ja wohl das Mindeste. Du bist immer so nett zu mir."

„Die Post unten im Dorf hat so ein Gerät, an dem man selbst Fotos ausdrucken kann", erklärt Bethan. „Ich würde das hier wirklich gern haben, das mit meinem Namen, und das hier …" Sie hat sich eines meiner Lieblingsbilder ausgesucht. Ich hatte es am Abend aufgenommen, bei Ebbe, als die Sonne gerade am Horizont versank. Die See ist nahezu ruhig, ein schimmernder Spiegel in Pink und Orange, eingerahmt von den dunklen Silhouetten der Klippen.

„Ich werde die Fotos noch heute Nachmittag entwickeln lassen", verspreche ich.

„Danke", sagt Bethan. Sie legt die Kamera beiseite und wendet sich mir zu. Ihr eindringlicher Blick ist mir inzwischen vertraut. „Hör mal, ich habe ein bisschen aufgeräumt, und da sind ein paar Dinge, die ich loswerden will." Sie deutet auf zwei schwarze Säcke neben der Tür. „Nichts Aufregendes: Kissen und Bettüberwürfe aus der Zeit, als wir noch Dauercamper hatten, und ein paar Kleider, die mir nie wieder passen werden."

„Bethan, du kannst mir doch nicht deine Kleider geben!"

„Warum denn nicht? Das Zeug würde doch nur bei der Wohlfahrt landen. Schau es dir einfach an, und nimm dir, was du brauchen kannst."

Beladen mit warmer Kleidung und einer Tasche voll mit dem, was Bethan „Annehmlichkeiten für daheim" nennt, mache ich mich auf den Weg. Im Cottage angekommen, breite ich alles auf dem Boden aus wie Weihnachtsgeschenke. Die Jeans sind ein wenig weit, dürften mir mit einem Gürtel aber passen, und ich breche fast in Tränen aus, als ich den warmen Pullover befühle, den Bethan für mich eingepackt hat. Im Cottage ist es so kalt, dass ich ständig friere.

Am meisten freue ich mich jedoch über Bethans „Annehmlichkeiten". Ich drapiere eine riesige Patchworkdecke in leuchtenden Rot- und Grüntönen auf dem ramponierten Sofa, und schon wird es gemütlich im Raum. Auf dem Kaminsims liegt eine Sammlung von Steinen, die ich am Strand aufgeklaubt habe. Dazu stelle ich eine Vase aus Bethans Tasche und beschließe, später ein paar Weidenzweige zu schneiden. Die Kissen kommen auf den Boden vor dem Kamin, wo ich normalerweise sitze, wenn ich lese oder meine Fotos bearbeite.

Ich glaube nicht eine Sekunde lang, dass Bethan das alles wegwerfen wollte, aber ich kenne sie gut genug, um nicht nachzufragen.

Es klopft an der Tür. Bethan hatte mir gesagt, dass Iestyn vorhabe, heute bei mir vorbeizukommen. Trotzdem warte ich kurz, nur für den Fall …

„Jemand zu Hause?" Es ist Iestyns Stimme.

Ich ziehe den Riegel zurück und öffne die Tür. Iestyn nickt mir auf seine typische brummige Art zu, und ich heiße ihn willkommen.

„Ich habe dir ein wenig Holz mitgebracht", sagt er und deutet auf einen Stapel Feuerholz auf dem kleinen Anhänger seines Quads. „Ich kann ja wohl kaum zulassen, dass dir das Heizmaterial ausgeht. Ich bring's gleich rein."

„Kann ich dir eine Tasse Tee anbieten?"

„Mit zwei Stück Zucker!", ruft Iestyn über die Schulter zurück, während er zu seinem Hänger geht.

„Was schulde ich dir für das Holz?", frage ich, als wir am Küchentisch sitzen und Tee trinken.

Iestyn schüttelt den Kopf. „Das sind Reste von einer Ladung. Das ist nicht gut genug, um es zu verkaufen." Er winkt ab, als ich mich bedanken will. „Wie kommst du mit dem Ofen zurecht? Ich hoffe, er hat dir nicht allzu viel Ärger gemacht." Er deutet auf den alten AGA, eine Kombination aus Wärmespeicherofen und Kochherd.

„Gut, danke." Inzwischen bin ich schon ein alter Hase, was den Herd betrifft. Binnen Minuten bekomme ich das Ding zum Laufen. Es ist jedes Mal ein kleiner Erfolg.

„Also dann – ich muss jetzt gehen", sagt Iestyn. „Dieses Wochenende kommen unsere Töchter mit ihren Familien zu Besuch, und Glynis macht einen Aufstand, als würde die Queen uns ihre Aufwartung machen." Er verabschiedet sich von mir, und ich schaue ihm hinterher, als er mit seinem Quad über die holprige Straße rumpelt. Dann schließe ich die Tür.

Der Wohnbereich, der gerade noch so gemütlich und einladend ausgesehen hat, wirkt nun leer. Ich stelle mir vor, wie ein Kind – mein Kind – auf dem Teppich vor dem Feuer spielt. Ich denke an Eve und meine Nichte und meinen Neffen, die ohne mich aufwachsen. Ja, ich habe meinen Sohn verloren, aber ich habe immer noch eine Familie, egal was zwischen uns vorgefallen ist.

Als wir Kinder waren, sind Eve und ich gut miteinander ausgekommen, trotz unseres Altersunterschieds von vier Jahren. Ich habe zu ihr aufgeschaut, und sie hat sich um mich gekümmert. Es schien sie nie zu stören, wenn ihre kleine Schwester hinter ihr herlief. Wir waren ziemlich verschieden, nicht nur äußerlich. Ich hatte widerspenstige rotbraune Locken und Eve vollkommen glattes mausbraunes Haar. Beide waren wir gut in der Schule, doch Eve war fleißiger als ich. Sie vergrub sich noch in ihre Schulbücher, wenn ich meine schon längst in die Ecke geworfen hatte. Stattdessen verbrachte ich viele Stunden in der Kunstwerkstatt der Schule oder auf dem Boden der Garage – das war der einzige Ort im Haus, an dem meine Mutter mich mit Ton und Farben arbeiten ließ. Meine penible Schwester rümpfte stets die Nase, wenn sie das sah, und rannte schreiend weg, wenn ich mit ausgestreckten tonverschmierten Händen auf sie zurannte. „Lady Eve" habe ich sie einmal genannt, und der Name ist haften geblieben.

Nachdem Dad uns verlassen hatte, standen wir uns nicht mehr so nahe. Ich konnte unserer Mutter nie verzeihen, dass sie ihn verjagt hatte, und habe nie verstanden, warum Eve ihr verzieh. Trotzdem vermisse ich meine Schwester, jetzt mehr denn je. Fünf lange Jahre ohne jeden Kontakt sind ein hoher Preis für eine dahingeworfene Bemerkung.

Ich konzentriere mich wieder auf meinen Laptop und suche die Fotos heraus, von denen Bethan Abzüge haben will. Dann kopiere ich die Bilder zusammen mit drei weiteren, die ich mir in selbst gebastelten Rahmen aus Treibholz an die Wand hängen will, auf einen USB-Stick und füge noch ein letztes Bild hinzu: ein Foto, das ich am ersten Tag gemacht habe, nachdem ich einige Namen aus meiner Vergangenheit in den Sand geschrieben hatte.

Lady Eve.

Ich darf nicht riskieren, dass meine Schwester erfährt, wo ich bin, aber ich kann ihr wenigstens mitteilen, dass es mir gut geht … und dass ich sie um Verzeihung bitte.

„Ah, ich dachte mir schon, dass du das bist!" Bethan holt mich auf dem Weg nach Penfach ein. Sie ist außer Atem, und ihr Mantel flattert hinter ihr her. „Gut, dass ich dich getroffen habe. Ich muss dir was sagen."

„Und was?" Ich warte, bis Bethan wieder zu Atem gekommen ist.

„Gestern war ein Vertreter von so einer Grußkartenfirma da", berichtet sie. „Ich habe ihm deine Fotos gezeigt, und er glaubt, dass man daraus tolle Postkarten machen könnte."

„Wirklich?“

Bethan lacht. „Ja, wirklich. Er hätte gern ein paar Ausdrucke davon.“

Ich grinse von einem Ohr zum anderen. „Das ist ja toll! Danke.“

„Ich nehme deine Karten in mein Sortiment auf, und wenn du dir eine Webseite einrichtest, verschicke ich den Link mit unserem Newsletter. Es gibt sicher jede Menge Leute, die solche wundervollen Bilder von ihrem Urlaubsort haben wollen. Du könntest doch auch Botschaften malen, nicht nur Namen, oder? ‚Viel Glück‘, ‚Herzlichen Glückwunsch‘ … So was eben.“

Ich stelle mir eine ganze Serie meiner Karten in einem Ständer vor, gut zu erkennen an dem geschwungenen J, das ich als Logo benutzen werde. Kein Name, nur eine Initiale. Allmählich muss ich wieder Geld verdienen. Außerdem vermisse ich meine Arbeit. Die Stimme in meinem Kopf lacht mich aus, doch warum sollte ich mir nicht wieder ein Geschäft aufbauen? Warum sollten die Leute nicht meine Fotos kaufen, so wie sie früher meine Skulpturen gekauft haben?

„Ja, das mache ich“, sage ich.

„Nun, dann wäre das ja geklärt.“ Bethan ist sichtlich zufrieden. „Und wo willst du jetzt hin?“

Ich habe gar nicht bemerkt, dass wir inzwischen in Penfach angekommen sind. „Ich dachte, ich könnte noch ein wenig die Küste erkunden“, antworte ich, „und ein paar Strände fotografieren.“

„Einen schöneren als in Penfach wirst du nicht finden“, erwidert Bethan. Sie schaut auf die Uhr. „Aber in zehn Minuten fährt ein Bus nach Port Ellis. Kein schlechter Startpunkt, würde ich sagen.“

Die stille Strasse, an der der Bus hält, verläuft zwischen zwei Steinmauern. Es gibt keinen Bürgersteig, also gehe ich auf der Fahrbahn in die Richtung weiter, in der ich das Dorfzentrum vermute.

Der schwarze Plastiksack liegt halb versteckt in einer Hecke. Irgendjemand hat ihn zugeknotet und in den Straßengraben geworfen. Fast hätte ich ihn übersehen, wenn er sich nicht plötzlich bewegt hätte. Zunächst glaube ich, mir das nur eingebildet zu haben. Ich zerre den Sack aus der Hecke und weiß sofort, dass sich etwas Lebendiges darin befindet.

Als ich das Plastik aufreiße, schlägt mir der Gestank von Exkrementen entgegen, und ich muss unwillkürlich würgen. Dann entdecke ich die beiden Tiere und unterdrücke meinen Brechreiz. Einer der Welpen rührt sich nicht mehr, der andere windet sich panisch. Mit einem Schluchzen hebe ich den noch lebenden Welpen auf und schlage meinen Mantel um ihn. Als ich unbeholfen aufstehe und mich umschaue, sehe ich einen Mann hundert Meter von mir entfernt die Straße überqueren.

„Hilfe! Bitte helfen Sie mir!"

Der Mann dreht sich zu mir um und schlendert auf mich zu.

„Gibt es hier einen Tierarzt?", frage ich, kaum dass er nahe genug herangekommen ist.

Der Mann schaut auf den Welpen hinunter, der nun ruhig in meinem Mantel liegt, und dann in den schwarzen Sack auf dem Boden. Er schnalzt mit der Zunge und schüttelt langsam den Kopf.

„Der Sohn von Alun Matthews ist Tierarzt hier", sagt er und packt den schwarzen Sack mit seinem grausigen Inhalt. Ich folge ihm zu einem kleinen weißen Gebäude am Ende einer Gasse. Auf dem Schild über der Tür steht VETERINÄRPRAXIS PORT ELLIS.

Die Tierarzthelferin blickt von ihrem Computer auf. „Hallo Mr Thomas. Was können wir für Sie tun?"

Mein Begleiter nickt zur Begrüßung und stellt den schwarzen Sack auf den Tresen. „Die Dame hier hat ein paar ausgesetzte Welpen in der Hecke gefunden", entgegnet er. „Was für eine Schande." Er tätschelt mir mitfühlend den Arm. „Die werden sich um Sie kümmern", sagt er und geht.

„Danke, dass Sie sie zu uns gebracht haben." Ein Namensschild auf dem blauen Kittel der Tierarzthelferin verrät mir, dass sie Megan heißt. „Das würden nicht viele Leute tun."

Sie öffnet den Sack und wird kurz blass. Dann nimmt sie ihn und verschwindet damit in den hinteren Teil der Praxis.

Sekunden später öffnet sich die zweite Tür des Wartezimmers, und Megan lächelt mich an. „Sie können den Kleinen jetzt reinbringen, Patrick wird sich sofort um Sie kümmern."

„Danke." Ich folge Megan in einen seltsam geschnittenen Raum mit Einbauschränken in den Ecken. Am anderen Ende befindet sich eine Küchenzeile mit einem kleinen Spülbecken aus rostfreiem Stahl, an dem sich gerade ein Mann Hände und Unterarme mit grüner Flüssigseife wäscht.

„Hallo. Ich bin Patrick, der Tierarzt hier. Aber das haben Sie sich vermutlich schon gedacht." Er lacht. Patrick ist groß und hat dunkelblondes Haar, das in einem undefinierbaren Stil geschnitten ist. Als er lächelt, entblößt er eine Reihe ebenmäßiger weißer Zähne. Ich schätze ihn auf Mitte dreißig, vielleicht ein wenig älter.

„Mein Name ist Jenna." Ich öffne meinen Mantel, um den kleinen schwarzweißen Hund herauszuholen, der inzwischen eingeschlafen ist.

„Wen haben wir denn da?", sagt Patrick und nimmt ihn mir behutsam ab.

Der Welpe wacht auf, zuckt zusammen und duckt sich ängstlich. „Würden Sie ihn bitte hier auf dem Tisch für mich festhalten?“, fragt Patrick. „Ich will ihn nicht noch mehr aufregen. Wenn es ein Mann war, der die Tiere ausgesetzt hat, wird es eine Weile dauern, bis er Männern wieder vertraut.“ Er streicht mit den Händen über das Fell des Welpen und tastet ihn dann vorsichtig ab.

„Was für eine Hunderasse ist das?“, frage ich neugierig.

„Ein Von-allem-etwas.“ Patrick grinst. „Den Ohren nach zu urteilen größtenteils Spaniel, aber Gott allein weiß, wer da sonst noch mitgemischt hat. Wären das Rassehunde gewesen, hätte man sie nicht ausgesetzt, so viel steht fest.“ Er hebt den Welpen hoch und gibt ihn mir, damit ich ihn wieder an mich drücken kann.

„Wie furchtbar“, sage ich. „Wer tut denn so was?“

„Wir werden es der Polizei melden, aber die Chancen, den Täter zu finden, stehen schlecht.“

„Und was passiert mit ihm?“, frage ich.

„Da er offensichtlich ausgesetzt worden ist, wird wohl kaum jemand kommen und ihn zurückfordern“, antwortet er, „und wir haben momentan keinen Platz mehr im Tierheim. Es wäre wirklich eine große Hilfe, wenn Sie ihn bei sich aufnehmen könnten. Scheint mir ein netter Hund zu sein.“

„Du liebe Güte! Ich kann mich doch nicht um einen Hund kümmern!“

„Und warum nicht?“

Ich zögere. Wie soll ich Patrick erklären, dass da, wo ich bin, schlimme Dinge passieren? Ich würde mich mit Freuden wieder um etwas oder um jemanden kümmern, doch gleichzeitig macht mir genau das Angst. „Ich weiß nicht, ob mein Vermieter das erlaubt“, sage ich schließlich.

„Wo wohnen Sie denn? Hier in Port Ellis?“

Ich schüttle den Kopf. „Drüben in Penfach, in einem Cottage nicht weit vom Campingplatz.“

Patricks Augen funkeln wissend. „Sie haben Iestyns Haus gemietet.“

Ich nicke.

„Überlassen Sie das ruhig mir“, beruhigt mich Patrick. „Iestyn Jones ist mit meinem Dad zur Schule gegangen, und ich weiß so viele peinliche Sachen über ihn, dass er Ihnen sogar eine Elefantenherde erlauben würde.“

Ich muss lächeln.

„Spaniels sind sehr kinderfreundlich“, bemerkt Patrick. „Haben Sie Kinder?“

Das Schweigen scheint ewig zu dauern.

„Nein“, antworte ich schließlich. „Ich habe keine Kinder.“

Der Hund windet sich aus meinem Griff und beginnt, wie wild mein Kinn zu lecken. Ich spüre seinen Herzschlag an meiner Brust.

„Okay", willige ich ein. „Ich nehme ihn."

4 Sicherheitshalber schaue ich noch einmal nach, ob ich auch alle Bestellungen von heute dabeihabe. Ich habe sie zwar im Kopf, aber ich will keinen Fehler machen. Bethan bewirbt meine Bilder weiter bei den Touristen. Ich kann es immer noch kaum glauben, aber ich habe viel zu tun. Schon zweimal habe ich den Laden auf dem Campingplatz mit Postkarten beliefert, und auf meiner Webseite haben auch schon ein paar Leute bestellt. Auch wenn die Seite nicht halb so professionell ist wie mein alter Netzauftritt, bin ich stolz darauf. Ich habe sie selbst erstellt, ganz ohne Hilfe. Natürlich ist das keine große Leistung, doch ich komme mir schon nicht mehr ganz so nutzlos vor wie noch vor einiger Zeit.

Mein Name erscheint nicht auf der Webseite, nur eine Fotogalerie, ein recht primitives Bestellsystem und der Name meines neuen Unternehmens: *Written in the Sand*, „In den Sand geschrieben".

Eine Möwe ruft uns etwas zu, und Beau, wie ich meinen Schützling mittlerweile getauft habe, rennt bellend über den Sand, während der Vogel ihn aus sicherer Höhe verspottet. Ich suche im Treibgut nach einem langen Stock. Die Flut geht zurück, und der Sand ist warm und trocknet bereits. Ich werde die heutigen Botschaften dicht am Wasser in den Sand schreiben. Ich hole das Blatt Papier aus der Tasche und sehe mir noch einmal die erste Bestellung an. „Julia". Das ist nicht schwer.

Ich beuge mich vor und schreibe ein großes J. Dann trete ich einen Schritt zurück, um die Größe abzuschätzen, bevor ich den Rest des Namens schreibe. Als ich zufrieden bin, werfe ich den Stock weg und greife zur Kamera. Ich mache ein Dutzend Fotos und gehe dann in die Hocke, um noch ein paar Nahaufnahmen zu machen.

Für die nächste Bestellung sammle ich rasch einige Stöcke aus dem angespülten Treibgut. Nachdem ich das letzte Stück Treibholz an seinen Platz gelegt habe, mustere ich mein Werk mit kritischem Blick. Stränge glitzernden Seetangs lassen den Rahmen aus Stöcken und Kieseln rund um die Botschaft weicher wirken. Das Treibholzherz hat einen Durchmesser von zwei Metern – groß genug für die verschnörkelte Schrift, in der ich „Verzeih mir, Alice" geschrieben habe. Als ich mich bücke, um ein Stück Holz zurechtzurücken, stürmt Beau aufgeregt bellend aus dem flachen Wasser, rast, umgeben von einer Wolke aus nassem Sand, ans andere Ende des Strands und tanzt um einen Mann herum, der direkt auf mich zukommt. Ich spüre, wie Panik in mir aufsteigt, und rufe nach Beau.

„Jenna, nicht wahr?"

Ich würde gern weglaufen, doch meine Füße sind wie angewurzelt. Im Geiste gehe ich alle Leute durch, die ich in Bristol kannte. Ich *weiß*, dass ich diesen Mann schon einmal getroffen habe.

„Tut mir leid. Ich wollte Ihnen keinen Schreck einjagen", sagt der Mann, und ich merke, dass ich zittere. „Patrick Matthews." Er lächelt breit. „Der Tierarzt aus Port Ellis", fügt er hinzu. Und plötzlich erinnere ich mich wieder an ihn.

„Entschuldigen Sie", sage ich, nachdem ich meine Stimme wiedergefunden habe. „Ich habe Sie nicht direkt erkannt."

Er krault Beau die Ohren. „Wie es aussieht, haben Sie Ihre Sache gut gemacht. Wie haben Sie den kleinen Kerl genannt?"

„Er heißt Beau." Ich kann nicht anders: Ich weiche zwei Schritte zurück und spüre sofort, wie der Kloß in meinem Hals sich löst.

Patrick hockt sich hin und zerzaust Beau das Fell. Beau rollt sich auf den Rücken und lässt sich den Bauch kraulen. „Er wirkt gar nicht nervös."

Dass Beau so entspannt ist, beruhigt mich. Hunde sollen schließlich gute Menschenkenner sein.

„Ja, es geht ihm gut", sage ich.

„Das sehe ich." Patrick steht auf und klopft sich den Sand von den Knien. „Ich nehme an, mit Iestyn hat es keine Probleme gegeben, oder?" Er grinst.

„Nein", bestätige ich. „Er scheint sogar zu glauben, dass ein Hund ein wesentlicher Bestandteil jedes Haushalts ist."

Er deutet mit dem Kinn auf das Herz im Sand. „Wer ist Alice, und warum wollen Sie, dass sie Ihnen verzeiht?"

„Oh, das hat nichts mit mir zu tun. Also die Aussage, meine ich. Ich fotografiere das nur für jemanden. Ich bin Fotografin." Ich halte meine Kamera hoch, als befürchtete ich, er würde mir sonst nicht glauben. „Die Leute schicken mir Botschaften, die sie in den Sand geschrieben haben wollen, und ich schreibe sie und schicke ihnen dann ein Foto davon."

„Und was für Botschaften sind das?"

„Meistens Liebeserklärungen oder Heiratsanträge, aber ich bekomme auch andere Sachen. Berühmte Zitate oder Songtexte." Ich verstumme und werde rot.

„Und damit verdienen Sie sich Ihren Lebensunterhalt? Was für ein fantastischer Job!" Ich suche nach Spuren von Sarkasmus in seiner Stimme, finde aber keine und erlaube mir, sogar ein wenig stolz zu sein. Es *ist* ein fantastischer Job, und ich habe ihn aus dem Nichts erschaffen.

„Ich verkaufe auch andere Aufnahmen", sage ich, „größtenteils von der Bucht. Sie ist so wunderschön. Viele Menschen möchten sich etwas von dieser Schönheit nach Hause mitnehmen."

„Ja, das stimmt. Ich bin auch sehr gern hier."

Ein paar Sekunden lang stehen wir einfach nur schweigend da und beobachten die Wellen. Ich spüre, dass ich unruhig werde, und suche verzweifelt nach einem Gesprächsthema.

„Was führt Sie an den Strand?", frage ich schließlich.

„Ich habe einen Vogel freigelassen", antwortet Patrick. „Eine Frau hatte mir einen Basstölpel mit einem gebrochenen Flügel gebracht, und bis alles wieder verheilt war, habe ich ihn in der Praxis behalten. Jetzt habe ich ihn oben auf den Klippen freigelassen. Wir versuchen, Wildtiere immer an der Stelle wieder auszusetzen, wo sie gefunden wurden, um ihnen die größtmöglichen Überlebenschancen zu geben. Als ich Ihre Botschaft auf dem Strand gesehen habe, wollte ich unbedingt herausfinden, wem sie galt. Erst hier unten ist mir klar geworden, dass wir uns schon kennen. Brauchen Sie nicht vielleicht einen Lehrling?"

„Einen Lehrling?"

Patrick nimmt mir den Stock aus der Hand und schaut mich erwartungsvoll an. Das bringt mich aus der Fassung. „Ich … äh … Das ist schwieriger, als es aussieht", sage ich in strengem Tonfall, um meine Verlegenheit zu verbergen. „Es dürfen keine Fußabdrücke auf dem Bild sein, und wir müssen schnell arbeiten, sonst holt sich die Flut den Text."

„Alles klar."

Ich lese die Bestellung laut vor. „Danke, David."

„Aha! Danke für was?, frage ich mich", sagt Patrick und beugt sich über den Sand, um das erste Wort zu schreiben. „Danke, weil du die Katze gefüttert hast? Danke, weil du mir das Leben gerettet hast? Danke, weil du mich heiraten willst, obwohl ich was mit dem Postboten hatte?"

Meine Mundwinkel zucken. „Danke, weil du mir Flamencotanzen beigebracht hast", schlage ich mit gespieltem Ernst vor.

„Danke für die schöne Auswahl an kubanischen Zigarren."

„Danke für die Erhöhung meines Überziehungskredits."

„Danke für …" Als Patrick den Arm ausstreckt, um den Satz zu vollenden, verliert er das Gleichgewicht, stolpert und kann sich nur noch abfangen, indem er mitten in die Schrift tritt. „Oh, Mist!"

Ich platze fast vor Lachen. „Ich habe Ihnen doch gesagt, dass es schwieriger ist, als es aussieht!"

„Und was sagen Sie dazu?“, fragt Patrick. Er hat noch ein Wort in den Sand geschrieben: *Drink?*

„Schon besser“, sage ich. „Allerdings ist das keine meiner Bestell …“ Ich halte inne und komme mir vor wie eine Idiotin. „Oh … Ich verstehe.“

„Im *Cross Oak*? Heute Abend?“ Patrick tritt von einem Fuß auf den anderen, und ich merke, dass auch er nervös ist. Diese Entdeckung gibt mir neues Selbstvertrauen.

Ich zögere, aber nur kurz, und ignoriere das Pochen in meiner Brust. „Gern.“

DEN REST DES TAGES bereue ich meine Spontaneität, und als es endlich Abend ist, bin ich so aufgewühlt, dass ich zittere. Ist Patrick wirklich so ehrlich, wie er zu sein scheint? Ist das überhaupt irgendjemand? Um die Zeit totzuschlagen, nehme ich ein Bad. Dann setze ich mich auf mein Bett und überlege, was ich anziehen soll. Es ist schon zehn Jahre her, dass ich zum letzten Mal eine Verabredung hatte, und ich habe Angst, gegen irgendwelche Regeln zu verstoßen. Bethan findet in ihrem Schrank immer wieder Kleidung für mich, die ihr nicht mehr passt, doch das meiste ist mir zu groß. Ich probiere einen violetten Rock an, und obwohl ich ihn in der Taille mit einem Schal zusammenhalten muss, finde ich ihn gar nicht schlecht. Kurz fühle ich mich an das Mädchen erinnert, das ich einmal war, aber als ich in den Spiegel schaue, sehe ich, dass der Rocksaum oberhalb der Knie endet und meine Beine entblößt. Rasch ziehe ich den Rock aus und meine Jeans wieder an, suche ein sauberes Top heraus und bürste mir die Haare. Ich sehe wieder genauso aus wie vor einer Stunde. Genau wie immer.

Ich gehe zum Campingplatz, wo ich mich mit Patrick treffen will. In allerletzter Minute habe ich beschlossen, Beau mitzunehmen, und tatsächlich flößt mir seine Gegenwart wieder ein wenig von dem Mut ein, den er mir schon heute Morgen am Strand gegeben hat. Als ich am Campingplatz ankomme, steht Patrick in der offenen Ladentür und unterhält sich mit Bethan.

Bethan entdeckt mich, und Patrick dreht sich um und lächelt, als ich näher komme. Ob er wohl genauso viel Angst hat wie ich?

„Bleibt anständig, ihr zwei“, sagt Bethan mit einem Grinsen.

Patrick lacht, und wir gehen in Richtung Dorf. Es fällt ihm nicht schwer, ein Gesprächsthema zu finden, und auch wenn ich glaube, dass er ein wenig übertreibt, als er mir die Possen einiger seiner Patienten schildert, bin ich dankbar für seine Geschichten.

Der Wirt des *Cross Oak* heißt Dave Bishop, stammt aus Yorkshire und ist erst ein paar Jahre vor mir nach Penfach gekommen. Ich war noch nie in seinem Pub, aber ich habe Dave schon oft gegrüßt, wenn ich auf dem Weg zur Post mit Beau bei ihm vorbeigekommen bin.

Die Hoffnung, hier in aller Ruhe gemeinsam etwas trinken zu können, löst sich jedoch in nichts auf, als wir durch die Tür treten.

„Patrick! Die nächste Runde geht doch auf dich, oder?"

„Du musst dir Rosie noch mal anschauen. Es geht ihr immer noch nicht gut."

„Wie geht's deinem alten Herrn? Vermisst er das walisische Wetter nicht?"

Dieser Ansturm von Fragen und Begrüßungen in der Enge des Pubs macht mich nervös. Patrick wechselt mit jedem ein paar Worte, bleibt aber nirgends stehen. Er legt mir die Hand auf den Rücken und lenkt mich sanft zwischen den Gästen hindurch zum Tresen. Ich bin erleichtert und enttäuscht zugleich, als er die Hand wieder wegnimmt und die Arme auf dem Tresen verschränkt. „Was hätten Sie gern?"

Ich wünschte, er hätte zuerst bestellt. Ich sehne mich nach einem kalten Bier und lasse meinen Blick durch den Pub schweifen. Gibt es hier Frauen, die Bier trinken?

Dave hustet höflich. „Äh … einen Gin Tonic", sage ich. Ich habe noch nie Gin getrunken. Dass ich mich nicht entscheiden kann, ist nicht neu für mich, auch wenn ich mich nicht erinnern kann, wann das angefangen hat.

Patrick bestellt sich eine Flasche Beck's.

„Sie sind also die Fotografin, die in Blaen Cedi wohnt, ja? Wir haben uns schon gefragt, wo Sie sich verstecken."

Der Mann, der mich anspricht, ist in Iestyns Alter. Er trägt eine Tweedkappe und hat einen Backenbart.

„Das ist Jenna", stellt Patrick mich vor. „Sie baut sich gerade ein Geschäft auf. Deshalb hat sie auch keine Zeit, mit euch alten Säcken einen zu trinken."

Der Mann lacht. Ich werde rot und bin Patrick dankbar dafür, dass er mir die Erklärung für mein Eremitendasein abgenommen hat. Wir suchen uns einen Tisch in der Ecke, und obwohl mir schmerzhaft bewusst ist, dass alle Blicke auf uns gerichtet sind und die Gerüchteküche ohne Zweifel bereits brodelt, wenden sich die Männer schon bald wieder ihren Pints zu.

Sorgfältig achte ich darauf, nicht allzu viel zu reden. Glücklicherweise hat Patrick jede Menge Geschichten aus der Gegend parat.

„Das ist wirklich ein schöner Ort zum Leben", sage ich.

Patrick streckt seine langen Beine aus. „Ja – auch wenn ich das als Jugendlicher natürlich anders gesehen habe. Ständig habe ich meine Eltern gedrängt, doch nach Swansea zu ziehen. Ich war fest davon überzeugt, dass sich mein

Leben dann radikal verändern würde. Plötzlich wäre ich der beliebteste Kerl an der Schule und hätte an jedem Finger eine Braut." Er grinst.

„Wollten Sie schon immer Tierarzt werden?"

„Seit ich denken kann. Angeblich habe ich all meine Stofftiere in den Flur gesetzt und meiner Mutter gesagt, sie solle sie nacheinander in die Küche bringen, damit ich sie operieren kann." Wenn er redet, lebt sein ganzes Gesicht, und kurz bevor er lächelt, erscheinen kleine Falten in seinen Augenwinkeln. „Ich bin nach Leeds gegangen, um Tiermedizin zu studieren. Dort habe ich dann auch das gesellschaftliche Leben gefunden, nach dem ich mich so sehr gesehnt hatte."

„Und an jedem Finger eine Braut?", frage ich.

Patrick grinst. „Ein, zwei vielleicht. Doch nachdem ich so lange verzweifelt versucht hatte, endlich aus Wales herauszukommen, habe ich es schließlich furchtbar vermisst. Nach meinem Abschluss fand ich eine Stelle in der Nähe von Leeds. Dann suchte der Tierarzt in Port Ellis einen Partner für seine Praxis, und ich habe die Gelegenheit sofort genutzt. Mum und Dad brauchten mich, und ich konnte es kaum erwarten, wieder am Meer zu sein."

„Ihre Eltern haben also in Port Ellis gelebt, ja?" Menschen, die eine enge Beziehung zu ihren Eltern haben, wecken meine Neugier. Vielleicht wäre alles anders, wenn mein Vater bei uns geblieben wäre.

„Mum ist hier geboren. Dad ist als Teenager mit seiner Familie hierhergezogen, und als sie beide neunzehn waren, haben sie geheiratet."

„War Ihr Dad auch Tierarzt?" Ich stelle zu viele Fragen, doch ich habe Angst, selbst Rede und Antwort stehen zu müssen, wenn ich damit aufhöre.

„Nein. Er war Ingenieur, doch inzwischen ist er im Ruhestand. Aber er ist der Grund, warum ich ehrenamtlich bei der Seenotrettung arbeite. Dad hat das auch jahrelang gemacht." Er wird plötzlich ernst. „Seien Sie bloß vorsichtig, wenn Sie in der Bucht schwimmen gehen. Die Unterströmung ist brutal."

„Bis jetzt war ich nie tiefer drin als bis zu den Knien", beteure ich. Ich beuge mich zu Beau herunter, der unter dem Tisch eingeschlafen ist, streichle ihn und suche nach etwas, was ich sagen kann. „Leben Ihre Eltern noch immer hier?", bringe ich schließlich heraus. War ich schon immer so langweilig? Ich versuche mich an meine Studentenzeit zu erinnern. Damals war ich der Mittelpunkt jeder Party. Jetzt sind schon die einfachsten Unterhaltungen eine Qual für mich.

„Sie sind vor ein paar Jahren nach Spanien gezogen. Mum hat Arthritis, und das warme Klima tut ihren Gelenken gut. Was ist mit Ihnen? Leben Ihre Eltern irgendwo in der Nähe?"

„Nicht wirklich."

Patrick schaut mich neugierig an, und ich bereue, dass ich nicht einfach Nein gesagt habe. Ich atme tief durch. „Ich bin mit meiner Mum nie wirklich klargekommen", erkläre ich. „Als ich fünfzehn war, hat sie meinen Dad rausgeworfen, und seitdem habe ich ihn nicht mehr gesehen. Das habe ich ihr nie verziehen."

„Dann haben Sie auch keinen Kontakt mehr zu Ihrer Mutter?"

„Zuerst schon, aber dann haben wir uns endgültig zerstritten, nachdem ich …" Ich bremse mich. „Vor ein paar Jahren hat meine Schwester mir geschrieben, dass sie gestorben ist." Ich versuche das Mitgefühl, das ich in Patricks Augen sehe, zu ignorieren, und ich habe Angst vor den Fragen, die ihm jetzt sicher auf der Zunge liegen: Warum bin ich nach Penfach gekommen? Warum bin ich aus Bristol weggegangen? Er wird aus Höflichkeit fragen, ohne zu ahnen, dass ich ihm die Wahrheit gar nicht sagen *kann.*

„Ich sollte jetzt besser nach Hause gehen", sage ich.

„Jetzt schon? Es ist doch noch früh. Wir könnten noch was trinken … oder essen …"

„Nein. Wirklich. Ich sollte jetzt besser gehen. Danke für den Drink." Ich stehe auf, bevor er sich genötigt sieht, sich wieder mit mir zu verabreden, aber er schiebt seinen Stuhl zurück und erhebt sich ebenfalls.

„Ich bringe Sie nach Hause."

In meinem Kopf heulen die Alarmsirenen. Warum will er mich begleiten? Ich denke daran, wie abgelegen das Cottage ist und dass niemand mich hören wird, wenn er sich einfach weigert, wieder zu gehen. Patrick mag nett und harmlos wirken, aber ich weiß nur zu gut, wie schnell sich die Dinge ändern können.

„Nicht nötig, danke."

Ich dränge mich durch die Einheimischen. Es ist mir egal, was sie von mir denken. Ich schaffe es, mich zu zügeln, bis ich den Pub verlassen habe und hinter der nächsten Ecke bin, doch dann renne ich auf dem Küstenweg nach Hause. Beau läuft neben mir her. Erst vor dem Cottage bleibe ich stehen. Wieder einmal kämpfe ich mit dem Schloss. Als ich endlich drinnen bin, schiebe den Riegel vor und lasse mich gegen die Tür fallen.

Das Herz schlägt mir bis zum Hals, und das Atmen fällt mir schwer. Ich bin nicht einmal sicher, dass es wirklich Patrick ist, vor dem ich solche Angst habe, aber irgendwie hat sich sein Bild in meinem Kopf mit der Panik vermischt, die mich jeden Tag heimsucht. Ich vertraue meinen Instinkten nicht mehr. Sie haben sich schon so oft als trügerisch erwiesen. Also ist es am sichersten, mich von anderen möglichst fernzuhalten.

5

Ray telefonierte gerade, als Kate ohne anzuklopfen seine Bürotür öffnete. Als sie sah, dass Ray am Telefon war, formte sie ein „Sorry“ mit den Lippen und wollte den Rückzug antreten, doch er winkte sie herein. Vorsichtig schloss sie die Tür und setzte sich.

„Ist das wirklich nötig, Ray?“, fragte Chief Constable Olivia Rippon gerade. „Die Chancen, dass sich jemand meldet, tendieren gegen null, und ich mache mir Sorgen, dass so ein öffentlicher Aufruf die Aufmerksamkeit wieder auf die Tatsache lenken wird, dass wir die Person, die für den Tod des Kindes verantwortlich ist, immer noch nicht verhaftet haben.“

Sein Name war Jacob, korrigierte Ray sie in Gedanken. Vor fast einem Jahr hatte Jacobs Mutter den gleichen Satz zu ihm gesagt. Er fragte sich, ob seine Chefin wirklich so kalt war, wie es den Anschein hatte.

„Und da niemand nach Gerechtigkeit schreit, halte ich es auch für unnötig, alten Staub aufzuwirbeln“, setzte Rippon hinzu. „Außerdem hatte ich überlegt, Ihnen die Creston-Drogensache zu geben, aber wenn Sie sich lieber auf einen alten Fall konzentrieren wollen …“

Kurz geriet er ins Wanken, dann sah er Kates Blick. Sie beobachtete ihn aufmerksam.

„Ich kann mich um beides kümmern“, erklärte Ray mit fester Stimme. „Ich werde im Fall Jacob Jordan mit einem Aufruf an die Öffentlichkeit gehen. Ich glaube, das ist die richtige Entscheidung.“

Olivia Rippon schwieg. Dann sagte sie: „Ein Artikel in der *Post*, Ray, und ein paar Plakate am Straßenrand. Mehr nicht. Und in einer Woche wird alles wieder abgenommen.“ Sie legte auf.

Kate wartete darauf, dass Ray etwas sagte. Nervös klopfte sie mit ihrem Stift auf die Lehne.

„Wir können loslegen“, verkündete Ray. Der Aufruf anlässlich des Jahrestags von Jacobs Unfall war Kates Idee gewesen.

Ein breites Grinsen erschien auf Kates Gesicht. „Gut gemacht. Ist sie sehr wütend?“

„Sie wird sich wieder fangen“, erwiderte er. „Sie will nur deutlich machen, dass sie das Vorhaben missbilligt, damit sie sich selbstgerecht davon distanzieren kann, wenn die Aktion nach hinten losgeht und das Vertrauen der Öffentlichkeit in die Polizei Schaden nehmen sollte.“

„Das ist doch zynisch!“

„Das ist die Führungsetage.“

„Und dahin willst du immer noch befördert werden?“ Kates Augen funkelten, und Ray lachte.

„Ich kann ja nicht ewig hierbleiben“, sagte er.

„Warum nicht?"

Er dachte darüber nach, wie schön es wäre, alle karrierepolitischen Erwägungen einfach ignorieren und sich auf seinen Job konzentrieren zu können – auf einen Job, den er liebte. „Weil ich zwei Kinder durch die Uni bringen muss", antwortete er schließlich. „Außerdem werde ich anders als die anderen sein. Ich werde *nicht* vergessen, wie es da draußen zugeht."

„Ich werde dich daran erinnern, wenn du Chief Constable bist und mir sagst, dass ich nach einem Jahr mit einem ungelösten Fall nicht mehr an die Öffentlichkeit gehen kann", sagte Kate.

Ray grinste. „Ich habe schon mit der *Post* gesprochen. Suzy French wollte zum Jahrestag des Unfalls ohnehin einen Artikel schreiben. Sie hängt unseren Zeugenaufruf einfach dran. Ruf sie bitte an, und geh die Einzelheiten mit ihr durch."

„Kein Problem. Was unternehmen wir wegen Jacobs Mutter?"

Er zuckte mit den Schultern. „Ich nehme an, wir müssen den Aufruf ohne sie starten. Dann warten wir, ob etwas dabei herauskommt, und anschließend suchen wir nach ihr. "

Dass die Frau verschwunden war, überraschte Ray nicht. Seiner Erfahrung nach zeigten die meisten Menschen eine von zwei Reaktionen, wenn sie jemanden verloren, der ihnen nahestand: Entweder schworen sie, niemals umzuziehen und das Zimmer des Betreffenden genau so zu lassen, wie es war – als eine Art Schrein –, oder sie machten einen klaren Schnitt, weil sie es als unerträglich empfanden, einfach weiterzuleben, als hätte sich nichts verändert.

Nachdem Kate sein Büro verlassen hatte, betrachtete Ray nachdenklich Jacobs Foto, das noch immer an der Pinnwand hing. Der öffentliche Aufruf war ein letzter Versuch. Vermutlich würde er nichts bringen, aber dann hatten sie es immerhin probiert.

Ich sitze am Küchentisch vor meinem Laptop und habe die Knie unter meinen geräumigen Strickpullover gezogen, den ich früher immer im Atelier getragen habe, wenn es draußen kalt war. Ich sitze direkt neben dem Herd, dennoch zittere ich. Obwohl es noch nicht einmal Mittag ist, habe ich mir ein Glas Wein eingeschenkt. Zögernd gebe ich ein paar Buchstaben in die Suchmaschine ein. Es sind so viele Monate vergangen, seit ich mich zum letzten Mal mit dieser Suche gequält habe. Doch jetzt geht es nicht anders. Wie könnte ich auch nicht an ihn denken – an einem Tag wie diesem?

Ich nippe an meinem Wein und drücke die Enter-Taste.

Es dauert nur wenige Sekunden, dann füllt sich der Bildschirm mit Artikeln über den Unfall, Foreneinträgen und Gedenkseiten für Jacob. Die Färbung der Links zeigt, dass ich die meisten davon schon besucht habe.

Doch heute, genau ein Jahr nachdem meine Welt eingestürzt ist, gibt es einen neuen Artikel in der Online-Ausgabe der *Bristol Post*.

Ich stoße ein ersticktes Schluchzen aus und balle die Fäuste so fest, dass meine Knöchel weiß hervortreten. Dann verschlinge ich den kurzen Artikel. Es gibt keine neuen Entwicklungen. Die Polizei hat immer noch keine Spur. Sie will die Öffentlichkeit nur daran erinnern, dass der Todesfahrer nach wie vor gesucht wird. Der Todesfahrer … Das Wort macht mich krank, und ich schließe den Browser, doch nicht einmal der Anblick meines Desktop-Hintergrunds, ein Foto von der Bucht, kann mich beruhigen. Seit meiner Verabredung mit Patrick war ich nicht mehr am Strand. Ich habe Bestellungen, für die ich Fotos machen müsste, aber ich schäme mich so für mein Verhalten, dass ich es nicht ertragen könnte, ihm über den Weg zu laufen. Unser Treffen ist jetzt vierzehn Tage her, und Patrick hat keinerlei Versuch unternommen, mich zu kontaktieren. Plötzlich wird mir übel. Ich schütte den Wein in den Ausguss und beschließe, mit Beau oben auf den Klippen spazieren zu gehen.

Es wird ein langer Spaziergang. Als wir die Landspitze bei Port Ellis umrunden, sehe ich unter mir ein graues Gebäude. Das muss das Bootshaus der Seenotrettung sein. Ich muss an Patrick denken. Ich habe keinen Plan. Ich gehe einfach weiter, bis ich das Dorf erreiche und schließlich die Tierarztpraxis. Erst als ich die Tür öffne, frage ich mich, was zum Teufel ich sagen soll.

„Wie kann ich Ihnen behilflich sein?“ Es ist dieselbe Tierarzthelferin wie beim letzten Mal.

„Könnte ich Patrick wohl kurz sprechen?“

„Einen Moment. Ich bin gleich wieder zurück.“

Verlegen bleibe ich im Wartezimmer stehen, wo eine Frau mit einem kleinen Kind sitzt. Sie hat einen Weidenkorb neben sich stehen, in dem sich irgendein Tier befindet. Beau zerrt an seiner Leine, und ich ziehe ihn zurück.

Ein paar Minuten später höre ich Schritte, und Patrick erscheint. Er trägt eine braune Cordhose und ein kariertes Hemd. Sein Haar ist zerzaust, als wäre er mit den Fingern hindurchgefahren.

„Stimmt etwas nicht mit Beau?“ Er ist freundlich, lächelt aber nicht, und meine Entschlossenheit gerät ins Wanken.

„Nein. Ich wollte nur kurz mit Ihnen sprechen.“

Er zögert, und ich bin sicher, dass er Nein sagen wird.

„Kommen Sie rein.“

Ich folge Patrick in den Raum, in dem er Beau zum ersten Mal untersucht hat. Er lehnt sich an die Spüle und schweigt. Er macht es mir nicht leicht.

„Ich wollte nur … Ich wollte mich entschuldigen."

Patrick lächelt schief. „Ich bin ja schon öfter abserviert worden, aber für gewöhnlich nicht so schnell."

„Es tut mir wirklich leid."

„Habe ich irgendetwas falsch gemacht? Etwas gesagt, das ich nicht hätte sagen sollen?"

„Nein, nein. Sie haben gar nichts falsch gemacht. Es ist meine Schuld. Ich bin nicht sonderlich gut in solchen Dingen."

Er lächelt. „Vielleicht brauchen Sie ja nur ein wenig Übung."

Ich muss lachen. „Ja, vielleicht."

„Ich muss mich noch um zwei Patienten kümmern, dann habe ich für heute Feierabend. Wie wäre es, wenn wir gemeinsam zu Abend essen? Ich habe heute Morgen nämlich meinen Schongarer angeworfen. Der Eintopf reicht für zwei. Und eine Portion für Beau ist auch noch drin."

Wenn ich jetzt Nein sage, werde ich ihn nie mehr wiedersehen.

„Gern."

Patrick schaut auf seine Uhr. „Sagen wir, in einer Stunde hier. Kommen Sie bis dahin zurecht?"

„Kein Problem. Ich wollte ohnehin ein paar Bilder vom Dorf machen."

„Prima! Dann bis gleich."

Ich bin mutig gewesen. Ich bin zwar weggelaufen, aber auch wieder zurückgekommen, und heute Abend werde ich mit einem Mann essen, der mich zumindest so gern hat, dass er sich nicht von meiner Nervosität abschrecken lässt.

Ständig schaue ich auf die Uhr, doch die Stunde will einfach nicht herumgehen. Beau und ich drehen mehrere Runden durch das Dorf, bis es endlich Zeit ist, zur Praxis zurückzukehren. Ich würde ungern noch einmal hineingehen und bin deshalb erleichtert, als Patrick herauskommt, sich seine Wachsjacke anzieht und mich breit anlächelt. Er krault Beau die Ohren. Dann gehen wir zu einem kleinen Reihenhaus in der Parallelstraße. Patrick führt uns ins Wohnzimmer, wo Beau sich sofort vor den Kamin legt.

„Ein Glas Wein?"

„Ja, bitte." Der Raum ist klein, aber einladend. Ein Teppich bedeckt den größten Teil des Bodens. Links und rechts vom Kamin steht je ein Sessel, und ich frage mich, welcher wohl Patricks ist. Der kleine Fernseher scheint eher zufällig hier zu stehen. Die Nischen neben den Sesseln werden von zwei riesigen Bücherregalen ausgefüllt. Ich lege den Kopf auf die Seite, um die Titel entziffern zu können.

„Ich habe viel zu viele Bücher“, sagt Patrick, als er mit zwei Gläsern Rotwein zurückkommt. Ich nehme mir eines und bin froh, dass meine Hände etwas zu tun haben.

Er setzt sich in einen der Sessel. Ich folge der unausgesprochenen Einladung, setze mich in den anderen und spiele an meinem Glas herum.

„Wie lange sind Sie schon Fotografin?“

„Eigentlich bin ich gar keine“, antworte ich und staune über meine Ehrlichkeit. „Ich bin Bildhauerin.“ Ich denke an mein Gartenatelier. An den mit Tonscherben übersäten Boden. „Zumindest war ich das.“

„Sie arbeiten nicht mehr als Bildhauerin?“

„Ich kann nicht.“ Ich zögere, dann öffne ich meine linke Hand. Die Narben auf der Handfläche und am Handgelenk sind deutlich zu sehen. „Ich hatte einen Unfall. Seitdem sind die Fingerspitzen gefühllos.“

Patrick stößt einen leisen Pfiff aus. „Wie ist das passiert?“

Plötzlich ist die Nacht vor einem Jahr wieder da. Rasch verdränge ich alle Gedanken daran. „Es sieht schlimmer aus, als es ist“, wiegle ich ab. „Ich hätte einfach vorsichtiger sein sollen.“ Ich kann Patrick nicht in die Augen schauen. Taktvoll wechselt er das Thema.

„Haben Sie Hunger?“

„O ja.“ Der köstliche Duft aus der Küche lässt meinen Magen knurren. Ich folge Patrick in einen überraschend großen Raum mit einer Anrichte aus Pinienholz, die eine gesamte Wand einnimmt. „Die gehörte meiner Großmutter“, erklärt er und schaltet den Schongarer aus.

Ich schaue ihm dabei zu, wie er vorsichtig zwei Teller mit Eintopf füllt und auf den Tisch stellt. „Das ist so ziemlich das Einzige, was ich kochen kann“, entschuldigt er sich. „Ich hoffe, es schmeckt.“ Er schöpft noch etwas von der Fleischeinlage in eine Blechschüssel, und wie auf Kommando trottet Beau in die Küche.

„Moment noch, Kleiner“, sagt Patrick, nimmt eine Gabel und wendet das Fleisch, damit es schneller abkühlt.

„Das sieht köstlich aus“, lobe ich.

„Das Rezept ist von meiner Mum. Jedes Mal wenn sie mich besucht, versucht sie, mein Repertoire zu erweitern. Ich glaube, sie denkt, ich ernähre mich nur von Pizza und Chips, wenn sie nicht da ist. Mein Dad macht das schließlich genauso.“

Ich lache und widme mich dem köstlichen Eintopf.

„Diesen Herbst sind sie vierzig Jahre verheiratet“, sagt er. „Unvorstellbar, oder?“

Allerdings. „Waren Sie je verheiratet?“, frage ich.

Patricks Blick verfinstert sich. „Nein. Einmal habe ich geglaubt, ich hätte die Richtige gefunden, doch es hat nicht funktioniert. Was ist mit Ihnen?“

Ich atme tief durch. „Ich war eine Zeit lang verheiratet, aber dann stellte sich heraus, dass wir beide nicht das Gleiche vom Leben wollten.“ Ich muss lächeln. Was für eine Untertreibung.

„In Blaen Cedi leben Sie ja ziemlich abgeschieden“, bemerkt Patrick. „Stört Sie das nicht?“

„Im Gegenteil. Es gefällt mir. Es ist einfach wunderschön, dort zu wohnen. Außerdem leistet Beau mir Gesellschaft. Und ich besuche Bethan fast jeden Tag.“

„Sie ist eine gute Freundin, nicht wahr? Ich kenne sie schon seit Jahren.“

Mittlerweile habe ich den Teller geleert, und er wird durch eine Schale Apfelauflauf mit Streuseln und Vanillesoße ersetzt. Ich kratze die Soße von meinem Auflauf und esse ihn ohne. Ich hoffe, ich wirke nicht zu unhöflich.

„Mögen Sie das nicht?“

„Doch, doch“, antworte ich. „Ich mag nur Pudding nicht so gern.“ Ernährungsgewohnheiten lassen sich nur schwer ändern.

„Da verpassen Sie aber was.“ Patrick verschlingt seinen Nachtisch förmlich. „Den habe ich übrigens nicht selbst gemacht. Eines der Mädchen in der Praxis hat ihn mir mitgebracht.“

„Tut mir leid.“

„Kein Problem. Wirklich. Ich lasse die Soße ein wenig abkühlen, dann kann Beau die Schüssel ausschlecken.“

Mein Hund spitzt die Ohren, als er seinen Namen hört.

„Ein toller Hund“, stellt Patrick fest. „Und er hat großes Glück gehabt.“

Ich nicke, obwohl ich Beau ebenso sehr brauche wie er mich. Eigentlich bin ich diejenige, die Glück hatte. Ich wende den Blick ab und entdecke weitere Regale in der Küche. „Noch mehr Bücher?“

„Ich kann einfach nicht anders“, sagt Patrick und grinst. „Da stehen hauptsächlich Kochbücher, die meine Mutter mir geschenkt hat, aber auch ein paar Krimis. Ich lese alles, was einen einigermaßen guten Plot hat.“

Er macht sich daran, den Tisch abzuräumen, und ich schaue ihm zu.

Soll ich dir eine Geschichte erzählen, Patrick?

Die Geschichte von Jacob und dem Unfall. Eine Geschichte über eine Flucht, meine *Flucht, weil ich keinen anderen Weg sah weiterzuleben, als ganz von vorne anzufangen. Und eine Geschichte über Schreie in der Nacht, weil ich das, was geschehen ist, nie mehr loswerde.*

Soll ich dir diese Geschichte erzählen? Sie hat einen tollen Plot.

„Alles okay mit Ihnen?“ Patrick bedenkt mich mit einem seltsamen Blick.

„Das Essen war köstlich", sage ich. Ich habe zwei Möglichkeiten: Entweder halte ich mich von Patrick fern, oder ich verberge die Wahrheit vor ihm. Ich finde es schrecklich, ihn anzulügen, aber die Vorstellung, ihn loszulassen, ertrage ich auch nicht. Ich werfe einen Blick auf die Wanduhr. „Ich sollte jetzt gehen", bemerke ich.

„Wollen Sie wieder Aschenputtel spielen?"

„Diesmal nicht." Ich werde rot, doch Patrick lächelt. „Der letzte Bus nach Penfach fährt um acht", füge ich hinzu.

„Haben Sie denn kein Auto?"

„Ich fahre nicht gern."

„Dann bringe ich Sie zurück. Ich hatte nur ein kleines Glas Wein."

„Ich würde wirklich gern allein nach Hause gehen. Vielleicht treffe ich Sie ja morgen früh am Strand", sage ich.

Er lächelt. „Das wäre großartig." Er holt meine Sachen, und wir stehen in dem winzigen Flur, während ich meinen Mantel anziehe. „Rufen Sie mich an, wenn Sie zu Hause sind? Ich gebe Ihnen meine Nummer."

„Das würde ich ja, aber ich habe kein Telefon."

„Sie haben kein Handy?"

Fast hätte ich lauthals aufgelacht, so ungläubig starrt er mich an. „Nein. Es gibt zwar eine Telefonleitung im Cottage, sodass ich ins Internet komme, aber ein Telefon ist nicht angeschlossen. Mir wird schon nichts passieren. Ehrenwort."

Patrick legt mir die Hände auf die Schultern, und bevor ich die Chance habe zu reagieren, beugt er sich vor und küsst mich sanft auf die Wange.

„Danke", sage ich, und obwohl das weder passend noch originell ist, lächelt Patrick mich an, als hätte ich etwas Bedeutsames gesagt. Wie leicht es doch ist, mit jemandem zusammen zu sein, der so wenig von einem verlangt.

RAY SETZTE SICH zu Mags an den gedeckten Frühstückstisch. Ihre Tochter Lucy, die sich das Pfadfinderinnen-Kochabzeichen verdienen wollte und das Ganze sehr ernst nahm, servierte ihnen verbrannten Speck und gummiartige Rühreier. Tom war nicht da, er hatte bei einem Freund übernachtet und wurde erst gegen Mittag zurückerwartet. Ray war damit einverstanden gewesen, nachdem Mags bemerkt hatte, wie schön es doch sei, dass Tom sich endlich Freunde suchte.

„Das sieht köstlich aus, Süße", lobte Ray. In diesem Augenblick begann sein Handy zu klingeln. Er fischte es aus der Tasche und schaute aufs Display. Dann sah er Mags an. „Arbeit."

Er fragte sich, ob es neue Informationen in Sachen „Operation Falcon“ gab – das war der Codename für den Creston-Fall. Rippon hatte ihm diesen Fall tatsächlich übertragen, verbunden mit der klaren Anweisung, der Operation Falcon Vorrang vor allem anderen zu geben. Den Zeugenaufruf zum Jahrestag von Jacobs Tod hatte Rippon in diesem Zusammenhang zwar nicht erwähnt, aber Ray hatte sie auch so verstanden.

Mags beobachtete Lucy, die sich voll und ganz darauf konzentrierte, das Essen auf die Teller zu befördern. „Frühstücke wenigstens zuerst. Bitte.“

Widerwillig leitete Ray den Anruf auf Voicemail um. Doch kaum hatte er die Gabel mit Speck und Eiern beladen, klingelte das Festnetztelefon.

Mags nahm ab. „Oh, hallo Kate. Ist es dringend? Wir frühstücken nämlich gerade.“ Sie hörte kurz zu, dann reichte sie ihrem Mann wortlos das Telefon.

„Hi Ray. Tut mir leid, dass ich störe“, sagte Kate, „aber ich dachte mir, dass du das hier sicher sofort hören willst.“

„Was ist denn?“

„Der Aufruf hat etwas gebracht. Wir haben einen Zeugen.“

Eine halbe Stunde später war Ray im Büro.

„Und? Was haben wir?“

„Einen Mann, der aussagt, dass ihn am fraglichen Abend ein roter Wagen geschnitten hätte. Der Wagen sei im Zickzack gefahren. Das war kurz nach dem Unfall. Der Zeuge ist nicht von hier. Er hat damals seine Schwester besucht, die Geburtstag hatte – deshalb ist er sich auch so sicher, was das Datum betrifft –, aber er ist noch am selben Tag nach Bournemouth zurückgefahren und hat deshalb nichts von dem Unfall gehört. Wie auch immer … Gestern Abend hat seine Schwester den Aufruf erwähnt, als sie miteinander telefoniert haben, und er hat eins und eins zusammengezählt.“

„Gut“, sagte Ray. „Dann befragen wir ihn. Ich will jede noch so kleine Einzelheit wissen, alles, was er uns zu dem Wagen sagen kann. Hersteller, Farbe … Und alles über den Fahrer. Offenbar haben wir doch noch eine Chance. Lass es uns diesmal richtig machen.“

„So eine Scheisse! Der Kerl hat nicht die geringste Ahnung!“ Ray lief vor dem Bürofenster auf und ab und machte nicht einmal den Versuch, seinen Frust zu verbergen. „Er kann uns nicht sagen, wie alt der Fahrer war oder ob es sich um einen Weißen oder Farbigen gehandelt hat … Himmel! Er weiß noch nicht einmal, ob ein Mann oder eine Frau am Steuer saß!“

„Die Sicht war schlecht“, erinnerte Kate ihn, „und er war voll und ganz damit beschäftigt, seinen Wagen unter Kontrolle und auf der Fahrbahn zu halten."

Das stimmte natürlich, doch Ray war nicht in der Stimmung für Großmut. „Dann hätte er die Finger vom Steuer lassen sollen, wenn er Probleme mit so 'nem bisschen Regen hat."

„*Ein Ford. Fließheck*", las Kate aus ihren Notizen vor. „*Mit einer geborstenen Windschutzscheibe. Vielleicht ein Fiesta oder ein Focus*. Das ist wenigstens etwas."

„Ja, das ist besser als nichts", gab Ray zu. „Machen wir uns an die Arbeit. Du versuchst Jacobs Mutter ausfindig zu machen. *Falls* wir jemanden schnappen, möchte ich, dass sie weiß, dass wir ihren Sohn nicht aufgegeben haben."

„Alles klar", entgegnete Kate.

„Wir lassen eine Liste aller in Bristol registrierten Fiestas und Focus' aus dem Polizeicomputer, und ich lade dich zum Mittagessen ein. Dann können wir die Ausdrucke durchgehen."

RAY SCHOB den Teller mit den Resten seiner Paella beiseite und legte die Hand auf die Papiere vor ihm auf dem Tisch. „Neunhundertzweiundvierzig."

„Und das sind nur die aus der Gegend hier", fügte Kate hinzu. „Was, wenn er nur auf der Durchfahrt war?"

„Vielleicht können wir die Suche ein wenig eingrenzen." Ray faltete den Ausdruck und gab ihn Kate. „Gleich diese Liste doch mal mit der automatischen Kennzeichenerkennung der Verkehrsüberwachung ab. Als Zeitrahmen nehmen wir dreißig Minuten vor bis dreißig Minuten nach dem Unfall. Dann wissen wir, wie viele dieser Autobesitzer zur fraglichen Zeit überhaupt unterwegs waren. Danach geht's im Ausschlussverfahren weiter."

„Wir kommen der Sache allmählich näher", sagte Kate mit leuchtenden Augen, „das habe ich im Gefühl."

Ray grinste. „Lass uns nicht übermütig werden. Was hast du im Augenblick sonst noch zu tun?"

Kate zählte ihre Aufgaben an den Fingern ab. „Da wären der Raubüberfall bei Londis, eine Reihe von Überfällen auf asiatische Taxifahrer und eine mutmaßliche sexuelle Nötigung, die uns die Streife reingegeben hat. Oh, und ich habe nächste Woche noch eine zweitägige Fortbildung."

Ray schnaubte. „Davon bist du befreit", sagte er. „Und gib mir die Akten der anderen Fälle, damit ich sie neu verteilen kann. Ich will, dass du Vollzeit an unserem Unfall arbeitest."

6 Als der Bus in Port Ellis eintrifft, wartet Patrick bereits auf mich. In den letzten vierzehn Tagen haben wir uns jeden Tag am Strand getroffen, und inzwischen duzen wir uns auch. Als Patrick vorgeschlagen hat, wir könnten doch seinen freien Nachmittag gemeinsam verbringen, habe ich nur kurz gezögert. Ich kann nicht mein ganzes Leben lang Angst haben.

„Wo gehen wir hin?“, frage ich.

„Du wirst schon sehen.“

Wir verlassen das Dorf und folgen der Straße zum Meer hinunter. Beim Gehen berühren sich unsere Hände, und Patricks Finger schließen sich um meine. Die Berührung lässt mich erschauern, doch dann entspanne ich meine Hand in seiner.

Dass ich viel Zeit mit Patrick verbringe, hat sich in Penfach erstaunlich schnell herumgesprochen. Gestern habe ich Iestyn im Dorfladen getroffen.

„Ich habe gehört, dass du mit Alun Matthews' Sohn ausgehst“, sagte er und grinste schelmisch. „Patrick ist ein guter Junge.“ Ich wurde sofort rot.

„Wann kannst du dir mal meine Haustür ansehen?“, fragte ich, um das Thema zu wechseln. „Inzwischen klemmt das Schloss so sehr, dass sich der Schlüssel kaum noch drehen lässt.“

Iestyn versprach, sich darum zu kümmern, doch als ich das Cottage um die Mittagszeit verließ, war er noch nicht da gewesen, und ich kämpfte ganze zehn Minuten mit dem Schloss.

Die Straße wird immer schmaler, und ich kann bereits das Meer sehen. Ich ahne, wohin Patrick mich führt. „Die Rettungsstation! Können wir reingehen?“

„Das hatte ich vor“, antwortet er.

Wir gehen an einem großen blauen Tor vorbei, und Patrick tippt einen Code in eine Tastatur am Nebeneingang. „Komm. Ich führe dich ein wenig herum.“

Im Inneren riecht es nach Schweiß und Meer. Ein großer Teil des Bootshauses wird von einem leuchtend orangefarbenen Boot aus steifem Gummi mit Außenbordmotor eingenommen. Ich schaue mir die Notizzettel an der Tür und die Ausrüstungslisten an, die jeden Tag sorgfältig abgehakt werden. Eine Plakette an der Wand erinnert an drei ehrenamtliche Seenotretter, die 1916 bei einem Einsatz ihr Leben verloren haben.

„Sie hatten auf den Notruf eines Dampfschiffs vor der Gower-Halbinsel reagiert“, erzählt Patrick. Er gesellt sich zu mir und legt den Arm um mich. Er muss meinen Gesichtsausdruck gesehen haben, denn er fügt hinzu: „Damals war die Ausrüstung nicht halb so gut wie heute.“

Er nimmt meine Hand und führt mich in einen kleinen Nebenraum, wo ein Mann in blauer Wolljacke gerade Kaffee kocht.

„Alles okay, David?“, fragt Patrick. „Das ist Jenna. Jenna, das ist David, unser Einsatzleiter. Er kümmert sich auch um den ganzen Verwaltungskram und passt auf, dass wir keinen Blödsinn machen.“

Ein Telefon klingelt. Der Ton hallt schrill durch den leeren Mannschaftsraum, und David entschuldigt sich. Sekunden später kommt er wieder zurück und zieht seine Jacke aus. „In der Bucht von Rhossili ist ein Kanu gekentert!“, ruft er Patrick zu, während er zum Hangar hinüberrennt. „Vater und Sohn werden vermisst. Helen hat Gary und Aled angerufen.“

Patrick öffnet einen Spind und holt ein Bündel aus gelbem Gummi, eine rote Rettungsweste und dunkelblaues Ölzeug heraus. „Tut mir leid, Jenna. Ich muss los.“ Er zieht sich die wasserdichten Sachen über Jeans und Sweatshirt. „Hier, nimm die Schlüssel, und warte bei mir zu Hause auf mich. Eh du dichs versiehst, bin ich wieder da.“ Bevor ich etwas erwidern kann, rennt auch er zum Hangar. Fast im selben Augenblick stürmen zwei weitere Männer durch die Tür. Wenige Minuten später ziehen die vier Männer das Boot ins Wasser und springen an Bord. Einer startet den Außenbordmotor, und das Boot schießt aufs Meer hinaus.

Ich schaue vom Strand aus zu, wie der orangefarbene Fleck immer kleiner wird.

„Sie sind schnell, nicht wahr?“

Ich drehe mich um und sehe eine Frau in der Tür der Rettungsstation lehnen.

„Ich bin Helen“, stellt die Frau sich vor. Ich schätze sie auf Mitte fünfzig. „Ich bediene das Telefon und führe Besucher herum. Du musst Patricks Freundin sein.“

Die vertrauliche Art der Frau lässt mich erröten. „Jenna“, stelle ich mich vor. „Mir ist noch ganz schwindlig. Seit dem Anruf ist noch nicht mal eine Viertelstunde vergangen.“

„Genau zwölf Minuten und fünfunddreißig Sekunden“, stellt Helen fest. Sie lächelt, als sie meinen überraschten Gesichtsausdruck sieht. „Wir führen über jeden Anruf und unsere Reaktionszeiten Buch.“

Ich drehe mich wieder zum Meer um. Das Boot ist nicht mehr zu sehen.

„Es wird ihnen schon nichts passieren“, beruhigt mich Helen freundlich. „Wie wär’s? Soll ich dir den Rest der Station zeigen?“

„Nein, danke“, antworte ich. „Ich glaube, ich gehe lieber zu Patrick nach Hause und warte dort auf ihn.“

„Patrick ist ein feiner Kerl.“

Ist er das wirklich? Ich frage mich, woher sie das weiß. Als ich den Hügel hinaufgehe, drehe ich mich alle paar Schritte um, in der Hoffnung, das orangefarbene Boot zu erspähen. Doch ich sehe nichts. Die Angst schließt sich wie eine Faust um meinen Magen. Irgendetwas Schlimmes wird geschehen, das weiß ich.

Es fühlt sich seltsam an, ohne Patrick in seinem Haus zu sein. Um irgendetwas zu tun, schalte ich das Radio ein, suche den Lokalsender und wasche das Geschirr ab, das sich in der Spüle stapelt.

„Ein Mann und sein Sohn werden vermisst, nachdem ihr Kanu in der Bucht von Rhossili eine Seemeile vom Ufer entfernt gekentert ist. Die Rettungsmannschaft von Port Ellis wurde alarmiert und ist in See gestochen, doch bis jetzt ist es den Rettern nicht gelungen, die Vermissten zu finden."

Ich trockne meine Hände mit einem Geschirrtuch ab. Dann laufe ich in der Küche auf und ab, bis ich meine eigene Unruhe nicht mehr ertragen kann und mir eine Tasse Tee koche, mit der ich mich an den Tisch setze.

Der Regen *peitscht mein Gesicht und lässt meinen Blick verschwimmen. Ich kann den Motor durch den Wind kaum hören, doch ich höre den Schlag, als der Junge auf die Motorhaube prallt, und den Knall auf dem Asphalt.*

Und dann, plötzlich, ist das Wasser in meinen Augen kein Regen mehr, sondern Meerwasser. Und das Motorengeräusch ist nicht mehr das eines Autos, sondern das Tuck-Tuck-Tuck eines Rettungsboots. Und obwohl der Schrei mein eigener ist, ist das Gesicht, das mich anschaut, nicht das von Jacob, sondern das von Patrick.

„Tut mir leid", sage ich, ohne zu wissen, ob ich wirklich spreche. „Ich habe das nicht …" Ich spüre, wie mich eine Hand an der Schulter rüttelt und aus dem Schlaf reißt. Verwirrt hebe ich den Kopf von den verschränkten Armen. Die hölzerne Tischplatte ist noch warm von meinem Atem. Ich kneife die Augen zusammen, weil das Licht so grell ist, und versuche mein Gesicht mit dem Arm zu schützen. „Nein!"

„Jenna, wach auf! Jenna, du träumst!"

Langsam lasse ich den Arm wieder sinken und öffne die Augen. Patrick kniet vor mir. Ich öffne den Mund, kann aber nicht sprechen. Ich bin noch immer benommen von meinem Albtraum und zugleich erleichtert, weil Patrick endlich da ist.

„Wovon hast du geträumt?"

Mühsam füge ich die Worte zusammen. „Ich … Ich bin nicht sicher … Ich … hatte Angst."

„Du musst keine Angst mehr haben." Patrick streicht mir das feuchte Haar aus den Schläfen und nimmt mein Gesicht in beide Hände. „Ich bin ja da."

Sein Gesicht ist blass, und sein Haar ist nass vom Regen. Er sieht abgekämpft aus, und ohne nachzudenken, beuge ich mich vor und küsse ihn auf den Mund. Gierig erwidert er meinen Kuss. Doch dann lässt er mich plötzlich los. „Wir haben die Suche abgebrochen."

„Abgebrochen? Heißt das, die beiden werden noch vermisst?"

Patrick nickt, und ich spüre die Last, die auf ihm ruht. „Bei Tagesanbruch fahren wir wieder raus", sagt er tonlos, „aber niemand tut mehr so, als hätten wir noch eine Chance." Dann schließt er die Augen, legt den Kopf in meinen Schoß und weint um diesen Vater und seinen Sohn.

Ich streichle sein Haar und lasse meinen Tränen ebenfalls freien Lauf. Ich weine um einen Jungen allein auf dem Meer. Ich weine um Jacob, weine um meinen kleinen Jungen.

Es ist Heiligabend, als die Leichen ans Ufer gespült werden, einige Tage nachdem Patrick und die anderen Seenotretter die Suche endgültig eingestellt haben.

Wir sind am Strand, als Patrick den Anruf erhält, und ich sehe ihm sofort an, dass es keine gute Nachricht ist.

„Es tut mir so leid." Ich weiß nicht, was ich sonst sagen soll.

„Ich war mit einem Mädchen zusammen", sagt er unvermittelt und blickt aufs Meer hinaus. „Wir haben uns an der Uni kennengelernt und dann in Leeds zusammengewohnt."

Ich sage nichts, höre nur zu. Ich weiß nicht, worauf er hinauswill.

„Als ich hierher zurückgekommen bin, habe ich sie mitgebracht. Sie hat Port Ellis gehasst. Alles hier war ihr zu klein, zu ruhig und viel zu langsam."

Ich fühle mich unwohl, so als dränge ich in etwas ein, das mich nichts angeht. Ich will ihm sagen, dass er mir das nicht erzählen muss, doch er scheint nicht aufhören zu können.

„Eines Tages hatten wir einen Streit. Es war wie immer: Sie wollte nach Leeds zurück, und ich wollte hierbleiben und die Praxis aufbauen. Sie lief hinaus zum Strand, um surfen zu gehen, wurde von der Strömung erfasst und kam nicht mehr zurück."

„O Gott, Patrick!" Mir schnürt sich der Hals zu. „Das ist ja furchtbar!"

Endlich dreht er sich zu mir um. „Am nächsten Tag wurde ihr Surfbrett angeschwemmt. Ihre Leiche haben wir nie gefunden."

„Wir?", frage ich. „Du hast selbst nach ihr gesucht?"

Er zuckt mit den Schultern. „Wir haben alle nach ihr gesucht. Das ist schließlich unser Job."

„Ja, aber …" Ich lasse den Satz unvollendet. Natürlich hat er nach ihr gesucht. Wie hätte er auch anders handeln können?

Ich schlinge die Arme um ihn. Er lehnt sich an mich und presst das Gesicht in meinen Nacken. Ich habe immer gedacht, sein Leben wäre perfekt. Doch die Geister, gegen die er kämpft, sind genauso real wie meine. Zum ersten Mal bin ich mit jemandem zusammen, der mich genauso braucht wie ich ihn.

Langsam gehen wir zurück zu meinem Cottage, wo Patrick mir sagt, ich solle auf ihn warten, während er etwas aus dem Wagen holt.

„Was denn?", frage ich neugierig.

„Du wirst schon sehen." Das Funkeln in seinen Augen ist zurück, und ich staune über seine Fähigkeit, mit solchem Leid fertig zu werden. Ich frage mich, ob die Zeit ihm diese Kraft verliehen hat, und hoffe, dass es bei mir ähnlich sein wird.

Als er wieder zurückkommt, trägt er einen Weihnachtsbaum auf der Schulter. Trauer keimt in mir auf, als ich mich daran erinnere, wie sehr ich mich immer auf Weihnachten gefreut habe.

Ich will keinen Baum im Haus, doch Patrick besteht darauf. „Es ist Weihnachten. Da brauchst du einen Baum."

„Aber ich habe nichts, womit ich ihn schmücken könnte!", protestiere ich.

„Schau mal in meinen Rucksack."

Ich öffne Patricks Marinerucksack und finde einen alten Schuhkarton, dessen Deckel von einem Gummiband gehalten wird. Darin befinden sich ein Dutzend rote Glaskugeln, die alt und wertvoll aussehen.

„Oh", hauche ich, „die sind wunderschön."

„Die haben meiner Großmutter gehört."

Gemeinsam schmücken wir den Baum. Patrick hat auch eine Kette mit winzigen Lichtern mitgebracht. Als wir fertig sind, setze ich mich neben Patrick, lege den Kopf auf seine Schulter und beobachte, wie das Licht über die Kugeln tanzt. Patrick streichelt meine Hand. Ich bin so entspannt wie schon seit Jahren nicht mehr.

„Komm mit nach oben", flüstere ich.

„Bist du sicher?"

Ich nicke. Eigentlich weiß ich nicht, ob ich sicher bin, aber ich will es herausfinden. Ich muss wissen, ob es auch anders sein kann.

Patrick fährt mir mit der Hand durchs Haar, küsst meinen Hals, meine Wangen, meine Lippen. Dann steht er auf und führt mich sanft zur Treppe.

Sein Daumen reibt noch immer meine Hand, als könne er es nicht ertragen, mich auch nur einen Augenblick lang nicht zu streicheln. Er folgt mir die schmale Treppe hinauf, und unsere Hände berühren sich leicht an meiner Hüfte. Mein Herz beginnt zu rasen.

ALS ICH AUFWACHE, fällt mir sofort auf, dass etwas anders ist als sonst. Ich liege nicht allein im Bett, aber das ist es nicht, auch wenn sich das Gewicht des Körpers neben mir seltsam anfühlt. Es ist die Tatsache, dass ich tatsächlich geschlafen habe. Langsam breitet sich ein Lächeln auf meinem Gesicht aus. Ich bin ganz normal aufgewacht. Kein Schrei hat mich aus dem Schlaf gerissen, kein Bremsenkreischen oder das Krachen eines Schädels auf Glas. Die erste Nacht seit mehr als zwölf Monaten, in der ich nicht von dem Unfall geträumt habe.

Ich überlege, ob ich aufstehen und Kaffee machen soll, doch die Wärme lockt mich zurück unter die Decke, und so wickle ich mich lieber um Patricks nackten Körper. Er bewegt sich, hebt den Kopf ein wenig und lächelt mich mit geschlossenen Augen an.

„Fröhliche Weihnachten."

Wir bleiben bis zum Mittag im Bett, vergnügen uns miteinander und essen Milchbrötchen mit süßer, klebriger Johannisbeermarmelade. Patrick geht nach unten, um Kaffee zu holen, und bringt die Geschenke mit, die wir letzte Nacht unter den Baum gelegt haben.

Ich reiße das Papier von dem weichen, etwas dilettantisch verpackten Päckchen, das Patrick mir gibt. „Ein Mantel!"

„Nicht gerade romantisch", sagt er verlegen, „aber in deinem zerschlissenen alten Regenmantel holst du dir irgendwann noch den Tod, wenn du bei Wind und Wetter zum Strand hinuntergehst."

Ich ziehe den Mantel sofort an. Er ist dick und warm und wasserdicht und hat tiefe Taschen und eine Kapuze.

„Also ich finde es sehr romantisch, dass du mich warm und trocken sehen willst", sage ich und küsse Patrick. „Er ist wunderbar. Danke."

„Da ist noch etwas in der Tasche", sagt er. „Kein Geschenk, aber etwas, von dem ich glaube, dass du es haben solltest."

Ich stecke die Hand in die Tasche und hole ein Handy heraus.

„Das hatte ich noch rumliegen. Ich weiß, toll ist es nicht, aber es funktioniert – und du musst nicht mehr bis zum Campingplatz laufen, wenn du mal jemanden anrufen willst."

Mir liegt auf der Zunge, dass ich ohnehin nur ihn würde anrufen wollen, doch dann wird mir klar, dass er genau das meint. Es gefällt ihm nicht, dass ich nicht erreichbar bin. Ich weiß nicht genau, was ich davon halten soll, aber ich danke ihm. Ich kann es ja jederzeit abschalten.

Mein Geschenk für Patrick ist eine Bleistiftzeichnung. Sie zeigt den Strand von Port Ellis und das Rettungsboot, das sicher zurückkehrt.

„Du bist gut, Jenna – richtig gut“, sagt Patrick und hält das gerahmte Bild hoch, um es zu bewundern. „Du solltest deine Arbeiten ausstellen, damit du bekannt wirst.“

„Daraus wird nichts“, erwidere ich ohne weitere Begründung. Stattdessen schlage ich einen Spaziergang vor, um meinen neuen Mantel einzuweihen, und wir gehen mit Beau zum Strand.

Die Bucht ist verlassen. Es herrscht Ebbe, und vor uns liegt ein breiter Streifen Strand. Schnee liegt in der Luft, und die Wolken über den Klippen wirken vor dem tiefen Blau des Meeres noch weißer.

„Meine Mutter ist am ersten Weihnachtstag immer im Meer schwimmen gegangen“, erzählt Patrick. „Jedes Jahr hat sie mit Dad darüber gestritten. Er wusste, wie gefährlich die Gezeiten sein können. Aber sie hat sich einfach ihr Handtuch geschnappt und ist zum Wasser gelaufen, kaum dass wir die Geschenke ausgepackt hatten.“

„Verrückt.“ Ich denke an Patricks ertrunkene Freundin und frage mich, wie er es nach so einer Tragödie überhaupt noch am Wasser aushält.

„Was ist mit dir?“, fragt Patrick. „Habt ihr auch so verrückte Familientraditionen?“

„So etwas gab es bei uns nicht“, antworte ich. „Aber ich habe das Weihnachtsfest bei uns zu Hause immer geliebt. Nachdem Dad uns verlassen hatte, haben wir zwar noch genauso gefeiert, aber es war nicht mehr dasselbe.“

„Hast du je nach ihm gesucht?“ Patrick drückt meine Hand.

„Ja. Als ich an der Uni war. Und ich habe ihn auch gefunden und erfahren, dass er eine neue Familie hat. Ich habe ihm geschrieben, und er hat mir zurückgeschrieben, man solle die Vergangenheit lieber ruhen lassen.“

„Das ist ja schrecklich, Jenna.“

Ich zucke mit den Schultern, als kümmerte mich das nicht mehr.

„Verstehst du dich gut mit deiner Schwester?“

„Früher ja. Doch Eve hat sich auf Mums Seite geschlagen, als Dad nicht mehr da war, und ich war wütend auf Mum, weil sie ihn rausgeworfen hatte. Ich habe meine Schwester schon Jahre nicht mehr gesehen, aber vor ein paar Wochen habe ich ihr eine Postkarte geschickt. Ich weiß nicht, ob sie sie bekommen hat. Ich weiß in Wirklichkeit noch nicht einmal, ob sie noch am selben Ort wohnt.“

„Habt ihr euch zerstritten?“

Ich nicke. „Sie mochte meinen Mann nicht.“ Es fühlt sich kühn an, das laut auszusprechen, und ein Schauer der Angst läuft mir über den Rücken.

„Wie lange bist du jetzt schon geschieden?“

Ich korrigiere ihn nicht. „Eine ganze Weile.“

„Keine Kinder?“

Ich bücke mich und tue so, als würde ich nach Kieselsteinen suchen. „Er konnte sich das nicht vorstellen“, sage ich. Das ist gar nicht so weit von der Wahrheit entfernt. Ian wollte nie etwas mit seinem Sohn zu tun haben.

Patrick legt mir den Arm um die Schultern. „Tut mir leid. Ich stelle zu viele Fragen.“

„Schon okay“, sage ich und meine es auch so. Bei Patrick fühle ich mich sicher. Ich habe ihm mehr erzählt, als ich wollte, aber ich kann ihm nicht alles sagen, denn wenn ich das tue, wird er einfach gehen, und dann habe ich niemanden mehr, der mich vor dem Absturz bewahrt.

RAY HATTE SICH über Weihnachten freigenommen, und obwohl er ein paarmal im Büro vorbeigeschaut und sich Arbeit mit nach Hause genommen hatte, musste er zugeben, dass die Pause ihm gutgetan hatte. Jetzt fragte er sich, wie Kate mit den Ermittlungen vorangekommen sein mochte.

Von ihrer Liste mit gut neunhundert in Bristol registrierten roten Fords der Modellreihen Focus und Fiesta waren knapp über vierzig von der automatischen Kennzeichenerkennung erfasst worden. Mithilfe der Nummernliste spürte Kate alle Besitzer auf, um sie zu fragen, wo genau sie zum Zeitpunkt des Unfalls gewesen waren. In den letzten vier bis fünf Wochen hatte sie große Teile der Liste abgearbeitet. Nun, da die Feiertage vorbei waren, wurde es Zeit für einen Durchbruch.

„Ein gutes neues Jahr wünsche ich euch beiden.“ Mit diesen Worten ließ Ray eine Dose Toffees auf Stumpys Schreibtisch fallen. „Eine kleine Wiedergutmachung für die viele Arbeit über die Feiertage.“

„Wenn man an Neujahr um sieben Uhr morgens aufstehen muss, braucht es schon mehr als eine Dose Süßkram.“

Ray grinste. „Du bist ohnehin zu alt für lange Partys, Stumpy. Mags und ich haben lange vor Mitternacht geschlafen.“

„Und ich habe mich noch immer nicht ganz erholt“, sagte Kate und gähnte.

„Gute Party?“, fragte Ray lächelnd.

„Jep – zumindest der Teil, an den ich mich erinnern kann.“ Sie lachte.

„Was liegt heute an?“, erkundigte sich Ray.

„Es gibt gute Neuigkeiten“, berichtete Kate. „Wir haben eine Nummer.“

„Das wurde aber auch Zeit“, sagte Ray erleichtert. „Wie sicher bist du dir, dass es die richtige ist?“

„Ziemlich sicher. Seit dem Unfall ist sie von keinem System mehr registriert worden, und obwohl keine Kfz-Steuer mehr gezahlt wurde, ist der Wagen nicht abgemeldet worden. Also nehme ich an, dass der Fahrer ihn entweder irgendwo stehen gelassen oder abgefackelt hat. Das Fahrzeug ist mit einer Adresse in Beaufort Crescent registriert – das liegt gut acht Kilometer vom Unfallort entfernt. Stumpy und ich sind gestern hingefahren, aber da wohnt niemand mehr. Das Haus war aber vermietet, deshalb wird Stumpy heute versuchen, den Vermieter aufzutreiben. Vielleicht hat der ja eine Nachsendeadresse.“

„Aber wir haben doch auch einen Namen, oder?“, hakte Ray nach. Er konnte seine Aufregung kaum verbergen.

„Ja, wir haben einen Namen. Allerdings gibt es dazu weder einen Eintrag beim Standesamt noch im Wahlregister, und auch online ist nichts zu finden. Aber ich habe schon bei allen infrage kommenden Versorgungsunternehmen angefragt – Strom, Wasser, Müll, Telefon und dergleichen –, und da Weihnachten jetzt vorbei ist, sollten wir bald eine Rückmeldung bekommen.“

„Und wir haben auch Fortschritte gemacht, was Jacobs Mutter betrifft“, verkündete Stumpy.

„Das ist ja großartig“, sagte Ray. „Ich sollte mir öfter mal ein paar Tage freinehmen. Habt ihr schon mit ihr gesprochen?“

„Wir haben noch keine Telefonnummer“, antwortete Stumpy. „Aber Kate hat eine Vertretungslehrerin an Jacobs Schule aufgetrieben, die seine Mutter gut kannte.“ Er klopfte auf die Akte, die mindestens zwei Zentimeter dicker geworden zu sein schien, seit Ray sie zum letzten Mal gesehen hatte. „Ich warte noch auf eine Mail der örtlichen Polizeidienststelle. Dann sollten wir eine Adresse haben.“

Kates Telefon klingelte. Sie nahm den Anruf an. Ray wollte in sein Büro gehen, doch Kate gab ihm durch wildes Gestikulieren zu verstehen, dass er dableiben solle.

„Das ist ja toll!“, sagte sie. „Ich danke Ihnen.“

Sie kritzelte etwas auf ihren Block und strahlte über das ganze Gesicht, als sie das Gespräch beendete.

„Wir haben den Fahrer!“, sagte sie triumphierend.

Selbst Stumpy lächelte. Das geschah nicht oft.

„Das war die Telefongesellschaft“, sagte Kate. „Nach unserer Anfrage haben sie ihre Daten überprüft und eine Adresse für uns gefunden!“

„Gute Arbeit“, lobte Ray. „Auf geht’s. Stumpy, nimm die Akte über Jacobs Mutter mit. Fahr zu den Kollegen und sag ihnen, dass wir nicht auf ihre Mail warten können und die Adresse jetzt brauchen. Komm erst zurück, wenn du die Frau gefunden und ihr klargemacht hast, dass wir alles tun, um jemanden für Jacobs Tod zur Verantwortung zu ziehen. Kate und ich werden uns den Fahrer schnappen.“

Ich zucke zusammen, als es an der Tür klopft. Ist es wirklich schon so spät? Wenn ich Fotos bearbeite, merke ich nicht, wie die Zeit vergeht. Beau spitzt die Ohren, bellt aber nicht. Ich gehe zur Tür und ziehe den Riegel zurück.

„Du bist der einzige Mensch weit und breit, der seine Tür verriegelt, weißt du das?“, sagt Patrick gut gelaunt, kommt herein und gibt mir einen Kuss.

„Alte Städterangewohnheit“, erwidere ich, schiebe den Riegel wieder vor und kämpfe mit dem Schloss.

„Hat Iestyn das noch immer nicht repariert?“

„Du weißt doch, wie er ist. Er verspricht mir immer wieder, sich darum zu kümmern, aber er kommt nie dazu. Ich glaube, er findet die Vorstellung einfach absurd, dass hier irgendjemand seine Tür abschließt.“

„Nun, da hat er recht.“ Patrick lehnt sich gegen die Tür und dreht den großen Schlüssel mit Gewalt. „Ich glaube, seit 1954 hat es keinen Einbruch mehr in Penfach gegeben.“ Ich ignoriere die Stichelei. Er weiß ja nicht, dass ich abends, wenn er nicht da ist, das ganze Haus absuche und nachts bei jedem Geräusch von draußen erschrocken aufwache.

Ich hole zwei Bier aus dem Kühlschrank. „Und? Was ist die Geheimzutat für unser Abendessen?“

Patrick hatte angekündigt, dass er das Abendessen mitbringen würde, und ich bin neugierig auf den Inhalt der Kühltasche, die er neben der Tür hat stehen lassen.

„Das hat mir heute ein dankbarer Klient gebracht“, sagt Patrick. Er öffnet die Tasche und greift hinein. Wie ein Zauberer, der ein Kaninchen aus dem Hut zieht, holt er einen Hummer heraus, der träge seine Scheren in meine Richtung reckt.

„O mein Gott!“ Ich freue mich, auch wenn ich mich noch nie an etwas so Kompliziertem versucht habe. „Hast du viele Klienten, die dich in Hummern bezahlen?“

„Du würdest staunen. Manche bezahlen auch in Fasanen oder Hasen.“ Er grinst. „Zum Glück habe ich auch noch genug Klienten mit einem Bankkonto, um die Praxis am Laufen zu halten. Außerdem kann ich mich ja schlecht weigern, ein krankes Tier zu behandeln, nur weil es dem Besitzer an Bargeld mangelt."

„Du bist schon ein alter Softie", sage ich, schlinge die Arme um ihn und küsse ihn leidenschaftlich auf den Mund.

„Psst", macht Patrick, als wir uns wieder voneinander lösen. „Du ruinierst sonst noch das Macho-Image, das ich mir so mühsam aufgebaut habe. Und ich bin nicht so soft, dass ich keinen Hummer kochen könnte." Er lacht übertrieben wie ein Bösewicht aus einem Trickfilm.

„Idiot", sage ich und lache mit. „Ich hoffe nur, du weißt wirklich, wie man so was zubereitet. Ich habe nämlich nicht die geringste Ahnung." Misstrauisch beäuge ich den Hummer.

„Schauen Sie zu, und lernen Sie von mir, Madam", sagt Patrick und verneigt sich tief. „Das Dinner wird in Kürze serviert."

Ich hole meinen größten Suppentopf heraus, und Patrick steckt den Hummer wieder in die Kühltasche, während wir darauf warten, dass das Wasser kocht. In der Zwischenzeit lasse ich die Spüle volllaufen, um den Salat zu waschen, und wir machen uns schweigend an die Arbeit. Ich lächle vor mich hin und schaue immer wieder verstohlen zu Patrick hinüber, der sich ganz auf seine Soße konzentriert.

„Alles okay?", fragt er, als er meinen Blick auffängt. „Was denkst du gerade?"

„Ich habe über uns nachgedacht."

„Jetzt *musst* du es mir sagen!" Patrick lacht, taucht seine Hand ins Wasser und spritzt mir ein paar Tropfen ins Gesicht.

Ich schreie. Ich kann nicht anders. Bevor mein Kopf die Gelegenheit hat, mir zu sagen, dass es nur Patrick ist – Patrick, der mich ein wenig necken will –, wirble ich herum und schlinge schützend die Arme um meinen Kopf.

Die Stille ist fast greifbar. Langsam richte ich mich wieder auf; mein Herz hämmert gegen meine Rippen. Ich sehe die Verwirrung und das Schuldbewusstsein in Patricks Gesicht, und ich weiß, dass ich etwas erklären muss. „Ich …"

„Jenna", sagt er sanft, „was hat man dir angetan?"

Es klopft an der Tür. Wir blicken einander an.

„Ich gehe schon", sagt Patrick, doch ich schüttle den Kopf.

„Das wird Iestyn sein." Ich bin dankbar für die Ablenkung. „Bin gleich wieder da."

Ich öffne die Tür und weiß augenblicklich Bescheid.

Oft habe ich mich gefragt, wie ich wohl reagieren werde, wenn man mich findet. Ich habe mir vorgestellt, wie es sich anfühlt, wenn sie mich zurückbringen, und mich gefragt, ob ich mich wohl wehren werde.

Doch als der Polizist meinen Namen sagt, nicke ich einfach nur.

„Ja, das bin ich“, sage ich.

Der Beamte ist älter als ich. Er hat kurz geschnittenes dunkles Haar und trägt einen dunklen Anzug.

Die Frau neben ihm tritt einen Schritt vor. „Detective Constable Kate Evans“, stellt sie sich vor und klappt ein Ledermäppchen auf, um mir ihre Dienstmarke zu zeigen. „Kriminalpolizei Bristol. Ich verhafte Sie wegen verkehrsgefährdenden Fahrens mit Todesfolge und unterlassener Hilfeleistung am Unfallort. Sie müssen keine Aussage machen, doch es kann Ihrer Verteidigung schaden, wenn Sie während des Verhörs irgendetwas unerwähnt lassen, worauf Sie sich später in der Verhandlung …“

Ich schließe die Augen und atme langsam aus. Es ist vorbei.

TEIL ZWEI

7

Als ich dich zum ersten Mal sah, saßt du in der Cafeteria des Studentenwerks. Du hast mich nicht bemerkt, jedenfalls an diesem Tag nicht, obwohl ich inmitten all der Studenten der einzige Krawattenträger war. Du warst umgeben von Freundinnen und hast so laut gelacht, dass du dir die Tränen aus den Augen wischen musstest. Ich setzte mich mit meinem Kaffee an den Nachbartisch. So erfuhr ich, dass ihr Kunststudenten wart und dass du kurz vor dem Abschluss standst. Und ich fand deinen Namen heraus: Jenna. Ich war ein wenig enttäuscht, als ich ihn zum ersten Mal hörte. Mit deinem üppigen Haar und der blassen Haut sahst du aus wie eine dieser schönen jungen Frauen auf den Bildern von Millais oder Rossetti, und ich hatte mir einen klassischeren Namen vorgestellt. Mir war klar, dass du mindestens fünfzehn Jahre jünger sein musstest als ich, aber schon damals war dir deine Reife deutlich anzusehen. Du schautest dich um, als suchtest du jemanden, und ich lächelte dich an. Du sahst es nicht, und ein paar Minuten später musste ich zu meiner Vorlesung. Ich hatte mich bereit erklärt, im Rahmen eines Programms, das die Universität stärker mit der Wirtschaft verbinden sollte, sechs Vorlesungen als Gastdozent zu halten.

Eine Woche später warst du wieder mit deinen Freundinnen dort. Eure Gesprächsthemen reichten von Seminararbeiten bis zu Beziehungen, und ich machte mich darauf gefasst, auch aus deinem Mund Geschichten von One-Night-Stands und unverbindlichen Flirts zu hören. Aber ich hatte dich richtig eingeschätzt. Du warst nicht wie die anderen.

Am Tag meiner vierten Vorlesung kam ich früher als sonst. Du saßt am selben Platz und last einen Brief, und ich sah, dass du weintest. Ich ging mit meinem Kaffee zu deinem Tisch.

„Macht es Ihnen etwas aus, wenn ich mich zu Ihnen setze?“

Du stecktest den Brief in deine Tasche. „Nur zu.“

„Ich halte hier im Augenblick ein paar Vorlesungen.“ Schon früh hatte ich herausgefunden, dass Dozenten eine gewisse Anziehungskraft auf Studentinnen ausüben.

„Wirklich?“ Ein Funkeln trat in deine Augen. „In welchem Fach?“

„Betriebswirtschaft.“

„Oh.“ Das Funkeln verschwand, und ich spürte einen Anflug von Ärger, weil du etwas so Wichtiges einfach herunterspieltest.

„Und was machen Sie, wenn Sie nicht gerade Vorlesungen halten?“, fragtest du.

„Ich besitze eine Softwarefirma. Wir verkaufen unsere Programme auf der ganzen Welt.“ Doug erwähnte ich nicht, obwohl er sechzig Prozent der Aktien hielt und ich nur vierzig, und ich stellte auch nicht klar, dass „auf der ganzen Welt“ sich zu dieser Zeit auf Irland beschränkte.

„Sie sind im letzten Studienjahr, nicht wahr?“, wechselte ich das Thema.

„Ja. Ich studiere …“

Ich hob die Hand. „Stopp! Lassen Sie mich raten.“

Du lachtest. Das Spiel machte dir offenbar Spaß. Ich ließ mir Zeit und tat so, als würde ich nachdenken, während ich meinen Blick über dein gestreiftes Kleid und das Tuch in deinem Haar schweifen ließ. Damals warst du noch kräftiger.

„Sie studieren Kunst“, sagte ich schließlich.

„Ja! Woher wissen Sie das?“

„Sie sehen wie eine Künstlerin aus“, antwortete ich in einem Tonfall, als wäre dies das Offensichtlichste auf der Welt.

Du konntest dir ein Lächeln nicht verkneifen.

„Ian Petersen.“ Ich schüttelte dir die Hand, spürte die Kühle deiner Haut und hielt deine Finger den Bruchteil einer Sekunde länger fest als nötig.

„Jenna Gray.“

„Jenna“, wiederholte ich. „Ein ungewöhnlicher Name. Ist das eine Kurzform von irgendwas?“

„Ja, von Jennifer. Aber alle nennen mich Jenna.“ Die letzten Spuren deiner Tränen waren verschwunden und mit ihnen die Verletzlichkeit, die ich so faszinierend fand.

„Es ist mir natürlich nicht entgangen, dass Sie ein wenig traurig sind.“

Ich deutete auf den Brief, den du in deine offene Tasche gestopft hattest. „Schlechte Nachrichten?“

Sofort verdunkelte sich dein Gesicht. „Der ist von meinem Vater.“

Ich erwiderte nichts darauf und wartete. Frauen brauchen nur selten eine Einladung, um über ihre Probleme zu sprechen – und du warst da keine Ausnahme.

„Er hat uns verlassen, als ich fünfzehn war. Seitdem habe ich ihn nicht mehr gesehen. Letzten Monat habe ich ihn dann aufgespürt und ihm geschrieben, aber er will nichts von mir wissen. Er sagt, er habe jetzt eine neue Familie und wir sollten die Vergangenheit ruhen lassen.“

„Wie furchtbar“, sagte ich mitfühlend. „Ich kann mir nicht vorstellen, dass irgendjemand Sie nicht sehen will.“

Du wurdest rot, und ich beugte mich vor. „Was halten Sie davon, wenn ich Ihnen einen Kaffee hole?“

„Das wäre wunderbar.“

Als ich wieder zurückkam, hatten sich ein paar Freunde zu dir gesellt. Ich gab dir deinen Kaffee und wartete darauf, dass du deinen Freunden erklären würdest, wir seien gerade mitten in einem Gespräch. Doch du bedanktest dich einfach nur für den Kaffee.

„Vielleicht sehen wir uns ja nächste Woche?“, fragte ich. Aber da hattest du dich schon wieder deinen Freunden zugewandt. Als ich ging, hörte ich dich lachen.

Dieses Lachen hielt mich davon ab, in der nächsten Woche wieder in die Cafeteria zu kommen, und als wir uns vierzehn Tage später wiedersahen, verriet mir die Erleichterung auf deinem Gesicht, wie klug diese Entscheidung gewesen war. Diesmal verzichtete ich darauf, dich zu fragen, ob ich mich zu dir setzen dürfe. Ich holte einfach zwei Kaffee, deinen schwarz mit Zucker.

„Sie wissen ja noch, wie ich meinen Kaffee trinke!“

Ich zuckte mit den Schultern, als wäre das nicht der Rede wert. Dabei hatte ich mir diese Vorliebe noch am Tag unseres ersten Gesprächs in meinem Kalender notiert. Das mache ich immer so.

Dieses Mal achtete ich darauf, dass sich das Gespräch ausschließlich um dich drehte, und ich sah, wie du förmlich aufblühtest. Du zeigtest mir deine Zeichnungen, und ich blätterte durch die handwerklich guten, aber uninspirierten Bilder und versicherte, sie seien wirklich außergewöhnlich. Als deine Freunde kamen, sagtest du, du seiest beschäftigt und ihr würdet euch später sehen. In diesem Augenblick waren alle Vorbehalte, die ich in Bezug auf dich hatte, wie weggeblasen.

„Nächste Woche bin ich nicht mehr hier", verkündete ich. „Heute ist meine letzte Vorlesung." Ich war gerührt, als ich die Enttäuschung in deinen Augen sah. Ich wartete ab und genoss die Vorfreude.

„Vielleicht könnten wir uns ja mal auf einen Drink treffen", sagtest du schließlich.

„Wie wäre es mit einem gemeinsamen Abendessen? Es gibt ein neues französisches Restaurant in der Stadt. Was halten Sie davon, es am Wochenende mal auszuprobieren?"

Deine unverhohlene Freude war einfach reizend. Ich dachte an Marie und ihre Kälte und Gleichgültigkeit. Nichts konnte sie mehr überraschen, so gelangweilt war sie vom Leben.

Ich holte dich im Studentenwohnheim ab. Zu meiner Freude hattest du dich für ein elegantes schwarzes Kleid und eine schwarze Strumpfhose entschieden, die deine langen Beine gut zur Geltung brachte. Als ich die Wagentür für dich aufriss, warst du sichtlich perplex.

„Daran könnte ich mich gewöhnen."

„Sie sehen wunderbar aus, Jennifer", sagte ich, und du lachtest.

„Niemand nennt mich Jennifer."

„Stört es Sie denn?"

„Nein, eigentlich nicht. Es klingt einfach nur seltsam."

Das Restaurant hatte die enthusiastischen Besprechungen in der Presse nicht verdient, doch das schien dir egal zu sein. Du bestelltest Röstkartoffeln zu deinem Huhn, und ich lobte deine Wahl. „Es gibt ja kaum noch eine Frau, die nicht auf ihr Gewicht achtet."

„Ich halte nichts von Diäten. Das Leben ist einfach zu kurz dafür", sagtest du und hast dann die Sahnesoße auf deinem Hühnchen gegessen, die Kartoffeln aber liegen lassen.

Als der Kellner uns Desserts anbot, winkte ich ab. „Nur Kaffee, bitte." Ich sah deine Enttäuschung, aber du brauchtest wirklich keinen kalorienreichen Nachtisch. „Was wollen Sie nach Ihrem Abschluss machen?", fragte ich.

„Ich bin hauptsächlich Bildhauerin und will versuchen, meine Werke zu verkaufen. Aber bis es so weit ist, brauche ich irgendeinen Job – kellnern vielleicht oder Regale einräumen. Schließlich muss ich meine Rechnungen bezahlen. Wahrscheinlich werde ich wieder zu meiner Mutter ziehen."

„Haben Sie denn eine gute Beziehung zu ihr?"

Du zogst die Nase kraus, wie es sonst nur Kinder tun. „Eher nicht. Mit meiner Schwester versteht sie sich besser. Wir waren nie auf einer Wellenlänge. Es war ihre Schuld, dass mein Vater uns verlassen hat, ohne sich von uns zu verabschieden."

Ich goss uns ein wenig Wein nach. „Was hat sie denn getan?"

„Sie hat ihn rausgeworfen. Mir hat sie gesagt, es täte ihr leid, aber sie habe schließlich auch ein Leben und hätte es einfach nicht länger ertragen. Danach hat sie sich geweigert, weiter darüber zu reden."

„Werden Sie Ihrem Dad noch mal schreiben?"

Entschlossenes Kopfschütteln. „Er hat in seinem Brief mehr als deutlich gemacht, dass ich ihn in Ruhe lassen soll. Ich weiß zwar nicht, was genau Mum getan hat, aber es war offensichtlich so schlimm, dass er uns nie wieder sehen will."

Ich strich mit dem Daumen über deine Finger. „Man kann sich seine Eltern halt nicht aussuchen", sagte ich. „Leider."

„Haben Sie denn eine gute Beziehung zu Ihren Eltern?"

„Sie sind tot." Ich hatte diese Lüge schon so oft erzählt, dass ich sie fast selbst glaubte. Und vielleicht stimmte es ja sogar. Woher sollte ich wissen, ob sie noch lebten oder nicht?

„Das tut mir leid."

Du rechnetest offensichtlich damit, dass ich anschließend mit zu dir gehen würde, aber ich hatte keine Lust, auch nur eine Stunde in einer Studentenbude zu verbringen. Gern hätte ich dich mit zu mir genommen, doch Maries Sachen waren noch da. Außerdem wollte ich keinen One-Night-Stand. Ich wollte dich ganz.

Ich brachte dich also bis zu deiner Tür, nahm deine Hand und führte sie kurz an meine Lippen. „Schlafen Sie gut", sagte ich, drehte mich um und ging zu meinem Wagen. Du wolltest mich auch, aber du wolltest mich noch nicht genug.

Jenna Grays offenkundige Emotionslosigkeit machte Ray sprachlos. Da waren keine Wut, kein wildes Leugnen und nicht der Hauch von Reue. Aufmerksam beobachtete er ihr Gesicht, während Kate ihr ihre Rechte erklärte, doch er sah lediglich das Aufflackern von etwas, das Erleichterung zu sein schien. Nachdem sie mehr als ein Jahr lang nach dem Menschen gesucht hatten, der Jacob auf dem Gewissen hatte, entsprach Jenna Grays Reaktion ganz und gar nicht seinen Erwartungen.

Sie fragte, ob sie noch kurz ihre Sachen packen könne. „Und ich habe gerade einen Freund zu Besuch", sagte sie. „Ich muss ihm erklären, was los ist. Würden Sie uns wohl ein, zwei Minuten allein lassen?"

„Ich fürchte, das geht nicht", antwortete er. „Lassen Sie uns bitte eintreten."

Sie biss sich auf die Lippe und zögerte. Dann trat sie beiseite, um Ray und Kate hereinzulassen. Ein Mann stand in der Küche, in der Hand ein Glas Wein. Was Jenna an Emotion vermissen ließ, stand ihm deutlich ins Gesicht geschrieben. Ray nahm an, dass es sich um ihren Liebhaber handelte.

„Das ist Patrick Matthews", stellte Jenna ihn vor, als handle es sich um einen gesellschaftlichen Anlass. Doch dann kehrte sie Ray und Kate den Rücken zu, und Ray fühlte sich sofort wie ein Eindringling.

„Ich muss diese Beamten begleiten", sagte Jenna knapp. Ihre Stimme klang ausdruckslos. „Letztes Jahr ist etwas Furchtbares passiert, und das muss ich jetzt korrigieren."

„Was ist denn los?", verlangte Patrick zu wissen. „Wo bringen die dich hin?"

„Wir bringen sie nach Bristol", erklärte Ray und trat vor, um Patrick seine Karte zu geben. „Dort werden wir sie dann verhören."

„Kann das nicht bis morgen warten? Dann könnte ich sie nach Swansea zum Bahnhof fahren."

Ray verlor allmählich die Geduld. Sie hatten drei Stunden bis nach Penfach gebraucht und eine weitere Stunde, bis sie endlich das verdammte Cottage gefunden hatten. „Mr Matthews, letztes Jahr im November wurde ein fünf Jahre alter Junge von einem Fahrzeug erfasst und getötet, und der Fahrer hat Fahrerflucht begangen. Ich fürchte, das kann nicht bis morgen warten."

„Was hat das denn mit Jenna zu tun?"

Niemand antwortete.

Patrick sah Ray an und dann Jenna. „Nein", sagte er. „Das muss ein Irrtum sein. Du fährst doch gar kein Auto."

Sie hielt seinem Blick stand. „Das ist kein Irrtum."

Die Kälte in ihrer Stimme ließ Ray schaudern. „Wir müssen los", sagte er zu Jenna. „Im Polizeipräsidium wird man Sie verhören, und Sie werden Gelegenheit haben, uns alles zu erzählen. Bis dahin können wir nicht über den Fall sprechen. Haben Sie das verstanden?"

„Ja." Jenna griff nach einem kleinen Rucksack, der an einer Stuhllehne hing. „Könntest du dich um Beau kümmern, Patrick? Ich werde versuchen anzurufen, sobald ich weiß, wie es weitergeht."

Patrick nickte stumm.

Ray legte Jenna Handschellen an. Als er sich vergewisserte, dass sie nicht zu stramm saßen, erhaschte er einen Blick auf ihre vernarbte Handfläche. Rasch schloss sie die Hand zur Faust.

„Ruf mich an, sobald du kannst", bat Patrick, als Ray und Kate Jenna hinausführten.

Die Fahrt zurück war eine Qual. Auf der M4 staute sich der Verkehr. Ray und Kate unterhielten sich leise. Ray hatte angenommen, Jenna sei eingeschlafen, doch als sie sich Newport näherten, erklang ihre Stimme vom Rücksitz. „Wie haben Sie mich gefunden?“

„Das war nicht so schwer“, antwortete Kate. „Sie haben einen Breitbandanschluss, der auf Ihren Namen läuft. Wir haben bei Ihrem Vermieter nachgefragt, um sicherzugehen, dass wir die richtige Adresse hatten. Er war sehr hilfsbereit.“

Ray warf einen Blick in den Innenspiegel, weil er sehen wollte, wie Jenna das aufnahm, doch sie sah einfach nur aus dem Fenster. Der einzige Hinweis darauf, dass sie nicht völlig entspannt war, waren die geballten Fäuste in ihrem Schoß.

„Es muss sehr hart für Sie gewesen sein, mit Ihrer Tat zu leben“, fuhr Kate fort.

„Kate“, warnte Ray.

„Aber für Jacobs Mutter war es natürlich noch viel härter …“

„Kate! Das reicht“, sagte Ray. „Spar dir das fürs Verhör auf.“ Das würde eine lange Nacht werden.

IN DER DUNKELHEIT des Polizeiwagens lasse ich meinen Tränen freien Lauf. Sie tropfen auf meine geballten Fäuste, während die Polizistin mit mir spricht und dabei noch nicht einmal versucht, die Verachtung in ihrer Stimme zu verbergen. Ich habe es nicht anders verdient. Trotzdem ist es schwer zu ertragen. Ich habe Jacobs Mutter nie vergessen, nie! Ständig muss ich an ihren Verlust denken.

Ich zwinge mich dazu, tief und gleichmäßig zu atmen. Als ich mir vorstelle, wie sie an Iestyns Tür geklopft haben, brennen meine Wangen vor Scham. Dass ich mit Patrick zusammen bin, hat im Dorf schnell die Runde gemacht. Vielleicht hat jetzt auch schon jeder von meiner Verhaftung gehört.

Doch nichts hätte schlimmer sein können als Patricks Blick, als ich mit den Polizisten in die Küche gekommen bin. Er hat mir geglaubt, dabei ist alles, was ich ihm von mir erzählt habe, eine Lüge gewesen – ein ganzes Lügengebäude, aufgebaut, um ein unverzeihliches Verbrechen zu vertuschen. Ich hätte ihn nie so nahe an mich heranlassen dürfen …

Der Wagen biegt auf einen Parkplatz ein, der zu einer Gruppe grauer Gebäude gehört. Über dem Haupteingang ist das Wappen der Polizei von Avon und Somerset zu sehen. Geschickt manövriert der Inspector das Auto in eine schmale Lücke zwischen zwei Streifenwagen.

Die Polizistin, die sich als Detective Constable Evans vorgestellt hat, führt mich zu einer Metalltür. Ihr Kollege drückt auf einen Knopf und spricht in die Gegensprechanlage. Die schwere Tür öffnet sich mit einem Klicken, und wir stehen in einem großen Raum mit schmutzig-weißen Wänden. Hinter uns knallt die Tür so laut zu, dass mir die Ohren klingeln.

DC Evans packt mich am Ellbogen. Ihre Nägel graben sich in meine Haut, als sie mich durch den Raum und zu einem Stehpult lenkt. Ein uniformierter Beamter hat sich hinter den Computer gequetscht. DC Evans nimmt mir die Handschellen ab, und sofort atme ich wieder leichter.

„Sarge, das ist Jenna Gray. Am 26. November 2012 wurde Jacob Jordan in Fishponds von einem Fahrzeug überfahren. Der Täter hat Fahrerflucht begangen. Inzwischen wurde das Fahrzeug identifiziert: ein roter Ford Fiesta mit dem Kennzeichnen J634 OUP, zugelassen auf Jenna Gray. Heute um 19:33 Uhr haben wir Jenna Gray in Blaen Cedi, einem Cottage in der Nähe von Penfach, Wales, wegen des dringenden Tatverdachts der schweren Verkehrsgefährdung mit Todesfolge in Tateinheit mit Fahrerflucht festgenommen."

„Gürtel", sagt der Sergeant und hält mir eine durchsichtige Plastiktüte hin.

„Wie bitte?"

„Ihr Gürtel. Ziehen Sie ihn aus. Tragen Sie irgendwelchen Schmuck?" Ich fummle an meinem Gürtel herum, ziehe ihn durch die Schlaufen und werfe ihn in die Tüte.

„Nein, kein Schmuck."

„Ehering?"

Ich schüttle den Kopf. Instinktiv streiche ich über die Delle an meinem Ringfinger. DC Evans durchsucht meine Tasche. Sie öffnet meine Brieftasche, um die wenigen Karten herauszunehmen und die Münzen zu einem Haufen zusammenzuschütten. Mein Blick fällt auf die blassblaue Visitenkarte zwischen den Kassenbons und Kreditkarten. Ich kann mein Herz fast schlagen hören. *Lass das*, denke ich. *Bitte lass es einfach.* Sie greift nach der Karte und schaut sie sich an. Doch anstatt mich danach zu fragen, trägt sie sie einfach nur in das Formular ein und steckt sie zum Rest meiner Besitztümer in die Tüte. Sachte atme ich wieder aus.

Ich versuche mich auf das zu konzentrieren, was der Sergeant sagt, doch ich verliere den Faden in dieser Litanei von Regeln und Rechten. Nein, ich will niemandem Bescheid geben, dass ich hier bin. Nein, ich will keinen Strafverteidiger …

„Sind Sie sicher?", unterbricht mich Detective Inspector Stevens. „Wenn Sie sich keinen Rechtsbeistand leisten können, wird Ihnen ein Pflichtverteidiger zur Seite gestellt. Das kostet Sie keinen Penny."

„Ich brauche keinen Verteidiger", sage ich leise. „Ich habe es getan."

Es folgt ein kurzes Schweigen. Die drei Beamten wechseln Blicke.

„Unterschreiben Sie hier“, fordert mich der Sergeant auf, „und hier, hier und hier …“ Ich nehme den Stift und kritzle meinen Namen neben die dicken schwarzen Kreuze. Der Sergeant dreht sich zu DI Stevens um. „Direkt zum Verhör?“

IM VERHÖRRAUM ist es stickig. DI Stevens betätigt den Schalter eines kleinen schwarzen Kastens an der Wand neben ihm, und ein hohes Pfeifen ertönt. Er räuspert sich.

„22:45 Uhr, Donnerstag, der 2. Januar 2014. Verhörraum drei, Polizeipräsidium Bristol. Ich bin Detective Inspector Ray Stevens, und bei mir ist Detective Constable Kate Evans.“ Er schaut mich an. „Würden Sie bitte Ihren Namen und Ihr Geburtsdatum nennen?“

Ich schlucke. „Jenna Alice Gray, geboren am 28. August 1976.“

Dann lasse ich seinen Redeschwall über mich ergehen: die Schwere der Anschuldigungen gegen mich, die Folgen der Fahrerflucht für die Familie des Opfers. DI Stevens erzählt mir nichts, was ich nicht schon wüsste, und er kann mir auch nicht mehr Schuldgefühle machen, als ich schon habe.

Schließlich bin ich dran. „Es war ein langer Tag. Ich hatte meine Ausstellung am anderen Ende von Bristol eröffnet und war müde. Es regnete, und die Sicht war schlecht.“ Mein Tonfall ist gemessen und ruhig. Ich habe oft darüber nachgedacht, was ich sagen werde, wenn es so weit ist. „Er kam aus dem Nichts. Von einer Sekunde auf die andere war er da und lief auf die andere Straßenseite.“ Ich kann das Kreischen der Bremsen auf dem nassen Asphalt hören. Als Jacob auf die Windschutzscheibe prallte, war er einen Augenblick lang nur wenige Zentimeter von mir entfernt. Hätte ich die Hand ausgestreckt, hätte ich sein Gesicht hinter dem Glas berühren können. Doch schon im nächsten Moment flog er durch die Luft und schlug auf der Straße auf. Erst da sah ich seine Mutter. Sie kauerte auf dem Asphalt, über den leblosen Jungen gebeugt, und suchte nach seinem Puls. Und dann schrie sie.

„Warum sind Sie nicht ausgestiegen und haben Hilfe gerufen?“

Ich zwinge mich, mit meinen Gedanken wieder in den Verhörraum zurückzukehren, und starre DI Stevens an. Beinahe hätte ich vergessen, dass er da ist. „Ich konnte nicht.“

„NATÜRLICH hätte sie halten und aussteigen können!“, sagte Kate, während sie zwischen ihrem Schreibtisch und dem Fenster hin- und herlief. „Sie wirkt so ungerührt … Jedes Mal wenn ich sie ansehe, läuft es mir kalt den Rücken runter.“

„Würdest du dich jetzt bitte hinsetzen?“ Ray unterdrückte ein Gähnen und leerte seine Kaffeetasse. „Ich bin auch so schon fertig genug.“ Erst weit nach Mitternacht hatten sie das Verhör widerwillig unterbrochen, um Jenna ein wenig Schlaf zu gönnen.

Kate setzte sich. „Warum, glaubst du, gibt sie jetzt plötzlich alles zu? Nach mehr als einem Jahr?“

„Keine Ahnung“, antwortete Ray. „Aber irgendetwas stimmt da nicht.“

„Und was?“

Er schüttelte den Kopf. „Das ist nur so ein Gefühl. Wahrscheinlich bin ich einfach nur müde.“ Die Bürotür öffnete sich, und Stumpy kam herein. „Du bist spät dran“, bemerkte Ray. „Hast du Jacobs Mutter überzeugen können?“

Stumpy nickte. „Sie war nicht gerade begeistert, aber sie macht mit. Sie sagte, nach Jacobs Tod habe sie das Gefühl gehabt, alle würden ihr die Schuld geben. Sie habe es als Ausländerin schon schwer genug, und der Unfall habe zusätzlich Öl ins Feuer gegossen.“

„Wann ist sie weggezogen?“, fragte Kate.

„Unmittelbar nach der Beerdigung. In London gibt es eine große polnische Gemeinde. Anya ist bei einer Cousine untergekommen.“

„War sie denn bereit, mit dir zu reden?“, fragte Ray.

„Ja. Ich hatte sogar den Eindruck, dass sie erleichtert war, endlich mit jemandem über Jacob sprechen zu können. Ihrer Familie daheim hat sie nichts von dem Unfall erzählt. Sie hat gesagt, dafür schäme sie sich zu sehr.“

„Sie schämt sich? Wofür zum Teufel sollte sie sich denn schämen?“

„Das ist eine lange Geschichte“, sagte Stumpy. „Anya ist mit achtzehn Jahren nach England gekommen. Wie genau, will sie nicht sagen. In jedem Fall hat sie irgendwann im Gewerbegebiet von Gleethorne als Putzfrau gearbeitet. Gegen Bares. Sie hat sich mit einem der Arbeiter dort eingelassen und ist prompt schwanger geworden. Anyas Eltern waren entsetzt über das uneheliche Kind und haben verlangt, dass sie nach Polen zurückkehrt, aber sie hat sich geweigert. Sie sagt, sie habe beweisen wollen, dass sie auf eigenen Füßen stehen kann.“

„Und jetzt macht sie sich Vorwürfe.“ Ray schüttelte den Kopf. „Die Ärmste. Wie alt ist sie überhaupt?“

„Sechsundzwanzig. Als Jacob überfahren wurde, glaubte sie, das sei Gottes Strafe dafür, dass sie nicht auf ihre Eltern gehört habe.“

„Das ist wirklich traurig“, meinte Kate. „Aber sie hat die verdammte Karre doch nicht gefahren!“

„Das habe ich ihr natürlich auch gesagt, doch sie gibt sich trotzdem die Schuld an allem. Aber wie auch immer … Ich habe ihr erzählt, dass wir jemanden verhaftet haben und davon ausgehen, dass es zur Anklage kommen wird – vorausgesetzt natürlich, ihr zwei habt euren Job ordentlich gemacht.“ Er warf Kate einen Seitenblick zu.

„Provozier mich nicht“, warnte Kate. „Mein Sinn für Humor hat bis morgen Urlaub – mindestens. Gray hat tatsächlich gestanden, aber es ist ziemlich spät geworden, und wir lassen sie erst einmal schlafen.“

„Und genau das werde ich jetzt auch tun“, sagte Stumpy. „Natürlich nur, wenn du nichts dagegen hast, Boss.“ Er zog seine Krawatte aus.

„Mir reicht’s auch für heute“, erwiderte Ray. „Komm, Kate. Feierabend. Morgen früh versuchen wir es noch einmal. Vielleicht verrät sie uns dann ja auch, wo der Wagen ist.“

Es wurde zwei, bis Ray endlich ins Bett fiel, und als der Wecker klingelte und ihn wieder zur Arbeit schickte, hatte er das Gefühl, gerade erst eingeschlafen zu sein.

Um zehn Uhr traf er sich mit Kate in der Kantine zu einem zweiten Frühstück. Sie trugen ihre Teller mit Speck, Wurst, Eiern und Toast zu einem freien Tisch.

„Hast du heute Morgen noch irgendwas aus Gray herausbekommen?“, fragte Ray.

„Sie hat dasselbe erzählt wie gestern“, antwortete Kate. „Aber sie wollte mir nicht sagen, wo der Wagen abgeblieben ist und warum sie nicht angehalten hat.“

„Nun, es ist unser Job, herauszufinden, *was* passiert ist, nicht *warum* es passiert ist“, erinnerte Ray sie. „In jedem Fall haben wir genug für eine Anklage. Frag doch mal bei der Staatsanwaltschaft nach, ob das heute noch erledigt werden kann.“

Kate schaute nachdenklich drein.

„Was ist?“

„Als du gestern gesagt hast, irgendwas stimme da nicht …“

„Ja?“, hakte Ray nach.

„Ich habe dasselbe Gefühl.“ Kate nippte an ihrem Tee.

„Du meinst, sie hat das alles erfunden?“

„Nein, nicht erfunden. Immerhin ist ihr Wagen tatsächlich das Tatfahrzeug, und ihre Aussage passt fast genau zu der von Anya Jordan. Es ist nur …“ Sie lehnte sich auf ihrem Stuhl zurück und sah ihn an. „Weißt du noch, wie sie den Moment des Aufpralls beschrieben hat?“

Er nickte.

„Sie hat so viele Details genannt. Was Jacob getragen hat, wie der Ranzen aussah …“

„Sie hat eben ein gutes Gedächtnis. So etwas prägt sich einem doch ein." Ray spielte des Teufels Advokat und nahm vorweg, was seine Chefin sagen würde. Dabei nagte das gleiche Gefühl an ihm, das ihn schon am Tag zuvor gequält hatte: Jenna Gray verschwieg ihnen etwas.

„Aufgrund der Reifenspuren wissen wir, dass der Wagen nicht gebremst hat", fuhr Kate fort, „und Gray hat gesagt, Jacob sei ‚aus dem Nichts' aufgetaucht." Sie malte Anführungszeichen in die Luft. „Wenn alles so schnell gegangen ist, wie kommt es dann, dass sie so viel gesehen hat? Und wenn es *nicht* schnell gegangen ist, sie also Zeit hatte, ihn sich genau genug anzuschauen, um zu wissen, was er anhatte, wie kommt es dann, dass sie ihn trotzdem überfahren hat?"

Ray schwieg. „Worauf willst du hinaus?", fragte er dann.

„Ich will den Wagen finden, bevor Anklage gegen sie erhoben wird."

„Der würde uns auch nicht mehr verraten, als wir ohnehin schon wissen", sagte Ray. „Wenn es hochkommt, finden wir Jacobs DNA auf der Motorhaube und Grays Fingerabdrücke auf dem Lenkrad. Ich bin eher an ihrem Handy interessiert. Sie behauptet, es weggeworfen zu haben, als sie Bristol verließ, weil sie nicht wollte, dass irgendjemand Kontakt zu ihr aufnimmt. Aber ich will wissen, wen sie unmittelbar vor und nach dem Unfall angerufen hat."

„Dann lassen wir sie also gegen Auflagen frei?", fragte Kate.

Er zögerte. Jenna Gray unter Anklage zu stellen wäre der einfachste Weg. Aber konnte er das wirklich zulassen, wenn er doch wusste, dass mehr dahintersteckte, als es den Anschein hatte? Die Beweislage sagte Ja, sein Instinkt das Gegenteil.

Wenn sie Jenna Gray gegen Auflagen für ein paar Wochen auf freien Fuß setzten, hätten sie Zeit, sich ein genaueres Bild zu machen und sicherzugehen, dass sie wirklich alles auf den Kopf gestellt hatten, bevor die Sache vor Gericht ging.

Er nickte. „Lass sie gehen."

8

Ich rief dich erst knapp eine Woche nach unserer ersten Verabredung an und hörte die Unsicherheit in deiner Stimme. Du hattest dich gefragt, ob du die Zeichen falsch gedeutet hattest, nicht wahr?

„Haben Sie heute Abend Zeit?", fragte ich. „Ich würde gern mit Ihnen ausgehen."

„Das wäre wunderbar", sagtest du, „nur bin ich schon verplant." Da war Bedauern in deiner Stimme, aber ich kannte diese Taktik zur Genüge. Diese Spielchen waren einfach nur kindisch.

„Schade“, sagte ich in beiläufigem Ton. „Ich habe zwei Karten für das *Pulp*-Konzert heute Abend, und ich dachte, Sie würden vielleicht gern mitkommen.“

Du zögertest, und ich glaubte schon, ich hätte dich am Haken, doch du bliebst standhaft. „Ich kann wirklich nicht. Tut mir leid. Ich habe Sarah einen Mädelsabend in der *Ice Bar* versprochen. Sie hat sich gerade erst von ihrem Freund getrennt, und ich kann sie nicht hängen lassen. Aber morgen Abend hätte ich Zeit.“

„Da habe ich leider schon etwas vor. Ein andermal vielleicht. Viel Spaß heute Abend.“ Ich legte auf. Ein Muskel zuckte in meinem Augenwinkel. Ich hatte nicht damit gerechnet, dass du Spielchen mit mir spielen würdest, und war enttäuscht.

Danach putzte ich das ganze Haus, suchte Maries Sachen aus allen Zimmern zusammen und warf sie im Schlafzimmer auf einen Haufen. Dann stopfte ich alles in einen Koffer und brachte ihn zum Müll. Schon damals machte es mich nervös, wie viel Raum du in meinen Gedanken einnahmst und wie wichtig es für mich war, ob du mir die Wahrheit sagtest oder nicht.

Um neun Uhr fuhr ich zur *Ice Bar*. Ich kaufte zwei Flaschen Bier und bahnte mir einen Weg durch den rappelvollen Raum.

Und dann sah ich dich. Du standst am Ende des Tresens und wedeltest mit einer Zehnpfundnote, um die Aufmerksamkeit des Barkeepers zu erregen. Dann sahst du mich und schienst einen Augenblick lang nicht zu wissen, wo du mich einordnen solltest. Doch im nächsten Moment lächeltest du – vorsichtiger als bei unserer letzten Begegnung.

„Was machen Sie denn hier?“, fragtest du, nachdem ich mich zu dir durchgekämpft hatte. „Ich dachte, Sie wären im Konzert.“

„Ich habe die Karten einem Kollegen gegeben. Allein hatte ich keine Lust.“

Dass du der Grund für meine Planänderung warst, schien dich zu erstaunen. „Aber wie kommt es, dass Sie dann ausgerechnet hier landen?“

„Ich bin mit einem Kumpel hier“, sagte ich und hielt die beiden Flaschen hoch, die ich in weiser Voraussicht gekauft hatte. „Ich bin zur Bar gegangen, und jetzt kann ich ihn nirgends finden. Vermutlich hat er einen Treffer gelandet.“

Du lachtest, und ich bot dir eine Flasche an. „Wir können doch nicht zulassen, dass es schal wird, oder?“

„Ich sollte wirklich wieder zurückgehen. Eigentlich ist das meine Runde – wenn ich denn mal drankomme. Sarah hält da hinten einen Tisch für uns frei.“ Dein Blick wanderte zu einem kleinen Tisch in einer Ecke des Raums, wo ein Mädchen mit gefärbtem Haar und ein Kerl Mitte zwanzig saßen. Während wir hinschauten, beugte er sich vor und küsste sie.

„Wer ist der Typ?“, fragte ich.

Du hast kurz innegehalten und schließlich langsam den Kopf geschüttelt. „Ich habe nicht die geringste Ahnung.“

„Dann ist sie offenbar über ihren Ex hinweg“, sagte ich. „Also …“ Ich bot dir noch mal das Bier an. Du hast gegrinst und mit mir angestoßen. Dann hast du einen kräftigen Schluck Bier genommen und dir die Unterlippe abgeleckt – eindeutig in provozierender Absicht.

„Komm mit zu mir“, sagte ich.

Du hast ein paar Sekunden gezögert. Dann hast du die Schultern gezuckt und meine Hand genommen. Dass du einfach so mit zu mir kommen wolltest, erregte und erschreckte mich zugleich. Ich konnte nicht anders, als mich zu fragen, ob du das wohl öfter machtest und wenn ja, mit wem.

Von Bristol nach Swansea braucht der Zug fast zwei Stunden, doch obwohl ich mich nach dem Meer sehne, bin ich froh, ein wenig Zeit für mich zu haben.

Die beiden Frauen, die mir gegenübersitzen, steigen in Cardiff aus. Sie kämpfen mit ihren Einkaufstüten und vergessen dabei ein Exemplar der *Bristol Post*, und ich strecke unwillkürlich die Hand danach aus. Dabei will ich sie gar nicht lesen.

Es steht auf der Titelseite: Todesfahrerin gefasst.

Ich atme schneller, während ich den Artikel lese und nach meinem Namen suche. Schließlich seufze ich erleichtert. Sie haben ihn nicht abgedruckt.

Eine Frau Mitte dreißig sei im Zusammenhang mit dem Tod des fünfjährigen Jacob Jordan festgenommen worden, heißt es dort nur. Der Junge sei im November 2012 bei einem Unfall mit Fahrerflucht in Fishponds ums Leben gekommen. Man habe die Frau mit der Auflage freigelassen, sich nächsten Monat wieder im Polizeipräsidium von Bristol zu melden.

Ich lese den Artikel erneut, um sicherzugehen, dass ich nichts übersehen habe, das verraten könnte, wo ich wohne. Dann falte ich die Zeitung so, dass die Titelseite innen liegt.

Am Busbahnhof von Swansea muss ich warten, weil der Bus nach Penfach Verspätung hat, und als ich schließlich im Dorf ankomme, wird es bereits dunkel. Der Laden mit der Poststelle hat noch immer geöffnet, und ich nehme mir einen Korb, um ein paar Lebensmittel einzukaufen – Eier, Milch, Obst und Hundefutter –, und stelle meine Einkäufe auf den Tresen. Ich lächle Nerys Maddock an, die bislang eigentlich immer freundlich zu mir gewesen ist.

„Hi Nerys, ich hätte das hier gern“, sage ich. Nerys’ Gesicht versteinert. Dann nimmt sie meinen Korb, stellt ihn hinter den Tresen und wendet sich ab.

Meine Wangen brennen. Wortlos stecke ich den Geldbeutel in die Tasche und drehe mich um. Ich will einfach nur noch raus hier. Ich laufe durchs Dorf, ohne nach rechts und links zu schauen, und als ich den Campingplatz erreiche, weine ich hemmungslos. Die Jalousie des Ladenfensters ist hochgezogen, was heißt, dass Bethan da ist, aber ich bringe es einfach nicht über mich, zu ihr zu gehen. Ich laufe sofort zu meinem Cottage weiter.

Ich habe den Schlüssel schon in der Hand, als ich erkenne, dass das Rot an der Tür keine optische Täuschung ist, die von der untergehenden Sonne verursacht wird, sondern Farbe.

RAUS HIER.

Ich schaue mich um, um mich zu vergewissern, dass niemand mich beobachtet, doch es ist schon ziemlich dunkel, und ich kann nur ein paar Meter weit sehen. Ich zittere und kämpfe mit dem Schlüssel.

Das Cottage fühlt sich kalt und ungastlich an, als habe es sich mit dem Dorf verbündet, um mich zu vertreiben. Beau ist nicht hier, und als ich in die Küche gehe, entdecke ich einen Zettel auf dem Tisch: *Beau ist im Zwinger der Praxis. Gib mir Bescheid, wenn du wieder da bist. P.*

Das reicht mir, um zu wissen, dass es vorbei ist. Ich kann die Tränen nicht zurückhalten, die mir über die Wangen rinnen. Ich rufe mir in Erinnerung, dass ich diesen Weg selbst gewählt habe. Nun muss ich ihn auch gehen.

Meine SMS an Patrick fällt genauso knapp aus wie Patricks Nachricht. Er antwortet, dass er Beau nach der Arbeit zu mir bringen wird.

Mir bleiben zwei Stunden, bis er kommt. Draußen ist es inzwischen dunkel geworden, aber ich will nicht hierbleiben. Ich ziehe den Mantel wieder an und gehe raus.

Bei Nacht ist der Strand ein seltsamer Ort. Auf den Klippen ist niemand. Ich gehe hinunter zum Wasser und stelle mich in die auslaufende Brandung. Das Wasser leckt an meiner Hose. Ich spüre, wie die Feuchtigkeit meine Beine hinaufkriecht.

Und dann gehe ich immer weiter.

Der Strand von Penfach ist flach. Erst nach etwa hundert Metern endet das Schelf, und das eigentliche Meer beginnt. Ich schaue zum Horizont, setze einen Fuß vor den anderen und spüre, wie der Sand an meinen Stiefeln saugt. Das Wasser reicht mir inzwischen bis über die Knie und spritzt mir an die Hände. Das Wasser ist eiskalt, und als es um meine Oberschenkel spült, schnappe ich nach Luft, bleibe aber nicht stehen. Ich denke nicht länger.

Ich gehe einfach ins Meer. Und dann falle ich. Ich trete in ein Loch und tauche unter. Ich ermahne mich, nicht zu schwimmen, doch meine Glieder strampeln wie von selbst. Plötzlich denke ich an Patrick, der gezwungen sein wird, nach meiner Leiche zu suchen, bis die Flut sie an Land trägt und zerschmettert und angefressen auf die Felsen schleudert.

Als hätte ich eine Ohrfeige bekommen, schnappe ich nach Luft. Ich kann das nicht tun. Ich kann nicht mein ganzes Leben lang vor den Fehlern wegrennen, die ich begangen habe. Meine nassen Kleider ziehen mich in die Tiefe, und es gelingt mir nicht, die vollgelaufenen Stiefel von den Füßen zu treten. Meine Arme schmerzen, und meine Brust ist wie zugeschnürt, doch ich halte die Luft an, stoße kräftig mit den Beinen und konzentriere mich darauf, gleichmäßige Armbewegungen zu machen. Als ich den Blick hebe und tief Luft hole, scheint das Ufer ein wenig näher gekommen zu sein. Ich schwimme weiter, und dann renne und krieche ich aus dem Meer, zitternd vor Kälte und der Erkenntnis, dass ich zu etwas derart Unverzeihlichem fähig bin.

Im Cottage reiße ich mir die Kleider vom Leib und lasse sie auf dem Küchenboden liegen. Oben ziehe ich mir warme, trockene Sachen an. Dann gehe ich wieder hinunter und mache Feuer. Ich höre Patrick nicht kommen, aber ich höre Beau bellen, und noch bevor Patrick an die Tür klopfen kann, habe ich sie aufgerissen. Ich hocke mich hin, um Beau Hallo zu sagen und meine Unsicherheit zu verbergen.

„Willst du nicht reinkommen?", frage ich, als ich schließlich wieder aufstehe. „Bitte."

Patrick zögert kurz, dann kommt er rein und schließt die Tür hinter sich. Er schaut an mir vorbei in die Küche, wo meine durchnässten Kleider eine große Pfütze hinterlassen haben. Ein Ausdruck der Verwirrung huscht über sein Gesicht, aber er sagt noch immer nichts. Ihm ist egal, warum meine Kleider nass sind. Er kann nur noch an das schreckliche Geheimnis denken, das ich ihm verschwiegen habe.

„Es tut mir leid." Das reicht zwar bei Weitem nicht, kommt aber von Herzen.

„Was tut dir leid?" Er macht es mir nicht gerade einfach.

„Dass ich dich belogen habe. Ich hätte dir erzählen sollen, dass ich …" Ich kann den Satz nicht beenden, doch Patrick übernimmt.

„Dass du jemanden getötet hast?"

Ich schließe die Augen. Als ich sie wieder öffne, ist Patrick schon fast an der Tür.

„Ich wusste nicht, wie ich es dir sagen sollte."

Patrick schüttelt den Kopf. „Sag mir nur eins: Hast du Fahrerflucht begangen? Das mit dem Unfall kann ich ja verstehen, aber bist du wirklich weggefahren, ohne dem Kind zu helfen?“

„Ja. Ja, das bin ich.“

Patrick reißt die Tür mit solcher Wut auf, dass ich unwillkürlich zurückweiche. Dann ist er weg.

Beim ersten Mal bist du über Nacht geblieben. Ich habe dir beim Schlafen zugesehen. Wenn du schliefst, musste ich nicht schauspielern und Distanz wahren, damit du nicht merktest, dass ich drauf und dran war, mich in dich zu verlieben. Wäre es nicht so absurd gewesen, hätte ich dir auf der Stelle gesagt, dass ich dich liebe. Stattdessen machte ich dir Frühstück.

Am Abend gingen wir wieder zusammen aus und dann noch einmal zwei Tage später. Es dauerte nicht lange, und du warst jeden Abend bei mir.

„Ich kann gar nicht glauben, dass ich nächsten Monat meinen Abschluss mache“, sagtest du eines Tages.

„Ich habe auch schon darüber nachgedacht, was ist, wenn du mit der Uni fertig bist. Und ich finde, du solltest hier einziehen – richtig, meine ich.“

„Eigentlich wollte ich für eine Zeit lang wieder nach Hause ziehen“, sagtest du.

„Das überrascht mich. Du willst doch nichts mehr mit deiner Mutter zu tun haben.“

„Sie ist ganz in Ordnung“, sagtest du. Überzeugt klang das aber nicht.

„Deine Mum lebt mehr als eine Stunde entfernt. Wir würden uns kaum noch sehen. Möchtest du denn nicht mehr mit mir zusammen sein?“

„Natürlich möchte ich das!“

„Wenn du hier einziehst, müsstest du dir um Geld keine Sorgen mehr machen. Ich würde mich um die Rechnungen kümmern, und du könntest dich ganz auf die Zusammenstellung deiner Mappe und den Verkauf deiner Skulpturen konzentrieren.“

„Aber das wäre dir gegenüber nicht fair. Ich muss doch auch etwas zu unserem Lebensunterhalt beitragen.“

„Du könntest ja ein wenig kochen und mir beim Haushalt helfen. Eigentlich würde es mir aber schon reichen, jeden Morgen neben dir aufzuwachen und dich zu sehen, wenn ich von der Arbeit nach Hause komme.“

Ein Lächeln erschien auf deinem Gesicht. „Bist du sicher?“

„So sicher wie noch nie in meinem Leben.“

Am letzten Tag des Semesters bist du bei mir eingezogen. Du hast deine Studentenbude ausgeräumt und alles in den Wagen gepackt, den du dir von Sarah geliehen hattest.

„Nächstes Wochenende hole ich den Rest meiner Sachen von Mum", hast du gesagt. „Moment, da ist noch was im Wagen – eine Überraschung für dich … Für uns."

Du bist wieder hinausgerannt und hast die Beifahrertür geöffnet, wo ein Karton im Fußraum stand. Den trugst du dann so vorsichtig zum Haus, dass ich annahm, es wäre etwas Zerbrechliches darin.

„Mach auf", sagtest du und wärst vor lauter Aufregung fast geplatzt.

Ich hob den Deckel, und ein winziges Fellknäuel sah mich an. „Eine Katze", stellte ich nüchtern fest.

„Das ist ein Katerchen!", sagtest du, nahmst das Tier aus dem Karton und drücktest es gegen deine Brust. „Eves Katze hat überraschend Junge geworfen, und den hier hat sie extra für mich aufgehoben. Er heißt Gizmo."

„Ist dir vielleicht mal der Gedanke gekommen, dass es besser gewesen wäre, mich zu fragen, bevor du eine Katze in mein Haus bringst?" Ich bemühte mich gar nicht erst, meine Verärgerung zu verbergen, und du brachst sofort in Tränen aus. Das war eine derart erbärmliche und offensichtliche Taktik, dass ich noch wütender wurde. „Hast du nie diese Plakate gesehen, auf denen steht, man solle es sich gut überlegen, bevor man sich ein Tier anschafft?"

„Ich dachte, du würdest ihn mögen", hast du geschluchzt.

Plötzlich kam mir der Gedanke, dass Gizmo dir vielleicht Gesellschaft leisten könnte, wenn ich nicht zu Hause war. So würdest du wenigstens nicht auf dumme Gedanken kommen.

„Sorg einfach dafür, dass er nicht an meine Anzüge geht", sagte ich. Ich ging nach oben, und als ich wieder herunterkam, hattest du in der Küche einen Katzenkorb und zwei Näpfe bereitgestellt, und neben der Tür stand ein Katzenklo.

„Nur bis er rauskann", hast du gesagt. Dein Blick war vorsichtig, und ich ärgerte mich sehr über mich selbst, weil ich vor dir die Beherrschung verloren hatte. Ich zwang mich, das Kätzchen zu streicheln, und hörte dich erleichtert seufzen.

Du warst ganz besessen von dem Kater. Sein Futter, sein Spielzeug und selbst sein vollgeschissenes Klo waren irgendwie interessanter, als das Haus zu putzen oder Essen zu kochen. Interessanter, als mit mir zu reden.

Etwa vierzehn Tage nachdem du bei mir eingezogen warst, fand ich beim Nachhausekommen einen Zettel auf dem Küchentisch. *Bin mit Sarah unterwegs. Warte nicht auf mich.*

Wie immer hatten wir an diesem Tag zwei-, dreimal miteinander gesprochen, doch von Sarah hattest du kein Wort gesagt. Ich holte mir ein Bier aus dem Kühlschrank. Das Kätzchen miaute und versuchte an meiner Hose hochzuklettern, wobei es seine Krallen in mein Bein bohrte. Ich schüttelte es ab, und es fiel zu Boden. Dann schloss ich das Tier in der Küche ein und schaltete den Fernseher an, doch ich konnte an nichts anderes denken als an das letzte Mal, als du mit Sarah ausgegangen warst. Sie hatte so schnell mit dem Typen herumgeknutscht, den sie gerade erst kennengelernt hatte, und auch du warst sofort bereit gewesen, mit zu mir zu gehen.

Warte nicht auf mich.

Ich hatte dich nicht gebeten, bei mir einzuziehen, um weiter die Abende allein zu verbringen. Ich stand auf, um mir noch ein Bier zu holen. Als ich das Kätzchen in der Küche hörte, stieß ich die Tür so hart auf, dass das Tier über den Boden schlitterte. Das war irgendwie komisch und heiterte mich kurz auf, bis ich wieder ins Wohnzimmer zurückkehrte und das Chaos sah, das du in einer Ecke des Raums hinterlassen hattest. Da lag noch ein Klumpen Ton auf einer Zeitung, und Marmeladengläser mit trüben Flüssigkeiten stapelten sich auf einem Tablett.

Ich trank einen Schluck Bier. Das Kätzchen miaute. Das Geräusch hallte durch meinen Kopf. Mit jedem Miauen wuchs meine Wut ein Stückchen, bis schließlich ein glühender Zorn in mir tobte, den ich nicht mehr unter Kontrolle hatte. Ich stand auf und ging in die Küche.

Es war schon nach Mitternacht, als du endlich nach Hause kamst. Ich saß in der dunklen Küche und hörte, wie du leise die Haustür zumachtest und deine Stiefel auszogst, um dann auf Zehenspitzen durch den Flur und in die Küche zu gehen.

„Und? War's schön?"

Du hast erschrocken aufgeschrien, und das wäre lustig gewesen, hätte ich nicht solch eine Wut auf dich gehabt.

„Himmel, Ian! Du hast mir einen Höllenschreck eingejagt! Was sitzt du denn hier im Dunkeln?" Du hast das Licht angeschaltet.

„Ich habe auf dich gewartet."

„Ich habe doch geschrieben, dass es spät wird. Wir sind nach dem Pub noch zu Sarah gegangen, und …" Da sahst du meinen Gesichtsausdruck. „Stimmt was nicht?"

Ich deutete auf den Boden neben dem Katzenklo. Dort lag das Kätzchen und rührte sich nicht mehr. In den letzten ein, zwei Stunden war der kleine Kater steif geworden.

„Gizmo!" Du schlugst die Hände vor den Mund, und ich dachte schon, du würdest dich gleich übergeben. „O mein Gott! Was ist passiert?"

Ich stand auf, um dich zu trösten. „Ich weiß es nicht. Als ich von der Arbeit nach Hause gekommen bin, hat er sich im Wohnzimmer übergeben. Ich habe online nach Rat gesucht, aber eine halbe Stunde später war er tot. Es tut mir ja so leid, Jennifer. Ich weiß doch, wie sehr du ihn geliebt hast."

Du weintest, und deine Tränen sickerten in mein Hemd, als ich dich an mich drückte.

„Als ich gegangen bin, war er noch kerngesund."

Du musst die Unsicherheit in meinem Gesicht gesehen haben, denn du löstest dich von mir. „Was ist? Was verschweigst du mir?"

Ich seufzte. „Als ich nach Hause kam, habe ich ihn im Wohnzimmer gefunden."

„Ich habe ihn in der Küche eingesperrt. Das mache ich immer so", sagtest du, aber in deiner Stimme lag bereits Zweifel.

Ich zuckte mit den Schultern. „Als ich nach Hause kam, stand die Tür offen. Ich weiß ja nicht, was in dem Marmeladenglas mit dem roten Schild ist, aber der Deckel war ab, und Gizmo hatte die Nase darin."

Da bist du bleich geworden. „Das ist Glasur für meine Modelle."

„Ist die giftig?"

Du hast genickt. „O Gott, es ist alles meine Schuld … Der arme Gizmo."

Ich nahm dich in die Arme, drückte dich an mich und küsste dein Haar. Du stankst nach Zigarettenrauch. „Das war ein Unfall", sagte ich. „Komm, lass uns nach oben gehen. Morgen früh kümmere ich mich dann um Gizmo."

Im Schlafzimmer warst du still. Ich schaltete das Licht aus, ging ins Bett, und du hast dich an mich gekuschelt wie ein kleines Kind. Es gefiel mir, wie sehr du mich brauchtest. Ich begann deinen Rücken zu streicheln und küsste dich auf den Hals.

„Macht es dir etwas aus, wenn wir es heute Nacht nicht tun?", fragtest du.

„Aber das wird dir helfen. Ich möchte nur, dass du dich wieder besser fühlst."

Du hast dich nicht gerührt unter mir, als ich hart in dich eindrang. Du hast einfach die Augen geschlossen und keinen Laut von dir gegeben und mir selbstsüchtig den ganzen Spaß genommen.

9

„Was ist das?" Ray stand hinter Kate und schaute auf die kleine Karte in ihrer Hand.

„Die hatte Gray in ihrem Geldbeutel. Als ich sie herausgenommen habe, ist sie kreidebleich geworden. Jetzt versuche ich herauszufinden, was das ist."

Die Karte war blassblau und so groß wie eine Standardvisitenkarte. Darauf standen zwei Zeilen einer Adresse in Bristol, sonst nichts.

„Weißt du, was das für ein Logo ist?“ Am oberen Rand der Karte befand sich eine Art Symbol, das aussah wie zwei unvollständige Achten, die ineinander übergingen.

„Keine Ahnung. Das habe ich noch nie gesehen.“

„Und lass mich raten: Bei der Adresse hat es nicht in unserem System geklingelt, oder?“ Ray holte die Wagenschlüssel. „Dann los. Es gibt nur einen Weg, wie wir etwas darüber herausfinden können.“

RAY UND KATE standen vor dem Haus Nummer 127 in der Grantham Street, einer unattraktiven Doppelhaushälfte aus Backstein in einer schier endlosen Reihe ähnlicher Häuser, und musterten den verwilderten Vorgarten und die grauen, blickdichten Vorhänge an den Fenstern. An der Tür fehlte ein Briefschlitz, doch an der Mauer daneben hing ein metallener Briefkasten, der mit einem Vorhängeschloss gesichert war.

Ray klingelte. Kate suchte in ihrer Jackentasche nach der Dienstmarke, doch er legte ihr die Hand auf den Arm. „Besser nicht“, sagte er. „Jedenfalls nicht, bevor wir wissen, wer hier wohnt.“

Sie hörten Schritte in einem offenbar gefliesten Flur. Die Schritte hielten an, und Ray blickte direkt in den winzigen Türspion in der Mitte der Tür. Welchem Test auch immer sie gerade unterzogen worden waren, sie hatten ihn bestanden, denn ein Schlüssel drehte sich im Schloss. Dann klickte ein zweites Schloss, und die Tür öffnete sich zehn Zentimeter weit. Sie wurde von einer Kette gehalten. Aufgrund dieser Sicherheitsmaßnahmen hatte Ray eine ältere Person erwartet, doch die Frau, die ihn durch den Spalt anschaute, war ungefähr so alt wie er. Sie trug ein gemustertes Wickelkleid und dazu einen blassgelben Schal, den sie um den Hals geschlungen und zu einem Knoten gebunden hatte.

„Kann ich Ihnen helfen?“

„Ich suche nach einer Freundin“, sagte Ray. „Ihr Name ist Jenna Gray. Sie hat früher einmal in dieser Straße gelebt, aber ich kann mich beim besten Willen nicht an das Haus erinnern. Sie kennen sie nicht zufällig, oder?“

„Ich fürchte, nein“, beschied die Frau sie knapp. „Wenn Sie mich jetzt bitte entschuldigen würden …“

„Tut mir leid, dass wir Sie gestört haben“, sagte Ray und nahm Kates Arm. „Komm, Liebling. Gehen wir. Ich werde ein paar Anrufe machen. Vielleicht kommen wir ja so an die Adresse.“ Er wedelte mit dem Handy in der Luft.

„Ja, genau“, meinte Kate, die den Wink verstanden hatte.

Die Frau schloss die Tür, und Ray hörte, wie die beiden Schlösser wieder verriegelt wurden. Trotzdem ließ er seinen Arm, wo er war, bis sie sich außer Sichtweite des Hauses befanden.

„Und? Was denkst du?“, fragte Kate, als sie wieder in den Wagen stiegen. „Hat Gray mal hier gelebt? Oder weiß die Frau mehr, als sie zugeben will?“

„O ja, sie weiß etwas“, antwortete Ray. Er drückte eine Taste an seinem Handy, und das Display erwachte zum Leben.

„Du hast ein Foto von ihr gemacht?“, fragte Kate überrascht.

Er grinste, betätigte den Zoom und deutete auf den Knoten im gelben Schal der Frau. Dort war etwas Rundes zu sehen.

„Eine Anstecknadel“, sagte er. Er zoomte noch einmal, und da waren sie: dicke schwarze Linien wie zwei ineinander verschlungene Achten.

„Das Logo auf der Visitenkarte!“, sagte Kate. „Gut gemacht.“

„Jenna Gray hat ohne Zweifel irgendeine Verbindung zu diesem Haus“, sagte Ray. „Aber was für eine?“

INZWISCHEN war es nahezu unmöglich, in der Küche zu essen, dank der vielen Farben, des Tonstaubs und der auf dem Tisch verstreuten Skizzen. Dein Zeug war überall, und ich konnte mich nirgends mehr entspannen.

„Was hast du heute gemacht?“, fragte ich.

„Ich bin zu einem Künstlertreffen im *Three Pillars* gegangen. Es ist wirklich erstaunlich, wie viele von uns es da draußen gibt, und alle arbeiten wir daheim in kleinen Ateliers oder auf dem Küchentisch …“ Du schautest mich entschuldigend an. „Wir überlegen, ob wir uns nicht die Miete für ein Gemeinschaftsatelier teilen sollten. Ein eigenes kann ich mir ja nicht leisten, aber ich verdiene mit meinen Töpferkursen genug, um mich zu beteiligen. Dann hätte ich auch einen ordentlichen Brennofen und könnte das ganze Zeug hier aus dem Weg schaffen.“

„Prinzipiell klingt das toll, Liebling, aber was ist, wenn einer auszieht? Wer zahlt dann dessen Anteil?“ Ich sah sofort, dass du das nicht bedacht hattest.

„Ich muss aber irgendwo arbeiten, Ian. Die Töpferkurse sind ja schön und gut, aber nichts für ewig. Meine Skulpturen verkaufen sich allmählich, und wenn ich schneller arbeiten und mehr Aufträge annehmen könnte, dann könnte ich mir ein erfolgreiches Geschäft aufbauen.“

„Wie vielen Bildhauern gelingt das denn?“, fragte ich.

Darauf hattest du keine Antwort.

„Aber wenn wir zusammenarbeiten, können wir einander helfen“, sagtest du.

Ich sah, dass du dich bereits entschieden hattest. Ich würde dich an diesen neuen Traum verlieren. „Hör zu", sagte ich, und meine Stimme strafte die Angst, die ich empfand, Lügen. „Ich denke schon seit einer ganzen Weile über einen Umzug nach."

„Wirklich?"

Ich nickte. „Wir werden uns ein Haus mit genügend Platz suchen, und dann baue ich dir ein Atelier im Garten. Einschließlich Brennofen. Da kannst du so viel Unordnung machen, wie du willst."

„Das würdest du wirklich für mich tun?" Ein breites Lächeln erschien auf deinem Gesicht.

„Ich würde alles für dich tun, Jennifer. Das weißt du doch." Und das stimmte auch. Ich hätte alles getan, um dich zu behalten.

Als du in der Dusche warst, klingelte das Telefon.

„Ich bin's, Sarah. Ist Jenna da?"

„Hi Sarah", sagte ich. „Ich fürchte, sie ist gerade mit ein paar Freunden aus. Hat sie dich beim letzten Mal nicht zurückgerufen? Ich hatte ihr gesagt, dass du angerufen hast."

„Nein."

„Ah. Okay. Ich richte ihr aus, dass du dich gemeldet hast."

Während du noch oben warst, durchsuchte ich deine Handtasche. Ich fand nichts Ungewöhnliches, alle Quittungen stammten von Läden und Lokalen, von denen du mir erzählt hattest. Langsam löste sich die Spannung in meiner Brust.

Als du mich verlassen hast, habe ich es noch nicht einmal sofort bemerkt. Ich wartete wie immer darauf, dass du nach Hause kamst, und erst als es an der Zeit war, ins Bett zu gehen, sah ich, dass deine Zahnbürste verschwunden war. Ich schaute bei den Koffern nach. Sie waren alle noch da. Nur eine kleine Tasche fehlte. Hat er dir angeboten, dir zu kaufen, was du brauchst? Und was hast du ihm dafür versprochen? Du widertest mich an. Aber ich ließ dich ziehen. Ich redete mir ein, ich sei ohne dich besser dran, und solange du nicht zur Polizei rennen und mich irgendwelcher Dinge beschuldigen würdest, die dort zweifellos das Etikett „Missbrauch" bekämen, würde ich dich in Ruhe lassen. Natürlich hätte ich nach dir suchen können, aber ich wollte nicht. Verstehst du das? Ich wollte dich nicht mehr. Und ich hätte dich auch in Frieden gelassen, wäre da nicht heute dieser kleine Artikel in der *Bristol Post* gewesen. Sie haben deinen Namen nicht erwähnt, aber glaubst du wirklich, ich hätte nicht sofort gewusst, dass es um dich geht?

Ich stellte mir vor, wie die Polizei dich über dein Leben und deine Beziehungen ausfragen würde. Du würdest zusammenbrechen, das wusste ich, und dann würde es nicht lange dauern, bis sie an meine Tür klopfen und mich nach Dingen fragen würden, die sie nichts angehen. Sie würden mich einen Schläger nennen, einen Vergewaltiger, einen Frauenquäler. Doch ich bin weder das eine noch das andere. Ich habe dir immer nur gegeben, was du verdient hast.

Rate mal, wo ich heute war. Komm schon, rate! Nein? Ich bin nach Oxford gefahren, um deine Schwester zu besuchen. Ich dachte, wenn irgendjemand weiß, wo du jetzt bist, dann sie. Das Haus hat sich in den letzten fünf Jahren kaum verändert.

Eves Lächeln verschwand ziemlich rasch, als sie mich sah.

„Ian“, sagte sie. „Was für eine Überraschung.“

„Ja, es ist lange her“, erwiderte ich und setzte einen Fuß über die Schwelle. Eve blieb nichts anderes übrig, als zur Seite zu treten, und ich ging an ihr vorbei ins Wohnzimmer.

Ich setzte mich in Jeffs Sessel, denn ich wusste, dass Eve das hasste, und sie ließ sich mir gegenüber nieder.

„Warum bist du hier?“

„Ich suche nach Jennifer“, sagte ich.

„Hat sie dich etwa endlich verlassen?“ Sie spie die Worte förmlich aus.

Ich ignorierte die Stichelei. „Wir haben uns getrennt.“

„Ist sie okay? Wo wohnt sie jetzt?“

„Wie? Ist sie etwa nicht direkt zu dir gelaufen?“

„Ich weiß nicht, wo sie ist.“

„Ach, wirklich?“ Ich glaubte ihr kein Wort. „Aber ihr zwei steht euch doch so nahe. Du musst zumindest eine Ahnung haben.“ In meinem Augenwinkel zuckte ein Muskel, und ich presste meine Finger dagegen, damit es aufhörte.

„Wir haben seit fünf Jahren nicht mehr miteinander gesprochen, Ian.“ Sie stand auf. „Ich denke, du solltest jetzt besser gehen.“

„Willst du mir allen Ernstes weismachen, dass du in all der Zeit nichts von ihr gehört hast?“ Ich streckte die Beine aus. Ich würde selbst entscheiden, wann ich ging.

„Nein“, antwortete Eve, doch ich sah, dass ihr Blick zum Kaminsims huschte. „Und jetzt hätte ich gerne dass du gehst.“

Mit seinem Gasbrenner und den falschen Kohlen war der Kamin eine ziemlich peinliche Angelegenheit. Auf dem weiß gestrichenen Sims standen ein paar Post- und Einladungskarten neben einer alten Uhr. Ich wusste sofort, was sie mich nicht sehen lassen wollte. Du hättest ein wenig nachdenken sollen, Jennifer, bevor du etwas so Offensichtliches verschickst. Da war es: ein Foto von einem Strand, aufgenommen von einer Klippe aus. Und in den Sand hatte jemand *Lady Eve* geschrieben.

Ich stand auf und ließ mich von Eve zur Tür scheuchen. Als ich mich vorbeugte, um sie auf die Wange zu küssen, spürte ich, wie sie vor mir zurückzuckte. Ich musste gegen den Drang ankämpfen, ihren Kopf gegen die Wand zu schlagen, weil sie mich angelogen hatte.

Eve öffnete die Tür, und ich tat so, als müsste ich erst nach meinen Schlüsseln suchen. „Ich muss sie im Wohnzimmer liegen gelassen haben“, sagte ich. „Bin gleich wieder da.“

Ich ließ Eve im Flur stehen, kehrte ins Wohnzimmer zurück, schnappte mir die Postkarte und drehte sie um. Doch statt der Adresse, auf die ich gehofft hatte, fand ich nur eine rührselige Botschaft an Eve in deiner vertrauten unleserlichen Handschrift. Ich schaute mir das Foto genauer an. Wo warst du? Die Spannung in mir wuchs und suchte nach einem Ventil. Ich riss die Karte in Stücke und fühlte mich gleich besser. Ich stopfte die Fetzen hinter die Uhr. Im selben Augenblick kam Eve ins Zimmer.

„Hab sie“, sagte ich und klopfte auf meine Tasche. „War schön, dich wiederzusehen, Eve.“ Ich ging zur Tür.

Kaum war ich zu Hause, durchforstete ich das Internet. Die Klippen hatten eindeutig vertraut ausgesehen, so als wären sie in der Nähe. Sie umgaben den Strand auf drei Seiten. Ich gab „Strände in Großbritannien“ in das Suchfeld ein und scrollte durch die Bilder. Ich werde dich finden, Jennifer. Egal wo du bist, ich werde dich finden.

Und dann komme ich dich holen.

BETHAN kommt auf mich zu, die Strickmütze tief ins Gesicht gezogen. „Ich dachte mir schon, dass du das bist hier oben.“

Der Campingplatz ist von hier aus kaum zu sehen. Ich kann nur ein Fleck am Horizont gewesen sein. Bethan lächelt so warmherzig wie immer, als wäre seit unserem letzten Gespräch nichts geschehen.

„Ich nehme an, du hast es schon gehört“, sage ich.

„Hier in Penfach kann man das kaum vermeiden.“ Bethan atmet schwer, während wir nebeneinander hergehen, und ich verlangsame meinen Schritt. „Möchtest du darüber reden?“

Instinktiv will ich Nein sagen, doch dann wird mir bewusst, dass ich tatsächlich darüber reden will. „Ich habe einen Jungen getötet. Sein Name war Jacob.“

Bethan gibt einen leisen Laut von sich, doch sie sagt nichts.

„Es war dunkel, und es hat geregnet. Als ich ihn sah, war es schon zu spät.“

Bethan atmet tief aus. „Es war ein Unfall.“

Das ist eine Feststellung, keine Frage. Ihre Loyalität rührt mich.

„Ja.“

„Aber das ist noch nicht alles, stimmt’s?“

„Nein, das ist noch nicht alles. Ich habe nicht angehalten. Ich bin einfach weitergefahren und habe ihn mit seiner Mutter auf der Straße zurückgelassen.“ Ich kann Bethan nicht in die Augen schauen, und sie sagt mehrere Minuten lang kein Wort. Als sie dann doch spricht, kommt sie direkt auf den Punkt. „Warum?“

Das ist die schwerste Frage, doch Bethan kann ich wenigstens die Wahrheit sagen. „Weil ich Angst hatte.“

Ich wage einen verstohlenen Seitenblick, kann ihren Gesichtsausdruck aber nicht deuten. „Hasst du mich jetzt dafür?“

Sie lächelt traurig. „Jenna, du hast etwas Schreckliches getan, und dafür wirst du den Rest deines Lebens bezahlen. Ich denke, das ist Strafe genug, meinst du nicht?“

„Im Laden wollen sie mich nicht mehr bedienen.“ Wie armselig von mir, so herumzujammern.

Bethan zuckt mit den Schultern. „Sie mögen hier keine Zugezogenen, und wenn sie einen Vorwand finden, einen davon fertigzumachen, dann …“

„Ich weiß nicht, was ich tun soll.“

„Ignorier sie. Kauf woanders ein, und geh stets erhobenen Hauptes. Was passiert ist, geht nur dich und das Gericht etwas an, sonst niemanden.“

Ich lächle dankbar. Bethans Sachlichkeit hat etwas Tröstliches.

„Ich musste gestern mit einer der Katzen zum Tierarzt fahren“, sagt sie beiläufig, als wolle sie das Thema wechseln.

„Du hast mit Patrick gesprochen?“

„Er weiß nicht, wie er sich dir gegenüber verhalten soll.“

„Als ich ihn das letzte Mal gesehen habe, schien er damit keine Probleme zu haben.“ Ich rufe mir die Kälte in seiner Stimme ins Gedächtnis und das Fehlen jeglicher Emotion in seinen Augen, als er ging.

„Er ist ein Mann, Jenna, und Männer sind recht einfach gestrickt. Rede mit ihm. Erkläre es ihm so, wie du es mir erklärt hast. Sag ihm, wie verängstigt du gewesen bist. Er wird verstehen, wie sehr du es bereust.“

Kurz frage ich mich, ob Bethan recht haben könnte. Gibt es wirklich noch eine Chance für Patrick und mich? Aber sie hat nicht gesehen, wie er mich angeschaut hat.

„Nein“, sage ich. „Es ist vorbei.“

Wir haben die Bucht erreicht. Die Flut kommt. Langsam kriecht das Wasser den Strand hinauf. Ich will mich gerade von Bethan verabschieden, als ich etwas auf dem Sand sehe, dicht am Wellensaum. Ich kneife die Augen zusammen, doch die Brandung leckt an den Buchstaben, und ich kann nicht genau erkennen, was da steht. Nach einer weiteren Welle ist die Schrift ganz verschwunden, aber ich bin sicher, da war etwas. Plötzlich ist mir kalt, und ich ziehe den Mantel enger um meinen Körper. Mein Blick wandert prüfend über den Küstenpfad, die Klippen entlang und wieder zum Strand hinunter. Ist Ian da irgendwo? Beobachtet er mich?

Bethan schaut mich besorgt an. „Was ist? Stimmt etwas nicht?"

Ich sehe sie an, ohne sie wirklich wahrzunehmen. Ich sehe die Schrift … Eine Schrift, von der ich nicht weiß, ob sie wirklich im Sand war oder nur in meinem Kopf.

„Jennifer", sage ich leise.

„Jennifer?", fragt Bethan. „Wer ist Jennifer?"

„Ich. Ich bin Jennifer."

„Tut mir leid", sagte Ray. Er saß auf der Kante von Kates Schreibtisch und reichte ihr ein Blatt Papier.

„Von der Staatsanwaltschaft?"

Er nickte. „Es gibt keinerlei Beweise für die Theorie, dass Jenna etwas verheimlicht, und wir können die Sache nicht länger hinauszögern. Sie muss sich heute Nachmittag im Präsidium melden, und dann wird Anklage gegen sie erhoben." Er sah Kate in die Augen. „Du hast einen guten Job gemacht. Du hast über den Tellerrand hinausgeschaut, und das tun nur gute Detectives." Er stand auf und ließ sie allein, damit sie den Beschluss der Staatsanwaltschaft in Ruhe durchlesen konnte.

Um zwei Uhr kam ein Anruf von der Pforte. Jenna war eingetroffen. Ray nahm sie in Empfang und las ihr die Anklage vor. „Sie werden gemäß Paragraf 1 der Straßenverkehrsordnung von 1988 angeklagt. Ihnen wird vorgeworfen, am 26. November 2012 durch gefährliches Fahren den Tod von Jacob Jordan verursacht zu haben. Des Weiteren werden Sie nach Paragraf 170 Absatz 2 der Straßenverkehrsordnung von 1988 angeklagt, da Sie es unterlassen haben, anzuhalten und den Unfall zu melden. Möchten Sie sich dazu äußern?"

Er beobachtete sie aufmerksam und suchte nach irgendeiner Spur von Angst oder Schock, doch Jenna Gray schloss einfach nur die Augen und schüttelte den Kopf. „Dann nehme ich Sie hiermit offiziell in Haft, um Sie morgen früh dem Haftrichter vorzuführen."

Er hielt Jenna sanft am Ellbogen und führte sie in den Frauentrakt. Vor Zelle 7 blieb er stehen. „Ziehen Sie bitte die Schuhe aus."

Jenna zog ihre Stiefel aus und stellte sie neben die Tür. Dann sah sie Ray an. Der deutete mit dem Kinn auf die leere Zelle, und sie ging hinein und setzte sich auf die blaue Plastikmatratze.

Ray lehnte sich gegen den Türrahmen. „Was verheimlichen Sie uns, Jenna? Warum sind Sie damals einfach weggefahren?"

Jenna antwortete nicht. Sie strich sich das Haar aus dem Gesicht, und er sah erneut die schreckliche Narbe in ihrer Handfläche.

„Wie ist das passiert?", fragte er und deutete auf die Verletzung.

Sie wandte sich ab. „Was geschieht jetzt mit mir?"

Ray seufzte. Mehr würde er aus Jenna Gray nicht herausbekommen, das stand fest. „Morgen findet nur eine Anhörung statt. Man wird Sie auffordern, sich für schuldig oder unschuldig zu erklären. Dann geht die Sache ans Strafgericht."

„Und dann?"

„Dann wird man Sie verurteilen."

„Komme ich ins Gefängnis?"

„Vielleicht."

„Für wie lange?"

„Bis zu vierzehn Jahre." Er beobachtete sie aufmerksam, und zum ersten Mal sah er einen Anflug von Angst in ihrem Gesicht.

„Vierzehn Jahre", wiederholte sie und schluckte.

Er hielt den Atem an. Eine Sekunde lang glaubte er, er würde nun endlich erfahren, was Jenna zur Fahrerflucht bewegt hatte. Doch sie wandte sich von ihm ab, legte sich auf die blaue Plastikmatratze und schloss die Augen.

DAS HAUS in Beaufort Crescent war viel größer als das alte. Es besaß einen Garten mit genügend Platz für dein Atelier, und ich sah deine Augen leuchten, als wir den Grundriss absteckten.

„Es ist einfach perfekt", sagtest du.

Ich nahm mir ein paar Tage frei, begann noch in derselben Woche, in der wir einzogen, mit dem Bau des Ateliers, und du überschlugst dich förmlich vor Dankbarkeit. Du hast mir Tee in den Garten gebracht, mich geküsst und immer wieder gesagt, wie aufregend es für dich sei, endlich deinen eigenen Arbeitsplatz zu haben. Noch nie habe sich jemand so um dich gekümmert. Und du hast gesagt, dass du mich liebst.

Schließlich ging ich wieder zur Arbeit und versprach dir, mich am Wochenende um den Innenausbau zu kümmern. Doch als ich am ersten Abend von der Arbeit nach Hause kam, hattest du bereits einen alten Schreibtisch ins Atelier geschleppt und deine Glasuren und Werkzeuge darauf verteilt. In der Ecke stand dein neuer Brennofen und mitten im Raum deine Töpferscheibe. Du saßt auf einem kleinen Hocker und warst ganz auf den Ton in deinen Händen konzentriert. Durch das Fenster konnte ich beobachten, wie du dem Topf seine Form verliehst. Ich hoffte, du würdest meine Anwesenheit spüren, doch du sahst nicht auf. Schließlich öffnete ich die Tür.

„Ist das nicht fantastisch?“, fragtest du und schautest mich immer noch nicht an. „Ich liebe es, hier draußen zu sein.“ Du nahmst deinen Fuß vom Pedal, und langsam hörte die Scheibe auf, sich zu drehen. „Ich ziehe mich schnell um. Dann mache ich Abendessen.“ Du gabst mir einen flüchtigen Kuss auf die Wange, wobei du sorgfältig darauf achtetest, mich nicht mit deinen verklebten Händen zu berühren.

Ich blieb im Atelier und starrte die Wände an, die ich mir immer voller Regale vorgestellt hatte. In der Ecke hatte ich dir eigentlich einen ganz besonderen Werktisch bauen wollen. Ich trat kurz auf das Pedal deiner Töpferscheibe. Die Scheibe drehte sich ein Stück, und ohne deine formenden Hände fiel der Topf in sich zusammen.

Danach bekam ich dich ganze Tage nicht zu Gesicht – jedenfalls fühlte es sich so an. Du hattest dir einen Heizofen ins Atelier gestellt, damit du länger arbeiten konntest, und selbst an den Wochenenden zogst du dir schon bei Tagesanbruch deine verdreckten Sachen über und verschwandest im Atelier. Die Regale habe ich dir noch gebaut, aber den Werktisch nie, und der Anblick des alten Schreibtischs, den du irgendwo vom Sperrmüll geholt hattest, hat mich immer geärgert.

Wir wohnten gut ein Jahr in dem Haus, als ich beruflich nach Paris musste, wo mein Geschäftspartner Doug einen neuen Kunden aufgetan hatte.

„Kann ich mitkommen?“, fragtest du. Das war das einzige Mal, dass du Interesse an meiner Arbeit zeigtest. „Ich liebe Paris.“

„Ich werde ununterbrochen beschäftigt sein, Jenna. Das wäre sicher kein Spaß für dich. Lass uns einfach mal zusammen hinfahren, wenn ich nicht so viel zu tun habe.“

Als ich in Paris gelandet war, rief ich dich an, und sobald ich deine Stimme hörte, bekam ich Heimweh. Doug führte den Kunden zum Essen aus, ich hingegen schob eine Migräne vor und blieb im Hotel, wo ich beim Zimmerservice ein Steak orderte und mir wünschte, ich hätte dich doch mitgenommen. Um elf ging ich runter in die Hotelbar und bestellte mir einen Whisky.

An einem Tisch ganz in der Nähe saß eine Frau in einem grauen Nadelstreifenanzug und hochhackigen schwarzen Schuhen. Auf dem Stuhl neben ihr lag eine offene Aktentasche. Sie ging gerade ein paar Papiere durch. Als sie aufsah und unsere Blicke sich trafen, lächelte sie. Ich lächelte zurück.

„Kommen Sie aus England?“, fragte sie.

„Ist das so offensichtlich?“

Sie lachte. „Wenn man so viel reist wie ich, lernt man die Zeichen zu deuten.“

„Darf ich mich zu Ihnen setzen?“, fragte ich.

„Gern.“

Was dann folgte, hatte ich nicht geplant, aber es war genau das, was ich an dem Abend brauchte.

Am nächsten Morgen, nachdem sie gegangen war, rief ich dich an, und du erzähltest mir, wie sehr du mich vermisst hättest und dass du es hassen würdest, von mir getrennt zu sein, und ich fühlte mich wieder sicher.

„Ich liebe dich“, sagte ich. Ich wusste, dass du diesen Satz jetzt brauchtest, dass es dir nicht reichte, zu sehen, was ich alles für dich tat.

Du hast geseufzt. „Ich liebe dich auch.“

DOUG hatte den Kunden beim Abendessen offenbar hart bearbeitet, jedenfalls war der Deal am Mittag unter Dach und Fach.

Ich ließ mir vom Hotelportier ein Taxi rufen und fragte ihn, wo ich die besten Juweliere finden könne.

„Da müssen Sie in die Rue du Faubourg Saint-Honoré, Monsieur.“

Ich ging an den Schaufenstern entlang und entschied mich schließlich für einen kleinen Juwelierladen mit dem einfallslosen Namen „Michel“. Dort suchte ich einen Ring aus, den du unmöglich ablehnen konntest: einen schlichten Platinreif mit einem viereckigen Diamanten.

Am nächsten Morgen flog ich heim. Die kleine Lederschatulle brannte mir ein Loch in die Manteltasche. Eigentlich hatte ich vorgehabt, dich zum Essen auszuführen, doch kaum hatte ich die Tür aufgeschlossen, bist du auf mich zugestürmt und hast mich so fest umarmt, dass ich nicht länger warten konnte.

„Heirate mich.“

Du hast gelacht, aber dann musst du den Ernst in meinen Augen gesehen haben, denn du hast sofort damit aufgehört und die Hand vor den Mund geschlagen.

„Ich liebe dich“, sagte ich. „Ich kann nicht länger von dir getrennt sein.“

Als du nichts darauf erwidertest, geriet meine Entschlossenheit ins Wanken. Das gehörte nicht zu meinem Plan. Ich hatte erwartet, dass du die Arme um meinen Hals werfen, mich küssen, vielleicht weinen und vor allen Dingen Ja sagen würdest. Rasch zog ich die Schatulle hervor und drückte sie dir in die Hand. „Ich meine es ernst, Jennifer. Ich will, dass du für immer mein bist. Bitte sag Ja."

Du hast kaum wahrnehmbar den Kopf geschüttelt und die Schatulle geöffnet. „Ich … Ich weiß nicht, was ich sagen soll."

„Sag einfach Ja."

Das Schweigen, das darauf folgte, war lang genug, um die Angst in mir aufkeimen zu lassen, dass du ablehnen würdest. Doch dann sagtest du Ja.

10

Der Kastenwagen, der mich zum Magistrates' Court fährt, ist in Kabinen unterteilt, die mich an Pferdeboxen erinnern. In der Enge bekomme ich Platzangst. Hinter dem Milchglasfenster rasen die Gebäude der Stadt in einem Kaleidoskop aus Formen und Farben vorbei.

Dann tausche ich meine fahrende Zelle gegen eine feste in den Tiefen des Gerichtsgebäudes. Mein Anwalt kommt um zehn. Er ist jung und desinteressiert und sein Anzug teuer. „Ms Gray?"

„Ich habe nicht um einen Anwalt gebeten."

„Sie brauchen aber einen Rechtsvertreter, Ms Gray. Ansonsten müssen Sie sich selbst verteidigen. Wollen Sie das?"

Ich schüttle den Kopf.

„Gut. Wenn ich richtig verstanden habe, gaben Sie im Verhör zu, einen Unfall mit Todesfolge verursacht und im Anschluss Fahrerflucht begangen zu haben. Ist das so korrekt?"

„Ja."

„Plädieren Sie auf ‚schuldig' oder ‚nicht schuldig'?"

„Schuldig", antworte ich. Das Wort hängt in der Luft. Zum ersten Mal habe ich es laut ausgesprochen: Ich bin schuldig.

„Ich werde eine Freilassung gegen Kaution beantragen, und die Chancen stehen gut, dass Sie gehen können. Sie haben ja keine Vorstrafen und sich nach Ihrer Verhaftung an die Auflagen gehalten. Ihre anfängliche Flucht spricht jedoch gegen Sie. Haben Sie irgendwelche psychischen Probleme?"

„Nein."

„Schade. Haben Sie noch irgendwelche Fragen?"

„Nein. Keine", antworte ich.

„BITTE ERHEBEN SIE SICH." Ich hatte mehr Leute im Gerichtssaal erwartet, doch abgesehen von einem gelangweilt dreinblickenden Mann mit Notizbuch gibt es kaum Zuschauer. Mein Anwalt sitzt an einem Tisch in der Mitte des Saals mit dem Rücken zu mir, neben ihm eine junge Frau in einem dunkelblauen Rock. Am selben langen Tisch, kaum zwei Meter weiter, sitzt ein nahezu identisches Paar: die Anklagevertreter.

Der Gerichtsdiener neben mir zupft mich am Ärmel, und mir fällt auf, dass ich als Einzige noch stehe. Der Richter, ein Mann mit verkniffenem Gesicht und dünnem Haar, hat Platz genommen, und die Anhörung beginnt.

„Würde die Angeklagte sich bitte erheben?"

Ich stehe wieder auf und nenne meinen Namen, als der Gerichtsschreiber mich danach fragt.

„Wie plädieren Sie?"

„Schuldig." Meine Stimme klingt dünn und belegt, und ich huste, um wieder einen freien Hals zu bekommen, doch man fragt mich nichts mehr.

Die Anwälte diskutieren darüber, ob ich bis zur Verhandlung vor dem Strafgerichtshof in Untersuchungshaft bleiben oder ob ich gegen Kaution auf freien Fuß kommen und zu Hause auf meine Verhandlung warten soll. Als mir bewusst wird, dass mein Anwalt für meine Freilassung plädiert, würde ich ihn am liebsten am Ärmel zupfen und ihm sagen, dass ich keine Freilassung gegen Kaution will. Abgesehen von Beau wartet niemand auf mich. Niemand wird mich vermissen, und im Gefängnis wäre ich in Sicherheit. Doch ich bleibe stumm.

Dann senkt sich Stille über den Saal, und der Richter schaut mich streng an, bevor er das Wort ergreift. „Ihr Anwalt hat mir versichert, dass Ihre Flucht vom Ort dieses furchtbaren Verbrechens lediglich einem Augenblick der Kopflosigkeit geschuldet sei, Ms Gray. Das passe nicht zu Ihrem Charakter, hat er gesagt, und werde mit Sicherheit nicht wieder vorkommen. Ich hoffe, er behält recht." Er hält kurz inne. „Ich sehe nichts, was einer Freilassung auf Kaution entgegenstehen würde."

Ich stoße einen Seufzer aus, der vermutlich als Ausdruck der Erleichterung gedeutet wird.

„Bitte erheben Sie sich."

Als der Richter den Saal verlässt, wird das Murmeln lauter, und mein Anwalt kommt zu mir herüber.

„Das ist ein gutes Ergebnis", verkündet er und lächelt breit. „Der Fall ist vertagt bis zur Verhandlung vor dem Crown Court am 17. März. Man wird Sie rechtzeitig über Ihre Ansprüche auf Prozesskostenhilfe und Rechtsbeistand informieren. Ich wünsche Ihnen eine gute Heimfahrt, Ms Gray."

Es fühlt sich seltsam an, den Gerichtssaal als freier Mensch zu verlassen, nachdem ich vierundzwanzig Stunden in einer Zelle verbracht habe. Ich gehe in die Kantine und kaufe mir einen Kaffee zum Mitnehmen.

Als ich das Gerichtsgebäude verlasse und die Stufen der Außentreppe hinuntergehe, stoße ich mit einer Frau zusammen, und Kaffee spritzt unter dem Becherdeckel hervor auf meine Hand.

„Tut mir leid“, sage ich automatisch. Doch als ich aufblicke, sehe ich, dass die Frau ein Mikrofon in der Hand hält.

„Wie fühlen Sie sich angesichts der Tatsache, dass Ihnen eine Gefängnisstrafe droht, Ms Gray?“

„Was? Ich …“

Sie hält mir das Mikrofon so dicht vors Gesicht, dass es fast meine Lippen berührt. „Werden Sie sich weiterhin schuldig bekennen? Und wie, glauben Sie, fühlt sich Jacobs Familie bei alledem?“

„Ich … Ja, ich …“

Von allen Seiten drängen jetzt Menschen heran, und die Reporterin versucht, mit ihren Fragen einen Sprechchor zu übertönen, den ich nicht verstehen kann. Dann sehe ich ein handgemaltes Plakat, das von einer kleinen Gruppe von Demonstranten in die Höhe gehalten wird. *Gerechtigkeit für Jacob!*

Das ist es. Das ist der Sprechchor, den ich höre. „Gerechtigkeit für Jacob! Gerechtigkeit für Jacob!“ Immer und immer wieder, bis die Rufe von allen Seiten zu kommen scheinen. Ich schaue mich nach einem Fluchtweg um, doch überall sind Menschen. Der Becher rutscht mir aus der Hand und fällt zu Boden.

Ich spüre, wie irgendjemand mich an der Schulter packt, und versuche mich dem Griff zu entwinden.

„Was halten Sie davon, wenn wir die Hintertür nehmen?“

Es ist Detective Inspector Stevens. Seine Miene ist hart und entschlossen, als er mich die Stufen hinauf und wieder ins Gerichtsgebäude zerrt. Erst hinter der Sicherheitsschranke lässt er mich los. Er sagt nichts, und ich folge ihm stumm durch eine Doppeltür in einen stillen Hinterhof.

Er deutet auf ein Tor. „Wenn Sie da durchgehen, kommen Sie zur Bushaltestelle. Alles okay mit Ihnen?“

„Es geht mir gut. Danke.“ Kurz schließe ich die Augen.

„Diese verdammten Aasgeier“, sagt DI Stevens. „Die Presseleute behaupten immer, sie würden nur ihren Job machen, aber sie lassen einen erst aus den Klauen, wenn sie ihre Story haben. Und was die Demonstranten angeht … Nun, da sind ein paar notorische Querulanten drunter. Egal worum es geht, sie stehen immer vor dem Gericht und schwenken ihre Plakate. Nehmen Sie das nicht persönlich.“

„Ich werde es versuchen.“ Ich wende mich zum Gehen, doch DI Stevens hält mich auf.

„Ms Gray? Haben Sie je in der Grantham Street gewohnt? Hausnummer 127?"

Ich spüre, wie mir das Blut aus dem Gesicht weicht. „Nein, Inspector", antworte ich vorsichtig. „Nein, ich habe nie dort gewohnt."

DI Stevens nickt nachdenklich und hebt die Hand zum Abschied. Als ich durch das Tor gehe, blicke ich noch einmal über die Schulter. Er steht immer noch da und beobachtet mich.

Zu meiner Erleichterung ist der Zug nach Swansea so gut wie leer.

Vier Wochen. Mir bleiben vier Wochen, bis ich ins Gefängnis muss. Der Gedanke ist unvorstellbar, und doch könnte nichts realer sein. Ich rufe Bethan an und sage ihr, dass ich doch nach Hause kommen werde.

„Sie haben dich auf Kaution freigelassen?"

„Bis zum 17. März."

„Das ist doch gut, oder?" Mein mangelnder Enthusiasmus verwirrt sie.

„Warst du heute schon am Strand?", frage ich.

„Ich war heute Mittag mit den Hunden auf den Klippen spazieren. Warum?"

„War da was im Sand?"

„Nichts, was nicht auch sonst da ist", antwortet sie und lacht. „Was hast du denn erwartet?"

Wieder seufze ich erleichtert. Allmählich glaube ich, dass ich mir die Buchstaben nur eingebildet habe. „Nichts", sage ich. „Bis später."

Als ich am Campingplatz ankomme, lädt Bethan mich zum Essen ein, doch im Augenblick gebe ich keine besonders gute Gesellschaft ab, und so lehne ich freundlich ab. Ich küsse sie zum Abschied und gehe mit Beau zum Cottage.

Die Tür hat sich bei dem miesen Wetter derart verzogen, dass der Schlüssel sich nicht mehr drehen lässt. Ich ramme die Schulter gegen das Holz, und die Tür gibt ein Stück nach. Das reicht, um das Schloss zu lösen. Der Schlüssel dreht sich nutzlos im Mechanismus. Beau beginnt zu bellen, und ich sage ihm, er solle ruhig sein. Ich nehme an, ich habe die Tür endgültig kaputt gemacht, doch das ist mir gerade herzlich egal.

Es ist kalt im Haus. Ich suche nach einem Pullover, aber unten im Wohnzimmer finde ich keinen. Als ich nach oben gehen will, fällt mir auf, dass irgendetwas an der Treppe anders ist als sonst. Obwohl es draußen noch nicht völlig dunkel ist, fällt kein Licht durch das winzige Fenster oben an den Stufen. Irgendetwas versperrt die Sicht.

Als ich erkenne, was es ist, bin ich schon oben angekommen.

„Du hast dein Versprechen gebrochen, Jennifer."

Ian beugt das Knie und rammt mir den Fuß vor die Brust. Ich verliere den Halt am Geländer, falle nach hinten und krache die Stufen hinunter auf den Steinboden.

DU HAST MICH fünfzehn Minuten warten lassen. Das war dein Recht, nehme ich an. Doch als du dann den Gang herunterkamst, konnte ich mir keine schönere Braut vorstellen. Wir standen nebeneinander, und ich warf dir immer wieder verstohlene Seitenblicke zu, während du dem Standesbeamten lauschtest. Als wir das Ehegelübde sprachen, sahst du mir in die Augen, und es hätten tausend Leute mit uns im Raum sein können: Ich hatte nur noch Augen für dich.

„Hiermit erkläre ich Sie zu Mann und Frau."

Es folgte zögernder Applaus, und ich küsste dich auf die Lippen. Dann drehten wir uns um und schritten gemeinsam den Gang hinunter. Das Hotel, in dem unsere Trauung stattfand, hatte in einem kleinen Saal neben der Bar Drinks und Kanapees angerichtet, und ich schaute zu, wie du durch den Raum gingst und allen deinen Ring zeigtest.

„Sie sieht wirklich wunderschön aus, nicht wahr?"

Ich hatte nicht bemerkt, dass Eve neben mich getreten war. „Sie *ist* wunderschön", erwiderte ich, und Eve nickte zum Zeichen, dass sie die Korrektur akzeptierte. Doch als ich mich ihr zuwandte, sah ich, dass sie nicht länger dich beobachtete, sondern mich. „Du wirst ihr doch nicht wehtun, oder?", fragte sie.

„Und das fragst du einen Mann an seinem Hochzeitstag?"

„Nun, das ist schließlich das Wichtigste", entgegnete Eve und nippte an ihrem Champagner. „Du erinnerst mich stark an unseren Vater."

„Nun, vielleicht sieht Jennifer in mir ja ihren Vater", erwiderte ich kurz angebunden.

„Vermutlich", sagte Eve. „Ich hoffe nur, du lässt sie nicht auch im Stich."

„Ich habe nicht die geringste Absicht, deine Schwester zu verlassen", erklärte ich. „Nicht dass dich das etwas anginge. Jennifer ist eine erwachsene Frau, kein Kind mehr, das sich über einen untreuen Vater aufregt."

„Mein Vater war nicht untreu." Es klang nicht wie eine Verteidigung, sondern schlicht wie eine Tatsache, und das weckte mein Interesse.

„Warum ist er dann gegangen?"

Eve ignorierte meine Frage. „Kümmere dich gut um Jenna. Sie hat es verdient, anständig behandelt zu werden."

Ich konnte Eves selbstgerechtes Gesicht und ihre herablassenden Appelle nicht länger ertragen. Also ließ ich sie einfach stehen, ging zu dir und schlang den Arm um dich. Meine Frau.

Ich hatte dir Venedig versprochen und konnte es kaum erwarten, dir die Stadt zu zeigen. Am Flughafen hast du dem Beamten stolz deinen neuen Pass gegeben und gelächelt, als er deinen Namen nannte.

„Das klingt so seltsam!“

„Du wirst dich rasch daran gewöhnen, Mrs Petersen“, sagte ich.

Als du sahst, dass ich ein Upgrade gebucht hatte, warst du ganz aus dem Häuschen. Der Flug dauerte nur zwei Stunden, doch in dieser Zeit hast du die Schlafmaske ausprobiert, dich durch sämtliche Filme gezappt und dazu Champagner getrunken. Ich beobachtete dich und freute mich, wie glücklich du warst und dass ich der Grund dafür war.

Unser Transfer hatte Verspätung, und so kamen wir erst spät im Hotel an. Wegen des Champagners hatte ich Kopfschmerzen, und ich war müde und von dem erbärmlichen Service alles andere als beeindruckt.

„Lass uns einfach die Koffer abstellen und in der Stadt etwas essen gehen“, sagtest du, als wir die mit Marmor verkleidete Lobby betraten.

„Wir sind doch vierzehn Tage hier. Wir bestellen uns was beim Zimmerservice und packen aus. Die Sehenswürdigkeiten sind morgen schließlich auch noch da. Außerdem“, ich schlang den Arm um dich, „ist das unsere Hochzeitsnacht.“

Du hast mich geküsst, dich dann aber rasch von mir gelöst. „Es ist doch noch nicht einmal zehn Uhr! Komm schon. Wir machen nur einen kleinen Spaziergang und trinken irgendwo was. Das war’s dann auch. Versprochen.“

Der Portier lächelte. Er machte keinen Hehl daraus, dass er an unserer improvisierten Show seine Freude hatte. „Ah, ein kleiner Streit unter Liebenden“, sagte er und lachte – trotz des Blicks, den ich ihm zuwarf. Zu meiner Empörung lachtest du mit ihm.

„Ich versuche gerade, meinen *Mann*“ – bei dem Wort hast du gelächelt – „davon zu überzeugen, dass wir erst ein wenig durch Venedig schlendern sollten, bevor wir aufs Zimmer gehen. Es ist so wunderschön.“

„O ja, Signora, es ist wirklich wunderschön, aber nicht so schön wie Sie.“ Der Kerl verbeugte sich theatralisch. Wie lächerlich!

Ich sah dich an und erwartete ein Augenrollen, doch du errötetest. Offensichtlich fühltest du dich geschmeichelt von den Komplimenten dieses schmierigen Gigolos.

„Unseren Schlüssel, bitte“, sagte ich, und der Portier gab mir einen Pappumschlag, in dem zwei Magnetkarten steckten.

Ich ließ dich deinen Koffer allein zum Lift schleppen, wo ich den Knopf für den dritten Stock drückte und dich im Spiegel beobachtete. Du sagtest etwas, doch ich hörte dir nicht zu. Ich musste die ganze Zeit daran denken, wie affektiert du gelächelt hattest und wie rot du geworden warst, als der Kerl mit dir geflirtet hatte. Wie sehr du es *genossen* hattest.

Unser Zimmer lag am Ende eines mit Teppichboden ausgelegten Flurs. Ich steckte die Karte in das Lesegerät, stieß die Tür auf und zog meinen Koffer ins Zimmer, ohne darauf zu achten, ob dir die Tür ins Gesicht schlug. Im Zimmer war es heiß – zu heiß –, doch das Fenster ließ sich nicht öffnen, und ich zerrte an meinem Kragen, um wieder atmen zu können. Das Blut pochte in meinen Ohren; trotzdem hast du einfach weitergeplappert, als wäre alles in bester Ordnung, als hättest du mich nicht gedemütigt.

Meine Faust ballte sich wie von selbst so fest, dass die Haut über den Knöcheln spannte. Der Druck in meiner Brust wuchs. Ich schaute dich an. Du lachtest und plappertest noch immer, und da hob ich die Faust und rammte sie dir mitten ins Gesicht.

Beinahe sofort löste sich der Druck in mir. Ruhe erfüllte meinen Körper. Meine Kopfschmerzen ließen nach, und der Muskel in meinem Augenwinkel hörte auf zu zucken. Du gabst ein gurgelndes, ersticktes Geräusch von dir, doch ich sah dich nicht an. Ich verließ den Raum, fuhr mit dem Aufzug zur Rezeption hinunter und ging geradewegs auf die Straße hinaus, ohne dem Portier auch nur einen Blick zuzuwerfen. Dann suchte ich mir eine Bar und trank zwei Bier.

Eine Stunde später kehrte ich wieder ins Hotel zurück.

„Könnte ich bitte ein wenig Eis haben?"

„Si, Signore." Der Portier verschwand und kam kurz darauf mit einem Eiskübel wieder zurück. „Brauchen Sie auch Gläser, Signore?"

„Nein, danke."

Ich war jetzt vollkommen ruhig, meine Atmung langsam und regelmäßig.

Als ich die Tür öffnete, lagst du zusammengerollt auf dem Bett. Sobald du mich sahst, setztest du dich auf und rutschtest bis ans Kopfende zurück. Ein Haufen blutiger Kosmetiktücher lag auf dem Nachttisch. Auf deiner Nase und am Auge hatte sich ein hässlicher Bluterguss entwickelt. Bei meinem Anblick begannst du zu weinen.

Ich stellte den Eiskübel auf den Tisch, breitete eine Stoffserviette aus und schaufelte Eis hinein. Schließlich band ich das Ganze zu einem Paket zusammen. Dann setzte ich mich neben dich. Du zitterterst, doch ich legte dir sanft die Eispackung auf die Haut.

„Ich habe da eine nette Bar entdeckt", sagte ich. „Ich glaube, die wird dir gefallen. Ich bin ein wenig herumspaziert und habe ein paar Läden gefunden, wo wir morgen zu Mittag essen könnten, wenn du willst."

Ich nahm den Eisbeutel wieder weg. Du sahst mich aus großen, wachsamen Augen an und hörtest nicht auf zu zittern.

„Ist dir kalt? Hier." Ich nahm die Decke vom Bett und legte sie dir um die Schultern. „Du bist müde, aber es war ja auch ein langer Tag." Ich küsste dich auf die Stirn, doch du hörtest nicht auf zu weinen. Warum musstest du unsere erste Nacht als Ehepaar nur so verderben? Ich hatte gedacht, du wärst anders. Ich hatte gedacht, mit dir würde ich nie wieder das Verlangen verspüren, mir auf diese Art Erleichterung zu verschaffen, dieses herrliche Gefühl von Frieden, das man nach einem guten Kampf empfindet. Doch leider musste ich erkennen, dass du genauso warst wie all die anderen.

11

Ich ringe um Atem. Beau winselt, leckt mir das Gesicht und stupst mich mit der Schnauze an. Ich versuche nachzudenken, mich zu bewegen, aber die Wucht des Aufpralls hat mir alle Luft aus der Lunge getrieben, und ich kann nicht aufstehen. Selbst wenn ich meinen Körper dazu bringen könnte, sich zu bewegen – meine Welt dreht sich und wird kleiner und kleiner. Plötzlich bin ich wieder in Bristol und weiß nicht, in welcher Laune Ian nach Hause kommen wird. Ich koche ihm sein Abendessen und bereite mich darauf vor, dass er es mir ins Gesicht schleudert. Dann liege ich zusammengekrümmt auf dem Boden meines Ateliers und versuche verzweifelt, meinen Kopf vor den Schlägen zu schützen, die auf mich herniederprasseln.

Ian steigt vorsichtig die Treppe hinab und schüttelt den Kopf, als tadle er ein aufmüpfiges Kind. Ich habe ihn stets enttäuscht. Nie habe ich gewusst, was ich sagen oder tun soll, egal wie sehr ich mich bemüht habe.

Er steht über mir, klemmt mich mit den Beinen fest und lässt seinen Blick langsam über meinen Körper wandern. Beau winselt immer noch, und Ian verpasst ihm einen Tritt gegen den Kopf, der Beau einen Meter über den Boden rutschen lässt.

„Tu ihm nicht weh! Bitte!"

Beau jault, steht aber auf. Dann huscht er in die Küche, wo ich ihn nicht mehr sehen kann.

„Du warst bei der Polizei, Jennifer", sagt Ian.

Ich schlucke. „Es … Es tut mir leid."

Ian hat die Hände in den Taschen. Er sieht entspannt aus. Doch schon im nächsten Moment hockt er auf mir und drückt mir die Arme mit den Knien auf den Boden. „Glaubst du etwa, damit ist alles wieder gut?" Er beugt sich vor und bohrt seine Kniescheiben in meine Oberarme. Ich will mir auf die Zunge beißen, doch es ist zu spät: Ich schreie vor Schmerz.

Angewidert verzieht Ian den Mund, weil ich die Kontrolle verloren habe. „Du hast ihnen von mir erzählt, nicht wahr?“

„Nein. Nein, das habe ich nicht.“

„Und du triffst dich mit jemandem.“

„Nein, das tue ich nicht“, antworte ich rasch. Ich bin froh, dass das die Wahrheit ist, selbst wenn ich weiß, dass er mir nicht glauben wird.

„Lügnerin.“ Er schlägt mir mit der flachen Hand ins Gesicht. Die Ohrfeige knallt wie eine Peitsche, und als er wieder spricht, klingelt es in meinen Ohren. „Irgendjemand hat dir geholfen, eine Webseite zu bauen, irgendjemand hat dieses Haus für dich gemietet. Wer?“

„Niemand“, sage ich und schmecke Blut. „Das habe ich ganz allein gemacht.“

„Allein hast du in deinem ganzen Leben noch nie etwas zustande gebracht, Jennifer.“ Ian beugt sich vor, bis sein Gesicht meins fast berührt. „Du kannst ja nicht mal weglaufen. Weißt du eigentlich, wie einfach es war, dich aufzuspüren, sobald ich wusste, wo du deine Bilder aufgenommen hattest? Nebenbei bemerkt: Die Karte, die du deiner Schwester geschickt hast, ist wirklich schön.“

Dieser beiläufige Kommentar ist wie ein weiterer Schlag ins Gesicht, und wieder beginnt sich in meinem Kopf alles zu drehen. „Was hast du Eve angetan?“

Ian lacht. „Warum sollte ich ihr denn etwas antun? Sie interessiert mich genauso wenig wie du. Du bist einfach nur erbärmlich, Jennifer, eine wertlose Schlampe. Ohne mich bist du nichts. Nichts! Was bist du?“

Ich antworte nicht.

„Los! Sag es! Was bist du?“

„Ich bin nichts“, würge ich mühsam hervor.

Da lacht Ian und verlagert sein Gewicht, sodass der Schmerz in meinen Armen ein wenig nachlässt. Er fährt mit dem Finger über meine Wange und meine Lippen, und ich weiß, was jetzt kommt. Langsam öffnet er die Knöpfe meiner Bluse und schiebt mein Top nach oben. Ohne jeden Funken von Leidenschaft oder Verlangen lässt er seinen Blick über meinen Körper wandern. Dann öffnet er seinen Gürtel. Kurz frage ich mich, was wohl passieren würde, wenn ich mich wehrte. Doch ich tue nichts dergleichen. Ich habe mich nie gewehrt. Und so kann ich mir nur selbst die Schuld geben.

ICH HABE KEINE AHNUNG, wie lange ich hier schon auf dem Boden liege, doch im Cottage ist es dunkel und kalt. Ich ziehe meine Jeans hoch, rolle mich auf die Seite und schlinge die Arme um meine Knie. Ich weiß nicht, ob ich das Bewusstsein verloren habe, jedenfalls kann ich mich nicht daran erinnern, dass Ian gegangen ist.

Ich rufe nach Beau. Nach einem quälenden Augenblick der Stille kommt Beau vorsichtig aus der Küche gekrochen, den Schwanz zwischen die Beine geklemmt und die Ohren angelegt.

„Es tut mir ja so leid, Beau." Ich versuche ihn zu mir zu locken.

Als ich mich schließlich wieder dazu in der Lage fühle, rufe ich Iestyn an und bitte ihn, das kaputte Schloss zu reparieren. „Ich kann den Schlüssel nicht mehr drehen. Das Schloss ist jetzt ganz kaputt. Von außen kann ich die Tür gar nicht mehr abschließen."

„Mach dir deswegen keine Sorgen", antwortet Iestyn. „Hier in der Gegend stiehlt niemand."

„Es muss repariert werden!" Meine Heftigkeit schockiert uns beide, und kurz herrscht Schweigen.

„Ich komme."

Nach einer knappen Stunde ist Iestyn da. Er macht sich sofort an die Arbeit, lehnt aber den Tee ab, den ich ihm anbiete. Leise pfeift er vor sich hin, während er das Schloss ausbaut und den Mechanismus ölt. Dann baut er alles wieder ein und zeigt mir, wie leicht sich der Schlüssel jetzt drehen lässt.

„Danke", sage ich und hätte fast geschluchzt vor Erleichterung. Iestyn mustert mich neugierig, und ich ziehe meine Strickjacke enger um die Schultern. Auf meinen Oberarmen haben sich blaue Flecken gebildet, und mir tut jeder Knochen weh, als wäre ich einen Marathon gelaufen. Meine linke Wange ist geschwollen. Um das Schlimmste zu verdecken, habe ich mir das Haar ins Gesicht gekämmt.

Als Iestyn gegangen ist, schließe ich die Tür und gehe nach oben, um mir ein Bad einzulassen. Dann setze ich mich in das kochend heiße Wasser und kneife die Augen fest zu. Ich war so dumm zu glauben, dass ich meiner Vergangenheit entfliehen kann, doch egal wie schnell und wie weit ich laufe, entkommen werde ich ihr nie.

ALS RAY nach der Morgenbesprechung auf dem Rückweg in sein Büro war, fing Rachel, die diensthabende Beamtin von der Pforte, ihn ab.

„Hast du heute Bereitschaft, Ray?"

„Ja", antwortete er misstrauisch. Er wusste, dass diese Frage nichts Gutes zu bedeuten hatte.

„Unten steht eine Frau namens Eve Mannings. Sie hat Angst um ihre Schwester. Sie wartet schon seit einer Stunde."

Ray seufzte. „Na schön. Ich schicke jemanden runter."

Er ging nach oben und fand Kate an ihrem Schreibtisch. „Kannst du mal zur Pforte runtergehen? Da ist eine Frau, die sich Sorgen um ihre Schwester macht. Eine gewisse Eve Mannings." Er gab ihr das Blatt Papier, das er von Rachel bekommen hatte, und ging in sein Büro. Als er seine Aktentasche öffnete, fand er an seinem Terminkalender einen Post-it-Zettel von Mags, der ihn daran erinnern sollte, dass sie in der folgenden Woche einen Termin in der Schule hatten. Sie hatte mit einem roten Filzstift einen Kreis darum gezeichnet. Ray klebte den Zettel an seinen Computermonitor zwischen die anderen Post-its und widmete sich seinem Eingangskorb. Er war noch nicht fertig damit, als Kate an seine Tür klopfte.

„Es geht um diese Frau, die mit der Schwester. Hast du kurz Zeit?"

Er unterbrach seine Arbeit und bat Kate, sich zu setzen.

Sie schaute auf ihre Notizen. „Eve Mannings wohnt in Oxford, aber ihre Schwester Jennifer lebt mit ihrem Mann, Ian Petersen, hier in Bristol. Mrs Mannings und ihre Schwester haben sich vor fünf Jahren zerstritten. Seitdem hat sie Schwester und Schwager nicht mehr gesehen. Vor ein paar Wochen ist Petersen dann plötzlich bei ihr aufgetaucht und hat Eve gefragt, wo ihre Schwester sei."

„Sie hat ihn verlassen?"

„Offensichtlich. Vor ein paar Monaten bekam Mrs Mannings eine Postkarte von ihrer Schwester, konnte aber den Poststempel nicht entziffern. Jetzt hat sie die Karte in Fetzen gerissen hinter einer Uhr auf dem Kaminsims gefunden. Sie ist fest davon überzeugt, dass das ihr Schwager war."

„Warum sollte er so etwas tun?"

Kate zuckte mit den Schultern. „Keine Ahnung. Mrs Mannings weiß es ebenfalls nicht, aber es hat ihr keine Ruhe gelassen. Sie will ihre Schwester als vermisst melden."

„Aber sie wird doch offenbar nicht vermisst", sagte Ray und seufzte genervt. „Schließlich hat sie ihr eine Karte geschrieben. Sie will einfach nur nicht gefunden werden. Das sind zwei völlig unterschiedliche Dinge."

„Das habe ich ihr auch gesagt. Wie auch immer … Ich habe alles für dich aufgeschrieben." Sie gab Ray eine Dokumentenhülle mit ein paar handgeschriebenen Seiten.

„Danke. Schaue ich mir dann später an." Ray nahm den Bericht und legte ihn auf seinen Schreibtisch zwischen die Aktenberge.

ZWEI WOCHEN SPÄTER wage ich es, mich wieder in der Öffentlichkeit sehen zu lassen. Die blauen Flecken an meinen Armen sind zu einem fahlen Grün verblasst. Es erschreckt mich, wie furchtbar die Blutergüsse auf meiner

Haut aussehen – dabei waren sie vor nicht einmal zwei Jahren noch genauso ein Teil von mir wie meine Haarfarbe.

Mir bleiben noch weitere zwei Wochen in Penfach, bis ich nach Bristol zurückkehren werde, wo man mich verurteilen wird. Dann bin ich in Sicherheit.

Es ist später Nachmittag, und dunkle Wolken sammeln sich über mir. Ich ziehe meine wasserdichte Jacke an und laufe mit Beau an den Strand. Ich weiß, dass ich das Meer am meisten vermissen werde.

Plötzlich habe ich das Gefühl, beobachtet zu werden. Ich drehe mich um. Angst packt mich, als ich eine Gestalt auf den Klippen sehe, die zu mir herunterschaut. Ich rufe nach Beau und fasse ihn am Halsband, aber er reißt sich los und rast über den Sand auf den Mann zu, dessen Umrisse sich schwarz gegen den Himmel abheben.

„Beau! Bei Fuß!“

Beau rennt unbeeindruckt weiter, während ich wie angewurzelt stehen bleibe. Erst als Beau den Pfad zu den Klippen hinaufläuft, bewegt sich die Gestalt. Der Mann bückt sich, um Beau zu streicheln, und ich erkenne vertraute Bewegungen. Es ist Patrick.

Ich bin so erleichtert, dass ich Beau folge und mich zu ihnen geselle.

„Wie geht es dir?“, fragt Patrick.

„Ganz gut.“

„Ich habe dir auf die Mailbox gesprochen.“

„Ich weiß.“ Ich habe all seine Nachrichten ignoriert.

„Ich vermisse dich, Jenna.“

Seine Wut konnte ich verstehen. Damit bin ich zurechtgekommen. Doch jetzt klingt seine Stimme ruhig, fast bittend, und ich spüre, wie meine Entschlossenheit ins Wanken gerät. „Du hättest nicht herkommen sollen“, sage ich und schlage den Weg zum Cottage ein. Dabei kämpfe ich gegen die Versuchung an, mich umzuschauen. Ich habe Angst, dass Ian uns zusammen sehen könnte. Jacob konnte ich nicht retten, aber Patrick kann ich schützen.

Patrick holt mich ein. „Jenna, bitte sprich mit mir. Hör auf, wegzulaufen!“

Ein Blitz zuckt, und es beginnt so heftig zu regnen, dass es mir den Atem verschlägt. Der Himmel ist plötzlich so dunkel, dass unsere Schatten verschwinden. Beau duckt sich und legt die Ohren an. Wir rennen zu dritt zum Cottage, und ich reiße die Tür im selben Augenblick auf, als es genau über uns donnert. Beau rast an uns vorbei und die Treppe hinauf. Ich rufe nach ihm, aber er kommt nicht.

„Ich schaue mal nach, ob alles in Ordnung ist mit ihm.“ Patrick geht nach oben, und ich verriegle die Haustür und folge ihm eine Minute später. Ich finde ihn auf meinem Schlafzimmerboden. In den Armen hält er den zitternden Beau. „Dia sind sie alle gleich“, erklärt Patrick und lächelt. „Egal ob hochgezüchteter Pudel oder knallharter Mastiff … Alle hassen sie Gewitter und Feuerwerk.“

Ich knie mich neben die beiden und streichle Beau den Kopf.

„Was ist denn das?“, fragt Patrick. Meine kleine Holzkiste ragt unter dem Bett hervor.

„Die gehört mir“, sage ich rasch und befördere die Kiste mit einem Tritt unters Bett.

Patricks Augen weiten sich, doch er sagt nichts. Stattdessen steht er unbeholfen auf, Beau auf dem Arm. „Vielleicht wäre es gut, das Radio für ihn einzuschalten“, schlägt er vor, als wir die Treppe hinuntergehen. Nachdem er es Beau auf dem Sofa bequem gemacht, eine Decke über ihn gelegt und einen Klassiksender eingestellt hat, sagt er sanft: „Ich werde mich um ihn kümmern, Jenna.“

Ich beiße mir auf die Lippe.

„Lass ihn einfach hier, wenn du gehst“, fährt er fort. „Du musst mich weder sehen noch mit mir sprechen. Lass ihn hier, und ich hole ihn dann. Er kann bei mir bleiben, während du …“ Er hält inne. „Während du weg bist.“

„Das könnte Jahre dauern“, sage ich, und meine Stimme klingt brüchig.

„Lass uns das Tag für Tag angehen“, sagt Patrick. Er beugt sich vor und haucht mir einen Kuss auf die Stirn.

Ich gebe ihm den Ersatzschlüssel aus meiner Küchenschublade, und er verlässt wortlos das Haus. Ich kämpfe gegen die Tränen an, die kein Recht haben, über meine Wangen zu laufen. Das ist alles meine Schuld, und egal wie sehr es schmerzt, es muss sein.

Du bliebst immer häufiger den ganzen Tag in deinem Atelier, und wenn ich es dir nicht verbot, verbrachtest du auch die Abende dort. Inzwischen hattest du dir mit deinen kaum zwanzig Zentimeter großen Figuren einen gewissen Ruf als Bildhauerin erarbeitet. Mir gefielen sie nicht mit ihren verzerrten Gesichtern und den unproportionierten Gliedmaßen. Aber offenbar gab es einen Markt dafür.

„Ich habe eine DVD mitgebracht. Die können wir uns heute Abend anschauen“, sagte ich eines Samstags, als du in die Küche kamst.

„Okay.“ Du wolltest nicht wissen, was das für ein Film war, und ich hätte es dir auch nicht sagen können. Ich hatte ihn noch gar nicht gekauft.

„Möchtest du einen Kaffee?“, fragtest du.

„Ja, bitte.“ Du hast Wasser in zwei Becher gefüllt, aber nur in einen der Becher Kaffeepulver gelöffelt. „Willst du keinen?“, fragte ich.

„Ich fühle mich nicht gut." Du gabst eine Zitronenscheibe in deinen Becher. „Das geht schon ein paar Tage so."

„Liebling, warum hast du nichts gesagt?" Ich schlang die Arme um dich. „Armes Kleines. Ich kümmere mich um dich."

Du erwidertest die Umarmung, und ich wiegte dich sanft, bis du dich von mir löstest. Ich habe es immer gehasst, wenn du dich von mir gelöst hast. Es fühlte sich wie eine Zurückweisung an. Dabei hatte ich doch nur versucht, dich zu trösten. Ich spürte, wie sich die Muskeln in meinem Kiefer verhärteten, und sah die Wachsamkeit in deinen Augen. Das freute mich, denn das hieß, dass es dich noch immer kümmerte, was ich dachte oder tat. Doch gleichzeitig ärgerte es mich auch. Ich hob den Arm und sah dich unwillkürlich zucken, die Augen geschlossen in Erwartung eines Schlags. Langsam strich ich dir über die Stirn.

Als es dir am nächsten Tag noch immer nicht besser ging, bestand ich darauf, dass du im Bett bliebst. Ich brachte dir Zwieback, um deinen rebellischen Magen zu beruhigen, und wollte einen Arzt rufen, aber du versprachst, gleich am Montag zum Arzt zu gehen.

Am Montagmorgen ließ ich dich schlafen. Ich legte dir lediglich einen Zettel aufs Kopfkissen, um dich daran zu erinnern, zum Arzt zu gehen. Später rief ich dann von der Arbeit aus an, doch niemand hob ab, und obwohl ich von da an alle halbe Stunde anrief, gingst du nicht an den Apparat, und dein Handy war ausgeschaltet. Ich wurde fast wahnsinnig vor Sorge. In der Mittagspause beschloss ich, nach Hause zu fahren und nach dir zu sehen.

Dein Wagen stand vor dem Haus, und du saßt auf dem Sofa, den Kopf in die Hände gestützt.

„Jennifer! Ich habe dich den ganzen Morgen über anzurufen versucht. Warum bist du nicht drangegangen? Hast du nicht daran gedacht, dass ich mir Sorgen mache?" Ich packte dich am Pullover und riss dich hoch. Du hast geschrien, und das Geräusch ließ mich nicht mehr klar denken. Ich stieß dich durch den Raum, drückte dich an die Wand und packte dich an der Kehle.

„Ich … Ich bin schwanger."

Ich ließ dich los. „Das kann nicht sein."

„Bin ich aber."

„Aber du nimmst doch die Pille."

Da hast du zu weinen begonnen, dich auf den Boden sinken lassen und die Arme um die Knie geschlungen. „Ich war doch krank vor ein paar Wochen. Da muss es passiert sein."

Ich kniete mich neben dich und nahm dich in die Arme. Ich hoffte auf einen Jungen. Der würde zu mir aufschauen. Er würde wie ich sein wollen. Ich musste lächeln und streichelte dir die Wange. „Wir bekommen ein Baby!"

Deine Augen glänzten immer noch feucht, doch langsam wich die Spannung aus deinem Gesicht. „Du bist nicht wütend?"

„Warum sollte ich denn wütend sein?"

Ich war euphorisch. Das würde alles verändern. Ich stellte mir dich hochschwanger vor. Du würdest vollkommen von mir abhängig sein – und dankbar, weil ich mich um deine Gesundheit kümmern, dir die Füße massieren und Tee bringen würde. Und wenn das Baby erst geboren war, dann würdest du aufhören zu arbeiten, und ich würde für euch beide sorgen. Ich sah unsere Zukunft deutlich vor mir. „Ich weiß, dass es zwischen uns in letzter Zeit nicht gerade perfekt gelaufen ist", gab ich zu, „aber jetzt wird alles anders. Ich werde mich um dich kümmern." Du schautest mir in die Augen, und ich bekam ein schlechtes Gewissen. „Jetzt wird alles gut", sagte ich. „Ich liebe dich so sehr, Jennifer."

VOR DEM ERSTEN ULTRASCHALL hattest du Angst. „Was, wenn etwas nicht stimmt?"

„Was soll denn nicht stimmen?", entgegnete ich.

Ich nahm mir den Tag frei und fuhr mit dir zum Krankenhaus.

„Es kann schon die Finger schließen. Ist das nicht fantastisch?", fragtest du. Das hattest du gerade in einem deiner vielen Babybücher gelesen. Du warst inzwischen geradezu besessen von der Schwangerschaft. Ständig kauftest du dir irgendwelche Zeitschriften und suchtest im Internet nach Ratschlägen. Ich konnte sagen, was ich wollte, nach wenigen Minuten drehte sich jedes Gespräch unweigerlich um Babynamen oder die Ausstattung, die wir deiner Meinung nach kaufen mussten.

„Ja, fantastisch", erwiderte ich. Doch deine Aufmerksamkeit galt nur noch dem ungeborenen Kind und nicht mehr deinem Mann. Plötzlich erinnerte ich mich wieder an das Kätzchen.

Du hast meine Hand gepackt, als die Ärztin dir Gel auf den Bauch schmierte und den Ultraschallkopf fest gegen deine Bauchdecke drückte, bis wir einen dumpfen Herzschlag hörten und ein winziges Flackern auf dem Bildschirm sahen.

„Da ist der Kopf", erklärte die Ärztin, „und eigentlich sollte man auch die Ärmchen erkennen können – hier, schauen Sie ... Er winkt Ihnen zu!"

Du hast gelacht.

„Er?“, fragte ich hoffnungsvoll.

Die Ärztin hob den Blick. „Der Fötus. Es wird noch etwas dauern, bis wir das Geschlecht feststellen können. Aber das Kind sieht gesund aus und hat auch die richtige Größe.“ Sie druckte ein Bild aus und gab es dir. „Ich gratuliere.“

Eine halbe Stunde später hatten wir einen Termin bei der Hebamme. Sie ging deine Patientenakte durch, überprüfte jedes Detail und stellte einen Ernährungsplan und eine Gesundheitscheckliste zusammen.

„Jetzt muss ich nur noch Ihren Blutdruck messen, Mrs Petersen. Bitte krempeln Sie den Ärmel hoch, und legen Sie Ihren Arm auf den Tisch.“

Du zögertest, und es dauerte eine Sekunde, bis ich verstand, warum. Unwillkürlich biss ich die Zähne zusammen. Der Bluterguss auf deinem Oberarm war fleckig-grün. Im Laufe der letzten Tage war er zwar deutlich blasser geworden, aber immer noch sichtbar.

Die Hebamme sagte jedoch nichts, und ich entspannte mich ein wenig. Sie maß deinen Blutdruck – leicht erhöht – und schrieb die Werte auf. Dann drehte sie sich zu mir um. „Würden Sie bitte kurz ins Wartezimmer gehen, Mr Petersen? Ich würde gern kurz unter vier Augen mit Ihrer Frau sprechen.“

„Das ist nicht nötig“, erwiderte ich. „Wir haben keine Geheimnisse voreinander.“

„Reine Routine“, erwiderte die Hebamme brüsk.

Ich starrte sie an, doch sie ließ sich nicht einschüchtern, also stand ich auf. „Na schön.“ Ich ließ mir Zeit beim Hinausgehen.

Im Wartezimmer ließ ich meinen Blick über die anderen Paare schweifen. Nirgends saß ein Mann allein da. Außer mir wurde niemand so behandelt. Ich marschierte zum Behandlungszimmer zurück und öffnete die Tür, ohne zu klopfen. Du hattest irgendetwas in der Hand, das du rasch in deine Schwangerschaftsmappe stecktest: eine kleine, rechteckige Karte, hellblau mit einem Logo darauf.

„Wir müssen den Wagen wegfahren, Jennifer“, sagte ich. „Da, wo wir stehen, darf man nur eine Stunde parken.“

„Oh. Okay. Tut mir leid“, sagtest du. Letzteres war an die Hebamme gerichtet. Die Frau lächelte dich an und ignorierte mich vollkommen.

„Unsere Nummer steht ganz vorne in Ihrer Mappe. Wenn Ihnen also irgendetwas Sorgen bereitet – egal was –, dann fragen Sie ruhig nach.“

Schweigend fuhren wir heim. Das Ultraschallbild lag auf deinem Schoß, und von Zeit zu Zeit legtest du die Hand auf deinen Bauch.

„Worüber wollte die Hebamme denn mit dir reden?“, fragte ich, nachdem wir zu Hause angekommen waren.

„Ach, es ging nur um meine Krankengeschichte“, sagtest du.

Ich wusste, dass du logst. Später, als du eingeschlafen warst, blätterte ich durch deine Mappe. Ich suchte nach der hellblauen Visitenkarte mit dem runden Logo, doch sie war nicht mehr da.

Ich beobachtete, wie du dich verändertest, je größer dein Bauch wurde. Ich hatte geglaubt, dass du mich nun noch mehr brauchen würdest, doch stattdessen wurdest du immer selbstständiger und stärker. Ich verlor dich an dieses Baby und wusste nicht, wie ich es anstellen sollte, dich wieder zurückzubekommen.

Dann hörtest du auf zu arbeiten, obwohl der errechnete Geburtstermin noch Wochen entfernt war, also kündigte ich der Putzfrau. Schließlich ergab es keinen Sinn, jemanden dafür zu bezahlen, dass er das Haus putzt, wenn du ohnehin den ganzen Tag zu Hause warst und nichts zu tun hattest.

Eines Tages ließ ich dich morgens am Bügelbrett zurück, und als ich wieder nach Hause kam, warst du fertig und das Haus makellos. Du sahst erschöpft aus, und ich war gerührt von deinem Fleiß. Ich beschloss, dir ein Bad einzulassen und dich ein wenig zu verwöhnen. Ich trug die Hemden nach oben und drehte das Wasser auf. Dann rief ich dich.

Als ich die Hemden in den Schrank hängte, fiel mir etwas auf.

„Was ist das?“

„Ein Brandfleck“, sagtest du schuldbewusst. „Tut mir leid. Das Telefon hat geklingelt, und ich war abgelenkt. Aber er ist ganz unten. Wenn du das Hemd in die Hose steckst, sieht man ihn nicht.“

Du warst ganz aus der Fassung deswegen, dabei spielte es keine Rolle für mich. Es war nur ein Hemd. Ich legte es hin und wollte dich umarmen, doch du bist zurückgezuckt, hast dich weggedreht und schützend den Arm über deinen Bauch gelegt, in Erwartung von etwas, das gar nicht in meiner Absicht lag.

Ich wollte nicht, dass es passiert. Doch es ist passiert. Und du allein trägst die Schuld daran.

12

Rays Handy klingelte, als er gerade in die letzte freie Lücke auf dem Parkplatz fuhr. Er drückte „Annehmen“ an seiner Freisprechanlage und drehte den Oberkörper, um besser nach hinten sehen zu können.

Chief Constable Olivia Rippon kam direkt auf den Punkt. „Ich will, dass Sie heute Nachmittag die Pressekonferenz zur Operation Falcon abhalten.“

Rays Mondeo rumste leicht gegen den blauen Volvo hinter ihm.

„Verfluchter Mist!“

„Das ist nicht gerade die Reaktion, auf die ich gehofft hatte.“ Da war ein amüsierter Unterton in der Stimme seiner Chefin, den Ray noch nie bei ihr gehört hatte. Was war passiert, dass sie auf einmal so gut gelaunt war?

„Bitte entschuldigen Sie, Ma'am.“ Er stieg aus und schaute sich die Stoßstange an, fand aber keinen sichtbaren Schaden. „Was haben Sie gesagt?“

„Die Pressekonferenz ist eigentlich für Montag angesetzt“, erklärte Rippon, „aber ich will sie vorziehen. Vielleicht haben Sie heute Morgen ja in den Nachrichten gehört, dass eine Reihe anderer Bezirke für ihre offenbar zu große Toleranz in Drogenfragen kritisiert worden sind.“

Aha, dachte Ray. Damit war die gute Laune erklärt.

„Das ist also der ideale Zeitpunkt, unsere harte und konsequente Haltung in Sachen Drogen zu demonstrieren“, fuhr Rippon fort. „Die überregionale Presse steht bereits Gewehr bei Fuß. Ich will, dass Sie alle zur Verfügung stehenden Mitarbeiter ein paar Tage früher als geplant zusammenziehen und die Operation vorverlegen.“

Er atmete tief durch. „Heute geht das aber nicht“, sagte er. „Ich habe heute Mittag einen Termin. In der Schule. Wegen meines Sohnes.“

„Ray“, sagte Olivia Rippon, jetzt ohne jede Spur von Humor in der Stimme, „wenn ich mich nicht sehr irre, haben Sie doch eine *Frau*, oder?“

„Ja.“

„Und geht Ihre Frau zu dem Termin?“

„Das tut sie.“

„Wo liegt dann das Problem, wenn ich fragen darf?“

„Mein Sohn hat Schwierigkeiten in der Schule, Ma'am. Inzwischen haben wir erfahren, dass er gemobbt wird, und ich glaube, es ist ziemlich schlimm. Das ist die erste Gelegenheit für uns, mit der Schule zu sprechen, seit sie zugegeben haben, dass es ein Problem gibt, und ich will dabei sein, Ma'am.“

Rippons Tonfall wurde ein wenig sanfter. „Das tut mir leid zu hören, Ray. Wenn Sie unbedingt zu diesem Termin müssen, dann sollten Sie natürlich gehen, aber die Pressekonferenz wird noch heute stattfinden. Das ganze Land soll erfahren, dass in meinem Bezirk eine progressive Politik der Nulltoleranz gefahren wird. Und wenn Sie die Konferenz nicht leiten können, dann werde ich mir eben jemand anderen suchen müssen. Ich rufe Sie in einer Stunde noch mal an.“

So einfach war das also: Karriere oder Familie. In seinem Büro angekommen, setzte sich Ray an seinen Schreibtisch und legte die Fingerspitzen aneinander. Operation Falcon war eine bedeutende Sache, und er wusste genau, dass das ein Test war. Er atmete tief durch und rief zu Hause an.

Die Vorstellung der Operation Falcon war ein großer Triumph. Die Journalisten waren zu einer halbstündigen Pressekonferenz in den Konferenzraum des Polizeipräsidiums geladen worden. Olivia Rippon stellte Ray als „einen unserer besten Detectives“ vor. Adrenalin strömte durch Rays Körper, während er Fragen zum Ausmaß des Drogenproblems in Bristol, zum Ansatz der Polizei in dieser Frage und zu seiner eigenen Rolle bei der Wiederherstellung der öffentlichen Sicherheit beantwortete. Die Reporter applaudierten. Ray sah zu seiner Chefin hinüber. Die nickte ihm kaum merklich zu. Die Haftbefehle waren bereits erlassen worden, und es gab vierzehn Festnahmen an sechs Orten zu vermelden. Die Hausdurchsuchungen würden noch einige Stunden weitergehen. Ray fragte sich, wie Kate sich wohl bei der Beweissicherung machte.

Bei der ersten sich bietenden Gelegenheit rief er sie an.

„Dein Timing ist perfekt“, sagte sie. „Wo steckst du?“

„Ich bin im Büro. Warum?“

„Dann sehen wir uns in zehn Minuten in der Kantine. Ich muss dir etwas zeigen.“

Fünf Minuten später war er dort und wartete ungeduldig auf Kate, die kurz darauf mit breitem Grinsen durch die Tür stürmte.

„Willst du einen Kaffee?“, fragte Ray.

„Keine Zeit. Ich muss wieder zurück. Aber schau dir das mal an.“ Sie gab ihm eine durchsichtige Plastiktüte mit einer hellblauen Visitenkarte darin.

„Die sieht aus wie die Karte, die Jenna Gray in ihrer Handtasche hatte“, sagte Ray. „Wo hast du die her?“

„Aus einem der Häuser, das wir heute durchsucht haben. Es ist aber nicht genau die gleiche.“ Sie strich die Beweismitteltüte glatt, damit er die Schrift auf der Karte lesen konnte. „Die gleiche Karte, dasselbe Logo, aber eine andere Adresse.“

„Interessant. Wo habt ihr sie gefunden?“

„Bei Dominica Letts – der Freundin von einem der Dealer, die wir heute verhaftet haben. Ohne ihren Anwalt sagt sie kein Wort.“ Kate schaute auf ihre Uhr. „Mist, ich muss los.“ Sie warf Ray die Tüte zu. „Die kannst du behalten. Ich habe noch eine Kopie davon.“ Damit verschwand sie. Ray betrachtete die Karte. An der Adresse war nichts auffällig – eine Wohnstraße, genau wie die Grantham Street –, doch er hatte das Gefühl, als stecke mehr hinter dem Logo. Die Achten waren unten durchbrochen und übereinandergesetzt wie russische Matrioschka-Puppen.

Er schüttelte den Kopf. Er musste nach dem Operation-Falcon-Team sehen und sich noch einmal vergewissern, dass für Jenna Grays Prozess morgen alles vorbereitet war. Er faltete den Plastikbeutel und steckte ihn in seine Tasche.

Es war schon nach zehn, als Ray endlich nach Hause fahren konnte, und zum ersten Mal an diesem Tag hatte er ein schlechtes Gewissen, weil er seine Arbeit über seine Familie gestellt hatte. Die ganze Heimfahrt über suchte er nach einer Rechtfertigung für seine Entscheidung, und als er schließlich ausstieg, war er tatsächlich davon überzeugt, dass er das Richtige getan hatte, zumal er keine Wahl gehabt hatte … Bis er den Schlüssel ins Schloss steckte und Mags weinen hörte.

„Mein Gott, Mags! Was ist passiert?“ Er ließ seine Aktentasche im Flur fallen und lief ins Wohnzimmer. Mags kauerte auf dem Sofa. Er ging vor dem Sofa in die Hocke und strich ihr das Haar aus der Stirn, damit er ihr Gesicht sehen konnte. „Ist alles in Ordnung mit Tom?“

„Nein, ist es nicht!“ Sie stieß ihn weg.

„Was haben sie in der Schule denn gesagt?“

„Sie glauben, dass das schon seit einem Jahr so geht, nur hätten sie nichts dagegen tun können, weil ihnen die Beweise gefehlt hätten, sagt die Rektorin.“

„Und jetzt haben sie Beweise?“

Mags stieß ein heiseres Lachen aus. „O ja, die haben sie. Offenbar ist das ganze Internet voll davon. Körperliche Angriffe, Ladendiebstähle als Mutprobe – das komplette Programm. Alles gefilmt und auf Youtube hochgeladen, damit die ganze Welt es sehen kann.“

In seiner Brust krampfte sich etwas zusammen. Die Vorstellung, dass Tom all dies hatte durchstehen müssen, machte ihn krank. „Schläft er?“

„Das nehme ich doch an. Er ist vermutlich erschöpft, nachdem ich ihn die letzten anderthalb Stunden angeschrien habe.“

„Ihn angeschrien?“ Er stand auf. „Himmel, Mags, glaubst du nicht, er hat schon genug durchgemacht?“

„Du verstehst es wirklich nicht, oder?“

Ray starrte sie verwirrt an.

„Du warst so sehr mit deiner Arbeit beschäftigt, dass du alles, was deine Familie betrifft, vollkommen ignoriert hast. Tom wird nicht gemobbt, Ray. *Er* ist der Schläger!“

Ray schnappte nach Luft. „Sicherlich zwingt ihn irgendjemand …“

Mags fiel ihm ins Wort, doch ihre Stimme klang jetzt sanfter. „Niemand zwingt ihn zu irgendwas.“ Sie seufzte. „Offenbar ist Tom der Anführer einer kleinen, aber einflussreichen ‚Gang'. Es sind sechs – einschließlich Philip Martin und Connor Axtell."

„Das passt", knurrte Ray. Er kannte diese Namen.

„Die einzige gesicherte Information ist die, dass Tom das Sagen hat. Es war seine Idee, die Schule zu schwänzen. Es war seine Idee, zu klauen, und auch seine Idee, den Kids aus der Sonderschule aufzulauern …"

Noch nie hatte Ray eine solche Bitterkeit in Mags' Stimme gehört.

„Was sollen wir jetzt tun?" Er fühlte sich vollkommen verloren.

„Wir bringen es in Ordnung", sagte Mags schlicht. „Wir entschuldigen uns bei den Kindern, denen Tom wehgetan hat, bringen die gestohlenen Sachen ihren Besitzern zurück, und vor allem werden wir herausfinden, warum er so etwas getan hat."

Ray schwieg für einen Moment. Er konnte sich kaum überwinden, es auszusprechen, doch nachdem der Gedanke in seinem Kopf Gestalt angenommen hatte, konnte er ihn auch nicht mehr für sich behalten. „Ist das meine Schuld?", fragte er. „Hat er all das getan, weil ich nicht für ihn da war?"

Sie nahm seine Hand. „Nicht, Ray. Du machst dich nur verrückt. Es ist genauso sehr meine Schuld wie deine. Ich habe auch nichts mitbekommen."

„Aber ich hätte mehr Zeit zu Hause verbringen sollen."

Sie widersprach ihm nicht.

„Es tut mir so leid, Mags. Das wird nicht so bleiben, versprochen. Ich muss es nur noch bis zum Superintendent schaffen, dann …"

„Aber du liebst doch deinen Job als Detective Inspector. Warum willst du unbedingt befördert werden?"

Für einen Moment verschlug es ihm die Sprache. „Ich … Na, für uns! Damit wir ein größeres Haus kaufen können und du nicht wieder arbeiten musst."

„Aber ich *will* wieder arbeiten!" Mags funkelte ihn verärgert an. „Die Kinder sind den ganzen Tag in der Schule; du bist bei der Arbeit. Meine Idee, noch einmal umzusatteln und Lehrerin zu werden, gibt mir eine Energie, wie ich sie schon seit Jahren nicht mehr hatte."

„Es tut mir leid", sagte Ray noch einmal.

Mags küsste ihn auf die Stirn. „Lass Tom heute Abend in Ruhe. Morgen schicke ich ihn nicht in die Schule. Dann können wir mit ihm reden. Aber jetzt sollten wir erst mal über uns sprechen."

Als Ray aufwachte, stellte Mags ihm gerade leise eine Tasse Tee ans Bett.

„Ich dachte, du würdest vielleicht gern früh aufstehen", sagte sie. „Heute wird Jenna Gray der Prozess gemacht, nicht wahr?"

„Ja, aber da kann auch Kate hinfahren.“ Er setzte sich auf. „Ich bleibe zu Hause und rede mit Tom.“

„Und verpasst den Augenblick deines Triumphs? Es ist schon in Ordnung, Ray. Geh ruhig. Tom und ich werden schon klarkommen. Ich habe so das Gefühl, dass er weniger jemanden braucht, der mit ihm redet, sondern vor allem jemanden, der ihm zuhört.“

Ray bewunderte die Weisheit seiner Frau. „Du wirst eine wunderbare Lehrerin werden, Mags.“ Er nahm ihre Hand. „Ich habe dich nicht verdient.“

Sie lächelte. „Vielleicht nicht, aber du hast mich nun mal am Hals.“ Sie drückte seine Hand und ging wieder nach unten. Ray trank seinen Tee. Er überlegte, wie lange er schon seiner Arbeit Vorrang vor seiner Familie einräumte, und musste beschämt feststellen, dass er sich nicht an Zeiten erinnern konnte, in denen das anders gewesen war. Das musste sich ändern. Mags und die Kinder hatten das Recht, an erster Stelle zu kommen.

Er duschte, zog sich an und ging nach unten, um sein Jackett zu suchen.

„Hier!“, rief Mags aus dem Wohnzimmer und kam mit dem Jackett über dem Arm heraus. Sie zupfte an dem Plastikbeutel, der halb aus der Tasche hing. „Was ist das?“

Ray holte die Visitenkarte aus dem Beweismittelbeutel und gab sie ihr. „Das könnte etwas mit der Gray-Sache zu tun haben. Ich versuche herauszufinden, was das für ein Logo ist.“

Mags schaute sich die Karte an. „Das stellt einen Menschen dar, oder?“, sagte sie, ohne zu zögern. „Eine Person, die die Arme um eine andere gelegt hat.“

Ray klappte die Kinnlade herunter. Er nahm die Karte und sah sofort, was Mags meinte. Was für ihn wie eine unvollständige und unproportionierte Acht ausgesehen hatte, waren in Wahrheit Kopf und Schultern. Die Arme umschlangen eine kleinere Gestalt, die in ihrer Form der großen ähnelte.

„Aber natürlich!“, rief er. Er dachte an das Haus in der Grantham Street mit seinen vielen Schlössern und den blickdichten Vorhängen. Und er dachte an Jenna Gray und die allgegenwärtige Angst in ihren Augen. Langsam nahm ein Bild in seinem Kopf Gestalt an.

Von der Treppe her war ein Geräusch zu hören. Dann stand Tom im Flur, bedrückt und ängstlich. Ray sah ihn an. Monatelang hatte er seinen Sohn als Opfer gesehen, doch wie sich nun herausgestellt hatte, war er ein Täter.

„Ich habe mich geirrt“, sagte Ray laut.

„Geirrt? Bei was denn?“, fragte Mags, doch er war schon durch die Tür.

Der Eingang des Gerichtsgebäudes liegt in einer schmalen Nebenstraße, die passenderweise Small Street heißt.

„Leider muss ich Sie hier schon rauslassen“, sagt der Taxifahrer zu mir. „Heute ist einiges los vor dem Crown Court. Ich fahre sicher nicht an dem Mob vorbei.“

Ich suche die Straße nach Ian ab. Ist er hier? Beobachtet er mich? Schon nach wenigen Schritten sehe ich, was der Taxifahrer mit „Mob“ gemeint hat. Ein Teil der Straße ist mit Gittern abgesperrt, und dahinter haben sich gut dreißig Demonstranten versammelt. Mehrere von ihnen tragen Transparente, und über einem der Gitter hängt ein riesiges Banner, auf dem in großen roten Buchstaben das Wort Mörderin! steht. Zwei Polizeibeamte in Leuchtwesten stehen neben der Gruppe und scheinen sich nicht im Mindesten an dem monotonen Sprechgesang zu stören, der mir durch die Small Street entgegenhallt.

„Gerechtigkeit für Jacob! Gerechtigkeit für Jacob!“

Langsam gehe ich auf das Gerichtsgebäude zu. Ich wünschte, ich hätte an ein Kopftuch oder zumindest an eine Sonnenbrille gedacht. Aus dem Augenwinkel bemerke ich einen Mann, der an der Wand lehnt und eine schwarze Tasche über der Schulter trägt. Als er mich sieht, richtet er sich auf und rennt auf mich zu, öffnet im Laufen die Tasche und holt eine Kamera heraus. In einer fließenden Bewegung, die von jahrelanger Erfahrung zeugt, schraubt er ein Objektiv auf das Gehäuse und macht ein Bild von mir.

Ich nehme mir vor, all diese Menschen zu ignorieren, aber ich spüre, dass mein Atem schwerer geht.

Vor dem Eingang des Gerichts wartet die Reporterin, die mich schon nach der letzten Verhandlung belästigt hat. „Ein kurzes Wort für die *Post*, Jenna? Das ist Ihre Chance, Ihre Seite der Geschichte zu erzählen.“

Ich drehe mich von ihr weg und erstarre, denn jetzt stehe ich den Demonstranten direkt gegenüber. Der Sprechgesang weicht wütendem Brüllen, und plötzlich drängt alles in meine Richtung. Eines der mobilen Gitter kippt um und kracht auf das Pflaster. Träge setzen sich die Polizisten in Bewegung. Sie breiten die Arme aus und drängen die Demonstranten zurück. Während die Gruppe zurückweicht und die Polizisten das umgestoßene Gitter wieder aufstellen, bleibt eine Frau direkt vor mir stehen. Sie ist in den Zwanzigern und hat im Gegensatz zu den anderen Demonstranten kein Transparent dabei. Sie hält nur etwas in der Hand. Ihr Kleid ist braun und ein wenig zu kurz. Dazu trägt sie eine schwarze Strumpfhose und alte weiße Turnschuhe, und ihr Mantel steht trotz der Kälte offen.

„Er war so ein liebes Kind“, sagt sie leise.

Augenblicklich erkenne ich Jacob in ihr wieder: dieselben blassblauen Augen und das herzförmige Gesicht mit dem spitzen Kinn.

Die Demonstranten verstummen. Alle starren uns an.

„Ich war noch sehr jung, als ich ihn bekommen habe. Eigentlich war ich selbst noch ein Kind. Sein Vater wollte nicht, dass ich ihn behalte, doch ich konnte mich nicht zu einer Abtreibung durchringen. Schon damals habe ich ihn so sehr geliebt.“ Ihre Stimme klingt völlig emotionslos. Sie spricht mit einem Akzent, den ich nicht einordnen kann. Vielleicht irgendetwas Osteuropäisches. „Jacob war alles, was ich hatte.“

Mir treten die Tränen in die Augen, und ich verachte mich selbst für diese Reaktion. Wie kann ich weinen, während die Augen von Jacobs Mutter trocken sind? Ich zwinge mich, stehenzubleiben und mir nicht über die Wangen zu wischen. „Anya!“, ruft ein Mann aus den Reihen der Demonstranten, doch sie ignoriert ihn. Sie hält mir ein Foto hin – so lange, bis ich es nehme.

Dieses Bild war weder in den Zeitungen noch im Netz zu sehen. Auf dem Foto ist Jacob noch jünger, vielleicht drei oder vier. Er kuschelt sich in die Armbeuge seiner Mutter. Beide liegen auf dem Rücken im Gras. Jacob hat die Augen zum Schutz vor der Sonne zusammengekniffen und lacht. Anya lacht auch, doch sie schaut nicht in die Kamera, sondern sieht Jacob an, und sein Lachen spiegelt sich in ihren Augen.

„Es tut mir so leid“, sage ich. Wie entsetzlich banal das klingt. Doch mir fällt nichts anderes ein.

„Haben Sie Kinder?“

Ich denke an meinen Sohn, an seinen leblosen Körper in der Krankenhausdecke. Es sollte ein Wort für eine Mutter ohne Kinder geben, für eine Frau, der man das Baby genommen hat, das sie zu einem ganzen Menschen gemacht hätte.

„Nein.“ Ich suche nach Worten, finde aber keine. Ich will Anya das Foto zurückgeben, doch sie schüttelt den Kopf.

„Das brauche ich nicht“, sagt sie. „Ich trage sein Bild hier drin.“ Sie legt die Hand aufs Herz. „Aber Sie …“ Sie holt kurz Luft. „Ich glaube, Sie müssen sich daran erinnern, dass er ein kleiner Junge war. Dass er eine Mutter hatte. Und dass Sie ihr das Herz gebrochen haben.“

Dann dreht sie sich um, duckt sich unter der Absperrung hindurch und verschwindet in der Menge, und ich schnappe nach Luft, als hätte mich jemand unter Wasser gedrückt.

MEINE ANWÄLTIN ist eine Frau Mitte vierzig. „Ruth Jefferson“, stellt sie sich vor. Ihr Händedruck ist fest. „Der Prozess heute ist simpel, Ms Gray. Da Sie sich bereits für schuldig erklärt haben, geht es nur noch um das Urteil.

Wir sind direkt nach der Mittagspause dran. Leider wird Richter King der Verhandlung vorsitzen.“ Sie setzt sich mir gegenüber an den Tisch.

„Was stimmt denn nicht mit Richter King?“

„Sagen wir einfach, er ist nicht gerade für seine Nachsicht bekannt.“

„Was für eine Strafe werde ich denn bekommen?“, frage ich, obwohl mir das völlig egal ist. Jetzt geht es nur noch darum, das Richtige zu tun.

„Das ist schwer zu sagen“, antwortet Ruth Jefferson. „Fahrerflucht und Nichtmelden eines Unfalls ziehen in jedem Fall ein Fahrverbot nach sich, doch da die Mindeststrafe für fahrlässige Tötung im Straßenverkehr zwei Jahre beträgt, spielt das keine Rolle. Kommt verkehrsgefährdendes Fahren hinzu, kann das bis zu vierzehn Jahre bedeuten. Die Richtlinien sehen im Allgemeinen eine Strafe zwischen zwei und sechs Jahren vor. Richter King wird sich allerdings am oberen Ende der Skala orientieren, und es ist mein Job, ihn davon zu überzeugen, dass zwei Jahre angebrachter wären.“ Sie zieht die Kappe von ihrem Füllfederhalter. „Leiden Sie unter irgendwelchen psychischen Störungen?“

Ich schüttle den Kopf.

„Haben Sie eine chronische Krankheit? Das kann in Fällen wie diesem äußerst hilfreich sein. Oder haben Sie sich an diesem Tag vielleicht nicht gut gefühlt?“

Ich schaue sie mit leerem Blick an.

„Sie machen es mir wirklich schwer, Ms Gray.“ Sie seufzt und erklärt so langsam, als wäre ich ein Kind: „Richter King wird sich die Akte bereits angesehen haben, und vermutlich hat er auch schon ein Urteil im Kopf. Mein Job ist es, das Ganze als tragischen Unfall darzustellen, der schlicht unvermeidbar war und der Ihnen außerordentlich leidtut. Ich will Ihnen keine Worte in den Mund legen, aber wenn Sie zum Beispiel“ – sie schaut mir tief in die Augen – „einen Hustenanfall oder so etwas gehabt hätten …“

„Aber so war es nicht.“ Funktioniert unser Rechtssystem wirklich so? Lügen über Lügen, nur um ein möglichst niedriges Strafmaß herauszuschlagen?

Ruth Jefferson überfliegt ihre Notizen. Dann blickt sie unvermittelt auf. „Ist der Junge nicht plötzlich und unvorhersehbar vor Ihr Auto gelaufen? Laut Aussage der Mutter hat sie seine Hand losgelassen, als sie …“

„Es war nicht ihre Schuld!“

Die Anwältin hebt die sorgfältig gezupften Augenbrauen. „Ms Gray“, sagt sie betont ruhig, „wir sind nicht hier, um festzustellen, wessen Schuld es ist. Wir sind hier, um darüber zu diskutieren, ob es für diesen tragischen Unfall mildernde Umstände gibt. Bitte werden Sie jetzt nicht emotional.“

„Tut mir leid“, sage ich. „Aber es gibt keine mildernden Umstände.“

Sie legt die Akte beiseite. „Glauben Sie mir, Ms Gray: Es ist ein großer Unterschied, ob man zwei oder sechs Jahre im Gefängnis verbringt, und wenn es irgendetwas gibt, das erklärt, warum Sie einen fünfjährigen Jungen überfahren haben und dann einfach weitergefahren sind, dann sollten Sie mir das jetzt mitteilen.“

Wir schauen einander an.

„Ich wünschte, das könnte ich.“

RAY MARSCHIERTE ins Kommissariat, wo Kate gerade damit beschäftigt war, die Meldungen der vergangenen Nacht durchzugehen. „In mein Büro“, knurrte er.

Kate stand auf und folgte ihm. „Was ist denn los?“

Ray antwortete nicht. Er schaltete seinen Computer ein und legte die blaue Visitenkarte auf den Tisch. „Das sind Frauenhäuser.“

Kate schaute ihn verwirrt an.

„Das Haus in der Grantham Street“, erklärte Ray, „und das hier auch.“ Er deutete mit dem Kinn auf die blaue Karte. „Ich glaube, wir haben es hier mit misshandelten Frauen zu tun. Von Dominica Letts wissen wir, dass sie verprügelt wurde.“

„Und du glaubst, Jenna Gray ist auch misshandelt worden?“

Er nickte. „Sie ist immer auffallend nervös, und sobald sie unter Druck gerät, blockiert sie komplett.“

Bevor er seine Theorie weiter ausführen konnte, klingelte sein Telefon. Es war die Pforte, wie sein Display verriet. „Du hast einen Besucher, Ray“, meldete Rachel. „Ein Patrick Matthews sagt, er müsse mit dir über seine Freundin Jenna Gray sprechen.“

„Bring ihn rauf“, sagte Ray und klärte Kate über den Besucher auf.

„Glaubst du, Matthews ist der, der sie misshandelt?“, fragte Kate.

Er schüttelte den Kopf. „Er ist nicht der Typ dafür.“

„Das sind sie nie. Außerdem …“ Sie hielt inne, als Rachel mit Patrick Matthews den Raum betrat. Er trug eine alte Wachsjacke und über der Schulter einen Rucksack. Ray deutete auf den Stuhl neben Kate, und Patrick setzte sich.

„Wenn ich richtig verstanden habe, haben Sie Informationen über Jenna Gray“, sagte Ray.

„Na ja, es sind nicht wirklich Informationen“, erwiderte Patrick. „Es ist mehr so ein Gefühl.“

Ray schaute auf seine Uhr. Jennas Prozess war für den frühen Nachmittag angesetzt, und er wollte im Saal sein, wenn das Urteil verkündet wurde.

„Und was ist das für ein Gefühl, Mr Matthews?“ Er warf Kate einen Blick zu. Sie zuckte kaum merklich mit den Schultern. Patrick Matthews war nicht der Mann, vor dem Jenna Angst hatte. Aber wer war es dann?

„Schauen Sie, ich weiß, Sie denken, dass ich schlecht etwas anderes sagen kann, aber ich glaube wirklich nicht, dass Jenna schuldig ist.“

Das weckte Rays Interesse.

„Es gibt da etwas im Zusammenhang mit der Unfallnacht, das sie mir verschweigt“, fuhr Patrick fort. „Irgendetwas, das sie allen verschweigt.“

„Und was, glauben Sie, verbirgt sie vor Ihnen?“, fragte Ray.

„Jenna hat ein Kästchen unter ihrem Bett.“ Patrick machte ein verlegenes Gesicht. „Normalerweise würde ich niemals ihre Sachen durchwühlen, doch sie wollte mir einfach nichts sagen, und als ich das Kästchen angefasst habe, hat sie sich furchtbar aufgeregt und gesagt, ich solle das lassen … Ich hatte gehofft, es würde ein paar Antworten enthalten.“

„Also haben Sie einen Blick hineingeworfen.“

Patrick nickte. „Ich habe einen Schlüssel für das Cottage. Wir haben vereinbart, dass ich ihren Hund heute Morgen hole, nachdem sie zum Gericht gefahren ist.“ Er gab Ray einen Briefumschlag. „Schauen Sie da mal rein.“

Ray öffnete den Umschlag und erkannte einen britischen Reisepass. Als er ihn aufklappte, sah ihn eine jüngere Jenna an. Sie lächelte nicht, und ihr Haar war zu einem Pferdeschwanz gebunden. Rechts von ihr stand ein Name: Jennifer Petersen.

„Sie ist verheiratet.“ Wie hatten sie das nur übersehen können? Er wandte sich wieder Patrick zu. „Haben Sie das gewusst?“

„Sie hat mir erzählt, dass sie einmal verheiratet war. Ich nahm an, sie sei geschieden.“

Ray griff nach dem Telefonhörer und rief im Gericht an. „Hat die Verhandlung im Strafprozess Gray schon begonnen?“

Petersen, nicht Gray. Was für ein Schlamassel.

„Okay. Danke.“ Ray legte auf. „Richter King ist aufgehalten worden. Wir haben noch eine halbe Stunde.“

Kate beugte sich vor. „Diese Meldung, die ich dir gestern gegeben habe, nachdem du mich zu der Frau an der Pforte geschickt hast, wo ist die?“

„Irgendwo in meiner Ablage“, antwortete Ray.

Kate wühlte in den Papierstapeln auf seinem Schreibtisch.

„Da ist sie ja!“, verkündete sie triumphierend. Sie zog die Meldung aus der Dokumentenhülle und warf sie auf den Tisch. Fetzen eines zerrissenen Fotos flatterten heraus. Patrick nahm sich einen und betrachtete ihn neugierig. Dann wandte er sich an Ray: „Darf ich?“

„Bitte“, sagte Ray.

Patrick nahm die übrigen Teile des Fotos und setzte sie wieder zusammen. Als das Bild der Bucht von Penfach Gestalt annahm, stieß Ray einen leisen Pfiff aus. „Dann ist Jenna Gray also die Schwester, um die Eve Mannings sich solche Sorgen macht.“

Es war Zeit, zu handeln. „Mr Matthews, danke, dass Sie uns den Pass gebracht haben. Ich fürchte, ich muss Sie jetzt bitten, vor dem Gericht auf uns zu warten. Rachel wird Ihnen den Weg erklären. Wir kommen so schnell wie möglich nach. Kate, wir treffen uns in fünf Minuten im Dezernat für häusliche Gewalt.“

Kate begleitete Patrick nach unten, und Ray griff nach dem Telefon. „Natalie? Hier ist Ray Stevens. Kannst du mal nachschauen, ob du etwas über einen Ian Petersen hast? Weiß, männlich, Ende vierzig …“

RAY HASTETE die Treppen hinunter und durch einen Flur bis zu einer Tür, auf der OPFERSCHUTZ stand. Einen Augenblick später gesellte sich Kate zu ihm. Sie klingelten. Eine fröhlich aussehende Frau mit kurz geschnittenem schwarzem Haar und auffälligem Modeschmuck öffnete ihnen die Tür.

„Hast du irgendwas gefunden, Nat?“, fragte Ray.

Natalie winkte sie herein und drehte den Computermonitor so, dass Ray und Kate mitlesen konnten. „Ian Francis Petersen“, sagte sie, „geboren am 12. April 1965. Vorbestraft wegen Alkohol am Steuer und Körperverletzung. Gegenwärtig mit einem Kontaktverbot belegt.“

„Zufälligerweise wegen einer Frau mit Namen Jennifer?“, fragte Kate, doch Natalie schüttelte den Kopf.

„Nein, hier geht es um eine Marie Walker. Wir haben ihr nach sechs Jahren systematischer Misshandlung geholfen, sich von Petersen zu trennen. Sie hat Anzeige erstattet, aber er ist noch mal davongekommen. Ein Zivilgericht hat lediglich ein Kontaktverbot ausgesprochen.“

„Und in der Zeit vor Marie?“

„Da ist uns keine Gewalt gegenüber einer Partnerin bekannt. Aber vor zehn Jahren wurde er wegen einer Handgreiflichkeit gegenüber seiner Mutter verwarnt.“

Ray spürte, wie ihm die Galle hochkam. „Wir glauben, Petersen ist der Ehemann der Frau, die in den tödlichen Unfall von Jacob Jordan verwickelt ist.“

Natalie stand auf und ging zu einer Reihe grauer Aktenschränke, zog eine Schublade heraus und blätterte in den Akten. „Ah, da ist es ja“, sagte sie schließlich. „Das ist alles, was wir zu Jennifer und Ian Petersen haben. Eins kann ich dir sagen: Das ist verdammt schwere Kost.“

13

An dem Tag, an dem deine Ausstellung eröffnet wurde, war ich im Schlafzimmer, als du hereinkamst, um dich umzuziehen. Du zögertest.

„Zier dich nicht so", sagte ich. „Es ist ja nicht so, als hätte ich das nicht schon hundertmal gesehen." Ich fand ein sauberes Hemd und hängte es an die Schranktür. Ich schaute zu, wie du deine Jogginghose auszogst und das Sweatshirt für den nächsten Tag zusammenlegtest. Du trugst einen weißen BH und einen dazu passenden Slip, und ich fragte mich, ob du diese Farbe wohl gewählt hattest, weil sie einen so starken Kontrast zu dem Bluterguss auf deiner Hüfte bildete. Du schlüpftest in eine weite Leinenhose und ein voluminöses Top aus dem gleichen Stoff. Ich suchte eine Halskette mit dicken grünen Perlen für dich aus.

„Soll ich sie dir umlegen?"

Du zögertest, setztest dich dann aber auf den kleinen Hocker. Ich nahm die Kette und führte meine Hände langsam hinter deinen Hals. Dabei zog ich die Kette für den Bruchteil einer Sekunde zu stramm und spürte deine Anspannung unter meinen Fingern. Ich lachte und schloss den Verschluss. „Versuch doch heute einfach mal, dich nicht zum Narren zu machen, Jennifer. Trink nicht wieder so viel, und fang nicht an, vor den Gästen zu katzbuckeln."

Ich zog mein Hemd an. „Eigentlich kannst du fahren", sagte ich. „Schließlich trinkst du ja sowieso nichts."

Ich hatte bei mehreren Gelegenheiten angeboten, dir ein neues Auto zu kaufen, aber du wolltest deinen alten, klapprigen Fiesta nicht hergeben. Normalerweise vermied ich es ja, mich in dein Auto zu setzen, aber meinen Audi wollte ich dir nicht mehr geben, nachdem du ihn beim Einparken verbeult hattest. Also setzte ich mich auf den Beifahrersitz und ließ mich von dir zur Ausstellung fahren.

Als wir eintrafen, stand bereits eine Gruppe von Besuchern an der Bar. Du holtest mir ein Glas Champagner und hast dir dann selbst eins genommen.

„Jenna!" Ein Mann mit welligem dunklem Haar kam auf uns zu und küsste dich auf beide Wangen, und ich sah, wie deine Hand die seine berührte – so kurz, dass du vermutlich dachtest, ich sähe das nicht. Das konnte eigentlich nur Philip sein, der Kurator.

Du stelltest uns einander vor, und Philip schüttelte mir die Hand und sagte: „Sie müssen sehr stolz auf sie sein."

„Ja, meine Frau ist außergewöhnlich begabt", sagte ich. „Natürlich bin ich stolz auf sie."

Philip schwieg für einen Moment, dann sagte er: „Bitte entschuldigen Sie, aber ich muss Jenna kurz entführen und ein paar Leuten vorstellen. Ihre Arbeit hat großes Interesse geweckt, und …“ Er verstummte, rieb Daumen und Zeigefinger aneinander und zwinkerte mir zu.

„Selbstverständlich. Ich werde mich doch keinen potenziellen Geschäften in den Weg stellen“, erwiderte ich.

Ich schaute zu, wie ihr von Grüppchen zu Grüppchen gingt. Philips Hand lag die ganze Zeit über auf deinem Rücken, und ich wusste einfach, dass ihr eine Affäre hattet. Wie ich den Rest der Veranstaltung ertrug, erinnere ich nicht mehr, aber ich ließ dich nicht eine Sekunde aus den Augen. Als kein Champagner mehr da war, trank ich Wein. Auf deinem Gesicht lag ein Lächeln, wie ich es schon lange nicht mehr zu sehen bekommen hatte, und einen Augenblick lang glaubte ich, wieder die Studentin in der Cafeteria vor mir zu haben.

Allmählich wurde es leerer. Als nur noch eine Handvoll Gäste übrig war, begab ich mich zu dir. „Es ist Zeit zu gehen.“

„Ich kann noch nicht, Ian. Es sind schließlich noch Leute hier. Außerdem muss ich beim Aufräumen helfen.“

Philip trat zu uns. „Das ist schon in Ordnung, Jenna. Ich komme hier allein zurecht. Deine Skulpturen kannst du ja morgen holen. Die Ausstellung war jedenfalls ein großer Erfolg. Gut gemacht!“ Er küsste dich auf die Wange, und die Wut in mir drohte überzukochen.

„Schön, Sie endlich mal kennengelernt zu haben, Ian“, sagte Philip. Sein Blick huschte kurz zu dir, bevor er sich wieder an mich wandte. „Passen Sie gut auf sie auf, ja?“

Was hattest du ihm erzählt?

„Das tue ich immer“, erwiderte ich ruhig.

Ich drehte mich zum Ausgang um, packte dich am Ellbogen, und mein Daumen grub sich in dein Fleisch.

„Wie kannst du es wagen, so einen Narren aus mir zu machen?“, zischte ich. „Du hast vor aller Augen mit ihm geflirtet und ihn den ganzen Abend über berührt und geküsst! Ihr habt was miteinander – gib es zu!“

Du sagtest nichts, und dein Schweigen machte mich noch wütender. Auf dem Parkplatz drehte ich dir den Arm auf den Rücken und zog ihn so weit hoch, bis du aufschriest. „Du hast mich nur mitgenommen, um mich zu demütigen! Stimmt's?“

„Nein!“ Die Tränen rannen dir übers Gesicht.

Meine Faust ballte sich von selbst, doch gerade als wieder dieses Zittern durch meinen Unterarm ging, kam ein Mann an uns vorbei und grüßte. Wir standen da wie erstarrt, nur einen halben Meter voneinander entfernt, bis seine Schritte verhallt waren.

„Steig ein."

Du hast die Fahrertür geöffnet und dich hinter das Steuer gesetzt. Drei ganze Versuche hast du gebraucht, um den Schlüssel in die Zündung zu stecken und umzudrehen. Es war erst vier Uhr nachmittags, aber schon dunkel. Es hatte geregnet, und jedes Mal wenn uns ein Wagen entgegenkam und sich das Licht der Scheinwerfer im nassen Asphalt spiegelte, kniffst du die Augen zusammen. Du weintest noch immer.

„Schau dich doch nur an", sagte ich. „Weiß Philip, dass du so bist? Eine flennende, erbärmliche Maus von einer Frau?"

„Ich schlafe nicht mit Philip. Ich bin nicht sein Typ. Er ist …"

Ich schlug mit der Faust auf das Armaturenbrett. „Willst du mich für dumm verkaufen, Jennifer? Ich habe doch Augen im Kopf. Ich habe genau gesehen, was da zwischen euch läuft."

Ich drehte mich auf meinem Sitz, damit ich dich beobachten konnte. Ich wollte in deinem Gesicht lesen. Ich wollte sehen, was du denkst. Ich wollte sehen, ob du an *ihn* denkst. Und ich sah, dass es so war, auch wenn du versuchtest, das vor mir zu verbergen.

Wenn wir erst zu Hause waren, würde ich dafür sorgen, dass das aufhörte. Wenn wir zu Hause waren, würde ich dafür sorgen, dass du gar nicht mehr dachtest.

DER CROWN COURT von Bristol ist das älteste Gerichtsgebäude der Stadt, und ein Hauch von feierlichem Ernst weht durch seine mit Holz verkleideten Flure.

Nun, da ich hier bin, habe ich Angst. Die Kühnheit, mit der ich diesem Tag im Geiste entgegengesehen habe, ist weg, und obwohl ich furchtbare Angst vor dem habe, was Ian mir antun könnte, wenn man mich freispricht, habe ich plötzlich genauso viel Angst vor dem, was mich im Gefängnis erwartet, sollte ich verurteilt werden.

Auf der Anklagebank, auf die man mich gesetzt hat, ist noch Platz für mehr Leute. Zwei Stuhlreihen sind mit dem Boden verschraubt, die Sitzflächen hochgeklappt wie in einem Kino. Die Bank ist auf drei Seiten von einer Glaswand umgeben. Ich drehe mich um, als der Saal sich zu füllen beginnt. Ein Mann mit olivfarbenem Teint und Lederjacke beugt sich vor, lässt mich nicht aus den Augen und schürzt angewidert die Lippen.

In meiner Tasche steckt das Bild von Jacob, und ich schließe die Finger darum.

Hinter meiner Anwältin und dem Staatsanwalt sitzen jeweils mehrere Leute, die leidenschaftlich miteinander diskutieren. Knarrend öffnet sich die Tür, und eine weitere Welle von Zuschauern wird hereingelassen. Als ich Anya entdecke, setzt mein Herz einen Schlag lang aus. Sie setzt sich in die erste Reihe neben den Mann in der Lederjacke. Er nimmt ihre Hand.

Sie müssen sich daran erinnern, dass er ein kleiner Junge war. Dass er eine Mutter hatte. Und dass Sie ihr das Herz gebrochen haben.

Die einzigen Sitze, die jetzt noch leer sind, sind die für die Geschworenen. Doch Geschworene sind nicht mehr notwendig. Ich habe gestanden.

„Bitte erheben Sie sich!"

Der Richter ist alt. Die Geschichten von tausend Familien stehen ihm ins Gesicht geschrieben. Für ihn bin ich einfach nur ein weiteres Kapitel in einer Karriere voller schwerer Entscheidungen. Ich frage mich, ob er sein Urteil schon gefällt hat. Weiß er bereits, für wie lange ich ins Gefängnis muss?

„Euer Ehren, die Krone erhebt Anklage gegen Jenna Gray …" Die Gerichtsschreiberin liest von einem Blatt Papier ab. Ihre Stimme klingt klar und sachlich. „Ms Gray, Sie werden der schweren Verkehrsgefährdung, der schweren Körperverletzung mit Todesfolge und der unterlassenen Hilfeleistung in Tateinheit mit Fahrerflucht angeklagt." Sie schaut mich an. „Wie plädieren Sie?"

Ich schließe die Hand um das Foto in meiner Tasche. „Schuldig."

Aus dem Zuschauerraum erklingt ein ersticktes Schluchzen.

Ihr bricht das Herz.

„Bitte setzen Sie sich."

Der Staatsanwalt steht auf. „Euer Ehren, die Angeklagte hat sich schuldig bekannt, den Tod des fünfjährigen Jacob Jordan verursacht zu haben. Sie hat zugegeben, dass ihre Fahrweise an jenem Novemberabend nicht dem entsprach, was man von einem vernunftbegabten Menschen erwarten kann. Tatsächlich haben die polizeilichen Ermittlungen ergeben, dass das Fahrzeug von Ms Gray unmittelbar vor dem Zusammenprall die Fahrbahn verlassen hat und über den Bürgersteig gefahren ist. Ms Gray fuhr zwischen 61 und 68 Stundenkilometer – viel schneller als die vorgeschriebene Ortsgeschwindigkeit."

Ich presse meine Hände aneinander und versuche, ruhig und gleichmäßig zu atmen, doch ich kann wieder den Regen auf der Windschutzscheibe sehen, und ich höre den Schrei – meinen Schrei –, als ich den kleinen Jungen auf dem Bürgersteig sehe. Er rennt und dreht den Kopf, um seiner Mutter etwas zuzurufen.

„Und nachdem die Angeklagte Jacob Jordan überfahren und dadurch vermutlich sofort getötet hat, verabsäumte sie es anzuhalten", fährt der Staatsanwalt fort und lässt seinen Blick durch den Saal schweifen. Ohne Geschworene ist seine Redekunst verschwendet. „Sie stieg nicht aus. Sie rief keine Hilfe. Stattdessen fuhr die Angeklagte einfach weiter und ließ den fünf Jahre alten Jacob in den Armen seiner traumatisierten Mutter zurück."

Sie hat sich über ihren Sohn gebeugt und ihn mit ihrem Mantel eingehüllt, um ihn vor dem Regen zu schützen. Im Licht der Scheinwerfer konnte ich jedes Detail erkennen. Ich habe die Hände vor den Mund geschlagen, weil ich zu viel Angst hatte, um auch nur zu atmen.

„Euer Ehren, natürlich kann man diese Reaktion zumindest anfänglich dem Schock zuschreiben. Dass die Angeklagte Panik bekam und einfach weiterfuhr, ist nichts Ungewöhnliches. Doch nach einer Stunde oder spätestens nach einem Tag hätte sie sich eines Besseren besinnen und das Richtige tun sollen. Stattdessen floh die Angeklagte aus der Stadt, Euer Ehren. Sie versteckte sich in einem gut hundertfünfzig Kilometer entfernten Dorf, wo niemand sie kannte. Sie stellte sich nicht. Heute mag sie sich schuldig bekannt haben, doch dieses Schuldeingeständnis entspringt lediglich der Erkenntnis, dass sie sich nicht länger verstecken kann. Die Vertretung der Anklage bittet Sie, das bei Ihrer Urteilsfindung in Betracht zu ziehen."

„Danke, Mr Lassiter." Der Richter notiert sich etwas, und der Staatsanwalt verbeugt sich leicht und setzt sich. Meine Hände sind feucht. Aus den Reihen der Zuschauer schlägt mir eine Welle des Hasses entgegen.

Ruth Jefferson, meine Verteidigerin, steht auf, doch bevor sie etwas sagen kann, fliegt die Saaltür auf. Missbilligend hebt Richter King den Blick.

Patrick wirkt in diesem Gerichtssaal derart fehl am Platze, dass ich ihn zuerst gar nicht erkenne. Er schaut mich an. Mich in Handschellen und hinter Panzerglas zu sehen schockiert ihn sichtlich. Was macht er hier? Dann erkenne ich auch den Mann hinter ihm: Detective Inspector Stevens. Er nickt dem Richter kurz zu; dann geht er durch den Saal und spricht leise mit dem Staatsanwalt. Der hört ihm aufmerksam zu, kritzelt irgendetwas auf einen Zettel und schiebt ihn Ruth Jefferson zu.

Meine Anwältin liest den Zettel und meldet sich zu Wort. „Euer Ehren, ich beantrage eine kurze Prozessunterbrechung. Ich habe gerade Kenntnis von etwas erhalten, das sich für meine Mandantin positiv auswirken könnte."

„In Ordnung. Sie haben fünfzehn Minuten, Mrs Jefferson. Und ich gehe davon aus, dass wir anschließend zur Urteilsverkündung kommen können." Richter King nickt der Gerichtsschreiberin zu.

„Bitte erheben Sie sich!", ruft sie.

Als der Richter den Saal verlässt, kommt ein Justizvollzugsbeamter zu mir und führt mich in den Zellentrakt zurück.

„Was ist los?“, frage ich ihn.

„Das weiß Gott allein, aber es ist immer dasselbe. Rauf, runter, rauf, runter … wie bei einem Jo-Jo.“

Er eskortiert mich zu dem fensterlosen Raum, in dem ich vor einer Stunde mit meiner Anwältin gesprochen habe. Sekunden später kommt Ruth Jefferson herein, gefolgt von DI Stevens.

Meine Anwältin redet schon, bevor die Tür geschlossen ist. „Ms Gray, ist Ihnen eigentlich klar, dass Justizbehinderung kein Kavaliersdelikt ist?“

Ich antworte nicht darauf, und meine Anwältin setzt sich ungeduldig.

DI Stevens greift in die Tasche und wirft einen Reisepass auf den Tisch. Ich muss nicht hineinsehen; ich weiß auch so, dass das meiner ist.

Stevens beugt sich vor und legt die Hände auf den Tisch. „Sie müssen ihn nicht mehr schützen, Jennifer.“

Ich zucke unwillkürlich zusammen. „Bitte nennen Sie mich nicht so.“

„Erzählen Sie uns, was passiert ist.“

Ich schweige.

Der Detective Inspector spricht leise, und seine Ruhe vermittelt mir Sicherheit. „Wir werden nicht zulassen, dass er Ihnen noch einmal wehtut, Jenna.“

Sie wissen es also. Langsam atme ich aus. Plötzlich fühle ich mich vollkommen erschöpft. DI Stevens öffnet eine braune Aktenmappe, auf der „Petersen“ steht, mein Name … Ians Name.

„In unseren Akten sind jede Menge Anrufe verzeichnet“, sagt er. „Von Nachbarn, Ärzten, Passanten, aber nie von Ihnen, Jenna. *Sie* haben uns nie angerufen. Und als wir dann gekommen sind, wollten Sie keine Anzeige erstatten. Warum wollten Sie sich nicht von uns helfen lassen?“

„Weil er mich dann umgebracht hätte“, antworte ich.

Nach einer kurzen Pause fragt DI Stevens: „Wann hat er Sie zum ersten Mal geschlagen?“

„Es hat in der Hochzeitsnacht angefangen.“ Ich schließe die Augen und erinnere mich an den Schmerz, der aus dem Nichts gekommen war, und an meine Scham, weil meine Ehe schon gescheitert war, bevor sie überhaupt begonnen hatte. Ich erinnere mich daran, wie zärtlich Ian bei seiner Rückkehr gewesen ist, wie sanft er mir über das schmerzende Gesicht gestreichelt hat. Damals habe ich gesagt, es täte mir leid, und diesen Satz habe ich dann sieben Jahre lang ständig wiederholt.

„Wann sind Sie zu dem Frauenhaus in der Grantham Street gefahren?“

Ich bin überrascht, wie viel der DI weiß. „Ich war nie dort“, antworte ich. „Im Krankenhaus entdeckten sie meine blauen Flecken, gaben mir eine

Visitenkarte und sagten, dort könne ich hingehen, wann immer es nötig sei. Dort wäre ich sicher. Ich habe ihnen nicht geglaubt, aber die Karte habe ich behalten."

„Sie haben nie versucht, ihn zu verlassen?", fragt DI Stevens. Ich sehe unverhohlene Wut in seinen Augen, doch diese Wut ist nicht gegen mich gerichtet.

„Doch. Oft sogar", antworte ich. „Wenn Ian zur Arbeit ging, habe ich gepackt. Dann habe ich alles ins Auto geladen … in das Auto, das immer noch mir gehörte. Der Wagen war immer noch auf meinen Mädchennamen zugelassen, wissen Sie? Ian besaß alles andere. Ich hatte immer mehr das Gefühl, als würde ich gar nicht mehr existieren, als wäre auch ich nur sein Besitz. Deshalb habe ich das Auto nie umschreiben lassen. Nur eine Kleinigkeit, ich weiß, aber …" Ich zucke mit den Schultern. „Wie gesagt, ich habe alles gepackt, in den Kofferraum geladen, und dann … Dann habe ich alles wieder ins Haus zurückgetragen. Jedes Mal."

„Warum?"

„Weil er mich gefunden hätte."

„Aber nach dem Unfall haben Sie ihn verlassen", fährt DI Stevens fort. „Was hatte sich verändert?"

Ich atme tief durch. „Ian hat mich bedroht", sage ich leise. „Er hat gesagt, wenn ich zur Polizei ginge, wenn ich irgendjemandem erzählen würde, was passiert ist, dann … dann würde er mich töten. Und ich wusste, dass er das ernst meinte. In der Nacht nach dem Unfall hat er mich so schwer verprügelt, dass ich nicht mehr stehen konnte. Dann hat er mich hochgerissen und meinen Arm über die Spüle gelegt. Er hat mir kochendes Wasser über die Hand gegossen, und ich habe vor lauter Schmerz das Bewusstsein verloren. Schließlich hat er mich in mein Atelier gezerrt. Er hat mich gezwungen zuzusehen, wie er alles zerschlagen hat, was ich je gemacht habe."

Ich kann DI Stevens nicht in die Augen sehen. Ich bringe die Worte kaum über die Lippen. „Dann ist er weggegangen. Ich weiß nicht, wohin. Die erste Nacht habe ich auf dem Küchenboden verbracht. Dann bin ich nach oben gekrochen, habe mich ins Bett gelegt und darum gebetet zu sterben, damit er mir nicht mehr wehtun kann. Doch Ian kehrte nicht mehr zurück. Tage vergingen, und nach und nach kam ich wieder auf die Beine. Mir wurde klar, dass er mich eines Tages umbringen würde, wenn ich weiter bei ihm bliebe. Da bin ich gegangen."

„Erzählen Sie mir, was mit Jacob passiert ist."

Ich stecke die Hand in die Tasche und berühre das Foto. „Wir hatten uns gestritten. An diesem Tag wurde meine Ausstellung eröffnet – die größte, die ich je gehabt hatte –, und ich hatte Tage damit verbracht, sie gemeinsam mit meinem Kurator aufzubauen, einem Mann namens Philip. Die Veranstaltung war tagsüber. Trotzdem betrank Ian sich. Dann warf er mir vor, eine Affäre mit Philip zu haben."

„Und? Stimmte das?"

„Philip ist schwul, doch Ian wollte das nicht glauben. Ich habe geweint und konnte die Straße nicht mehr richtig sehen. Außerdem hatte es geregnet, und die Scheinwerfer haben mich geblendet. Er hat mich angeschrien und mich eine Nutte genannt. Ich bin durch Fishponds gefahren, um dem Verkehr aus dem Weg zu gehen, doch Ian hat mich gezwungen, anzuhalten und den Platz mit ihm zu tauschen. Er hat mich geschlagen und sich die Schlüssel geschnappt, obwohl er vor lauter Alkohol kaum noch stehen konnte. Dann ist er wie ein Wahnsinniger losgerast, und die ganze Zeit über hat er mich angebrüllt und immer wieder gedroht, mir eine Lektion zu erteilen. Wir fuhren durch ein Wohngebiet, und Ian wurde immer schneller und schneller." Ich knete meine Hände. „Dann habe ich den Jungen gesehen. Ich habe geschrien, doch Ian ist nicht einmal vom Gas gegangen. Wir haben den Kleinen frontal erwischt, und ich habe gesehen, wie seine Mutter danach zusammenbrach. Ich habe versucht auszusteigen, doch Ian hat die Türverriegelung betätigt und den Rückwärtsgang eingelegt." Ich hole tief Luft, und als ich wieder ausatme, klingt es wie ein Wimmern.

In dem kleinen Raum herrscht Stille.

„Ian hat Jacob getötet", sage ich, „doch es hat sich angefühlt, als wäre ich am Steuer gewesen."

14

Patrick fährt vorsichtig. Ich bereite mich auf tausend Fragen vor, aber er sagt kein Wort, bis die Skyline von Bristol weit hinter uns liegt.

„Du hättest ins Gefängnis kommen können."

„Das wollte ich ja auch."

„Warum?" Das klingt nicht wertend, eher verblüfft.

„Weil irgendjemand für das, was geschehen ist, bezahlen musste. Irgendjemand musste vor Gericht dafür geradestehen, damit Jacobs Mutter wieder schlafen kann."

„Aber doch nicht du, Jenna."

Mir wird klar, dass Anya jetzt alles noch einmal durchleben muss.

„In dem Kästchen mit deinem Pass", sagt Patrick plötzlich, „da habe ich ... Da habe ich auch ein Babyspielzeug gesehen." Er verstummt.

„Das hat meinem Sohn gehört", antworte ich. „Ben. Als ich erfuhr, dass ich schwanger war, hatte ich große Angst. Ich dachte, Ian würde außer sich sein vor Wut, doch er war geradezu euphorisch. Ich dachte, die Geburt des Babys könnte ein Wendepunkt für uns sein: Ian würde erkennen, dass wir zusammen glücklich sein könnten. Als Familie."

„Doch das ist nicht passiert."

„Nein", antworte ich. „Zuerst konnte er gar nicht genug für mich tun. Er hat mir jeden Wunsch von den Augen abgelesen und mir ständig gesagt, was ich essen soll und was nicht. Doch je mehr mein Bauch wuchs, desto distanzierter wurde er. Als hätte er meine Schwangerschaft gehasst. Im siebten Monat habe ich dann beim Bügeln einen Brandfleck auf sein Hemd gemacht. Ian ist komplett durchgedreht. Er hat mir mit voller Wucht in den Bauch geschlagen, und kurz danach haben die Blutungen eingesetzt."

Patrick fährt an den Straßenrand und schaltet den Motor aus.

„Ian hat einen Krankenwagen gerufen und den Sanitätern gesagt, ich sei gestürzt. Wahrscheinlich haben sie ihm nicht geglaubt, aber was sollten sie schon tun? Als wir im Krankenhaus eintrafen, hatten die Blutungen bereits aufgehört, aber ich wusste, noch bevor sie mich untersuchten, dass Ben gestorben war. Ich habe es einfach gefühlt."

Patrick streckt die Hand nach mir aus, aber ich kann ihn jetzt nicht berühren, und er lässt sie wieder sinken.

„Sie haben mir Medikamente gegeben, um die Wehen einzuleiten. Ian ist die ganze Zeit über bei mir geblieben. Und obwohl ich ihn für das, was er getan hatte, gehasst habe, habe ich seine Hand gehalten und mich von ihm auf die Stirn küssen lassen, denn außer ihm hatte ich ja niemanden. Doch ich dachte nur: Hätte ich dieses verdammte Hemd nicht verbrannt, wäre Ben noch am Leben."

Ich zittere und presse meine Handflächen auf die Knie, um mich wieder zu fangen. „Nach seiner Geburt herrschte eine furchtbare Stille in dem Raum. Irgendjemand legte ihn in meine Arme, dann ließen sie uns mit ihm allein. Eine Ewigkeit lag ich einfach so da und betrachtete sein Gesicht, seine Wimpern und seine Lippen. Ich streichelte sein Händchen und stellte mir vor, wie es sich wohl angefühlt hätte, wenn er nach meinem Finger gegriffen hätte. Als sie zurückkamen, um ihn mir wegzunehmen, habe ich geschrien und ihn an mich gedrückt, und sie mussten mir ein Beruhigungsmittel geben. Aber ich wollte nicht schlafen, denn ich wusste, wenn ich aufwachte, würde ich wieder allein sein."

Als ich fertig bin, sehe ich Patrick an. Tränen stehen in seinen Augen, und auch ich weine. Wir bleiben im Auto am Straßenrand sitzen und klammern uns aneinander, bis die Sonne untergeht. Danach fahren wir heim.

Patrick parkt den Wagen am Campingplatz und begleitet mich zum Cottage.

„Holst du Beau?“, frage ich.

„Wenn du willst.“

Ich nicke.

Patrick zieht die Vorhänge zu und macht mir Tee, und als er sich davon überzeugt hat, dass ich es warm und gemütlich habe, küsst er mich sanft auf die Lippen und geht. Ich lasse meinen Blick über die vielen kleinen Dinge schweifen, die von meinem Leben an der Bucht erzählen: die Fotos an der Wand, die Muscheln auf dem Kaminsims, Beaus Napf auf dem Küchenboden. Hier fühle ich mich mehr zu Hause, als ich es in Bristol je getan habe.

Aus einem Impuls heraus strecke ich die Hand nach der Tischlampe neben mir aus, der einzigen Beleuchtung im Erdgeschoss. Sie taucht den Raum in ein warmes Licht. Ich schalte sie aus und liege im Dunkeln. Ich warte, doch mein Puls ist ruhig. Keine Angst jagt mir mehr Schauer über den Rücken. Ich lächle. Ich fürchte mich nicht mehr.

„Und das ist zweifelsfrei die richtige Adresse?“ Ray hatte die Frage an Stumpy gerichtet, bezog aber alle im Raum mit ein. Seit er das Gerichtsgebäude verlassen hatte, waren erst zwei Stunden vergangen, doch das Einsatzkommando stand bereits parat. Stumpy hatte unterdessen Ian Petersens Aufenthaltsort ermittelt.

„Definitiv“, antwortete Stumpy. „Laut Wählerregister wohnt er in Albercombe Terrace Nummer 72, und die Telefongesellschaft und die Kfz-Zulassungsbehörde bestätigen das.“

„Also schön“, sagte Ray, „dann lasst uns hoffen, dass er auch zu Hause ist.“

Albercombe Terrace war eine ganz normale Straße mit schmalen Bürgersteigen und viel zu vielen parkenden Autos. Das Einzige, was das Haus Nummer 72 von seinen Nachbarn unterschied, waren die zugezogenen Vorhänge an jedem Fenster.

Ray und Kate parkten in einer Parallelstraße und warteten auf die Bestätigung, dass ihr Team auf der Rückseite des Hauses Stellung bezogen hatte.

„Null sechs, Chef.“ Das hieß, dass alle Einheiten auf Position waren.

„Verstanden“, antwortete Ray. „Zeit für den großen roten Schlüssel.“

Sie schauten zu, wie das Einsatzkommando mit einer roten Metallramme auf die Tür zielte. Es knallte furchtbar. Holz splitterte, und die Tür flog auf. Die Männer des Sondereinsatzkommandos schwärmten aus, um in Zweierteams alle Zimmer zu durchsuchen.

Ray und Kate folgten ihnen und warteten auf die Bestätigung, dass Petersen gefunden war. Knapp zwei Minuten später kam ein Sergeant die Treppe herunter und schüttelte den Kopf. „Nichts. Hier ist keiner. Der Kleiderschrank im Schlafzimmer ist leer geräumt, das Bad auch. Der Vogel ist ausgeflogen."

„Verdammter Mist!" Ray schlug mit der Faust aufs Treppengeländer. „Kate, ruf Jenna auf ihrem Handy an. Finde heraus, wo sie ist, und sag ihr, sie soll unbedingt dort bleiben." Er eilte zum Wagen, und Kate musste rennen, um nicht abgehängt zu werden.

„Das Handy ist abgeschaltet."

Ray setzte sich hinters Lenkrad und startete den Motor.

„Wo willst du hin?", fragte Kate und schnallte sich an.

„Wales", antwortete Ray knapp.

Während er fuhr, bellte er Kate Anweisungen zu. „Ruf bei der Fahndung an. Sie sollen so viel wie möglich über Petersen herausfinden. Und sag den Kollegen in Oxford Bescheid. Die sollen jemanden zu Eve Mannings schicken. Petersen hat sie schon einmal bedroht, er könnte ein zweites Mal dort auftauchen. Und dann sprich mit dem Revier in South Wales, damit die sich um Jenna Gr …" – er korrigierte sich – „Jenna Petersen kümmern. Jemand soll zum Cottage fahren und nachsehen, ob es ihr gut geht."

Kate schrieb sich alles auf und arbeitete die Punkte der Reihe nach ab. Nach jedem Telefongespräch brachte sie Ray auf den neuesten Stand. „In Penfach hat heute Abend niemand Dienst, aber sie schicken jemanden aus Swansea." Dann versuchte sie Patrick zu erreichen. „Da geht keiner ran."

„Irgendjemanden *müssen* wir doch erreichen. Irgendwen vor Ort", sagte Ray.

„Was ist mit den Nachbarn?" Kate öffnete den Browser auf ihrem Handy.

„Da gibt es keine Nachbarn …" Er überlegte. „Natürlich! Der Campingplatz!"

„Alles klar." Kate recherchierte die Nummer und rief an.

„Stell es auf Lautsprecher."

„Guten Tag", sagte eine Frauenstimme. „Campingplatz Penfach. Bethan am Apparat."

„Hier spricht Detective Constable Kate Evans, Kriminalpolizei Bristol. Ich suche Jenna Gray. Haben Sie sie heute schon gesehen?"

„Heute noch nicht." Bethans Stimme nahm einen misstrauischen Tonfall an. „Stimmt etwas nicht? Wie ist der Prozess ausgegangen?"

„Sie ist freigesprochen worden. Es tut mir leid, Sie zu drängen, aber Jenna ist um drei Uhr von hier weggefahren, und ich muss wissen, ob sie sicher zu Hause angekommen ist. Patrick Matthews hat sie gefahren."

„Ich habe keinen von beiden gesehen", erwiderte Bethan, „aber Jenna ist definitiv wieder zurück. Sie war unten am Strand."

„Woher wissen Sie das?"

„Ich war gerade erst mit den Hunden draußen und habe eine ihrer Botschaften im Sand gesehen. Allerdings … Eigentlich war das nicht ihr Stil."

Ray wurde nervös. „Und was stand da?"

Bethans Zögern verriet ihm, dass sie ahnte, dass etwas nicht stimmte. „Es war nur ein Wort: ‚Verrat'."

ICH HATTE nicht einschlafen wollen, doch als es an der Tür klopft, fahre ich hoch und reibe mir den steifen Hals. Erst nach einer Sekunde weiß ich wieder, dass ich zu Hause bin. Mühsam rapple ich mich auf, um zur Tür zu gehen, und zucke zusammen, weil ich einen Krampf im Bein habe.

Noch während ich aufschließe, überkommt mich ein Gefühl der Angst. Doch bevor ich darauf reagieren kann, fliegt die Tür auf, und ich fliege rückwärts gegen die Wand. Ians Augen sind blutunterlaufen, und er atmet schwer. Ich bereite mich auf den ersten Schlag vor, doch der kommt nicht. Stattdessen schiebt Ian den Riegel von innen vor.

Und dann ist er bereit. Er dreht sich mit einem unheilverkündenden Lächeln zu mir um, das mir sagt, dass das Ende naht. Und zugleich weiß ich, dass das, was jetzt kommt, nicht schnell vorbei sein wird.

Er reibt mir den Nacken und presst seinen Daumen gegen meinen obersten Halswirbel. Das ist unangenehm, tut aber nicht wirklich weh.

„Du hast der Polizei meinen Namen genannt, Jennifer."

„Ich habe dich nicht …"

Er greift in mein Haar und reißt mich so schnell zu sich heran, dass ich die Augen zusammenkneife und darauf warte, dass der Schmerz in meinem Kopf explodiert. Als ich die Augen wieder öffne, ist sein Gesicht drei Zentimeter von meinem entfernt.

„Lüg mich nicht an, Jennifer."

Erneut schließe ich die Augen und versuche mir einzureden, dass ich das hier überleben kann, obwohl alles in mir ihn anflehen will, mich einfach zu töten.

Mit der freien Hand packt er meinen Unterkiefer. „Du verräterische Hexe", sagt er, und seine Stimme klingt so beherrscht, als hätte er mir ein Kompliment gemacht. „Du hast mir dein Wort gegeben, Jennifer. Du hast mir versprochen, du würdest nicht zur Polizei gehen, aber was muss ich heute sehen? Ich sehe, dass du mich für deine eigene Freiheit verkaufst. Ich sehe meinen Namen in der *Bristol Post*."

„Ich werde ihnen sagen, dass das nicht stimmt. Ich sage ihnen, dass ich gelogen habe.“

„Nein“, sagt er. „Du wirst überhaupt nichts mehr sagen. Zu niemandem.“ Seine linke Hand krallt sich noch immer in mein Haar, doch die andere lässt meinen Kiefer los. Dann schlägt er mir mit voller Wucht ins Gesicht. „Geh rauf.“

Ich balle die Hände zu Fäusten. Ich weiß, dass ich mein Gesicht jetzt nicht abtasten darf. „Bitte“, flehe ich. „Bitte nicht …“ *Bitte nicht vergewaltigen*, will ich sagen. Stattdessen bettle ich: „Ich will keinen Sex“ und verfluche den brüchigen Klang meiner Stimme.

„Sex mit *dir?*“, höhnt er, und Speichel spritzt auf mein Gesicht. „Bilde dir bloß nichts ein, Jennifer.“ Er lässt mich los und mustert mich von Kopf bis Fuß. „Rauf!“

Meine Beine drohen unter mir nachzugeben, als ich die paar Schritte zur Treppe gehe. Auf dem Weg nach oben klammere ich mich ans Geländer. Bei jedem Schritt spüre ich Ians Gegenwart in meinem Rücken. Ich versuche auszurechnen, wie lange es wohl noch dauert, bis Patrick zurückkommt, aber ich habe jedes Zeitgefühl verloren.

Ian stößt mich ins Badezimmer. „Zieh dich aus.“

Ich schäme mich dafür, wie schnell ich ihm gehorche.

Er schaut zu, wie ich mit meinen Kleidern kämpfe. Inzwischen lasse ich meinen Tränen freien Lauf, obwohl ich weiß, dass ihn das noch wütender macht. Ich kann einfach nicht anders.

Ian steckt den Stopfen in den Abfluss der Wanne und dreht das kalte Wasser auf. Ich bin jetzt nackt und stehe zitternd vor ihm. Voller Abscheu mustert er mich.

„Das hast du dir selbst zuzuschreiben“, sagt er und seufzt. „Ich hätte dich jederzeit zurückholen können, aber ich habe dich gehen lassen. Ich wollte dich nicht mehr bei mir haben. Alles, was du tun musstest, war, den Mund zu halten. Dann hättest du dein armseliges Leben hier weiterleben können.“ Er schüttelt den Kopf. „Aber nein, du musstest ja zur Polizei gehen und alles ausplappern.“ Er dreht den Hahn zu. „Steig rein.“

Ich wehre mich nicht. Ich steige in die Badewanne und setze mich langsam hinein. Das eisige Wasser raubt mir den Atem. Ich versuche mir einzubilden, es wäre warm.

„Und jetzt wasch dich.“

Ian greift nach der Flasche mit Bleiche, die neben der Toilette steht, und schraubt sie auf. Er gießt etwas Bleiche auf einen Waschlappen. Es tropft, und blaue Blüten verteilen sich auf der Wasseroberfläche wie Tinte auf Löschpapier. Dann gibt er mir den Waschlappen.

„Schrubb dich ab."

Ich reibe mit dem Waschlappen über meine Arme und versuche, dabei so viel Wasser wie möglich auf mich zu spritzen, um die Bleiche zu verdünnen.

„Und jetzt den Rest", sagt er. „Und vergiss dein Gesicht nicht. Vielleicht wird das etwas von deiner Bösartigkeit abwaschen."

Er gibt mir genaue Anweisungen, bis ich jeden Zoll meines Körpers abgeschrubbt habe und meine Haut brennt. In der Hoffnung, das Brennen zu lindern, lasse ich mich tiefer in das eisige Wasser sinken. Meine Zähne klappern jetzt unkontrolliert. Ich versuche mich wieder aufzusetzen, doch Ian drückt mich ins Wasser zurück und dreht den Kaltwasserhahn noch einmal auf, bis die Wanne fast überläuft. Ich bin wie betäubt. Wie von weit her höre ich Ian sprechen. Er sitzt jetzt auf dem geschlossenen Klodeckel. Er wird mich ertränken, nehme ich an. Es wird nicht lange dauern. Ich bin ohnehin schon halb tot.

„Du warst ziemlich leicht zu finden", sagt er in beiläufigem Tonfall, als säßen wir in einem Pub und brächten uns gegenseitig auf den neuesten Stand. „Es ist wirklich nicht schwer, eine Webseite einzurichten, die man nicht zurückverfolgen kann, aber du warst so dumm, dass du noch nicht einmal daran gedacht hast, deine IP-Adresse zu verschlüsseln."

Ich erwidere nichts, aber er scheint auch keine Antwort zu erwarten.

„Ihr Frauen glaubt immer, ihr kämt auch allein zurecht", fährt er fort. „Ihr glaubt, ihr bräuchtet die Männer nicht, aber wenn wir euch dann euch selbst überlassen, wisst ihr nicht mehr, wo vorne und hinten ist. Und all die Lügen, die ihr erzählt. Natürlich glaubt ihr, wir durchschauen das nicht, doch das tun wir immer."

Seine Worte schwappen über mich hinweg.

„Ich habe dir von Anfang an klargemacht, dass ich keine Kinder will", sagt er.

Ich schließe die Augen und denke an Ben.

„Und dann stehe ich plötzlich mit einem Sohn da und soll das auch noch feiern! Ich soll mich über ein Kind freuen, das nie existiert hätte, wenn sie mich nicht hinters Licht geführt hätte."

Ich öffne die Augen. Er redet Unsinn. Oder vielleicht verstehe ich ihn auch einfach nicht. Ich habe ihn nicht hinters Licht geführt. Es war ein Unfall, und er hat sich doch gefreut. Er hat gesagt, dieses Kind würde alles verändern.

Ian beugt sich vor, hat die Fäuste geballt, und der Muskel an seinem Auge zuckt unkontrolliert. „Ich habe ihr gesagt, wie das läuft", sagt er. „Ich habe gesagt: keine Verpflichtungen. Aber dann ist sie schwanger geworden und hat beschlossen, mir das Leben zur Hölle zu machen."

Ich versuche zu verstehen, was Ian da sagt. „Du hast einen Sohn?“, bringe ich schließlich mühsam hervor.

Er lacht höhnisch. „Nein“, korrigiert er mich, „er war nie mein Sohn. Er war die Brut einer polnischen Schlampe, die im Büro die Klos geputzt hat. Ich war nur der Samenspender.“ Er steht auf und streicht sein Hemd glatt. „Als sie schwanger war, kam sie zu mir, und ich habe ihr klar und deutlich erklärt, wenn sie nicht abtreibt, ist sie auf sich allein gestellt.“ Er seufzt. „Bis das Kind in die Schule kam, habe ich auch nichts mehr von ihr gehört. Aber dann tauchte sie wieder auf und wollte einfach nicht lockerlassen.“ Er verzieht den Mund und sagt mit schlecht imitiertem osteuropäischem Akzent: *„Er braucht einen Vater, Ian. Ich will, dass Jacob weiß, wer sein Vater ist.“*

Ich hebe den Kopf, und in einem Kraftakt, der mich vor Schmerz stöhnen lässt, setze ich mich in der Wanne auf. „Jacob?“, sage ich. „Du bist Jacobs Vater?“

Schweigen. Ian schaut mich an. Dann packt er mich plötzlich am Arm und zerrt mich hoch. „Raus.“

Ich falle über den Wannenrand und gehe zu Boden. Nach einer Stunde im eiskalten Wasser versagen meine Beine mir den Dienst.

„Zieh dir was über.“ Ian wirft mir meinen Bademantel zu, und ich ziehe ihn an. Einen Moment lang bin ich ihm sogar dankbar dafür. Ich hasse dieses Gefühl. In meinem Kopf dreht sich alles. Jacob war Ians Sohn? Aber als Ian herausfand, dass es Jacob war, der bei dem Unfall ums Leben kam, muss er doch …

Die Erkenntnis bohrt sich wie ein Messer in meine Eingeweide. Jacobs Tod war gar kein Unfall. Ian hat seinen eigenen Sohn ermordet, und jetzt wird er auch mich töten.

„HALT AN!“, sagte ich.

Weil du keinerlei Anstalten machtest, an den Straßenrand zu fahren, griff ich ins Lenkrad.

„Ian, nein!“ Du hattest keine andere Wahl, als auf die Bremse zu treten, und wir kamen zum Stehen.

„Raus.“

Du stiegst aus, aber dann standest du einfach reglos neben der Tür. Ich ging um das Auto herum, packte dich an den Schultern und schüttelte dich. Ich wollte dich schreien hören, aber du bliebst stumm. Du hast Spielchen mit mir gespielt, Jennifer, doch ich wusste, am Ende würde ich gewinnen.

Ich ließ dich los, und du konntest deine Erleichterung nicht verbergen.

Ich sah sie über dein Gesicht huschen. Und sie war immer noch da, als ich die Faust ballte und sie dir ins Gesicht rammte.

Meine Knöchel trafen dich unter dem Kinn, und dein Kopf flog nach hinten und schlug aufs Wagendach. Dann gaben deine Beine nach, und du fielst auf die Straße. Schließlich hast du dann doch noch ein Geräusch von dir gegeben. Du hast gewimmert wie ein geprügelter Hund, dich auf dem nassen Asphalt gewälzt, und Blut ist aus deinem Mund gelaufen. Aber das war noch nicht genug. Das Gefühl der Befreiung blieb diesmal aus, die weißglühende Wut in mir brodelte weiter und wurde mit jeder Sekunde heftiger.

„Steig ein."

Ich sah zu, wie du dich mühsam aufrappeltest. Dann wolltest du dich wieder auf den Fahrersitz setzen, doch ich hinderte dich daran. „Andere Seite." Ich startete den Motor und fuhr los, noch bevor du die Tür geschlossen hattest. Du schriest erschrocken auf, knalltest die Tür zu und suchtest verzweifelt nach dem Gurt. Ich musste lachen, doch auch das ließ den Zorn in mir nicht verlöschen.

„Langsamer", betteltest du, „du fährst zu schnell." Dein Mund war voller Blut, und als du sprachst, spritzten Tropfen davon aufs Handschuhfach. Um dir zu zeigen, dass ich mir von dir nichts vorschreiben ließ, fuhr ich immer schneller. Ich trat das Gaspedal durch und bog nach links in eine gerade, von Bäumen gesäumte Straße ab. Schlagartig wurde mir bewusst, dass ich die Straße kannte, obwohl ich nur einmal dort gewesen war. Anya wohnte hier.

Etwa hundert Meter entfernt kam uns eine Frau auf dem Bürgersteig entgegen. Sie hatte ein Kind an der Hand. Die Frau ... Erst dachte ich, dass ich schon anfing, mir Dinge einzubilden. Ich bildete mir ein, das sei sie – nur weil das ihre Straße war. Aber es konnte unmöglich Anya sein.

Dann hob die Frau den Kopf. Sie lachte. Der Junge lief neben ihr her. Es war tatsächlich Anya. Sie ging auf das Scheinwerferlicht zu.

Er will wissen, wer sein Vater ist. Er will dich kennenlernen.

Sie würde alles ruinieren. Der Junge würde alles ruinieren. Ich schaute zu dir hinüber, aber du hattest den Kopf gesenkt. Warum sahst du mich nicht mehr an? Ich war dabei, dich zu verlieren, und hättest du die Wahrheit über Anya und den Jungen herausgefunden, hätte ich dich nie mehr zurückbekommen.

Der Junge lief auf die Straße. Mein Kopf pochte. Dann hast du gewimmert, und das Geräusch war wie eine Fliege in meinem Ohr.

Ich trat das Gaspedal voll durch.

15

„Du hast Jacob umgebracht?“ Fast hätte ich die Worte nicht über die Lippen gebracht. „Aber warum?“

„Er hätte alles ruiniert“, antwortet Ian schlicht. „Hätte Anya sich von mir ferngehalten, wäre ihm nichts passiert. Es war ihre Schuld.“

Ich denke an die Frau vor dem Gerichtsgebäude und an die alten Turnschuhe, die sie trug. „Hat sie Geld gebraucht?“

Er lacht. „Geld wäre kein Problem gewesen. Nein, sie wollte, dass ich ein Vater bin. Sie wollte, dass ich den Jungen an den Wochenenden zu mir nehme und ihm etwas zum Geburtstag schenke …“ Er hält inne, als ich mich am Wannenrand abstütze und aufstehe. Vorsichtig prüfe ich, ob meine schmerzenden Beine mein Gewicht tragen. Ich schaue in den Spiegel, erkenne mich aber selbst nicht wieder.

„Du hättest von ihm erfahren“, sagt Ian, „und von Anya. Du hättest mich verlassen.“

Er steht hinter mir und legt mir sanft die Hände auf die Schultern. Ich kenne den Ausdruck in seinem Gesicht – es ist derselbe, den ich schon so oft am Morgen nach einer Prügelattacke gesehen habe. Ich habe mir immer eingeredet, das sei Reue – obwohl er sich nie entschuldigt hat –, aber jetzt wird mir klar, dass es Angst ist. Er hat Angst, dass ich ihn als den Mann sehe, der er wirklich ist. Er hat Angst, dass ich ihn nicht länger brauche.

Vermutlich hätte ich Jacob genauso geliebt wie meinen eigenen Sohn. Plötzlich habe ich das Gefühl, dass Ian mir nicht nur ein Kind, sondern zwei Kinder genommen hat, und das Bewusstsein dieses Verlusts verleiht mir neue Kraft.

Ich täusche einen Schwächeanfall vor, lasse den Kopf Richtung Waschbecken sinken und werfe ihn dann unvermittelt und mit aller Kraft, die mir noch geblieben ist, zurück. Als mein Hinterkopf auf Knochen trifft, höre ich ein Übelkeit erregendes Knirschen.

Ian lässt mich los und presst beide Hände auf sein Gesicht. Blut sickert zwischen seinen Fingern hindurch. Ich renne an ihm vorbei zur Treppe, doch er ist schneller als ich. Bevor ich die erste Stufe erreiche, packt er mich am Handgelenk. Seine blutigen Finger rutschen an meiner nassen Haut ab. Ich ramme ihm den Ellbogen in den Bauch, um mich zu befreien, und ernte einen Schlag, der mir den Atem raubt.

Ich ducke mich unter seinem Arm weg und fange mich mit ausgestreckten Händen an der Wand ab. Dann beuge ich die Ellbogen, als würde ich Liegestütze machen, stoße mich ab und werfe mich mit meinem ganzen Gewicht rücklings gegen ihn. Ian stößt einen kurzen Schrei aus, als er den Halt verliert und die Treppe hinunterfällt.

Stille.

Ich schalte das Licht an.

Ian liegt mit dem Gesicht nach unten auf den Schieferplatten am Fuß der Treppe und rührt sich nicht. Aus einer klaffenden Wunde an seinem Hinterkopf sickert Blut. Ich stehe einfach nur da, schaue auf ihn hinab und zittere am ganzen Leib.

Schließlich halte ich mich am Geländer fest und gehe langsam die Stufen hinunter. Nicht einen Augenblick lasse ich die liegende Gestalt am Fuß der Treppe aus den Augen. Unten angekommen, bleibe ich stehen. Ich sehe, dass Ians Brust sich kaum wahrnehmbar hebt und senkt.

Auch ich atme flach. Vorsichtig setze ich einen Fuß auf den Boden neben Ian und steige über seinen ausgestreckten Arm hinweg.

Im selben Augenblick packt eine Hand mich am Fußgelenk. Ich schreie, doch es ist zu spät. Schon liege ich auf dem Boden. Ian wälzt sich auf mich und zieht sich an mir hoch. Sein Gesicht und seine Hände sind blutverschmiert. Er streckt die Hände aus, um mich an den Schultern zu packen, und als sein Gesicht auf einer Höhe mit meinem ist, reiße ich das Knie hoch und ramme es ihm mit aller Gewalt zwischen die Beine. Brüllend vor Schmerz lässt er mich los und krümmt sich. Ich rapple mich auf, renne zur Tür und taste verzweifelt nach dem Riegel. Zweimal rutscht er mir aus den Fingern, bevor ich ihn endlich aufschieben und die Tür aufstoßen kann. Die Nachtluft ist kalt, und Wolken verdecken den Mond fast völlig. Blindlings laufe ich los, doch schon Sekunden später höre ich Ians schwere Schritte hinter mir.

Mit nackten Füßen über den steinigen Pfad zu rennen ist mühsam, doch allmählich werden die Geräusche hinter mir schwächer. Offenbar ist es mir gelungen, meinen Vorsprung auszubauen. Ich versuche die Luft anzuhalten, um so wenig Lärm wie möglich zu machen.

Erst als ich die Brandung höre, fällt mir auf, dass ich die Abzweigung zum Campingplatz verpasst habe. Jetzt habe ich nur noch zwei Möglichkeiten: Entweder nehme ich den Pfad zum Strand hinunter, oder ich laufe an den Klippen entlang weiter, weg von Penfach. Diesen Weg bin ich schon oft mit Beau gegangen, doch noch nie im Dunkeln, denn er führt dicht am Rand der Klippen entlang. Kurz zögere ich, aber die Vorstellung, unten am Strand in die Enge getrieben zu werden, ist schlimmer. Meine Chancen stehen besser, wenn ich einfach weiterlaufe. Also biege ich nach rechts auf den Küstenweg ab.

Der Wind hat aufgefrischt, und für einen Moment scheint der Mond hell durch eine Wolkenlücke. Rasch riskiere ich einen Blick über die Schulter. Niemand zu sehen. Ich werde langsamer und bleibe schließlich stehen.

Abgesehen vom Rauschen des Meeres ist es vollkommen still. Gleichmäßig brechen sich die Wellen am Strand unter mir, und ich versuche, ruhiger zu atmen und mich zu orientieren.

„Du entkommst mir nicht, Jennifer."

Ich wirble herum, sehe Ian aber nicht. Angestrengt spähe ich durch die Dunkelheit und erkenne ein paar verkümmerte Sträucher, daneben ein altes Gatter.

„Wo bist du?", rufe ich, doch der Wind trägt meine Worte aufs Meer hinaus. Ich hole Luft, um zu schreien, aber da ist er auch schon hinter mir, schlingt den Arm um meinen Hals und reißt mich zurück, sodass ich zu ersticken drohe. Ich stoße ihm den Ellbogen in die Rippen, und sein Griff lockert sich gerade so weit, dass ich wieder nach Luft schnappen kann. Ich werde nicht sterben, nicht jetzt. Ich habe mich den größten Teil meines Erwachsenenlebens über versteckt. Immer bin ich weggelaufen, immer hatte ich Angst, und jetzt, gerade als ich begonnen habe, mich wieder sicherer zu fühlen, ist er zurückgekommen und will mir all das wieder nehmen. Aber das werde ich nicht zulassen. Adrenalin strömt durch meinen Körper, und ich werfe mich nach vorn. Die Bewegung bringt Ian für einen Moment aus dem Gleichgewicht – das genügt mir, um mich aus seinem Griff zu winden.

Und ich renne nicht weg. Ich bin oft genug vor ihm geflohen.

Er greift erneut nach mir, doch ich ramme ihm den Handballen unters Kinn. Die Wucht des Schlags lässt ihn zurücktaumeln, und sekundenlang schwankt er dicht am Klippenrand. Er streckt die Hand nach mir aus, versucht sich in meinen Bademantel zu krallen, und seine Finger streifen den Stoff. Ich schreie und springe einen Schritt zurück. Dabei verliere ich das Gleichgewicht, und für den Bruchteil einer Sekunde sehe ich uns beide ins Meer stürzen und an den Felsen zerschellen. Doch dann liege ich mit dem Gesicht nach unten auf dem Klippenrand und sehe zu, wie Ian fällt. Ich erhasche noch einen Blick auf seine grotesk verdrehten Augen. Dann verschlucken ihn die Wellen.

RAYS HANDY klingelte, als sie gerade an Cardiff vorbeifuhren. Er schaute aufs Display. „Das ist der Detective Inspector aus South Wales."

Kate beobachtete ihn, während er sich auf den neuesten Stand bringen ließ.

„Gott sei Dank", sagte er schließlich. „Kein Problem. Danke, dass Sie mir Bescheid gesagt haben." Er beendete das Gespräch und atmete hörbar aus. „Sie ist okay … Na ja, vielleicht nicht gerade okay, aber sie lebt."

„Und Petersen?“, fragte Kate.

„Der hatte nicht so viel Glück. Dem DI zufolge hat er sie die Klippen entlanggejagt. Sie haben miteinander gekämpft, und Petersen ist abgestürzt.“

Kate zuckte unwillkürlich zusammen. „Was für eine Art, den Löffel abzugeben.“

„Er hat es nicht anders verdient. Aber wenn ich so zwischen den Zeilen lese, glaube ich nicht, dass er wirklich ‚abgestürzt‘ ist, wenn du weißt, was ich meine. Aber die Kollegen in Swansea sehen das schon richtig. Sie haben es unter ‚Unfall‘ abgelegt.“

Sie schwiegen.

„Drehen wir dann jetzt wieder um?“, fragte Kate.

Ray schüttelte den Kopf. „Nein. Man hat Jenna ins Krankenhaus von Swansea gebracht. Das ist nur eine Stunde von hier entfernt. Lass uns hinfahren und den Fall abschließen.“

Um kurz nach sieben waren sie im Krankenhaus von Swansea. Am Eingang zur Notaufnahme zeigte Ray seinen Dienstausweis. Sie wurden durch eine Doppeltür in die Chirurgie geführt und betraten ein Zimmer, in dem Jenna, an einen Stapel Kissen gelehnt, im Bett saß.

Ray war schockiert, als er sah, dass sie von Blutergüssen geradezu übersät war. Ihr Haar war offen, und ihr Gesicht war von Müdigkeit und Schmerzen gezeichnet. Patrick saß an ihrem Bett.

„Hallo“, sagte Ray in sanftem Ton. „Wie geht es Ihnen?“

Jenna lächelte schwach. „Ich habe mich schon mal besser gefühlt.“

„Sie haben viel durchgemacht.“ Ray trat an ihr Bett. „Es tut mir leid, dass wir ihn nicht rechtzeitig schnappen konnten.“

„Das ist jetzt auch egal.“

Ray wandte sich an Patrick. „Wie ich gehört habe, sind Sie der Held der Stunde, Mr Matthews.“ Der hob abwehrend die Hand.

„Wohl kaum“, sagte er. „Ich bin in der Praxis aufgehalten worden, und als ich schließlich zurückkam … Nun …“ Er sah Jenna an.

„Ich glaube nicht, dass ich es ohne dich zurück zum Cottage geschafft hätte“, sagte sie. „Ohne dich würde ich sicher immer noch da oben auf den Klippen liegen und aufs Meer hinunterstarren.“ Sie schauderte.

„Hat man Ihnen schon gesagt, wie lange Sie hierbleiben müssen?“, fragte Ray.

Jenna schüttelte den Kopf. „Sie wollen mich noch zur Beobachtung hierbehalten, aber ich hoffe, nicht länger als vierundzwanzig Stunden.“ Ihr Blick wanderte zwischen Ray und Kate hin und her. „Bekomme ich jetzt Ärger? Weil ich Sie angelogen habe, was den Fahrer betrifft?“

„Das ist zwar eigentlich Behinderung der Justiz“, antwortete Ray, „aber ich bin ziemlich zuversichtlich, dass das als minderschwerer Fall betrachtet und nicht vor Gericht gebracht werden wird.“ Er lächelte, und Jenna seufzte erleichtert.

„Dann werden wir Sie jetzt in Ruhe lassen“, schloss Ray. Und an Patrick gerichtet fügte er hinzu: „Passen Sie gut auf sie auf, ja?“

Sie verließen das Krankenhaus. Ray holte sein Handy aus der Tasche und schrieb Mags eine SMS. *Komme gleich nach Hause. Lust auf eine Pizza?*

ICH VERSPÜRE kein besonderes Gefühl der Befreiung. Ich bin einfach nur furchtbar müde. Patrick weicht nicht von meiner Seite. Mehrmals in der Nacht schrecke ich aus dem Schlaf, und jedes Mal ist Patrick da, um die Albträume zu vertreiben. Irgendwann gebe ich auf und schlucke das Beruhigungsmittel, das die Krankenschwester mir angeboten hat. Ich glaube zu hören, wie Patrick mit jemandem telefoniert, doch ich schlafe schon wieder, bevor ich ihn fragen kann, mit wem.

Als ich aufwache, fällt Tageslicht durch die Jalousien und malt helle Streifen auf mein Bett. Auf dem Tisch neben mir steht ein Tablett.

„Der Tee dürfte inzwischen kalt sein“, sagt Patrick. „Mal schauen, ob ich dir einen frischen besorgen kann.“

„Ist schon gut“, sage ich und setze mich mühsam auf. Mein Hals fühlt sich wund an. Vorsichtig taste ich ihn ab.

„Der Arzt sagt, dass du noch ein paar Tage Schmerzen haben wirst, aber du hast dir nichts gebrochen. Sie haben dich mit irgendeinem Gel eingerieben, um die Bleiche zu neutralisieren. Du musst es täglich auftragen, damit deine Haut nicht weiter austrocknet.“

„Es geht mir gut“, versichere ich, „ich will einfach nur nach Hause.“

Ich sehe, dass er in meinem Gesicht nach Antworten sucht. Er will wissen, was ich für ihn empfinde, doch das weiß ich selbst noch nicht. Ich zwinge mich zu einem Lächeln, um zu beweisen, dass es mir wirklich gut geht. Dann schließe ich die Augen, allerdings weniger, weil ich müde bin, sondern um Patricks Blick auszuweichen.

Schritte vor meiner Tür wecken mich. Ich hoffe, das ist der Arzt, doch dann höre ich, wie Patrick mit jemandem redet. „Sie liegt hier. Ich gehe mir schnell einen Kaffee holen. Dann habt ihr zwei ein paar Minuten für euch allein.“

Ich habe keine Ahnung, wer das sein könnte, und auch als die Tür sich öffnet, dauert es einen Augenblick, bis ich die schlanke Gestalt in dem leuchtend gelben Mantel erkenne.

Eve stürzt auf mein Bett zu, schlingt die Arme um mich und drückt mich mit aller Kraft an sich. „Ich habe dich ja so vermisst!"

Wir klammern uns aneinander, bis unser Schluchzen verebbt. Schließlich sitzen wir uns auf dem Bett im Schneidersitz gegenüber und halten uns an den Händen, so wie wir es als Kinder immer getan haben.

„Du hast ja dein Haar abgeschnitten", bemerke ich. „Steht dir gut."

Eve streicht verlegen über ihren glatten Bob. „Ich glaube zwar, dass Jeff es lang lieber mag, aber mir gefällt es so. Ich soll dich übrigens ganz herzlich von ihm grüßen. Oh, und die Kinder haben das hier für dich gemacht." Sie kramt in ihrer Tasche und holt ein zerknittertes Bild heraus, das zu einer Gute-Besserung-Karte gefaltet ist. „Ich habe ihnen erzählt, dass du im Krankenhaus liegst. Sie glauben, du hättest die Windpocken."

Das Bild zeigt mich im Bett, voller Flecken. Ich lache. „Ich habe sie vermisst", sage ich. „Ich habe euch alle vermisst."

„Und wir dich auch." Eve holt tief Luft. „Ich hätte das, was ich damals gesagt habe, nicht sagen dürfen. Dazu hatte ich kein Recht."

Ich denke noch einmal zurück an die Stunden nach Bens Geburt. Niemand hatte daran gedacht, das Babybettchen aus dem Krankenhauszimmer zu schieben. Aus dem Augenwinkel konnte ich es sehen. Es schien mich zu verspotten. Eve war gekommen, bevor die Nachricht sie hätte erreichen können, doch ich sah ihr sofort an, dass die Krankenschwestern sie abgefangen hatten. Sie hatte ein wunderschön verpacktes Geschenk tief in ihre Tasche gestopft.

Zuerst sagte Eve kein Wort. Dann hörte sie nicht mehr auf zu reden.

„Hat Ian dir etwas angetan? Das hat er doch, oder?"

Ich wandte mich ab und schloss die Augen. Eve hatte Ian nie getraut, obwohl er stets sorgfältig darauf geachtet hatte, dass niemand seine Wutausbrüche mitbekam. Und ich habe immer geleugnet, dass etwas nicht stimmte – zuerst, weil ich vor Liebe viel zu blind gewesen bin, um die Risse in unserer Beziehung zu erkennen, und dann, weil ich mich zu sehr geschämt habe, zuzugeben, dass ich schon viel zu lange bei einem Mann geblieben war, der mich so verletzte und misshandelte.

„Der Kerl bringt nur Ärger", sagte Eve. „Du bist vielleicht blind, was ihn betrifft, ich aber nicht. Du hättest nicht bei ihm bleiben dürfen, als du schwanger wurdest, vielleicht hättest du dein Baby dann noch. Du hast genauso viel Schuld wie er."

Ich öffnete die Augen wieder. Eves Worte hatten mich bis ins Mark getroffen. „Raus!", sagte ich mit gebrochener Stimme, aber fest entschlossen. „Mein Leben geht dich nichts an. Du hast kein Recht, mir zu sagen, was ich tun und lassen soll. Mach, dass du rauskommst! Ich will dich nie wieder sehen."

Eve rannte hinaus, und ich blieb verzweifelt zurück. Tatsächlich waren es nicht so sehr Eves Worte, die mich verletzt hatten, sondern vielmehr die Tatsache, dass sie recht hatte. Meine Schwester hatte mir schlicht die Wahrheit gesagt. Bens Tod war auch meine Schuld.

In den folgenden Wochen hatte Eve immer wieder versucht, Kontakt zu mir aufzunehmen, doch ich wollte nicht mit ihr reden. Irgendwann versuchte sie es dann nicht mehr.

„Du hattest Ian durchschaut", sage ich jetzt zu ihr. „Ich hätte auf dich hören sollen."

„Du hast ihn geliebt", erwidert sie schlicht. „Genau wie Mum Dad geliebt hat."

Ich richte mich auf. „Was meinst du damit?"

Sie antwortet nicht sofort. Offenbar überlegt sie, was sie mir sagen soll und was nicht. Ich schüttle den Kopf. Plötzlich sehe ich klar und deutlich, was ich als Kind nicht wahrhaben wollte. „Er hat sie geschlagen, nicht wahr?"

Eve nickt stumm.

Ich denke an meinen schönen, klugen Vater. Er hat immer so lustige Sachen mit mir gemacht; mich sogar dann noch herumgewirbelt, als ich schon viel zu groß für solche Spielchen war. Dann denke ich an meine Mutter. Sie war immer so still, so unnahbar und kalt. Wie sehr ich sie dafür gehasst habe, dass sie ihn hat gehen lassen.

„Sie hat es jahrelang ertragen", sagt Eve, „und dann, eines Tages, bin ich aus der Schule gekommen, in die Küche gegangen und habe gesehen, wie er sie verprügelt hat. Ich habe ihn angeschrien, er solle aufhören, und er hat sich zu mir umgedreht und mich mitten ins Gesicht geschlagen."

„O Gott, Eve!" Unsere Kindheitserinnerungen könnten nicht unterschiedlicher sein. Ich fühle mich elend.

„Er ist über sich selbst erschrocken", fährt sie fort. „Er hat gesagt, wie leid es ihm tue, doch ich habe den Ausdruck in seinem Gesicht gesehen, bevor er mich schlug. In diesem Moment hat er mich gehasst, und ich bin sicher, dass er mich sogar umgebracht hätte. Da hat bei Mum plötzlich etwas Klick gemacht. Sie hat ihm gesagt, er solle verschwinden, und er ist wortlos gegangen."

„Als ich vom Ballett nach Hause kam, war er weg", sage ich und erinnere mich an meine Trauer damals.

„Mum hat ihm gesagt, dass sie zur Polizei geht, wenn er sich uns noch einmal nähert. Es hat ihr das Herz gebrochen, aber sie hat gesagt, sie müsse uns beschützen."

„Das hat sie mir nie erzählt", sage ich, aber ich weiß auch, dass ich ihr nie die Gelegenheit dazu gegeben habe. Ich wünschte, Mum wäre noch am Leben und ich könnte es wiedergutmachen.

Gefühle branden über mich hinweg, und ich beginne zu schluchzen.

„Ich weiß, Liebes, ich weiß." Eve streicht mir übers Haar, wie sie es früher immer gemacht hat. Dann schlingt sie die Arme um mich und weint mit mir.

Sie bleibt noch zwei Stunden, während Patrick zwischen meinem Bett und der Cafeteria hin- und herläuft. Einerseits will er uns Zeit miteinander geben, andererseits hat er Angst, dass ich mich verausgabe.

Als Eve geht, verspricht sie, mich im Cottage zu besuchen. Laut den Ärzten werde ich in ein oder zwei Tagen entlassen.

Patrick drückt meine Hand. „Iestyn schickt zwei Jungs von seiner Farm zu dir rauf. Sie sollen das Chaos im Cottage beseitigen. Außerdem will er das Schloss austauschen, damit du sicher sein kannst, dass du die Einzige bist, die einen Schlüssel hat." Er muss die Angst in meinem Gesicht bemerkt haben. „Sie werden alles wieder in Ordnung bringen", sagt er. „Es wird so sein wie vorher … Als wäre nie etwas passiert."

Nein, denke ich, es wird nie wieder so sein, wie es war.

Doch ich drücke seine Hand und sehe nichts als Zuneigung und Aufrichtigkeit in seinem Gesicht, und mir kommt der Gedanke, dass ich mir, trotz allem, was geschehen ist, mit diesem Mann ein neues Leben aufbauen könnte.

Ja, das Leben kann auch gut zu uns sein.

„Als mein Sohn starb, wollte ich einfach nur verschwinden. Es war eine dunkle Zeit, und Jennas Kummer ist mir sehr nahe.“

Clare Mackintosh

Clare Mackintosh wurde in Bristol geboren, studierte an der Royal Holloway University in Surrey Französisch und Management und arbeitete danach zwölf Jahre bei der britischen Polizei und Kriminalpolizei. Weil sie die Balance zwischen Beruf und Privatleben zunehmend schwieriger fand, quittierte sie den Dienst und startete eine Karriere als freie Journalistin. Zur selben Zeit begann sie mit dem Schreiben ihres ersten Thrillers *Meine Seele so kalt*. Er wurde zu einem großen Erfolg, stand zwölf Wochen lang auf der Top-Ten-Bestsellerliste der *Sunday Times*, wurde in 31 Sprachen übersetzt und hat sich bis heute mehr als 600 000 Mal verkauft.

Den Stoff für ihren Debütroman lieferte ihr eigenes Leben: „Als ich anfing, als Polizistin zu arbeiten, gab es einen fürchterlichen Unfall mit Fahrerflucht in Oxford, bei dem ein kleiner Junge starb. Ich habe nicht an dem Fall gearbeitet, aber er hat mich nicht losgelassen. Jahre später habe ich selbst einen Sohn verloren – unter anderen Umständen, aber diese beiden traumatischen Erfahrungen haben *Meine Seele so kalt* geprägt.“

Dass Clare Mackintosh genau weiß, worüber sie schreibt, lässt ihre Protagonistin Jenna Gray so authentisch wirken. „Ich habe gelernt, dass man trotz aller Trauer, so vernichtend und lähmend sie ist, irgendwie die Kraft zum Weitermachen findet. Das wollte ich schreibend nachvollziehen, und als ich diese Entscheidung getroffen hatte, hatte ich meine Hauptfigur.“

Mit ihrem Mann und ihren drei Kindern lebt und arbeitet Clare Mackintosh in den Cotswolds. Ihr zweiter Thriller *Alleine bist du nie* ist schon fertig – und bereits in 17 Sprachen übersetzt.

LUTHER

Guido Dieckmann

Die Priester versicherten mir, schon der Anblick der heiligen Reliquien würde meine Zeit im Fegefeuer erheblich verkürzen", erklärte Luther dem Auditorium. „Zu meinem Glück gab es in Rom genügend Nägel vom heiligen Kreuz, um jedes Pferd in Sachsen zu beschlagen. Auch die Überreste unserer Heiligen trifft man überall. Achtzehn von zwölf Aposteln liegen beispielsweise in Spanien begraben!"

Gelächter brandete auf.

„Es liegt mir fern, Gefühle verletzen zu wollen", fuhr Martin fort. „Dennoch kann ich nicht gutheißen, dass wir die frommen Zeugen Christi missbrauchen, um mit dem Teufel um unsere Seele zu würfeln. Was würden die Heiligen von uns denken, wenn sie wüssten, wie mit ihren Leibern umgegangen wird?"

Prolog

Sommer 1505, in der Nähe von Erfurt

Von Kindesbeinen an war Martin beigebracht worden, sich vor den Naturgewalten, vor Sturmwind, Blitz und Donner vorzusehen. Auch vor der Dunkelheit, denn es hieß, sie sei die Herrin der Nacht. Unbestechlicher als jeder Richter oder Schöffe verteidige sie ihre Rechte gegenüber Mensch und Vieh. Man glaubte, sie nehme sich all jener Geschöpfe und Mächte an, die in ihrem Schutz zum Leben erwachen.

Der junge Martin fürchtete sich nicht vor den oftmals argwöhnisch beäugten Kräften der Natur. Im Gegenteil, er liebte es, wenn die Konturen vertrauter Dinge im Dämmerlicht des verbrauchten Tages verschwammen oder wenn Regen und Wind über die Berge und Landstriche seiner Heimat fegten, um die Wiesen grün und saftig und das Getreide üppig zu machen. Seine Vorfahren waren Bauern aus den dichten Wäldern Thüringens gewesen, und auch wenn die Familie Luther durch das Amt des Vaters inzwischen zu Ansehen und bescheidenem Wohlstand gekommen war, hatte Martin schon immer gespürt, dass in seinen Knochen noch viel von der Ausdauer und Hartnäckigkeit derer steckte, die im Einklang mit der Natur den Ackerboden bebauten, um ihm dankbar all das zu entnehmen, was sie für ihr Leben brauchten.

Als Martin an einem Nachmittag im Sommer 1505, nach einem Besuch des Elternhauses, den Heimweg nach Erfurt antrat, konnte er indes nicht ahnen, dass der einsame Marsch über die ins Zwielicht getauchten Felder sein Leben für immer verändern würde.

Für gewöhnlich empfand er den Weg über die Hügel und Wiesen nicht als beschwerlich, nicht einmal bei Dunkelheit, denn er war ein kräftiger Bursche und gut zu Fuß. Mehr noch, er genoss die Stunden, die er mit sich und seinen Gedanken allein zubringen konnte, von Herzen.

An diesem Abend erschien ihm die Strecke allerdings weitaus länger, als er sie in Erinnerung hatte. Seine Füße taten ihm weh, kaum dass er die Türme und Mauern seiner Vaterstadt im Rücken wusste. Die drückende

Hitze des Tages, die noch immer bleischwer in der Luft hing, machte ihm ebenso zu schaffen wie die Stechmücken, die um seinen Kopf herumschwirrten und einen bevorstehenden Wetterwechsel ankündigten. Martin fühlte sich von einer inneren Unruhe getrieben, die er nicht einzuordnen wusste. Waren es die ernsten Gespräche mit seinem Vater, die ihm nicht mehr aus dem Kopf gingen? Oder das verhärmte, gütige Gesicht seiner Mutter, die unter den gestrengen Blicken ihres Ehemannes nur selten das Wort an ihn gerichtet hatte? Martin wusste es nicht genau zu sagen.

Eine merkwürdige Stille breitete sich über den Feldern aus; nicht einmal der Hauch eines Lüftchens war zu spüren. Die Mücken hatten sich verflüchtigt. Es war, als ob die Welt in gespannter Erwartung den Atem anhielte.

Urplötzlich, als hätten unsichtbare Münder sie aufgeblasen, türmten sich schwarze, massige Gewitterwolken hoch über ihm auf. Ein gewaltiges Brausen ging durch die Gipfel der Bäume und ließ das Laub erzittern. Martin blieb kurz stehen und sah prüfend zum Himmel. Überrascht stellte er fest, dass die tiefsten Wolken zum Teil menschliche Gesichtszüge trugen. Er sah unstete, gehetzt umherblickende Augen, Lippen, die sich bewegten, als beteten sie.

Voller Unruhe bohrte Martin die Spitze seines weichen Schnabelschuhs in den lockeren Erdboden. Obwohl der Besuch im Haus seiner Eltern ihm wichtig gewesen war, bereute er es nun, den Aufbruch so lange hinausgezögert zu haben. Schließlich warteten einige seiner besten Freunde seit den frühen Nachmittagsstunden in einer Schenke an der Krämerbrücke auf ihn, um zu würfeln, während sein Vater ihm nur lange Vorträge darüber gehalten hatte, wie schwer es für ihn war, sich in diesen unruhigen Zeiten als Mitglied der Vierherren gegen den Magistrat der Stadt durchzusetzen. Glücklicherweise, so hatte Hans Luther betont, studiere sein Sohn ja nun die Rechte und könne ihm in absehbarer Zeit mit Rat und Tat zur Seite stehen. Der alte Bergmann mochte es nicht zugeben, aber er war stolz auf seinen Sohn.

Martin blickte verunsichert zu der Weggabelung zurück, die er soeben passiert hatte. Weit und breit war keine Menschenseele zu sehen.

Wenige Augenblicke später fing es an zu regnen; die Welt stieß ihren angehaltenen Atem aus. Zunächst fielen nur wenige Tropfen, doch es dauerte nicht lange, bis es so heftig schüttete, dass der Regen in Sturzbächen an Martins Schläfen hinunter- und unter seinen ärmellosen Überrock lief.

Martin hatte sich dazu durchgerungen, die Landstraße zu verlassen und seinen Weg über die Hügelkette abzukürzen, als das erste Donnergrollen ertönte. Grelle Blitze zuckten durch die Wolkendecke.

Das Unwetter hatte die Hügelkette erobert.

Hastig stolperte Martin weiter den unbefestigten Pfad entlang, der sich unter seinen weichen Ledersohlen rasch in einen brackigen Sumpf verwandelt hatte. Sein Herz raste wild, seine Zähne schlugen unkontrolliert aufeinander. Voller Entsetzen wich er vor der Böschung zurück, an deren äußerstem Rand ein verlassener Galgen im Sturmwind schwankte. Das Hochgericht der schwarzen Eichen. Martin schluckte schwer, als sein Blick sich auf die alte Hinrichtungsstätte heftete. „Heilige Anna“, stammelte er außer sich, „sei mir gnädig!“ Sofort schlug er die Augen nieder, um sich zu bekreuzigen, denn unverhofft auf einen Galgen zu stoßen bedeutete drohendes Unheil für Leib und Seele. Mochte das Blutgerüst auch nur noch aus ein paar unbrauchbaren morschen Balken und Stricken bestehen, wusste Martin doch, dass dieser Anblick ein Zeichen der Vorsehung war.

Kaum hatte er sich von seinem ersten Schreck erholt, als auch schon zwei weitere gleißende Blitze über den Himmel zuckten; sie tauchten den Abhang in ein gespenstisches Licht. Martins Lippen entwich ein gepresstes Wimmern; schaudernd wich er zurück. Nur wenige Schritte von ihm entfernt zerbarst der alte Galgen, vom Blitzstrahl getroffen, in tausend Stücke. Die verschobenen Balken stöhnten auf wie eine gequälte Seele.

Martin zögerte keinen Augenblick zu lang. Bäuchlings warf er sich in den Morast, zog Schaube und Barett schützend über sein Gesicht und hielt sich die Ohren zu. Sein Körper krümmte sich. *Ich werde sterben,* schoss es ihm durch den Kopf, während die Überreste des verfluchten Galgens rechts und links von ihm zu Boden schlugen. *Ich werde sterben, ohne meine Sünden bereut und die Beichte abgelegt zu haben. Kann der Himmel dies wirklich wollen?* Ein schrecklicher Donnerschlag war die einzige Antwort, die er erhielt: Der Himmel zürnte ihm, er verlangte nach einem Opfer und sandte ihm zugleich eine allerletzte Warnung, dass seine Seele in Gefahr war.

„Hilf, heilige Anna!“, schluchzte Martin. „Ich … will ein Mönch werden!“ Mit diesen Worten auf den Lippen sank er in Ohnmacht. Die Welt hörte seinen Ruf, doch sie atmete weiter, als ob nichts geschehen wäre.

Erstes Kapitel

Der 17. Juli Anno Domini 1505 versprach ein warmer, sonniger Tag zu werden. Ein wolkenloser blauer Himmel spannte sich über den Horizont, so weit man von den Wachtürmen aus blicken konnte. Die Luft roch nach dem Regen der vorausgegangenen Nacht, und auch wenn noch einige Wasserlachen auf der Krämerbrücke an den heftigen Sturm erinnerten, begrüßten die Menschen von Erfurt den neuen Tag mit Gleichmut und Gelassenheit.

Martin wünschte sich von ganzem Herzen, es seinen Nachbarn und Kommilitonen gleichtun zu können. Einfach weiterzuleben, als ob nichts geschehen wäre, aber er wusste, dass dies nicht möglich war. Die Stürme, die sein Leben am Galgenhügel vor der Stadt in Gefahr gebracht hatten, waren bestenfalls leiser geworden, verstummt waren sie nicht. Sie tobten durch jede Windung seines Verstandes und sorgten mit unerbittlicher Härte dafür, dass er nicht vergaß, was ihm widerfahren war. Er hatte ein Gelübde abgelegt, dieses galt es nun zu erfüllen.

Wenig später stand Martin im Kreise seiner engsten Freunde vor dem wuchtigen, mit eisernen Dornen beschlagenen Tor des Augustinerklosters an der Comthurgasse. Dreimal setzte er an, sich Einlass zu verschaffen, dreimal zogen seine Begleiter seine Hand zurück. Doch zuletzt machte er sich unter Bitten und Beschwichtigungen von ihnen los und betätigte den bronzenen Klopfer. Er war nicht wirklich bereit, ein Mönch zu werden. Aber er war bereit, ein gegebenes Versprechen einzulösen.

Als der Bruder Pförtner einige Zeit später das Tor hinter ihm ins Schloss fallen ließ und den schweren Riegel vorschob, klang das Geräusch in seinen Ohren einmal mehr wie ein harter, dumpfer Donnerschlag.

Unzählige besorgte Stimmen hatten Martin von dem Schritt abgeraten, der Welt zu entsagen und sich in die Abgeschiedenheit eines Klosters zurückzuziehen. Seine Kollegen hielten es für eine Laune, für die sie keine Erklärung fanden. Gewiss hatte manch einer der jungen Burschen, die gemeinsam mit Martin Vorlesungen und Wirtshäuser besucht hatten, an dem Kameraden einen Hang zur Schwermut festgestellt, doch Martin war es immer wieder gelungen, seine düsteren Stimmungen in ein paar Bechern Wein zu ertränken und mit lustigen Spottreimen auf die Magister und Kanzelprediger der Stadt zu vertreiben. Erfurt wurde „die Turmreiche“ genannt, weil die Stadt innerhalb ihrer Mauern außer dem Dom viele Kirchen, Klöster und Kapellen beherbergte. Für die Studenten, deren Professoren oft Ordensmänner waren, gehörte der Besuch der Messe zum üblichen Ablauf eines jeden Werktages. Die meisten waren froh, wenn die religiösen Pflichten erledigt waren und sie sich einem angenehmeren Zeitvertreib widmen konnten. Und nun wollte ausgerechnet Martin Luther, der ideenreichste und geselligste von ihnen allen, seine Aussicht auf eine Laufbahn als Advokat oder Beamter der höfischen Kanzlei einfach in den Wind schreiben, um ein Pfaffe zu werden? Ein bettelarmes Mönchlein? Martin hatte sogar seine Bücher, seinen wertvollsten Besitz, verkauft. Nur die Werke der römischen Dichter Vergil und Plautus wollte er mit in die Klausur nehmen.

Zugegeben, das Studium der Theologie mochte einem Mann, der sich zum geistlichen Dienst berufen fühlte, ein glückliches Dasein nebst einträglichen Pfründen bescheren. Schließlich war das Leben, das die hohen kirchlichen Würdenträger führten, alles andere als kärglich oder entbehrungsreich. Glaubte man dem Gerede, so mussten sie trotz ihrer Gelübde nicht einmal auf die Gesellschaft von Frauen verzichten. Martin hatte sich jedoch für den Eintritt in einen strengen Orden entschieden, dessen arme Brüder trotz ihrer Gelehrsamkeit mit groben Säcken bewaffnet durch die Gassen zogen und Almosen sammelten.

Eine Weile standen Martins Kameraden noch zusammen. Die Blicke der Männer waren starr auf die Klosterpforte geheftet, als hofften sie, durch die Kraft ihres Willens ihren Freund zur Umkehr bewegen zu können. Doch schließlich gaben sie auf und kehrten ins Universitätsviertel zurück.

Martins Vater, der Bergmann Hans Luther, war entsetzt, als er von dem Gelübde seines Sohnes erfuhr. In einem Wutanfall zerfetzte er den Brief, in dem Martin ihm die Gründe für sein Handeln zu erklären versucht hatte, und warf ihn ins Feuer der rußgeschwärzten Herdstelle. „Dieser elende Lump! Nach allem, was ich für ihn getan habe, hält er mich nun zum Narren.“ Sein Herz krampfte sich zusammen. Stöhnend ließ er sich auf die harte Eichenbank fallen. „Alles habe ich für ihn getan“, flüsterte er hilflos. „Ich habe ihn auf die Lateinschule nach Magdeburg geschickt, damit ein gelehrter Herr aus ihm wird. Mit der Rute habe ich nicht gespart, wie es meine väterliche Pflicht gewesen ist. Er wird niemals verstehen, welche Hoffnungen sich ein Vater gesunder Söhne macht, weil …“ Wutentbrannt sprang er auf und schlug mit der Faust auf den Tisch. „Weil er niemals heiraten und eigene Söhne bekommen kann, solange er mit diesen Betbrüdern durch einen Kreuzgang rennt und Stundengebete herunterleiert.“

Martins Mutter, die den Zornausbruch ihres Gatten mit unbewegter Miene verfolgt hatte, nahm ihren ganzen Mut zusammen und verließ ihren Platz hinter dem Walkrahmen, wo sie seit Tagesanbruch damit beschäftigt war, mit einem Filzhammer feuchtes Manteltuch zu glätten. Sie trat auf ihren wütenden Mann zu und legte ihm besänftigend eine Hand auf die knochige Schulter.

„Mein Haus betritt der Junge nicht mehr“, verkündete Hans Luther und schüttelte die Hand seiner Frau ab.

„Vielleicht besteht er die Probezeit nicht“, sagte sie, und ihre Miene hellte sich merklich auf. „Bevor ein Mönch seine ewigen Gelübde ablegen kann, muss er eine harte Novizenzeit durchlaufen.“

Ihr Mann starrte sie einen Herzschlag lang überrascht an, dann gefror seine Miene zu einem grimmigen Lächeln. „Mach dir keine Hoffnungen, Frau. Ich kenne meinen Sohn. Wenn Martin eine Probezeit auf sich nimmt, so habe ich keinen Zweifel, dass er sie bestehen wird!"

Martin Luthers feierliche Priesterweihe fand zwei Jahre nach seinem Eintritt ins Kloster und ein Jahr, nachdem er sein Gelübde abgelegt hatte, im Mariendom zu Erfurt statt.

Der Tag, an dem er seine erste Messe in der Klosterkirche las, sollte wie ein Fest begangen werden. Martin schwitzte unter dem kostbaren Ornat vor Aufregung. Mit zitternden Händen stülpte er ein Birett über die kahle Stelle seiner Tonsur, während zwei ältere Mönche mit kritischen Blicken um ihn herumliefen, als wollten sie ein Pferd kaufen.

„Vergebt mir, Brüder, aber ihr macht ein Gesicht, als warte der Schinderkarren auf mich und nicht der Hochaltar!", rief Martin aus. „Sagt mir lieber, ob meine Angehörigen schon in der Kirche sind."

Die beiden Mönche zuckten ungeduldig mit den Schultern und behaupteten, nicht darauf geachtet zu haben. Im nächsten Moment setzte nebenan in der Kirche das Chorlied ein. Gleich Engelsgesang hallten die Töne von den schmucklosen Wänden wider; sie ließen Martins Herz höherschlagen. Er vergaß die lähmende Anspannung seiner Glieder. Die Angst, dass sein geliebter Vater der Einladung nach Erfurt nicht gefolgt sein könnte, um die Messe seines Sohnes mitzuerleben, trat für eine Weile in den Hintergrund. Gemessenen Schrittes durchquerte er den kurzen Mittelgang, die Augen geradewegs auf das Meer aus brennenden Kerzen in goldenen Leuchtern gerichtet, deren Schein den Altar mit der Monstranz und der wertvollen Figur der seligen Jungfrau in einen seidigen Schimmer tauchte. Während er auf die drei hohen Glasfenster zulief, fühlte er sich so leicht, dass er beinahe glaubte, über den kalten Steinboden zu schweben. Die in tiefes Schwarz gekleideten Mönche auf der Empore warfen wohlwollende Blicke auf ihn herab. Sie verstanden ihn und seinen Wunsch, dem Herrn zu dienen, besser als seine Freunde. Besser als sein eigener Vater.

„Audens gaudebo in Domino …", tönte eine sanfte Stimme durch das von süßem Weihrauchduft erfüllte Kirchenschiff. Von ihr begleitet, erreichte Martin die dunkle Eichenbank gegenüber der Sakristei, wo er das Ende des Chorlieds und das Zeichen des Generalvikars Johann von Staupitz abwarten sollte. Die vorderen Reihen sowie das reich geschnitzte Chorgestühl waren von Priestern und Ordensleuten eingenommen worden, doch weiter hinten erkannte er einige stattliche Männer und Frauen, deren farbenfrohe Gewänder das monotone Schwarz der Mönchskutten durchbrachen.

Martin begann zu schwitzen, mit fahrigen Bewegungen wischte er sich über die Stirn. Einer der alten Mönche, die ihm aus der Sakristei gefolgt waren, betrachtete ihn. „So geht es jedem bei der Primiz, Bruder Martinus. Denk an den Tag, an dem du dein ewiges Gelübde ablegen durftest."

Der junge Mann zwang sich zu einem Lächeln, das wohl seinen Ordensbruder, nicht aber ihn selbst beruhigte. „Der Tag meiner Investitur war wundervoll", flüsterte er, „aber diese feierliche Messe heute ... Und nur, um einen unwürdigen Mönch ins Priesteramt einzuweisen?"

Der Alte zupfte verlegen an den wenigen weißen Haaren, die ihm verblieben waren. Er schien ein wenig verwirrt, hatte er den jungen Mönch doch in den zurückliegenden Jahren als einen Inbegriff von Eifer, Tugend und Gehorsam kennengelernt. „Du wirst Verantwortung tragen, Bruder. Es ist eine Gnade des Himmels, verirrten Seelen die Beichte abzunehmen, ihnen die Absolution zu erteilen und die heiligen Sakramente zu verwalten." Mit einer hastigen Geste wischte er Martins Bedenken beiseite. „Ach, was sage ich: Tu einfach so, als sei die Kirche leer und du allein im Zwiegespräch mit Gott!"

Während die Mönche noch sangen, verließ Martin den kühlen Winkel zwischen den Pfeilern und bewegte sich auf den Altar zu. Der alte Mönch, der ihm Mut zugesprochen hatte, schritt mit gefalteten Händen voran. Martin verspürte ein wenig Erleichterung, als er vor dem Bildnis des Gekreuzigten auf die Knie sank. Er sprach ein kurzes Gebet. Als er sich umdrehte, fiel sein Blick auf einen der festlich gekleideten Männer, der seine Nachbarn um Haupteslänge überragte. *Er ist gekommen,* jubelte er still für sich, als er seinen Vater erkannte. Hans Luthers strenge Miene brachte Martins freudige Erregung indes rasch zum Erlöschen. Eingeschüchtert gab er den beiden älteren Brüdern ein Zeichen, zur Seite zu treten, und wandte sich dem Messbuch zu, das in seinem prunkvollen Einband aufgeschlagen vor ihm auf dem Altar lag. Martin wartete einen Herzschlag lang, dann begann er würdevoll, mit fester Stimme die Formeln der heiligen Eucharistie zu intonieren, wie er es vorab unzählige Male geübt hatte.

„Deus qui humanae substantiae dignitatem mirabiliter condidisti, et mirabilius reformasti ..." Seine Stimme verklang in einem Widerhall, der die Ernsthaftigkeit des heiligen Moments untermalte. Martin ergriff zwei goldene Kannen und goss zuerst Wein, danach ein wenig Wasser in den Kelch. Seine Wangen glühten vor Konzentration, die Hände bebten kaum merklich, als er das goldene Gefäß emporhob. *„... da nobis per huius aquae et vini mysterium, eius divinitatis esse consortes ..."* Er streckte die Arme weit aus

und blickte über die Empore hinweg zur hölzernen Decke der Klosterkirche. Er wünschte sich, das Dach täte sich vor seinen Augen auf und erlaubte ihm einen winzigen Blick in den Himmel. Versonnen betete er weiter: *„… qui huminitatis nostrae fieri dignitatus est particeps … particeps …"* Erschrocken hielt Martin inne, der Kelch in seinen Händen wurde schwer wie eine Kanonenkugel. Er bemerkte, wie einer der Mönche seinen Nachbarn mit dem Ellenbogen anstieß. Dessen Mundwinkel bogen sich verächtlich nach unten. Auch der Generalvikar war inzwischen aufmerksam geworden. Er nickte Martin aufmunternd zu, doch der Gunstbeweis half dem jungen Mann nicht weiter. In seinem Kopf fielen hundert Gedanken übereinander her und begruben die lateinischen Worte, die ihm doch noch vor wenigen Stunden so flüssig über die Lippen gegangen waren, als hätte er niemals etwas anderes getan, als einfachen Wein in das Blut Christi zu wandeln. Das Zittern seiner Hände wurde plötzlich so stark, dass der kostbare Messwein über den Rand des Kelches schwappte. Er benetzte Martins Finger und tropfte auf das blütenweiße Altartuch. Einer der Mönche, der die Aufgaben des Sakristans versah, sprang herbei, um den Kelch zu stützen, ehe das Unglück vollends seinen Lauf nahm. Aber es war zu spät.

„Jesus Christus, Filius tuus …", raunte der Sakristan Martin ärgerlich zu. „Hast du gehört? Mach doch weiter!"

Martins Atem ging stoßweise, dennoch gehorchte er willenlos.

„Jesus Christus, Filius tuus, Dominus noster; Qui tecum vivit et regnat in unitate Spiritus Sancti …" Ohne auf den Sinn der hastig dahingeworfenen Worte zu achten, beendete Martin das Gebet. Der Glanz der Kerzen, der Weihrauch, ja selbst die Stimmen seiner Brüder kamen ihm plötzlich fremd und unwirklich vor. Erst als seine Finger sich um den Griff des Messkelchs schlossen und er ihn an die Lippen führte, wurde ihm bewusst, dass er kläglich versagt hatte.

In einem abgeschiedenen Winkel der Sakristei riss sich Martin die lange Albe vom Leib, als stünde sie in Flammen. Er hatte das Gefühl zu ersticken. Der Gedanke, dass seine erste priesterliche Handlung misslungen war und er sich vor den Augen seines Vaters und einiger Ratsherren von Erfurt und Mansfeld zum Narren gemacht hatte, trieb ihm die Schamesröte ins Gesicht.

Dann sah er den alten Mönch im Türrahmen auftauchen.

„Euer Vater hat die Kirche verlassen, Bruder Martinus", sagte der Ordensbruder mitfühlend. Martin verließ die Sakristei durch eine schmale Pforte und eilte auf die Stallungen zu, die sich an die Wirtschaftsgebäude im

Comthureihof des Augustinerklosters anschlossen. Bereits von Weitem sah er, wie drei Knechte sich anschickten, einer Schar von Reisenden gesattelte Pferde zuzuführen. Martin lief eilig an den Knechten vorbei. Zwischen den gut gekleideten Herren ragte die Gestalt seines Vaters beinahe Ehrfurcht gebietend hervor. Hans Luther trug eine kurzschößige Schecke aus weinrotem Wollgewebe, die über der Brust mit dezenten Lederstreifen durchwirkt war. Auf seinem Kopf saß eine schwarze Filzkappe mit Ohrenklappen, unter der die langsam ergrauenden Haare fast vollständig verschwanden. Als er seinen Sohn näher kommen sah, verharrte er einen Moment lang zögernd vor seinem Pferd. Dann schwang er sich behände in den Sattel.

„Vater … bitte!“, rief Martin verwirrt. „Wollt Ihr nicht wenigstens zum Essen bleiben?“ Fassungslos sah er zu, wie zwei Männer aus Hans Luthers Gruppe den Stallburschen ein paar Münzen in die Hand drückten und dann das Zeichen zum Aufbruch gaben. Ohne Martin oder den anderen Mönchen im Klosterhof noch einen Blick zu gönnen, lenkten sie ihre Pferde auf den Rundbogen neben der Pforte zu.

„Vater?“ Martin wagte einen letzten Versuch, den Mann auf dem braunen Rappen zurückzuhalten. „Wir haben so viel zu bereden.“

Ein Hoffnungsschimmer blitzte in seinen Augen auf, als Hans Luther die Zügel fallen ließ und ihn von Kopf bis Fuß musterte. Doch das Gesicht des Älteren blieb starr, die Knochen schienen aus ihm hervorzuspringen, und noch ehe er die Schultern straffen konnte, wusste Martin, dass er seine letzte Gelegenheit, mit dem Vater ins Reine zu kommen, verspielen würde.

„Zu bereden, zu bereden“, äffte Hans Luther ihn nach. „Während der Messe hättest du Gelegenheit gehabt zu reden! Aber im entscheidenden Moment machst du dir in die Hosen. Wie stehe ich nun vor meinen Gevattern da, die eigens angereist sind, um deinem Gottesdienst beizuwohnen? Ihr schadenfrohes Geschwätz wird mich zum Gespött von ganz Mansfeld machen!“

Martin zuckte zusammen wie unter dem Knall eines Peitschenhiebs. *Er schämt sich für mich,* dachte er müde. Trotz der finsteren Blicke, die sein Vater ihm zuwarf, griff er nach den Zügeln des Pferdes, das unruhig mit den Hufen scharrte. Ein heftiger Wind war aufgekommen; er fegte über den Hof und trieb Laub über das holprige Kopfsteinpflaster.

„Hast du dich jemals gefragt, woher der Husten rührt, der mich jedes Jahr nach Allerseelen überfällt?“, rief Martins Vater gereizt. „Dass ich mir im Kupferbergwerk den Buckel krumm geschuftet habe, nur um dich auf die Lateinschule zu schicken, brauche ich wohl nicht zu betonen. Nicht, nachdem in unserem Haus die Pest gewütet und zwei deiner Brüder geholt hat!“

Martin verzog den Mund, seine Augen brannten von den Sandkörnern, die der Wind ihm ins Gesicht wehte. Seine grobe Kutte schlotterte ihm wie ein Segel um die Fußknöchel, während er sich bemühte, auf dem Weg zum Klostertor mit dem Rappen seines Vaters Schritt zu halten.

„Ich verstehe vielleicht nicht so viel von der Heiligen Schrift wie du und deine hochgelehrten Brüder", knurrte Hans Luther, „aber eines der Zehn Gebote kenne ich genau: Du sollst Vater und Mutter ehren. Du hast dieses Gebot gebrochen, um in diesen Mauern fromme Phrasen zu dreschen!"

Der Bruder Pförtner, der die letzten Worte des Reiters mit angehört hatte, wandte verlegen den Blick ab. Mit einem kräftigen Stoß schlug er den eisernen Riegel zurück und öffnete das hohe Tor eine Handbreit.

Martin ließ die Zügel los. Er trat einen Schritt zurück und sagte: „Ihr denkt, ich sei eigensinnig, Vater, und vielleicht habt Ihr recht damit. Aber es war nicht mein Wunsch, ins Kloster zu gehen. Gott selbst hat mich an diesen Ort berufen! Der Heiland hat meinen Leib verschont, als ich bei den schwarzen Eichen dem Tode ins Auge blickte. Die Errettung meiner Seele muss ich mir jedoch erst noch verdienen!"

„Wovon redest du eigentlich?" Hans Luther schüttelte verständnislos den Kopf. „Ein Blitzstrahl versengt dir den Hintern, und das nennst du ein Zeichen des Himmels? Wohl eher ein Teufelstrug, der dich genarrt hat!"

Mit einem ärgerlichen Aufschrei gab Hans Luther seinem Pferd die Sporen und preschte durch den Torbogen davon.

Während Martin den Comthureihof überquerte, um zum Dormitorium zu gelangen, klang in ihm nach, was sein Vater ihm voller Abscheu als Letztes entgegengeschleudert hatte: *Teufelstrug*. Er hörte das Wort ganz deutlich, der Wind schien es aufgefangen zu haben, um es ihm höhnisch zuzuflüstern. *Teufelstrug … Teufelstrug … Teufelstrug.*

Zweites Kapitel

Hatte manch einer seiner Brüder insgeheim den Gedanken gehegt, Martin könnte wegen seines Kummers über die misslungene Messfeier und das abweisende Verhalten seines Vaters seine Pflichten in der klösterlichen Gemeinschaft vernachlässigen, so wurde er in den Monaten darauf eines Besseren belehrt.

Mit geradezu gespenstischem Eifer erfüllte der junge Mönch sämtliche Aufgaben, die er zu versehen hatte. Widerspruchslos hielt er die Zeiten des Schweigens ein; bei den Chorgebeten war er stets der Erste, der sich im

Gestühl einfand, und während viele seiner Brüder bei den Laudes, der Andacht zum ersten Tageslicht, oder dem Gebet zur Prim noch schlaftrunken vor sich hinstarrten, bewegten sich Martins Lippen voller Inbrunst in der Hoffnung, dass die lateinischen Worte seine Seele beflügelten.

Zog er sich jedoch am Ende eines Tages erschöpft auf sein Strohlager zurück, entschwand ihm rasch die Erinnerung an das, wofür er gebetet hatte. Ruhelos wälzte er sich hin und her und lauschte den gleichmäßigen Atemgeräuschen, die durch die Bretterverkleidung des Dormitoriums drangen. Tiefe Schatten legten sich über sein Gemüt, und nach einiger Zeit fürchtete er sich, sobald sein Blick auf das kleine Holzkreuz fiel, das die einzige Zierde seiner kargen Mönchszelle darstellte.

Wenn er die Messe las, erschrak er bei dem Gedanken, in seiner menschlichen Fehlbarkeit vor Gott zu stehen. Er fragte sich, ob er überhaupt jemals die richtigen Worte gewählt hatte, um ihn anzusprechen. Die richtigen Gesten, um ihm seine Ergebenheit zu beweisen.

Wer bin ich, dachte Martin, *dass ich es wage, meine Augen, deren Blicke Vater und Mutter beleidigt haben, zu der göttlichen Majestät zu erheben? Soll ich elender Zwerg Gott bitten, meine Seele zu erlösen?*

Er fand keine Antworten auf diese quälenden Fragen und kam daher zu dem Schluss, dass sein Vater mit der Vermutung, der Teufel habe ihm seinen Hochmut eingegeben, recht haben könnte.

Eines Abends, als Martin die Komplet beendet und sich auf den kalten Bodenbrettern seiner Zelle niedergelassen hatte, stand unvermittelt der Generalvikar vor ihm. Überrascht starrte Martin seinen Vorgesetzten an und wischte sich über das schweißnasse Gesicht. „Ich habe nicht mit Eurem Besuch gerechnet, ehrwürdiger Vater." Mehr fiel ihm nicht ein, denn es war noch nie vorgekommen, dass Johann von Staupitz zu dieser Stunde einen Mönch aufgesucht hatte. Umso verblüffter war Martin, als der Alte sich den Kastensitz vor seinem Schreibpult heranzog und in seiner Nähe Platz nahm. Die Lampe, die er bei sich trug, klemmte er zwischen seine Füße. Eine Weile sah der Generalvikar sich schweigend in der Zelle um. Aufmerksam hefteten sich seine Blicke auf die Umrisse eines Gegenstands, der selbst im Zwielicht unschwer als Geißel auszumachen war. Sie lag nur wenige Schritte vor dem winzigen Fensterschlitz, der die kühle Nachtluft in die Zelle ließ. An sämtlichen Enden der neun Lederriemen klebte frisches Blut.

Der Generalvikar schüttelte nachdenklich den Kopf. Was, bei allen Heiligen, sollte er nur mit dem sonderbaren jungen Mönch anfangen, der, ohne es zu wollen, die Ordnung in seinem Konvent auf den Kopf stellte? Er konnte ihm doch keinen Vorwurf machen, dass er sich in Bußübungen erging. Hatte nicht der heilige Paulus selbst empfohlen, das schwache Fleisch zu züchtigen, um es dem Willen Gottes untertan zu machen? Es war nicht ungewöhnlich, dass Brüder seines Konvents die Geißel zum Zeugen ihrer Hingabe machten, aber dieser Fall lag anders. Bruder Martinus zerfleischte sich nicht, weil er dadurch ein Gefühl von Frieden erlangte. Nein, er wollte vielmehr Dämonen austreiben, ohne zu wissen, welcher Quelle diese entsprangen. Eine Weile starrte von Staupitz auf den geschwungenen Handgriff der Geißel, dann erhob er sich abrupt, nahm sie vom Boden auf und warf sie, ohne zu zögern, durch den Fensterschlitz ins Freie.

„Du gehst zu hart mit dir ins Gericht, Bruder Martinus. Mit dem Teufel zu streiten hat keinen Sinn. Immerhin ist er dir um fünftausend Jahre Erfahrung voraus. Glaub mir, mein Sohn, er kennt jede unserer Schwächen!"

Martin senkte benommen den Kopf. Sein Nacken war steif, und die aufgeschürfte Haut am Rücken brannte mörderisch. Hinzu kam, dass er sich ertappt und beschämt vorkam, obgleich es dafür keinen ersichtlichen Grund gab. „Tut mir leid", murmelte er kaum hörbar. „Gewiss wollte ich nicht …"

„Würdest du bitte aufhören, dich fortwährend zu entschuldigen? Ich bin nicht gekommen, um dir eine Predigt zu halten, Martinus. Ich bin hier, weil deine Brüder sich beklagen, dass du ihnen den Schlaf raubst. Angeblich läufst du noch vor der Matutin in der Zelle umher und schlägst wie ein Besessener mit beiden Fäusten auf die Wände ein!"

„Ich züchtige mein sündhaftes Fleisch, Vater, nicht die Wände!"

Johann von Staupitz hielt einen Moment inne, ehe ein belustigtes Lächeln seine Mundwinkel erbeben ließ. „Nun gut, aber du verbringst dein ganzes Leben in meinem Beichtstuhl", warf er ein. „Sechs Stunden waren es gestern, Bruder Martinus. Sechs Stunden!" Mit einem tiefen Seufzer schlug der alte Mann die Hände zusammen. „Es bleibt ein Mysterium, was ein Mönch, der die Klausur so ernst nimmt wie du, innerhalb unserer Mauern erleben kann, um hernach sechs Stunden zu beichten." Er nahm die Laterne vom Boden auf und führte sie nahe an Martins Gesicht heran.

„Du glaubst, du seiest zu unwürdig, um das Priesteramt zu tragen, dabei sind es nur kleine Unzulänglichkeiten, mit denen du zu kämpfen hast. Andere Brüder verzweifeln, weil das Gelübde der Keuschheit ihnen ein Leben ohne Frauen auferlegt oder sie die Armut nicht ertragen, während ihre Familien auf ihren Landgütern sitzen und ihr Hab und Gut verprassen. Weißt du, mein Sohn, in all den Jahren, die du nun schon bei uns bist, habe ich dich nichts beichten hören, was deinen enormen Selbsthass rechtfertigt."

Martin kämpfte sich ächzend auf die Füße und tastete das Stroh, auf dem er gesessen hatte, nach seinen Sandalen ab. Die Worte des Generalvikars hallten in seinen Ohren. Gewiss meinte er es gut; alle meinten es gut. Nur nicht der Satan, der sich vorgenommen hatte, Martin zu vernichten. „Ich lebe … in der Angst vor dem Gericht Gottes!“, stieß er schließlich hervor. „Der Herr hat mich gewarnt, als ich damals über den Galgenhügel lief. Er wollte, dass ich mein Leben ändere, um …“

Von Staupitz streckte eine Hand aus und legte sie dem aufgebrachten jungen Mann auf die Schulter. „Vielleicht wollte der himmlische Vater, dass du dein Leben änderst, Bruder Martinus“, flüsterte der Superior. „Aber es war niemals sein Wunsch, dass du daran zugrunde gehst.“ Er atmete tief ein, ehe er fortfuhr: „Ein Bauer, dessen Weizenfelder keinen guten Ertrag mehr liefern, wird sie zunächst eine Weile ruhen lassen, um später womöglich Hirse oder Kleie auszusäen. Niemals käme er auf die Idee, sie von seinen Ochsen zertrampeln zu lassen, nur weil auf ihnen kein Weizen mehr gedeiht. Du, mein Sohn, bist nicht schlechter als ein Weizenfeld. Du bist nur ehrlich und musst lernen, dass Gott dich liebt. Er hat nicht vor, dich zu bestrafen.“

„Und dies soll ich glauben?“, fuhr Martin verbittert auf. „Von Kindesbeinen an habe ich gehört, dass das Höllenfeuer uns verschlingt, wenn wir nicht dem vollkommenen Beispiel Jesu entsprechen. Wie soll ich einen Gott lieben, der uns ein Feuer in Aussicht stellt? Dagegen empöre ich mich. Manchmal wünschte ich, es gäbe gar keinen Gott. Gott ist schrecklicher und grausamer als der Teufel, denn er quält uns mit einer Seele, die rein sein möchte, und einem Körper, der nicht rein sein kann!“

Von Staupitz schrak zusammen. Der Generalvikar nahm seine Hand von Martins Schulter. Dann ging er mit schleppenden Schritten zur Tür und stieß sie auf. Während er auf den menschenleeren Gang hinausspähte, kam ihm der Gedanke, dass Bruder Martinus trotz seiner Priesterweihen vielleicht gar nicht ins Kloster gehörte. Wusste er denn überhaupt, was er unter ihrem Dach suchte? Als hätte der junge Mönch von Staupitz’ Gedanken erraten, rief er plötzlich: „Einen gütigen Gott suche ich, Ehrwürdigkeit! Einen barmherzigen Gott, den ich lieben kann und der mich liebt, wie … wie ein Vater seinen Sohn lieben sollte!“

Von Staupitz nickte ernst. Zielstrebig durchquerte er die enge Zelle und nahm das kleine Kruzifix ab, das gegenüber von Martins Lager an der Wand hing. Einen Moment lang betrachtete er es liebevoll, ehe er es küsste und Martin in die Hände legte.

„Blicke auf Christum, deinen Erlöser, und sage ihm, was du vorhin zu mir gesagt hast. Er wird dir zuhören, mein Sohn. Vertrau dich ihm an und nicht einer Geißel, an der dein Blut klebt. Hat nicht der Herr sein Blut vergossen, damit wir seine Liebe erfahren? Sprich mir nach: Ich bin dein, erlöse mich!“

Martins Finger schlossen sich um den hölzernen Leib des gekreuzigten Heilands, zunächst zaghaft, als befürchte er, sich an ihm die Hände zu verbrennen, dann jedoch mit aller Kraft, die in ihm war. „Ich bin dein“, wiederholte er die Worte des Generalvikars, „erlöse mich!“

Einige Tage später suchte von Staupitz den Prior des Klosters auf, um mit ihm über die nur schleppend vorangehenden Arbeiten am Bau der Bibliothek zu sprechen.

Die beiden Männer schritten an der Mauer des Refektoriums entlang, von der aus man einen guten Blick auf den Garten hatte. In unmittelbarer Nachbarschaft befand sich die kleine Krankenstube des Klosters, ein schmuckloser Bau aus gebrannten Lehmziegeln, in dem sich der Bruder Infirmarius um kranke und betagte Brüder kümmerte. Der Prior, ein kräftiger Mann, dessen markantes Gesicht von einem dichten braunen Vollbart umrahmt wurde, blieb stehen. Neben der von wildem Wein bewachsenen Pforte hatte der Spitalleiter eine kleine Bank aufstellen lassen, auf der ein Mönch mit einer dampfenden Schale auf den Knien sich abmühte, einem hageren Greis einige Löffel Eintopf in den zahnlosen Mund zu schieben. Der Alte sperrte den Mund auf wie ein Vogeljunges, das im Nest nach Futter schrie. Die bleichen Wangen, über die sich die Haut wie gegerbtes Leder spannte, mahlten und würgten, bevor der Alte den Brei wieder ausspuckte. Geduldig führte der Mönch den Holzlöffel ein weiteres Mal an dessen Lippen.

„Ist das nicht Bruder Martinus?“, fragte der Prior. „Wessen Einfall war es nur, ausgerechnet ihn mit der Pflege unserer Alten zu betrauen? Seht Ihr nicht, wie tief seine Augen in den Höhlen liegen? Der junge Mann hält sich nur noch mühsam auf den Beinen. Er sollte in diesem Zustand keine körperliche Arbeit verrichten, für die doch unsere Laienbrüder zuständig sind!“

„Bruder Martinus verlangt nach einer Buße, die seine Seele befreit. Vielleicht findet er diese, indem er seine Kraft für andere Menschen einsetzt.“

Der Prior zuckte verständnislos die Achseln. Es war ihm nicht entgangen, dass von Staupitz sich in besonderem Maße für Bruder Martinus einsetzte, und unter anderen Bedingungen hätte er die Entscheidung, ihn in die Krankenstube zu stecken, gewiss nicht kritisiert. Als pragmatischer Mensch, der es nicht leiden mochte, wenn Talente, die zum Wohle des Klosters eingesetzt werden konnten, verkümmerten, durfte er jedoch nicht zulassen, dass ein geweihter Priester seine Zeit damit zubrachte, ältere Brüder zu füttern.

„Bruder Martinus hat hier in Erfurt die Universität besucht, nicht wahr, ehrwürdiger Bruder?“, erkundigte er sich bei von Staupitz. In seinem Kopf begann ein Gedanke Gestalt anzunehmen, der dem Kloster womöglich noch

Ruhm und Ehre einbringen konnte. Man musste es nur geschickt angehen, um dem Superior die Vorzüge des Plans schmackhaft zu machen.

„Er hat die Artistenfakultät durchlaufen und anschließend mit dem Studium der Rechte begonnen …“

Nachdenklich zupfte der Prior an seinem Bart. Dann sagte er. „Ich sehe Bruder Martinus doch mehr in der Rolle eines Seelsorgers. Aus diesem Grund würde ich es begrüßen, wenn er seine Studien an unserer theologischen Ausbildungsstätte fortsetzte.“

Von Staupitz antwortete nicht sofort. Mit sorgenvoller Miene beobachtete er, wie sich sein Schützling die lederne Schürze abband und dann dem vor sich hinmurmelnden Greis behutsam beim Aufstehen half. Er hatte inständig gehofft, dass die ungewohnte Arbeit Martin dabei helfen werde, mit sich selbst ins Reine zu kommen, doch das Gesicht des jungen Mönchs bewies, dass er seine Dämonen noch immer nicht losgeworden war.

„Ihr habt recht, Prior“, sagte er nach einigen Momenten des Schweigens. „Bruder Martinus hat das Zeug zum Gelehrten. Ich werde mich beim Generalkapitel dafür einsetzen, dass er die klösterliche Lehranstalt besucht und dort mit dem Studium der Heiligen Schrift beginnt!“

MARTIN fügte sich in das ihm zugedachte Schicksal, wenngleich mit gemischten Gefühlen. Einerseits war er von Staupitz dankbar, denn die Beschäftigung mit den Schriften des Alten und des Neuen Testaments sowie den Lehren der Kirchenväter eröffneten ihm eine Welt, die er bis dahin nur vage und verschwommen wahrgenommen hatte. Auf der anderen Seite hatte er die Katheder der Magister zu lange gemieden, um sich ohne Mühen wieder an den Alltag eines Studiosus gewöhnen zu können.

Aber da der Prior ihn zum Verdruss nicht weniger Ordensbrüder von zahlreichen Pflichten entbunden hatte, vertiefte Luther sich mit Feuereifer in die Bücher. Er lernte die Schriften des berühmten Augustinus kennen und erfuhr, was der Gelehrte einst über das Verhältnis zwischen Gerechtigkeit und Gnadenwahl geäußert hatte. Stundenlang brütete er im Skriptorium des Klosters oder in der ehrwürdigen Bibliothek der Universität im Schein einer Kerze über alten Aufzeichnungen, um die Zeugnisse der Theoretiker zu verstehen, allen voran Thomas von Aquin, Johannes Chrysostomos und Bernhard von Clairvaux, der als Mystiker die Lehre von der mystischen Einigung des Menschen mit Gott vertrat und für eine Reform des Klosterwesens seiner Zeit eingetreten war.

Die meiste Zeit verbrachte Martin jedoch mit dem Studium der Bibel und ihrer Kommentare. Die Heilige Schrift, die vom Wirken Jesu berichtete, übte eine starke Anziehungskraft auf ihn aus. Sie beflügelte seinen Geist stärker, als die frommen Lesungen im Kapitelsaal, ja selbst die Liturgie in der Klosterkirche es jemals vermocht hatten. Es dauerte nicht lange, bis seine eigenen Gedanken mit den Worten der Bibel zu einer rätselhaften Einheit verschmolzen, und er stellte voller Überraschung fest, dass die Aussagen der alten Propheten und Evangelisten ihm größeren Trost spendeten als der Beichtstuhl des Generalvikars. Denn in den Erzählungen, die sich vor seinen Augen auftaten, begegnete ihm ein Gott, der keine Peitschenhiebe verlangte. Ein Gott, der Kranke geheilt und Sünder bedingungslos geliebt hatte.

Warum musste ich erst Mönch, dann Priester und zuletzt Magister der Theologie werden, bevor man mich für mündig genug erklärte, dieses Buch zu lesen, fragte er sich.

Als sich seine Studien ihrem Ende näherten, fühlte sich Martin so glücklich und zufrieden, wie es seit Jahren nicht mehr der Fall gewesen war. Fast war er bereit, Gott, seinem Vater und sich selbst zu vergeben.

Drittes Kapitel

An einem sonnigen Abend kurz vor dem Fest des heiligen Martin von Tours, das wie in jedem Jahr mit großem Aufwand begangen werden sollte, ließ der Prior Martin zu sich in seine Studierstube bitten.

Während Martin die breiten Steintreppen zum Wandelgang erklomm, zerbrach er sich den Kopf darüber, was der ehrenwerte Bruder wohl von ihm wollte. Seit Langem hatte er das Gefühl, dass der Prior ihn nicht besonders schätzte, denn während der zurückliegenden Jahre hatte dieser, anders als Johann von Staupitz, nur das Nötigste mit ihm gesprochen. Auf der anderen Seite war sich Martin keiner Schuld bewusst, die ein Gespräch unter vier Augen notwendig machte. Als er schließlich vor dem gewaltigen, mit aufwendigen Schnitzereien verzierten Schreibtisch des Priors stand, spürte er, wie sich sein Herz in gespannter Erwartung zusammenzog.

Der Prior saß einen Moment lang da, ohne Martin anzublicken. Mit gerunzelter Stirn starrte er auf eine ausgebreitete Rolle Pergament. Martin war versucht, näher zu treten, um sich das blutrote Siegel anzuschauen, aber dies hätte der Prior bemerkt und ihm als Neugierde und Ungehorsam auslegen können. Also schlug er die Augen nieder und rührte sich nicht von der Stelle, bis der bärtige Mann im Lehnstuhl schließlich das Wort ergriff.

„Dem ehrwürdigen Superior und mir ist zu Ohren gekommen, dass du inzwischen den Grad eines *Doctor theologiae* erworben hast, Bruder.“

Als Martin die Lippen öffnete, um dem Prior zu antworten, gebot dieser ihm mit einer Handbewegung Einhalt. „Du brauchst nichts zu sagen. Deine Leistungen sprechen für sich. Sie waren hervorragend, und die ehrenwerten Magister bescheinigen dir eine glänzende Zukunft als Sententiar und Lehrer der Heiligen Schrift, zum Ruhme Gottes und unseres Klosters."

Martin errötete vor Verlegenheit. „Ich danke Euch für das Vertrauen, das Ihr in meine Fähigkeiten gesetzt habt, ehrwürdiger Prior."

„Du bist oft krank gewesen."

„Es geht mir gut, ehrwürdiger Prior", antwortete Martin. „Der letzte Winter war hart für Mensch und Vieh!"

Der Prior schaute ihn mit kaum verhohlener Abneigung an. Seine Lippen wurden dünn wie Tintenstriche, als er Martins Aufmerksamkeit auf die Schriftrolle lenkte. „Der Superior ist davon überzeugt, dass du dein erstes Tor passiert hast, Bruder Martinus", sagte er kühl. „Es wird sich einiges für dich ändern, wenn du Erfurt verlassen hast!"

Martin stieß den Atem aus. Im ersten Augenblick glaubte er sich verhört zu haben. „Ihr … schickt mich fort? Aber ich habe doch nichts getan …"

„O nein, gewiss nicht. Aber Seine Ehrwürdigkeit, Generalvikar von Staupitz, ist der Meinung, dass du die Welt kennenlernen solltest. Er hat dich ausgewählt, um einen wichtigen Schriftsatz nach Rom zu bringen."

Nach Rom. Er sollte nach Rom reisen. Die Worte des Priors strömten durch Martins Körper wie siedendes Öl. Er würde die engen Klostermauern verlassen, um den Mittelpunkt der Welt kennenzulernen. Die Residenz des Heiligen Vaters. Ihn schwindelte, als ihm der Prior zusammengeschnürte Schriftstücke in die Hand drückte. Vielleicht war dieser Auftrag die Antwort auf seine Gebete und das Ende seines Seelenschmerzes.

„Ich verspreche Euch, meinem Konvent keine Schande zu bereiten", murmelte Martin. Dann eilte er, ohne sich noch einmal umzublicken, davon.

Auf Wunsch des Klosters schloss sich Martin einer Pilgergruppe an, die von einem erfahrenen Führer geleitet wurde. Da es Augustinermönchen untersagt war, allein zu reisen, wählte der Konvent einen jungen Ordensbruder aus, der ihn auf der langen Wanderung über die Alpen begleiten sollte. Johann von Mecheln war ein etwas dicklicher, gemütlicher Mann, dem es mit seiner leutseligen Art leichtfiel, seine Reisegefährten zu unterhalten. Allerdings stellte sich rasch heraus, dass kaum einer so ungeeignet für die Strapazen einer Alpenüberquerung war wie der untersetzte Augustiner, denn obgleich sein Mundwerk selten zur Ruhe kam, fiel er schon am zweiten Tag nach ihrer Abreise zurück. Immer wieder schickte er einen der Bewaffneten, die den Zug flankierten, mit der flehentlichen Bitte um eine Rast zum Führer und hielt somit die Gruppe länger auf als notwendig. Unmut machte sich breit, und obwohl Martin nichts dafürkonnte, fühlte er sich verantwortlich. Warum der Konvent ihm ausgerechnet Johann von Mecheln zugewiesen hatte, blieb ihm ein Rätsel.

„Ich habe Gehorsam gelobt", jammerte Johann am Abend des dritten Reisetages. „Aber der Weg nach Rom ist mit wahrhaft spitzen Dornen bestreut. Die Hälfte dieser Dornen steckt bereits in meinen armen Zehen! Aber mach dir keine Sorgen, Bruder Martinus. Morgen geht es mir wieder besser. Ich werde dich nicht allein mit diesen finsteren Gesellen weiterziehen lassen!"

Martin biss sich auf die Lippen, um nicht laut zu lachen. Die finsteren Gesellen, von denen Johann sprach, waren eine Handvoll Dominikaner aus Regensburg, die einem Kloster außerhalb von Rom eine wertvolle Monstranz überbringen und anschließend mit den italienischen Mönchen eine Gebetsverbrüderung beider Abteien aushandeln sollten. Bruder Johann war nicht gut auf die Männer zu sprechen, denn die hielten sich meist ganz vorne, an der Spitze des Pilgerzuges, auf, während er selbst von Martin wie ein Sack voller Pflaumen geschoben und gezogen werden musste. Abgesehen davon missfiel ihm, dass die Dominikaner auffällig oft mit ihrem Führer die Köpfe zusammensteckten. Den übrigen Mitgliedern der Gruppe begegneten sie dagegen mit deutlichem Argwohn.

„Eine hochmütige Gesellschaft!", urteilte Martins Reisegefährte. „Dabei gehören sie auch nur einem Bettelorden an. Allerdings hat dieser sich schon früh der Heiligen Inquisition verschrieben, und das stärkt ihr Ansehen."

„Was willst du damit sagen?", fragte Martin verständnislos.

„Nun, einer ihrer Oberen soll ein Buch über die satanischen Umtriebe der Teufelsbuhlen im Reich verfasst haben. Es heißt *Malleus maleficarum*, Hexenhammer. Seit einigen Jahren reisen die Grauen Brüder mit ihrem Machwerk im Beutel durch Städte und Dörfer, um … O nein, das ist ja nicht zum Aushalten!" Bruder Johanns gutmütiges Gesicht verzog sich zu einer schmerzerfüllten Grimasse. Martin, der erleichtert war, nichts mehr von den Dominikanern und ihrer unsinnigen Hexenjagd hören zu müssen, nahm den Beutel, den ihm Bruder Infirmarius vorsorglich mit einer Auswahl getrockneter Heilkräuter gefüllt hatte.

Ohne den Klagen des Mönchs weiter Gehör zu schenken, befeuchtete er zwei Tücher aus Linnen mit Wasser, verteilte ein paar Lorbeerblätter darauf und wickelte sie seinem Ordensbruder fürsorglich um die Füße.

Als der Pilgerführer im Morgengrauen an die Tür ihres Quartiers klopfte, fühlte sich Johann von Mecheln zwar noch matt, aber er war in der Lage, die Reise mithilfe eines Maultieres fortzusetzen.

Zu Martins freudiger Erleichterung erreichte der Pilgerzug Italien, noch bevor sich über den Alpen die ersten Herbststürme zusammenbrauten. Der Weg durch die weiten Ebenen der Lombardei war so angenehm, dass es zur Verwunderung aller nun Martin war, der das Schlusslicht des Zuges bildete. Voller Begeisterung betrachtete er die üppigen Weinstöcke in stattlichen Gärten, die Pfirsich- und Zitronenbäume. Die Luft war angefüllt vom Duft süßer Blüten. Kurzum: Es war eine neue, reizvolle Welt, die sich vor seinen Augen auftat.

Als die Gruppe nach Mailand kam, besuchte Martin mit Bruder Johann den prächtigen Dom und stiftete der Heiligen Jungfrau eine dicke Wachskerze. Gerne wäre er noch ein Weilchen länger in der norditalienischen Metropole geblieben, aber seine Gefährten drängten alsbald zum Aufbruch. So reiste die Gruppe schon wenige Tage später auf dem Handelsweg über Cremona, Padua und Florenz.

Eines Nachmittags, als Martin sich gerade ein kleines Stück Brot und etwas Ziegenkäse abgebrochen hatte, ging ein lang gezogener Schrei durch den Zug der Pilger. Er setzte an der Spitze ein und wurde weitergetragen, bis er auch die Waffenknechte erreicht hatte, die zusammen mit Martin und Bruder Johann hinter den Proviantkarren herliefen.

Der dickliche Mönch wandte sich zu einem der Landsknechte um. „Was ist geschehen? Werden wir angegriffen?“, rief er.

„Du bist wohl noch nicht oft auf Pilgerfahrt gewesen, Bruder, nicht wahr?“ Der Bewaffnete deutete mit seiner Hellebarde auf die Menge vor ihm, die Freudenschreie ausstieß und jubelnd in die Hände klatschte. Martin sah, wie der Pilgerführer, gefolgt von einigen der jüngeren Reisenden, den vor ihnen liegenden Hügel erklomm. Andere ließen sich am Wegesrand auf die Knie sinken, um ihre Kreuze oder Rosenkränze mit den Lippen zu berühren. Erleichtertes Gemurmel erklang. Nach dem ersten begeisterten Aufschrei machte nun ein Name die Runde, der Martin aufhorchen ließ: Monte Mario.

„Wir sind angekommen“, rief Martin aufgeregt. Sein Herz machte einen Satz vor Freude. „Der Monte Mario liegt vor den Toren Roms. Komm, Bruder Johann, lass uns einen Blick ins Tal werfen!“

Johann von Mecheln lachte, als Martin ihn beim Handgelenk packte und voller Übermut an den noch immer knienden Pilgern vorbeidrängte.

Der laue Abendwind trug aus der Ferne das Geläut von Kirchenglocken bis auf den Hügel. Sie klangen weitaus heller als die schweren Bronzeglocken, die Martin aus Erfurt kannte. Überwältigt sank er auf die Knie und sah am Horizont die Silhouette einer prächtigen Stadt mit Palästen aus hellem Marmor, die Wohlstand, Macht und Erhabenheit erahnen ließen. Er holte tief Luft und sog die Eindrücke auf wie ein Verdurstender, dem man nach Tagen einen Becher Wasser reicht. Nur mit Mühe gelang es ihm, sich von dem herrlichen Anblick zu lösen. Und so kniete er noch, als die anderen Pilger sich längst um ihren Führer geschart hatten, um das letzte kurze Stück des Wegs zum Stadttor anzutreten.

Viertes Kapitel

Martin und Bruder Johann nahmen ihr Quartier im Konvent der römischen Augustiner in der Nähe der Piazza del Popolo. Die Ordensbrüder empfingen die beiden Deutschen herzlich und gaben sich alle Mühe, ihnen so viel Bequemlichkeit zu verschaffen, wie es einem Bettelorden möglich war. Der Abt, der vom Generalvikar von Staupitz gehört hatte, vermittelte Martin ein Gespräch mit dem Sekretarius der päpstlichen Kanzlei, der seine Schriftstücke mit dem Versprechen entgegennahm, sie dem Heiligen Vater vorzulegen.

„Du hast mir nie gesagt, warum der Superior dich mit seinen Briefen nach Rom geschickt hat", beklagte sich Bruder Johann, der Martin auf den Stufen des Amtsgebäudes erwartete.

„Seine Ehrwürdigkeit ist besorgt über die Spannungen, die seit einigen Monaten innerhalb unseres Konvents herrschen", erklärte er, während sie sich einen Weg durch das Gewimmel auf der Piazza bahnten. „Der Generalvikar setzt sich für eine Reform der Ordensregel ein. Er hat einen Kreis von Äbten um sich geschart, die ihn in seinen Bestrebungen unterstützen wollen, die Geschäfte des Ordens einer einheitlichen Kontrolle zu unterwerfen. Wenige Monate vor unserer Abreise hat der Papst eine Bulle erlassen, die von Staupitz an die Spitze sämtlicher Augustiner im Deutschen Reich stellt."

Bruder Johann gab sich verwirrt. Umständlich wich er einer vergoldeten Sänfte aus. „Ich vermute einmal, dass die Entscheidung des Heiligen Vaters die Äbte nicht besonders glücklich machte, nicht wahr?"

Martin nickte. „Nicht weniger als sieben Klöster weigerten sich, die Änderungen anzuerkennen. Von Staupitz blieb nichts anderes übrig, als ein weiteres Mal an den Papst zu appellieren. Da ich vor meinem Eintritt in den Konvent die Rechte studiert habe, hielt man mich für geeignet, die entsprechenden Schriftstücke zu überbringen."

„Ich dachte mir doch gleich, dass wir keine gewöhnlichen Pilger sind“, bemerkte Bruder Johann bewundernd. Mit sichtlichem Vergnügen strebte er einer Taverne entgegen. Aus der weit geöffneten Tür drangen das Zischen von erhitztem Olivenöl sowie ein verführerischer Duft nach gebratenem Würzfleisch. Zu Bruder Johanns Bedauern ließ Martin sich jedoch nicht überreden, die Taverne zu betreten. Daher verabschiedete er sich und schlug mit beleidigter Miene den Weg zur Piazza del Popolo ein, um wenigstens das gemeinsame Klostermahl im Kapitelsaal nicht zu versäumen.

Martin orientierte sich kurz, dann setzte er sich in Bewegung. Er wusste genau, dass er die unverhoffte Freiheit nutzen musste, denn so rasch würde sich keine Gelegenheit mehr ergeben, sich Bruder Johanns Gesellschaft zu entziehen. Unternehmungslustig schlug er den Weg zu den inneren Stadtbezirken ein.

Während er sich Häuser, Türme und Denkmäler ansah, musste er an die Worte eines Pilgers denken, der ihm eines Abends bei einem Becher Wein Rom als höchsten Himmel und finsterste Hölle zugleich beschrieben hatte. Als sich der Tag dem Ende entgegenneigte, begriff er, was der Alte mit der wenig schmeichelhaften Äußerung hatte sagen wollen. Während die prunkvollen Paläste der römischen Aristokraten und kirchlichen Würdenträger, die Kirchen und Kapellen von Reichtum und Lebensfreude zeugten, versanken die verwahrlosten Hütten der Armen im Morast der Hoffnungslosigkeit. Wohin Martin sich auf seinem Spaziergang durch die überfüllte, lärmende Stadt auch wandte, überall traf er auf Gegensätze, die ihn fassungslos machten. Hier schien es niemanden zu verwundern, wenn sich inmitten eines Viertels aus hübschen weißen Palazzi mit roten Ziegeldächern und breiten Toren unvermittelt ein verfallener, von Pechfackeln beleuchteter Bretterbau erhob, hinter dessen Wänden zwanzig Prostituierte ihrem Gewerbe nachgingen. Hinzu kam der Schmutz, der in manchen Stadtteilen knöcheltief auf der Straße lag. Die Römer schienen sich der Viadukte ihrer Ahnen nicht mehr zu erinnern. Ein entsetzlicher Gestank breitete sich über den Vierteln aus, den auch die frische Brise, die vom Fluss stadteinwärts wehte, nicht vertreiben konnte. Martin verzog angewidert das Gesicht.

Durch die stickigen Gassen, die von den größeren Piazze abzweigten, schob sich ein unüberschaubares Gewirr aus Menschen und Pferden, Sänften und Karren. Kerzen-, Wein- und Wollhändler schrien gegeneinander an. Vor dem Portal der Kirche San Sebastiano drängten sich ganze Scharen von Andenkenverkäufern um brennende Kohlenfeuer. Wer es wagte, sich durch ihre Phalanx zu zwängen, den hielten sie energisch auf, indem sie ihm Heiligenmedaillons, Fläschchen mit Tränen Jesu und kleine Holzdosen unter die Nase hielten. Ein älterer, bärtiger Mann mit schlaffen Tränensäcken stellte sich Martin breitbeinig in den Weg. Er trug eine schmutzige Kapuze aus Sackleinen, seine Wangen waren verschrumpelt. „Heilige in großer Auswahl!“, rief der Fremde. „Braucht Ihr ein Wunder, Bruder? Kauft einen Heiligen zu Eurem Schutz und Eurer Seligkeit. Hier, nehmt ein Bild der heiligen Odilia. Es schenkt den Blinden ihr Augenlicht wieder!“

Martin schüttelte den Kopf. Hastig versuchte er sich auf die Kirchentreppe zu retten. So rasch ließ sich der Händler indessen nicht abschütteln.

„Wie ich sehe, sind Eure Augen noch gut. Wäret Ihr in meinem Alter, so würdet Ihr die Hilfe der heiligen Odilia gewiss nicht so gleichgültig abtun!“

„Vermutlich. Doch nun lasst mich bitte …“

„Wie steht es um Eure Füße?“, fiel der Händler Martin ins Wort. „Als Bettelmönch leidet Ihr doch bestimmt des Öfteren unter schmerzhaften Blasen! Dann wäre der heilige Crispianus genau der Richtige für Euch. Er macht Eure Füße wieder wie neu.“

„Ich werde Eure Medaillons meinem Ordensbruder empfehlen, sobald wir den Pilgerweg zurück in unsere Heimat antreten“, brummte Martin, dem das Geschwätz des Händlers inzwischen gehörig auf die Nerven ging. Wie konnten sich diese Jammergestalten überhaupt erdreisten, direkt vor San Sebastiano ihren windigen Geschäften nachzugehen? Zwei junge Priester stiegen achtlos die Treppe hinunter und verschwanden durch eine kleine, von wilden Rosenhecken umsäumte Pforte. Das rege Treiben vor dem Kirchenportal schien sie wenig zu berühren.

Nicht einmal die Geistlichen schreiten ein, dachte Martin verblüfft. Er überlegte, ob sie vielleicht am Treiben der Händler mit verdienten, als ihn plötzlich der schrille Ton eines Jagdhorns auf dem Absatz herumwirbeln ließ. Um ihn herum brach ein wildes Durcheinander aus. Die Händler rafften ihre Waren zusammen. Zwei Weiber sprangen mit Kiepen auf dem Rücken die Kirchentreppe hinauf. Fackeln wurden gelöscht. Martin spürte, wie sich die Hand des Andenkenverkäufers hart auf seine Schulter legte und ihn wie in einer Eisenklemme zu Boden zwang.

„Auf die Knie mit Euch, Bruder“, keuchte der Alte. Er ließ die Schnüre, an denen seine blechernen Medaillons hingen, unter seinen zerrissenen Kittel wandern und warf sich in den Morast. Furchtsam spähte er unter den Rändern seiner spitzen Kapuze hervor, einem Reiterzug entgegen, dessen beide Herolde trompetend durch die Gasse preschten. Vier Rappen mit totenbleichen Reitern begleiteten eine mit roter Seide ausgeschlagene Sänfte. Martin hob ungläubig den Kopf.

Ein Heer von Landsknechten in buntgescheckten Beinkleidern und glänzenden Brustpanzern galoppierte, Piken schwingend, durch einen Torbogen.

Voller Übermut stießen die Männer alles um, was ihnen dabei in die Quere kam. Kupfergeschirr und Öllampen, die an den Hauswänden befestigt waren, wurden herabgerissen, Wein- und Weizenkrüge zerschellten.

„Na los, du lahmer Tölpel“, zischte der Alte Martin ein zweites Mal zu. „Willst du wohl niederknien?“ Er zerrte schroff am Ärmel von Martins Mantel. „Heiliger Hieronymus! Das ist Seine Heiligkeit, der Papst.“

Seine Worte trafen Martin wie ein Brandpfeil. Der Papst durchquerte die Stadt! Es gelang ihm gerade noch, dem Beispiel der Händler zu folgen und den Rücken zu beugen, als die päpstlichen Hundeführer an ihm und den übrigen Knienden vorbeistürzten. Einige der grauen Bestien brachen aus ihrer Reihe aus und machten sich über die Waren eines Schmalzbäckers her, dessen Verkaufstisch von einem der Reiter umgestoßen worden war. Aus den Augenwinkeln beobachtete Martin, wie die schwarzen Hengste den Platz überquerten. An ihren Sattelgurten hingen Dutzende erlegter Rebhühner und Wildgänse. Die Gesellschaft musste sich auf einer Jagd vergnügt haben.

Inmitten der Schar fiel Martin ein bärtiger Mann auf, dessen Pferd gehörigen Abstand zu den Pferden seiner Begleiter hielt. Der Reiter war ein wahrer Hüne. Er trug einen wallenden Pelzumhang, der den halben Pferderücken verhüllte, und einen goldenen Brustharnisch. Seine breiten Schultern strafften sich bei dem scharfen Ritt über das unebene Pflaster wie von selbst. Nicht einmal der Gassenschmutz, den die Hufe seines Pferdes gleichmäßig über die Köpfe der knienden Menge verteilten, vermochte den majestätischen Blick des Riesen zu trüben.

Papst Julius II. – der Stellvertreter Gottes auf Erden.

Als das Hufgetrappel verklungen war, erhob sich Martin. Im brummte der Kopf. Ein paar Kinder schossen aus einem finsteren Hauseingang. Wie Raben hüpften sie durch die schmutzige Gasse und stocherten, aufgeregt flüsternd, mit Stöckchen im Morast herum.

„Du siehst richtig, Bruder, sie sammeln Pferdeäpfel auf“, hörte Martin die Stimme des Andenkenverkäufers hinter sich. „Schließlich könnten einige dabei sein, die das Pferd des Heiligen Vaters verloren hat!“ Unwillig funkelte Martin die zerzauste Gestalt an, die in gebückter Haltung vor ihm stand. Der Mann hatte sich erstaunlich schnell von seinem Schrecken erholt. „Ihr seid ja bleich wie eine Kirschblüte, lieber Freund“, sagte er mit einem schmierigen Grinsen. „Also, nicht viele Menschen wissen das, aber der Puder des heiligen Cosmas kuriert jeden Schock. Dagegen sind die Holzsplitter der Pfeile, die den heiligen Sebastianus durchbohrten, nur eitler Tand.“

Auf Martins Stirn bildeten sich Schweißtropfen. Angewidert stieß er den Händler beiseite und jagte mit wehendem Mantel die Straße hinunter.

Als Martin den Kapitelsaal seiner römischen Ordensbrüder betrat, kam ihm Bruder Johann schon von Weitem entgegen. In seiner Hand schwenkte er ein Bündel zusammengeschnürter gelblicher Papiere.

„Ein Bote war vorhin an der Pforte, Bruder Martinus! Er hat diese Schriftstücke für dich zurückgelassen. Ist das nicht aufregend? Vermutlich sind es die Antwortbriefe des Heiligen Vaters an den Generalvikar."

Martin widersprach nicht, obgleich er nicht damit rechnete, dass der Papst neben seinen mannigfaltigen Beschäftigungen persönlich Zeit gefunden hatte, sich eingehend mit den Ordensstreitigkeiten der deutschen Bettelorden zu beschäftigen. Aber die Schriftstücke stammten aus der päpstlichen Kanzlei. Langsam erbrach er das blutrote Siegel des Begleitbriefs und vertiefte sich in die klare, verschnörkelte Schrift.

„Gute Neuigkeiten?"

„Sieht ganz so aus, als ob wir unser Bündel schnüren und die Heimreise antreten könnten", erwiderte Martin bedächtig. „Die päpstliche Kanzlei hat sich zu einem salomonischen Urteil durchgerungen. Und dieses ist bei Weitem nicht das schlechteste Ergebnis, das der Superior erzielen konnte. Von Staupitz wird empfohlen, auf die Erweiterung seines Reformkreises zu verzichten, dafür darf er sich auch künftig der Unterstützung des Heiligen Vaters gewiss sein. Außerdem behält er das Recht, seine Aufsichtsfunktion an der Spitze der deutschen Augustiner weiterhin auszuüben."

„Ich freue mich, dass für unser Kloster alles gut ausgegangen ist", sagte Bruder Johann. „Lass uns essen, es ist spät geworden!"

Die beiden suchten sich einen freien Platz an der Tafel, wo die anderen Brüder bereits schweigend ihre Abendmahlzeit einnahmen.

„Wer ist der Mann, der neben dem ehrwürdigen Abt speist?", flüsterte Martin plötzlich. Er hatte einen vornehm aussehenden Herrn auf der Empore ausgemacht, der sich angeregt mit dem Abt zu unterhalten schien. Martin warf einen verstohlenen Blick auf die kostbare Kleidung, welche der Fremde mit dem Stolz eines Patriziers zur Schau stellte. Ein schwarzer, gekräuselter Bart, durch den sich bereits einige silberne Fäden zogen, umrahmte ein markantes Gesicht, das den Eindruck purer Daseinsfreude vermittelte.

Bruder Johann räusperte sich. „Der ehrwürdige Vater Abt hat einen Landsmann von uns an seine Tafel geladen", wisperte er. „Wie ich annehme, geht er im Kloster aus und ein, um mit dem Orden Geschäfte zu machen."

„Geschäfte? Dann ist er wohl ein Kaufmann?"

Martins Gefährte verzog verächtlich das Gesicht. „Er gehört zu diesen schwäbischen Pfeffersäcken, die in Florenz, Venedig und auch in Rom Kontore unterhalten. Bestimmt hast du schon von Jakob Fugger gehört, den man auch ‚den Reichen' nennt? Der Mann, der dem ehrwürdigen Abt gerade Honig um den Bart schmiert, ist Hannes Zink, Fuggers Faktor und Vertrauter in Rom. Der Kellermeister hat mir erzählt, dass die Fugger in der Stadt einen Palazzo besitzen, der prunkvoller ausgestattet ist als die Engelsburg. Dieser Zink soll ein schlauer Fuchs sein, mit tausend Wassern gewaschen. Angeblich kann er einen Sack voll Gold auf hundert Schritt Entfernung riechen, was unsereins wohl höchstens mit einem gepfefferten Hammeleintopf gelingt!" Achselzuckend wandte sich Bruder Johann wieder seiner dampfenden Schüssel Gemüsebrei zu.

Martin verkniff sich ein Schmunzeln, während er selbst zum Löffel griff und geistesabwesend in seinem Essen herumzurühren begann. Auf dem Pilgerweg hatte er ein paarmal von der Augsburger Kaufmannsfamilie Fugger reden hören. Geschichten über ihre Geschäfte und Handelsverbindungen geisterten durch halb Europa, besonders nachdem Jakob, der jüngste der Brüder, wenige Jahre zuvor die Leitung des Handelshauses übernommen hatte.

„Doktor Martin Luther?"

Martin zuckte erschrocken zusammen, als er den Vertreter des Hauses Fugger unvermittelt vor sich stehen sah. Sein Gesicht lief vor Verlegenheit rot an, denn er wäre nie auf den Gedanken gekommen, dass der Kaufmann seinen Ehrenplatz neben dem Abt verlassen könnte, um das Gespräch mit ihm zu suchen. Davon abgesehen, war er es nicht gewohnt, dass jemand ihn mit ‚Doktor Luther' anredete.

„Verzeiht, ich hatte nicht vor, Euch zu erschrecken", sagte Hannes Zink höflich. Er bediente sich nicht des Lateinischen, sondern der deutschen Sprache. „Euer Abt verriet mir, dass sich unter seinem Dach Deutsche aufhielten, und da wollte ich die Gelegenheit nicht versäumen, sie selbst zu begrüßen." Zink ergriff Martins Hand und schüttelte sie herzlich. Ein wenig überrumpelt, ließ Martin die Begrüßung über sich ergehen.

„Ihr kommt aus Erfurt?"

„Unser Kloster zu Erfurt hat mich und einen weiteren Bruder in Ordensangelegenheiten nach Rom gesandt." Martin warf seinem Gefährten einen unschlüssigen Blick zu, aber Bruder Johann machte keine Anstalten, sich in das Gespräch einzuschalten.

„Wie gefällt Euch die Ewige Stadt, Doktor?"

„Darf ich Euch bitten, mich mit ‚Bruder Martinus' anzureden, hoher Herr? Es ist nur, weil … ich muss mir den Vorwurf der Eitelkeit gefallen lassen, wenn ich mich mit meinem akademischen Titel rufen lasse!"

„Natürlich, mein Freund, das hatte ich nicht bedacht. Unter der heißen Sonne des Südens pflegen auch die Brüder Eures Ordens zuweilen die klösterlichen Regeln etwas ungezwungener auszulegen."

Martin fiel es nicht schwer, das joviale Lächeln des Schwaben zu erwidern.

Die beiden Männer unterhielten sich eine Weile, und nachdem der Abt die Tafel aufgehoben hatte, begleitete Martin den Kaufmann hinaus zur Pforte.

„Ihr gefallt mir, Bruder", sagte Zink unerwartet. Er maß Martin mit einem durchdringenden Blick. „Offensichtlich verfügt Ihr über einen scharfen Verstand und seid Euren Herren treu ergeben ..."

„Mein *Herr* ist unser Gott", wandte Martin vorsichtig ein.

„Ich wollte Euch gewiss nicht zu nahe treten, guter Bruder", bemerkte Zink seufzend. „Mir war nur gerade der Gedanke gekommen, ob es Euch nicht gefallen würde, noch eine Weile länger in Rom zu bleiben und mir Eure bewundernswerten geistlichen und juristischen Fähigkeiten zur Verfügung zu stellen. Ich habe meinem Herrn in Augsburg vor einiger Zeit ein paar geschäftliche Vorschläge unterbreitet, die ich gerne von einem kompetenten Berater absegnen lassen würde. Versteht Ihr?"

„Nur zu gut", entgegnete Martin. „Aber ich fürchte, dass ein Mönch nicht der richtige Arbeiter im Weinberg des Herrn Fugger ist!"

„Wie Ihr wünscht", sagte der Schwabe ein wenig kühler, „aber was die Mönche betrifft, irrt Ihr Euch. Seit einigen Tagen habe ich eifernde Dominikaner aus Regensburg am Hals, die Eure Zweifel nicht teilen."

Martin, der sich bereits zum Gehen gewandt hatte, drehte sich abrupt um. „Dominikaner? Welcher Art sind denn die Geschäfte, an denen Ihr das Haus Fugger zu beteiligen gedenkt?"

„Begleitet mich morgen früh hinauf zur Heiligen Stiege, Bruder Martinus. Dort werde ich Euch vorführen, worum es meinem Herrn und mir geht!"

SCHAREN VON PILGERN aus aller Herren Länder krochen auf Händen und Füßen die steile Treppe im Herzen Roms hinauf. Ein unbeschreibliches Stimmengewirr erfüllte die noch kühle Luft des anbrechenden Tages.

Martin stand dicht bei Hannes Zink, der seine Diener angewiesen hatte, mit dem Wagen ein Stück abseits auf ihn und den jungen Augustiner zu warten. Benommen folgte Martin der Schlange von Menschen, die sich, Bußsprüche murmelnd, auf die Heilige Stiege zubewegten. „Es heißt, die Treppe stamme aus Jerusalem", hörte Martin Zink flüstern. „Sie soll einst zum Richthaus des Pontius Pilatus geführt haben!"

Am Fuß der Treppe kassierte ein stämmiger Dominikanermönch, der an einem Tisch mit einer Waage und mehreren Pergamentstreifen saß, Geld von den Pilgern. Zink drängte Martin durch das Gewimmel, bis sie vor dem Mönch zu stehen kamen. Der Schreiber des Ordensmannes hatte soeben einer jungen Frau ein Dokument ausgestellt und ihre Münzen auf die Waage geworfen. Als sie sich über den Tisch beugte, legte er ihr, wohlwollend lächelnd, seine plumpe Hand auf den Kopf. Die junge Frau war keine fünfzehn Jahre alt. Ihr Haar, das sie geflochten trug, war tiefschwarz, mit einem Stich ins Bläuliche. Als sie sich abwandte, bemerkte Martin, dass ihre Augen in Tränen der Erleichterung schwammen.

„Weiter, mein Freund", hörte er Zinks Stimme. „Ihr seid an der Reihe!"

Der Dominikaner ließ sich von seinem Schreiber einen neuen Pergamentstreifen reichen. Martins Lippen öffneten sich ungläubig. Der Mann am Tisch war ihm sofort bekannt vorgekommen, nun aber erinnerte er sich, wo er ihn schon einmal gesehen hatte. Sie hatten gemeinsam die Alpen überquert. Der Ablassverkäufer gehörte zu der Gruppe Mönche, die Johann im Verdacht gehabt hatte, im Auftrag der Inquisition nach Rom zu reisen.

Als der Mönch bemerkte, dass Martin ihn anstarrte, hob er den Kopf und streckte ihm sein unrasiertes Kinn entgegen. „Name des Verstorbenen und Verwandtschaftsgrad?" Nicht ein Funke des Erkennens glomm in seinen Augen auf. Er tat, als sei er Martin nie zuvor begegnet. „Ihr seid hier, um einen Ablass für zeitliche Sünden zu erwerben?"

Martin musste unwillkürlich schlucken. Die Menschen um ihn herum wirkten befreit, sobald sie vom Tisch des Dominikaners zurückkehrten und die Heilige Stiege erklommen. Befreit und zufrieden.

„Schreibt Heine Luther", antwortete er schließlich. Er spürte kalten Schweiß im Nacken. „Er war mein Großvater!"

„Ein *Vaterunser* auf jeder der achtundzwanzig Stufen, Bruder. Wenn du oben angekommen bist, wird dein Großvater Heine aus dem Fegefeuer befreit und darf einziehen in die Ewigkeit!" Der Dominikaner nahm dem Schreiber den Pergamentstreifen ab und händigte ihn Martin aus.

„Grüß mir deinen beleibten Ordensbruder", rief er Martin boshaft hinterher. „Sag ihm, dass es selbst für die Todsünde der Prasserei Aussicht auf Vergebung gibt …" Als der Mönch begriff, dass er soeben zugegeben hatte, Martin zu kennen, biss er sich auf die Zunge und winkte verärgert den nächsten Bußpilger heran.

Martin ging langsam auf die Stufen zu; er fiel auf die Knie. Die Stimmen der Wartenden, der Büßer und des Mönchs steigerten sich in seinen Ohren zum schrillen Ton einer Fanfare. Er versuchte sich zu konzentrieren. Wie der

Dominikaner es ihm gesagt hatte, begann er damit, das vorgeschriebene Gebet zu sprechen: *„Pater noster, qui es in caelis: Sanctificetur nomen tuum: Adveniat regnum tuum: Fiat voluntas tua, sicut in caelo, et in terra …“*

Ein lautes Stöhnen mischte sich in seine Worte. Irritiert öffnete er die Augen. Unmittelbar neben ihm klammerte sich eine weißhaarige Frau an die Stufen, um sich hochzuziehen. Ihre Hände waren geschwollen, die langen Finger von Gicht gekrümmt. Sie kam nicht weiter, sosehr sie sich auch abmühte. Als Martin den verzweifelten Ausdruck auf ihrem Gesicht bemerkte, fühlte er, wie sich seine Kehle zuzuschnüren begann. Er wollte gerade aufstehen, um der Gestrauchelten die Hand zu reichen, als sich eine weitere Person zwischen ihn und die Greisin schob.

„Keine Angst, ich helfe dir“, ertönte eine helle, angenehme Stimme auf Italienisch. Martin verharrte abwartend auf seiner Treppenstufe. Als sie ihren Schleier in den Nacken schob, erkannte er die junge, dunkelhaarige Frau, die ihm bereits am Ablasstisch aufgefallen war. Ohne Umschweife legte sie der Alten einen Arm um die Taille und schob sie langsam die Stufen hinauf.

„He, ihr dort oben!“, ertönte plötzlich die Stimme des Schreibers, der auf die beiden Frauen aufmerksam geworden war. „Das Weib muss allein hinaufsteigen, oder glaubst du, du könntest sie ins Himmelreich tragen?“

„Das ist eine steile Stiege“, gab die junge Frau ohne Furcht zurück. „Ob sie ins Himmelreich führt, werden wir sehen, wenn wir oben angelangt sind!“ Unbeirrt setzte sie ihren Weg fort.

Martin schaute zu den Kassierern zurück; der kleine Tisch mit der Waage war von weiteren Pilgern umringt. Zum ersten Mal war er gezwungen, die leidenden Menschen um sich herum wahrzunehmen: einen zerlumpten Mann mit blutenden Knien, der dem Dominikaner gewiss seine letzten Münzen auf die Waage gelegt hatte; eine Schwangere, die schützend die Hände vor den geschwollenen Leib legte; Verkrüppelte, Männer mit schmutzigen Augenbinden.

Martin fühlte sich wie gelähmt. Es gelang ihm nicht, das Gebet auf der Pilatustreppe zu Ende zu sprechen.

„Versteht Ihr nun, was ich meine“, schimpfte Hannes Zink, als Martin wieder bei ihm auf der belebten Straße stand. Er sah wütend aus und winkte seinem Burschen, der sich mit den Pferden eilig einen Weg zu ihnen bahnte.

„Der Dominikaner ist nicht feinfühlig genug. Seine griesgrämigen Blicke verschrecken die Pilger. Sie würden nicht nur für einen ihrer Verstorbenen die Stiege hinaufsteigen, sondern für viele, wenn man ihnen nur erklärte, welchen heiligen Nutzen der Ablass bringt!“ Die Stimme des Schwaben klang immer zorniger. „Das Haus Fugger gibt sich nicht mit Brosamen zufrieden. Wenn ich Herrn Jakob überrede, ins Ablassgeschäft einzusteigen, so muss es fundierter sein als das, was der Dominikaner hier veranstaltet."

Martin wusste nicht, was er Zink antworten sollte. Gewiss hatte der Kaufmann der Fugger'schen Faktorei recht, wenn er sich über die mangelhafte Aufklärung der Pilger beschwerte. Andererseits war ihm auch nur daran gelegen, an der Not der Menschen und ihrer Furcht vor dem quälenden Feuer der Buße zu verdienen. Die alten Ängste vor der Rache eines zürnenden, strafenden Gottes begannen unvermittelt wie mit Klauen nach Martin zu greifen. „Ich kann Euch nicht helfen, Meister Zink", sagte Martin abrupt. Er starrte Zink an, als sei er aus einem tiefen Traum erwacht.

„Das ist schade, Bruder. Wollt Ihr nicht noch einmal in Ruhe darüber …"

„Nein, Herr! Sobald das Wetter eine Reise zulässt, werde ich Rom verlassen. Ich muss nach Erfurt zurückkehren. Dort gehöre ich hin!"

Hannes Zink machte keinen weiteren Versuch, Martin zum Bleiben zu überreden. Was die letzten Worte des jungen Mannes betraf, so hatte er indessen seine Zweifel, dass es Martin tatsächlich mit Macht in die Mauern seines Klosters zurückzog. Zink hatte die Augen des Mönchs studiert. Ebenso den leicht gebückten Gang. Seine fein gerundeten Lippen und das kräftige Kinn verrieten Entschlusskraft, die zerfurchte Stirn ließ auf unzählige durchwachte Nächte schließen. Der Mönch war trotz allen Eifers für die Gelübde seines Ordens ein Getriebener. Er befand sich auf der Flucht. Doch nicht vor Menschen, die man sehen und beurteilen konnte, sondern eher vor Dämonen, die seinen Glauben attackierten. Ob er sich nun in Rom oder in Deutschland aufhielt: Hannes Zink war davon überzeugt, dass sie Bruder Martinus früher oder später finden und ihm den Garaus machen würden.

Fünftes Kapitel

Erfurt, im Frühjahr 1511

Ich bin von Herzen betrübt, Euch schon wieder mit meinen Sorgen zur Last zu fallen, Ehrwürdigkeit!"

Der Prior des Erfurter Augustinerklosters führte Generalvikar von Staupitz, der soeben in der Kirche ein stilles Gebet vor dem Marienfenster beendet hatte, durch eine kleine Pforte in den Kreuzgang, der zu dieser abendlichen Stunde verlassen dalag. Nur in einem Winkel jenseits der steinernen Treppe, die hinauf zu den Schlafstätten der Mönche führte, kniete ein Mönch und beugte sich über die hellen Bodenplatten. Seinen regelmäßigen Armbewegungen und dem leisen Keuchen war zu entnehmen, dass er den Stein von Schmutz zu befreien versuchte.

„Seht Ihr, was ich meine, Ehrwürdigkeit?“, flüsterte der Prior ratlos. Wie gebannt starrte er auf den Rücken des Mannes. Von Staupitz zog sich mit einer hastigen Geste die Kapuze über den Kopf. „Ich sehe einen jungen Bruder, der den Kreuzgang scheuert. Aber …“

„Ihr wisst so gut wie ich, dass dieser Eifer an Besessenheit grenzt“, unterbrach ihn der Prior. „Dieser wilde Blick, die Hände unstet, die Augen rot von Tränen. Nein, Ehrwürdigkeit, seit Bruder Martinus aus Rom zurückgekehrt ist, benimmt er sich wie einst der Besessene von Gerasa!“

„Soweit mir bekannt ist, hat unser Herr die Teufel aus dem Besessenen getrieben und danach in eine Herde von Schweinen gejagt“, sagte von Staupitz mit einem nachsichtigen Lächeln. „Ich hoffe, Ihr verlangt von mir kein ähnliches Wunder, Bruder Prior!“

Der bärtige Mann verzog das Gesicht. „Ich verlange kein Wunder“, antwortete er missmutig, „aber es könnte nicht schaden, wenn Ihr Eurem Schützling einmal ins Gewissen reden würdet. Die anderen Brüder beginnen sich vor ihm zu fürchten. Einer der Novizen verriet mir sogar, er habe gehört, wie Bruder Martinus im Dormitorium mit dem Teufel sprach!“

Von Staupitz holte tief Luft. Selbst wenn der Prior übertrieb, hörte sich das, was er gesagt hatte, doch besorgniserregend an. Er musste der Angelegenheit nachgehen, wenn er nicht wollte, dass eines Tages die Inquisition vor den Toren stand.

Martin staunte nicht schlecht, als er plötzlich eine zweite Bürste über die Steinplatten wischen sah. „Ehrwürden … Ihr?“, entfuhr es ihm. Der Generalvikar hatte sich auf die Knie hinabgelassen und fing an, die Platten zu bearbeiten. Martin starrte seinen Ordensoberen beschämt an, dann gab er sich einen Ruck und setzte seine Arbeit umso betriebsamer fort. „Ihr solltet nicht hier sein, Ehrwürdigkeit. Das ist nicht Eure Aufgabe …“

Von Staupitz hustete. „Möglich, mein Sohn, aber deine Aufgabe ist es ebenfalls nicht. Jedenfalls werden die Bodenplatten nicht mehr sauberer, auch wenn du ihnen die ganze Nacht hindurch zu Leibe rückst.“ Er hielt kurz inne, als die Geräusche sich entfernender Schritte an sein Ohr drangen. „Der Prior“, sagte er leise und lächelte. „Vermutlich hält er uns nun beide für verrückt.“

„Ihr solltet nicht hier sein.“ Martin tauchte die Bürste in den Kübel.

„Du lässt mir keine andere Wahl, mein Sohn. Seit Wochen bist du nun wieder hier und hast doch kaum ein Wort mit mir gewechselt – nicht einmal im Beichtstuhl. Bruder Johann ist da ganz anders. Er berichtete mir von eurer Reise mit glänzenden Augen und schwärmerischen Worten! Was, um alles in der Welt, ist denn nur geschehen?“ Der Generalvikar legte seine Bürste zur Seite. „Als dein Vater in Christo befehle ich dir zu sprechen!“

„Rom ist ein einziger Jahrmarkt. Ein Sündenpfuhl! Wohin man blickt, regiert der Wucher. Man kann alles kaufen. Beischlaf mit Kurtisanen! Seelenheil! Könnt Ihr Euch das vorstellen? Bordelle für geistliche Würdenträger!“

Von Staupitz hob resigniert die Arme. „Ich kann es mir gut vorstellen. Solche Häuser gibt es wahrscheinlich auch in Leipzig oder Magdeburg.“

„Gibt es in Magdeburg auch eine Kirche, welche die dreißig Silberlinge des Judas ausstellt? Wenn Ihr sie alle küsst, schmort Ihr hundert Jahre weniger im Fegefeuer!“

„Und du meinst, Rom stünde mit solchen Reliquien allein da? Der Kurfürst von Sachsen soll selbst eine der größten Reliquiensammlungen der Christenheit besitzen!“

Martin hörte auf zu scheuern. Benommen starrte er auf die Wasserspuren hinab, in denen sein Spiegelbild zu einer Fratze verschwamm. „Ich habe den Heiligen Vater gesehen, während er mit seinem Gefolge durch eine Straße ritt. Es heißt, er sei … grausam und blutrünstig. Seine Handlanger sollen in Rom Angst und Schrecken verbreiten.“ Über seine eigenen Worte erschrocken, krampfte Martin die Hände im Schoß zusammen. Er konnte nicht fassen, dass er es gewagt hatte, in dieser Weise über den Papst zu sprechen. Misstrauisch suchte er die Miene seines Mentors nach einer Spur von Verärgerung ab. Doch zu seinem Erstaunen zeigte von Staupitz’ Gesicht nur den gewohnten halb sorgenvollen, halb spöttischen Ausdruck. „Du solltest dir diese Gerüchte nicht zu sehr zu Herzen nehmen, Bruder Martinus. Komm, lass uns hinüber in den Hof gehen. Ich muss dir etwas mitteilen.“

„Was gefällt Euch hier nicht?“

Von Staupitz erhob sich ächzend. Dann bot er Martin die Hand. „Nun ja, wenn du mich so fragst: Ich mag saubere Bodenplatten. Aber bei allem, was wir tun, sollten wir doch niemals unsere Brüder in Verlegenheit bringen. Wenn sie nicht lernen, so flink zu schrubben wie du, werden sie einen Weg finden, um deinen Teil ein bisschen weniger … funkeln zu lassen.“

Martin nickte. Er wusste, worauf von Staupitz anspielte, und war dankbar für dessen Warnung. Er folgte dem älteren Bruder zur Pforte.

„Du hast dich während deiner Studien ausgiebig mit der Heiligen Schrift beschäftigt, nicht wahr?“, fragte von Staupitz leise.

Martin nickte, ohne zu wissen, worauf der Generalvikar hinauswollte.

„Das haben nicht viele, aber in Wittenberg wirst du Gelegenheit haben, über das, was du gelesen hast, zu sprechen!“

„Wittenberg?"

„Die Spannungen im Erfurter Konvent sind auch nach deiner Rückkehr aus Rom nicht beigelegt worden, Bruder. Es gibt viel böses Blut. Ich halte es für angebracht, dass du die Stadt für eine Weile verlässt und …" Er sprach nicht weiter. Eine Gruppe von Ordensbrüdern kam unter dem Torbogen hervor, der die beiden Innenhöfe miteinander verband. Vermutlich waren sie auf dem Weg zur Kirche. Als die Mönche Martin bei dem Generalvikar stehen sahen, verfinsterten sich ihre Mienen. Von Staupitz wartete, bis die Männer im Haus verschwunden waren, dann fuhr er fort: „Ich schicke dich an die Quelle des Wissens oder, wie die Humanisten sagen würden: *ad fontes*. Das Kloster in Wittenberg ist noch recht jung, aber Seine Durchlaucht Kurfürst Friedrich, den man überall ‚den Weisen' nennt, hält schützend seine Hand über unsere Brüder. Er setzt sich auch für die kürzlich gegründete Universität ein. Glaub mir, Bruder Martinus: In Wittenberg wirst du auf Menschen stoßen, die deine Predigten zu schätzen wissen."

Martin blickte über den Kopf des Superiors hinweg zu dem Turm der Kirche, in der er so oft um Frieden für seine Seele gebetet hatte. Die Worte des Älteren klangen vernünftig, dennoch besiegten sie Martins Zweifel nicht. Nicht einmal die Pilgerreise nach Rom hatte ihm die Antworten beschert, die er für sein Leben suchte. „Ich gehöre nicht hinaus in die Welt. Das hat mir der Aufenthalt in Rom vor Augen geführt, Ehrwürden."

Von Staupitz lächelte. „Deine Pilgerschaft ist aber noch lange nicht zu Ende, Bruder Martinus. Überhaupt predigen wir das am besten, was wir am dringendsten lernen müssen. Gott hat dir einen unruhigen Geist, aber auch Gnadengaben in Fülle zugedacht. In Wittenberg kannst du althergebrachte Denkweisen ändern, Augen öffnen. Und das willst du doch, oder?"

Martin gab keine Antwort. Er wollte gewiss nichts verändern, sondern sich den Himmel verdienen, dessen Gnade ihm weiter entfernt erschien als je zuvor in seinem Leben.

WÄHREND Martin sein Bündel packte und dem Kloster zu Erfurt Lebewohl sagte, stieg in Rom ein dünner weißer Rauchfaden zum Himmel empor.

Das Volk, das sich auf den Plätzen und Straßen rund um den päpstlichen Palast versammelt hatte, fiel ehrfürchtig auf die Knie. Der freudige Ruf „*Habemus Papam*" erscholl von einem Ende der Stadt bis zum anderen.

Die Kardinäle, die einige Tage in strenger Klausur zugebracht hatten, waren sich erstaunlich schnell einig geworden: Nach kurzer Sedisvakanz hatten sie Rom einen neuen Papst gegeben.

Im Dom, der dem heiligen Apostel Petrus geweiht war, wurde wenig später die goldene Tiara auf einen breiten, kahlen Schädel gesetzt. Dieser gehörte einem Mann, dessen Augen die Zeremonie unbeeindruckt, ja beinahe kühl verfolgten. Seine Finger trommelten gegen die mit prächtigen Schnitzereien verzierten und mit reichlich Blattgold überzogenen Armlehnen des Thrones, von dem aus er von nun an die Geschicke der Christenheit lenken sollte.

„Kardinal Giovanni de' Medici, wir erklären dich zum Papst Leo X., Bischof von Rom und Stellvertreter Christi auf Erden …", ertönte eine weihevolle Stimme, „… zum Nachfolger des heiligen Petrus und zum heiligen Oberhaupt der Kirche."

Der Papst hob den Kopf. Ein samtenes Lächeln legte sich auf seine Lippen.

Sechstes Kapitel

Das Städtchen Wittenberg in Sachsen lag direkt an der Elbe. Ein starker Mauergürtel mit Wassergräben umgab Gassen und Märkte. Insgesamt elf Wachtürme, die bereits von Weitem zu erkennen waren, überragten die Dächer der Bürgerhäuser und Kirchen wie steinerne Lanzen.

Die Nähe zum Fluss hatte sich für die Stadt als nutzbringend erwiesen. Neben dem eigenen Münzrecht besaß sie das Stapelrecht für Getreide, Wein, Holz, Heringe und andere Waren, die auf dem Land- und Schiffsweg befördert werden konnten. Gegen die Zahlung von tausend rheinischen Gulden hatte der Kurfürst sogar die hohe Gerichtsbarkeit an die Stadtväter abgetreten, und auch wenn sich der Hof eine Rücknahme vorbehielt, trugen diese Errungenschaften zum Selbstbewusstsein der Bürger bei. Ratsherren, Gilden und Zünfte demonstrierten ihre Hingabe an die Stadt durch den Bau stattlicher Kirchen und die Unterstützung der Universität.

Martin erreichte Wittenberg, als der Oktober das Laub der Bäume golden färbte. Zu seiner eigenen Überraschung lebte er sich ohne Schwierigkeiten im Kloster seines Ordens ein. Die wenigen Augustiner bewohnten ein noch recht neues Gebäude, das nach dem Brauch der Bettelorden schlichte, zweckmäßige Formen aufwies. In der Stadt wurde der Konvent „Schwarzes Kloster" genannt, was aber nicht auf die Farbe der schmucklosen Mauern zurückzuführen war, sondern vielmehr auf die der Mönchskutten.

Im Schwarzen Kloster lernte Martin Bruder Ulrich kennen, der vom Prior den Auftrag erhalten hatte, sich um den Neuankömmling zu kümmern. Bruder Ulrich war ein dunkelhaariger, gut aussehender Mönch, der zu den ersten Ordensbrüdern gehörte, die sich auf Einladung des Kurfürsten in

Wittenberg niedergelassen hatten. Wie Martin war auch er in den biblischen Wissenschaften unterwiesen worden, wenngleich er diese nicht mit der gleichen Hingabe betrieb, wie Martin es tat. Die beiden Mönche hatten überhaupt recht wenig gemeinsam. Ulrich kämpfte sich mühselig durch seine Bücher, während für Martin die Stunden, die er allein mit Studieren verbringen durfte, die glücklichsten waren. Dafür war Bruder Ulrich ein beliebter Seelsorger und aufmerksamer Zuhörer. Er ging freimütig auf alle Menschen zu, die ihm begegneten, und behauptete, dass ihre Schicksale ihn mehr lehrten als sämtliche Schriften, die jemals in einem Skriptorium oder auf einer Druckerpresse entstehen könnten. So erschien es den meisten älteren Brüdern verwunderlich, dass Bruder Ulrich so gut mit dem schweigsamen, oft unausgeglichen wirkenden neuen Mönch aus Erfurt auskam.

Eines Nachmittags wartete Bruder Ulrich an einer Niederung des Flusses auf Martin, um ihm einige der ärmeren Bewohner Wittenbergs vorzustellen, mit denen er in seiner Eigenschaft als Prediger zu tun haben würde. Ulrich hielt seine Kutte gerafft, während sich zu seiner Linken ein Fischer mit einem Kescher und mehreren Binsenkörben abmühte. Der Mann war blind.

„Warte, ich helfe dir!“, rief Bruder Ulrich eifrig. Ohne zu zögern, ließ er seine Kutte los und nahm dem Fischer das Netz aus der Hand. Kaum hatten sie den Fang des Alten mit vereinten Kräften an Land gebracht, als er Bruder Martinus zwischen den Bäumen hervortreten sah. Der junge Mann bot den üblichen Anblick. Übernächtigt und verwirrt sah er aus. Unter seinem Arm klemmte ein Buch, von dem er sich wohl nicht hatte trennen können. Bruder Ulrich stemmte die Hände in die Seiten.

„Ich wollte nicht hetzen, Bruder!“, rief er ihm schon von Weitem zu, worauf Martin nur noch schneller lief.

„Wie ich sehe, habt Ihr die Zeit gut genutzt! Wart Ihr angeln, Bruder?“

Bruder Ulrich verzog in gespielter Entrüstung das Gesicht. Der untere Teil seiner Kutte war völlig durchnässt. „Seht Ihr den Mann mit den Binsenkörben? Sein Name ist Gunter. Wenn ich nicht in den Fluss gestiegen und mich um sein Netz gekümmert hätte, wäre sein ganzer Fang verloren gewesen.“

„Und das wäre schlecht für ganz Wittenberg“, sagte Martin schmunzelnd. „Schließlich haben wir heute Freitag!“

„So ist es. Ihr lernt wirklich schnell!“

Lachend traten die beiden Mönche den Heimweg an. Auf dem Platz vor der Schlosskirche hatten einige Krämer kleine Buden und Schragen aufgeschlagen, um den Vorübereilenden geflochtene Körbe sowie Krüge und Becher aus Ton anzubieten. In einiger Entfernung schnatterten Hühner und Gänse aufgeregt durch die Stäbe hölzerner Käfige. Vor einer Reisigverkäuferin, die sich ein gutes Stück abseits des Trubels gegen die Kirchenmauer lehnte, blieb Bruder Ulrich stehen. Martin trat neugierig näher und musterte die Frau, deren ermattet dreinblickende graue Augen einen Wimpernschlag lang aufleuchteten, als sie seinen Begleiter wahrnahmen. Armut und Entbehrung hatten die Frau vorzeitig altern lassen. Ihre Haut war fast so grau wie der Stein des Mauervorsprungs, vor dem drei ordentliche Bündel Reisig, Tannenzapfen und Zunder lagen.

„Holz, Bruder?“, sprach die Reisighändlerin Bruder Ulrich an. Sie ging erwartungsvoll in die Hocke und legte die Hand auf eines der Bündel. Ulrich nickte ihr lächelnd zu. „Wie geht es deinem Mädchen, Hanna? Ist ihr Husten besser geworden?“

Die Frau erwiderte die Blicke des Mönchs nur zaghaft. Verlegen murmelte sie eine unverständliche Antwort. Dann begann sie umständlich ein paar lange Ruten abzuzählen. „Ein halbes oder ein ganzes Bündel, Bruder?“ Es lag auf der Hand, dass sie noch kaum etwas verkauft hatte. Bruder Ulrich entdeckte den blinden Fischer, der soeben zwischen zwei Verkaufsständen auftauchte. Sein Stock klopfte tastend über das holprige Pflaster. Lachend sprang Bruder Ulrich auf den Blinden zu, legte ihm einen Arm um die Schultern und flüsterte ihm etwas ins Ohr. Der Fischer zuckte die Achseln.

„Du bekommst zwei frische Fische, Hanna“, sagte der Mönch fröhlich. Er griff in den Korb des alten Mannes und ließ einen bescheidenen Teil seines Fanges vor der Reisighändlerin auf den Boden klatschen. „Ein Bündel Reisig müsste genügen. Damit können wir unseren Brüdern im Kloster heute Abend schön einheizen.“

Ein Lächeln flog über das ausgemergelte Gesicht der Frau. Bruder Ulrich ließ sich das Bündel reichen, gab es jedoch sogleich an Martin weiter. „Darf ich dir unseren neuen Pfarrer vorstellen, Hanna? Sein Name ist Pater Martinus!“

Martin begrüßte die Frau mit einigen dürren Floskeln, wurde aber alsbald von Bruder Ulrich und dem Fischer weitergetrieben.

„Das arme Weib ist nicht ganz bei Verstand“, sagte Gunter in verschwörerischem Ton, kaum dass sie die Schlossstraße hinter sich gelassen hatten. „Sie haust mit ihrem Kind in einer verfallenen Hütte im Wald. Bei Vollmond, wenn es die Werwölfe am schlimmsten treiben, geht sie raus.“

„Das ist doch barer Unsinn“, unterbrach ihn Bruder Ulrich grob. „Werwölfe! Willst du Pater Martinus Angst einjagen?“

Martin schüttelte ungnädig den Kopf. So leicht ließ er sich nicht erschrecken. Er hatte bereits gehört, dass sich in den Köpfen zahlreicher Wittenberger hartnäckig abergläubische Vorstellungen hielten, gegen die selbst die

Priester einen vergeblichen Kampf führten. „Gespenster machen mir keine Angst“, sagte er leise. „Jedenfalls keine, wie ihr sie euch vorstellt!“

„Ein Werwolf oder Buhlteufel. Wen schert’s?“, sagte der Fischer. „Die hohen Herren kennen sich besser damit aus als ein armer, blinder Fischer. Tatsache ist jedoch, dass die krumme Hanna eine Hütte außerhalb der Stadtmauern gesucht hat. Neun Monate später kommt ein Kind zur Welt, so verkrüppelt, dass die Wehmutter drei Tage kein Wort spricht. Der eigene Mann fällt ihr vor Schreck tot um. Seitdem hält Hanna diese Ausgeburt des Teufels da draußen im Wald versteckt!“

„Du willst also einem studierten Theologen erzählen, ein Dämon hätte einer anständigen Christin ein Kind angedreht?“ Bruder Ulrich tippte sich vielsagend gegen die Stirn. Gerade noch rechtzeitig riss er den Blinden zur Seite, als ein paar Studenten in Eile über die Schwelle eines hohen Giebelhauses stolperten und den Mann dabei beinahe umrannten.

„Ich denke, ich habe mich lange genug mit den Herren Betbrüdern aufgehalten, meine Fische verkaufen sich schließlich nicht von allein!“ Zeternd packte der Alte seine Netze und den Binsenkorb. Ehe Martin und Ulrich ihn aufhalten konnten, stolperte er auch schon dem ärmlichen Mauerviertel entgegen.

Ein Stück weiter des Wegs kam Bruder Ulrich und Martin ein junger Bursche entgegen, der eine Wanne voller Mörtel in den Hof eines mit Efeu bewachsenen Hauses schleppte. Ein Ochsenkarren holperte an ihm vorüber, der bis zum Rand mit Bauholz beladen war. Martin bemerkte, dass der hintere Teil des Gebäudes mit einem Gerüst versehen war, auf dem Zimmerleute und Maurer standen. Auf der obersten Plattform des Gerüsts befestigte ein Arbeiter, eine speckige Lederschürze um den Bauch, eine Winde, um Eimer mit Mörtel und gebrannten Lehmziegeln hinaufzuziehen. Lautes Gebrüll tönte über den Hof. Bruder Ulrich hielt den jungen Mörtelträger an, dessen schmächtiger Körper sich unter der Last der schweren Wanne krümmte.

„Gott zum Gruß, Freund Thomas. Wie ich sehe, macht der Bau Fortschritte. Dies ist unser neuer Gemeindepfarrer aus Erfurt. Pater Martinus Luther!“

Die Männer auf dem Gerüst glotzten misstrauisch in den Hof hinab. Aber keiner von ihnen sagte ein Wort. Der junge Thomas ließ die Wanne stöhnend auf das Pflaster sinken. Er nickte Martin scheu zu, dann wischte er sich über die vor Schweiß glitzernde Stirn, nahm den Mörtel wieder auf und verschwand damit in der Bauhütte. Es war nicht zu übersehen, dass der Junge etwas auf dem Herzen hatte, doch unter den abweisenden Blicken der Handwerker wagten es weder Martin noch Bruder Ulrich, ihm nachzugehen.

„Ich freue mich darauf, euch in der Messe zu sehen!“, rief Martin schließlich, um das bedrückende Schweigen zu brechen. Er hatte nicht damit gerechnet, dass die Wittenberger ihren neuen Seelsorger mit Jubel empfangen würden, aber der Argwohn, der in den Augen der Handwerker aufblitzte, sobald sie einen Geistlichen sahen, befremdete ihn. Hatten die Menschen hier etwa Angst vor ihren Priestern?

Er wünschte den Männern ein gutes Gelingen und verließ mit Bruder Ulrich den Hof. „Habe ich den Leuten etwas getan, dass sie so abweisend reagieren?“

„Ach was, daran werdet Ihr Euch gewöhnen. Wahrscheinlich dachten die Burschen, Ihr seiet nur gekommen, um den Zehnten einzutreiben. Einige Zünfte und Gilden mögen am kurfürstlichen Hof recht gut verdienen, aber die meisten gehen doch leer aus. Die Zeiten sind schlecht.“

„Sie dachten, ich wäre hinter ihrem Geld her?“

„Aber nein. Sie dachten, der Papst wäre hinter ihrem Geld her. In manchen Städten werden die Marktbrunnen mit Wein gefüllt, sobald ein neuer Bischof Einzug hält. Hier müssen die Menschen dem Papst Abgaben zahlen, wenn ein neuer Pfarrer auftaucht. Nur so können sie sichergehen, dass sie auch in Zukunft die Sakramente gespendet bekommen. *Manus manum lavat*, wie der Lateiner sagt. Eine Hand wäscht die andere!“

Martin schüttelte bestürzt den Kopf. Diese Bräuche waren ihm unbekannt, doch nun wurde ihm klar, dass die Wittenberger keinen Grund sahen, seine Ankunft mit Begeisterung aufzunehmen.

Siebtes Kapitel

Rom, 1512

In den weitläufigen, hallenden Treppenhäusern des Vatikanpalastes war es nach der drückenden Hitze, die den ganzen Tag über Roms Straßen gehangen hatte, angenehm kühl und zudem menschenleer. Mit Ausnahme einiger Wächter begegnete man hier oben nur selten jemandem. Girolamo Aleander blinzelte in das Licht der Lampe, die sein geistlicher Mentor, Kardinal Thomas Vivo von Gaeta, genannt Cajetan, wie ein Weihrauchgefäß vor ihm hin und herschwenkte. Aus einiger Entfernung war der Gesang von Mönchen zu hören.

Aleander war ein bleicher, nicht mehr ganz junger Mann, der eine glänzende Ausbildung genossen hatte und einer vielversprechenden Zukunft entgegensah. So weit er zurückdenken konnte, hatte er sich in der Nähe der päpstlichen Macht aufgehalten und darauf gewartet, dass eines Tages ein Würdenträger auf seine überdurchschnittlichen Fähigkeiten aufmerksam werden würde. Von Natur aus ernsthaft veranlagt und mit der Tugend der Geduld reichlich gesegnet, war es sein Anliegen, die Welt des Glaubens durch fortlaufende Studien besser kennenzulernen und sich sein eigenes Bild von ihren Herren und Knechten zu machen. Und auch wenn er selbst zu Vorsicht und Bescheidenheit neigte, hatte er der Kirche doch niemals das Recht abgesprochen, die Fülle ihrer Gewalt durch stolze Prachtentfaltung zu zeigen.

In Gedanken versunken, bemerkte Aleander, wie der Kardinal in einen Gang einbog, der mit den Porträts ehemaliger Päpste geschmückt war. Der Kardinal blieb bald vor diesem, bald vor jenem Bildnis stehen, hob seine Lampe und studierte die in Ölfarbe gebannten Gesichtszüge der dargestellten Männer mit dem Hauch eines Lächelns auf den Lippen.

Aleander beobachtete seinen Schutzherrn aufmerksam. Cajetan war ein großer, stattlicher Mann, dessen Haar im jahrzehntelangen Dienst um die Belange der Kurie ergraut war. Seine Haut besaß die Farbe eines römischen Schindeldaches, und wenn er lachte, entblößte er eine Reihe makelloser Zähne, was darauf hindeutete, dass er auf seine Gesundheit achtete und sich nicht, wie so mancher im Palast, der Trunksucht und der Völlerei ergeben hatte.

„Als ich vor vielen Jahren nach Rom kam, glaubte ich, nichts sei so edel, wie in Gottes Diensten zu stehen", sagte der Kardinal nach einer Weile nachdenklich. „Damals war der Mann Papst, der hier so gefasst auf unsere armselige Sterblichkeit herabsieht: Alexander VI. Drei Mätressen. Fünf Kinder. Ein glühender Verfechter des Stierkampfes."

„Ist das wahr?", fragte Aleander ungläubig. Cajetan lachte amüsiert, als er in die vor heiligem Eifer funkelnden Augen seines jungen Schützlings blickte. Aleander war zweifelsfrei ein intelligenter Beobachter. Ein Mann, wie ihn die Kirche brauchte, wenn sie nicht an ihrem eigenen Atem ersticken wollte. Dennoch konnte es nichts schaden, wenn man ihn frühzeitig mit der rauen Wirklichkeit der vatikanischen Sitten konfrontierte. Der Kardinal leuchtete das nächste Gemälde an. Der Lichtschein fiel auf das bärtige Antlitz des erst kurz zuvor zu Grabe getragenen Papstes Julius II.

„Julius. Hier sieht er recht ehrwürdig aus, nicht wahr? Wie ein Hirte, der sich um die Herde der ihm anvertrauten Schafe sorgt. Allerdings hatte er ein ganz anderes Bildnis im Sinn, als er den Künstler zu sich rufen ließ. Er wollte der Nachwelt als Kriegerfürst in Erinnerung bleiben – hoch zu Ross, mit dem Schwert in der Hand, auf dem Kriegszug gegen das aufmüpfige

Venedig.“ Cajetan maß seinen Begleiter mit einem durchdringenden Blick. „Wonach steht Euch der Sinn?“

„Gott zu dienen, Euer Eminenz“, antwortete Aleander entschlossen. „Dabei mitzuhelfen, Seine Kirche wieder aufzubauen und ihr die Reinheit zu verleihen, die sie verdient!“

Der Kardinal neigte abschätzend den Kopf. „Ach … So kann man Euch also in Versuchung führen“, murmelte er. „Aber vielleicht habt Ihr recht. Auch ich warte seit Jahren auf jemanden, der die Christenheit aufrüttelt.“

Der Gesang der Mönche wurde lauter. Sie sangen zu Ehren des neuen Papstes, und Aleander überlegte, ob es wohl Leo X. sein konnte, auf den sich die Hoffnungen des Kardinals richteten. Zögernd folgte er seinem Mentor durch eine kleine Pforte, die auf den Balkon des Südflügels hinausführte.

IN WITTENBERG drängten sich an diesem Morgen die Studenten der kleinen Universität in einem Saal des Kollegiums an der Langen Straße.

„Darf ich um Ruhe bitten?“, unterbrach ein Mann in einem Talar aus nachtblauem Samt das Gemurmel der Studentenschar. Er nahm seine Kappe ab und bestieg würdevoll das erhöhte Katheder, von dem aus er die Reihen der jungen Männer gut überschauen konnte, die sich zu seinem Vortrag über Kirchenrecht eingefunden hatten. Zwischen den geflickten Wämsern und den Überröcken aus teurem Leipziger Tuch schien zuweilen der grobe Stoff einer Mönchskutte hindurch.

„Extra ecclesiam nulla salus“, verkündete der Magister Andreas Karlstadt mit getragener Stimme. „Außerhalb der Kirche ist kein Heil zu finden. Diese Debatte wird seit über vierzehnhundert Jahren geführt. Seit den frühen Tagen der Kirche.“ Er hielt kurz inne, als sein Blick den jungen Augustinermönch traf, der auf einer der Eichenbänke in der letzten Reihe des Hörsaales Platz genommen hatte. Überrascht zog er eine Augenbraue hoch, denn seine Vorlesungen wurden in der Regel als Pflichtveranstaltungen angesehen, in die sich kaum einer seiner Kollegen verirrte. Dennoch schien der Mönch, den man ihm vor einigen Tagen als Pater Martinus Luther vorgestellt hatte, seine Worte voller Erwartung in sich aufzunehmen.

Karlstadt setzte er seine Ausführungen fort. „Aber nun hat das fünfte Laterankonzil das berühmte Diktum des heiligen Cyprianus bestätigt. Es gibt keine andere Möglichkeit, den Tiefen der Hölle zu entkommen, als Mitglied der heiligen römischen Kirche zu sein und sich zu ihr zu bekennen!“

Die Studenten nahmen Karlstadts Vortrag gelassen hin. Aufmerksam wurden die jungen Männer erst, als sich plötzlich der Mönch zu Wort meldete. Blicke gegenseitigen Unverständnisses wanderten zwischen dem Magister und dem Mann im Habit des Bettelordens hin und her. Obschon die Studenten stets aufgefordert wurden, bei öffentlichen Diskursen ihre Meinung zu vertreten, kam es doch selten vor, dass Professoren unterbrochen wurden.

„Professor Karlstadt", rief Martin, „Ihr vergaßt zu erwähnen, dass es auch in den östlichen Kirchen Menschen gibt, die der Lehre Christi in Ergebenheit folgen! Was sagt der Lateranbeschluss über unsere griechisch-orthodoxen Brüder und Schwestern?"

Der Magister erstarrte. Ungnädig blickte er vom Katheder auf den Störenfried hinab und bedauerte zutiefst, dass er keinen einfachen Studenten vor sich hatte. Einen jungen Burschen hätte er kurzerhand vor die Tür gesetzt, doch nun sah er sich zu einer Antwort genötigt.

„Die griechisch-orthodoxen Christen?", schnarrte er voller Verachtung. „Ganz einfach!" Karlstadt wühlte erregt in seinem Berg von Notizen. „Ein frühes Kirchendokument erklärt eindeutig, dass der Bischof von Rom – und kein griechischer Patriarch – der Nachfolger des heiligen Petrus war. Gewiss wollt Ihr nicht leugnen, Pater Martin, dass unser Herr Jesus Christus dem Petrus die Schlüssel des Himmelreichs übergeben hat."

„Dann müssen wir also die Heiligen der östlichen Kirchen als verdammt ansehen? Denn sie standen niemals unter dem Bischof von Rom!"

Karlstadt ballte die Fäuste, Schweißtropfen perlten über seine hohe Stirn. „Ihr habt das Wesentliche nicht begriffen, Pater. Und ich kann hier nicht …"

„Aber das wäre doch die unausweichliche Schlussfolgerung aus Cyprianus' Behauptung", fiel ihm Martin ins Wort. „Den griechisch-orthodoxen Christen bliebe die Erlösung verwehrt. Oder basiert diese Mutmaßung auf einer übertrieben wörtlichen Interpretation des Evangeliums nach Matthäus? *Tu es Petrus, et super hanc petram aedificabo ecclesiam meam …*"

„Danke, wir sind alle vertraut mit diesem Vers, guter Mann", wandte der Magister ein. Hilflos musste er zusehen, wie der Mönch ihm seine Vorlesung auseinandernahm. Die Studenten schien er auch schon auf seine Seite gezogen zu haben, denn nach seiner letzten Bemerkung hatten einige der jungen Männer beifällig gemurmelt. So etwas durfte Karlstadt auf keinen Fall zulassen. „Ich hätte nicht damit gerechnet, dass ausgerechnet ein Angehöriger des Augustinerordens es wagen würde, die Autorität eines Kirchenkonzils infrage zu stellen, Doktor Luther!"

Martin erbleichte und spürte, wie Dutzende von Augenpaaren sich auf ihn richteten. „Das habe ich auch nicht getan, Professor Karlstadt", brachte er zögernd hervor. „Auch wenn das *vierte* Konzil eingestanden hat, dass Cyprianus sich möglicherweise getäuscht haben könnte."

„Was meint Ihr damit?", wollte ein Student wissen.

„Das Konzil hat im Jahre 1215 festgestellt, dass es unter Umständen sehr wohl auch außerhalb der römischen Kirche möglich sei, Seelenheil zu finden … allerdings niemals ohne die Gnade des Herrn Jesus Christus!"

Der Scholar gab einen grunzenden Laut von sich, der von Zustimmung bis Widerspruch alles bedeuten konnte. Bevor er jedoch dazu kam, Martins Worte niederzuschreiben, zog der Magister eine kleine Glocke aus der Lade seines Katheders und begann sie hin und her zu schwenken.

Ein allgemeines Getöse beendete die Vorlesung. Stiefel polterten die Treppe von den höher gelegenen Räumen hinunter. Karlstadt warf Martin einen Blick zu, der so kalt war wie der Frost an einem nebelverhangenen Wintermorgen. Dann legte er die Glocke aus der Hand, raffte eilig seine Aufzeichnungen zusammen und verließ das Podest über eine kleine Treppe, die in die Hauskapelle führte. Martin sah dem Gelehrten mit gemischten Gefühlen hinterher. Er hatte Karlstadt herausgefordert, und das war nicht gut. Doch wäre es, um des lieben Friedens willen, angebrachter gewesen, zu schweigen und die haltlosen Kommentare des Magisters zu einem wichtigen kirchenrechtlichen Problem widerspruchslos stehenzulassen?

Während Martin sich an den in Trauben zusammenstehenden Studenten vorbei hinaus ins Freie kämpfte, musste er an den Generalvikar seines Ordens denken. Er fragte sich, was von Staupitz wohl in dieser Situation getan hätte, und kam zu dem Schluss, dass er Karlstadt aufsuchen musste.

Kaum war im Freien, als plötzlich ein grauenvoller Schrei ertönte.

„Mein Gott, das kommt vom Marktplatz!", hörte Martin einen der Studenten rufen. „Die Baustelle!"

Von bösen Vorahnungen getrieben, lief Martin los und bahnte sich einen Weg durch die Menge. Bereits von Weitem sah er, dass sich einige Männer und Frauen mit bestürzten Mienen um das halbfertige Giebelhaus scharten, das er erst wenige Tage zuvor gemeinsam mit Bruder Ulrich besucht hatte. Eine Frau mittleren Alters war auf dem lehmigen Boden vor der Bauhütte zusammengebrochen. Neben ihr stand einer der Handwerker, die Martin neulich auf dem Gerüst gesehen hatte. Der Mann war weiß wie Kalk. Dennoch redete er begütigend auf die Frau am Boden ein. Sie stieß seine Hand weg. „Thomas", wimmerte sie unter Tränen, „Thomas!"

Als Martin zum Gebälk der Bauhütte aufsah, weiteten sich seine Augen vor Entsetzen. An einer der Verstrebungen schaukelte der leblose Körper eines jungen Mannes im Wind. Es war der Mörtelträger, den Bruder Ulrich begrüßt hatte. Martin bekreuzigte sich hastig, dann stürzte er auf den Erhängten zu und stemmte ihm aus Leibeskräften die Füße hoch, um den Strick um seinen Hals zu lockern. Ein Fass lag umgestürzt vor ihm auf dem

Boden. Der junge Mann musste es als Tritt benutzt haben, um sein Vorhaben in die Tat umzusetzen.

„Helft mir doch!“, schrie Martin den Umstehenden zu. Er keuchte, als müsse er selbst ersticken. „Trennt endlich das verdammte Seil durch!“

Der Handwerksmeister, der noch immer neben seiner schluchzenden Frau verharrte, nickte. Es sah aus, als erwache er aus einem tiefen Schlaf. So schnell ihn seine Füße trugen, rannte er zur Bauhütte hinüber und erklomm ihr Dach mithilfe einer Leiter. Er schob sich den Querbalken entlang, bis er das Seil erreicht hatte. Dann zog er sein Messer und hieb mit kräftigen Schlägen darauf ein, bis er es durchtrennt hatte. Der Körper des Jungen gab nach; sonderbar leicht kam er Martin vor, als er ihn in seine Arme gleiten ließ. Während der Handwerksmeister die Leiter hinabstieg, bemühte Martin sich, den Kopf des Toten vom Matsch fernzuhalten.

„Lasst mich zu ihm, Pater“, murmelte die Frau. „Ich bin Theresa, seine Mutter!“

„Er war ein braver Junge“, sagte der Handwerker. Er hatte seine braune Schürze aus zusammengenähten Lederstücken wieder vor den Leib gebunden und die gaffenden Zimmergesellen an ihre Arbeit zurückbefohlen. „Vielleicht war ich zu streng mit ihm. Ich habe gesagt, er soll arbeiten und nicht immerzu grübeln. Schon gar nicht über die Frauenzimmer. Wir sind einfache Leute, die von der Hand in den Mund leben. Aber hätte ich gewusst, was in seinem Kopf vor sich geht …“

„Warum hat er das getan?“, flüsterte Theresa, außer sich vor Schmerz. Sie hielt den Leichnam fest in ihren Armen. Als sie sah, wie zwei halbwüchsige Gesellen eine Bahre herbeischleppten, um den toten Jüngling vom Hof zu tragen, krampften sich ihre Finger in den Stoff seines weiten Kittels.

Der Handwerksmeister wandte sich Martin zu. Verstohlen begann er mit ihm zu flüstern. „Was sagt denn die Kirche dazu? Ich meine, wenn einer Selbstmord begeht?“

Martin öffnete den Mund, um zu antworten, doch ein herzzerreißendes Schluchzen verhinderte es. Die Klagelaute kamen aus dem Fenster eines schäbigen Hauses, das von dem Bauhof nur durch einen kleinen, verwilderten Garten und einen Zaun getrennt war. Einen Atemzug lang glaubte Martin hinter dem Vorhang die Silhouette eines dünnen Mädchens mit zerrauftem Haar wahrzunehmen, doch bevor er reagieren konnte, war es auch schon im Schatten der Stube verschwunden.

„Werdet Ihr Thomas begraben?“ Mit einer Hand wischte der Meister sich über die staubverschmierten Wangen.

Martin holte tief Luft. Es gab Vorschriften, die er als Priester befolgen musste. Die Kirche verlangte sie ihm ab. Vor dem Haus war mittlerweile völlige Stille eingekehrt. Alle starrten ihn an, als warteten sie nur auf seine Entscheidung. Theresa war die Einzige, die sich nicht für ihn zu interessieren schien. Sie hatte sich erhoben und gab den wartenden Knechten mit einem Wink zu verstehen, dass sie die Leiche ihres Sohnes zur Totenwäscherin bringen konnten.

Am Abend lief Martin gehetzt in seiner Klosterzelle auf und ab. Bruder Ulrich hatte ihn aufgesucht, um Näheres über den Unglücksfall in Erfahrung zu bringen, aber Martin lehnte es ab, sich mit ihm darüber zu unterhalten. Er war viel zu aufgewühlt, um einen klaren Gedanken fassen zu können.

Martin hatte die Menschen auf dem Bauhof stehen lassen. Er war geflohen, als sie seinen Rat und seinen geistlichen Zuspruch dringend gebraucht hätten. Doch was, um alles in der Welt, hätte er dem Handwerker sagen sollen? Dass die Kirche seinen Sohn verdammte, weil der sich in einem Anfall von Schwermut das Leben genommen hatte? Dass seine Seele verloren war und er ohne den Trost der heiligen Sakramente in einem verwahrlosten Winkel an der Friedhofsmauer unter die Erde gebracht werden würde?

Schwerfällig ließ Martin sich auf den eisigen Steinboden sinken und verschränkte die Arme vor der Stirn.

„Du bist die Liebe, und doch kann ich dich nicht finden“, flüsterte er. „Von mir wird verlangt, deinen Kindern Trost zu spenden, und doch versage ich jeden Tag aufs Neue! Ich habe nie behauptet, ich wüsste die Antwort auf alles.“ Plötzlich sprang er auf. Wutentbrannt schlug er mit der Faust gegen die kahle Wand der winzigen Kammer. „Ich trotze dir. Du Satan, du verdammter Schuft.“ Martin spürte, wie sein Herz immer stärker gegen seine Rippen schlug. Blinde Angst schnürte ihm plötzlich die Kehle zu. Röchelnd fiel er auf die Knie. „Ich bin dein. Erlöse mich!“, stöhnte er. „Wenn ich mich irre, wenn mein Leben … Teufelstrug ist, wie mein Vater einst behauptete, dann zeige mir meinen Irrtum auf, Herr.“ Er rang nach Atem und war überrascht, dass die kühle Luft des Abends plötzlich ungehindert seine Lungen erreichte. „Herr, ich bin dein. Erlöse mich!“

Am nächsten Morgen schlich sich Martin heimlich aus der Kapelle, kaum dass die Worte des Stundengebetes verklungen waren. Er schlüpfte durch die Seitenpforte zur Kupfermauer und lief ein kurzes Stück an der Stadtmauer entlang, bis sich der Kirchplatz von St. Marien vor ihm auftat.

Der Tag war noch jung, dennoch herrschte auf dem Platz und in den Gassen bereits emsiges Treiben. Martins Ziel war der Kirchhof von St. Marien.

Das eiserne Tor, das die Mauer aus Feldsteinen durchbrach, quietschte, als Martin es öffnete und den Friedhof betrat. Suchend blickte er sich um.

„Pater Martin?“, erklang plötzlich eine Stimme aus dem Gebüsch. „Was tut Ihr hier zu dieser Stunde? Sucht Ihr vielleicht mich?“

Der Totengräber, ein etwa fünfzigjähriger stämmiger Mann, hatte Martin entdeckt. Der Mann stand, auf seine Schaufel gestützt, vor einer Grube. „Wollt Ihr mit mir über die Beerdigung des Spitalaufsehers reden?“, erkundigte er sich.

Martin stellte sich auf die gegenüberliegende Seite des frisch ausgehobenen Grabes. Einen Moment lang zögerte er, dann begann er dem Totengräber den Zweck seines Besuches auseinanderzusetzen.

„Bei den Tränen der Heiligen Jungfrau, Pater!“, zischte der Totengräber entrüstet, als Martin erklärt hatte, was er von ihm erwartete. „Ich darf keinen Selbstmörder in geweihter Erde bestatten!“

Martin hob abwehrend die Hand. Er hatte sich vorgestellt, dass es nicht einfach werden würde, den Totengräber zu überzeugen, aber seine Nerven waren zu gespannt, als dass er länger mit dem störrischen Mann hätte diskutieren können.

„Du sollst niemanden bestatten!“, rief er. „Ich will nur, dass du eine weitere Grube aushebst. Ist das so schwer zu verstehen?“

„Es tut mir ja leid um den Burschen, aber … Er ist nun mal verflucht. Das ist heilige Erde. Selbstmörder dürfen nicht auf den Kirchhof.“

„Geh mir aus dem Weg!“, fauchte Martin. Er lief mit geraffter Kutte um das Grab herum. Erschrocken wich der Totengräber einen Schritt zur Seite. „Der Teufel wird kommen, um seine Seele zu holen“, jammerte er.

Martin stieß einen ärgerlichen Laut aus. „Dann werde ich ihn erwarten und dafür sorgen, dass er uns nie wieder quält! Her mit deiner Schaufel! Wenn du mir nicht helfen willst, hebe ich das Grab eben eigenhändig aus! Lauf zur Baustelle, und sag, dass der Meister seinen Sohn bringen darf. Beeile dich!“

Einige Leute kamen ans Tor gelaufen. Die laute Auseinandersetzung zwischen den Gräbern hatte ihre Aufmerksamkeit erregt. Mit offenen Mündern sahen sie zu, wie ihr Gemeindepfarrer die Schaufel des Totengräbers nahm und damit wie besessen zu graben anfing. Ein ängstliches Raunen erhob sich. Martin hob kurz den Kopf. Sein Blick streifte den Magister Karlstadt, der sich zu den Schaulustigen gesellt hatte.

„Manche Menschen behaupten in eitler Selbstgefälligkeit, ein Kind sei verdammt, weil es sich das Leben genommen hat!“, rief Martin den Frauen und Männern zu. „Ich hingegen sage, er wurde vom Teufel übermannt, und seine arme Seele war nicht stark genug, um sich der Schliche des Widersachers zu erwehren. Trifft diesen Jungen denn größere Schuld an der Verzweiflung, die ihm ins Herz gelegt wurde, als den Unschuldigen, der im Wald von einem Wegelagerer oder Raubritter überfallen wird?“

Einige Zeit später holperte ein Handkarren mit breiten Scheibenrädern über den unebenen Pfad, der zum Tor des Kirchhofs führte. Eine Handvoll dunkel gekleideter Männer und eine verschleierte Frau hoben vorsichtig eine Planke vom Karren, auf dem ein in weiße Leintücher gewickelter Körper lag. Schweigend trugen die Männer die Planke an den Grabsteinen vorbei. Martin erwartete sie.

„Gott muss Erbarmen haben!“, rief er. „Gott ist barmherzig. Er kennt die Stürme, die in unseren Herzen toben! Einst glaubte ich, er bestrafe uns zu Lebzeiten, weil er rachsüchtig sei. Ich war davon überzeugt, er wartet nur darauf, dass wir einen Fehler machen, um uns vorwerfen zu können, dass wir den Bund gebrochen haben!“ Entschlossen warf er die Schaufel zur Seite und schlug ein Kreuz über dem Grab. „Aber ich habe mich getäuscht, hört ihr? Wenn wir fest darauf vertrauen, dass Christus unser Heiland ist, dann wird Gott uns mit Barmherzigkeit empfangen. Fest an Gott zu *glauben* heißt, seine Liebe nicht zurückzuweisen.“ Martins Gesichtszüge entspannten sich. Er blickte über die Köpfe des Handwerksmeisters und seiner Frau hinweg zum Tor, wo sich Professor Karlstadt nervös durch den Bart fuhr.

Schließlich gab Martin den Leichenträgern ein Zeichen, die Planke in das von ihm geweihte Grab hinabzulassen. *„Te absolvo a peccatis tuis, in nomine Patris, et Filii, et Spiritus Sancti. Amen!“*

PROFESSOR KARLSTADT lief ziellos durch die Gassen des Mauerviertels. Seine Gedanken kreisten um das, was sich soeben auf dem Kirchhof zugetragen hatte. Wie hatte Luther es wagen können, eigenmächtig die Beerdigung eines Selbstmörders vorzunehmen! Noch dazu in geweihter Erde.

Fröstelnd zog der Magister die Enden seines pelzgefütterten Talars enger um den Leib. Die Stimme des Mönchs dröhnte noch immer in seinen Ohren.

„Ist Euch nicht wohl, Herr?“ Eine Frau war vor ihm stehen geblieben. Sie trug ein schäbiges Kleid aus karierter Wolle und ausgetretene Holzpantinen. Karlstadt runzelte verwirrt die Stirn. Er erinnerte sich dunkel, das Weib am Tor des Friedhofs gesehen zu haben. Auch sie hatte buchstäblich an den Lippen des Mönchs gehangen.

„Du … du bist die Reisighändlerin, nicht wahr?“, fragte er, obgleich er die Antwort schon wusste. Erst da bemerkte er, dass ein kleines Mädchen mit blonden Zöpfen neben der Frau stand.

„Mein Name ist Hanna, Herr!“

Karlstadt nickte müde, während seine Augen das Kind musterten. Die Kleine war etwa neun Jahre alt. Ihre rechte Hand und ihr rechter Fuß schienen merkwürdig verkrümmt. Die Leute erzählten sich Schauergeschichten über das Mädchen und seine Mutter.

Unwillkürlich musste Karlstadt an einen Vers der Heiligen Schrift denken, in dem von der rechten Hand Gottes die Rede war. Wie sollte ein verkrüppeltes Wesen wie dieses Kind jemals in den Himmel aufsteigen? Andererseits hieß es auch, dass Christus die Kinder zu sich gerufen und seinen Jüngern verboten hatte, sie abzuweisen. Ach, es führte zu nichts, sich den Kopf über solche Fragen zu zerbrechen.

Schwer atmend lehnte sich der Magister an den hölzernen Stützpfeiler eines Speichers. Die Reisighändlerin nahm ihr Kind an die Hand und blickte sich Hilfe suchend um, doch Karlstadt gab ihr zu verstehen, dass ihm nichts fehlte. Der Schwächeanfall würde vorübergehen.

„Du hast ihm zugehört, Hanna“, sagte er unvermittelt. „Seine Worte haben dich berührt. Habe ich recht?“

Hanna strich ihrer Tochter über das strohblonde Haar. „Mir hat gefallen, was Pater Martinus über Gottes Barmherzigkeit gesagt hat, Herr.“

„Er greift die Lehren der Kirche an! Luther wagt es …“ Weiter kam er nicht, da ihm für einen Augenblick schwarz vor Augen wurde.

„Woher soll ich wissen, was die Kirche lehrt, hoher Herr?“, rief Hanna. „Ich kenne die Heilige Schrift nicht. Glaubt Ihr, jemand hätte sich jemals die Mühe gemacht, einer armen Reisigverkäuferin aus der Bibel vorzulesen? Und selbst, wenn: Hätte unsereins sein Latein verstanden?“

Karlstadt seufzte. Heute war kein Tag, der Gutes brachte. Er wollte schleunigst weg hier. Nach Hause, in die Abgeschiedenheit seines Studierzimmers. Warum hatte er sich von diesem Bruder Martinus nur so in die Enge treiben lassen?

„Ich habe deinen Einwand verstanden, Frau“, sagte er schließlich. „Aber die Auslegung der Heiligen Schrift darf keinem Laien überantwortet werden. Es ist Sache des Priesters, seiner Herde das Evangelium zu erklären!“

„Pater Martinus ist ein Priester“, meldete sich unvermittelt das kleine Mädchen zu Wort. Schüchtern blickte es zu seiner Mutter auf. „Nicht wahr, er ist unser Gemeindepfarrer?“

Hanna nickte ernst. Sie griff nach der Hand ihrer Tochter und führte das Mädchen auf das Pflaster zurück. Ehe der verdutzte Karlstadt etwas erwidern konnte, waren die beiden auch schon verschwunden. Der Magister blieb einige Augenblicke nachdenklich stehen. Dann setzte er sich in Bewegung und strebte dem Rathausplatz entgegen. Nach den letzten Worten der Reisighändlerin hatte er beschlossen, nicht nach Hause zu gehen, nicht sofort jedenfalls. Sein Ziel war das Schloss, genauer: die höfische Kanzlei des Kurfürsten, dessen Sekretär, Georg Spalatin, umgehend von den Umtrieben des Mönches in Kenntnis gesetzt werden musste. Der Sekretarius würde schon Mittel und Wege finden, dafür zu sorgen, dass die Ruhe an der Universität und in der Kirche wiederhergestellt wurde.

Achtes Kapitel

Herbst und Winter zogen an Martin vorüber, ohne dass er viel davon wahrnahm. Früher hatte er den Wechsel der Jahreszeiten aufmerksam beobachtet, doch in diesem Jahr ließ ihm die wachsende Sorge um seine Studenten und Pfarrkinder kaum noch Zeit, an etwas anderes zu denken als an die Frage, wie er zu einem klareren Verständnis des Evangeliums gelangen konnte. Während sich über die Türme und Zinnen der Stadt dicke Schneehauben legten, saß er manchmal tagelang in der Turmstube des Klosters und studierte.

An der Universität gab es viel zu tun. Martin hielt Vorlesungen über die Psalmen und die Briefe des Apostels Paulus. Als er sich mit dem Römerbrief beschäftigte, erlangte er ein neues Verständnis der Kirchenlehre. Allmählich begann er zu begreifen, was die frühen christlichen Gelehrten unter dem Begriff „Gottes Gerechtigkeit" verstanden hatten. Nicht die Angst vor der Sünde machte einen Menschen zum Kind Gottes, sondern die Freude an seinem Wort. Der Gerechte lebte aus dem Glauben heraus, nicht aber, indem er sich geißelte, bestrafte und fürchtete.

Gemeinsam mit einem wachsenden Kreis interessierter Studenten, zu dem auch Bruder Ulrich und einige andere Mönche stießen, las er die Texte der alten Kommentatoren und Glossatoren, die der römischen Kirche einst ihr Gesicht verliehen hatten.

Im selben Jahr strebte im Heiligen Römischen Reich Deutscher Nation ein spektakulärer Prozess, in dem es um die Freiheit der humanistischen Forschung und die Verteidigung der Lehre ging, seinem Höhepunkt entgegen. Die Dominikaner hatten es sich zum Ziel gesetzt, sämtliche hebräischen Schriften mit Ausnahme des Alten Testaments einzusammeln und den Flammen zu übergeben, weil sie ihren Inhalt für ketzerisch hielten. Die jüdischen Gemeinden hatten an Kaiser Maximilian appelliert, der schließlich ein Gutachten in Auftrag gegeben hatte. Ein bedeutender Gelehrter und Humanist aus Pforzheim, Johannes Reuchlin, Rat und Richter des Schwäbischen Bundes, wurde damit beauftragt, sich mit den Aussagen der betreffenden Bücher zu befassen und sie auf etwaige Schmähungen Christi zu prüfen.

„Die Sprache der Hebräer ist einfach, unverdorben, heilig, kurz und fest“, zitierte Martin eines Morgens, im Beisein Bruder Ulrichs, aus einem Brief, den Vertreter der Universität Erfurt an das Wittenberger Kloster gesandt hatten. „Reuchlins Gutachten ist eindeutig zugunsten des jüdischen Schrifttums ausgefallen. Die Universität Erfurt wird sich seiner Meinung anschließen!“

„Mag sein“, entgegnete Bruder Ulrich zweifelnd. „Doch das hat die Dominikaner nicht davon abgehalten, vor den Stufen des Doms zu Köln einen Scheiterhaufen zu errichten. Wie ich hörte, haben die Sorbonne in Paris und einige andere Universitäten im Streit um das humanistische Schrifttum ein negatives Urteil gefällt. Sie halten Reuchlin für bestechlich und die hebräischen Bücher für lasterhaft!“

Niedergeschlagen zerknüllte Martin das Schreiben. „Wohin soll das führen, wenn sogar ehrenwerten Gelehrten der Mund verboten wird? Der Kurfürst von Sachsen trägt sich mit dem Gedanken, einen neuen Magister für die griechische Sprache nach Wittenberg einzuladen, aber wer kann in diesen Zeiten sagen, wie lange der Knabe noch ungehindert lehren darf?“

Bruder Ulrich schüttelte den Kopf. „Weißt du denn, wie lange man *dich* noch lehren lässt, Bruder Martinus? Du musst deine Zunge im Zaum halten!“

„Wie meinst du das?“

„Nun, ich finde einfach, dass du etwas vorsichtiger sein solltest, wenn du deine Studenten unterrichtest, mein Freund. Professor Karlstadt hat sich mit dem Sekretär des Kurfürsten beraten. Ich hörte zufällig, wie er es dem Rektor mitteilte. Die beiden werden dich im Auge behalten.“

Martin zuckte die Schultern. „Was können sie schon tun? Ich lehre aus der Heiligen Schrift. Von mir aus kann sich Andreas Karlstadt bei den Aposteln Petrus, Jakobus und Johannes beklagen!“ Er ging zu seinem Pult, legte den Brief aus Erfurt in eine Ledermappe und begann Bücher und Pergamente zusammenzusuchen, die er für seine nächste Vorlesung benötigte.

„Die Beharrlichkeit der Humanisten hat dem Ansehen der Dominikaner geschadet“, lenkte Ulrich das Gespräch noch einmal auf den Brief. „Aber auch einige unserer Bischöfe haben sich die Gunst des Volkes und der Fürsten verscherzt. Sie werden alles tun, um diese Scharte auszuwetzen.“

Martin wusste, dass Ulrichs Befürchtungen nicht aus der Luft gegriffen waren, es war gefährlich, sich gegen die Meinung der Mächtigen auszusprechen. Oftmals genügte ein Funke, um einen Flächenbrand zu entfachen. Aber sollte er deswegen auf halbem Wege stehen bleiben?

„Kommt, Bruder", sagte er schließlich, während er die Tür zum Korridor öffnete. „Hört Euch meine Vorlesung erst einmal an, den Kopf zurechtrücken dürft Ihr mir später!"

EINE STUNDE SPÄTER trafen Martin und Bruder Ulrich im Hörsaal der Universität ein, wo bereits Dutzende von Studenten, Magistern und sogar eine Handvoll Bürger auf den Beginn der Vorlesung warteten.

Der Raum war überhitzt und so voll, dass Bruder Ulrich nur mit großer Mühe einen freien Platz fand. Seufzend quetschte sich der junge Mönch in eine der hinteren Bänke und faltete voller Anspannung die Hände im Schoß.

Zur selben Zeit ließen sich auf der höher gelegenen Galerie des Hörsaals einige würdevoll aussehende Männer nieder. Obwohl sie sich bemühten, möglichst wenig Aufsehen zu erregen, wurde Bruder Ulrich doch sogleich auf die Herren aufmerksam. Sie waren ohne Ausnahme von Rang. Unter ihnen befand sich nicht nur Professor Karlstadt, sondern auch ein elegant gekleideter Edelmann, dessen Augen die Anwesenden kühl und abschätzend musterten. Es war Georg Spalatin, der Sekretär des Kurfürsten. Ulrich hob die Hand, um Martin auf den Beobachter aufmerksam zu machen. Gerade heute durfte sich der Freund keinen Fehler erlauben.

Martin lächelte Bruder Ulrich flüchtig zu, gab jedoch mit keiner Regung zu erkennen, ob er die Warnung verstanden hatte. Gelassen schlüpfte er in den mit Pelz besetzten Talar und stieg die Stufen zum Katheder empor.

„Als ich Mönch war", begann er, nachdem er sich kurz gesammelt hatte, „glaubte ich, dass Kutte und Skapulier mich heilig machen würden. Was war ich für ein arroganter Einfaltspinsel!"

Einige der Studenten lachten auf. Die Vorlesung versprach spannend zu werden. Bruder Ulrich schlug die Augen nieder und hielt den Atem an.

„Nun hat man mich zum Doktor der Theologie promoviert, und ich bin versucht zu glauben, dass der Pelz meines Talars mich weise machen wird … Nun, Gott hat schon einmal durch den Mund eines Esels gesprochen, vielleicht wird er es ja noch einmal tun. Aber ich werde euch sagen, wie ich darüber denke. Wer von euch war schon einmal in Rom?"

Ein Student hob die Hand. Martin kannte ihn. Der junge Mann entstammte einer vornehmen Patrizierfamilie aus Nürnberg.

„Und habt Ihr einen Ablassbrief gekauft, junger Freund?", fragte Martin mit ernster Miene. „*Ich* habe es getan. Ein Silberling fiel auf die Waagschale eines äußerst geschäftstüchtigen Klosterbruders, und als die Schale sich senkte, sprang mein Großvater, wie von einem Katapult geschossen, aus den Abgründen des Fegefeuers. Für den doppelten Preis hätte ich auch die Großmutter und einen Onkel auslösen können. Aber verzeiht mir, Ihr Herren, ein Mönch ist dem Gelübde der Armut verpflichtet! Mir fehlte einfach das Geld. Also müssen meine Verwandten weiter im Feuer schmoren."

Herausfordernd stützte Martin sich mit den Ellenbogen auf den Rand des Pultes und schaute erwartungsvoll ins Auditorium. In den vorderen Reihen entdeckte er einige erheiterte Gesichter, andere Zuhörer trugen eine eher grimmige Miene zur Schau.

„Was mich betrifft, so versicherten mir die Priester, würde schon der Anblick der heiligen Reliquien meine Zeit im Fegefeuer erheblich verkürzen", fuhr er kurz darauf fort. „Zu meinem Glück gab es in Rom genügend Nägel vom heiligen Kreuz, um jedes Pferd in Sachsen zu beschlagen. Aus den Splittern des Kreuzes ließe sich eine Kriegsflotte zimmern. Aber das ist in der christlichen Welt nichts Besonderes mehr. Auf die Überreste unserer Heiligen trifft man schließlich überall. Achtzehn von zwölf Aposteln liegen beispielsweise in Spanien begraben!"

Gelächter brandete auf. Einige Studenten hielten sich die Hand vor den Mund und flüsterten aufgeregt miteinander. Bruder Ulrich blickte sich erschüttert um; er fühlte sein Herz bis zum Hals schlagen. Aus den Augenwinkeln sah er, wie sich der kurfürstliche Sekretär auf der Empore vorbeugte. Plötzlich begannen seine Lippen zu zucken, und der Hauch eines Lächelns streifte die ernsten Züge des Edelmannes.

Erleichtert sank Bruder Ulrich auf seine Bank zurück. Spalatin billigte Martins Ansichten nicht, aber wenn sie ihn belustigten, nahm er sie möglicherweise nicht so ernst.

„Es liegt mir fern, Gefühle verletzen zu wollen", verkündete Martin mit lauter Stimme. „Mein eigenes Leben wurde verschont, weil ich mich unter den Schutz der heiligen Anna, der Mutter Mariens, gestellt habe. Dennoch kann ich nicht gutheißen, dass wir die frommen Zeugen Christi missbrauchen, um mit dem Teufel um unsere Seele zu würfeln. Was würden die Heiligen von uns denken, wenn sie wüssten, wie mit ihren Leibern umgegangen wird?"

Selbst die frömmsten Studenten klopften nun beifällig auf ihre Tische. Nur oben, auf der Empore, blieb alles still. Karlstadt war bleich geworden. Unruhig wippte er auf den Zehen, während der kurfürstliche Sekretär in purer Fassungslosigkeit die Stirn runzelte. Seine gute Laune war verflogen. „Ihr habt recht daran getan, mich zu verständigen, Karlstadt", raunte er dem Magister zu. „Der Kurfürst soll erfahren, dass in der Stadt gegen die heiligen

Reliquien gepredigt wird." Er überlegte einen Moment lang, ehe ein Gedanke seine Augen aufleuchten ließ. „Heute Nachmittag findet im Schlosshof ein Mysterienspiel statt, das Seine Durchlaucht zum Gedenken an seinen Vater gestiftet hat. Ich denke, das ist der richtige Zeitpunkt, um ihm von dem starrsinnigen Mönch zu berichten!"

Karlstadt verzog das Gesicht, als habe er in eine faule Frucht gebissen. Allmählich wusste er selbst nicht mehr, was er denken oder glauben sollte.

DER HAUPTHOF der kurfürstlichen Residenz war mit dem der benachbarten Kirche durch einen finsteren, von Kletterpflanzen überwucherten Bogengang verbunden. Zwei Wachen mit Lederpanzern und Hellebarden hatten die Aufgabe, die Tore zu bewachen und unliebsamen Zeitgenossen den Zutritt zum Schloss zu verweigern. Argwöhnisch musterten die Männer das Volk, das unter den fröhlichen Klängen von Flöten, Tamburins und Hörnern auf den Hof strömte, um sich das fromme Schauspiel anzuschauen.

Überall auf dem groben Pflaster brannten kleine Strohfeuer oder glühten Kohlen in dreibeinigen Tonöfen. Zwischen den Mauern im östlichen Teil des Hofes waren farbenfrohe Girlanden und Blumengebinde angebracht worden, während über der Freitreppe das zartblaue Wappen der Wettiner prangte. Unterhalb der beiden Balkone schaukelten brennende Öllampen an stabilen Kupferketten. In Ermangelung einer Tribüne waren sämtliche Treppenstufen mit Hirschfellen ausgeschlagen worden, damit die Höflinge und die Angehörigen der Patrizierfamilien sich einigermaßen bequem niederlassen konnten. Das gemeine Volk wurde auf die Westseite des Hofes verwiesen, was kaum einen der Zuschauer grämte. Denn auch wenn das Mysterienspiel von den Treppen aus besser zu sehen war, so hielten sich doch im hinteren, unbeleuchteten Teil des Hofes zahlreiche Spielleute, Possenreißer und fliegende Händler auf.

Über allem Treiben erhob sich in der Mitte des Hofes, der steilen Freitreppe gegenüber, eine hölzerne Bühne, an die vier Zimmergesellen unter den kritischen Blicken ihrer Meister letzte Hand anlegten.

Während die Wittenberger gut gelaunt über den Hof schlenderten, lehnte sich Martin ein wenig abseits der lärmenden Menge gegen eine Mauer, die zu den Wirtschaftsgebäuden führte. Sein Blick ruhte auf einer hübschen Laute, die sich ein junger Spielmann ganz in seiner Nähe über die Schulter geworfen hatte. Er stieß einen sehnsuchtsvollen Seufzer aus. Unwillkürlich musste er daran denken, wie gern er in seiner Jugendzeit auf der Laute musiziert hatte. Die feinen Klänge, die das edle Instrument erzeugte, liebte er mehr, als er sagen konnte. In Wittenberg hatte er bisher keine Zeit gefunden, sich dieser Leidenschaft hinzugeben. Einen Moment lang überlegte er, ob er den Spielmann bitten sollte, ihm die Laute kurz zu überlassen, als plötzlich von einem der Balkone eine Trompetenfanfare ertönte und ihn einer Entscheidung enthob.

Martin verließ seinen stillen Winkel und kämpfte sich durch das Gedränge, um etwas von der Aufführung mitzubekommen. Soweit er erfahren hatte, beruhte das Stück, das der Kurfürst ausgewählt hatte, auf dem Holzschnitt eines berühmten Künstlers. Es trug den Namen „Christus auf dem Regenbogen" und sollte das Volk zugleich belehren, erbauen und ermahnen.

Aus der Ferne erkannte er einen untersetzten, bärtigen Mann, der mit einer hellen Tunika aus Leinen bekleidet war. Er saß auf einem bemalten hölzernen Bogen, flankiert von der Jungfrau Maria, einer Frau mit grell geschminkten Wangen, die ohne Weiteres eine Enkeltochter des Christus-Darstellers hätte sein können, und von Johannes dem Täufer. Zwei würdig dreinblickende Erzengel, die man an ihren ausladenden Flügeln erkannte, knieten zu Füßen des triumphierenden Heilands und spielten Trompete.

Alle Augen waren auf die Bühne gerichtet. Voller Staunen reckten Männer und Frauen die Hälse und beobachteten, wie aus dem rechten Ohr des Mannes im Leinengewand plötzlich eine zarte Lilie wuchs. Aus dem Hintergrund tauchten nun weitere Schausteller auf. Sie bildeten einen Halbkreis, woraufhin sich die geflügelten Erzengel erhoben, um die Ankömmlinge in zwei Gruppen einzuteilen. Fanfarenstöße und wildes Lärmen führten die kleinere Schar als erlöste Seelen in den Himmel ein, während das dröhnende Geläut der Kirchenglocke die Verdammten, die zur Linken der kindlichen Jungfrau Maria standen, in Richtung eines brodelnden Kupferkessels zerrte.

Martin verzog den Mund, als unvermittelt ein Schatten ihm die Sicht nahm. Verwundert drehte er den Kopf und bemerkte, dass sich der Sekretär des Kurfürsten neben ihn gestellt hatte. Er trug eine kostbare Schaube aus buntem, gemustertem Brokat. Spalatin schien bester Laune zu sein. Er lächelte Martin höflich zu.

Martin wagte nicht, sich von der Stelle zu rühren. Es lag auf der Hand, dass Spalatin, dessen Platz eigentlich bei Kurfürst Friedrichs Edelleuten gewesen wäre, nicht zufällig an die Seite eines armseligen Bettelmönchs geraten war.

„Ich bewundere den Wunsch unseres gnädigen Landesherrn, seine Untertanen zu unterhalten und gleichzeitig zu belehren, Exzellenz!", eröffnete Martin das Gespräch.

„Sekretär, mein Freund", erwiderte Spalatin demütig. „Ich bin nichts als ein armer Schreiber, dem die Stimmung in der Stadt zunehmend größeres Kopfzerbrechen bereitet!“

„Ihr seid kurfürstlicher Sekretär, Herr, Erzieher des jungen Prinzen Johann Friedrich und geheimer Archivar der höfischen Kanzlei. Wenn es jemanden gibt, der Einfluss auf den Fürsten hat, dann seid Ihr es!“

„Vielleicht überschätzt Ihr meine Macht, Pater Martinus“, sagte Spalatin bedächtig, mit einem Unterton, der auf Martin ein wenig verschlagen wirkte. Offensichtlich stimmte es, was man sich in der Stadt über den Sekretär erzählte. Spalatin war ein glänzender Diplomat und ein feinsinniger Politiker, der stets erreichte, was er sich vornahm.

„Auch ein kurfürstlicher Sekretär ist auf die Unterstützung ehrenwerter Männer angewiesen. Ich hoffe, Ihr könnt mir von Nutzen sein!“

Martin legte die Stirn in Falten. „Wie sollte ein Mönch *Euch* oder dem Hof von Nutzen sein? Ausgerechnet ich …“

„Kurfürst Friedrich ist sehr stolz auf seine Reliquien!“, unterbrach ihn Spalatin barsch. „Er hat zwanzig Jahre und ein Vermögen in seine Sammlung gesteckt. An Allerheiligen werden Tausende von gläubigen Pilgern zum Schloss hinaufziehen, um sie zu sehen!“

„Vor allem werden sie *zahlen*, um sie zu sehen, Sekretarius! All die schönen Stücke. Brot vom letzten Abendmahl, Milch aus der Brust der Heiligen Jungfrau! Einen Dorn aus dem Geflecht, das auf Golgatha die Stirn des Herrn verletzte. Nicht zu vergessen die neunzehntausend kleinen Knochenstückchen, die zu einer weitaus größeren Schar heiliger Personen gehörten.“

„Ihr wisst so gut wie ich, dass Opfergaben zur Buße üblich sind – genau wie ein Geständnis und aufrichtige Reue!“

Über Martins Gesicht glitt ein ironisches Lächeln. Nun wusste er, woher der Wind wehte, der ihm den Sekretär an den Hals getrieben hatte. „O ja. Die richtigen Gebete, die richtigen Münzen und eine Million neunhunderttausendzweihundert Jahre und siebenundzwanzig Tage weniger im Fegefeuer.“

Spalatin hob drohend den Zeigefinger. „Beißt nicht die Hand, die Euch füttert, Pater Martinus. Unser gnädiger Kurfürst kommt für Euren Lehrstuhl an dieser Universität auf. Seine Reliquien, über die Ihr in Euren Vorlesungen so dreist spottet, bezahlen auch *Euch*!“

„Und wer den Spielmann bezahlt, der gibt an, welche Melodie erklingt?“ Martin spürte, wie sich sein Magen schmerzhaft zusammenzog. Seit einiger Zeit plagten ihn in den Morgenstunden heftige Krämpfe, die in zunehmend kürzeren Abständen auftraten.

Spalatin entging Martins plötzlicher Anflug von Schwäche nicht. „Seht

Ihr das Buntglasfenster gleich über der Balustrade?" Martin hob den Kopf und nickte. „Seine Durchlaucht wird das Spiel von dem Gemach aus verfolgen, zu dem das Fenster gehört. Er kann uns sehen. Bringt ihn nicht in Verlegenheit!"

„Das war niemals meine Absicht, Sekretarius", erhob Martin aufgeregt Einspruch. „Vielleicht hättet Ihr den Kurfürsten davon unterrichten sollen, was Ihr in meiner Vorlesung gehört habt. Ihr hättet ihm erklären können, was die Heilige Schrift zu den Themen Buße und Vergebung sagt!"

„Keine Sorge, Pater Martinus Luther. Ich habe dem Kurfürsten gegenüber jedes Wort Eures Vortrags wiederholt. Zu meiner Überraschung war Friedrich recht angetan von Euren Auslegungen. Er trägt sich sogar mit dem Gedanken, den Dominikanern die Ablasspredigt in Kursachsen zu verbieten."

„Das wäre gewiss eine weise Entscheidung!" Martin atmete tief durch und warf einen letzten forschenden Blick auf das hell erleuchtete Bleiglasfenster im oberen Geschoss des Mittelflügels der Residenz. Zu seiner Enttäuschung nahm er dahinter nur einen undeutlichen Schatten wahr. Spalatin lachte belustigt auf. „Seine Durchlaucht hat den Hofmaler Cranach zu sich befohlen, um einige Skizzen anfertigen zu lassen. Habt Ihr schon von dem Künstler gehört?"

„Von Cranach? Aber gewiss doch, Herr. Er und seine Gemahlin Barbara gehören zu meiner Gemeinde."

„Ein begabter Mann", sagte Spalatin anerkennend. „Wirklich talentiert! Der Kurfürst unterstützt seine Malerwerkstatt, weil sie Wittenberg und dem Hof Ehre macht. Er würde es gewiss gutheißen, wenn auch Ihr der Universität erhalten bliebet! Es liegt ganz bei Euch!"

Er nickte Martin zum Abschied kurz zu und eilte dann mit wehender Schaube zur Schlosspforte. Martin sah ihm noch eine ganze Weile nach, als plötzlich von einem der Balkone eine Trompetenfanfare ertönte und das Mysterienspiel begann.

Neuntes Kapitel

Girolamo Aleander kannte den prachtvollen Festsaal des Vatikanpalastes noch von einigen früheren Besuchen an der Seite Kardinal Cajetans. Als er jedoch an diesem Vormittag durch die beiden bewachten Torflügel trat, beschlich ihn der sonderbare Eindruck, zum ersten Mal an diesem Ort zu sein. Verwirrt schaute er sich um.

Die Wände der weiträumigen Halle waren mit kostbarem Alabaster und mit Jade verkleidet, die unwirklich grün schimmerte. Wuchtige Säulen unterteilten den großen Raum in ein wahres Labyrinth aus Nischen. Überall standen Ruhebänke und Betstühle aus feinem Kirschbaumholz. Der neue Papst hatte sie eigens anfertigen und mit Schnitzereien versehen lassen, weil er sich nicht an das Mobiliar seines Vorgängers hatte gewöhnen können.

Während die Wächter die Torflügel hinter ihm schlossen, durchquerte Aleander den Saal, bis er auf einen der beiden Zeremonienmeister stieß. Der alte Mann war fast blind, dennoch schien er jeden Winkel des Papstpalastes genau zu kennen. „Seine Heiligkeit erwartet Euch?“, rief er. „Davon ist mir nichts bekannt!“ Ohne ein weiteres Wort gab er Aleander ein Zeichen, ihm zu folgen. Offensichtlich war er beleidigt, dass er über Aleanders Besuch nicht vorher in Kenntnis gesetzt worden war.

„Geht durch diese Pforte“, sagte der Zeremonienmeister mürrisch. Mit der Spitze seines langen Stabes aus Elfenbein klopfte er gegen den Stoff eines gewaltigen Wandteppichs, der in schillernden Farben das letzte Abendmahl Christi zeigte.

Aleander richtete sich zu seiner vollen Größe auf und trat selbstsicher in den Nebenraum – dort aber verharrte er in ungläubigem Staunen. Auf der anderen Seite des Vorhangs saß ein halbnackter, muskulöser Mann mittleren Alters auf einem Schemel und wartete mit ausgebreiteten Armen darauf, dass ein Diener ihm einen frischen Kittel über den Kopf streifte. Seine bloßen Füße standen auf einem dicken persischen Teppich.

„Euer Heiligkeit …“ Mit einem Ächzen sank Aleander auf die Knie und küsste den Ring des Mannes. „Der Zeremonienmeister ließ mich ein, aber ich ahnte nicht … ich meine …“ Die Worte blieben ihm im Halse stecken.

Der Papst verdrehte die Augen. Halb verärgert, halb amüsiert neigte er den Kopf und beobachtete, wie sein Leibdiener mit einer goldenen Kanne an eine der Kommoden trat und Wasser in eine Schüssel goss. Ein weiterer Bediensteter servierte derweil gebratene Hühnchenstücke, Weintrauben und dicke Scheiben Rosinenbrot auf venezianischen Silbertellern.

Aleander kannte das päpstliche Zeremoniell besser als die Gemächer seines Elternhauses, doch in diesem Augenblick war er so durcheinander, dass er nicht wusste, ob er sich erheben oder etwas sagen sollte. Also zog er es vor, kniend vor dem Schemel des Papstes innezuhalten und zu warten, bis der Heilige Vater das Wort an ihn richtete.

Leo X. schien es damit nicht eilig zu haben. Erst als er vollständig angekleidet war, lud er Aleander mit einer Handbewegung ein, sich einen gepolsterten Schemel heranzuziehen.

„Gewiss wundert Ihr Euch, warum ich Euch zu dieser Stunde bereits sehen wollte, nicht wahr, Aleander?" Der Papst musterte Aleander abschätzend. „Euer Ruf eilt Euch voraus, mein Freund! Kardinal Cajetan schildert Euch als fleißigen Gelehrten, getrieben von glühendem Ehrgeiz!"

Aleander senkte bescheiden den Blick.

„Was wisst Ihr über Albrecht von Brandenburg?", fragte der Papst unvermittelt und forderte Aleander auf, ihn durch die Pforte in den angrenzenden Festsaal zu begleiten.

„Soweit ich weiß, ist Markgraf Albrecht Erzbischof von Magdeburg und Verwalter des Bistums Halberstadt", gab Aleander zurück. „Er ist noch recht jung für einen hohen kirchlichen Würdenträger!"

„Gut beobachtet, mein Freund!" Papst Leo legte nachdenklich die Stirn in Falten. Sein Blick wanderte ruhelos durch den Saal. „Albrecht von Brandenburg hat sich um das Erzbistum Mainz beworben!"

„Aber das ist völlig unmöglich, Euer Heiligkeit!", rief Aleander aus. „Nach dem kanonischen Recht darf ein Bischof nicht mehr als zwei Bistümer verwalten! Außerdem …" Er hielt inne, doch ein leichtes Nicken des Papstes ermutigte ihn, den Sachverhalt weiter auszuführen. „Albrecht von Brandenburg war noch minderjährig, als er zum Bischof gewählt wurde."

„So ist es", entgegnete der Papst schmunzelnd. „Genau wie ich!" Einen Augenblick lang sah es so aus, als wollte er sich an Aleanders Verlegenheit ergötzen, dann aber raffte er sein langes weißes Gewand zusammen und erklomm ein paar Steinstufen, die zu einer schmalen Empore führten. Aleander folgte dem hochgewachsenen Mann unaufgefordert und sah sich plötzlich einer rechteckigen Tafel gegenüber, auf der ein fast detailgetreues Modell der Stadt Rom stand. Mit beinahe kindlicher Faszination betrachtete der Papst die liebevoll nachgebildeten Häuser, Paläste und Kirchen. Am Rand des Tisches lag eine fein gearbeitete Kuppel aus hellem gebranntem Ton, die einem heidnischen Tempel alle Ehre gemacht hätte. Aleander konnte die Miniatur keiner der ihm bekannten Gotteshäuser zuordnen. Noch ehe er den Papst danach fragen konnte, erklärte dieser: „Erzbischof Albrechts Ambitionen im Deutschen Reich könnten Gottes Ruhm mehren."

„Ich fürchte, das verstehe ich nicht!"

„Dann denkt einmal scharf nach, mein ehrgeiziger Freund. Europa ist in Aufruhr. Die Türken stehen vor den Toren Wiens, die Franzosen sind mir auf den Fersen. Und unser Rom ist zu einer einzigen Gosse geworden – am Tag streunen Hunde und Bettler durch die Straßen, nachts wagt sich kein Bürger ohne Leibwache aus dem Haus. Ich möchte dies ändern."

Aleander nickte verständnisvoll. Seit er im Palast wohnte, verließ er seine Räume nur noch höchst selten. Seine Familie lebte seit Jahren nicht mehr in Rom. Freunde hatte er keine, und was er am wenigsten suchte, war enger Kontakt zu der lauten, pulsierenden Welt draußen, vor den Toren des Vatikans. Mit Grausen entsann er sich eines Spaziergangs, den er einst als Vierjähriger an der Hand seines Vaters über die Piazza del Popolo gemacht hatte. Im wildesten Getümmel hatte der Vater plötzlich seine Hand losgelassen und war in der Menge verschwunden, ohne sich nach ihm umzusehen. Weinend vor Angst, hatte der kleine Junge sich seinen Weg durch die feindselige Umgebung notgedrungen allein gesucht. Als er viele Stunden später den Palazzo der Familie Aleander erreicht hatte, war er bleich, hungrig und voller Hass gewesen. Sein Vater schien mit diesem Ergebnis zufrieden zu sein; niemals hatte er einen Grund dafür genannt, warum er seinen Sohn in der Stadt ausgesetzt hatte. Erst als er heranwuchs und am eigenen Leib erfuhr, wie gefährlich das Leben war, begann Girolamo allmählich zu begreifen, dass sein Überleben als Angehöriger einer beneideten Patrizierfamilie einzig und allein von seinem Verstand und einem gerüttelt Maß Kaltblütigkeit abhing. Er erinnerte sich nicht mehr sehr deutlich an seine Jugendjahre. Seinem Vater verzieh er erst, als man ihn von seinen Büchern fort an dessen Totenbett rief und ihm die Wunden an seinem Körper zeigte. Der Patrizier Aleander war dem Mordanschlag einer rivalisierenden venezianischen Adelssippe zum Opfer gefallen.

Von diesem Tag an wusste Girolamo Aleander, wohin sein Weg führen sollte: ins Zentrum der Macht. Ja, er konnte sehr gut verstehen, was den Heiligen Vater in seinem Bedürfnis nach Ordnung und Sicherheit umtrieb. Während er noch darüber nachdachte, wie der Papst wohl darangehen mochte, die Missstände in seiner Stadt zu beseitigen, nahm Leo die winzige Kuppel vom Tisch und drehte sie spielerisch zwischen Daumen und Zeigefinger.

„Wisst Ihr, was dieses Modell darstellt, Aleander?“, fragte er.

„Ich würde sagen, es sieht aus wie … das Dach einer stattlichen Kirche.“

„Nicht irgendeine Kirche. Dies ist mehr als ein Gebäude. Es ist ein Symbol meiner festen Absicht, die Kirche Jesu wiederherzustellen. Wenn ich Albrechts Bewerbung um den Bischofssitz unterstütze, könnte das meinen Plänen dienlich sein. Denn Ihr müsst wissen, dass Erzbischof Albrecht bereit ist, zehntausend Dukaten zu zahlen, wenn der Heilige Stuhl eine Ausnahme macht und ihm das Bistum Mainz überträgt!“

Aleander glaubte sich verhört zu haben. „Aber Euer Heiligkeit … Der Bischof ist bankrott. Arm wie eine Maus. Nicht einmal die Juden wollen ihm noch Kredit gewähren. Wie sollte er so viel Geld auftreiben können?“

Der Papst schenkte Aleander ein Lächeln. „Cajetan hat wohl daran getan,

Euch zu seiner rechten Hand zu machen, mein Freund. Denn wie ich sehe, seid Ihr mit den Angelegenheiten des Reiches bestens vertraut!“

„Nun ja, ich …“

„Dann gehe ich wohl recht in der Annahme, dass Euch auch der Name Fugger etwas sagt?“

„Die Bankiers aus Augsburg? Aber gewiss, Euer Heiligkeit. Immerhin unterhalten sie in einigen italienischen Städten blühende Handelskontore. Man erzählt sich, dass selbst Kaiser Maximilian Geld von ihnen leiht!“

„Der Kaiser und … unser Freund Albrecht“, entgegnete Leo. Vorsichtig legte er die winzige Kuppel zurück auf die Tafel mit dem Modell der Stadt. Sie passte genau auf den Rumpf eines prächtigen Kirchengebäudes, welches das Zentrum des Petersplatzes einnahm. „Ein Darlehen auf acht Jahre.“

„Gut, aber wie will er es zurückzahlen? Jakob Fugger wird nicht bis zum Jüngsten Tag darauf warten, dass der Bischof ihm seinen Wechsel einlöst.“

„Das muss er auch nicht! Ich habe Albrecht von Brandenburg die Erlaubnis erteilt, für ein Jahr in Deutschland den Ablass von Strafe und Schuld zu vertreiben. Die Hälfte der eingenommenen Gelder wird nach Rom gehen und für den Neubau der Peterskirche verwendet werden. Der Dom wird groß werden, Aleander. Ein Bauwerk, das sich wie eine Aureole des Göttlichen über den Häuptern der Christenheit erhebt und noch stehen soll, wenn der Herr auf den Wolken erscheint, um die Seinen zu sich zu rufen!“

„Und die andere Hälfte des Geldes kassieren die Fugger als Rückzahlung ihres Vorschusses“, ergänzte Aleander voller Bewunderung. Der Plan des Papstes klang einleuchtend; sein Gelingen würde dafür sorgen, dass dem Vatikan auf lange Zeit die Mittel zur Verfügung stünden, die er brauchte, um in diesen gefährlichen Zeiten die Macht des Papstes aufrechtzuerhalten. Der Neubau eines Gotteshauses, das dem heiligen Petrus, dem ersten Bischof Roms, geweiht war, würde der Stadt, ja dem gesamten Erdkreis einen unauslöschlichen Stempel aufdrücken. Ein Symbol des Glaubens, das Aleander von Herzen bejahte.

„Wie ich sehe, findet mein Vorhaben Eure Billigung, Aleander!“, rief der Papst fröhlich. Prüfend zog er eine Augenbraue hoch und wartete geduldig ab, bis Aleander eine zustimmende Antwort gegeben hatte.

„Nun, dann sollten wir keine Zeit mehr verlieren, nicht wahr? Lasst meinen Schreiber rufen. Ich werde Bischof Albrechts Bruder, dem Kurfürsten von Brandenburg, sogleich ein Sendschreiben übermitteln und ihm empfehlen, Johann Tetzel mit dem Ablassgeschäft in Deutschland zu betrauen.“

„Tetzel, den Dominikanermönch?“

Leo X. nickte. Sein Gesicht nahm einen schwärmerischen Ausdruck an. „Glaubt mir, Aleander, für unsere Zwecke kann es keinen Besseren geben!“

Sowohl Papst Leo als auch Kurfürst Friedrich der Weise von Sachsen standen zu ihrem Wort. Während der eine alles dafür tat, das Geschäft mit dem Ablass von Strafe und Schuld im Reich voranzutreiben, verbot der andere den Dominikanern, allen voran Johannes Tetzel, den Verkauf der Briefe innerhalb der Grenzen seines Territoriums.

Dennoch dauerte es nicht lange, bis sich die Wagen der reisenden Kommissare und ihrer Begleiter vom Bankhaus Fugger in Bewegung setzten. Sie zogen von Süden nach Norden und vergaßen auf ihrer Route weder Stadt noch Marktflecken. Dabei sollte der feilgebotene Ablassbrief die Buße vor einem Priester zwar nicht völlig ersetzen, aber in der Regel weigerten sich die Beichtväter auch nicht, ihren Gemeindemitgliedern Absolution zu erteilen, sobald diese ihnen eine der begehrten Urkunden vorzeigten.

Neu war das alles nicht; seit Menschengedenken kannte man die fromme Pflicht, seiner Buße durch die Erfüllung bestimmter kirchlicher Auflagen Nachdruck zu verleihen. Doch nie zuvor war es Vertretern der Kirche eingefallen, aus dem Ablassgeschäft eine Jahrmarktsattraktion zu machen. Dieses Vorgehen verdankte sich allein dem Einfallsreichtum des bischöflichen Generalbevollmächtigten, des Dominikaners Johannes Tetzel.

Tetzel war ein einfacher, in die Jahre gekommener Mönch, dem nicht viel an scharfsinnigen Disputationen oder theologischen Feinheiten gelegen war. Seine Ordensoberen hielten ihn für grobschlächtig, doch auch von heiligem Eifer beseelt, wenn es darum ging, den Menschen die Versöhnung mit Gott nahezubringen. Zudem verfügte Tetzel über das unschätzbare Talent, Menschen überzeugen zu können, indem er einerseits die Qualen der Hölle in den düstersten Farben beschwor, andererseits jedoch stets die Rechte der potenziellen Ablasskäufer pries. Gott, so wurde er nicht müde zu erklären, stehe in der Pflicht, bußfertigen Sündern Vergebung zu schenken. Gab es etwas Einfacheres, als ihn durch den Kauf eines Ablassbriefes daran zu erinnern?

Da Kurfürst Friedrich es trotz zahlreicher Beschwerden ablehnte, den Dominikaner in Sachsen predigen zu lassen, riet man Tetzel, sein Lager in Jüterbog, einer kleinen Stadt nördlich von Wittenberg, aufzuschlagen. Jüterbog lag jenseits der sächsischen Grenze und gehörte somit zum Einflussbereich der Brandenburger, die Tetzel gewogen waren.

Der Sommer des Jahres 1517 war noch nicht zu Ende, als die marktschreierischen Predigten der Ablassverkäufer auch Wittenberg erreichten. Zwar durften Tetzels Leute die Stadttore nicht durchschreiten, aber die Kunde von dem Mann, der nur wenige Meilen entfernt für wenig Geld die Tilgung unbequemer Gewissenslasten anbot, verbreitete sich wie ein Lauffeuer in der Stadt. In Scharen strömten Wittenberger Bürger, Kaufleute, Studenten, Handwerker, ja selbst Bauern aus den umliegenden Dörfern und Gehöften ins Brandenburgische, um dem ungewöhnlichen Spektakel beizuwohnen. Tetzel war nur zu gerne bereit, ihnen genau das Schauspiel zu bieten, das sie von ihm erwarteten. Noch am Tag seiner Ankunft in Jüterbog ließ er durch Herolde verkünden, dass er gekommen sei, den Brüdern und Schwestern aus dem nahen Kurfürstentum Sachsen zu predigen.

Bei den Ratsherren der kleinen Stadt fiel die Begeisterung des unscheinbaren Mönchs auf fruchtbaren Boden. Sie ließen Türme und Zinnen, Tore und Wehrgänge mit bunten Fahnen schmücken. Auch die Priester hatten keine Bedenken, waren sie doch von bischöflichen Legaten auf das Erscheinen Tetzels und seiner Begleiter vorbereitet worden.

Eine Eskorte aus vier berittenen Wachen führte die Prozession des Ablasspredigers zum Marktplatz hinauf. Ein Jüngling, der eine violette Tunika mit Kapuzenkragen aus zerknitterter Wolle anhatte, sprang mit Feuereifer vor dem Zug her und rührte die Trommel. Hinter ihm erschien ein Reiter auf einem grauen Pferd. An der Kutte, die sich über den kugelrunden Bauch des Mannes wölbte, erkannte man unschwer den Mönch Johannes Tetzel. Obwohl es ihm offenbar schwerfiel, sein Pferd ruhig und sicher durch die Menschenmenge zu lenken, blickte er würdevoll vor sich hin.

Unter den neugierigen Zuschauern, die von Wittenberg gekommen waren, um sich die Predigt des Dominikaners anzuhören, waren auch Hanna, die Reisighändlerin, und ihre kleine Tochter. Grete schmiegte sich schüchtern an ihre Mutter, der es mit Müh und Not gelungen war, auf dem Karren eines Garnhändlers einen Platz zu finden, von dem aus sie den quadratischen, mit Stroh bedeckten Marktplatz bis zu den Stufen der benachbarten Kirche überblicken konnte. Mit gemischten Gefühlen betrachtete die Frau das stolz in die Höhe ragende Kreuz auf der Ladefläche eines vorbeifahrenden Wagens. Auf dem Querbalken war ein rotes Samttuch mit dem päpstlichen Wappen drapiert, das durch den trüben Herbsttag leuchtete, als käme es aus einer anderen Welt.

Tetzel zog die Zügel an, damit sein Pferd den Schritt verlangsamte. Sogleich sprang ein älterer Mönch herbei, übernahm die Zügel und führte den Rappen in einem weiten Bogen an den Absperrungen vorbei geradewegs auf den Marktbrunnen zu.

„Die Knechte dürfen das Banner nicht einrollen, bevor nicht das Stroh in Brand gesteckt ist!“, rief der Ablassprediger seinem Gehilfen zu.

Der Mönch neigte ergeben den Kopf. „Keine Sorge, Bruder. Es ist alles nach Euren Wünschen vorbereitet. Ich habe mich bei einem der Stadtvögte über die Leute hier erkundigt, während Ihr an Eurer Predigt gefeilt habt." Auf das verhärmte Gesicht des Gehilfen legte sich ein zufriedenes Lächeln, das andeutete, dass er sich im Besitz wertvoller Nachrichten wähnte.

Ungeduldig forderte Tetzel ihn auf zu reden.

„Seht Ihr den Mann mit den aufgeplusterten Rockschößen, der soeben die Kirchentreppe herunterkommt?", flüsterte der Mönch wichtigtuerisch. „Ihm gehören mehrere Weinberge und Obstgärten vor der Stadt, ein überaus wohlhabender Herr … und er hat vor Kurzem seine Mutter verloren."

„Möge sie in Frieden ruhen. Weiter!"

Dienstfertig half der Mönch Tetzel beim Absitzen und berichtete dabei, was er über die Besitzverhältnisse der Jüterboger Bürgerschaft im Einzelnen in Erfahrung gebracht hatte. Tetzels Gedanken begannen unter dem monotonen Geplapper des Mönchs abzuschweifen. Während er sich der Kirchentreppe näherte, fiel sein Blick plötzlich auf den Karren des Garnhändlers. Bestürzt verfolgte er, wie eine ärmlich aussehende Frau mit verfilztem Haar vor einem blonden Mädchen in die Hocke ging. Der Arm des Mädchens war verkrüppelt, die Schlinge, in der es ihn vermutlich gewohnheitsmäßig trug, hatte sich gelöst. Milde lächelnd faltete die Frau ein zerrissenes Tuch zusammen und legte es behutsam um das verdrehte Gelenk.

„Was fehlt dem Kind?", wollte Tetzel wissen. „Seine Beine baumeln vom Karren, als wären es Holzscheite." Sein Gehilfe wandte sich irritiert um, musterte Mutter und Tochter kurz und zuckte dann die Achseln. „Ist wohl verkrüppelt! Wahrscheinlich Bettelvolk. Von denen ist nichts zu holen!"

„Abwarten, Bruder", brummte der Ablassprediger tadelnd. „Wie heißt es in der Schrift: ‚Die Gesunden benötigen keinen Arzt!'?"

Während Tetzel den Schultheiß und den Geistlichen der Marktkirche begrüßte, hielt sein Wagen vor einem noch nicht entzündeten Scheiterhaufen, der unweit des Brunnens aufgeschichtet worden war. Der junge Trommler kletterte auf die Ladefläche und kehrte mit mehreren eingerollten Bannern von beachtlichem Ausmaß zurück, die er hinter dem Scheiterhaufen aufbaute. Die Umstehenden sahen ihm mit wachsender Spannung dabei zu.

Tetzels großer Moment war gekommen. Mit gefalteten Händen, die ernste Miene eines Kirchenfürsten zur Schau tragend, stellte er sich auf den Bock seines Sturmwagens, als befände er sich auf einer Kanzel. Er warf seinen Umhang am Arm zurück und nahm eine der Pechfackeln aus ihrer Halterung am Pflock des Wagens. Noch ehe er zu sprechen anhub, erstarb jedes Geräusch auf dem überfüllten Marktplatz.

„Ihr braven Bürger von Jüterbog und alle, die ihr aus Kursachsen zu mir gekommen seid. Habt ihr euch schon einmal die Hand am Feuer verbrannt?"

Er blickte abwartend ins Publikum. Erst als er nickende Köpfe und zustimmendes Gemurmel wahrnahm, fuhr er fort. „Schon eine Brandblase am Finger kann dafür sorgen, dass man die ganze Nacht kein Auge zutut. Ist es nicht so?“ Unvermittelt stieß er seine linke Hand nach unten, direkt über die züngelnden Flammen seiner Fackel. Einige Frauen schrien erschrocken auf, andere hielten sich kopfschüttelnd die Hand vor den Mund, während Tetzels Hand im Feuer zu zittern begann. Kalter Schweiß stand auf der flachen Stirn des Mannes. Sein Gesicht verzerrte sich vor Schmerz und Anstrengung. Endlich riss er die mit Brandblasen übersäte Hand von der Fackel weg. Mit Tränen in den Augen hielt er sie in die Höhe, damit jeder die Verletzungen sehen konnte, die das Feuer ihm beigebracht hatte. Während er starr wie eine Salzsäule dastand, kam sein Gehilfe mit feuchten Tüchern angelaufen, die er dem Dominikaner gleichmütig um die geröteten Finger wand.

„Stellt euch vor, meine Freunde, nicht nur eure Hand, sondern euer Körper würde brennen“, rief Tetzel der Menschenmenge zu. „Nicht nur eine schlaflose Nacht lang, nicht drei Tage oder eine Woche, sondern ewiglich. Und niemand ist da, der euch in kalte Tücher hüllt, um eure Qualen zu lindern.“

Er holte aus und schleuderte seine Fackel auf den vorbereiteten Scheiterhaufen. Den danebenstehenden Knechten blieb gerade noch Zeit, zur Seite zu springen, bevor das Stroh lichterloh zu brennen begann. Auf dem Karren des Garnhändlers bettete Hanna den Kopf ihrer Tochter Grete in ihren Schoß. Ihre Augen weiteten sich vor Grauen, aber auch vor Faszination.

„Wie können wir verhindern, dass unsere Seele nach dem Tod in der Hitze des Fegefeuers leiden muss?“, fragte Tetzel. Dramatisch hob er beide Arme, bis sein Körper die Form eines Kreuzes bildete. Dabei starrte er wie gebannt auf den brennenden Scheiterhaufen. Als die Flammen knisternd höher schlugen, zog der Trommler an einer Schnur, woraufhin ein gewaltiges Banner entrollt wurde. Die Menschen reckten neugierig die Hälse. Im Schein des Feuers erkannten sie Bilder von einem Mann, einer Frau und einem Kind – mit zum Himmel erhobenen Armen und in Qual erstarrten Gesichtern –, die im Feuer der Hölle loderten.

Schreckensrufe ertönten. Fensterläden wurden zugeschlagen. Einige der Zuschauer stahlen sich schluchzend von ihren Plätzen und verschwanden in der Dunkelheit. Andere falteten die Hände und blickten flehentlich zu dem Mann auf dem Wagen, dessen Miene Verständnis und Mitleid zum Ausdruck brachte. „Seid unverzagt, meine Freunde!“, ließ Tetzel seine Stimme erneut über den Platz schallen. „Heute sendet euch der Heilige Vater, Papst Leo X., einen Beweis seiner unendlichen Güte. Ein Geschenk, das euch vor diesem Feuer rettet. Einen besonderen Ablass von Strafe und Schuld, mit dem ihr nicht nur eure Erlösung erwirken, sondern auch am Aufbau des Petersdoms in Rom teilhaben dürft."

„Wie soll das geschehen?", hörte man einen Ruf aus der Menge. Unwillig drehten sich die Bürger nach einer Gruppe junger Burschen um, die müßig am Marktbrunnen beisammenstanden.

Tetzel bückte sich, als habe er nur auf diese Frage gewartet. Aus einer Kiste zog er eine Pergamentrolle hervor, die er in die Höhe hielt.

„Mit dem Erwerb eines solchen Ablassbriefs könnt ihr dem Fegefeuer entkommen!"

Ein Trommelwirbel ertönte. Tetzel wartete lächelnd, bis wieder Stille eingekehrt war, dann sagte er: „Nun wisst ihr, was ihr tun müsst, um für euch, eure Weiber und Kinder vorzusorgen. Aber ich sehe an euren Gesichtern, dass ihr euch noch immer Sorgen macht. Ihr fragt euch, welches himmlische Glück euch zuteilwerden kann, wenn die Seelen der bereits Verstorbenen im Feuer brennen. Eure Mütter und Väter, die das Zeitliche bereits gesegnet haben? Hört ihr nicht ihre Stimmen, die euch anflehen, sie freizukaufen?"

Er löste eine weitere Pechfackel aus ihrer Verankerung, sprang behände vom Wagen und näherte sich den Reihen der Zuschauer. Freundlich sprach er ein paar Personen an, auf die ihn sein Gehilfe vor der Kirche aufmerksam gemacht hatte. Und nur wenige Augenblicke später knüpften die Menschen ihre Geldbörsen vom Gürtel und folgten Tetzel die Stufen zur Kirchenpforte hinauf, wie Schafe, die ihren Hirten gefunden hatten. Triumphierend schwang Tetzel den Ablassbrief. „Schließt euch uns an, Freunde! Vor dem Altar werdet ihr eine Messingtruhe finden. Sie steht unter dem Bildnis der Heiligen Jungfrau, die auf euch wartet. Mit einem kleinen Almosen könnt ihr den Verstorbenen Erlösung bringen. Kommt, folgt uns!"

Aufgeregtes Geflüster erhob sich. Aus den Augenwinkeln sah Tetzel, wie die Mutter des verkrüppelten Kindes ihr Wolltuch um den Kopf schlang und dann von ihrem Karren stieg. Das Mädchen streckte ihr die Hand entgegen. Sichtlich angerührt eilte der Ablassprediger die Stufen hinab. Seine Augen glänzten vor Tränen, als er sich der überraschten Frau in den Weg stellte. „Ich habe dich und dein verkrüppeltes Kind gesehen", raunte er ihr väterlich zu. „Ich hoffe, du hast aus meinen Worten etwas gewonnen!"

„Aber … Herr …"

„Sorge dafür, dass der zerstörerische Engel an deiner Tochter vorübergeht und sie zu Jesus laufen kann, wenn ihre Zeit gekommen ist. Denke daran: Wenn das Geld im Kasten klingt, die Seele aus dem Fegefeuer springt!"

Triumphierend wandte er sich um und erklomm von Neuem die Treppe. Hanna und Grete standen einen Atemzug lang wie betäubt da, dann wurden sie auch schon von der Menge erfasst, welche nach vorne drängte, um der Aufforderung des Mönchs nachzukommen. Wieder wurden Trommeln geschlagen, die Kirchenglocken begannen zu läuten. In Hannas Ohren bohrte sich das metallische Geräusch von Münzen, die aneinanderschlugen. Weißpfennige und Dukaten. Willenlos ließ sie sich mit Grete weitertreiben.

Zehntes Kapitel

Martin war verärgert und bestürzt, als ihm die Neuigkeiten aus Jüterbog zu Ohren kamen. Dabei erschreckte ihn nicht so sehr der Umstand, dass die Wittenberger über die Grenze strömten, um sich Tetzels Predigten anzuhören, als vielmehr die Tatsache, dass die Bürger felsenfest davon überzeugt waren, der Besitz eines Ablassbriefes enthebe sie der Reue und Umkehr. Hatte er sie so schlecht belehrt? Wenn er in der Stadtkirche die Beichte hörte, kam es nicht selten vor, dass Männer und Frauen gar nicht erst abwarteten, bis er ihnen eine Buße aufgab. Sie hielten ihm den Ablassbrief unter die Nase und erklärten lächelnd, ihr Geld habe sie von ihren Sünden befreit. Weigerte er sich, ihnen die Absolution zu erteilen, beharrten sie auf ihrem Recht, im Voraus dafür bezahlt zu haben, und drohten, zu einem anderen Priester zu gehen.

Eines Tages begegnete Martin, der zum Elstertor unterwegs war, Hanna unweit der Klostermauer. Sie machte den Eindruck, als wartete sie auf ihn.

„Ich habe dich schon lange nicht mehr in der Messe gesehen, Hanna“, sagte er freundlich. „Wie geht es deiner kleinen Grete?“

„Wir waren in Jüterbog, beim Prediger Tetzel!“ Hanna zögerte einen Moment lang, bevor sie ein zusammengefaltetes Stück Pergament aus ihrem abgetragenen Schultertuch zog. Ehrfürchtig berührte sie es mit den Fingerspitzen, dann reichte sie es ihrem Gemeindepriester. „Das habe ich für Grete gekauft, Pater Martinus. Der Ablassprediger hat gesprochen wie ein Heiliger. Ich konnte gar nicht anders, als seinen Befehlen zu gehorchen. Ich fühlte mich wie in einem Traum.“ Hanna blickte Martin, der sich inzwischen in die Zeilen des Briefes vertieft hatte, erwartungsvoll an.

„Ausgestellt vom Erzbischof von Mainz“, murmelte er geistesabwesend. „Ich kann das nicht glauben!“ Er las schweigend weiter. Mit bangem Herzen beobachtete Hanna, wie die Miene des gütigen Mönchs sich verfinsterte.

„Ist etwas nicht in Ordnung, Pater?“, fragte Hanna. Plötzlich fühlte sie sich, als habe der Mönch sie bei etwas Verbotenem ertappt.

„Kannst du mir sagen, warum du diesen Brief gekauft hast, Hanna?“, fragte Martin barscher, als er es beabsichtigt hatte. „Das ist nur ein Stück Papier, dessen Inhalt du nicht einmal selbst lesen kannst. Die Worte sind …“

Martin sprach nicht weiter, da er bemerkte, dass die Reisighändlerin um Beherrschung rang. Plötzlich aufsteigende Tränen brachten ihre sonst so matten Augen zum Funkeln. *Gewiss hat sie in gutem Glauben gehandelt,* dachte er. *Mehr noch, sie hat ein Opfer gebracht, um dessentwillen sie nun vielleicht tagelang wird hungern müssen. Ich habe kein Recht, ihr Vorwürfe zu machen. Weder ihr noch den anderen Angehörigen des Sprengels, die dem Dominikaner ihr Geld in den Kasten geworfen haben.*

„Dann taugt das Papier nichts?“ Hannas Stimme klang schwach.

Martin seufzte. „Es ist meine Schuld, dass du dein Geld eingebüßt hast, Hanna. Ich habe in meinen Predigten Dinge angedeutet, ohne sie genau zu erklären. Vielleicht hatte ich Angst, mich zu weit vorzuwagen. Aber damit ist es nun vorbei, ich habe lange genug gezögert.“

Hannas Verwirrung wuchs. Sie verstand nicht genau, wovon der Mönch sprach, aber allmählich dämmerte ihr, dass das Schauspiel, dessen Zeugin sie in Jüterbog geworden war, wohl doch nicht die Macht hatte, Menschen aus dem Fegefeuer zu erretten. Doch wenn der Ablassprediger sich geirrt hatte, musste sich dann nicht auch der Papst in Rom irren? Erschüttert nahm sie Martin das Pergament aus der Hand. Sie rieb das brüchige Material zwischen ihren Fingern, dann zerriss sie es vor Martins Augen in winzige Stücke, die sogleich vom Wind in den morastigen Torgraben getrieben wurden.

„Du musst auf Gottes Liebe vertrauen“, erklärte Martin schweren Herzens. „Nicht auf die Worte eines einzelnen Predigers!“ Er maß Hanna mit einem durchdringenden Blick, ahnend, dass er ihr etwas genommen hatte, was für sie kostbarer war als die Weißpfennige, die sie für den Ablass hatte zahlen müssen: Zuversicht. Er konnte nur beten, dass es ihm gelingen werde, an die Stelle ihrer erstorbenen Begeisterung für Tetzels Versprechen neue Hoffnung zu setzen. Eine Hoffnung, die auf Wahrheit gründete, nicht aber auf den Aberglauben eines Mannes, der gar nicht die Macht hatte, Sünden zu vergeben.

Hastig durchsuchte Martin seinen Beutel nach ein paar Münzen, die er Hanna in die Hand drückte, ohne auf ihren leisen Protest zu hören. „Spar dein Geld für Grete, damit sie etwas zu essen bekommt!“, rief er. Dann stürmte er mit wehendem Umhang davon, der Klosterpforte entgegen.

DIE GERÄUSCHE im Dormitorium nahmen an diesem Abend kein Ende. Für gewöhnlich wurde die Nachtruhe peinlich genau eingehalten, denn die Zeit bis zur ersten Hore verging schnell und selten ungestört. Doch ausgerechnet heute klagten einige der Brüder über Magenbeschwerden und Zahnschmerzen. Bruder Gernot, ein Mönch, der bereits in jungen Jahren ältlich wirkte, trug Martin auf, sich um die kranken Ordensbrüder zu kümmern. Martin lag ein Wort des Widerspruchs auf der Zunge, das er jedoch schleunigst herunterschluckte, als er begriff, dass er die unverhoffte Nachtwache am Lager der Mönche nutzen konnte, um sein Vorhaben in die Tat umzusetzen. Er musste an den Erzbischof schreiben und ihm seine Sorgen über die leichtfertigen Predigten Tetzels schildern. Bischof Albrecht musste einfach ein Einsehen haben, dass der Dominikaner das Sakrament der Buße missbrauchte.

Nachdem im Dormitorium endlich Ruhe eingekehrt war, nahm Martin leise Papier und Feder aus einer Lade, zündete ein Talglicht an und begann mit klammen Fingern zu schreiben. Zunächst kamen die Worte nur stockend, beinahe widerstrebend. Mehrmals musste Martin innehalten, um sich zu vergewissern, dass er den richtigen Ton traf. Es lag ihm fern, den Bischof zu verärgern, doch er musste ihm klarmachen, dass er in seiner Eigenschaft als Kirchenfürst Pflichten hatte.

Als die Glocke die Mönche zum Morgengebet rief, schrak Martin aus seinen Gedanken auf. Neben seinem Schemel begann das Holz der schmalen Pritschen zu knarren. Erschöpft wandte er sich zur Tür um und fand sich unvermittelt Ulrich gegenüber. Sein Ordensbruder musterte ihn.

„Du siehst aus, als hättest du heute Nacht kein Auge zugemacht", flüsterte Bruder Ulrich vorwurfsvoll, während sich die Männer im Saal schlaftrunken und schweigend von ihren Strohsäcken erhoben. Martin sprang nun ebenfalls auf. Er versuchte, das Schreiben an den Bischof unter einer Falte seiner Tunika vor Ulrichs Blicken zu verbergen, doch sein Freund war schneller. Mit einer flinken Handbewegung entriss er Martin das Papier und lief damit auf den dunklen Korridor hinaus. Martin starrte ihm einen Atemzug lang benommen hinterher, ehe er ihm ärgerlich schnaubend nachsetzte. „Gib mir den Brief zurück, Bruder Ulrich!", zischte er empört. Er sah, wie sein Freund das Papier überflog und ihn dann mit zusammengekniffenen Augen bei der Stiege erwartete. „Ist das dein Ernst? Du willst den Ablasshandel in der Öffentlichkeit erörtern?"

„Es ist meine Pflicht, den Bischof von den betrügerischen Machenschaften Tetzels in Kenntnis zu setzen!" Martin nahm ihm das Blatt ab und steckte es in eine Tasche seiner Kutte. Sein alter Gefährte würde in Kürze noch andere Dinge verdauen müssen, sobald Martin seine Thesen zum Ablasshandel und zur Stellung des Heiligen Vaters in der Kirche der Universität zur Disputation vorgelegt hätte. Als er mit Ulrich darüber sprach, meinte der Mönch ungläubig:

„Damit greifst du nicht nur den Bischof an, sondern mit ihm den Papst. Du rüttelst an den Grundfesten unserer Kirche!“

„Ihre Mauern werden nicht gleich einstürzen, nur weil ein Mönchlein sich dagegenlehnt. Du wirst sehen, der Bischof wird mein Schreiben hoheitsvoll zur Kenntnis nehmen und mir durch seine Schreiber eine belanglose Antwort zustellen lassen. Dann wird er ohne großes Aufsehen Tetzels Possenreißer zum Schweigen bringen und die Priester anweisen, den Menschen wieder das rechte Verständnis von den drei Teilen der Buße zu vermitteln.“ Bruder Ulrich zuckte ratlos die Schultern. Er hatte nicht den geringsten Zweifel, dass Martin die Gefahr, in die er sich durch seinen Protest brachte, herunterspielte, um ihn zu beruhigen. Unter keinen Umständen würde der Erzbischof auf die Vorwürfe eines Klosterbruders hören, auch wenn dieser sich als Gelehrter einen Namen gemacht hatte.

Der Tag vor dem Allerheiligenfest war in Wittenberg zum Markttag bestimmt worden. Die Gitter der Stadttore mussten zwei Stunden früher hochgezogen werden, damit die Bauern von den Höfen im Umland genug Zeit hatten, ihre Schragentische und Buden aufzubauen. Innerhalb kürzester Zeit herrschte auf dem Platz vor der Schlosskirche ein emsiges Treiben.

Martin eilte über den Markt, ohne sich bei den Ständen und Tischen der Krämer und Bauern aufzuhalten. Mit einem Hammer in der einen Hand und einem flatternden Pergament in der anderen hielt er zielstrebig auf das Portal der Schlosskirche zu.

An der Kirchentür hingen bereits mehrere Anschläge. Dies war nicht ungewöhnlich, denn im Innern des Gotteshauses fanden auch nach Fertigstellung der Hörsäle an der Schlossstraße noch einige Vorlesungen der Universität statt. Das breite Portal diente somit Magistern und Studenten als Tafel für Bekanntmachungen aller Art.

Martin trat einen Schritt zurück und maß die Fläche mit kritischem Blick. Nachdem er eine Stelle, die groß genug für sein Pergament war, gefunden hatte, setzte er einen Nagel an. Trotz der Kälte des Oktobermorgens spürte er plötzlich eine unerträgliche Hitze unter seinem Habit. Er atmete ein paarmal tief durch, dann hob er seinen Hammer und heftete das Blatt an die Tür.

Dumpf hallten die Hammerschläge durch das menschenleere Gotteshaus.

Auf dem Kirchplatz blieben ein paar Studenten stehen und blickten neugierig zum Portal hinüber. Die jungen Männer waren in Eile, dennoch warteten sie, bis ihr Magister seinen Anschlag angebracht hatte und weitergegangen war. Zögernd überquerte die kleine Schar die staubige Straße, um sich das Pergament anzuschauen.

„*Disputatio pro declaratione virtutis indulgentiarum* ... “ Der Student, der direkt vor dem Portal stand, überflog die Worte seines Professors mit maßlosem Staunen. „Die Liebe zur Wahrheit und der Wunsch, sie an den Tag zu bringen, sind die Gründe, dass über die nachstehenden Sätze eine Disputation in Wittenberg in Aussicht genommen ist. Den Vorsitz dabei wird führen der ehrwürdige Vater Martinus Luther. Darum bittet er die, die nicht persönlich anwesend sein und mündlich mit uns disputieren können, dies abwesend durch Schriften zu tun. Im Namen unseres Herrn Jesu Christi, amen.“

„Was schreibt Doktor Luther genau?“, drängte einer der Burschen seinen Vordermann.

„Man soll die Christen lehren: Dem Armen zu geben oder dem Bedürftigen zu leihen ist besser, als einen Ablass zu kaufen.“

„Mein Gott!“, sagte der Bursche.

Der Student drehte sich um. Auf seinem Gesicht lag ein Lächeln. „Was willst du? Endlich ist jemand mutig genug, gegen diese habgierigen Seelenverkäufer anzugehen!“ Wieder vertiefte er sich in die Schrift an der Tür. „Der Papst will und kann keine anderen Strafen erlassen als die, welche er nach seinem oder nach der kirchlichen Satzungen Befinden auferlegt hat. Es irren die Ablasshändler, die sagen, dass der Ablass des Papstes den Menschen von jeder Strafe erlöse und errette. Jeder Christ, der wahre Reue empfindet, erhält vollkommenen Erlass der Strafe und der Schuld, die ihm auch ohne Ablassbriefe gebührt.“

Der junge Mann hörte auf zu lesen, als das Geflüster seiner Kameraden lauter wurde. Einer der Studenten drängte sich an den anderen vorbei und riss mit einer raschen Handbewegung das Thesenblatt von der Tür herunter. Unter zahlreichen Unmutsbekundungen rollte er es zusammen und ließ es in seinem Wams verschwinden.

„Warum nimmst du es ab?“, fragte der Student, der vorgelesen hatte, bestürzt. „Doktor Luther wollte gewiss, dass es alle sehen können!“

Sein Freund atmete tief durch, während er in die fragenden Gesichter der Umstehenden blickte. *Sie haben ja keine Ahnung,* dachte er, *welche Sprengkraft diese Zeilen bergen.* Er selbst wusste es, denn er war in Jüterbog gewesen. Vom Marktbrunnen aus hatte er miterlebt, wie der Dominikaner die Menschen in die Kirche gelockt und ihnen das Geld aus den Taschen geschwatzt hatte. O ja, er würde dafür sorgen, dass seine Mitbürger lesen konnten, was Doktor Luther geschrieben hatte. Nicht nur ein kleiner Kreis von Gelehrten, welche der lateinischen Sprache mächtig waren, sollte davon erfahren.

„Was hast du vor?“, hörte er einen seiner Kameraden rufen.

Der junge Mann biss sich nachdenklich auf die Unterlippe. Unter seinem Wams schien sich das gefährliche Pergament wie ein Glüheisen in seine Haut zu brennen. „Es sind genau fünfundneunzig Thesen", murmelte er abwesend. „Der Drucker wird gewiss ein Vermögen dafür verlangen, aber ich schätze, mein Geld ist auf seiner Presse gut angelegt!"

Die fünfundneunzig Thesen wurden wenige Tage später ohne Martins Wissen ins Deutsche übersetzt und gedruckt. Als Martin davon erfuhr, erschrak er zutiefst, aber es war zu spät, um einzugreifen. Scholaren und Magister rissen sich um die druckfrischen Exemplare der Flugschrift, kaum dass sie die Presse verlassen hatten. Was Martin jedoch rasch versöhnlich stimmte, war die Tatsache, dass seine Thesen tatsächlich das einfache Volk erreichten. Dies war mehr, als er zu hoffen gewagt hatte.

In den Schenken und Badestuben diskutierte man die Schrift. Stets fand sich ein des Lesens Kundiger, der bereit war, gegen einen Humpen Bier die spektakulären Äußerungen des Mönchs vorzutragen. Im Reisegepäck von Kaufleuten und Vaganten verließ die Schrift schließlich die engen Mauern Wittenbergs und gelangte in viele Städte und Dörfer des Reichs.

Generalvikar von Staupitz war hin- und hergerissen, als er einer Schar junger Mönche im Kreuzgang des Erfurter Klosters daraus vorlas. Einerseits bewunderte er den Scharfsinn seines ehemaligen Zöglings, die Kraft und Brisanz seiner Beweisführung, die nicht auf Spekulationen beruhte, sondern auf wissenschaftlicher Exegese der Heiligen Schrift, den Beschlüssen heiliger Konzile und den frühen Lehren der Kirchenväter. Andererseits war der alte Mann welterfahren genug, um zu wissen, dass ein Mönch gezwungen werden konnte, Worte und Lehren zu widerrufen, die seinen Oberen nicht behagten. Mit bangem Herzen fragte er sich, ob Martins Glaube stark genug war, um diese Prüfung auszuhalten.

WIE VORAUSZUSEHEN, stießen die Thesen zur Ablasspredigt nicht nur auf geneigte Leser. Der Winter war kaum ins Land gezogen, als auch Tetzel und sein Auftraggeber, Bischof Albrecht von Mainz, von der unerhörten Tat des Wittenberger Augustinermönchs Kenntnis erlangten. Tetzel kochte förmlich vor Wut. Sein Banner wurde zwar noch immer regelmäßig auf den Marktplätzen und in den Kirchen zwischen Magdeburg und Halberstadt ausgerollt, doch sein Publikum wurde von Veranstaltung zu Veranstaltung spärlicher, bis es schließlich völlig ausblieb. Stattdessen musste der Ablasskrämer Spott und Verachtung erdulden, sobald sein Wagen sich einer Stadtmauer näherte.

„Klingt die Münze in seinem Becher, wird der Papst reicher und frecher!", riefen die Leute Tetzel im Chor zu, während er sich noch damit abmühte, ihnen die schrecklichen Höllenstrafen zu schildern, denen sie nur mittels einer großzügigen Gabe entrinnen könnten.

Der verschmähte Ablasskrämer und sein geistlicher Herr waren indessen nicht die Einzigen im Reich, welche die Verbreitung der aufrührerischen Druckschrift mit Sorge betrachteten. Der Revisor des Handelshauses Fugger sparte nicht mit Vorwürfen, als er in Magdeburg mit Tetzel zusammentraf, um die Einnahmen der Wintermonate durchzurechnen.

„In dieser Woche war es nur noch ein Fünftel von dem, was Ihr sonst einnehmt, Bruder“, erklärte der Kaufmann, ein vornehm gekleideter Herr mit braunen Locken und ordentlich gestutztem Kinnbart. „Ich nehme an, dass Bischof Albrecht Bescheid weiß, wem Ihr diese Verluste zu verdanken habt? Mein Herr, Jakob Fugger, ist sehr ungehalten über Euer Versagen. Glaubt mir, er kann recht ungemütlich werden, wenn er sein Geld nicht zurückerhält. Wie wollt Ihr das Rom erklären, Tetzel?“

Der Dominikaner ballte die Fäuste; in seinen Augen loderte pure Mordlust auf. „Keine Sorge, Ihr bekommt Euer Geld! Dieser Ketzer wird verdammt werden für seine Dreistigkeit, gegen den Heiligen Vater zu hetzen! Wer ist schon Martin Luther?“

„Ein armseliger Mönch, der das Haus Fugger und mit ihm die ganze Christenheit zum Narren hält?“, schlug der Revisor spöttisch vor. Mit einer raschen Bewegung schloss er das dicke Rechnungsbuch, dessen Eintragungen mit roter Tinte ihm unangenehm ins Auge stachen.

„Ein verlogener, abtrünniger Ketzer, den ich brennen lassen werde“, entgegnete Tetzel mit giftigem Blick. „Bischof Albrecht hat auf meinen Ratschlag hin einen Boten entsandt, um die sogenannten Thesen dem Papst zu überbringen. Sie sind bereits auf dem Weg nach Rom.“

Tetzel hatte die letzten Worte kaum ausgesprochen, als er auch schon bemerkte, wie die Anspannung von ihm abfiel. „Noch bevor das Jahr sich seinem Ende zuneigt, werde ich Zeuge sein, wie man in Wittenberg einen Scheiterhaufen aufschichtet!“

„Wenn Euch das gelingt, reiche ich Euch persönlich die Fackel, um das Holz in Brand zu setzen“, sagte der Revisor ungerührt und verließ mit schnellen Schritten den Raum.

GEORG SPALATIN wartete voller Ungeduld, bis Martin seine Vorlesung beendet und der letzte Student den Hörsaal der Wittenberger Leucorea verlassen hatte. Dann knallte er die Tür zu und stapfte mit düsterer Miene auf den verwunderten Mann im Talar zu.

„Wie konntet Ihr es wagen?“, tobte der Sekretär. „Warum habt Ihr Seine Durchlaucht, den Kurfürsten, von Eurem Schreiben an den Erzbischof nicht in Kenntnis gesetzt?“

Martin zuckte zusammen. Er hatte noch nie erlebt, dass Spalatin die Fassung verlor, deshalb war er umso überraschter, als der Vertraute des Kurfürsten sich vor ihm aufbaute und seine Faust auf das Stehpult donnerte. Als er die Augen niederschlug, bemerkte er, dass Spalatin einen Brief mit gebrochenem Siegel niedergelegt hatte.

„Ich wollte ihn nicht kompromittieren“, erklärte Martin atemlos. „Aber Ihr müsst doch zugeben, dass es gut war, den Fürsten nicht eingeweiht zu haben. So kann unser Herr jederzeit schwören, dass er weder von meiner Schrift noch von meiner Kritik am Erzbischof gewusst hat. Dasselbe gilt auch für meinen Prior und die Ordensoberen …“

Spalatin verdrehte gequält die Augen. „Mit Eurem Protestbrief an Albrecht von Mainz kann Seine Durchlaucht leben, Doktor Luther. Schließlich war der Kurfürst persönlich dagegen, die Macht seiner politischen Feinde mit sächsischem Geld zu vergrößern. Deshalb hat er den Tetzel ja auch nicht ins Land gelassen. Aber was ist mit Eurer Kritik an Rom? Macht Ihr Euch überhaupt eine Vorstellung, wie peinlich das alles für das Fürstenhaus ist?“ Der Sekretär stieß ein bitteres Lachen aus. „Ausgerechnet sein gefeierter Magister der Theologie zieht sich die Verdammung des Papstes zu!“

Martin raffte in Eile seine Bücher zusammen, um den Saal zu verlassen. Doch als er die wenigen Stufen zum Auditorium hinabgehen wollte, zerrte Spalatin ihn am Ärmel zurück zum Pult, auf dem noch immer der Brief mit dem gebrochenen Siegel lag. „Ihr wurdet nach Rom zitiert“, sagte Spalatin leise, während Martin ungläubig den an die Kanzlei des Kurfürsten gerichteten Brief überflog. „Nun habt Ihr den Ärger am Hals, vor dem ich Euch gewarnt habe. Der Vatikan droht Euch mit der Exkommunikation!“

„Aber ich bin ein treuer Sohn der heiligen Kirche. Ich glaube nicht, dass der Papst diese Vorladung ausstellen ließ. Vermutlich hat er meine Schrift noch nicht einmal gelesen!“

Spalatin musste unwillkürlich lächeln, als er Martins betroffenen Gesichtsausdruck bemerkte. *Wie ein trotziger Knabe,* schoss es ihm unvermittelt durch den Kopf. Doktor Luther mochte ein intelligenter Gelehrter sein, ein begabter Redner, an dessen Lippen die Studenten im Kollegium und die Gläubigen während der Messe hingen. Aber im Grunde genommen reagierte er nicht anders als ein Scholar, der ein kluges Traktat verfasst hatte und nun enttäuscht war, weil sein Vater ihm nicht genug Beachtung schenkte.

„Haltet Euch bedeckt, Bruder Martinus“, sagte Spalatin schließlich ernst.

Er legte Martin eine Hand auf die Schulter und maß ihn mit eindringlichem Blick. „Schreibt vorerst kein Wort mehr, bis ich Gelegenheit hatte, diese Sache aus der Welt zu schaffen."

Martin sah plötzlich elend aus. Seine Wangen glühten vor Aufregung, als er dem Sekretär erklärte, dass die Erläuterungen, die er zu den fünfundneunzig Thesen ausgearbeitet hatte, bereits gedruckt und veröffentlicht waren.

„Gott sei mit Euch!", rief Spalatin entgeistert. „Ob mein Fürst und ich Euch nun noch helfen können, steht in den Sternen." Der Sekretär machte auf dem Absatz kehrt und polterte aus dem Saal. Wie betäubt sah Martin ihm nach. *Er tut gut daran, nicht mit mir gesehen zu werden,* dachte er. Vom heutigen Tag an konnte es gefährlich werden, sich mit einem Mann zu zeigen, der den Zorn des Papstes heraufbeschworen hatte.

ALS MARTIN die Universität verließ und sich auf den kurzen Heimweg zum Kloster machte, bemerkte er plötzlich einen jungen Mann, der auf ihn gewartet zu haben schien. Der Fremde kauerte reglos unter dem runden Erker eines Giebelhauses. Martin seufzte. *Wieder ein Student, der sich mit mir über die Thesen unterhalten will,* dachte er müde.

„Doktor Luther?" Der Fremde löste sich aus dem Schatten des windschiefen Erkers und trat auf die Straße. Martin streifte ihn nur mit einem flüchtigen Blick. Der junge Mann war mittelgroß und dünn. Trotz seiner aufmerksam funkelnden Bernsteinaugen wirkte er schüchtern.

„Ich wollte Euch nur sagen, wie sehr ich mich über Eure Thesen gefreut habe, Doktor", begann der Unbekannte mit heiserer Stimme. „Sie sind so …" Er sprach nicht weiter, weil seine Worte ihm plötzlich zu belanglos erschienen. „Es liegt vor allem an Euch, dass ich an diese Universität kam", erklärte der junge Mann schließlich. „Ich stamme aus der Kurpfalz und habe in Tübingen und Heidelberg studiert, bevor ich …"

„Nun, dann wünsche ich Euch viel Glück bei Euren Studien, mein Freund", unterbrach Martin den Redeschwall des Fremden. Er schob ihn mit sanfter Gewalt zur Seite, um seinen Weg fortzusetzen.

„Aber ich bin der neue Professor, den Seine Durchlaucht Kurfürst Friedrich eingeladen hat. Mein Name ist Melanchthon. Philipp Melanchthon. Mein Großonkel ist der Humanist Reuchlin. Gewiss habt Ihr von ihm und dem Prozess gehört, den er gegen die Dominikaner austragen musste?"

Martin blieb stehen und drehte sich mit ungläubiger Miene um. Er konnte sich kaum vorstellen, dass ein junger Mann von kaum zwanzig Jahren kompetent genug sein sollte, um hitzige Scholaren in den Geisteswissenschaften zu unterrichten. Doch da kein Geringerer als Georg Spalatin für die Einstellung der Magister zuständig war, zweifelte er keinen Moment daran, dass Melanchthon die Wahrheit gesagt hatte. Verlegen reichte Martin ihm die Hand und hieß ihn mit ein paar dürren Worten in Wittenberg willkommen. Nach einigem Zögern lud er Melanchthon ein, ihn bis zur Klosterpforte zu begleiten, um mehr über ihn in Erfahrung zu bringen.

„Melanchthon", murmelte Martin nach einer Weile, „ein außergewöhnlicher Name für einen Deutschen!"

Der junge Mann lächelte amüsiert, was bewies, dass er nicht zum ersten Mal auf dieses Thema angesprochen wurde. Mit gewandten Worten erzählte er von seiner Familie, die in der Ortschaft Bretten in so hohem Ansehen stand, dass sie sogar Ratsherren und Schöffen stellte. Sein Vater war kurfürstlicher Waffenschmied. Ähnlich wie Martin hatte man auch den kleinen Philipp zum Besuch der Lateinschule ausersehen, wobei es ihm zugutegekommen war, dass ein Bruder seines Großvaters sich als Gelehrter bereits einen Namen gemacht hatte.

„Ursprünglich hieß meine Familie Schwarzerd", erzählte Melanchthon leutselig. „Aber mein Großonkel riet mir, dem Geist der Zeit zu folgen und den Familiennamen ins Griechische zu übersetzen. Allem Anschein nach hat mir das Glück gebracht, denn mit siebzehn Jahren wurde ich zum Magister ernannt. Und nun bin ich hier!"

Martin seufzte. Angesichts des Ärgers, der ihn erwartete, hielt er es für seine Pflicht, den Enthusiasmus des jungen Kurpfälzers zu dämpfen.

„Auch wenn Ihr eine gute Anstellung gefunden habt, dürft Ihr Wittenberg nicht mit dem Garten Eden verwechseln. Manchmal erscheint mir die Stadt vielmehr wie ein … ein stinkendes Mistloch, aus dem das Unkraut des Aberglaubens so hoch schießt, dass ich meine Axt anlegen muss!"

„Aber wer einen neuen Garten anlegt, muss auch auf die kleinen Pflanzen achten", erwiderte Melanchthon leise. „Man muss sie begießen und pflegen, damit sie nicht mitsamt dem Unkraut aus der Erde gerissen werden."

Martin starrte den jungen Mann einen Augenblick lang verständnislos an, dann prustete er plötzlich los. Philipp Melanchthon machte einen Schritt zur Seite. „Lacht Ihr mich etwa aus?"

„Entschuldigt, verehrter Doktor, ich wollte Euch gewiss nicht kränken. Aber Ihr erinnert mich auffallend an Ulrich, einen meiner Mitbrüder im Kloster. Auch dieser hat immer ein paar Weisheiten auf Lager, mit deren Hilfe er mich als unverbesserlichen Grobian und Holzhacker im Weinberg des Herrn entlarvt." Heftig klopfte er Melanchthon auf die Schulter. „Darf ich Euch einladen, unsere bescheidene Mahlzeit im Refektorium mit uns zu teilen?"

Philipp Melanchthon atmete erleichtert auf. Mit sichtlicher Begeisterung nahm er Martins Einladung an und folgte dem Älteren durch die Klosterpforte in den Innenhof.

Elftes Kapitel

Die folgenden Monate vergingen wie im Fluge, ohne dass Martin von Spalatin oder dem Kurfürsten eine Nachricht erhielt. Für ihn war dies ein gutes Zeichen, denn er glaubte zu wissen, dass weder der Erzbischof noch der päpstliche Machtapparat ihn vergessen hatten. Auf seine Schriften, die nach wie vor von eifrigen Studenten verbreitet wurden, antworteten lediglich einzelne Dominikaner mit wütenden Protestbriefen. Aber zunächst fand sich niemand zu einem gelehrten Streitgespräch ein, wie es dem Brauch entsprach.

Gerüchte wurden laut, nach denen Tetzel in Frankfurt an der Oder im Schnellverfahren zum Doktor der Theologie promoviert worden war, um dem vorlauten Wittenberger bei Diskussionen ebenbürtig zu sein. Sonderbarerweise aber hielten sich sowohl Tetzel und der Bischof als auch die Vertreter des Hauses Fugger bedeckt. Es schien so, als strafe Papst Leo das deutsche Mönchsgezänk, wie er es in einem Schreiben an die Bischöfe des Reichs genannt hatte, mit Nichtbeachtung. Doch Martin war klar, dass dieser vermeintliche Frieden lediglich eine Denkpause zum Sammeln von Kräften darstellen konnte. Diese Ahnung sollte sich etwa ein Jahr nach der Veröffentlichung seiner Thesen bestätigen.

„Der Glaube an Gott macht jeden Christenmenschen zum Priester“, verkündete Martin eines Sonntagmorgens in der voll besetzten Stadtkirche St. Marien. „Niemand steht zwischen euch und Gott!“

Martin legte andächtig die Hände ineinander. Voller Rührung blickte er in die Gesichter der Bürger, Studenten, Magister und einfachen Bauern, die sich unter der Kanzel eingefunden hatten, um seiner Predigt zu lauschen. Er stockte. Über dem Gotteshaus lag eine so andächtige Stille, dass er sich unvermittelt an jenen Tag elf Jahre zuvor erinnerte, als er in der Augustinerkirche zu Erfurt seine erste Messe gelesen hatte. Damals war er ein an Gott und sich selbst zweifelnder Bettelmönch gewesen, der es nicht gewagt hatte, im Angesicht des mächtigen Kreuzes an der Wand, der goldenen Gerätschaften und kostbaren Heiligenbilder auch nur den Kopf zu heben. Nun aber stand er aufrecht, mit gestrafften Schultern vor dem Altar, das Herz erfüllt von Gottesfurcht und dem Wunsch, seiner Gemeinde das zu geben, was sie am nötigsten brauchte: Hoffnung auf Erlösung durch den Glauben.

Als er Hanna und ihre kleine Tochter Grete bemerkte, die gleich neben dem jungen Philipp Melanchthon standen, glitt ein fröhliches Lächeln über seine Züge. „Ihr werdet durch Gottes Verheißungen und Liebe erlöst werden. Allein durch den Glauben an seine Gnade könnt ihr errettet werden."

„Amen", antworteten ihm die Gläubigen, auch wenn einige von ihnen skeptisch auf den Boden starrten. Die Zweifler waren an jenem Sonntag jedoch in der Minderheit. Martin öffnete die Schnüre seines Ornats und zog einen Bogen Papier hervor, den er über den Köpfen seiner Zuhörer schwenkte. „Sicherlich habt ihr von dem Gerücht gehört, dass der Papst mich nach Augsburg zitiert hat, wo ich vor einem Kardinal aus Rom über meine aus der Heiligen Schrift gewonnenen Erkenntnisse Rechenschaft ablegen soll."

In den Bankreihen erhob sich Gemurmel. Männer und Frauen hoben abwehrend die Hände, Melanchthon und Professor Karlstadt blickten einander mit sorgenvoller Miene an.

Beschwichtigend hob Martin die Hand und bat die Menge eindringlich, zur Ruhe zu kommen. „Das Gerücht entspricht der Wahrheit. Und ich bete zu Gott, dass Kardinal Cajetan, der im Namen des Heiligen Vaters mit mir reden möchte, keinen Tadel an seinem Knecht finden wird. Euch, meine Brüder und Schwestern, bitte ich über Folgendes nachzudenken, während ich in Augsburg bin: Wir sind versessen auf Reliquien, Ablässe, Pilgerfahrten an heilige Stätten – und doch ist unser Herr, Jesus Christus, immer da. Er ist hier, in jedem Winkel, jede Stunde des Tages. Er ist nicht in den Gebeinen der Heiligen zu finden, sondern mitten unter uns, in eurer Liebe zueinander. In seinem Sakrament und in Gottes Wort."

Martin nahm die große, in schweres Hirschleder gebundene Bibel und zeigte sie der Gemeinde. Kaum hatte er das Buch aufgeschlagen und die Seite geglättet, als er urplötzlich erbleichte. Seine Augen verengten sich, als erspähten sie einen Geist aus der Vergangenheit. Doch es war keine Erscheinung, die sich vor ihm auftat. Im hinteren Teil des Kirchenschiffes, halb verdeckt durch einen Stützpfeiler, stand Hans Luther. Sein Vater.

Auf dem sonnigen Platz vor der Kirche musste Martin nach dem Gottesdienst zahlreiche Hände schütteln. Einflussreiche Patrizier, Ratsherren und Geistliche umlagerten ihn, um ihm für die beschwerliche Reise und den Aufenthalt in Augsburg Glück zu wünschen. Es dauerte nicht lange, bis Martin, der nicht daran gewöhnt war, dass man um seine Person so viel Aufhebens machte, der Schädel brummte. Er verspürte das dringende Bedürfnis, einige Stunden allein in seiner Klosterzelle zu verbringen. Doch bevor er sich zurückziehen durfte, galt es, noch einen schweren Stein aus dem Weg zu räumen. Suchend blickte er sich um, als unvermittelt Professor Karlstadt auf ihn zugelaufen kam. Martin blickte ihm überrascht entgegen. Er bemerkte, dass dem Magister Schweiß auf der Stirn stand.

„Es hat Euch große Überwindung gekostet, meinen Gottesdienst zu besuchen, nicht wahr, Andreas?“, fragte er seinen atemlosen Kollegen vorsichtig.

Karlstadt neigte mit ernster Miene den Kopf. „Ich habe seit unserer ersten Begegnung dazugelernt, Bruder Martinus. Und wenn ich alter Bücherwurm dazu fähig bin, so sind es andere auch! Hört zu, Bruder Martinus. Der Lehrkörper steht geschlossen hinter Euch. Ich habe bereits einen Protestbrief verfasst, den ich als Erster zu unterzeichnen gedenke, falls der Kardinal Euch in Augsburg der Inquisition ausliefert.“

Martin hielt den Atem an. Nach einem kurzen Augenblick des Schweigens nickte er und drückte Karlstadt anerkennend die Hand.

Hans Luther war sichtlich gealtert. Die Last zahlreicher arbeitsamer Jahre hatte aus dem einst kräftigen, selbstsicheren Bergmann einen von tiefen Sorgenfalten gezeichneten Greis werden lassen. Unsicher waren seine Bewegungen, langsam war sein Gang. Nur das stolze Kinn und die silbergrauen Augen mit dem durchdringenden Blick erinnerten Martin an den Vater, der seinen Sohn während dessen Kindheit und Jugend mit eiserner Faust geführt hatte.

Als sich die Menge auf dem Kirchplatz zerstreut hatte, erspähte Martin seinen Vater am Schragentisch eines fliegenden Händlers, der Holzschnitte und Druckschriften verkaufte. Geduldig ließ der alte Mann sich Bild um Bild vorlegen, wobei er das aufdringliche Geschwätz des Krämers müde über sich ergehen ließ.

„Nun, Vater?“, sprach Martin ihn an. Mit einiger Bestürzung beobachtete er, wie sein Vater mit zittrigen Fingern ein paar Münzen abzählte und sie danach wie Perlen an einer Schnur auf dem Schragentisch aneinanderreihte. Er hatte einen Holzschnitt gekauft. Ein Porträt seines Sohnes.

Unvermittelt drehte der Alte sich um. „Bist du in Schwierigkeiten, Sohn?“

Martin schüttelte den Kopf. Mit belegter Stimme erkundigte er sich nach seiner Mutter.

„Deiner Mutter geht es nicht besonders gut. Sie hat mich gebeten … Sie bittet dich, ihr zu vergeben … uns, unserer Familie. Weil wir die ganze Zeit weggeblieben sind. Das war nicht recht, denn wenn Kinder gegenüber ihren Eltern Pflichten haben, so haben Eltern diese in größerem Maße.“ Hans Luther hielt kurz inne, um den erstandenen Holzschnitt umständlich in einer Tasche seines Rockes zu verstauen. „Du bist nicht mehr der Mann, den ich an der Klosterpforte in Erfurt verlassen habe. Und … dies ängstigt mich ebenso sehr, wie es mich mit Stolz erfüllt!“

Martin räusperte sich. Gemeinsam schlenderten sie die Gasse entlang, die zum Saumarkt führte. „Ich habe gebetet, dass Ihr mir eines Tages vergebt, Vater“, sagte Martin schließlich. In seiner Stimme schwang Wehmut mit. „Ihr habt so viel für mich getan … Wie viel, könnt Ihr nicht einmal ahnen.“

„Vielleicht haben wir dir aber nicht genug Liebe gegeben. Deshalb hast du sie bei Gott gesucht. Was wird nun geschehen? Gehst du nach Augsburg?“

Martin zuckte ausweichend die Schultern. Er wusste nur zu gut, dass es seinem Vater eine Menge Kraft und Überwindung abverlangt hatte, nach Wittenberg zu reisen, um mit ihm zu sprechen. Ob seine Eltern tief im Innern spürten, dass dies womöglich die letzte Gelegenheit für sie alle war, miteinander ins Reine zu kommen? Der Gedanke jagte Martin einen Schauer über den Rücken. Er wollte nicht sterben, schon gar nicht den schmählichen Tod eines verurteilten Ketzers auf dem Scheiterhaufen. Plötzlich gab er sich einen Ruck, trat auf seinen Vater zu und legte beide Arme um ihn. Tränen schossen ihm in die Augen.

„Schon gut, Junge“, murmelte Hans Luther, während er die Umarmung seines Sohnes unbeholfen über sich ergehen ließ. „Ist ja gut. Ich weiß, du musst tun, was du für richtig hältst.“ Ein Lächeln huschte über die eingefallenen Wangen des alten Mannes. „Aber versuch dennoch, ein einziges Mal im Leben deinen vorlauten Mund zu halten!“

ZWEI WOCHEN SPÄTER rumpelte Martins Reisewagen über den breiten steinernen Brückendamm, der durch das bewachte Tor in die Stadt Augsburg führte. Von vier Reitern in ledernen Waffenröcken begleitet, kämpfte sich das Gefährt durch die verwinkelten Gassen dem Domplatz entgegen.

Es war bereits fast dunkel. Ein kalter Wind jagte Regenschauer über die Stadt, von der Martin durch das schmale Guckfenster, das auf den Rat der Wachsoldaten hin vergittert worden war, nur wenig mehr erkannte als die schemenhafte Silhouette steil emporragender Mauern mit Zinnen sowie eine Reihe gepflegter Steinhäuser.

Sie folgten der Stadtmauer ein Stück in westlicher Richtung und passierten alsbald einen weiteren Torbogen. Obwohl es zwischenzeitlich wie aus Kübeln schüttete, herrschte innerhalb der Stadtmauern so viel lautstarker Betrieb, dass Martin Mühe hatte, sich auf die Worte seines Mitreisenden, eines Leipziger Ordensbruders, zu konzentrieren, der ihm begeistert die Schönheiten der reichen Handelsstadt schilderte. Schönheiten, von denen Martin durch die Gitter des hölzernen Kastenwagens nichts zu sehen bekam.

Der peitschende Regen trug nur wenig dazu bei, das Getöse zu dämpfen, das aus den Werkstätten der Steinmetzen und Zimmerleute über den Platz schallte und sich mit den Rufen der Straßenhändler mischte.

Augsburg war Martin als Stadt glanzvoller Reichstage bekannt; ihre Bewohner – vor allem die Mitglieder der wohlhabenden Gilden und Zünfte – hatten sich längst daran gewöhnt, dass Fürsten, Edelleute, Ritter und Kleriker von Zeit zu Zeit durch die Stadttore strömten und die Straßen und Plätze bevölkerten. Selbst Kaiser Maximilian, von dem es hieß, dass er sterbenskrank darniederlag, hatte man während der zurückliegenden Ratsversammlungen zuweilen auf seinem prächtigen Schimmel in Begleitung seines Enkels über den Domplatz reiten sehen.

„Wenn Ihr dieser Straße folgt, kommt Ihr zum Palast der Fugger!", rief Martins Mitreisender. „Früher besaßen die Herren Pfeffersäcke einen Handelshof am Rindermarkt, aber der ist für Jakob Fugger nicht mehr standesgemäß genug, jetzt, da sogar der Kaiser bald in seiner Schuld stehen wird!"

Natürlich nicht, dachte Martin und verzog den Mund. Die Gerüchte, nach denen das Geld der Augsburger Kaufleute zu gegebener Zeit die Wahl des jungen Spaniers Karl zum Kaiser unterstützen sollte, waren längst bis zu ihm nach Kursachsen gedrungen.

„Damit haben die Kaufleute nicht nur Einfluss auf den Erzbischof von Mainz, sondern auch auf den zukünftigen Kaiser", murmelte er, nachdem sein Reisegefährte seinen Bericht beendet hatte. Raffiniert. Mit düsterer Miene spähte er durch das kleine Gitterfenster. Er hatte sich buchstäblich in die Höhle des Löwen begeben.

Wenig später hielt der Reisewagen vor den dicken Mauern eines festungsartigen Bauwerkes, das durch die Schleier aus Nebel und Regen wie ein riesiges zerbrochenes Spinnrad aussah. Angetrieben von barschen Befehlen seiner berittenen Begleiter, sprang Martin aus dem Wagen und hastete geduckt einen Pfad entlang. Man hatte ihn zur Abtei des Karmeliterordens gebracht, wo er sein Quartier nehmen und sich auf die Unterredung mit dem Abgesandten des Papstes vorbereiten sollte.

Zitternd vor Kälte, pochte Martin an das wuchtige, mit Ketten gesicherte Tor, vor dem nicht einmal eine Laterne brannte. Innerhalb weniger Augenblicke war er nass bis auf die Haut, das Wasser rann ihm über Gesicht und Hals. Während er auf den Pförtner wartete, stampfte er wie ein Schuljunge mit den Füßen auf, um sich warmzuhalten. Aber es war vergebens; in seinem Innern steckte eine Kälte, die auch das wärmste Kaminfeuer nicht würde vertreiben können: die Kälte lähmender Furcht.

Ein wortkarger Karmeliterbruder führte Martin mit einer brennenden Kerze in der Hand durch das zugige Gemäuer.

„Ihr werdet erwartet, Bruder Martinus!“ Der Karmeliter wies mit seiner Kerze auf einen kleinen Raum, dessen Tür angelehnt war.

Mit klopfendem Herzen trat Martin über die Schwelle und sah sich um. Das Zimmer war trotz seiner Dachschräge luftig und geräumig. Sein vorderer Teil wurde von einem gewaltigen Kamin beherrscht, in dem ein Feuer knisterte. Unmittelbar vor einer gemauerten Nische stand ein polierter Schreibtisch aus Eichenholz, hinter dem ein älterer Ordensbruder saß. Langsam hob er den Kopf und blickte Martin erwartungsvoll entgegen.

„Ehrwürdigkeit … Ihr?“ Martin widerstand dem Impuls, einen Freudenschrei auszustoßen, als er seinen früheren Erfurter Mentor, den Generalvikar von Staupitz, wiedererkannte. Stattdessen eilte er auf den Mönch zu, kniete nieder und küsste ihm die Hand. „Großer Gott, Vater! Warum hat man Euch hierher befohlen? Habt Ihr durch mich Schwierigkeiten bekommen?“

Von Staupitz lächelte ihn gütig an. „Keine Sorge, Bruder Martinus. Mir geht es gut. Ich bin hier, um dir zu helfen, aus den Schwierigkeiten herauszukommen – mit Gottes Hilfe!“

„Tetzel wurde die Predigt verboten“, sagte Martin mit fester Stimme. Die Anwesenheit seines alten Lehrers erfüllte ihn mit unerwarteter Hoffnung und neuem Lebensmut. „Man sagt sogar, er stehe in Leipzig unter Hausarrest. Das ist doch ein gutes Zeichen, nicht wahr?“

„Das heißt doch nur, dass der Ablassprediger in seiner Gier zu weit gegangen ist!“ Von Staupitz hatte sein Lächeln auch nach Martins stürmischer Begrüßung beibehalten, doch nun wurde er ernst.

„Wisst Ihr noch, was Ihr mir sagtet, bevor ich Erfurt verließ, Ehrwürden? Ich habe auf Euren Rat gehört. Ich bin an die Quelle gegangen. Im griechischen Original ist es klar, dass Christus nicht davon spricht, Buße zu tun …“

Der Generalvikar fuhr gereizt von seinem Stuhl auf. Er packte Martin bei den Schultern und schüttelte ihn, als habe er einen Schwachsinnigen vor sich, dem er mit Gewalt den Verstand in den Kopf zurückjagen musste. „Martin! Um der Heiligen Jungfrau willen, hör mir zu! Du wirst in Kürze Seiner Eminenz Kardinal Thomas de Vio von Gaeta gegenüberstehen. Aber der Kardinal hat dich nicht hergerufen, damit du ihm die Heilige Schrift auslegst. Ich bitte dich, in Gottes Namen, hab acht. Sei bedacht. Sprich nicht, während er dich befragt, höre nur zu. Dein Leben könnte davon abhängen!“

Bevor Martin antworten konnte, wurde die Tür aufgestoßen, und der Mönch, der ihn empfangen und hereingeführt hatte, erschien wieder. Über dem Arm trug er eine saubere Kutte aus dunklem Wollstoff, dazu ein Skapulier, Kapuze und Schulterkragen. „Zieht Eure nassen Sachen aus, Bruder“, sagte er, während er Martin mit mürrischem Gesichtsausdruck das Kleiderbündel unter die Nase hielt. „Seine Exzellenz ist bereit, Euch zu empfangen!“

Girolamo Aleander ging im Refektorium auf und ab, mit den Fingerspitzen befühlte er seine klopfenden Schläfen. Wenige Tagen zuvor war er in Augsburg eingetroffen, und seitdem litt er unter quälenden Kopfschmerzen. Auf der langen Tafel stand ein dampfender Becher mit einem Sud aus Himbeerblättern, den einer der Mönche dem hohen Besuch aus dem fernen Rom gebracht hatte. Eine Geste des Mitgefühls – oder aber der Versuch, ihn gnädig zu stimmen. Wer konnte schon sagen, was in den Köpfen dieser deutschen Mönche vorging? Er überlegte noch, ob er das Gebräu trinken oder stumm weiterleiden sollte, als ihn eine ehrerbietige Stimme vom anderen Ende der Halle einer Entscheidung erhob.

„Euer Exzellenz …?“

Aleander trat würdevoll, mit überheblicher Miene, hinter der Tafel hervor. Sein kräftiger Körper steckte in einer makellosen violetten Robe, deren Kanten mit weißem Hermelin verbrämt waren; die runde Kappe auf seinem Haupt war wie die langen Handschuhe aus glänzendem rotem Samt gearbeitet. Am Ringfinger der rechten Hand glitzerte ein in Gold gefasster Rubin.

Verglichen mit dem Ornat des päpstlichen Gesandten, wirkte die Kleidung der beiden Klosterbrüder am Eingang des Refektoriums zerzaust und schäbig. Als Aleanders Blick auf die schmutzigen Sandalen fiel, die der jüngere der beiden Männer an den nackten Füßen trug, spürte er plötzlich ein schmerzhaftes Brennen in der Brust. Einen bangen Moment lang ertappte er sich dabei, dass er sich angesichts der Bescheidenheit der Mönche seiner eigenen tadellosen Aufmachung schämte. Doch zu seiner Erleichterung währte dieser Anflug von Rührseligkeit nicht lange. Schließlich war es nicht an ihm, sich zu rechtfertigen. Der Mann, dessen Blicke sich in scheinbarer Demut auf die Rückwand richteten, war der aufrührerische Mönch, um dessentwillen er und der Kardinal die lange, unbequeme Reise in diese kalte, verregnete deutsche Stadt hatten unternehmen müssen.

„Mein Name ist Girolamo Aleander“, sagte er, nachdem er den Mönch eine Zeit lang schweigend gemustert hatte. „Ich vertrete Seine Eminenz, Kardinal Cajetan, der Euch erst morgen Abend in der bischöflichen Residenz empfangen kann.“

Von Staupitz neigte den Kopf. „Es ist mir eine Ehre, Euch kennenzulernen,

Exzellenz. Euer Ruhm ist Euch nach Augsburg vorausgeeilt. Wie ich erfahren habe, leitet Ihr nun die ehrwürdige Bibliothek des Heiligen Vaters?"

Aleander bestätigte die Äußerung des Generalvikars mit einigen dürren Worten. Es überraschte ihn, dass der Augustiner über die Angelegenheiten in Rom so gut unterrichtet war, doch er hütete sich davor, den offiziellen Charakter ihrer Zusammenkunft durch einen Austausch von unnötigen Schmeicheleien herabzuwürdigen.

„Seine Eminenz bat mich, den Mönch Doktor Martinus Luther auf die morgige Anhörung vorzubereiten", erklärte er daher unverbindlich. Mit einer steifen Geste forderte er Martin und von Staupitz auf, sich nebeneinander auf eine der harten Bänke zu setzen. Er selbst wählte einen hohen, mit Schnitzereien versehenen Lehnstuhl.

Nach einer Weile des Schweigens konnte Martin nicht mehr an sich halten. Der päpstliche Gesandte kam ihm so selbstsicher und erhaben vor, dass er sich ihm gegenüber jung und einfältig fühlte, obschon der Altersunterschied zwischen ihnen nicht groß sein konnte. „Es war nie meine Absicht, etwas gegen die Ehre und Würde unseres Heiligen Vaters zu sagen!", rief er ungestüm. „Ich wollte gewiss keine Streitigkeiten heraufbeschwören!"

Aleander lächelte undurchsichtig. „Natürlich nicht, guter Bruder. Ihr seid ja, wie mir scheint, ein vernünftiger Mann. Da dem so ist und wir alle hier sind, um Missverständnisse aus der Welt zu schaffen, genügt es, ein paar schlichte Regeln des Protokolls zu beherzigen. Danach seid Ihr frei und könnt nach … nach …" Zerstreut runzelte er die Stirn.

„… Wittenberg, Euer Exzellenz", sagte von Staupitz betont sachlich.

Aleander schnappte gereizt nach Luft, was seinen Schläfen eine neuerliche Schmerzwelle bescherte. Unter normalen Umständen funktionierte sein Gedächtnis mit der Präzision eines Zahnrades. Daher hasste er es, von Fremden oder Untergebenen korrigiert zu werden. Ein wenig säuerlich erklärte er: „Na schön, meine Herren! In einigen Tagen dürft Ihr nach *Wittenberg* zurückkehren. Zurück zum Protokoll! Wenn Ihr dem Kardinal gegenübertretet, werdet Ihr Euch auf den Boden werfen, Bruder Martinus, mit dem Gesicht zur Erde. Mein Herr wird Euch auffordern, aufzustehen. Daraufhin kniet Ihr Euch in einiger Entfernung von seinem Stuhl nieder und bleibt während der gesamten Anhörung in dieser Stellung. Habt Ihr mich verstanden?"

Martin errötete. Mit kaum verhohlenem Trotz funkelte er den Boten des Kardinals an. Als die Blicke der beiden Männer sich trafen, zuckte Martin zusammen, als hätte ihn ein Blitz getroffen. Im selben Moment spürte er, dass auch Aleanders Selbstsicherheit ins Wanken geraten war. Martin konnte nicht erklären, was genau er in den Augen des Mannes gesehen hatte, aber ein unbestimmtes Gefühl verriet ihm, dass der Römer mehr mit ihm und seinen Sehnsüchten und Zweifeln gemeinsam hatte, als er zugeben mochte.

Martin stand auf. „Sollte die Kirche auch nur an einem einzigen Punkt Anstoß nehmen, werde ich mich ihr sofort unterwerfen“, sagte er. „Aber ich bin sicher, dass der Kardinal und Papst Leo keinen Tadel an mir finden werden, wenn ich ihnen meine Position erst erklärt habe!“

Aleanders Adamsapfel begann hektisch auf und ab zu hüpfen. Sichtlich erregt blickte er zu von Staupitz, der teilnahmslos den Kopf gesenkt hielt.

„Ihr habt mich missverstanden, Bruder Martinus“, sagte er schließlich in einem Ton, der keinen Widerspruch duldete. „Es wird keine Diskussion stattfinden. Keine Debatte. Oder habt Ihr geglaubt, Seine Eminenz würde an der Seite eines kleinen Bettelmönchs über die Bibel streiten?“ Er lachte humorlos auf. „Nein, mein Freund. Ihr habt nur ein einziges Wort zu sagen, und dieses Wort lautet: *Revoco.* Ich widerrufe. Damit ist die Sache erledigt.“

„Ich kam nach Augsburg, um den Papst auf die Missbräuche aufmerksam zu machen, die sich gegen die Gläubigen richten. Ihr werdet verstehen, dass meine Kritik an den Ablasshändlern …“

Aleander sprang hastig auf. „Hütet Eure Zunge, wenn Ihr Wert auf sie legt“, flüsterte er. „Es ist immer noch Sache des Papstes, zu entscheiden, was den Christenmenschen nützt und was ihnen schadet.“

Inzwischen hatte sich auch von Staupitz von der Bank erhoben. Martins Temperament war ihm hinreichend bekannt, daher ahnte er, dass seinem Schützling bereits eine scharfe Entgegnung auf der Zunge lag. Eine harte Widerrede aber durfte er auf keinen Fall zulassen. So bedeutete er Martin mit einem strengen Zwinkern, dass das Gespräch beendet war.

Martin verstand den alten Mann indes auch ohne Worte. Mit einem leisen Seufzer der Resignation verbeugte er sich vor dem päpstlichen Legaten und trat den Rückzug an. Dass Aleanders tiefschwarze Augen keinerlei Anzeichen von Triumph widerspiegelten, wunderte ihn nicht. Der Vertraute des Kardinals hatte genau das gesagt, was sein Herr ihm aufgetragen hatte. Er hatte die Rolle gespielt, die man ihm zugewiesen hatte, aber wie es wirklich in seinem Herzen aussah, stand auf einem anderen Blatt geschrieben.

„Mein Sohn, ich weiß, dein Bestreben ist es, ein treuer Diener unseres Herrn Jesu Christi und seiner Kirche zu sein!“

Kardinal Cajetan schaute mit einem nachsichtigen Lächeln auf den Mönch herab, der, etwa fünf Schritte von ihm entfernt, mit ausgebreiteten Armen auf dem kalten Steinfußboden des bischöflichen Empfangsraumes lag.

Gleichzeitig fragte er sich, was Aleander an diesem Mönch wohl so bemerkenswert gefunden haben mochte. Gewiss, der Mann wirkte glücklich, und das war in diesen Zeiten selten. Seine Augen strahlten wie die eines Menschen, der nach langen Kämpfen seine Seele geöffnet hatte und quälende Dämonen losgeworden war. Aber gab es nicht unzählige Personen, Geistliche wie Laien, die mit denselben Problemen zu kämpfen hatten? Der gute Aleander, davon war Cajetan überzeugt, gehörte zu ihnen. Er hatte darauf verzichtet, bei dem Verhör anwesend zu sein, und sich mit dem Superior der Augustiner in eines der Nebengemächer zurückgezogen. Cajetan lehnte sich zurück. „Du darfst dich erheben, mein Sohn! Komm näher zu mir!"

Martin hob den Kopf. Er hatte beschlossen, Aleanders Anordnungen bezüglich des Protokolls zu beherzigen. Schwerfällig rutschte er über die Fliesen auf den thronartigen, mit schimmerndem blauem Samt ausgeschlagenen Sessel zu. In einigem Abstand zu dem Kardinal verharrte er abwartend.

„Also, was hast du vorzubringen?"

Martin öffnete den Mund, um etwas zu sagen, musste aber plötzlich feststellen, dass er keinen Ton herausbrachte. Die Gedanken wirbelten wie Schneeflocken durch seinen Kopf.

„Keine Bange, mein Sohn", sagte Cajetan in väterlichem Ton. „Du darfst frei sprechen, und niemand wird dich unterbrechen."

„Habe ich … gefehlt?"

Ein Hauch von Besorgnis glitt über das milde lächelnde Gesicht des Kardinals. Er hatte nicht damit gerechnet, dass der Mönch ihn in der Art eines vertrauten Beichtkindes ansprechen würde. Nach einer kurzen Pause antwortete er mit Nachdruck: „Jawohl, du hast gefehlt."

„Inwiefern? Ach, Euer Eminenz, ich flehe Euch an … Sagt mir doch, wo meine Irrtümer liegen, damit ich sie in Zukunft vermeiden kann."

„Du verbreitest neue Lehren … und das … das kann Rom nicht zulassen!"

Martin schüttelte den Kopf. „Neue Lehren? Das wären Lehren, die nicht in der Heiligen Schrift zu finden sind. Alles, was ich jedoch sagte …"

„Du weißt genau, was ich meine, mein Sohn. Du greifst den Ablasshandel an, dabei konstatiert die Bulle Unigenitus von Papst Clemens VI. in eindeutiger Klarheit: ‚Die Verdienste Christi sind ein Schatz des Ablasses.'"

„Erworben", flüsterte Martin. „Tut mir leid, aber wenn Ihr das Dekret aufmerksam studiert, werdet Ihr feststellen, dass dort steht: ‚Durch seine Verdienste hat Christus den Schatz des Ablasses *erworben*.'"

Cajetan stemmte sich an den Lehnen seines Sessels in die Höhe. „Ich bin nicht gekommen, um mit dir zu debattieren, Bruder Martinus." In seine Stimme kroch ein Unterton, den er bislang mit Bedacht unterdrückt hatte, der nun jedoch in seiner vollen Härte an Martins Ohr drang. „Wahrscheinlich hat Girolamo Aleander dir bereits gesagt, was du zu tun hast?"

„Bei allem Respekt, Euer Eminenz, aber die Ehre des Papsttums wird nicht dadurch behauptet, dass man die päpstliche Autorität mit Gewalt durchsetzt, sondern indem man ihre Glaubwürdigkeit erhält. An den Universitäten des Reichs bemühen sich fromme Männer in fortwährenden Studien, der Welt die klaren Aussagen der Heiligen Schrift näherzubringen."

„Der Papst ist derjenige, der das Wort Gottes deutet", fauchte Cajetan. Wütend blickte er zu der Pforte hinüber, hinter der er Aleander vermutete, denn er hegte plötzlich den Verdacht, dass dieser mit dem Starrsinn des Mönches wohl gerechnet, ihn, seinen Herrn, aber aus bestimmten Gründen nicht vorgewarnt hatte. Eines schien indessen zweifelsfrei festzustehen: Dieser Luther aus Wittenberg war alles andere als ein eifernder Dummkopf.

„Der Heilige Vater mag das Wort Gottes deuten", hörte der Kardinal Martins Stimme wie durch Nebel schallen, „aber er steht nicht darüber. Das beanspruchte nicht einmal der Apostel Petrus, dem der Herr immerhin die Schlüssel des Himmelreiches anvertraut hatte."

„Das interessiert mich nicht!" Cajetan wurde nun zornig. „Ich frage nur eines: Martinus Luther, *revocas errores?* Widerrufst du deine Irrtümer?"

Martin lag weiterhin auf den Knien. Die Kälte des Steins spürte er schon lange nicht mehr. Verwundert betrachtete er den hochgewachsenen Würdenträger, der wie eine Statue vor ihm stand, erstarrt in der Pose des Triumphators. Einen Augenblick lang hörte Martin keinen Laut außer dem wilden Pochen seines eigenen Herzens. Schließlich sagte er: „Der Verkauf von Ablassbriefen wird in der Bibel nicht erwähnt. Wenn die einfachen Menschen in der Lage wären, die Schriften in ihrer eigenen Sprache zu lesen, würden sie merken, wie weit hergeholt die Interpretationen der Kirche sind!"

Der Kardinal erbleichte. Mit ungläubigem Entsetzen blickte er auf den widerspenstigen Klosterbruder zu seinen Füßen hinab. Zugleich schäumte er vor Zorn. „Die Heilige Schrift", erklärte er schließlich, „ist doch viel zu komplex, als dass der durchschnittliche Priester sie verstehen könnte – ganz zu schweigen vom einfachen Mann auf der Gasse. Ablässe aber … sind ein bewährtes Verfahren und geben vielen Menschen Zuversicht und Trost."

„Es geht hier nicht um Trost!"

Cajetan lachte höhnisch auf. „Ach nein? Meinst du, das Unbehagen eines Ordensbruders sei wichtiger als das Überleben der Christenheit?"

„Gewiss nicht, Herr! Ich selbst bin nicht wichtig, der Papst ist nicht wichtig. Was zählt, ist allein die Wahrheit …"

„Die Wahrheit?“, schnitt Cajetan ihm das Wort in einem letzten, verzweifelten Versuch ab, die Oberhand zu behalten. „Von welcher Wahrheit sprichst du? Die ungläubigen Türken ziehen ihre Heere an unserer Ostgrenze zusammen. Nach Konstantinopel wollen sie nun auch noch den Rest des Abendlandes unter das Banner ihres Propheten zwingen. Mit Kaiser Maximilian geht es zu Ende. Zwei potenzielle Nachfolger gieren nach seinem Thron. Der Franzose aus dem Haus Valois wird vom Papst unterstützt, Maximilians spanischer Enkel vom schnöden Mammon. Die gesamte christliche Welt bricht auseinander und mit ihr ein Gefüge, in dem wir seit Jahrhunderten gelebt haben. Solange die Kirche diese Welt regierte, gab es Regeln und Ordnung. Jedermann wusste, wo sein Platz innerhalb dieser Ordnung war. Der Bauer ebenso wie der höchste Fürst.“ Kardinal Cajetan ließ sich wieder in den Sessel fallen. „Das ist die Wahrheit“, murmelte er. „Und gerade jetzt, wo wir Einigkeit am meisten brauchen, kommt ein Bettelmönch aus der sächsischen Einöde und schafft Verwirrung!“

„Mein Ziel ist nicht, mich mit dem Papst zu überwerfen oder die herrschende Ordnung infrage zu stellen. Ihr habt recht, wenn Ihr sagt, dass die Kirche von Christus selbst auf einen Felsen gebaut wurde. *Super hanc petram aedificabo ecclesiam meam.* Aber gerade weil ich die Kirche liebe, möchte ich sie mit mehr als bloß leichtfertigem Mummenschanz verteidigen. Man darf das Evangelium nicht verleugnen um eines Menschen Wort.“

Cajetan hatte nun endgültig genug gehört. Müde klatschte er in die Hände, bis sich eine Tür im hinteren Teil des bischöflichen Saales öffnete. Auf das verabredete Zeichen erschienen Aleander und von Staupitz.

„Ich bin fertig mit dem Mönch!“, brüllte Cajetan. „Schafft ihn mir aus den Augen!“ Er maß seinen Vertrauten mit einem so giftigen Blick, dass Aleander erschrocken die Schultern zuckte. *Luther hat die Autorität des Papstes infrage gestellt,* schoss es ihm durch den Kopf. Ja, es konnte gar nicht anders sein. Der Mönch aus Wittenberg hatte nicht widerrufen, ein einziges Wort und ein paar versöhnliche Floskeln hätten wohl auch nicht so viel Zeit in Anspruch genommen. Obwohl er den Ärger des Kardinals über so viel Unverfrorenheit nachvollziehen konnte, kam Aleander nicht umhin, dem Mönch aus Wittenberg ein gewisses Maß an Achtung zu zollen. Seine Einstellung zu ihm änderte dies jedoch nicht.

„Der Mönch ist ein Ketzer“, sagte er nach einer Weile beklemmenden Schweigens. „Mein Gefühl hat mich noch selten getrogen, Euer Eminenz. Die uns erteilten Weisungen waren eindeutig – entweder er widerruft …“

Der Kardinal fuhr plötzlich auf. „Maßt Euch nicht auch noch an, mir einen Vortrag zu halten, Girolamo!“, herrschte er den Legaten an. Schroff stieß er ihn beiseite und hastete mit wehender Robe der Tür entgegen. „Davon habe ich in der letzten Stunde weiß Gott mehr gehört, als mir lieb war."

Martin, von Staupitz und Aleander blickten ihm mit starren Mienen nach.

Noch am selben Abend suchte Johannes von Staupitz Martin in dessen Quartier auf, um mit ihm gemeinsam über mögliche Folgen seiner Unterredung in der bischöflichen Residenz zu beraten.

Zu Martins grenzenlosem Erstaunen kam dem älteren Mann dabei nicht ein einziges Wort des Vorwurfs über die Lippen. Mit stummen Blicken beobachtete er, wie Martin seine wenigen Habseligkeiten zusammensuchte und in einem Bündel aus grauem Sackleinen verschnürte. „Also?", brach er nach einer Weile das Schweigen. „Was hast du mir zu sagen?"

Martin seufzte. „Das kommt ganz darauf an, was Ihr hören wollt, Ehrwürdigkeit. Ich war höflich, ich war sogar ehrerbietig ... Na schön, mein Temperament ist mit mir durchgegangen, aber wenigstens habe ich mich bemüht, nicht anmaßend zu sein." Er hielt kurz inne. „Wisst Ihr, Ehrwürdigkeit, der Kardinal und dieser Aleander beharren hartnäckig auf dem *ius divinum*, dem göttlichen Recht. Dabei regiert der Papst höchstens nach dem *ius humanum*, und dieses geht nicht auf Christi Anordnungen zurück. Nein, das menschliche Recht kann abgeändert werden!"

Von Staupitz kniff gequält die Augen zusammen. „Mein Gott, das ist doch jetzt ohne jeden Belang. Du hast den Kardinal vor den Kopf gestoßen, und sein Günstling, dieser Aleander, brennt geradezu darauf, eine Scharte auszuwetzen. Wenn du dich weigerst, deine Lehren zu widerrufen, werden sie dich noch heute Nacht der Inquisition übergeben."

Martin holte tief Luft. Dass die Anhörung für ihn alles andere als gut verlaufen war, lag auf der Hand. Bis zuletzt hatte er gehofft, Cajetan, der immerhin als großer Gelehrter galt, werde einlenken und sich von der Dringlichkeit seines Anliegens überzeugen lassen. Nun aber musste er sich endgültig eingestehen, dass die Römer kein Interesse daran hatten, eine Einigung auf theologischer Grundlage herbeizuführen. Weigerte er sich zu widerrufen, unterschrieb er demnach sein eigenes Todesurteil.

„Du wirst den Kardinal nicht noch einmal aufsuchen," sagte der Generalvikar. Als Martin den Kopf schüttelte, atmete von Staupitz ein paarmal tief durch und befahl ihm, sich mit gesenktem Haupt vor ihn hinzuknien. Anschließend entband er ihn mittels einiger lateinischer Formeln sämtlicher Gelübde, die Martin als Mitbruder des Augustinerordens einst auf sich genommen hatte.

Als Martin sich wenig später wieder erhob, brannten ihm heiße Tränen der

Verzweiflung in den Augen. Eine Tür seines Lebens war sang- und klanglos ins Schloss gefallen. Der Gedanke daran peinigte ihn. Doch trotz eines deutlichen Gefühls, die Geborgenheit verloren zu haben, die sein Leben als Mönch ihm geschenkt hatte, spürte er tief in seinem Innern Frieden und Dankbarkeit. Von Staupitz, davon war er überzeugt, hatte die richtige Entscheidung getroffen. Keinen Augenblick länger durfte der Generalvikar sein Ordensoberer bleiben, denn als solchem befahl ihm das Kirchenrecht, einen der Ketzerei Verdächtigen der Obrigkeit auszuliefern, sobald er vom Papst oder dessen Gesandten dazu aufgefordert wurde. Andererseits war nun auch Martin nicht länger dem strengen Gebot des Gehorsams verpflichtet. Es stand ihm frei, zu predigen und zu lehren – solange man seiner nicht habhaft wurde.

„Und nun mach schnell", sagte der ältere Mönch leise. „Du musst aus Augsburg verschwunden sein, ehe die Knechte des Bischofs dich festnehmen können. Wenn ich Aleanders Blick richtig gedeutet habe, dürften sich inzwischen einige seiner Schergen auf dem Weg hierher befinden!"

Vor einem der Nebengebäude wartete bereits ein Stallknecht auf Martin. Der Mann führte ein gezäumtes und gesatteltes Pferd bei sich, dessen Zügel er ihm ohne jeden Kommentar in die Hand drückte, um im nächsten Moment um eine Hausecke zu verschwinden.

Ein scharfer Ostwind war aufgekommen und drang unerbittlich durch den groben Wollstoff des Mantels, den der Generalvikar Martin um die Schultern gelegt hatte. In dieser Nacht eine Mönchskutte zu tragen wäre zu gefährlich gewesen.

Man hatte ihm eingeschärft, dass er sich nach Coburg durchschlagen musste, wo einige seiner Vertrauten ihm weiteres Geleit nach Leipzig und Wittenberg geben konnten. Möglicherweise hatte Aleander aber bereits den Befehl gegeben, die Wege, die zu den Stadttoren führten, abzusperren und auch die Türme besonders scharf zu bewachen.

Martin sprach ein kurzes Gebet, ehe er sich auf den Weg machte. Er musste dem Pfad folgen, der zum Rindermarkt führte. Dort, so hatte von Staupitz ihm gesagt, werde ihn ein Priester erwarten, der ihm einen Schleichweg aus Augsburg zeigen wolle.

Martin hastete den dicht bewachsenen Pfad entlang, was in der Dunkelheit gar nicht so einfach war. Mehrere Male scheute das Pferd auf dem morastigen Grund. Als Martin endlich die Biegung erreicht hatte, hinter der er das Tor vermutete, war er trotz der beißenden Kälte in Schweiß gebadet. Zielstrebig stapfte er vorwärts, bis er bemerkte, dass nur wenige Schritte vor ihm ein greller Lichtschein die blauschwarze Decke des Nachthimmels durchbrach. Starr vor Schreck, zog er am Zaumzeug und spähte vorsichtig durch das nasse, vom Herbst verfärbte Laub der Bäume und Hecken.

Das Licht rührte von zahlreichen Pechfackeln her, die sich flackernd auf ihn zubewegten. Es mochten zehn, wenn nicht gar zwanzig Männer sein, die in Formation auf das Kloster zuhielten. Ihre Stulpenstiefel durchpflügten den schlammigen Boden. Bewaffnet mit Schwertern und Lanzen, konnten sie nur aus einem einzigen Grund zu dieser Stunde unterwegs sein: Sie hatten den Befehl erhalten, einen Ketzer aus dem Kloster zu holen.

Blind vor Angst, tappte Martin einige Schritte zurück. Er musste den Weg auf der Stelle verlassen. Tat er es nicht, lief er den Männern geradewegs in die Arme. Im letzten Moment gelang es ihm, sein Pferd hinter eine dichte Dornenhecke zu treiben und sich selbst hinter einem Baum auf den Boden zu werfen, als die Erde auch schon unter den schweren Schritten der Stadtwachen erbebte. Der Schall rauer Stimmen und das Geklapper einer hölzernen Lade, die wohl zu einem Karren gehörte, drangen durch das Unterholz. Martin schloss die Augen und hielt den Atem an. Inbrünstig sandte er ein Stoßgebet zum Himmel, dass sein Pferd ruhig bleiben und ihn nicht durch Schnauben oder Scharren verraten möge. Glücklicherweise rechneten die Bewaffneten nicht damit, den Mönch, den sie im Auftrag des Bischofs festnehmen sollten, im Dickicht zu finden. Zwar fiel einen lähmenden Moment lang der Schein einer Pechfackel auf den Stamm des Baumes, hinter dem Martin in Deckung gegangen war, doch zu seiner Überraschung zog der bedrohliche Feuerschein weiter. Die Schergen hatten ihn nicht entdeckt. Er war gerettet, wenngleich auch noch lange nicht in Sicherheit. In Windeseile zwang er sich auf die Füße und tastete in der Dunkelheit nach den Zügeln.

Ohne Umschweife trieb Martin sein Pferd wieder auf den Pfad, wo er sich in den Sattel schwang. Wenige Minuten später waren Pferd und Reiter in der Dunkelheit verschwunden.

Zwölftes Kapitel

Wittenberg, im November 1518

Der Raum, in dem Kurfürst Friedrich von Sachsen seine berühmte Sammlung von Reliquien aufbewahrte, war eine großzügig geschnittene Kammer im Westflügel des Wittenberger Schlosses. Kaum einer der Höflinge verirrte sich jemals in diesen Trakt des Gebäudes, wirkte er doch schon allein wegen der Dunkelheit, die in den fensterlosen Korridoren herrschte, unheimlich und abweisend. Zudem patrouillierten zwei Wachsoldaten Tag und Nacht vor der gewaltigen Flügeltür und ließen außer dem Fürsten nur seine engsten Vertrauten hinein.

Georg Spalatin war schon oft im Allerheiligsten seines Herrn gewesen, denn der Fürst liebte es, vertrauliche Unterredungen an diesem Ort zu führen. Doch nie zuvor hatte der modrige Geruch, der aus den hohen Wänden mit ihren Kassetten, Fächern, Schreinen und Kästchen drang, in ihm ein so heftiges Gefühl von Übelkeit ausgelöst wie an diesem Winterabend. Nicht einmal ein Fenster durfte geöffnet werden, denn Kurfürst Friedrich behauptete steif und fest, dass Zugluft den kostbaren Reliquien schade.

Unschlüssig ging der Sekretär durch den vom Boden bis zur Decke mit wertvollen Hölzern getäfelten Raum, vorbei an monumentalen Schränken, die nicht nur die Geheimnisse der Christenheit bargen, sondern auch mit kunstvollen Malereien und Schnörkeln des Hofmalers Cranach verziert waren. Im dämmrigen Licht eines schwachen Kaminfeuers und einiger brennender Wachskerzen glitzerten die mit Gold überzogenen und mit prächtigen Edelsteinen besetzten Gehäuse, in deren Innerem sich Knochen, Haare und Stoffreste befanden, in geradezu magischer Weise. Spalatin entdeckte den Kurfürsten an einem Tisch gelehnt. Er betrachtete mit trübsinniger Miene die Figuren eines Schachbrettes. Spalatin wunderte sich, denn er hatte seinen Herrn nie zuvor Schach spielen gesehen. Als der Sekretär näher trat, bemerkte er, dass sein Fürst die zierlichen Figuren in eine für das Spiel untypische Schlachtordnung versetzt hatte.

Spalatin blickte den bärtigen Mann an, der inmitten all der kostbaren Schreine und Kassetten seltsam verloren wirkte. Einen Moment lang war er versucht, sich heimlich davonzuschleichen, um die Mußestunde des Fürsten nicht zu stören. Dann aber erinnerte er sich an den Brief in seinem Wams, der wenige Stunden zuvor in der höfischen Kanzlei eingetroffen war. Bedauerlicherweise duldete die Angelegenheit keinerlei Aufschub, darauf hatte selbst der Kurierreiter, ein aufgeblasener Kerl, der im Dienste des Magdeburger Bischofs stand, hingewiesen.

„Habt Ihr ein Schreiben für mich, Spalatin?“, ertönte auch schon die Stimme des Kurfürsten. Friedrich hob den Kopf. „Schlechte Nachrichten?“

Mit einer Geste der Resignation überreichte Spalatin seinem Herrn das Pergament des Boten.

„Durchlaucht, was, um alles in der Welt, soll ich nur antworten?“, fragte Spalatin, nachdem der Fürst das Blatt auseinandergefaltet und seinen Inhalt am Kaminfeuer überflogen hatte. „Der Kardinal fordert Euch auf, Doktor Martin Luther festzunehmen und unter Bewachung nach Rom zu bringen. Oder aber ihn aus Sachsen zu verbannen!“

Der Kurfürst ließ das Schreiben sinken. Eine Weile lang sagten beide kein Wort. Spalatin überlegte fieberhaft, wie lange er den Boten wohl würde hinhalten können. Erzbischof Albrecht wartete ungeduldig darauf, dass der sächsische Kurfürst den Ketzer auslieferte, der es gewagt hatte, ihm ins Handwerk zu pfuschen.

„Habt Ihr seine Schriften gelesen?“ Die Stimme des Fürsten riss Spalatin aus seinen Gedanken.

„Luthers Pamphlete? Ja, ich denke, ich kenne sie alle.“

„Er ist ein scharfsinniger kleiner Mönch, dieser Doktor Luther, nicht wahr? Ein Mann mit unkonventionellen Gedanken.“ Der Kurfürst starrte stirnrunzelnd vor sich hin.

Wenn einer wusste, was im Kopf seines Herrn vorging, so war es Spalatin. Seit Monaten hielt er den Fürsten nun schon über die Predigten und Schriften des Mönchs auf dem Laufenden, ohne dass Friedrich auch nur eine Gemütsregung zu entlocken gewesen wäre. Nun aber musste er eine Entscheidung treffen. Ergriff er für den Mönch Partei, der immerhin zu den bekanntesten Gelehrten seiner Universität zählte, schadete er damit seiner Stellung unter den Reichsfürsten. Lieferte er ihn hingegen aus, hatte er nicht nur die Humanisten mit ihrem Anspruch auf freie Forschung gegen sich, sondern auch das einfache Volk.

„Ich verstehe den ganzen Wirbel nicht“, brummte Friedrich nach einigem Zaudern. „Luther hat doch nur einen Diskurs geführt – und zwar auf höchst beredte Weise. Der Mann redet über Themen, die sehr interessant sind. Besonders für mich, der ich mein halbes Leben damit zugebracht habe, viel Geld für mein Seelenheil auszugeben. Und genau das erwarte ich auch von einem guten Gelehrten! Belehrung und Aufrichtigkeit!“

„Und was sollen wir Kardinal Cajetan mitteilen?“, fragte Spalatin. „Seit einigen Tagen befindet sich Doktor Luther wieder in Wittenberg. Es heißt, man habe ihn bereits in Augsburg, unmittelbar nach seinem Gespräch mit den römischen Gesandten, festnehmen wollen. Aber wie durch ein Wunder sei es ihm gelungen, in Verkleidung durch eine unbewachte Mauerpforte zu schlüpfen und so die Stadt zu verlassen.“

Einen Augenblick dachte Friedrich nach, dann sagte er: „Zu einem, der stärker ist als man selbst, kann man auf zwei verschiedene Arten *Nein* sagen, guter Freund. Die erste ist, gar nichts zu äußern und fröhlich weiterzumachen, als hätte man nichts gehört. So macht man sich die Zeit und die Trägheit zu Verbündeten.“

„Und die zweite Art?“

In den Augen des Fürsten blitzte es belustigt auf. „Zweitens kann man auch auf eine so ausgesucht liebenswürdige Weise *Nein* sagen, dass man dem anderen den Verstand raubt. Darauf, mein lieber Sekretarius, beruht die hohe Kunst der Diplomatie. Nur wenn beide Strategien fehlschlagen, gibt man nach …“

„… oder man kämpft“, ergänzte Spalatin mit ernster Miene.

„Sehr richtig, mein Freund! Doch wenn man sich für den Kampf entscheidet, muss man vorher sicherstellen, dass man ihn gewinnt! Unser Mönch darf Rom nicht in die Hände fallen. Sie würden ihn töten, und uns, die wir ihn haben lehren lassen, würden sie dem Gespött des ganzen Reiches preisgeben. Für wen, zum Teufel, halten sich dieser Kardinal und sein jämmerlicher Stiefellecker, dass sie sich erdreisten, *meine* Universität eines solch brillanten Geistes berauben zu wollen?“

Spalatins Besorgnis war nicht gewichen, dennoch war er erleichtert, dass der Fürst sich endlich dazu aufgerafft hatte, Stellung zu beziehen. Und was die Machtprobe zwischen dem Heiligen Stuhl und Kursachsen betraf, war das letzte Wort noch nicht gesprochen. Kurfürst Friedrich war ein weiser Herrscher, der in der Gunst des Kaisers stand. Vielleicht fanden sie gemeinsam doch noch einen Ausweg für den streitbaren Klosterbruder.

„Ich werde mir erlauben, noch heute einen Schutzbrief für Doktor Luther auszustellen, Euer Durchlaucht“, schlug er dienstbeflissen vor.

Friedrich lächelte seinen Sekretär an. „Nur keine Eile, mein Bester. Der Mönch kann warten. Zunächst solltet Ihr von meinem Wein kosten! Der Landgraf von Hessen war so freundlich, mir einen fürwahr edlen Tropfen aus seinen Kellern zukommen zu lassen!“

ALS SPALATIN sich einige Zeit später auf den Weg zum Schwarzen Kloster machte, um mit Martin über das Angebot des Kurfürsten zu sprechen, begannen unvermittelt die Glocken der Schlosskirche zu läuten.

Verwirrt blieb der Sekretär stehen und blickte zur Haube des nahen Turms hinauf. Er konnte sich das Sturmgeläut zu dieser Stunde einfach nicht erklären. Als er auf die Gasse hinausspähte, bemerkte er indessen, dass es nicht nur ihm so ging. Rund um den Kirchplatz und in den Straßen nahe dem Stadttor ließen die Handwerker und Krämer von ihrem Tagwerk ab und scharten sich flüsternd zusammen.

Ehe Spalatin sich bei einem der Torwächter nach dem Grund für den Aufruhr erkundigen konnte, preschten plötzlich drei Reiter an ihm vorüber. Rücksichtslos drängten sie die Wachhabenden zur Seite und verschwanden jenseits des Torbogens, der auf den rechteckigen Innenhof führte. Missmutig hob Spalatin die Faust, um seinem Ärger Luft zu machen, als er jählings innehielt.

Die Fremden waren in voluminöse Pelzumhänge gehüllt, ihre bärtigen Gesichter glänzten vor Kälte wie Wachs. Dennoch kam ihm zumindest einer der Ritter bekannt vor. Soweit er sich erinnerte, stand der Mann im Dienste des Kaisers und galt als enger Freund seines Herrn. Für Maximilian, der sich zeit seines Lebens gern mit Rittern, Bogenschützen und Waffenknechten umgeben hatte, war dieser Umgang nichts Ungewöhnliches, dennoch fragte sich Spalatin, was dessen Vertraute mitten im Winter nach Sachsen führen mochte.

Kurz entschlossen machte er auf dem Absatz kehrt und lief den schmalen Weg entlang der Mauer zurück, bis er zur Freitreppe gelangte. Aus einiger Entfernung beobachtete er, wie vier Knechte aus dem hölzernen Vorbau des Wirtschaftsgebäudes eilten, um den Rittern beim Absitzen behilflich zu sein. Dann erklommen die Neuankömmlinge die Steintreppe.

„Einen Moment, Ihr Herren!", rief Spalatin. Er hastete den drei Rittern hinterher, die auf der Stelle stehen blieben und sich nach ihm umwandten.

Ihr Anführer starrte Spalatin an. „Was wollt Ihr?", fragte er mit mühsam unterdrücktem Zorn. Seine Begleiter verschränkten die Arme vor der Brust.

„Ich bin Georg Spalatin, Sekretär der höfischen Kanzlei und Berater Seiner Durchlaucht, des Kurfürsten von Sachsen. Und ich möchte wissen, ob Ihr den Befehl gegeben habt, die Glocken der Schlosskirche zu läuten."

Der Ritter lachte freudlos auf. Seine kleinen Augen funkelten boshaft und musterten Spalatin herablassend. „Lasst uns gefälligst vorbei", sagte er. „Meine Männer und ich kommen aus Wels, vom Hof des Kaisers. Wir haben eine Depesche für Seine Durchlaucht, den Kurfürsten von Sachsen!"

„Also … überbringt Ihr Grüße unseres gnädigen Kaisers", stammelte Spalatin.

Der Ritter hob seine buschigen Augenbrauen, während die Burschen hinter ihm plötzlich betreten zu Boden schauten. „Grüße aus dem Jenseits, Sekretarius", flüsterte der Mann ihm ins Ohr. „Kaiser Maximilian ist tot!"

Der Brief des kaiserlichen Reichsritters enthüllte Spalatin und seinem Herrn die bittere Wahrheit. Kaiser Maximilian, den man hinter vorgehaltener Hand gerne den „letzten Ritter" genannt hatte, war zwei Wochen nach dem Fest der Heiligen Drei Könige in seinem Winterpalast zu Wels gestorben. Noch auf dem Totenbett hatte man dem Kaiser den Ring vom Finger gezogen, um ihn seinem Enkel Karl nach Spanien zu senden.

Mit einem tiefen Seufzer reichte Kurfürst Friedrich Spalatin den Brief.

„Der letzte Reichstag hat den Kaiser zermürbt", mutmaßte Spalatin. „Der Papst verlangte von ihm die Ausrüstung eines regelrechten Kreuzzugs gegen die Türken. Damals muss das Fieber bereits in ihm gewütet haben."

Friedrich rieb sich fröstelnd die Hände. *Und nun steht uns eine Kaiserwahl bevor,* dachte der Fürst. Eine Wahl, bei der die sächsische Stimme von großer Bedeutung sein wird.

WÄHREND sich die Fürsten des Heiligen Römischen Reiches Deutscher Nation auf die Begräbnisfeierlichkeiten zu Ehren des verstorbenen Kaisers vorbereiteten, kehrte Girolamo Aleander nach Rom zurück.

Zum ersten Mal in seinem Leben fühlte er sich ermattet, kraftlos und desillusioniert. Nach den gescheiterten Gesprächen im Bischofspalast zu Augsburg war er an der Seite Cajetans nach Linz weitergereist, wo sein Mentor die Abfassung und den Druck neuer Ablassdekrete in Auftrag gegeben hatte. Durch diese neuen Erlasse wurde die traditionelle, von Luther bekämpfte Ablassanschauung päpstlich sanktioniert. Der Kampf gegen sie war also von nun an auch aus kirchenrechtlicher Sicht ein Kampf gegen die Kirche.

Maximilians Tod hatte Aleanders Hoffnungen auf eine Stärkung der päpstlichen Position im Reich mit einem Schlag zunichtegemacht. Maximilian war ein frommer Monarch gewesen, der sich um die Einheit der Kirche besorgt gezeigt hatte, doch dies war nicht der einzige Grund, weshalb Aleander seinen Tod beklagte. Ebenso wie er selbst war auch der Verstorbene davon überzeugt gewesen, dass eine grundlegende Reform des Reiches notwendig und unabdingbar war. Während der vorausgegangenen dreißig Jahre hatten neue Kräfte den Anspruch erhoben mitzubestimmen. Fürsten wie der Sachse zu Wittenberg. Bischöfe wie Albrecht von Mainz. Hinzu kam, dass sich immer mehr Edelleute bei reichen Kaufleuten wie den Häusern Fugger und Welser verschuldeten. Verarmte Ritter schreckten nicht länger davor zurück, ihre dreisten Forderungen auf den Landstraßen mit Waffengewalt durchzusetzen. Ein geradezu empörendes Durcheinander, dessen kaum einer Herr zu werden vermochte. Kaiser Maximilian hatte sich der Einberufung eines Reichsrats lange entziehen können, und diese Haltung respektierte Aleander von ganzem Herzen. Er war davon überzeugt, dass nur die höchste Obrigkeit von Gott berufen war, Reformen in Gang zu setzen; dem Pöbel aber schuldete sie gewiss keine Rechenschaft.

Nun bewarben sich zwei Männer um die Nachfolge des Kaisers, die Aleander nicht recht einzuschätzen wusste. Franz I. aus dem französischen Königshaus der Valois gab unverblümt zu verstehen, dass es ihm allein um die Interessen seines eigenen Landes ging. Seine Bewerbung verdankte sich demnach der Furcht, von den Habsburgern eingekreist zu werden. König Karl von Spanien, Maximilians Enkel, war indessen ein Jüngling von gerade einmal neunzehn Jahren. Aus verschiedenen Gesprächen mit Kardinal Cajetan wusste Aleander, dass der Papst den Habsburger ablehnte, weil dieser nicht nur österreichischer Erbfolger war, sondern auch noch Anspruch auf die spanischen Kolonien, einschließlich der überseeischen, auf Burgund und Neapel-Sizilien erhob. Im Falle eines Wahlsieges würde der junge Mann somit Herr über ein Reich sein, das mächtiger war, als selbst der Papst es sich vorstellen konnte.

Als Aleander nach seiner Rückkehr den Papst in seinen privaten Räumen aufsuchte, war dieser überraschend gut gelaunt. Aleander kniete vor ihm nieder und berührte den funkelnden Stein an seinem Finger mit den Lippen. Cajetan weilte bereits bei ihm. Er sah bleich und übernächtigt aus.

Aleander erhob sich. Auf einem kunstvoll gedrechselten Kartenhalter erkannte er einen zerknitterten Holzschnitt, den sich die beiden Männer offenbar kurz vor seinem Eintreffen angesehen hatten, Papst Leo sichtlich erheitert, der Kardinal missmutig vor sich hin murmelnd.

„Schaut Euch den Schnitt nur an, Aleander!“, rief Leo und grinste verschmitzt wie ein Gassenjunge. „Euer deutscher Freund hat ein neues Spottbild in Umlauf gebracht … wo ich wie Auswurf vor seiner Nase hänge!“

Aleanders Kehle entwich ein Keuchen.

„Er hat einen derben Sinn für Humor, Eure Heiligkeit“, sagte Cajetan. Gebannt verfolgte er, wie der Papst eine weitere Karikatur zur Hand nahm. Dabei kniff er ein Auge zu, als begutachte er ein künstlerisches Meisterwerk. Die Zeichnung, das musste selbst Aleander zugeben, war in der Tat vorzüglich gelungen. Sie zeigte einen Esel, der mit scheelem Blick Harfe spielte. Papst Leo hielt sie Cajetan hin.

„Dies ist bislang mein Lieblingsbild! Er nennt Euch einen Harfe spielenden Esel, Cajetan. Erinnert mich irgendwie an Erasmus von Rotterdam.“

Der Kardinal verzog das Gesicht, als litte er unter Zahnschmerzen. Er ahnte, was der Papst mit seiner Anspielung auf den Niederländer sagen wollte. Erasmus war ein bekannter und überaus geachteter Gelehrter, der sich mit seiner Begabung für die lateinische und griechische Sprache und dem beißenden Spott seiner Feder allerdings nicht nur Freunde gemacht hatte. Alle Sünde komme von der menschlichen Torheit, lehrten die Kirchenväter. Erasmus hingegen verkündete, die Torheit sei ein Segen für die Menschen, nur sie mache das Leben erträglich. Ein harmloser Humanist und Zyniker, befand Cajetan. Nie wäre es Erasmus in den Sinn gekommen, sich auf einen Machtkampf mit der heiligen Kirche einzulassen. Und noch ein weiterer Unterschied zu Luther fiel ihm ein: „Erasmus schrieb auf Latein, Eure Heiligkeit. Luther hingegen schreibt auf Deutsch!“

Aleander nickte eifrig. „Das ist auch seine gefährlichste Waffe“, erklärte er aufgebracht. „Der Mönch ist ein derber, ungestümer Mann. Einer von der Art, die Hand anlegt und sich somit das Vertrauen der Armen erwirbt. Aber seine Predigten sollen von großer Weisheit und Kenntnis der heiligen Schriften zeugen. Seine Umgangsformen mögen denen eines ungeschlachten Bauerntölpels gleichen, aber gerade weil er die Sprache des einfachen Mannes spricht, fliegen ihm die Herzen der Menschen zu.“

„Das hört sich beinahe so an, als hegtet Ihr Bewunderung für ihn“, sagte der Papst spröde. Er legte die Karikatur zurück auf den Kartenständer. Die Sanftmut in seiner Stimme war indessen kaum dazu angetan, Aleanders Nerven zu beruhigen. „Ich bewundere Mut und Scharfsinn, Eure Heiligkeit. Ketzerei ist mir jedoch zutiefst zuwider!“

Das Lächeln des Papstes gefror. „Ihr überschätzt Luthers Bedeutung, mein Freund. Er ist nicht der Erste, der verheerende Missbräuche innerhalb der Kirche entdeckt zu haben glaubt, und er wird auch nicht der Letzte sein.“

Aleander setzte zu einer Entgegnung an, aber nun gebot ihm der Kardinal mit einer Handbewegung zu schweigen. „Ich muss zugeben, dass ich einige von Doktor Luthers Bedenken teile, Eure Heiligkeit“, sagte Cajetan niedergeschlagen. „Gewiss. Doch ein Eingeständnis dieser Art würde der Kirche empfindlichen Schaden zufügen. Was wir brauchen, ist Glaubwürdigkeit.“

„Ich nehme an, Euer deutsches Mönchlein ist nicht an einem Kardinalshut interessiert?“

„Wie ich den Mann kennengelernt habe, würde er ihn in die Elbe werfen und Steine hinterherschicken, um ihn nur rasch genug zu versenken!“

„Dann müssen wir uns etwas anderes überlegen.“

„Wir müssen Druck auf Kurfürst Friedrich ausüben, Eure Heiligkeit“, sagte Aleander unvermittelt. „Friedrich ist unser Schlüssel zu Luther.“

Der Papst schüttelte mit leiser Missbilligung den Kopf. Aleanders Sinneswandel gefiel ihm nicht. Besorgt stellte er fest, dass Cajetans Vertrauter sich verändert hatte, seit er aus Deutschland zurückgekehrt war. Aus seinem kühlen Eifer für die Sache der Kurie war blanke Besessenheit geworden. Doch wenn man es genau betrachtete, waren die Einfälle des jungen Mannes in der Regel recht brauchbar. Man musste nur verstehen, sie auf die eigenen Ziele und Umstände abzustimmen. Daher antwortete Leo: „Ihr solltet mich nicht länger mit dem Geschwätz über Martin Luther langweilen. Was wir brauchen, ist ein zuverlässiger Kaiser, der bereit ist, sich für das Papsttum einzusetzen. Danach wird sich alles Übrige finden.“

„Soll das etwa heißen, dass Ihr die Kandidatur des Habsburgers nicht unterstützen werdet?", rief Cajetan. Seine Augen weiteten sich in ungläubigem Staunen. „Aber … was habt Ihr gegen Karl? Er ist ein frommer Mann."

„Unfug! Der Habsburger ist ein Knabe, der es sich in den Kopf gesetzt hat, mit der Welt zu spielen! Ein Reich, das sich vom Atlantik bis zum Schwarzen Meer erstreckt, ist gewiss nicht im Interesse Roms."

„Eine geteilte Kirche aber auch nicht, Heiligkeit!" Aleander, der das Gefühl hatte, seinem Mentor zu Hilfe kommen zu müssen, schlug beschwörend die Hände zusammen, was Leos jäh aufflackernde Wut nur noch vergrößerte. „Die Wahl des Kaisers könnte ein Jahr in Anspruch nehmen, und das Reich steht am Rande eines Aufruhrs …"

„Genug davon!", fauchte der Papst. „Ich brauche Friedrichs Unterstützung. Er muss gegen Karl und für den Franzosen stimmen. Und ich bin es überdrüssig, dass Ihr und der Kardinal nie erfasst, was wirklich von Belang ist." Er ließ sich einen Augenblick Zeit, um seiner plötzlichen Erregung Herr zu werden. Anschließend verkündete er entschlossen: „Der sächsische Kurfürst ist ein großer Sammler, nicht wahr? Ich denke, es ist an der Zeit, ihm einen kleinen Beweis meiner Gunst zu schicken. Etwas … Einzigartiges! Ein Stück aus den Schatzkammern des päpstlichen Palastes, das den frömmelnden Narren für alle Ewigkeit an unseren Stuhl binden wird!"

„Wie Ihr wünscht, Heiligkeit." Cajetan beugte schwankend ein Knie vor dem Pontifex. „Ich werde meine Bediensteten sogleich anweisen …"

„Bemüht Euch nicht", antwortete Leo kühl. Seine gute Laune war inzwischen restlos verflogen. „Euer Versagen in Augsburg schmeckt mir noch gar zu bitter auf der Zunge. Nein, ich werde den ehrenwerten Karl von Miltitz an Eurer statt als Nuntius an den sächsischen Hof senden."

Ich beneide ihn nicht, dachte Aleander müde. Er neigte den Kopf und beeilte sich, den zutiefst gekränkten Kardinal zur Tür zu begleiten.

Karl von Miltitz war ein Mann, der sich auf dem Boden der hohen Diplomatie seit Jahren mit formvollendeter Eleganz bewegte. Neben einem tadellosen Ruf besaß er auch das Vertrauen des Papstes, was seinen Missionen für gewöhnlich Erfolg bescherte. Zudem war er mit den Verhältnissen im Hause des Kurfürsten bestens vertraut, denn seine Stellung als sächsischer Kammerherr erlaubte es ihm, sich frei und ungezwungen zwischen Friedrichs Edelleuten zu bewegen und ihre Stimmung zu ergründen.

Die Instruktionen, welche die Kurie von Miltitz mit auf den Weg nach Kursachsen gegeben hatte, waren überaus vorsichtig und unverbindlich gehalten, dennoch wusste der Kammerherr genau, was der Heilige Vater von ihm erwartete. Er sollte die Gesinnung des Kurfürsten auskundschaften, sich aber ansonsten tunlichst zurückhalten. Weder Papst Leo noch Kardinal Cajetan dachten an einen Ausgleich mit Ketzern und all jenen, die ihnen Schutz gewährten. Dies wusste auch Karl von Miltitz, als er dem Kurfürsten im großen Saal des Wittenberger Schlosses gegenüberstand.

Ungeniert ließ der päpstliche Bote seinen Blick über die verräucherten, dunklen Deckenbalken wandern, maß die halb fertigen Fresken an den Wänden und die Teppiche auf den blank gescheuerten Dielen mit einem gezierten Lächeln und wandte sich zuletzt dem Fürsten zu. Leutselig entbot er Friedrich die Grüße des Papstes und beeilte sich zu versichern, dass es für ihn eine große Ehre bedeute, von ihm, dem frommen Landesherrn, persönlich empfangen zu werden.

Der Fürst nahm das Kompliment mit einem gnädigen Nicken entgegen. Sein prunkvoller, mit hellem Ziegenleder bespannter Sessel stand zwischen den weit geöffneten Flügeltüren des Rundturmes, von wo aus er einen hervorragenden Überblick über den Saal hatte.

Was hat dieser von Miltitz wirklich vor?, fragte sich Spalatin, der nur wenige Schritte von seinem Herrn entfernt in einer Fensternische stand. Er musterte den zierlichen Kammerherrn abschätzig.

„Ich habe ein Geschenk Seiner Heiligkeit mitgebracht“, säuselte von Miltitz. „Er bat mich, Eurer Durchlaucht zu bestellen, dass er die höchste Wertschätzung für Sachsens Herrscher empfindet.“ Von Miltitz schnippte mit dem Finger, woraufhin sein Diener vortrat und ihm eine mit rotem Samt überzogene Kassette reichte. Höflich hielt der Gesandte Friedrich das Kästchen hin und klappte den Deckel auf.

Bewunderndes Gemurmel lief durch die Reihen der Höflinge und ihrer Damen, als sie den glitzernden Gegenstand erkannten, der unter dem zierlichen Kissen zum Vorschein kam. Es war ein wahres Wunder der Schmiedekunst: die goldene Rose der heiligen Stadt Rom.

Friedrich betrachtete das Kleinod voller Entzücken; der Glanz in seinen Augen und das leichte Beben seiner Fingerspitzen verrieten die wachsende Erregung in seiner Brust. Mit einem leisen Stöhnen nahm er von Miltitz das Samtkästchen aus der Hand, wobei er sich von seinem Stuhl erhob und feierlich in die staunende Runde blickte. Einige Höflinge klatschten Beifall. Spalatin trat aus seiner Nische hervor. Sorgenvoll schüttelte er den Kopf. *Nein,* dachte er, *Friedrich darf das Geschenk nicht annehmen, sosehr es ihn auch verzaubern mag. Merkt er denn nicht, dass es dreißig Silberlinge sind, die der Papst ihm durch von Miltitz in die Hände legt?*

„Seiner Heiligkeit ist viel daran gelegen, die Stürme zu beschwichtigen, die während der letzten Monate über Euer armes Fürstentum brausten,

Durchlaucht“, sagte der päpstliche Bote mit einem einnehmenden Lächeln. Er freute sich. Sein Plan schien aufzugehen; Friedrich war vom Anblick des Kleinods so gefangen, dass er nur zerstreut mit den Schultern zuckte.

„Weiterhin habe ich mir erlaubt, den Dominikaner Tetzel, der Eure braven Untertanen verwirrte, zu einer Disputation nach Altenburg zu laden“, fuhr von Miltitz fort. „Allerdings glaube ich nicht, dass er erscheinen wird. Der Mann ist am Ende.“

„Aber Doktor Luther ist noch lange nicht am Ende, Euer Gnaden“, warf Spalatin ein. „Ihr wisst so gut wie ich, dass …“ Erschrocken biss er sich auf die Unterlippe. Der Kurfürst hatte ihm vor der Audienz befohlen, sich nicht einzumischen, doch was sollte er tun? Die honigsüßen Worte des Kammerherrn waren gefährlicher als Beschwerden oder Drohungen; sie stiegen zu Kopf wie schwerer Wein und vergifteten Herzen wie Arsenik. Kurz entschlossen warf der Sekretär die Schultern zurück und drängte sich erhobenen Hauptes durch die Gruppe von Hofleuten.

„Habe ich Euer Missfallen erregt, Herr Spalatin?“, fragte von Miltitz mit einem unschuldigen Lächeln.

„Ich weiß, warum Euch der Heilige Vater nach Wittenberg geschickt hat, Euer Gnaden“, zischte Spalatin wütend. „Er ist doch nach wie vor darauf aus, Doktor Luther als Ketzer in seine Gewalt zu bekommen, oder?“

„Sekretarius!“ Kurfürst Friedrich stapfte zu den beiden Männern und packte Spalatin grob am Ärmel. „Was soll dieser Auftritt bedeuten?“, fuhr er seinen Vertrauten verärgert an. Spalatin wollte etwas entgegnen, doch der versteinerte Gesichtsausdruck des Fürsten ließ ihn seinen Protest vergessen.

„Ich kann mich nicht erinnern, Euch das Wort erteilt zu haben. Der ehrenwerte Kammerherr hat uns ein vorzügliches Geschenk überbracht. Sorgt dafür, dass er sechshundert Dukaten als Zeichen unserer Dankbarkeit erhält!“

„Aber Durchlaucht, die Rose ist gewiss nicht so viel wert.“

„Ich erwarte Euch nach dem Nachtmahl in meinen privaten Gemächern, Spalatin“, befahl der Kurfürst streng. Ohne weiteren Kommentar machte Friedrich kehrt und zog sich in den Rundturm zurück. Zwei seiner Bediensteten schlossen eilfertig die Eichentür hinter ihrem Herrn. Mit einem dumpfen Laut fielen die beiden Flügel ins Schloss. Auf Spalatin wirkte das überstürzte Ende der Ratsstunde wie die Schlussszene einer schlecht gespielten Komödie. Karl von Miltitz war indessen sichtlich zufrieden. Er schien sich seiner Sache gewiss zu sein. Mit einem triumphierenden Lächeln winkte er seinem Diener, ihm zu folgen.

„Es tut mir leid, dass ich Euch angeschrien habe, Spalatin", sagte Friedrich, als der Sekretär sich ein paar Stunden später in seiner Kammer eingefunden hatte. Inzwischen war es Nacht geworden.

„Aber Durchlaucht, ich bitte Euch … Es war meine Schuld, niemals hätte ich mich im Ton vergreifen dürfen. Schon gar nicht in Gegenwart eines päpstlichen Gesandten!"

Der Kurfürst schürzte abwägend die Lippen. „Von Miltitz wurde nicht als offizieller Nuntius an meinen Hof geschickt", sagte er. „Er kam als Spion!"

„Ich wusste es!" Spalatin konnte seine Erleichterung kaum verbergen. Er hatte sich unnötige Sorgen gemacht. Der Kurfürst war nicht auf die schönen Worte des Kammerherrn hereingefallen, sondern hatte erkannt, dass von Miltitz sich am Hof einschleichen wollte, um Wege zu finden, dem Papst doch noch zur Durchsetzung seiner Dekrete zu verhelfen. Mit einem Mal hielt er inne. „Warum soll von Miltitz dann so viel Geld aus unserer Kasse bekommen?", wollte er wissen.

„Macht Euch keine Gedanken, mein Freund. Der Kammerherr soll sich ruhig eine Nacht lang in dem Gefühl sonnen, uns mit seiner großzügigen Gabe überrumpelt zu haben. Morgen früh werdet Ihr ihm mitteilen, dass ich nicht die Absicht habe, Doktor Luther auszuliefern!" Friedrich zwängte sich zwischen zwei wuchtigen spanischen Kommoden durch. Dahinter stand auf einer Konsole die Kassette mit der Rose des Papstes. Er öffnete sie und fuhr versonnen mit dem Zeigefinger über das kühle Edelmetall. Sein Atem rasselte, als koste die Berührung ihn besondere Kraft.

„Wenn das erledigt ist, nehmt dieses Geschenk und schafft es mir aus den Augen – zusammen mit all den anderen Reliquien", sagte der Fürst mit dünner Stimme. „Ich wünsche, dass sie an einem Ort aufbewahrt werden, wo ich sie niemals wieder sehen kann."

Spalatin glaubte seinen Ohren nicht zu trauen. Seit er in Friedrichs Diensten stand, war die Sammlung dessen ganzer Stolz. Viele Jahre hatte er damit zugebracht, sie sorgsam zu hegen, zu pflegen und zu mehren. *Und nun will er sich von ihr trennen,* dachte der Sekretär entgeistert. Doch im Schein der Lampe sah der Kurfürst plötzlich so sorglos und unbeschwert aus, wie Spalatin ihn noch selten zuvor erlebt hatte. Jegliche Lethargie war von ihm abgefallen. Vergnügt schritt er durch den Raum und sagte: „Doktor Luther predigt, man solle der Heiligen Schrift mehr Vertrauen schenken als den Worten derer, die sie dem Volk vorenthalten. Nun gut, ich habe dies beherzigt und die Briefe des Apostels Paulus gelesen. Wisst Ihr, was ich dort gefunden habe?"

Spalatin schüttelte verwirrt den Kopf.

„Als ich ein Kind war, redete ich wie ein Kind und verstand wie ein Kind und dachte wie ein Kind; da ich aber ein Mann ward, tat ich ab, was kindisch war …“ Er machte eine kleine Pause, dann fügte er hinzu: „Ein wenig bestürzt es mich schon, dass die dachten, sie könnten mich so leicht bestechen. Nun gut, es bleibt abzuwarten, wer aus diesem Machtkampf als Sieger hervorgehen wird.“

„Ich werde in den nächsten Tagen zur Universität gehen und mich mit Professor Karlstadt und den anderen Magistern beraten“, versprach Spalatin. Im Interesse seines Fürsten musste er Bruder Martinus im Auge behalten, um herauszufinden, was der Mönch als Nächstes zu tun beabsichtigte.

Dreizehntes Kapitel

Martin saß an seinem Schreibtisch in der Nebenkammer des Hörsaales und schrieb im Licht einer einzigen Kerze. Auf seinem Tisch und den Stehpulten lagen Dutzende von Briefen aus allen Teilen des Reiches. Studenten hatten ihm geschrieben, humanistische Gelehrte bestürmten ihn mit Fragen und Kommentaren, die einer Antwort bedurften.

Seit den frühen Abendstunden saß er hier nun schon wie festgenagelt, und wann immer er aufstehen und das Licht löschen wollte, geisterten ihm neue Gedanken durch den Kopf, die er für so wichtig hielt, dass er sie unbedingt niederschreiben musste. Unwillkürlich musste er an das Verhör durch den Kardinal denken und an dessen Begleiter, den Italiener … Wie hatte der sich genannt? Girolamo Aleander. Martin stieß einen Seufzer aus. Es kam ihm wie ein Wunder vor, dass er der Gefahr in Augsburg entronnen war. Buchstäblich im letzten Augenblick hatte er sich in Sicherheit bringen können. Was ihm in der Residenz des Bischofs von Augsburg widerfahren war, hatte ihn indessen nicht davon abgehalten, auch in den folgenden Wochen durch Schriften und hitzige Diskussionen seine Ansichten über das Verständnis des christlichen Glaubens und Lebens kundzutun. Wochenlang hatte er sich in Leipzig aufgehalten und auf der Pleißenburg mit den angesehensten Gelehrten des Reiches gesprochen. Hart und scharf waren die Worte gewesen, die ihm die Opponenten, allen voran der Ingolstädter Theologe Johann Maier von Eck, entgegengeschleudert hatten. Zuletzt waren die Gespräche abgebrochen worden. Keine der streitenden Parteien war von ihrem Standpunkt abgewichen.

Dafür zu sorgen, dass die Wahrheit gesehen und erkannt wird, ist schwierig, dachte Martin. *Genau wie die Einsamkeit, welche die Wahrheit mit sich bringt, schwer zu ertragen ist. Gott hat mich aus einer geistigen Gefangenschaft geführt, gewiss möchte er nicht, dass ich nun schweige, sondern freimütig bekenne, was ich meinen Brüdern und Schwestern zu sagen habe.*

Martin hob nur kurz den Kopf, als die Tür zum Auditorium aufgestoßen wurde und zwei Männer den Raum betraten.

Es waren Spalatin und Bruder Ulrich.

„Hier steckst du also!" Bruder Ulrich blickte auf Martin herab wie ein Vater, der seinen Sprössling soeben beim Honigdiebstahl erwischt hatte. „Du wirst seit Stunden im Kloster erwartet. Der Prior schickte mich, nach dir zu suchen. Vor dem Haus begegnete ich dem Herrn Sekretarius."

„Was schreibt Ihr da, Bruder Martinus?" Spalatin spähte ihm über die Schulter und mühte sich ab, die ersten Zeilen der Niederschrift zu entziffern. *„Ein Christenmensch ist ein freier Herr über alle Dinge und niemandem untertan ..."* Er schnalzte mit der Zunge. „Was, zum Teufel, soll das bedeuten? Ich hoffe für Euch, dass Ihr diesen Unsinn nicht von der Kanzel unserer Schlosskirche verkündigt. Dem Kurfürsten würde das nicht gefallen, nicht, nachdem er um Euretwillen den päpstlichen Boten vor die Tür gesetzt hat!"

Voller Zorn zerbrach Martin auch noch die letzte Gänsefeder. Er sprang von seinem Schemel auf und bedeutete dem Sekretär mit einer Kopfbewegung, auch den zweiten Abschnitt seiner Schrift zu lesen.

Seufzend zog Spalatin die fast heruntergebrannte Kerze näher zu sich heran und überflog das Papier. *„Ein Christenmensch ist ein dienstbarer Knecht aller Dinge und jedermann untertan."*

Bruder Ulrich stutzte. *Martin kann es nicht lassen,* dachte er. *Immer wieder muss er Verwirrung stiften. Aber wer soll aus diesen Widersprüchen schlau werden?* Er, Ulrich, war in Flandern aufgewachsen, einem Land, das durch seinen Handel und das Geschick der Tuch- und Seidenweber reich geworden war. In den selbstbewussten flämischen Städten regte sich der Wunsch, frei und ungebunden von jeglicher Obrigkeit zu leben. Im Reich dagegen besaß selbst die kleinste Grafschaft einen Herrn, der Fron- und Waffendienste forderte und dem die Bauern hohe Abgaben entrichten mussten. Als Ulrich das vor Schweiß und Anstrengung glänzende Gesicht seines Mitbruders betrachtete, fragte er sich unwillkürlich, was wohl geschehen mochte, wenn die Armen, die Leibeigenen und Vogelfreien, aus Martins Schriften ein Recht auf gewaltsamen Widerstand ableiteten.

„Hast du schon gehört, dass Kurfürst Friedrich vom Papst die goldene Rose als Zeichen seiner Wertschätzung erhielt?", fragte er schließlich.

Martin blickte überrascht auf. Einen Moment lang überlegte er, dann spielte plötzlich ein vergnügtes Lächeln um seine Lippen. Rasch nahm er den angespitzten Teil der entzweigebrochenen Feder zur Hand und skizzierte das Bild einer Rose mit weit geöffneten Blütenblättern. *Die Königin der Blumen,* dachte er, als er die kleine Zeichnung begutachtete. *Sie blüht entweder rot wie das Blut des Herrn oder weiß wie die Unschuld der Heiligen Jungfrau. Aber man muss dennoch vor ihr auf der Hut sein, denn sie besitzt spitze Dornen!* „Wenn ich kein einfacher Bettelmönch wäre, würde ich die Rose in meinem Wappen führen", sagte er.

Spalatin, dem die Leidenschaft in Martins Worten keineswegs entgangen war, legte nachdenklich die Hände zusammen. Mönch hin oder her, er zweifelte nicht, dass der Mann sich auch diesen Wunsch erfüllen würde.

Während der Frühling im Land Einzug hielt und die Temperaturen langsam anstiegen, warteten die Ratsherren und Edelleute des Reiches voller Spannung auf Neuigkeiten über die Kaiserwahl. Sieben Kurfürsten, vier weltliche und drei von geistlichem Stand, waren berechtigt, ihre Stimme abzugeben. Im Juni schien sich im Wettstreit um die Kaiserwürde endlich eine Entscheidung abzuzeichnen. Die Fürsten sammelten ihr Gefolge um sich und begaben sich auf die lange Reise nach Frankfurt am Main. Denn dort sollte nach altem Brauch die Wahl vollzogen werden.

Papst Leo X. befand sich inmitten einer Jagdgesellschaft.

Hörner heulten auf, und die Hunde der Edelleute und kirchlichen Würdenträger, die der Heilige Vater zu dieser Zerstreuung geladen hatte, jagten in wilder Ausgelassenheit umher. Es war ein warmer, sonniger Tag. Leo führte die Reiterschar auf einem heißblütigen Hengst an. Sein Blick richtete sich wie gebannt auf zwei fette Keiler, die vor der Spitze seiner Lanze aus dem Dickicht gesprungen waren und nun querfeldein durch den Wald stoben. Der Papst lachte triumphierend auf, sein kräftiger Körper beugte sich, zum Stoß bereit, nach vorne, als plötzlich das Jagdhorn erscholl. Dreimal heulte es auf und verstummte dann. Verwundert runzelte Leo die Stirn und zog die Zügel stramm. Was, bei allen Heiligen, war nur in die Treiber gefahren, dass sie es wagten, ihn aufzuhalten? Er hatte befohlen, mit dem verabredeten Signal zur Beendigung der Treibjagd bis zur Dämmerung zu warten. Zwei Reiter schlossen mit verblüfften Mienen auf. Einer der Männer deutete auf eine kleinere Gruppe von Reitern, die Leos Jagdgesellschaft entgegenkam. Soweit der Papst ausmachen konnte, trugen die Ankömmlinge keine Jagdkleidung, sondern Waffenröcke und hielten flatternde Fahnen in den Händen. Leos Augen verengten sich zu Schlitzen.

Er war misstrauisch geworden. Seit geraumer Zeit wagte er sich nicht mehr ohne bewaffnete Leibwächter vor die Tür. Seine Züge entspannten sich erst, als er den Anführer der Berittenen erkannte: Girolamo Aleander.

„Was, beim heiligen Rochus, kann denn so wichtig sein, dass Ihr meine Jagdgesellschaft stören müsst, Aleander?“, zischte Leo. Er schüttelte ungnädig den Kopf. *Es wird Zeit, dass ich ihn mir vom Halse schaffe,* dachte er.

„Ich wollte, dass Ihr es noch vor Eurer Rückkehr in den Palast erfahrt“, sagte Aleander, die tadelnden Worte des Papstes ignorierend. „Karl von Spanien wurde in Frankfurt zum Kaiser gewählt!“

Betretenes Schweigen breitete sich aus. Papst Leo wurde bleich. Es fehlte nicht viel, und seine Lanze wäre ihm aus der Hand geglitten.

„Wie fiel die Wahl aus?“ Seine Stimme klang gefährlich heiser. Es war ihm anzusehen, dass er vor Wut kochte.

Aleander hatte geahnt, dass sich die Einmischung des Heiligen Vaters diesmal als nachteilig für ihn erweisen würde. Ohne jede Gefühlsregung teilte er Leo mit, dass die Wahl einstimmig ausgefallen war. Nicht nur die Erzbischöfe von Mainz, Trier und Köln, sondern auch der Markgraf von Brandenburg, der König von Böhmen, der Herzog Sachsen und der Pfalzgraf bei Rhein hatten sich für den Enkel des verstorbenen Kaisers Maximilian ausgesprochen.

„Was ist mit Kurfürst Friedrich? Wollt Ihr etwa sagen, dass auch er für Karl gestimmt hat?“

Aleander nickte. „Kaiser Karl hatte die Fugger auf seiner Seite“, sagte er schließlich. Verhohlener Triumph klang aus seiner Stimme. „Es heißt, die schwäbischen Pfeffersäcke hätten ihm mehr als 543 000 Rheinische Goldgulden vorgeschossen. Den Rest besorgten die Welser und drei italienische Kaufleute, welche alles dafür tun würden, die Medici zu demütigen! Euer kleines Geschenk an den Sachsen war also völlig umsonst!“

Aleander sah den Hengst des Papstes auf sich zukommen. „Ich bewundere Euer gutes Gedächtnis für Zahlen“, knurrte der Papst. Plötzlich hob er die Lanze und richtete ihre Spitze gegen Aleanders Brust. Mit einem einzigen Streich riss er ihm die bronzene Spange vom Mantel, dann holte er mit der Waffe aus. Aleander stockte der Atem vor Entsetzen. Verängstigt und dem beißenden Spott der Jäger ausgesetzt, verharrte er auf seinem Pferd. Eine Ewigkeit schien zu vergehen, bevor Leo unvermittelt von ihm abließ und den Rückzug antrat.

„Ich kann Euch versichern, dass auch ein Medici das Rechnen nicht verlernt hat, Aleander!“, rief er ihm über die Schulter nach. „Ich weiß, wie ich mit meinen Feinden abzurechnen habe, merkt Euch das!“

Unter Getöse jagte der Papst davon.

Aleander rutschte auf dem Sattel hin und her. Er tadelte sich selbst, weil er es sich nicht hatte verkneifen können, den Papst zu provozieren. Er nahm sich fest vor, in den kommenden Tagen und Wochen auf der Hut zu sein und ihm nicht zu widersprechen. Im Gegenteil, wollte Aleander nicht gänzlich in Ungnade fallen, blieb ihm nichts anderes übrig, als rasch zu handeln, um seinen schwindenden Einfluss auf den Papst wieder zu vergrößern. *Ich muss Luther aus dem Weg räumen,* dachte er. Falls es ihm gelänge, den deutschen Mönch doch noch zum Widerruf zu zwingen, würde der Papst sich seinen Vorschlägen für eine Reform der Kirche gewiss nicht länger verschließen. Er musste es versuchen. Zunächst würde er Leo bitten, Martin Luthers Bücher und Schriften prüfen und verbrennen zu lassen. Mit etwas Glück ließ sich der Papst hernach überreden, auch eine Bulle zu unterzeichnen, die dem Ketzer den Kirchenbann androhte.

EINIGE MONATE nach der Krönung Karls in Aachen reiste Aleander mit päpstlichen Depeschen im Gepäck ins winterliche Mainz, um sich dort mit Erzbischof Albrecht zu beraten. Er hoffte, dass Albrecht, der aufgrund des Ablassstreits empfindliche Einbußen hinnehmen musste, ihn in seinem Vorhaben unterstützen werde. Doch schon bald nach seiner Ankunft musste er feststellen, dass der Bischof ihm zurückhaltend begegnete und gar nicht daran dachte, Aleanders Position vor dem Mainzer Domkapitel zu verteidigen.

„Wenn der Heilige Vater Euch autorisiert hat, gegen den Ketzer vorzugehen, werde ich Euch nicht daran hindern“, erklärte Bischof Albrecht kühl. „Aber glaubt nur nicht, dass Ihr die Macht habt, Ideen zu verbrennen!“ Die beiden Männer standen vornübergebeugt an einem der Bogenfenster des bischöflichen Palastes und blickten auf den Domplatz hinunter. Es war bereits fast dunkel. Mit gerunzelter Stirn beobachtete Aleander, wie einige Dominikaner aus der Tür des hohen Sandsteinhauses traten, in dem sich für gewöhnlich die Kapitelherren des Mainzer Doms versammelten. Mehrere Knechte folgten ihnen auf dem Fuß. Sie trugen Kiepen mit Brennholz auf dem Rücken, das sie wenige Schritte vor den Stufen des Doms niederlegten und sorgfältig aufschichteten. Andere Männer steckten Reisig in die Hohlräume oder beschmierten die Scheite mit Pech. Immer mehr Menschen strömten auf den Platz, um der Errichtung des Scheiterhaufens zuzusehen. Im Schein der Pechfackeln wirkten die Gesichter der Männer und Frauen blutleer und ernst. Eine feindselige Stimmung breitete sich aus.

„Das Volk hält nicht viel von Schauspielen dieser Art“, bestätigte Bischof Albrecht Aleanders Befürchtung. „Vor ein paar Jahren haben die Dominikaner versucht, die Schriften des Johannes Reuchlin zu verbrennen.“ Er streckte die mit Edelsteinen geschmückte Hand aus und zeigte auf den immer größer werdenden Scheiterhaufen. „Dort unten, genau an derselben Stelle, sind sie aufgezogen. Und was ist geschehen?“

„Sagt Ihr es mir!“

Bischof Albrecht zog die Hand zurück und schnippte herablassend mit den Fingern. „Nichts ist geschehen. Der Humanist hatte einflussreiche Fürsprecher, welche die Dominikaner in ihre Schranken wiesen. Es stellte sich heraus, dass ihr Prior, ein gewisser Hoogstraten, als Ankläger und Richter zugleich fungierte. Kommt Euch das nicht bekannt vor?“

„Nein!“, fauchte Aleander. „Ihr zieht es augenscheinlich vor, Äpfel mit Birnen zu vergleichen, Bischof! Denn soviel ich weiß, sind Reuchlins Bücher nur deshalb nicht in Flammen aufgegangen, weil er sich an den Heiligen Stuhl gewandt und der damalige Erzbischof in letzter Minute die Prozession der Dominikaner aufgehalten hat. Heute geht es um etwas anderes. Der Papst hat eine Bulle gegen Luthers Irrtümer erlassen und mich bevollmächtigt, seinen Willen zu vollstrecken. Daran werdet Ihr mich nicht hindern.“

Bischof Albrecht atmete geräuschvoll ein. Seine fetten Wangen bebten vor Empörung, als er sich vom Fenster abwandte. Mit schriller Stimme befahl er seinem Diener, endlich das Nachtmahl aufzutragen. Das Gerede von Äpfeln und Birnen hatte ihn hungrig gemacht. Ein paar gebratene Schinkenkeulen in heißer Butter würden ihm zweifellos helfen, seinen Ärger über den wichtigtuerischen Besucher hinunterzuschlucken. Eiferer dieser Sorte ließ man am besten gewähren, sollten sie sich doch mit dem launischen Volk herumschlagen. Der Römer würde schon sehen, was er davon hatte, schlafende Hunde zu wecken.

Aleander verzichtete darauf, Albrecht an dessen Tafel Gesellschaft zu leisten. Er tat es schweren Herzens und nur, weil er die Gegenwart des gelangweilten Bischofs nicht länger ertragen konnte. Seit Tagesanbruch hatte er nichts mehr gegessen, ein Versäumnis, an das ihn sein Magen nun mit einem wütenden Knurren erinnerte. Aber der päpstliche Legat gab dieser menschlichen Schwäche nicht nach. In dieser Stunde galt es, an wichtigere Dinge zu denken als an Wein und Braten.

Eilig durchschritt er die Halle und gelangte über eine breite Treppe schließlich auf den Hof. Ein paar geharnischte Wachsoldaten lungerten schläfrig um ein kleines Feuer herum und unterhielten sich.

„Seid ihr die Bogenschützen, die mir der Bischof zugesagt hat?“, erkundigte sich Aleander streng.

Die Männer nickten unwillig. „Der Scharfrichter wartet an der Südseite des Domes“, erklärte ein bulliger Kerl und wies mit dem Kinn auf die nahen Türme. Aleander folgte seinem Blick. Plötzlich verspürte er unbändige Angst. Doch er wusste auch, dass er nicht mehr zurückkonnte. Jenseits des Innenhofes erklang wüstes Geschrei. Aufgebrachte Stimmen beschimpften die Mönche auf dem Domplatz mit obszönen Worten. Die Soldaten des Bischofs blickten einander grinsend an, schulterten aber ihre Köcher und Bogen.

„Folgt mir!“, befahl Aleander verstimmt. Hier hatte niemand vor ihm Angst; das beunruhigte ihn. Furchtlose und noch dazu wütende Menschen waren unberechenbar. Seine Schultern strafften sich, als er zum Tor hinüberlief, mit eigener Hand den Bolzen zurückschlug und auf den Platz hinaustrat. Der Anblick, der ihn dort erwartete, verschlug ihm beinahe die Sprache. Hunderte von Bürgern hatten sich vor ihrem Dom eingefunden. Junge Burschen und Greise, vornehm gekleidete Herren sowie Frauen mit Schleiern und bestickten Hauben. Voller Zorn warfen sie die Arme in die Luft oder drohten mit Fäusten, Knüppeln und Stöcken.

Aleander begriff sofort, worauf sich die Wut des Volkes richtete. Die Dominikaner hatten einige Bücher und ein gutes Dutzend Rollen aus Pergament auf das Feuerholz gelegt. Genau so, wie er es angeordnet hatte.

Einen Atemzug lang schloss Aleander die Augen, um ein Gebet zum Himmel zu schicken. *Nun ist es so weit,* dachte er. Er lief zum Scheiterhaufen hinüber, wo sich inzwischen auch der Mainzer Scharfrichter, ein muskulöser Mann mit nackten Oberarmen und schwarz verhülltem Antlitz, eingefunden hatte. Die Bogenschützen folgten ihm gemessenen Schrittes.

„Haltet euch zurück!“, rief er den Mönchen zu. „Ihr greift erst ein, wenn ich es euch befehle.“ Ihr Anführer nickte erleichtert. Hastig drückte er Aleander seine Fackel in die Hand, dann gab er seinen Mitbrüdern ein Zeichen, sich auf die Stufen des Doms zurückzuziehen.

Aleander sah ihnen voller Verachtung hinterher. Dann hob er einen Arm und wartete, aber das Volk dachte gar nicht daran, sich zu beruhigen. Deshalb rief er, so laut er konnte: „Auf Geheiß unseres Heiligen Vaters, Papst Leos X., sollen die Schriften des gottlosen und pflichtvergessenen Martin Luther, Augustinermönch zu Wittenberg, aus dem Gedächtnis der Menschheit gelöscht werden!“

Rasendes Geschrei antwortete ihm. „Martin Luther spricht die Wahrheit!“, erklang eine Stimme zu seiner Linken. „Er hat nichts Unrechtes getan!“ Ein Weib, das einen Binsenkorb über dem Arm trug, verlangte mit drohenden Gebärden, dass der Bischof sich ihnen zeige. *Eine gute Idee,* dachte Aleander spöttisch, doch schon im nächsten Augenblick weiteten sich seine Augen vor Entsetzen. Fassungslos sah er mit an, wie sich die Menschen am Rand der

Absperrung zur Erde beugten und Steine aufhoben. Er wich zurück, versuchte, sich hinter dem Holzstoß in Sicherheit zu bringen, aber es war zu spät. Ehe er auch nur die Hand zum Schutz vor das Gesicht heben konnte, zerschnitt ein wahrer Hagel von Steinen und Eiern die kühle Abendluft. Ein Mönch, der drei Schritte hinter ihm stand, heulte vor Schmerz laut auf.

Aleander taumelte, als ihn zwei Steine gleichzeitig im Gesicht trafen. Er spürte, wie seine Lippen aufplatzten und ein Blutstrahl ihm von der Stirn in die Augen schoss.

„Sollen wir die Menge zerstreuen?“, hörte er den Anführer der Bogenschützen panisch rufen. Die Männer waren vorgetreten und hatten die Sehnen gespannt, um auf ihre Nachbarn und Verwandten zu schießen. Aleander krächzte etwas Unverständliches. Wieder hagelten Wurfgeschosse auf die Männer herab. Unter den Mönchen brach wilde Panik aus. In blinder Furcht warfen sie ihre Fackeln weit von sich und stürzten mit wehenden Kutten auf die Mauer zu, hinter der sich die rettenden Höfe des Domherrn befanden.

„Bringt Euch in Sicherheit, Herr!“, rief der Bogenschütze Aleander zu, doch der hörte ihn nicht. Reglos starrte er in den Schein seiner Fackel. Sein Gewand war zerrissen und mit Blut besudelt, als befände er sich mitten auf einem Schlachtfeld. *Ich muss es tun,* dachte er. *Jetzt oder niemals.* Kraftlos gab er dem Scharfrichter, der umherfliegende Steine mit einem dicken Holzscheit abwehrte, ein Zeichen, den Scheiterhaufen in Brand zu stecken.

„Ihr seid wahnsinnig“, erwiderte der maskierte Mann wütend. Seine Arme und Schultern waren mit Blutergüssen übersät. „Reicht es Euch nicht, gesteinigt zu werden? Findet einen anderen Narren für Eure Arbeit!“

Begeisterter Jubel brandete auf, als der Henker Aleander stehen ließ und davoneilte.

„Nun, du Schwein von einem Pfaffen“, rief ein zerlumpter Mann, „wo ist denn nun deine Macht? Wir scheißen auf dich und deinen Lügenpapst!“

„Es lebe Doktor Luther!“, brüllten die Umstehenden. „Es lebe die Wahrheit!“ Gleich einem Chorgesang dröhnte der Ruf über den Platz, drang in die verwinkelten Gassen und selbst in die Gemächer des Erzbischofs, bis auch der letzte Mainzer ihn vernommen hatte.

Aleanders Hände krampften sich um das Holz der brennenden Fackel. Obwohl ihm das Blut noch immer ins Gesicht lief, machte er keine Anstalten, vor den Fäusten und Schmähungen seiner Peiniger zurückzuweichen. Erst als sich in der Menge eine Lücke auftat, wandte er sich wieder seinem Ziel zu. In ihm regte sich nicht die geringste Empfindung, weder Schmerz noch Angst, er fühlte sich nicht einmal gedemütigt. Lediglich ein Anflug von Einsamkeit überkam ihn, denn er sah sich wieder als kleinen Jungen durch das lärmende Treiben des römischen Marktviertels streifen. Mutterseelenallein und brutal von der Hand seines Vaters gerissen.

Rechts und links von ihm landeten Steine. Er verlangsamte seinen Schritt, wurde jedoch nicht mehr getroffen. Aus den Augenwinkeln sah er, dass die Bogenschützen ihm in einiger Entfernung folgten.

Mit unbewegter Miene entzündete Aleander das Reisig und beobachtete, wie das dürre Gestrüpp augenblicklich Feuer fing. Er lächelte. Wie hypnotisiert betrachtete er die größer werdenden Flammen, die sich anschickten, Martin Luthers Schriften zu verschlingen. Durch das Prasseln und Knirschen hindurch hörte Aleander, wie auf dem Platz nun offener Tumult ausbrach. Männer und Frauen überwanden die Absperrungen und rannten brüllend über den Platz, ohne dass die zurückgebliebenen Dominikaner sie aufhalten konnten. Ein kräftiger Arm zerrte Aleander fort von dem lichterloh brennenden Holzstoß. Er strauchelte und stürzte zu Boden. Heftige Schläge und Stöße gegen die Rippen ließen ihn vor Schmerz aufschreien. Doch urplötzlich ließen seine Angreifer von ihm ab. Zwischen geschwollenen Lidern hervorspähend, sah der päpstliche Legat zu, wie sie zu dem Holzstapel liefen und anfingen, mit Umhängen und leeren Säcken auf das Feuer einzuschlagen, um es zu ersticken. Aber dafür war es längst zu spät. Die dünnen Pergamentbogen waren bereits ein Raub der Flammen.

„Ich hatte Euch gewarnt!“, zischte der Hauptmann der Bogenschützen verärgert. Auch er blutete aus einer kleinen Schramme über der linken Augenbraue. Zusammen mit einem mutigen Mönch half er Aleander beim Aufstehen. „Selbst der Bischof war gegen diese verrückte Verbrennung.“

Stöhnend tastete Aleander seinen Unterarm ab; er fühlte sich schlaff und taub an. Die Schmerzwoge, die durch seinen Unterleib jagte, war indessen so gewaltig, dass ihm die Tränen in die Augen traten. Als er unvermittelt nach oben schaute, sah er, wie über seinem Kopf ein glühender Funkenregen durch die Finsternis tobte. Durch den Aufwind des Feuers wurde ein einzelnes Blatt emporgetragen. Es wirbelte herum, verharrte dann aber unbewegt im Luftstrom. Soweit Aleander erkennen konnte, war es ein Holzschnitt, welcher das kantige Gesicht eines Mannes darstellte.

„Mein Gott, das ist Doktor Luther!“, erklang eine hohe Mädchenstimme unmittelbar neben ihm und dem Bogenschützen. „Seht nur, sein Bildnis brennt nicht!“ Das Kind hob die Arme und drehte sich tänzelnd im Kreis. „Das Feuer des Papstes kann es nicht zerstören.“

Die Umstehenden schraken zusammen, selbst die Männer, die auf die Flammen einschlugen wie auf den Schwanz des Teufels, hielten verstört inne und starrten auf das Blatt Papier.

„Der Mann ist … ein Heiliger“, flüsterte der alte Dominikaner, der den verwundeten Aleander stützte. Mit verklärtem Gesichtsausdruck deutete er auf die Giebel der alten Fachwerkhäuser, die den Domplatz umgaben. „So sieht es jedenfalls das Volk. Ihr könnt ihm nichts anhaben.“

Die Männer brachten Aleander zum Palast und legten ihn auf ein Bett in einer kleinen Kammer im oberen Stockwerk, die der Bischof seinem unwillkommenen Gast als Schlafplatz zur Verfügung gestellt hatte. Der päpstliche Legat sprach kein Wort mehr. Eine halbe Ewigkeit verging, ehe ein Mann gegen die Tür klopfte. Es war der Leibarzt des Bischofs. Der Hausherr hatte ihn rufen lassen, damit er Aleanders Wunden reinigte und verband. Ohne ein Wort der Klage ließ Aleander die Behandlung über sich ergehen. Er wurde den Verdacht nicht los, dass Albrecht den Medicus nur höchst widerwillig und erst nach langem Zögern zu ihm geschickt hatte. Sosehr er sich auch das Hirn zermarterte, er konnte sich die Feindseligkeit des Bischofs nicht erklären. Dass der Pöbel sich auf die Seite des Ketzers stellte, war eine Sache, Albrechts abweisende Haltung jedoch eine andere. Plötzlich kam ihm ein Gedanke. Nachdem der Arzt seine Blessuren mit einer übel riechenden Kräutersalbe bestrichen und seinen Arm geschient hatte, forderte er eine Dienstmagd auf, ihm frische Sachen herauszulegen.

„Ihr dürft nicht aufstehen, Exzellenz“, erklärte der Medicus kopfschüttelnd. „Euer Gelenk könnte sonst steif bleiben. Der Bischof meint …“

„Albrecht hat keinen Finger gerührt, um mir beizustehen. Auf seine Meinung kann ich gut und gerne verzichten!“

„Seine Ehrwürden hat momentan andere Sorgen als die Bekämpfung von Druckschriften. Albrecht hat sich mit Herzog Ulrich von Württemberg überworfen und steht im Begriff, einen Feldzug gegen ihn zu führen …“

„Sagt Eurem Herrn, dass er meine Anwesenheit in seinem Haus nicht mehr lange ertragen muss“, fiel Aleander dem Arzt ins Wort. Schwindel drohte ihn zu übermannen, während er sich mit einer Hand am Bettpfosten in die Höhe zog. Dennoch ließ er nicht von seinem Vorhaben ab. Unbeholfen tastete er nach seiner Gürteltasche, in der er wichtige Dokumente aufbewahrte. Zum Glück war alles noch vollständig vorhanden. „Ich verlasse Mainz im Morgengrauen!“, keuchte er leise.

„Aber wo wollt Ihr denn hin? Nach Rom?“

Aleander entließ den Mann, ohne ihm eine Antwort zu geben.

Nein, nach Rom kann ich nicht zurückkehren, überlegte er. *Papst Leo wird vor Wut rasen, wenn ich ihm meine Niederlage eingestehe.* Als der Morgen graute, wusste Aleander plötzlich, was er zu tun hatte. Der Kurfürst von Sachsen und Erzbischof Albrecht hatten es abgelehnt, ihm zu helfen. Aber dies spielte keine Rolle mehr. Die beiden Fürsten, so befand er, waren ohnehin unbedeutend und zu tief in eigene Interessen verstrickt. Kleine Fische in einem See voller Wasserschlangen. Nein, um an Luther heranzukommen, bedurfte es einer Raffinesse, über die der schwerfällige Albrecht niemals verfügen würde.

Aleander nahm sich vor, in Deutschland zu bleiben und den jungen Kaiser Karl V. von Habsburg so bald wie möglich um eine Unterredung zu bitten.

Während auf dem Domplatz von Mainz die Flammen des Scheiterhaufens erloschen und der Wind die Asche der verbrannten Bücher über das Pflaster trug, wurde in Wittenberg ein neues Feuer geschürt.

Zum Schutz vor der Kälte dick vermummt, standen die Menschen vor dem Elstertor beisammen, durch das man in nördlicher Richtung aus der Stadt gelangte, und sahen voller Staunen zu, wie Dutzende von Studenten unter Anleitung des ehrenwerten Professors Karlstadt wuchtige Klafter trockenen Brennholzes aufschichteten. Einige Zuschauer steckten ungläubig die Köpfe zusammen, denn sie konnten sich noch gut daran erinnern, dass insbesondere Karlstadt die Lehren des Doktor Luther einst verurteilt und sich gegen sie ausgesprochen hatte. Nun aber lief der Gelehrte mit vor Eifer geröteten Wangen zwischen der alten Kreuzkapelle und dem Stadttor hin und her, um seinen Studenten Anweisungen zu erteilen.

Martin stand mit Bruder Ulrich ein wenig abseits. Sein Herz schlug vor Aufregung bis zum Hals, als er in den Lederbeutel griff, den er an einem Gurt über der Schulter trug, und das kühle Metall der Bleikapsel unter den Fingerspitzen fühlte. Nun also war es so weit.

In den vorausgegangenen Monaten hatte Martin unzählige Briefe geschrieben und beantwortet. Er hatte sich den Angriffen einflussreicher Magister und Würdenträger gestellt und war nicht müde geworden, ihnen anhand der Heiligen Schrift seinen Standpunkt zu verdeutlichen. Dennoch hatte der Papst ihm den Kirchenbann angedroht. Nun, da er die Bulle erhalten hatte, spürte er ein sonderbares Gefühl von Freiheit in seinem Herzen. Die Fronten mochten sich verhärtet haben, aber wenigstens wusste Martin, was ihn erwartete. Obwohl er nach wie vor das Gewand der Augustiner trug, fühlte er sich in keiner Weise mehr zum Gehorsam gegenüber dem Papst und dessen Autoritäten verpflichtet. Für ihre Weigerung, sich mit den Missbräuchen innerhalb der Kirche auseinanderzusetzen, fand Martin nur eine einzige Erklärung: Weder Leo X. noch seine Kardinäle waren von Gott berufen, ihr Amt auszuüben. Sie hatten ihre Glaubwürdigkeit verloren, und genau dies wollten er, Karlstadt und Melanchthon den Bürgern von Wittenberg vor Augen führen.

„Wir haben alles vorbereitet, Bruder Martinus“, riss die Stimme eines Studenten Martin aus seinen Überlegungen. Er stieß scharf die Luft aus. Das Knistern des Feuers jagte ihm eine Gänsehaut über Arme und Beine. Dennoch machte er Anstalten, dem jungen Mann den Pfad entlang zu folgen.

„Tu es nicht!“, rief Bruder Ulrich und griff nach Martins Ärmel. „Ich verstehe ja, dass du wütend und gekränkt bist. Sie haben deine Schriften zerrissen und dir Redeverbot auferlegt. Aber was nützt es dir, wenn du es ihnen mit gleicher Münze heimzahlst? Du hast mir doch von diesem Mann in Augsburg erzählt, nicht wahr? Dem Begleiter des Kardinals!“

„Girolamo Aleander“, murmelte Martin. Inzwischen waren auch Karlstadt und Melanchthon auf die Diskussion der beiden Ordensbrüder aufmerksam geworden. Sie gesellten sich ihnen.

„Der Prior berichtete mir gestern nach der Versammlung im Kapitelsaal, dass dieser Aleander beim Kaiser vorstellig geworden sei“, erklärte Ulrich. „Allem Anschein nach versucht er von Karl ein Edikt zu erwirken, das es ihm ermöglicht, dich auch ohne Kurfürst Friedrichs Zustimmung verhaften zu lassen. Vergiss nicht …“

„Ach was!“, schnitt Professor Karlstadt dem Mönch das Wort ab. „Ihr vergesst wohl, dass die Bulle des Antichrists in Leipzig und Erfurt von den Kirchentüren heruntergerissen wurde. In Magdeburg wurde sie gar durch die Gosse geschleift und an den Pranger gehängt. Nun muss auch Doktor Luther zeigen, was die Drohungen des Papstes wert sind – nämlich gar nichts!“

Bruder Ulrich verdrehte gequält die Augen. War außer ihm denn hier überhaupt noch jemand bei Verstand? „Dem kirchlichen Bann folgt die Bestrafung durch die weltliche Obrigkeit“, erklärte er aufgebracht. „Sei es die Hinrichtung als Ketzer auf dem Scheiterhaufen, sei es die Reichsacht. Ich beschwöre dich, Martinus, bring nicht auch noch den Kaiser gegen dich auf!“

Martin wandte sich ab. Die Argumente seines Mitbruders klangen so vernünftig, dass er ins Zweifeln geriet. Doch hatte er nicht stets versucht, seine Lehren durch die Vernunft zu begründen? Und was hatte es ihm eingebracht?

Ein wenig schroffer als beabsichtigt riss er sich von Ulrich los und ging mit Karlstadt und Philipp Melanchthon zu dem brennenden Holzstapel hinüber. Der junge Magister lächelte ihm aufmunternd zu; die heitere Miene täuschte allerdings nicht darüber hinweg, dass er ebenso nervös war wie Martin selbst. Nach einer kleinen Pause trat Melanchthon vor, räusperte sich und erklärte: „Im Namen der Fakultät erheben wir offen Einspruch gegen die ungerechten Angriffe auf Doktor Martin Luther. Wenn Rom uns dazu aufruft, anstößige Schriften zu verbrennen, werde ich damit beginnen, … die päpstlichen Dekretalen dem Feuer zu übergeben."

Unter beifälligen Pfiffen bückte sich Melanchthon und zog ein Hirschfell von einem Kasten mit Büchern, der unmittelbar neben dem Scheiterhaufen abgestellt worden war. Er nahm ein gebundenes Buch heraus, blätterte es durch, hielt es über die Flammen und schleuderte es ins Feuer.

Nun war Martin an der Reihe. Alle Augen richteten sich auf ihn. In der Hand hielt er eine Pergamentrolle mit einem blutroten Siegel, dem deutlichen Zeichen der päpstlichen Macht. Ein abschätziges Lächeln glitt über sein Gesicht, als er das Blatt auseinanderrollte und die einleitenden Sätze zitierte. Sie entstammten dem vierundsiebzigsten Psalm.

„*Exsurge Domine!* Mache dich auf, Herr, richte deine Sache. Sei eingedenk der Schmähungen, die vor den Toren täglich ergehen …" Schwer atmend ließ Martin den Blick über die gespannten Gesichter der Umstehenden wandern. Auf den Mauergängen waren weitere Zaungäste aufgetaucht. Martin glaubte Spalatin unter ihnen auszumachen, doch das ließ sich nicht mit Gewissheit sagen. Außer dem Knistern der Flammen war vor der alten Kapelle kein Laut mehr zu hören.

„Der Papst verlangt, dass ich alles widerrufe, was ich zur Verteidigung unseres Glaubens gesagt habe. Ich halte mich jedoch an die Heilige Schrift. Nur vor Gott allein muss ich mich verantworten – so wie wir alle, einschließlich des Papstes in Rom, der mich verfolgt." Er hielt das Schriftstück hoch. „Rom bezeichnet dieses Blatt als Bannandrohungsbulle. Ein Edikt von der Hand des Papstes höchstpersönlich. Mir aber fällt ein weitaus treffenderer Begriff dafür ein: päpstlicher Bockmist."

„Werft es ins Feuer!", riefen die Studenten wie aus einem Mund. Johlend klatschten sie in die Hände. Martin nickte ihnen zu und schleuderte das Pergament in die Flammen, die sogleich gierig danach griffen und es einhüllten. Innerhalb weniger Augenblicke löste sich das rote Siegel auf.

Die Menge war begeistert.

Bruder Ulrich hatte indessen genug gesehen. Angewidert rümpfte er die Nase und schlug den Weg zum Kloster ein. Martin fühlte einen Hauch von schlechtem Gewissen in sich aufsteigen; er war sich wohl bewusst, dass er seinen Freund gekränkt hatte. Also nahm er sich fest vor, gleich nach dem Chorgebet mit ihm zu reden und ihn um Verzeihung zu bitten. An der Sache selbst würde das allerdings nichts ändern. Bedrückt wandte er sich wieder dem Scheiterhaufen zu.

„Speist das Feuer!", schrie Karlstadt. „Speist das Feuer mit dem kanonischen Recht! Speist das Feuer mit jeder einzelnen Lüge, die jemals in Rom geschrieben wurde und die wir glauben mussten, ohne nach der reinen Wahrheit forschen zu dürfen!“

Mit einer heftigen Bewegung schlug der Gelehrte seinen gefütterten Umhang zurück und machte sich über die Holzkiste her. Er entnahm ihr Buch um Buch, Schrift um Schrift. Karlstadts Augen glänzten fiebrig, dennoch ließ er sich nicht dazu bewegen, vom Feuer zurückzutreten.

Als die Rufe und das Klatschen endlich leiser wurden, trat Martin den Rückweg in die Stadt an. Jenseits des Grabens, der die Stadtmauer mit dem Elstertor verband, bog er in die schattige Gasse der Gürtelmacher ein, um den Weg zum Kloster abzukürzen. Plötzlich – er war kaum zehn Schritte weit gekommen – stellte sich ihm ein Mann breitbeinig in den Weg. Es war Spalatin. Seine glatt rasierten Wangen glühten vor Zorn.

„Ihr habt soeben ein Kapitalverbrechen begangen, Doktor Luther!“, fuhr der Sekretär Martin an. „Hoffentlich seid Ihr Euch dessen bewusst!“

Martin runzelte gereizt die Stirn. Nach dem Streit mit Bruder Ulrich und dem aufwühlenden Moment am Feuer waren Spalatins Vorwürfe das Letzte, was er ertragen konnte. „Was habe ich denn anderes getan als der päpstliche Gesandte zu Mainz?“

„Ach, wisst Ihr das wirklich nicht? Nuntius Aleander führte nur eine Anordnung des Papstes aus. Ihr hingegen handelt stets in eigenem Interesse!“

Martin wurde bleich. Abgesehen davon, dass er die Vorhaltungen des Sekretärs für ungerecht hielt, war er überrascht über dessen Eröffnung. „Aleander, sagt Ihr? *Er* hat meine Schriften verbrannt?“

Spalatin nickte. Ihm entging nicht, dass Martins Selbstsicherheit einen empfindlichen Dämpfer erlitten hatte. „Und im Gegensatz zu Euch wurde er dabei fast getötet. Glaubt mir, Luther, der Mann empfindet nur noch Hass und Abscheu für Euch und Eure Anhänger. Während wir hier miteinander streiten, ist er in Köln, mitten im Gefolge Seiner Majestät des Kaisers!“ Er stieß einen Seufzer aus. „Es hat mich eine Menge Überredungskunst gekostet, bis unser Kurfürst sich zu einer Reise nach Köln entschließen konnte.“

„Ihr … geht zum Kaiser?“ Martin konnte es nicht fassen.

Gegen seinen Willen schlich sich ein Lächeln auf Spalatins bleiches Gesicht. Er steckte seine steif gefrorenen Finger zwischen die Falten seines Gewandes und sagte mit feinem Spott: „Vielleicht nehmen wir ihm eine Eurer Schriften mit. Was meint Ihr, Doktor Luther: Könnte der Kaiser an Eurem jüngsten Pamphlet *Von der Freiheit eines Christenmenschen* Gefallen finden?“

Vierzehntes Kapitel

Köln, Januar 1521

Kurfürst Friedrich hatte keine Ahnung, warum der Kaiser ihn ausgerechnet in der Kathedrale von Köln treffen wollte. Da er ihn jedoch nicht verärgern wollte, blieb ihm nichts anderes übrig, als sich gemeinsam mit seinen Ratgebern einen Weg durch die Menschenmenge zu bahnen, die sich durch die Mittel- und die Seitengänge des Doms schob.

Wahrscheinlich leiten ihn ganz praktische Erwägungen, überlegte Friedrich, während Spalatin keine zehn Schritte vor ihm die verdutzten Pilger auseinandertrieb. Kaiser Karl reiste von einem Ort zum anderen. Er war der deutschen Sprache kaum mächtig, aber immerhin hegte er großes Interesse für sein Kaiserreich. Vor allem die heiligen Stätten seines Volkes wollte er kennenlernen. Je länger Friedrich darüber nachdachte, desto besser konnte er den jungen Monarchen verstehen.

Der Dom selbst war ein beeindruckendes Bauwerk, das nicht nur Friedrich und seinen Begleitern bewundernde Rufe entlockte. Das Mittelschiff, das Licht aus einer Vielzahl bunter Glasfenster empfing, war so mächtig, dass man ein sächsisches Dorf unter seinem Dach hätte unterbringen können.

Friedrich näherte sich der kaiserlichen Hofgesellschaft, welche, von neugierigen Blicken weiträumig abgeschirmt, leise plaudernd im Hochchor beisammenstand und sich von einem Kaplan die verschiedenen Kunstwerke erklären ließ. Einige Edelleute waren sehr auffällig gekleidet. Sie trugen Beinlinge aus Kalbsleder sowie Mäntel mit üppiger Pelzverbrämung. Der Kurfürst musste lächeln, als sein Blick auf die knabenhafte Gestalt eines jungen Mannes fiel, der ein wenig abseits auf einer Bank kniete und den Dreikönigsschrein begutachtete. Es war Karl V. von Habsburg.

Der Enkel des verstorbenen Kaisers Maximilian trug ein schwarzes Wams aus flämischem Tuch, das am Halsausschnitt mit glänzenden Perlen bestickt war. Seine glatten kupferfarbenen Haare, die ihm fast bis auf die Schultern reichten, waren ordentlich gebürstet, doch unter dem riesigen kastilischen Filzhut, der fast die Hälfte seines Gesichts verschattete, wirkten die Züge des Kaisers fast knabenhaft.

Friedrich gab Spalatin ein Zeichen, zurückzubleiben. Seine Ankunft im Dom war nicht unbemerkt geblieben. Ein Edelmann mit Kinnbart sprang auf Karl zu und machte ihn in spanischer Sprache auf den Ankömmling aufmerksam. Ein einnehmendes Lächeln umspielte die vollen Lippen des jungen Habsburgers, als er sich umwandte.

„Mein guter Oheim“, flüsterte er, um die Heiligkeit des Ortes nicht zu stören, „ich freue mich, Euch hier zu sehen!“

Friedrich verneigte sich voller Ehrerbietung. Der Kaiser schien nicht nur fromm zu sein, sondern auch ein umgängliches Wesen zu besitzen; ein Charaktermerkmal, das nicht jeden seiner Vorfahren ausgezeichnet hatte. Er war von mittelgroßer Statur und kräftiger, als es zunächst den Anschein erweckt hatte. Seine Gesten waren von Zurückhaltung geprägt. Anders als der letzte Kaiser, der sich gern in der Pose eines heldenhaften Ritters gezeigt hatte, war Karls Auftreten das des auf geistige Stärke bauenden Politikers.

Ob mir das helfen wird, bleibt abzuwarten, dachte Friedrich, während Karl ihn einlud, auf einem der hohen Chorstühle Platz zu nehmen.

„Mein Kaiser“, begann Friedrich nach einem Moment des Schweigens, „möge Gott, der Herr, Euch segnen und behüten. Ich fühle mich geehrt, dass Ihr Eure Andacht unterbrochen habt, um mir die Freude einer Begegnung zu gewähren …“

Kaiser Karl zog eine Augenbraue hoch. „Aber lieber Oheim, das Wohl Eures Fürstentums liegt mir ebenso am Herzen wie alle übrigen Reichsteile!“

„Ich bin nicht gekommen, weil meine Untertanen mir Kummer bereiten, sondern weil ich über … Martin Luther sprechen möchte.“

Friedrich bemerkte nicht, wie eine schattenhafte Gestalt zwischen den Pfeilern hervortrat und die beiden Männer einige Augenblicke lang mit durchdringendem Blick fixierte, ehe sie mit großen Schritten auf das Chorgestühl zuhielt. Es war Aleander.

„Gut, dass Ihr kommt!“, rief Karl dem päpstlichen Gesandten mit gedämpfter Stimme zu. „Unser Freund, Friedrich von Sachsen, hat endlich den Weg zu uns gefunden, um sein Gewissen wegen des Ketzers zu erleichtern.“ Friedrich starrte verunsichert von Karl zu dem hochgewachsenen Italiener, der ihn abschätzend musterte. Eine plötzliche Panikattacke drohte ihm die Kehle zuzuschnüren. Womit er am wenigsten gerechnet hatte, war, dass sich ein päpstlicher Legat in seine private Unterhaltung mit dem Kaiser einmischen werde. Andererseits konnte er Karl unmöglich bitten, den Mann fortzuschicken. Mit sichtlichem Verdruss erwiderte er Aleanders stillen Gruß.

„Wie gütig von Euch, den weiten Weg von Rom hierher auf Euch zu nehmen, um uns in dieser unbedeutenden Angelegenheit Rat zu erteilen.“

„Ketzerei ist keine unbedeutende Angelegenheit, Euer Durchlaucht!“

Friedrich neigte den Kopf in die Richtung des jungen Kaisers und bat in beschwörendem Tonfall: „Euer Majestät, wenn Ihr mir nur für einen Augenblick Euer Ohr leihen würdet.“

„Wenn es sich um Martin Luther handelt, muss ich Euch bitten, lauter zu sprechen, Fürst“, unterbrach ihn Aleander unhöflich. „Wie Ihr eben bereits sagtet, habe ich eine weite Reise gemacht, um Euch zu helfen!“

„Es handelt sich aber um Sachsen, mein Herr. In dieser Angelegenheit bitte ich unseren Kaiser um eine private Audienz!“

Karl neigte den Kopf zur Seite. Einen Moment lang wirkte er argwöhnisch. Er schien angestrengt zu überlegen, ob Friedrich tatsächlich die Wahrheit sprach. Schließlich beschied er Aleander mit einer Kopfbewegung, sich einstweilen zurückzuziehen. Unter tiefen Verbeugungen kam der päpstliche Gesandte der kaiserlichen Aufforderung nach und ging zu einer Gruppe von Edelleuten. Friedrich konnte seine Erleichterung kaum verbergen.

„Kommt, Oheim“, sagte der Kaiser, „lasst uns ein wenig durch dieses herrliche Bauwerk schlendern.“ Wortlos hakte er den Fürsten unter und zog ihn vom Chorgestühl fort. Einige Herzschläge lang herrschte Schweigen zwischen den beiden Männern.

„Übergebt Luther an Rom!“ Die Stimme des Kaisers dröhnte plötzlich scharf und schneidend durch die Vierung. „Liefert den Mann aus!“

Friedrich zuckte zusammen. Er sah Spalatin, der mit zusammengelegten Händen vor einer Heiligenfigur stand, jedoch aufmerksam zu ihnen herüberschaute. Seine Miene spiegelte tiefe Besorgnis wider. „Das … das kann ich nicht tun, Euer Majestät“, entgegnete der Kurfürst, seinen ganzen Mut zusammennehmend. „Doktor Luther ist mein Untertan und ein Gelehrter von bedeutendem Ruf. Damit ist es meine Pflicht, dafür zu sorgen, dass er eine gerechte Behandlung erfährt.“

Karl zog die Augenbrauen zusammen. „Aleander hat mir versichert, dass die Inquisition Luther eine ordnungsgemäße Anhörung gewähren wird.“

„Während er im Kerker sitzt? Euer Majestät, die römische Inquisition gewährt keine Anhörungen. Sie fällt Todesurteile. Ganz Deutschland betet, dass Ihr Luthers Verteidiger sein werdet!“

„Das ist unmöglich“, erklärte Karl mit fester Stimme. „Der Ketzer gehört vor Gericht. Und zwar vor ein kirchliches Gericht. Aleander hat mir die Sachlage genau erklärt. Einer, der vom Papst, von Kardinälen und Prälaten verurteilt wurde, darf höchstens im Gefängnis verhört werden. Die Laien, einschließlich des Kaisers, sind nicht in der Lage, den Fall eines Gebannten wiederaufzunehmen! Es ist besser, Ihr kümmert euch nicht mehr um diesen Luther. Umso schneller wird die Welt ihn vergessen haben!“

Friedrich blieb stehen. „Euer seliger Großvater, der mein Freund war, hat uns sein Wort gegeben, dass kein deutscher Untertan ohne Anhörung in seinem *eigenen* Land verurteilt wird. Fragt die Fürsten des Reiches, die Eure Wahl einstimmig unterstützt haben. Sie werden es Euch bestätigen."

Friedrichs Berufung auf die Reichsfürsten war kühn, doch sie verfehlte ihre Wirkung nicht. Der junge Kaiser öffnete den Mund, um zu einer Erwiderung anzusetzen, aber irgendetwas in Friedrichs Augen ließ ihn jäh verstummen. Das beklemmende Gefühl, von dem alten Mann belehrt zu werden und darüber hinaus Zoll um Zoll an Boden zu verlieren, ergriff von ihm Besitz. Zorn und Scham färbten seine Wangen rot.

„Also gut, Fürst Friedrich", erwiderte er mit gesenkter Stimme. „Wenn Ihr unbedingt wollt, werden wir ihn eben in Deutschland anhören. In zwei Monaten soll er vor mir und den Edlen des Reiches in Worms erscheinen."

„Aber das ist ein langer Weg von Wittenberg, Majestät. Und wenn Ihr Euren Nuntius Aleander befragt, so wird er Euch gewiss erklären, dass Papst Leo ein Kopfgeld auf Luther ausgesetzt hat. Angeblich sind seine Schergen überall … ungeachtet meiner bescheidenen Herrschaft" – der Kurfürst schürzte die Lippen – „und Eurer hohen!"

Aus einer der Kapellen drang Gesang ins Mittelschiff, dem der Kaiser mit sichtlichem Entzücken lauschte. Plötzlich entspannten sich seine Gesichtszüge. „Einverstanden. Ich gewähre Martin Luther freies Geleit zum Wormser Reichstag. Dort wird er eine gerechte Anhörung bekommen. Ein Reichsherold wird ihn in Wittenberg abholen und bis an den Rhein begleiten. Darauf habt Ihr mein Wort."

Beruhigt beugte Friedrich sein Knie vor dem Kaiser und küsste ihm die Hand. *Der Habsburger ist ein zäher Verhandlungspartner,* dachte er. *Möglich, dass er in mir nun nicht länger den guten Oheim sieht, aber wenigstens ist es mir gelungen, ihn dorthin zu steuern, wo ich ihn haben wollte. Gegen altes deutsches Recht kann selbst dieser Aleander keinen Einspruch erheben.*

Ursprünglich war geplant gewesen, den ersten Reichstag des jungen Kaisers in Nürnberg abzuhalten, aber eine Seuche, die in der Stadt wütete, hatte dies verhindert. Worms am Rhein erschien sowohl den Vertretern der Reichsfürsten als auch den Abgesandten der freien Städte schon wegen seiner günstigen Lage ein trefflicher Ersatz zu sein.

Martin war voller Zweifel, als Spalatins Bote ihm die offizielle Ladung des Kaisers überbrachte. Er war mittlerweile siebenunddreißig Jahre alt und fühlte sich körperlich und geistig erschöpft. Nach einigem Zögern entschied er sich jedoch, sich auf das Wagnis einer Reise an den Rhein einzulassen. „Wenn der Kaiser mich ruft, um mich zu töten", erklärte er dem Sekretär, „kann ich es nicht ändern. Aber ich werde das Wort Christi nicht verlassen!"

BEINAHE ENDLOS erschien der Zug der Bürger, die seinem Wagen das Geleit bis vor die Wittenberger Stadtmauern gaben oder ihm von den Zinnen ein Lebewohl zuwinkten.

Ein feiner Sprühregen fiel gleichmäßig auf die endlosen Felder und Wiesen entlang der Elbe. Aufmerksam beobachteten die Turmwächter den stolzen weißen Hengst des Herolds, der Luthers Reisewagen begleitete. Der stämmige Mann in Amtstracht, ein gewisser Kaspar Sturm, war gerüstet wie ein Ritter und trug ein Banner, auf dem das Bildnis eines goldenen Adlers zu sehen war, das Symbol der kaiserlichen Macht.

Bruder Ulrich lenkte den mit drei Pferden bespannten Wagen, ein Geschenk der Wittenberger Ratsherren. Er hatte sich trotz Diskussionen mit dem Prior des Klosters nicht davon abbringen lassen, Martin zu begleiten, ein Umstand, für den Martin ihm insgeheim sehr dankbar war.

Ihr Weg führte die Gruppe über Erfurt, Gotha und Eisenach. In fast allen Städten und Dörfern, in denen sie unterwegs Rast einlegten, wurden bei ihrer Ankunft die Kirchenglocken geläutet. In Scharen strömten die Menschen herbei, um sich den sonderbaren Mönch anzusehen, der sich gegen den Papst aufgelehnt hatte. Viele von ihnen konnten kaum glauben, dass dieser unscheinbare Mann, dessen braune Kutte an einigen Stellen aufgescheuert war, den Mut aufgebracht hatte, die Ausbeutung und Unterdrückung durch die Kirchenfürsten anzuprangern. Martin konnte sich der begeisterten Zurufe und Aufforderungen, zu predigen, kaum entziehen. Aber auch kritische Stimmen ertönten. „Närrischer Mönch, wie kannst du nur so dumm sein!", tadelte ihn eines Abends ein Bauer, als Bruder Ulrich vor einem Dorfgasthaus die Pferde zügelte. „Wieso sollten wir dir vertrauen? Unser Weiler gehört seit Menschengedenken zum Grundbesitz eines Klosters. Mönche wie du pressen uns den Zehnten aus den Knochen, während sie selbst immer fetter werden!"

Martin schwieg betroffen. Er hatte wirklich nicht viel dafür getan, das harte Los der Unterdrückten zu lindern. Aber war es nicht geradezu Sünde, sich gegen die Obrigkeit aufzulehnen? Er wollte dem Bauern erklären, was die Heilige Schrift dazu zu sagen hatte, dass Barmherzigkeit und Frieden für die Seele niemals durch das Anhäufen von Gütern zu finden seien. Doch der Mann zuckte nur verständnislos die Schultern und verschwand in der Dunkelheit.

Sie setzten die Reise fort. Wenn Martin und Ulrich nicht in Kirchen und Pfarrhöfen einkehrten, um sich aufzuwärmen, wählten sie abgeschiedene Herbergen und vertieften sich in die zahlreichen Briefe und Depeschen, die man Martin vor seiner Abreise zugestellt hatte. Dabei erfuhren sie, dass nicht nur die Humanisten des Reiches mehr oder weniger geschlossen hinter Martin und seiner Lehre standen, sondern auch geachtete Edelleute wie die Ritter Ulrich von Hutten und Franz von Sickingen dem umstrittenen Theologen zu verstehen gaben, dass sie ihm in ihren Burgen Zuflucht böten, falls die Lage nach dem Reichstag allzu gefährlich würde. Ulrich von Hutten, der nach seiner Flucht aus einer Klosterschule und einem anschließenden Besuch Roms offen Partei gegen das Papsttum ergriffen hatte, kündigte an, dass er ebenfalls nach Worms reiten werde, um auf eigene Kosten erstellte Flugschriften zu verteilen und Martin auf dem Reichstag beizustehen.

In den Strassen und auf den Plätzen von Worms wimmelte es nur so von Menschen und Pferden. Es schien kein freies Fleckchen mehr zu geben.

Zu Tausenden drängten sie sich in den Straßen nahe der Stadtmauer. Auch im Dombezirk kämpften sich Ströme von Schaulustigen über Treppen und Wandelgänge, welche die gewaltige romanische Kathedrale mit dem Palast des Bischofs verbanden. Die ganze Stadt schien auf den Beinen zu sein.

In dem Getümmel kamen Martin und die bewaffneten Reiter, die ihn begleiteten, nur im Schritttempo vorwärts. Dutzende jubelnder Menschen liefen neben dem Wagen des lange erwarteten Mönchs her und steckten Blumen und Heiligenbilder durch die kleinen, vergitterten Fenster. Eine Frau streckte die Hand aus, um Martins Mantel zu berühren. Martin, dem die Hochrufe des Volkes peinlich waren, errötete. Mit einem derartigen Empfang hatte er nicht gerechnet.

Auf verschlungenen Wegen brachte der Herold Martin und Ulrich zur bischöflichen Pfalz, einem stattlichen Gebäude inmitten eines ummauerten Hofes, dessen südlicher Teil sich an den Dombezirk anschloss. Trotz seiner Müdigkeit spähte Martin neugierig aus dem Fenster. Der Anblick des mächtigen romanischen Doms wirkte auf ihn einfach überwältigend. Er erspähte vier schlanke Türme, die hoch in den Himmel ragten.

Auf der anderen Seite des Domplatzes wurde die Straße unvermittelt schmaler, bis sie vor einer Mauer mit Graben und Wachtürmen endete. Entlang des Grabens reihten sich verschachtelte zweistöckige Häuser mit hölzernen Galerien aneinander, die vermutlich von Bediensteten des Bischofs bewohnt wurden.

Vor dem Portal der Pfalz, die mit einer kunstvollen Mauer aus rotem Sandstein eingefasst war, standen einige Leute zusammen, um Martin in Empfang zu nehmen. Unter ihnen befanden sich zwei Ratsherren der Stadt Worms und der Prior eines nahen Klosters, der Martin mit betrübter Miene mitteilte, dass es ihm aufgrund zahlreicher Widerstände seiner Mönche nicht möglich sei, dem Ordensbruder aus dem fernen Sachsen unter seinem Dach ein Quartier anzubieten.

Martin lächelte dem Prior abgekämpft zu. Obwohl es verlockend gewesen wäre, sich in der Stille und Beschaulichkeit eines Klosters zu erfrischen, war er doch froh, dass er während seines Aufenthalts in Worms nicht unter der Kontrolle eines Ordens stehen musste. Kaspar Sturm war so umsichtig gewesen, in einer Herberge nahe dem Johanniterhof eine Kammer für ihn zu mieten.

Wenig später ließ man ihn, von Bruder Ulrich begleitet, durch das geöffnete Tor in den von dichten Weinreben bewachsenen Innenhof der Pfalz treten. Vorsichtig sah Martin sich um. Die vielen bewaffneten Wachsoldaten machten ihn nervös. Wie zufällig verfolgten sie jede seiner Bewegungen. Martin fragte sich, ob man sie angewiesen hatte, ihn und seine Begleiter keinen Moment aus den Augen zu lassen. Die Antwort ließ nicht lange auf sich warten.

„Schau einmal nach oben“, flüsterte Ulrich ihm mit heiserer Stimme zu. Mit den Augen deutete er auf eines der Fenster im oberen Stockwerk des Hauses. „Der Geistliche, der so finster auf uns herunterblickt … Ist das nicht der Vertraute von Kardinal Cajetan?“

Verstohlen folgte Martin Ulrichs Blick, bis auch er die hochgewachsene Gestalt des päpstlichen Legaten entdeckt hatte. Beide Arme ausgestreckt auf die Brüstung gestützt, stand Aleander auf dem Balkon und starrte auf ihn herab. Der Gesandte wirkte erschöpft und kränklich. Obgleich er nur wenige Jahre älter war als Martin, sah er aus wie ein Mann, der den Zenit seines Lebens schon überschritten hatte. Auf seinem dunklen Gesicht zeichneten sich die Spuren schlecht verheilter Wunden ab; eine hässliche Narbe zog sich vom rechten Mundwinkel bis zum Kinn.

Einen Atemzug lang trafen sich die Blicke der beiden Männer. Martin überlegte, ob es angebracht war, die Hand zu einem Gruß zu erheben, aber Aleander sah nicht so aus, als ob er eine Geste dieser Art erwartete. Also verzichtete er darauf. Im nächsten Moment wurde Martin auch schon von einem bärtigen Bewaffneten abgelenkt, der eilig auf ihn und Ulrich zukam. Auf seinen Wink ergriffen die beiden jungen Wächter, die das Tor zum Hof im Auge behielten, ihre Spieße und folgten ihm ohne Umschweife. Als Martins Blick noch einmal kurz zum Balkon hinaufwanderte, war Aleander verschwunden.

„Doktor Luther?“ Der Wachoffizier des Bischofs starrte zuerst Bruder Ulrich, dann Martin mit unverhohlenem Argwohn an. Martin nickte höflich. „Ich bin Bruder Martinus, Doktor der Heiligen Schrift und Augustiner.“

„Gewiss wurdet Ihr darüber unterrichtet, dass die Amtsgewalt des kaiserlichen Herolds vor den Toren dieser Pfalz endet. Von nun an werden meine Männer und ich für Eure Bequemlichkeit sorgen!"

„Nein!", schrie Bruder Ulrich aufgebracht.

„Wer will für uns sorgen?" Martin straffte die Schultern und trat mit erhobenem Zeigefinger auf den Bewaffneten zu, der sogleich einen Schritt zurückwich. „Ihr oder der päpstliche Gesandte, den ich eben auf dem Balkon gesehen habe? Mein Geleitbrief, Herr, stammt von der Hand Seiner Majestät des Kaisers und nicht von der des Bischofs oder seines römischen Gastes. Es wäre besser, wenn Ihr Euch danach richten würdet!"

Die Miene des Wachoffiziers verdüsterte sich. Abwägend fixierte er die glitzernden Klingen der Hellebarden, mit denen seine Untergebenen den beiden Mönchen den Weg zum Portal versperrten. Offensichtlich waren die Anweisungen, die Aleander oder der Bischof ausgegeben hatten, nicht eindeutig genug, um Martin und Ulrich gegen ihren Willen festzuhalten. Schließlich gab der Mann sich geschlagen. „Also gut, dann geht in Eure Herberge und bereitet Euch auf den morgigen Tag vor. Eure erste Anhörung vor den Fürsten des Reichs wurde auf den späten Nachmittag festgesetzt."

„Wir sind nur hier, weil wir einen sächsischen Ordensbruder suchen", sagte Bruder Ulrich. „Johann von Staupitz. Habt Ihr ihn vielleicht gesehen?"

Der Bärtige schüttelte den Kopf. Offensichtlich sah er es als Zumutung an, dem Begleiter des ketzerischen Mönchs auch noch Auskünfte erteilen zu sollen. Er befahl seinen Männern, ihre Posten am Tor augenblicklich wieder einzunehmen, und trat den Rückzug zum Palast an.

Generalvikar von Staupitz erwartete Martin in dessen Herberge, einem bescheidenen Gasthaus mit Binsendach, geschwärztem Fachwerk und winzigen Fensteröffnungen, die zu Ulrichs Erleichterung mit festen Läden und schmiedeeisernem Gitterwerk geschützt waren.

Martins Zimmer war größer als jede Mönchszelle. Es nahm fast die gesamte Breite des oberen Geschosses ein. In einer Nische stand ein großzügiges, mit Schnitzereien versehenes Kastenbett, aus dem ihm der angenehme Duft von frischem Stroh und getrockneten Heublumen entgegenschlug. Der Fußboden bestand aus blanken Holzdielen. Ein Tisch aus wuchtigen Eichenbrettern, zwei Stühle mit gepolsterten Lehnen und eine Truhe mit Schloss, auf der ein Stapel grober Wolldecken lag, komplettierten die Einrichtung.

Als Martin und Ulrich sich umblickten, sahen sie von Staupitz. Der Generalvikar trug eine Tonschüssel voller Wasser und mehrere frische Leintücher zu dem Tisch hinüber. Danach ergriff er ein Barbiermesser und zog es mehrere Male über ein abgewetztes Stück Leder.

„Auf meinem Weg habe ich gebetet, dass Ihr hier sein würdet, Ehrwürdigkeit!“, rief Martin freudestrahlend aus. Er ließ seinen Reisekasten zu Boden fallen und stürzte auf den älteren Mann zu, der sich seiner stürmischen Begrüßung mit gespielter Verzweiflung erwehrte.

„Setz dich auf diesen Schemel, mein Sohn“, sagte der Generalvikar, nachdem er sein Messer gewetzt und mit einem prüfenden Blick in den Lichtkegel der Lampe gehalten hatte. „Ich dachte mir, dass du in der Eile nicht die Zeit finden würdest, einen Bader oder Barbier aufzusuchen.“ Seelenruhig seifte er Martins Gesicht ein und führte anschließend das scharfe Rasiermesser an Kinn und Wange.

„Wie kommt es, dass Ihr immer wisst, was ich am nötigsten habe, auch wenn ich es Euch nicht sage?“ Müde, aber zufrieden schloss Martin die Augen und überließ sich der sorgfältigen Rasur durch den Generalvikar.

„Ich dachte, Ihr hättet mich aufgegeben“, sagte er leise.

„Halt doch still, Martinus!“

Ein jungenhaftes Lächeln schlich sich auf Martins eingeseifte Wangen. „Warum eigentlich? Ein kleiner Ausrutscher, und Ihr erspart dem Kaiser ein Gerichtsverfahren. Allein der päpstliche Gesandte wäre enttäuscht. Vermutlich hat er ganz andere Pläne, was meine Zukunft betrifft.“

„Man hat mir bereits berichtet, dass Aleander in Worms ist“, brummte von Staupitz, während er das Messer von Martins Hals zurückzog. „Im Palast des Bischofs erzählt man sich, dass er es war, der den Kaiser von deiner angeblichen Ketzerei überzeugt hat. Er wird auch morgen versuchen, dir zu schaden. Darüber solltest du keine Scherze treiben!“

„Ich scherze doch nur, weil ich solche Angst habe. Nicht vor Aleander, ja nicht einmal vor der Rache des Kaisers. Am meisten fürchte ich mich davor, eines Morgens aufzuwachen und festzustellen, dass alles, was ich erkannt zu haben glaubte, nur ein Betrug des Teufels war.“

Von Staupitz wechselte einen Blick mit Bruder Ulrich, der schweigend in einem Winkel der Stube saß und sich eine Schüssel mit gesalzenem Bratfisch und eingelegten Essiggurken schmecken ließ. Dann begann er, mit gleichmäßigen Bewegungen Martins Tonsur zu rasieren. „Manchmal ist der Zweifel ein größeres Zeichen für Aufrichtigkeit als der Wunsch, recht zu behalten“, sagte er sanft. „Deine Kritik an denen, die Missstände dulden, ist zweifellos gerechtfertigt. Aber die Kirche wird trotz all ihrer Sünden weiterbestehen. Was ist ein Kind ohne seine Familie? Wie soll es den Menschen ergehen, die hilflos und verängstigt auf sich gestellt sind? In all den Jahren, die ich nun schon dem Orden diene, habe ich eine Welt kennengelernt, die das Böse mehr hasst, als sie das Gute liebt … Ich flehe dich an, Martinus, hör nicht mehr auf deine Zweifel. Du hast sie in bitteren Kämpfen überwunden. Von nun an musst du auf das Gute sehen!"

Von Staupitz beeilte sich, seine Arbeit zu beenden.

„Du bist fertig, Martinus! So erscheinst du vor dem Kaiser wenigstens nicht wie ein dahergelaufener Strauchdieb."

Der grosse Saal der bischöflichen Pfalz, in dem die offiziellen Ratsversammlungen und Anhörungen des Reichstags stattfanden, leuchtete im Licht zahlreicher Wandfackeln und Wachskerzen. Kleine, schnabelförmige Tonlampen, deren Flammen von duftenden Ölen gespeist wurden, verbreiteten einen künstlich anmutenden Schimmer, welcher den mit rotem Samt ausgeschlagenen Lehnstuhl des Kaisers, der ein wenig erhöht über den Sesseln der Fürsten und kirchlichen Würdenträger stand, besonders hervorhob. Während die Reichsfürsten ihre Plätze einnahmen, knisterte die Luft vor Spannung.

Martin fand kaum ein Durchkommen, als er sich in Begleitung von Herold Sturm, Bruder Ulrich und einem kaiserlichen Reichsmarschall durch das Gedränge kämpfte. Auf den Gängen des Palastes drückten sich Hunderte von Menschen herum. Es waren vornehmlich Edelleute, die keinen Platz im Saal gefunden hatten, und neugierige Damen in seidenen Roben. Zu ihnen gesellten sich Diener des Bischofs und Beamte der kaiserlichen Kanzlei.

Eingeschüchtert setzte Martin seinen Weg fort. Sein Herz begann vor Aufregung wie wild zu schlagen, als er an einem Spalier grimmig dreinblickender Wachsoldaten vorbeikam, die aufgrund ihrer sonnenverbrannten Haut und ihrer dunklen Augen unschwer als Spanier zu erkennen waren. Obgleich der Kaiser ein gebürtiger Niederländer war, liebte er es, sich mit spanischen Rittern und Wachsoldaten zu umgeben. Während er seinen deutschen Untertanen und deren Landesherren mit äußerster Vorsicht begegnete, schenkte er den Spaniern fast uneingeschränktes Vertrauen.

Martin wurde von seinen Begleitern getrennt und in einen zugigen Vorraum gestoßen, in dem sich außer einem hölzernen Betstuhl und drei Schemeln kein Mobiliar befand. Das kleine Fenster besaß ein schmiedeeisernes Gitter, das die Form von Schlangenleibern aufwies.

„Ihr wartet hier, Doktor Luther", befand Herold Sturm, nachdem er sich mit den Wächtern verständigt und den Raum einer flüchtigen Besichtigung unterzogen hatte. Unverzüglich nahmen zwei Spanier Aufstellung vor der halb geöffneten Tür. Martin trat zurück. Sein Magen verkrampfte sich schmerzhaft.

Vom nahen Dom drangen dumpfe Glockenschläge an sein Ohr. Vier Schläge zählte Martin. Er ließ sich auf einem der Schemel nieder und versuchte ein letztes Mal, im Geiste die Fragen und Antworten durchzugehen, auf die er sich in der vergangenen, schlaflosen Nacht gemeinsam mit seinen Freunden vorbereitet hatte. Der Kaiser, so viel wusste er, war ihm nicht gewogen. Er hatte der Anhörung nur widerwillig zugestimmt, weil die Fürsten, allen voran Friedrich von Sachsen, ihm das Versprechen dazu abgerungen hatten. Für Karl zählte allein der Wunsch, die Sache Roms bis zum Äußersten zu verteidigen, während die Reichsfürsten daran interessiert waren, ihre eigene Machtstellung nicht preisgeben zu müssen. Vordergründig engagierten sie sich wohl für den Schutz eines Bürgers, doch was mochte geschehen, wenn sie mit dem Kaiser eine Übereinkunft fanden?

Als die Domglocke zum sechsten Mal ertönte, wurde Martin von Reichsherold Sturm aus seinen Gedanken aufgeschreckt.

„Es ist so weit, Doktor“, verkündete Sturm. „Kommt mit mir!“ Er bedeutete Martin mit einer Geste, ihm in den benachbarten Saal zu folgen. Dort bildete sich plötzlich ein so großer Auflauf, dass die Spanier mit Hellebarden Platz schaffen mussten. Noch einmal ermahnte Sturm Martin, nur zu sprechen, wenn der Kaiser oder einer seiner Würdenträger das Wort an ihn richte. „Möge Gott Euch gnädig sein“, murmelte er und nahm den Hut ab.

Zahlreiche Augenpaare richteten sich auf Martin, der langsam durch die bewachte Flügeltür schritt. Man hatte ihn angewiesen, die Halle in leicht gebeugter Haltung zu betreten und keinem der Fürsten und Bischöfe näher als acht Schritte zu kommen, was sich allerdings als unmöglich erwies. Der Raum war viel zu voll. Schlagartig verebbten die Gespräche der Anwesenden und machten einer stillen Neugier Platz.

Als Martin es endlich wagte, aus den Augenwinkeln seine Umgebung zu inspizieren, stellte er fest, dass zu beiden Seiten des Mittelgangs vornehm gekleidete Herren auf mit Hermelin- und Zobelpelzen ausgeschlagenen Stühlen saßen. An ihren Röcken funkelten Gold und Edelsteine, und überall sah er Seide, Spangen aus Silber und Ringe mit Smaragden aufblitzen.

Etwa zwanzig Schritte vor dem Thron des Kaisers forderten die Wachsoldaten Martin auf, stehen zu bleiben. Gehorsam warf er sich auf die Knie, wobei sein Blick einen ausladenden Eichentisch streifte, auf dem einige aufgeschlagene Bücher lagen. Ein Stich der Verzweiflung durchzuckte seine Brust, als er seine eigenen Werke erkannte. Er hob den Kopf und schaute verunsichert zu dem jungen Kaiser Karl empor, der sich mit einem geistlichen Würdenträger unterhielt, als hätte er Martin noch gar nicht bemerkt.

Es war Aleander.

Martin vernahm aufgeregtes Getuschel von der Galerie, wo Bürger mit ihren Frauen, Mönche und auswärtige Besucher standen, und wagte nicht, sich zu rühren. Er hoffte aber inständig, dass Bruder Ulrich und der Generalvikar in seiner Nähe waren.

Eine halbe Ewigkeit geschah gar nichts. Kaiser Karl ließ Martin in demütiger Haltung vor seinem Amtsstuhl ausharren, ohne ihn auch nur eines Blickes zu würdigen. Ohne Eile diktierte er seinem Schreiber einen Brief. Aleander beobachtete Martin währenddessen mit selbstgefälliger Miene. Schließlich jedoch, als die Menge bereits unruhig wurde, hob der Kaiser gelassen die Hand und gab zwei jungen Herolden, die mit ihren silbernen Röcken und dunklen Locken beinahe wie Zwillinge aussahen, ein Zeichen. Die jungen Männer traten auf die Stufen des Podestes und kündigten der Menge durch zwei schrille Fanfarenstöße den Beginn der Verhandlung an. Augenblicklich trat Ruhe ein. Alle Augen waren auf das Gefolge des Kaisers und den päpstlichen Legaten gerichtet.

Hinter dem Tisch erhob sich alsdann ein hagerer Mann in einer weißen Kutte, dessen bleiche Fingerknöchel unentwegt über die aufgeschlagenen Seiten strichen. Mit zusammengekniffenen Augen musterte er Martin von der Tonsur bis hinab zu den abgelaufenen Sandalen. Dann stellte er sich den versammelten Fürsten als Ankläger vor und sagte: „Martinus Luther, mein Name lautet von der Eck. Kaiser und Reich haben Euch hierher befohlen, damit Ihr vor ihnen bekennt, ob Ihr der Verfasser dieser Schriften seid!"

Ein aufgeregtes Raunen ging durch die Menge. Auf der Galerie knarrte das Holz der Balustrade unter dem Gewicht der Zuschauer, die sich nach vorn beugten. Der Ankläger in seiner Kutte eilte um den Tisch herum und wühlte in dem Berg Papier. Aleander beobachtete die Szene mit verschränkten Armen. *Der Trierer Offizial ist ein Narr,* dachte er verächtlich. Er lässt Luther zu viel Zeit, sich Antworten zurechtzulegen.

„Die ‚fünfundneunzig Thesen'. ‚Ein Sermon über Ablass und Gnade' – sagt schon, stammt dieses Pamphlet von eurer Hand, Bruder Martinus, oder nicht?" Die Stimme des bischöflichen Beamten klang nun schon eine Nuance härter. „Vielleicht darf ich Eurem Gedächtnis nachhelfen, indem ich auch die anderen Titel zitiere?"

Martin hob hilflos die Schultern; der Spott des Anklägers verletzte ihn wie ein brennender Pfeil.

„‚Von der babylonischen Gefangenschaft der Kirche', ‚Von der Freiheit eines Christenmenschen', ‚An den christlichen Adel deutscher Nation' … Seid Ihr der Verfasser?"

„Die Bücher sind alle von mir.“

„Diese Bücher“ – von der Eck deutete auf den Tisch – „enthalten üble Ketzereien gegen unsere Kirche. Allein schon die Titel sind skandalös.“

„Aber … Herr …“

Plötzlich wandte sich der Ankläger um und richtete seinen Zeigefinger drohend, als wäre er eine Lanze, auf Martins Brust.

Aleander zog in fieberhafter Erregung die Augenbrauen hoch und gestattete sich nun ein zufriedenes Lächeln. Als er sich umblickte, stellte er fest, dass einige der Herren, die in unmittelbarer Nähe des Kaisers saßen, ebenfalls Zustimmung signalisierten. Nur aus den Reihen der Kurfürsten war kein Laut zu hören. Kurfürst Friedrich, der am linken Rand des Aufgebots saß, wandte sogar den Kopf ab.

„Widerruft Ihr, was Ihr geschrieben habt?“, rief von der Eck.

Martin begann am ganzen Körper zu zittern. Er schlug die Augen nieder, damit er den bischöflichen Ankläger nicht mehr ansehen musste, aber der Anblick des düster vor sich hinstarrenden Kaisers und Aleanders kaltes Grinsen wirkten nicht minder niederschmetternd. Als er spürte, dass er seine Antwort nicht länger hinauszögern durfte, sagte er: „Ich war stets bemüht …“

„Sprecht gefälligst lauter, damit Euer Kaiser Euch verstehen kann!“

„Also gut, Herr. Würdet Ihr mir Bedenkzeit gewähren?“

Von der Eck, der sich soeben über einen in Leder gebundenen Kodex beugte, hielt inne und starrte ihn ungläubig an. Offenkundig hielt er Martins Bitte nicht nur für eine weitere Verzögerungstaktik, sondern auch für eine bare Unverschämtheit. „Ihr hattet doch wohl genug Zeit!“, rief er mit schneidender Stimme. „Seit vier Jahren haltet Ihr uns zum Narren. Da hättet Ihr wohl auf eine Antwort vorbereitet sein können!“

„Ich würde gern die rechte Antwort auf Eure Frage geben, ohne das Gotteswort zu verletzen und mein Seelenheil zu gefährden“, fuhr Martin fort und bedachte von der Eck mit einem schwachen Lächeln.

Der Ankläger schlug eines von Martins Büchern mit einer zornigen Handbewegung zu. „Man sollte doch annehmen, dass jeder von uns zu jeder Zeit aufrichtig Zeugnis ablegen könnte, Doktor Luther. In Eurem Falle erst recht, denn Ihr seid doch ein so bedeutender Lehrer der Theologie!“

Unter den spanischen Gefolgsleuten des Kaisers brach verhaltenes Gelächter aus, in das auch einige Fürsten einstimmten. Martin schaute unsicher zur Galerie hinauf. Er entdeckte von Staupitz neben Ulrich. Beide Männer hatten die Köpfe gesenkt, als wären sie ins Gebet versunken.

„Genug jetzt!“, dröhnte plötzlich die Stimme des Kaisers wie ein Donnerschlag durch die Halle. Es wurde still. Mancher Höfling, der den schmächtigen Jüngling noch wenige Augenblicke zuvor belächelt hatte, schrak, von der unerwarteten Heftigkeit seines Herrn überrascht, zusammen und blickte betroffen auf seine Schuhspitzen. Karl erhob sich von seinem hohen Stuhl. Gereizt befahl er seinen spanischen Schreiber und Aleander zu sich. Der päpstliche Legat verzog herablassend das Gesicht, doch er beeilte sich, der kaiserlichen Aufforderung nachzukommen. Die beiden Männer unterhielten sich eine Weile, dann trat Aleander vor, hieß die Menge mit einer gebieterischen Bewegung zu schweigen und sagte in lateinischer Sprache: „Euer Kaiser, Bruder Martinus, ist ein verantwortungsvoller Herrscher und darüber hinaus so gnädig, wie es sich für einen treuen Diener Roms geziemt. Wir gewähren Euch einen Tag Zeit. Nutzt ihn gut, denn morgen werdet Ihr um eine Antwort nicht mehr herumkommen!"

Karl V., der Aleanders Worten stehend gelauscht hatte, nahm wieder Platz. Er hatte nicht alles verstanden, dennoch bekräftigte er die Worte des Legaten mit einem würdevollen Nicken.

Damit war der erste Teil des Verhörs beendet, Martin konnte gehen. Ehe er wusste, wie ihm geschah, tauchten der Reichsmarschall und zwei seiner Wachsoldaten neben ihm auf. Unter strenger Bewachung wurde er aus dem Saal geführt.

Fünfzehntes Kapitel

Martin erwachte im Morgengrauen, schlotternd vor Kälte. Da er die halbe Nacht im Gebet auf dem Fußboden seiner Kammer zugebracht hatte, taten ihm Knie und Handgelenke weh, aber der Schmerz in seinem Kopf war zum Glück abgeklungen. Mühsam stand er auf, vertrat sich die Füße und bewegte die Arme, um sich ein wenig zu wärmen.

Wer wohl die weiteren Verhöre leiten mochte?, fragte er sich. Der Ankläger aus Trier, sein Bischof oder Aleander persönlich? Merkwürdigerweise verspürte er vor dem päpstlichen Legaten keine Furcht, obwohl der Römer derjenige war, der am hartnäckigsten seinen Tod verlangte. Warum er ihn so hasste, blieb Martin ein Rätsel. Aleander war ein zynischer, aber intelligenter Mann, dem Korruption und Missbrauch von Sakramenten zutiefst zuwider waren. Seit jenem Abend in Augsburg, als er ihn auf das Gespräch mit Kardinal Cajetan vorbereitet hatte, musste dem Legaten jedoch klar geworden sein, dass Martin dafür kämpfte, seinen, Aleanders, Traum von einer gereinigten Kirche zu verwirklichen.

Fröstelnd drehte er sich um, lief zum Waschtisch und benetzte Handgelenke und Schläfen mit dem eiskalten Wasser, das man in einer Tonschüssel für ihn bereitgestellt hatte. Unwillkürlich stellten sich ihm die Nackenhaare auf, und ein beklemmendes Gefühl beschlich ihn.

„Ich spüre deinen fauligen Atem in meinem Nacken, Satan", flüsterte er. „Du magst glücklich sein, aus Menschen, die im Grunde ihres Herzens dasselbe suchen, Feinde zu machen. Du willst mich stumm sehen? Zitternd wie ein Tier, das man zur Schlachtbank führt?" *Niemals!,* dachte er.

DAS GEDRÄNGE, das Martin bei seinem zweiten Besuch im Bischofspalast erwartete, war noch größer als am Tag zuvor. Wiederum musste er an Scharen neugieriger Männer und Frauen vorbeilaufen, wiederum ließ man ihn warten. Erst als es dunkel geworden war, erschienen Herold Sturm und die Wachhabenden, um ihn in die Halle zu geleiten.

Beim Eintreten fiel Martin sogleich eine Veränderung auf. Auf den hohen Schnitzstühlen hatten dieselben Edelleute wie am Tag zuvor Platz genommen, aber die päpstlichen Legaten in ihren roten und weißen Gewändern fehlten. Vermutlich blieben sie dem zweiten Verhör fern, weil sie mit der kaiserlichen Entscheidung, seine Anhörung zu verschieben, nicht einverstanden waren. Martin, der mit dieser Wendung sehr zufrieden war, wollte schon mit einer gewissen Erleichterung aufatmen, als er unvermittelt Aleander hinter einem Vorhang auftauchen sah. Wie ein Gespenst rauschte der päpstliche Legat an ihm vorbei, um sich geradewegs zum Kaiser zu begeben.

Die Wachen eskortierten Martin durch den schmalen Mittelgang.

„Seine Majestät ist bereit, die Anhörung fortzusetzen!", ließ sich von der Eck vernehmen. Martin, der nach dem vorgeschriebenen Zeremoniell gebückt vor das Podest des Kaisers getreten war, hob den Kopf.

„Martinus Luther, seid Ihr der Verfasser der Schriften, die ich Euch gestern vorlegte?"

„Das bin ich."

„Widerruft Ihr, was Ihr geschrieben habt?"

Martin rang sich ein Lächeln ab. „Ich kann mich nicht von all meinen Werken lossagen, weil meine Schriften nicht alle gleich sind", sagte er so gefasst wie möglich. „Da sind zunächst jene, in denen ich den christlichen Glauben und das Leben als Christ auf so einfache Weise abgehandelt habe, dass selbst meine Gegner ihren Nutzen eingeräumt haben. Diese Schriften zu widerrufen wäre undenkbar, denn es hieße, sich von allseits akzeptierten christlichen Wahrheiten loszusagen, die seit Jahrhunderten öffentlich gepredigt werden!"

Aleander verzog das Gesicht zu einer Grimasse. Überrascht stellte er fest, dass Martin Luther der einzige Mensch war, dem es immer wieder gelang, ihm Gemütsregungen zu entlocken. Dies gefiel ihm nicht. „Er ist nicht hier, um Reden zu halten!“, rief er von der Eck empört zu. „Sondern allein, um zu antworten! Sorgt dafür, dass er es in lateinischer Sprache tut!“ Der Ankläger verneigte sich mit ausgebreiteten Armen. Die Edelleute in den hinteren Bankreihen tauschten verwirrte Blicke aus; der Kaiser aber schwieg.

„Der zweite Teil meiner Schriften ist gegen die üble Lehre und verderbte Lebensweise der Päpste – in der Vergangenheit so wie in der Gegenwart – gerichtet“, erklärte Martin in ausgezeichnetem Latein.

Kaiser Karl zuckte zusammen. Seine Augen verengten sich.

Aleander blieb gefasst, denn im Gegensatz zu dem jungen Monarchen wusste er genau, worauf der Ketzer hinauswollte. Angriff galt als die beste Verteidigung, selbst in einem Wortstreit, den keiner gewinnen konnte.

„Wollt Ihr uns erklären, worauf sich Eure Abneigung gegen die Männer begründet, die den Stuhl Petri verwalten?“, fragte der Legat in so mildem Ton, dass der Kaiser erstaunt den Kopf hob. Was hatte der Gesandte im Sinn? Ein älterer Priester, der direkt hinter seinem Sessel stand, reichte ihm ein Exemplar der Heiligen Schrift. Scheinbar abwesend, begann er darin zu blättern. „Antwortet!“

Martin zögerte nicht. „Durch die Erlasse des Papstes und die Doktrinen der Kurie wurde das Gewissen der Gläubigen schrecklich gequält, Euer Exzellenz! Widerrufe ich meine Schriften, so stärke ich diese Tyrannei und öffne der großen Gottlosigkeit nicht allein die Fenster, sondern auch Tür und Tor.“

„Was redet dieser törichte Mönch da?“, fuhr Kaiser Karl auf, der nicht jedes lateinische Wort verstanden hatte. Seine Gesichtsmuskeln zuckten, als müsse ihm jeden Moment der Kragen platzen. Während er sich Martins Ausführungen von einem seiner Schreiber ins Ohr übersetzen ließ, lehnte sich Aleander genüsslich auf seinem Platz zurück. „Keine Sorge, Majestät“, flüsterte er. „Es ist unwichtig, was Luther daherschnattert. Er steckt seinen plumpen Kopf gerade selbst in die Schlinge des Henkers.“

„Der dritte Teil meiner Schriften richtet sich gegen einige Individuen und Personen, die für die römische Tyrannei eintreten und mein Bestreben, den Glauben an Christus zu stärken, zu Fall bringen wollen“, fuhr Martin mit heiserer Stimme fort. „Ich bin, das gebe ich zu, schroff gewesen. Doch ich bin auch nur ein Mensch und als solcher fehlbar. Sobald man mich anhand der Heiligen Schrift eines Fehltritts überführt, bin ich bereit, zu widerrufen und meine Bücher ins Feuer zu werfen!“

„Ebenso, wie Ihr zu Wittenberg die Schriften des Papstes ins Feuer geworfen habt?“, rief jemand von der Galerie. Empörte Zwischenrufe und Pfiffe aus den Reihen der Spanier, aber auch vereinzelter Beifall erklangen. Aleander sprang zornig auf, mit geballten Fäusten näherte er sich Martin. Ihm war nicht entgangen, dass dessen Anspielung auf diejenigen, die sich für die Sache des Papsttums aufrieben, auf seine Person gemünzt war. Luther hielt offensichtlich ihn für einen Mann, der gegen das Evangelium kämpfte. Diese Unterstellung war so ungeheuerlich, dass selbst Aleander die Fassung verlor. „Ihr … wurdet befragt … und antwortet mit weiteren Schmähungen“, stammelte der Legat hasserfüllt. „Ihr, Martin Luther, werdet nicht in Zweifel ziehen, worüber die römische Kirche lange vor Eurer Geburt geurteilt hat, was längst in Brauchtum und Ritus übergegangen ist. Den Glauben, den Christus, der vollkommene Stifter des höchsten Gesetzes, geweiht hat, den Glauben, den die Märtyrer mit ihrem Blut bezahlt haben. Ihr erhofft vergeblich einen Disput über Dinge, die Ihr zu glauben verpflichtet seid!“

Martin neigte den Kopf. Offenkundig war er zu weit gegangen.

Nach einer bedrückenden Pause forderte Aleander Martin auf: „Gebt jetzt Eure Antwort, auf die wir alle warten. Wollt Ihr widerrufen oder nicht?“

Im Saal kehrte Grabesstille ein. Würde der Mönch den Widerruf leisten? Jedermann wusste um das Schicksal des Böhmen Jan Hus, dem ein Kaiser freies Geleit zum Konzil in Konstanz gewährt und der dennoch sein Leben in den Flammen eines Scheiterhaufens verloren hatte.

Martin war einer Ohnmacht nahe. Er wusste genau, dass seine Antwort über Leben und Tod entschied. Was also sollte er tun? Vielleicht war die Zeit einfach noch nicht reif, möglich, dass das Volk noch zu befangen war, um zu verstehen, was ihn bewegte. Doch wenn dem so war, warum hatte Gott ihm dann den Reichtum seines heiligen Wortes erschlossen?

Nach erdrückenden Momenten des Schweigens hob Martin den Kopf, blickte in die Flamme einer Tonlampe und erklärte mit dünner Stimme: „Solange ich nicht durch die Heilige Schrift und klare Vernunftgründe widerlegt werde – und nicht etwa durch den Papst oder Konzilien, die sich schon oft widersprochen haben –, ist mein Gewissen nur an Gottes Wort gebunden. Gegen mein Gewissen zu handeln ist weder gut noch ratsam.“ Jenseits der züngelnden Flamme erschienen das von tiefen Falten gezeichnete Gesicht Kurfürst Friedrichs, das wächsern wirkende Profil des jungen Kaisers und zuletzt die in Entrüstung erstarrte Miene Aleanders.

„Daher kann und will ich nicht widerrufen. Hier stehe ich; ich kann nicht anders. Gott helfe mir!“

Der Kaiser blieb zunächst sonderbar ruhig, woraus die meisten Anwesenden schlossen, dass er Martins abschließende Erklärung nicht verstanden hatte. Sein spanischer Dolmetscher hob scheu die Arme und blickte sich um. Niemand hatte ihn aufgefordert, seinem Herrn Luthers Worte zu übersetzen, und aus eigenem Antrieb wagte er es nicht. Im Saal hingegen brach nun offener Tumult aus. Die Spanier sprangen von ihren Stühlen auf und schüttelten erzürnt die Fäuste. Ihnen gegenüber stand das Gefolge der weltlichen Reichsfürsten, die sich ebenfalls erhoben, um sich schützend vor dem Lehnstuhl des Kaisers aufzubauen. Verängstigt durch den Aufruhr, wich Karl zurück. Er zischte seinen Vertrauten zu, den Rat für beendet zu erklären. Den Mönch ließ er von seinem Marschall durch das Getümmel abführen.

„Wohin bringt man mich?“, fragte Martin, während er an den streitenden Parteien vorbeigezerrt wurde. Sein Herz hämmerte wie wild gegen seine Rippen, und er hatte Mühe zu atmen. Ein spanischer Ritter, dessen kahl geschorener Schädel von einem Geflecht aus Narben entstellt war, versetzte ihm einen heftigen Stoß. *„Al fuego“*, zischte er ihm zu, „ins Feuer!“

Am folgenden Tag gab Kaiser Karl den Befehl, unverzüglich die Stände zusammenzurufen. Er wollte mit den Fürsten und den wichtigsten Vertretern der Reichsstädte sprechen. In der Abgeschiedenheit seiner privaten Gemächer versammelten sich wenig später Kurfürst Friedrich, der Landgraf von Hessen und einige Ratsherren um einen runden Tisch.

Aleander, der durchgesetzt hatte, an den vertraulichen Gesprächen teilnehmen zu dürfen, fand keinen Platz am Tisch; keiner der Fürsten und Vertreter der Reichsstädte machte Anstalten, für den päpstlichen Legaten zur Seite zu rücken. Folglich blieb ihm nichts anderes übrig, als sich auf einer der wurmstichigen Truhenbänke niederzulassen, die in den Nischen standen.

Die Versammlung tagte unter erschwerten Bedingungen. Seit Martin Luther aus dem Palast und zurück in seine Herberge geführt worden war, rotteten sich vor den Toren der bischöflichen Pfalz massenhaft aufgebrachte Menschen zusammen, die Steine über den Hof und gegen die Fenster warfen. Lautstark verlangte die Menge, Luther von allen Vorwürfen freizusprechen. Nicht einmal die Hellebarden und Schwerter der kaiserlichen Garde vermochten die wütenden Männer und Frauen zu zerstreuen.

Plötzlich prasselte ein Hagel von Steinen gegen die Außenwände des Gebäudes. Unmittelbar neben Aleander ging eine Scheibe zu Bruch, er konnte sich gerade noch rechtzeitig auf die Seite werfen, da regneten auch schon Hunderte von Splittern auf seinen Kastensitz hernieder. Ohne zu zögern, raffte er seine Robe und begab sich in die Mitte des Raumes, wo ein in Papier gehüllter Stein aufgeschlagen war.

„Was ist das?“, fragte der Kaiser mit erstickter Stimme. „Bei Gott, ich lasse die Aufrührer vierteilen und ihre Köpfe zur Abschreckung auf Pfählen vors Stadttor pflanzen.“

Aleander gab keine Antwort. Er hob den Stein auf und wickelte das Papier ab. Zum Vorschein kam eine mit ungelenken Federstrichen gefertigte Zeichnung. „Sieht aus wie der Schuh eines Bauern“, murmelte er nachdenklich.

„Da haben wir es!“, rief einer der Ratsherren. „Das ist das Zeichen des Bundschuhs. Erinnert ihr euch nicht mehr an den Aufstand vor sieben Jahren? Damals rotteten sich Bauern und Städter unter der Führung des Armen Konrad zusammen, um ihren Herren ans Leder zu gehen.“

Aleander legte die Zeichnung auf den Tisch und schob sie mit einer insistierenden Bewegung Kurfürst Friedrich zu. „Demnach scheint der Pöbel seine Forderungen mit denen Eures Wittenberger Schützlings zu verbinden, Euer Durchlaucht. ‚Nichts denn Gottes Gerechtigkeit!‘ Lautete so nicht der Wahlspruch, den sich die Bauernheere auf ihre Fahnen geschrieben hatten?“

„Was, zum Donnerwetter, soll das bedeuten?“ Der Kaiser musterte Friedrich von Sachsen mit einem drohenden Blick.

„Der Aufstand wurde von Herzog Ulrich von Württemberg niedergeschlagen“, stammelte Friedrich. „Sämtliche Anführer ließ man hinrichten. Herr, glaubt mir: Dies hat nichts mit Luther und seinen Lehren zu tun!“

Aleander schüttelte den Kopf. „Das sagt Ihr, Durchlaucht. Tatsache ist, dass das Symbol des Bauernaufstands an jedem zweiten Türpfosten prangt. Sogar am Dom will mein Diener eines gesehen haben.“

„Genug davon!“ Karl gürtete sein Schwert ab und legte es demonstrativ in die Mitte des Tisches. Anschließend nahm er wieder seinen Platz unter den Fürsten ein. „Als Nachkomme der deutschen Kaiser und der spanischen Könige bin ich entschlossen, alles dafür zu tun, dass mein Reich gestärkt wird. Dieses Bestreben schließt auch den Schutz der Kirche ein. Martin Luther wird mich gewiss nicht zum Ketzer machen!“

Aleander nickte beflissen. „Dieser Mönch aus Wittenberg hat sich selbst verdammt, Euer Majestät. Er muss zum Schweigen gebracht werden, bevor er ganz Deutschland ansteckt … Oh, ich weiß, was Seine Durchlaucht der Kurfürst uns nun gleich vorhalten wird. Ihm wurde freies Geleit zugesichert. Trotzdem …“

„Der Mönch ist kein Mensch wie Ihr und ich“, zischte Karl. „Er ist ein Dämon – in Ordenstracht, um uns besser täuschen zu können!“

Kurfürst Friedrich fuhr sich resigniert über den Bart. Er war in arge

Bedrängnis geraten und wünschte, Spalatin wäre an seiner Seite, um ihm einen Rat zu geben. Stumm hörte er mit an, wie der Kaiser verschiedene Vorschläge der Stände entgegennahm. Glücklicherweise waren die meisten von ihnen so töricht, dass sie von Karl sogleich verworfen wurden. Was der Habsburger am allerwenigsten gebrauchen konnte, war ein Aufstand in einer Stadt, die nicht für seine Sicherheit einstehen konnte. Friedrich bemerkte, dass sich die Blicke des Kaisers und seiner Vertrauten auf ihn richteten.

„Martin Luther ist Euer Untertan, Fürst. Was meint Ihr?"

Friedrich räusperte sich, um Zeit zu gewinnen. Zum ersten Mal seit Beginn seiner Herrschaft drohte die Bürde seines Amtes ihn zu Boden zu ziehen. Er wusste, dass er seine Worte mit Bedacht wählen musste, um den heißblütigen Karl nicht von Neuem gegen sich aufzubringen. So sagte er: „Luther ist zu kühn für mich, Majestät. Ich kann nichts anderes tun, als mich der Entscheidung meines Herrn in Demut zu unterwerfen."

Der Kaiser machte ein zufriedenes Gesicht. Er stand auf, ergriff sein Schwert und verkündete: „Aleander, Ihr werdet das Mandat entwerfen, der Trierer Offizial soll es dem Mönch später zustellen. Sein freies Geleit währt von heute an noch drei Wochen, doch nur unter der Bedingung, dass er auf dem Weg in sein Kloster weder predigt noch durch sonstige Reden das Volk erregt. Weiterhin erkläre ich Martin Luther für geächtet."

„Schreiber!", rief Aleander. „Los, worauf wartest du! Notiere jedes Wort!"

„‚Wir nehmen dich aus allen Rechten und setzen dich ins Unrecht; wir erklären deine Hauswirtin zu einer Witwe und deren Kinder zu Waisen, deine Lehen dem Herrn, von dem sie zu Lehen rühren, dein Erb und Eigen deinen Kindern, deinen Leib und dein Fleisch den Tieren in den Wäldern, den Vögeln in den Lüften und den Fischen in den Wassern; wir erlauben auch jedem, dich auf allen Straßen zu töten, und wo ein jeglicher Mann Friede und Geleit hat, sollst du keines haben.'"

Dies war die offizielle Reichsacht.

„Ich fände es beruhigender, wenn der Mönch seine Heimat nicht lebend erreichte", raunte ein Ratsherr seinem Nachbarn verständnislos zu. „Ich meine, der Kerl hat doch gar keine Frau und auch keine Kinder …"

Der Angesprochene war von der Eck. Der Ankläger verdrehte die Augen. Die Reichsacht war eine uralte Formel, die nach einer fest umrissenen Ordnung ausgesprochen werden musste. Doch der Gedanke, Luther vor der Zeit aus dem Weg zu räumen, begann ihn zu beschäftigen. Als er wenig später mit Aleander darüber sprach, wich der päpstliche Legat empört zurück. „Ihr werdet einen Fluch auf Euer Haupt ziehen, wenn Ihr das freie Geleit des Ketzers missachtet. Von einem Mord will ich nichts wissen!"

„Dann habt Ihr also vor, den Ketzer Luther entkommen zu lassen?“, wandte von der Eck ein. „Bedenkt, es ist die letzte Gelegenheit, zu handeln. Wer weiß, ob das Edikt des Kaisers rechtmäßig ist?“

„Was soll das bedeuten?“

„Nun, ich kenne mich in Rechtsangelegenheiten aus, Herr. Seine Majestät hat absichtlich mit der Verabschiedung der Acht gewartet, bis der Reichstag beendet war und viele Fürsten nicht mehr anwesend waren.“

Aleander runzelte die Stirn. Was der Mann sagte, klang plausibel. Warum sollten sich die Stände an einen Beschluss gebunden fühlen, der ohne ihre Zustimmung zustande gekommen war? Wenn er nicht wollte, dass seine Pläne wiederum scheiterten, musste er unverzüglich handeln.

„Luther könnte doch einen Unfall erleiden“, flüsterte von der Eck in verschwörerischem Ton. „Es ist gefährlich, mit dem Reisewagen übers Land zu fahren. Sobald das Problem aus der Welt geschafft ist, erteilt Ihr den Betreffenden höchstpersönlich die Absolution.“ Er lächelte. „Oder Eure Schergen beschaffen sich einfach einen Ablass!“

Aleander durchzuckte ein brennendes Verlangen, dem heimtückischen Ankläger seine Faust ins Gesicht zu rammen. Dessen intrigantes Gehabe war widerlich, konnte den Interessen Roms jedoch unter Umständen von Nutzen sein. Einen Augenblick lang wandte der Legat sich ab, um nachzudenken, dann ließ er von der Eck stehen und eilte mit wehendem Gewand die Treppen des Palastes hinunter, um einen Boten zu Kaspar Sturm, dem kaiserlichen Herold, zu senden.

Sechzehntes Kapitel

Martins Abreise aus Worms erfolgte übereilt. Kurz nachdem die Verhandlungen für beendet erklärt worden waren, klopften zwei Beamte der kaiserlichen Kanzlei an die Tür des Johanniterhofs. Bestimmt teilten sie Martin mit, dass er in Ungnade gefallen sei und unverzüglich nach Wittenberg zurückkehren müsse.

„Ihr habt drei Wochen Zeit, um zu verschwinden“, erklärte ihm einer der Beamten. „Danach ist Euer Leben keinen müden Heller mehr wert!“

Martin blieb kaum Zeit, sich von all den Menschen zu verabschieden, die während seines Aufenthalts bei ihm vorstellig geworden waren, um ihm Mut zuzusprechen. Es gelang ihm gerade noch, eine Depesche an Spalatin zu schicken. Am folgenden Tag reiste er, in Begleitung Bruder Ulrichs und eines Wagenlenkers, aus Worms ab.

Das erste Etappenziel hieß Oppenheim, eine kleine Stadt am Rhein, die Martin ausgewählt hatte, weil er ungern die Gastfreundschaft des Mainzer Bischofs in Anspruch nehmen wollte. Die Menschen, die seinen Wagen am Stadttor in Empfang nahmen, waren freundlich und zuvorkommend. Rasch wurden die Pferde versorgt und die Männer zu einer sauberen Herberge geführt, wo sie sich an einem wärmenden Feuer bei reichlich Bier ausruhen konnten. Am folgenden Morgen stieß überraschend Reichsherold Sturm zu ihnen, der Martin aus einem nicht näher erläuterten Grund zur Eile antrieb.

Bruder Ulrich beobachtete den kaiserlichen Beamten mit wachsender Besorgnis. Sturm war ein wortkarger Mann, der nur für die Erfüllung seiner Pflicht zu leben schien. Während der Reise nach Worms hatte er nicht mehr als das Nötigste gesprochen. Nun aber stellte Ulrich voller Argwohn fest, dass der Herold geradezu hartnäckig das Gespräch mit seinem einstigen Schutzbefohlenen suchte. Immer wieder kam es vor, dass Martin den bequemen Wagen verließ, um gemeinsam mit Sturm vorauszureiten und die Gegend auszukundschaften.

Nachdem ihre Reisegruppe einige Tage später Eisenach erreicht hatte, sprach Bruder Ulrich Martin auf die fortgesetzten Heimlichkeiten an. „Hüte dich vor dem Herold, Martin“, beschwor er seinen Freund eindringlich. „Mit dem Mann stimmt etwas nicht.“

Martin tat erstaunt. „Wie meinst du das?“

„Aber das liegt doch auf der Hand“, seufzte Ulrich.

Seit die Stadt hinter ihnen lag und der Wald dichter und finsterer wurde, glaubte der Mönch zu wissen, dass etwas geschehen werde. Martin schwebte in Gefahr. In Lebensgefahr. Warum, bei allen Heiligen, tat er so, als befänden sie sich nur auf einer Pilgerreise?

Inzwischen war es dunkel geworden. Die Lampe, die an einem Pfosten des hin- und herschwankenden Wagens befestigt war, ließ den schmalen Waldweg nur erahnen. Plötzlich erklang das Getrappel herannahender Pferde. Reiter in Rüstungen preschten durch das Unterholz. Sie waren bis an die Zähne bewaffnet und begannen den Wagen zu umkreisen. Der Schein ihrer Fackeln tauchte die zu Masken erstarrten Gesichter der Reisenden in ein gespenstisches Licht.

Bruder Ulrich schrie auf und bekreuzigte sich. *Ein Hinterhalt,* schoss es ihm durch den Kopf. Der Reichsherold hatte sich also nicht ohne Grund wenige Stunden vor Sonnenuntergang aus dem Staub gemacht. Er hatte sie ihren Feinden ausgeliefert. Fassungslos musste Ulrich zusehen, wie maskierte Gestalten mit Armbrüsten den Kutscher roh vom Bock rissen und zu Boden stießen. Die beiden Pferde im Gespann bäumten sich auf.

„Welcher von den Betbrüdern ist Martin Luther?“, brüllte einer der Reiter den Kutscher an. Der vollkommen verängstigte Mann wand sich wie ein Aal, doch alles, was seiner Kehle entwich, war ein haltloses Schluchzen.

Bruder Ulrich zögerte nicht lange. Ohne nachzudenken, sprang er vom Wagen, griff einem der Reiter in die Zügel und schrie: „Wir sind Diener Gottes, ihr Halunken! Wenn ihr nicht auf der Stelle verschwindet, werdet ihr in der Hölle brennen, das verspreche ich euch!“

Ulrichs Drohung verhallte ungehört. Der Bewaffnete musterte ihn einen Augenblick lang, dann herrschte er ihn an: „So seid Ihr also Luther?“

„Nein!“ Martin verließ den Wagen und stellte sich neben seinen Ordensbruder. „Lasst den Mann in Frieden. *Ich* bin Martin Luther!“

Die maskierten Männer stießen Triumphschreie aus; sie ergriffen Martin und warfen ihm einen Sack über den Kopf. Ulrich ließ die Zügel des Pferdes fallen und drang mit den Fäusten auf einen der Wegelagerer ein, doch dieser hatte für seine unbeholfenen Bemühungen lediglich Spott und Hohngelächter übrig. Innerhalb weniger Augenblicke wurde Ulrich überwältigt und sah sich gegen den Stamm eines Baumes gedrängt. Die Männer zogen Martin unsanft auf ein Pferd, fesselten ihn und ritten davon. Nur wenig später waren sie im Wald verschwunden.

DIE REITER sprengten in gestrecktem Galopp einen verschlungenen Pfad entlang, der zu einer Burg führte. Im Schein ihrer Fackeln zeichnete sich die Silhouette des trutzigen Gebäudes düster gegen den Nachthimmel ab. Martin hörte, wie die Pferde über die Balken einer heruntergelassenen Zugbrücke trabten. Burghof und Palas lagen in völliger Stille da. Ein kalter Wind kam auf, und zwischen den Bergen zuckte ein greller Blitzstrahl.

Noch immer trug Martin den Sack über dem Kopf. Allmählich begann die Luft darunter knapp zu werden. Plötzlich spürte er, wie sich die Klinge eines Messers zwischen seine Handfesseln schob und diese mit einer geübten Bewegung zerschnitt. Er wurde vom Pferd geholt und eine Wendeltreppe hinaufbugsiert. Mehrere Male stieß er mit dem Ellenbogen gegen rauen Fels. Anscheinend führten ihn die Männer einen Turm hinauf.

Schließlich endeten die Stufen; Martin wurde durch eine Tür in einen Raum gestoßen. Eine Hand riss ihm grob den Sack vom Kopf und schob ihn zwischen zwei hölzernen Stützbalken durch. Er hörte noch, wie hinter seinem Rücken die schwere Eichentür ins Schloss fiel und Stiefel über den Holzboden zur Treppe polterten. Dann war er allein.

Martin war viel zu erschöpft, um über seine Situation nachzusinnen. Nach dem anstrengenden Ritt durch die Berge fühlte er sich wie gerädert, jeder einzelne Knochen im Leib tat ihm weh. Mit letzter Kraft schleppte er sich zu einem der beiden Fenster und musste feststellen, dass sie vergittert waren und lediglich einen winzigen Ausschnitt des einsamen Burghofs einfingen. Seine Hände umklammerten die eisernen Stäbe, hinter denen ein riesiger Vollmond auftauchte, und rüttelten an ihnen.

Ich habe überlebt, dachte er mutlos. *Doch zu welchem Preis?*

Im Morgengrauen erklangen auf dem Korridor vor seiner Kammer Schritte. Martin saß auf dem Bett, einem einfachen Lager aus vier gekürzten Baumstämmen, deren Zwischenräume mit Pech ausgegossen waren, und lauschte mit klopfendem Herzen. An der Tür wurde ein Bolzen zurückgeschlagen, und ein kleiner, stämmiger Mann mit Halbglatze und dichtem Vollbart betrat den Raum. „Ich hoffe, Ihr konntet Euch ein wenig ausruhen, Doktor Luther", sagte er, während seine Augen aufmerksam durch die karge Stube wanderten. „Verzeiht, dass man Euch in der Vogtei untergebracht hat. Aber auf der Burg arbeiten mehrere Knechte und Mägde aus der Stadt, und wir wollten sichergehen, dass Eure Ankunft unbeobachtet bleibt."

Martin stand auf und streckte die lahmen Glieder. „Aber … wo bin ich?", wollte er wissen. „Und wer seid Ihr?"

Von draußen klopfte jemand gegen die Tür. Ein junger Bursche mit Geschwüren im Gesicht streckte den Kopf in die Kammer, wurde aber durch eine strenge Gebärde seines Herrn sogleich in die Flucht geschlagen.

„Da seht Ihr es", knurrte der Fremde ungehalten. „Die Burgbewohner beginnen schon neugierig zu werden. Bald werden sie sich das Maul über Euch zerreißen. Es wird nicht leicht werden."

„Ihr habt meine Frage nicht beantwortet!"

Der Mann lächelte nachsichtig. „Mein Name ist Hans von Berlepsch. Ich bin Vogt und erster Hauptmann der Wartburg!"

Martin stieß scharf die Luft aus. *Aber natürlich,* ging es ihm durch den Kopf. In den Wäldern um den Rennsteig war der Weg fortwährend angestiegen. Zuletzt war er so steil gewesen, dass die Pferde es schwer gehabt hatten, festen Tritt zu finden. Also befand er sich auf der alten Felsenburg über Eisenach.

„Seine Durchlaucht, der Kurfürst von Sachsen, ist sehr um Eure Sicherheit besorgt", erklärte der Vogt. Seine Augen funkelten, als hätte er höchstpersönlich den Häschern des Papstes ein Schnippchen geschlagen. „Die nächsten Monate werdet Ihr hier in dieser Stube verbringen müssen."

„Was genau soll das heißen?"

Unvermittelt schwand das Lächeln aus dem gutmütigen Gesicht des Vogts.

Mit ernster Miene streckte er die Hand aus und deutete auf Martins zerknitterte Mönchskutte. „Das heißt, dass Ihr andere Gewänder tragen müsst. Ihr lasst Euch die Haare und einen Bart wachsen, bis Euch nicht mal mehr Eure Mutter erkennen würde."

„Was ist aus meinen Gefährten geworden?"

„Dem Mönch und Eurem Kutscher? Keine Ahnung! Wahrscheinlich sind sie längst weitergereist und verkünden der Welt nun, dass Martin Luther von Gesetzlosen in die Wälder verschleppt wurde."

Martin furchte die Stirn. Die ganze Sache gefiel ihm immer weniger, aber er durfte sich den Anordnungen des Kurfürsten nicht widersetzen. Friedrich hatte gewiss viel riskiert, um seinen Rettungsplan in die Tat umzusetzen.

„Ich lasse zwei Knappen zu Eurer persönlichen Bedienung in den Turm kommen", sagte der kleine Burgvogt in geschäftsmäßigem Ton, während er zur Tür ging. „Überlegt gut, wie die Leute Euch nennen sollen. Niemand darf wissen, wer Ihr in Wahrheit seid!"

„Jörg", verkündete Martin, ohne lange überlegen zu müssen. „Wenn ich denn unbedingt einen neuen Namen tragen muss, so nennt mich Junker Jörg, nach Georg, dem Stadtheiligen von Eisenach."

Hans von Berlepsch bedachte Martin mit einem erstaunten Blick. „Warum ausgerechnet Georg?"

Martin kehrte zu seiner Bettstatt zurück und ließ sich darauf nieder. „Ganz einfach, Vogt", seufzte er. „Es gibt Momente im Leben eines Menschen, in denen sich selbst ein Mönch wie ein Drachentöter fühlen kann!"

EINIGE TAGE SPÄTER durfte Martin die stickige Turmstube zum ersten Mal verlassen, um seine neue Umgebung zu erkunden. Als er auf den Burghof trat, blendete ihn das Sonnenlicht jedoch so stark, dass er sich unter ein mit Schindeln gedecktes Vordach flüchten musste. Von dort aus ließ er seinen Blick über die Mauern und Zinnen wandern.

Die Gebäude der stattlichen Burganlage gruppierten sich um zwei Höfe. Der einzige Zugang war die im Norden liegende Zugbrücke, über die Martin geritten war. An die Fachwerkbauten des ersten Burghofs schloss sich ein stattliches Ritterhaus an, in dem sich auch die Waffenkammer sowie Lagerräume befanden. Ein imposanter Gebäudekomplex grenzte den ersten Hof vom zweiten ab. Dort erhob sich der Südturm, ein trutziger Klotz, von dessen Plattform aus man das ganze Tal überblicken konnte. Gleich hinter dem ausgedehnten Palas gab es ein Badehaus und eine Burgschmiede.

Unter den misstrauischen Blicken der Knechte und Wachhabenden streifte Martin über die Höfe und erkundete Kammern, Stallungen und Treppenschächte. Seine Kutte hatte er auf Befehl des Vogtes verbrannt, stattdessen trug er nun ein Leinenhemd, einen Jagdrock aus Wolle, Beinlinge und eine Mütze.

Obwohl Hans von Berlepsch sich im Laufe der Zeit alle Mühe gab, ihn mit dem Alltag auf einer Burg vertraut zu machen, kam Martin sich bald nutzlos und überflüssig vor. Er hatte keine Ahnung von den Waffengängen der Ritter, die sich an klaren Tagen im Hof im Schwertkampf maßen. Die Armbrüste, Piken und Kanonen jagten ihm einen Schauer über den Rücken, und Jagdausflügen in die abgelegenen Täler konnte er nichts abgewinnen. Schließlich zog er sich in seine Kammer über dem westlichen Wehrgang zurück, um sich ganz und gar seinen düsteren Gedanken auszuliefern. Der Hauptmann hatte ihm einen Tisch, ausgestattet mit Tintenfass, Schreibzeug, Pergament und Stundenglas, hinaufschaffen lassen, aber Martin starrte die Gegenstände nur an; er fühlte sich unfähig, sie auch nur in die Hand zu nehmen. Ihm fehlte die Kraft, die ihn früher angetrieben hatte.

Zur selben Zeit ergingen sich im Hörsaal der Wittenberger Universität Magister und Studenten in hitzigen Auseinandersetzungen über das ungeklärte Schicksal ihres verehrten Professors.

Andreas Karlstadt schritt unruhig durch den Saal, während er sich bemühte, die Aufmerksamkeit der jungen Scholaren auf das Thema seiner Ansprache zu lenken. Die Nachricht vom Überfall auf Luthers Reisewagen hatte sich wie ein Lauffeuer verbreitet; die Gerüchteküche brodelte. Einige mutmaßten, der Doktor sei auf Betreiben des Papstes und seines Abgesandten Aleander ermordet worden, und tatsächlich hatten Jäger eine bis zur Unkenntlichkeit verstümmelte Leiche in einem alten Silberbergwerk gefunden.

„Mag sein, dass Papst und Kaiser Luther getötet haben!“, rief Karlstadt. „Aber was wir in Gang gesetzt haben, können sie nicht mehr aufhalten. Der Heilige Krieg ist nicht mehr aufzuhalten, und die Reinheit des Glaubens wird siegen!“

Einige Studenten bekundeten lautstark Beifall. „Der Heilige Krieg ist nicht länger aufzuhalten!“, echote es durch den Saal.

Mit besorgter Miene verharrte Philipp Melanchthon, der soeben den Saal hatte betreten wollen, an der Tür. Karlstadts Eifer war nichts Neues mehr für ihn, doch nie zuvor hatte seine Stimme so entschlossen geklungen. Offensichtlich war sein Kollege bereit, seine neuen Einsichten sogar mit Waffengewalt durchzusetzen. Diese Haltung verstörte Melanchthon zutiefst, denn die Zahl derer, die sich in Wittenberg auf Karlstadts Seite ziehen ließen, stieg von Tag zu Tag.

„Jeder Mensch, der sich für den Gebieter eines anderen hält – ob Prinz, Papst oder Priester –, muss bereuen oder niedergemacht werden!“, hörte er Karlstadt rufen. „Ihr nennt mich Professor Karlstadt? Jetzt nicht mehr. Von diesem Tag an bin ich Nachbar Andreas. Und ihr alle solltet gleichfalls vorbereitet sein, euch zu demütigen. Steht zu den Gerechten, oder werdet mit den Unterdrückten zurechtgestutzt. Es gibt keinen anderen Weg.“

Nach der Vorlesung passte Melanchthon seinen Kollegen ab. Während die Studenten an den beiden Männern vorbeiströmten, schob er ihn auf die Treppe und herrschte ihn an: „Martin sprach von Reform. Was du predigst, führt zu Rebellion und Aufruhr. Im Süden sollen sich Menschen zusammenschließen, um gegen ihre Herren zu Felde zu ziehen.“

„Umso besser“, sagte Karlstadt mit einem grimmigen Lächeln. „Wenn du nicht die Nerven hast, das zu beenden, was er begonnen hat, hältst du dich wohl besser aus unseren Angelegenheiten heraus, Philipp. Sonst könnte es sein, dass auch du eines Tages zurechtgestutzt werden musst!“

Die Einsamkeit machte Martin von Tag zu Tag mehr zu schaffen. Seit es wieder kälter geworden war, rebellierte sein Magen gegen das fette Pökelfleisch, das man ihm in die Turmkammer brachte. Gemeinsame Mahlzeiten mit anderen Burgbewohnern blieben ihm verwehrt, denn der Burgvogt musste in seiner Eigenschaft als Verwalter oft fremde Gäste beherbergen.

Von den Auseinandersetzungen, die in Wittenberg um seine Lehren geführt wurden, erfuhr er von einem unerwarteten Besucher.

„Spalatin?“, rief Martin. „Großer Gott, was macht Ihr hier?“

Der Sekretär trat einen Schritt auf ihn zu und musterte ihn von Kopf bis Fuß, als sähe er ihn zum ersten Mal. Offensichtlich erfüllte die Verkleidung, die Martin angelegt hatte, ihren Zweck. Der struppige Bart, das nachgewachsene Haar und die ritterliche Kleidung aus gegerbtem Leder erinnerten eher an einen behäbigen Waffenknecht als an den Mönch von einst.

Eine Weile stand Spalatin reglos da, dann deutete er auf den nachlässig gestopften Strohsack und die halb abgebrannte Wachskerze und sagte: „Verzeiht die raue Behandlung, Doktor. Aber Seiner Durchlaucht Kurfürst Friedrich war zu Ohren gekommen, dass Ihr einem Anschlag zum Opfer fallen solltet. Da hieß es unverzüglich handeln. Wie fühlt Ihr Euch?“

„Was fragt Ihr noch?“, murmelte Martin. „Ich bin zur Untätigkeit verdammt und werde immer fetter und träger. Diese Kammer, die ich eher als Fuchsbau bezeichnen möchte, ist ein Gefängnis, das ich lieber heute als morgen verlassen würde. Sagt mir bitte offen und ehrlich, wie lange ich noch auf der Burg bleiben muss!“

Spalatin zupfte sich nachdenklich am Kinn. Es war nicht das erste Mal, dass er den Mönch unter Hausarrest stellen musste, und wie die Dinge lagen, würde es auch nicht das letzte Mal sein. Da Martin ihm keinen Platz angeboten hatte, blieb er mit dem Rücken zur Tür stehen und schaute aus dem Fenster. „Kaiser Karl hat ‚Acht und Bann' über Euch gesprochen und außerdem ein Kopfgeld ausgesetzt. Wenn Ihr zu dieser Tür hinausgeht, seid Ihr Freiwild. Jeder Bettler kann Euch erschlagen, ohne bestraft zu werden!"

Martin hob verzweifelt die Schultern. Sein Verstand sagte ihm, dass Spalatin recht hatte, aber es fiel ihm unsagbar schwer, sich dies einzugestehen. Plötzlich kam ihm eine Idee. „Könntet Ihr mir ein Wörterbuch besorgen? Für Griechisch, Latein und Deutsch?"

„Was habt Ihr …"

„Und eine Ausgabe von Erasmus' griechischer Bibelübersetzung!"

Spalatin seufzte. Ihm schwante, wozu Martin die Bücher haben wollte. „Dies ist nicht der richtige Zeitpunkt, um die Bibel zu übersetzen, Doktor. Ihr würdet nur Aufmerksamkeit auf Euch lenken, und außerdem könnte der Kaiser dies als neue Provokation gegen ihn und den Papst auslegen. Versteht doch: Er wird uns alle wegen Hochverrats brennen lassen!"

Empört fuhr Martin auf. Er eilte zu seinem Tisch hinüber und kehrte mit einigen Bogen eng beschriebenen Pergaments zu Spalatin zurück. „Seit wann ist es ein Verbrechen, ein Neues Testament in deutscher Sprache zu haben? In Worten, die einfache Menschen dieses Landes verstehen können?"

„Genau das ist es ja, was Rom am meisten fürchtet."

„Dafür müsst Ihr den Urheber zur Verantwortung ziehen" sagte Martin. Er drückte dem Sekretär die ersten Seiten seiner Arbeit in die Hand. „Mein Entschluss steht fest: Ich werde die Bibel übersetzen!"

Für einen Augenblick kämpften in Spalatins Eingeweiden Angst, Empörung und Bewunderung miteinander. Doch zum Schluss erklärte er sich bereit, für die von Martin benötigten Dinge zu sorgen, und stürmte ebenso rasch aus der Kammer, wie er darin aufgetaucht war.

WÄHREND MARTIN in der Einsamkeit seines Turmes Bücher wälzte und über alten Texten brütete, begann sich im Land offener Aufruhr zu regen.

Selbst ernannte Propheten zogen predigend von Dorf zu Dorf. Sie ließen seine Schriften zu Tausenden drucken und verbreiten. Aber die Lehre, die sie auf ihre Fahne geschrieben hatten, verhieß Gewalt und Zerstörung. Allerorts drangen Horden bewaffneter Fanatiker in Kirchen und Klöster ein, um ihre radikalen Ideen durchzusetzen. Ohne auf Gegenwehr zu stoßen, stürmten sie Gutshäuser und Kapellen und verbrannten Bilder, Statuen und Gerätschaften.

Pfarrhöfe wurden bei Nacht überfallen und geplündert, Mönche ausgepeitscht und davongejagt. Selbst Nonnen ließen sich überreden, ihren Gelübden abzuschwören, und verließen in Scharen die Klöster und Stifte. Zu den Anführern des Aufstands gehörte auch Karlstadt.

Spalatin musste nach seiner Rückkehr aus Eisenach feststellen, dass auch Wittenberg nicht von den Übergriffen der Eiferer verschont blieb. Von den Türmen blickten die Stadtwachen mit ratloser Miene auf das Geschehen hinab. Niemand hatte ihnen Befehle erteilt, weshalb sie auch nicht eingriffen, als sich ihre Nachbarn zusammenrotteten und grölend durch die Gassen zogen.

Während Spalatin in aller Eile die Stufen der Schlosstreppe erklomm, um sich mit seinem Herrn zu beraten, sah er, wie aufgestachelte Bauern und Bürger mit Pechfackeln sich an der Kirchentür zu schaffen machten. Gefahr lag in der Luft.

Der Sekretär fand Friedrich vor dem Fenster des Jagdzimmers. Dort stand er, starr wie eine Säule aus Salz, und drückte seine Stirn gegen das Glas.

„Mein Fürst, sollen wir Soldaten schicken?“, rief Spalatin außer Atem. Sein Brustkorb hob und senkte sich rasch, als er von unten die Rufe der Rebellen heraufschallen hörte. „Großer Gott, die Aufrührer ziehen zur Kirche, und dort wird soeben die Messe gelesen! Wenn das nur kein Blutbad gibt!“

Friedrich wirkte kränklich. Sein massiger Körper steckte in einem bescheidenen gürtellosen Gewand aus dunklem Tuch, das so zerknittert aussah, als hätte er seit Tagen in ihm geschlafen. Langsam schüttelte er den Kopf und sagte, ohne sich umzudrehen: „Wir würden nur noch mehr Gewalt provozieren, mein Freund. Wenn Wittenberg keinen Religionsfrieden erreichen kann, wird das einen schlechten Eindruck auf den Rest der Welt machen.“

Spalatin stellte sich neben den Fürsten und spähte aus dem Fenster. Fassungslos musste er mit ansehen, wie drei vierschrötige Männer mit Stöcken gegen die Mauern und Tore der Kirche schlugen. Steine wurden geworfen, und auf dem Marktplatz schwangen ein paar halbwüchsige Burschen Äxte und Knüppel. Unter lautem Triumphgeschrei hieben sie hölzernen Heiligenfiguren Ohren und Nasen ab. Ein paar Schritte abseits, wo für gewöhnlich der Pranger stand, wurde ein Scheiterhaufen aufgeschichtet.

„Karlstadt, dieser verdammte Narr! Er ist zum besessenen Barbaren geworden. Man muss ihn zur Vernunft bringen, ehe …“ Spalatin verschluckte den Rest seines Satzes. Der Atem stockte ihm, als er sah, wie zwei Männer einen Mönch an Stricken aus der Kirche zogen. Die Kutte des Mannes hatte am Saum Feuer gefangen, und er blutete aus einer Schramme am Kopf. Es war Martin Luthers alter Gefährte. Bruder Ulrich.

Siebzehntes Kapitel

Wartburg bei Eisenach, Februar 1522

Der Name des Knappen, der Martin jeden Mittag und jeden Abend das Essen in die Kammer brachte, lautete Matthias. Die Burgleute nannten ihn Matthes und verspotteten ihn, wann immer sich eine Gelegenheit dazu bot. Der junge Bursche galt als Tollpatsch, der über die eigenen Füße stolperte und dem man jede Weisung dreimal erklären musste. Aber Matthes war weder gewalttätig noch ein Trunkenbold. Statt sich mit dem Burgvogt auseinanderzusetzen, gewöhnte er sich an, so oft wie möglich bei Martin vorbeizuschauen, dessen Arbeit ihn gleichermaßen faszinierte wie befremdete. Dabei war der sonderbare Junker, der sein Zimmer nur selten verließ und tagaus, tagein über dicken Büchern hockte, häufig ebenso übellaunig und gereizt wie die Torwächter. Aber immerhin wurde Matthes von dem Mann, der sich Junker Jörg nannte, niemals geschlagen oder angeschrien. Manchmal, wenn ihm danach war, lud er Matthes sogar ein, auf seiner Bank Platz zu nehmen und seinen Erzählungen aus dem Neuen Testament zu lauschen. Dabei gelang es dem Junker, die Welt, in der Jesus Christus gelebt hatte, so lebendig zu schildern, dass Matthes zuweilen ganz schwindelig vor Spannung wurde.

Es hatte angefangen zu schneien. Der Winter, der nach dem Jahreswechsel mit milden Temperaturen aufgewartet hatte, kehrte mit klirrender Kälte zurück. Als Matthes eines Abends mit einem Tablett die Dachkammer betrat, schlug ihm zu seiner Überraschung ein eisiger Wind entgegen. Der Knappe hielt erstaunt inne. Frierend bemerkte er, dass das Fenster weit offen stand; die Schweinsblase, die er erst wenige Tage zuvor zum Schutz vor der Kälte über den Rahmen gespannt hatte, war zerrissen. Schneeflocken wirbelten in die Stube hinein.

„Mein Gott, Herr!“, stieß der Junge erschrocken aus. Das Bettzeug war zerfetzt, und auf der weiß gekalkten Wand verteilten sich wüste Tintenflecke. Es hatte den Anschein, als hätte in der Kammer ein Kampf stattgefunden. Matthes überlegte angestrengt, ob er den Burghauptmann zu Hilfe holen sollte, als sein Blick plötzlich auf eine zusammengekauerte Gestalt fiel. Es war der Junker Jörg. Er saß reglos in einer Ecke auf dem Fußboden und schrieb. Im Schein der Kerze glänzten seine Pupillen, als hätte er Fieber. Die Finger waren gerötet von der Kälte und darüber hinaus mit Tintenflecken übersät.

„Junker …?“

Martin beugte sich kurz vor. Obwohl er die Anwesenheit des Knappen wahrzunehmen schien, hob er nicht den Kopf, um ihn anzuschauen. „Keine Angst“, sagte er mit rauer Stimme. „Mir ist nichts geschehen. Ich kämpfe nur jede Nacht gegen den Teufel, diesen Bastard. Gegen Mitternacht, nachdem die letzten Schritte auf dem Wehrgang verklungen waren, erschien er mir. Dort drüben, an der Wand. Ich habe mein Tintenfass nach dem Mistkerl geworfen!“

Mit zitternden Händen stellte Matthes sein Tablett auf dem Tisch ab, schloss das Fenster und trat näher an Martin heran. Misstrauisch kaute der Knappe auf seiner Unterlippe. Geschichten über Geister oder den Leibhaftigen hörte er gern, doch was der geheimnisvolle Junker da erzählte, klang schauriger als jede Gruselgeschichte. Der Knappe zuckte seufzend die Achseln. „Darf ich fragen, wie es mit Eurer Arbeit vorangeht?“ Matthes nahm das Tablett und stellte es neben Martin auf den Fußboden. Ein Stück gepökelter Wildschweinschinken, einige Scheiben dunkles Brot und ein Krug Ziegenmilch standen da. Martin legte seine gespitzte Feder beiseite und langte dankbar zu. Erst als er den ersten Bissen Brot am Gaumen spürte, erkannte er, wie hungrig er war. Nach einer Weile erklärte er dem Knappen: „Die Arbeit ist schwierig … Worte sind wie Kinder. Je mehr Aufmerksamkeit man ihnen widmet, desto mehr verlangen sie. Nehmen wir einmal diesen Vers. *Es ist der Wille des Vaters, dass nichts und niemand verloren ist.*“ Martin ergriff die lateinische Bibel, die zu seiner Linken lag, und schob sie Matthes unter die Nase. „In unserer Sprache bedeutet das Wort *Wille* gleichsam Stärke. Willensstärke … jemandem deinen Willen aufzwingen.“

„Das ist mir noch nie gelungen“, meinte Matthes einfältig. Er verstand nicht, worauf Martin hinauswollte.

„Im griechischen Original“, fuhr Martin ungerührt fort, „bedeutet ein kleines Wort aus drei Buchstaben Leidenschaft, Feuer. Es steht sogar für die inneren Organe.“ Er hob den Zeigefinger. „Verstehst du nicht, welche Feinheiten eine Sprache besitzt? Ein und dasselbe Wort kann bedeuten, geliebt zu werden oder Verlangen zu verspüren – sogar fleischliches Verlangen.“

Matthes erhob sich. „Trinkt Eure Milch, solange sie warm ist!“

„Du hörst mir nicht zu“, beklagte sich Martin konsterniert. Er war fest entschlossen, seine Begeisterung mit einem anderen Menschen zu teilen. „Nimm das verflixte Zeug weg, ich habe genug davon!“

„Ich finde es doch interessant, Herr“, sagte Matthes plötzlich kleinlaut. „Nur, welchen Nutzen hat ein Wort, das so viele Bedeutungen hat? Der Vogt und sein Waffenmeister verlangen von uns, dass wir auf ihre Fragen klare Antworten geben. Tun wir’s nicht, bekommen wir eins aufs Maul.“

Martin zog eine Augenbraue hoch. „Nicht das Wort allein ist von Bedeutung, sondern das, was es über Gott aussagt! Willst du nicht wissen, was die Schrift über unseren Herrn zu berichten hat?“

„Trinkt doch Eure Milch!“, wiederholte der Knappe drängend.

Mit einem ärgerlichen Seufzen klappte Martin das schwere Buch zu und griff nach dem Tonbecher. Er trank so unbeherrscht, dass er beinahe die Hälfte der Milch verschüttete. Dann wischte er sich den Mund am Ärmel ab und erklärte: „Gott ist von Mitgefühl für uns erfüllt. Er möchte, dass keines seiner Kinder verloren geht. Seine Liebe ist so stark, dass er in Flammen steht, seine Eingeweide, seine Lenden verzehren ihn – von innen.“

„Habt Ihr das Herrn Spalatin mitgeteilt?“, wollte Matthes wissen.

„Noch nicht. Warum?“

„Na ja, ich habe den edlen Herrn Sekretarius vorhin über den Hof reiten sehen. Wahrscheinlich möchte er Euch wieder einen Besuch abstatten.“ Der Knappe sah sich abschätzend um. „Vielleicht sollte ich Eure Kammer in Ordnung bringen, bevor Ihr dem Herrn Spalatin von Eurem Kampf mit dem Teufel und den griechischen Wörtern erzählt.“

Die beiden Männer starrten einander ein paar Augenblicke lang an. Dann fing Matthes plötzlich an zu kichern. Martin wollte ihn zur Ordnung rufen, aber das Gelächter des Knappen wirkte seltsam ansteckend. Schließlich stimmte er mit ein, wahre Lachsalven schüttelten seinen Körper. Er hatte sich kaum beruhigt, als die Tür aufgestoßen wurde und Spalatin in den Raum trat. Sein eleganter gefütterter Reisemantel war nass, und unter dem Arm trug er ein Bündel, das er in ein Kaninchenfell gehüllt hatte. Der Knappe verstummte auf der Stelle. Eingeschüchtert bückte er sich, um die Überreste von Martins Essen aufzusammeln.

„Verschwinde, Junge!“, zischte Spalatin. „Du kannst diesen Schweinestall aufräumen, sobald wir die Burg verlassen haben.“ Matthes nickte hilflos. Dann nahm er das Tablett und lief aus der Kammer.

„Ihr wart zu streng mit dem Burschen“, sagte Martin, nachdem die Schritte des Knappen auf der knarrenden Stiege verklungen waren. Mit schmerzverzerrtem Gesicht plagte er sich auf die Füße.

„Und Ihr seid viel zu oft alleine hier oben.“ Mit einer heftigen Bewegung öffnete Spalatin den nassen Mantel und warf ihn über einen Schemel. Das verschnürte Bündel legte er auf den Schreibtisch, auf dem sich zahlreiche beschriebene Papierbogen stapelten. „Und hier haben wir wohl die Frucht Eurer Mühen“, sagte er leise und hob die erste Seite ins Licht der Kerze. „*Am Anfang war das Wort. Und das Wort war bei Gott, und Gott war das Wort. Dasselbe war im Anfang bei Gott.* Aha, ich staune! Ihr habt den Prolog des Evangeliums nach Johannes übersetzt. Eine vortreffliche Wortwahl."

Martin errötete ob des unerwarteten Lobes. Er nahm Spalatin das Blatt aus der Hand und legte es behutsam auf den Stapel zurück. „Selbstverständlich bin ich zu oft allein", bemerkte er. „Wie kann ich für unser Volk schreiben, wenn ich hier oben bei den Vögeln hause. Die Sprache der deutschen Bibel sollte klingen, als spräche eine Mutter mit ihren Kindern oder die Kinder mit ihren Freunden auf der Gasse. Ich muss mit Krämern und Handwerkern reden, mit Scholaren und Mägden und ihnen aufs Maul schauen, um zu erfahren, wie die Menschen im Reich sich wirklich ausdrücken."

Spalatin nahm das Bündel, das er auf Martins Tisch niedergelegt hatte, und löste vorsichtig die Schnüre. Ehe Martin sich auf seinem Schemel niederlassen konnte, landeten ein paar hohe Lederstiefel, ein Überrock mit Pelzbesatz sowie eine schwarze Ohrenkappe vor ihm auf der Tischplatte.

„Ihr habt mich überzeugt", erklärte Spalatin nach einigem Zögern. „Martin Luther darf diese Kammer nicht verlassen, doch es ist wohl an der Zeit, dass Junker Jörg sich ein wenig in der Umgebung umsieht."

NICHT WEIT VON GRIMMA lag ein Nonnenkloster mit dem Weihenamen Marienthron. Seit Jahrhunderten lebten hier Zisterzienserinnen nach der Regel des heiligen Benedikt. Ihr Kloster war wohlhabend, es verfügte über umfangreiche Besitzungen in der Nähe der Städte Torgau und Nimbschen, deren Verwaltung einem Propst unterstand. Die Nonnen waren weithin dafür bekannt, dass sie eine hervorragende Wirtschaft betrieben und sich streng an die Bestimmungen ihrer Äbtissin hielten. Ihre Kornspeicher und Lagerräume waren dank der Zinseinnahmen und Fronarbeiten unfreier Bauern reich gefüllt; sie besaßen zudem eine eigene Seifensiederei und eine Weberei. Von früh bis spät kämmten Laienschwestern und Mägde Schafwolle, während die Nonnen selbst ihrer eigentlichen Aufgabe nachkamen: dem Seelengebet im Chorraum.

Der Konvent war eine Welt für sich, eine Oase der Ruhe und der Einkehr, die den Bedürfnissen ihrer Bewohnerinnen nach geistlichem Frieden Rechnung trug. So und nicht anders wünschte Äbtissin Renate, eine energische sächsische Edeldame von etwa sechzig Jahren, ihr Kloster. Von den Wirren der Zeit war in dem heiligen Gemäuer bislang noch wenig zu spüren gewesen, und doch jagten die aufregenden Nachrichten, welche Marienthron in immer kürzeren Abständen erreichten, sowohl der Äbtissin als auch ihren engsten Vertrauten große Angst ein.

„O Herr, befreie uns von dem Übel", flüsterte Renate, als sie eines Abends vor dem Gebet zur neunten Stunde die Häupter ihrer Schwestern in der Klosterkirche abzählte. Sie war voller Sorge, denn die Kellermeisterin hatte ihr kurz vor der Non zugetragen, dass einige ihrer Schützlinge offensichtlich den ketzerischen Lehren des Doktor Luther verfallen waren. Die Verwalterin der Vorratslager war im Webhaus auf eine verdächtige Druckschrift aus Wittenberg gestoßen und hatte sogleich bei der Äbtissin Alarm geschlagen. Renate war außer sich gewesen. Die Schriften des auf dem Reichstag gebannten Mönchs geisterten zwar schon seit mehr als zwei Jahren durch die Lande, aber bisher war ihre strenge Anweisung beherzigt worden, im Kloster keine Bücher und Schriften zu lesen, die nicht durch den Bischof abgesegnet waren. Doch neuerdings glaubte die alte Frau zu spüren, dass im Konvent gefährliche Heimlichtuerei um sich gegriffen hatte; einige Personen schienen ihr Verbot zu umgehen. Die Äbtissin musste der Sache unverzüglich auf den Grund gehen. Die Schuldigen würden sich vor dem Gericht des Propstes zu verantworten haben.

Voller Argwohn musterte Äbtissin Renate die Schar der still betenden Frauen im Westteil der Kirche. Ein paar Nachzüglerinnen traten gemessenen Schrittes durch die Pforte, welche die Empore des Gotteshauses mit der Klausur verband. Die meisten von ihnen pflegten Kranke und Alte. Sie kamen daher meistens später. Während die ersten Töne des lateinischen Gesangs durch das von Kerzenlicht kaum erleuchtete Kirchenschiff drangen, fiel der Blick der Äbtissin auf eine junge Ordensfrau, die mit abwesendem Gesichtsausdruck im Gestühl saß und eher mechanisch als hingebungsvoll die Lippen bewegte. *Die Schwester wirkt seltsam verstört,* dachte die Alte unvermittelt. *Auf das Gebet scheint sie sich jedenfalls nicht zu konzentrieren.* Die Äbtissin kniff forschend die Augen zusammen, um sich die Nonne näher zu betrachten. Es handelte sich um Schwester Katharina, die Tochter des Ritters von Bora, dessen Familie ein heruntergekommenes Gut südlich von Leipzig besaß. Bereits seit ihrem fünften Lebensjahr lebte Katharina im Kloster. Nach dem frühen Tod der Mutter hatte ihr verarmter Vater sie zur Erziehung nach Brehna gegeben, später war sie dann nach Grimma geschickt worden, wo sie auch ihre Novizenzeit absolviert und die ewigen Gelübde abgelegt hatte. Die Äbtissin schätzte sie auf etwa zweiundzwanzig Jahre. Obgleich das steife weiße Gebinde und der schwarze Schleier das Gesicht der jungen Ritterstochter fast vollständig verbargen, ließ sich erahnen, dass sie über eine feine, blasse Haut, regelmäßige Züge und natürliche Anmut verfügte.

Während die Äbtissin die Nonne betrachtete, fragte sie sich, warum Katharina von Bora in all den Jahren, die sie nun schon unter ihrer Obhut lebte, niemals ein Amt innerhalb der Klostergemeinschaft angestrebt hatte. An Fleiß und Intelligenz schien es ihr nicht zu mangeln. Auch über mangelnden Gehorsam konnte sich niemand beklagen. Im Gegensatz zu anderen Frauen, die zuweilen nörgelten oder Parteien bildeten, verhielt sich Katharina stets ruhig und unauffällig. Sie war schwer zu beeinflussen, zeigte selbst aber auch kein Interesse, anderen Mitschwestern ihre Meinung aufzuzwingen. Doch trotz all dieser Vorzüge scheute sich die Äbtissin davor, ihrer Mitschwester das Zeugnis einer idealen Ordensfrau auszustellen. Seit einigen Wochen konnte man bei Katharina Veränderungen beobachten. Sie war häufig unkonzentriert und müde. Oftmals verharrte sie im stillen Gebet, ehe sie eine Tätigkeit aufnahm, als müsse sie erst ihr Gewissen befragen, ob sie überhaupt etwas tun solle. Je länger die Äbtissin ihre Gedanken schweifen ließ, desto schärfere Konturen nahm ihr Bild von der eigenwilligen Nonne an. *Irgendetwas hat Katharina zu verbergen. Sie macht ein Gesicht, als ginge sie das Gebet gar nichts an. Gnade ihr Gott, wenn sie die ketzerischen Schriften in mein Kloster gebracht hat!* Sie musste mit Schwester Katharina sprechen.

Nach dem Gottesdienst eilte die Äbtissin über die Stufen des Altarraums durch einen Bogengang. „Auf ein Wort, meine Tochter!“, rief sie atemlos, als sie Katharina von Bora auf der Treppe vor dem Refektorium erkannte.

„Was wünscht Ihr, ehrwürdige Mutter?“ Die junge Nonne neigte lächelnd den Kopf, eine Geste, die eigentlich Demut hätte ausdrücken sollen. Nichtsdestotrotz glaubte die Äbtissin, in der Stimme der Jüngeren einen spöttischen Unterton wahrgenommen zu haben.

Renate holte tief Luft. „Ich habe Euch gerufen, weil ich mir Sorgen um Eure geistige Gesundheit mache, Schwester Katharina“, sagte sie eher streng als besorgt. „Wann wart Ihr das letzte Mal bei der Beichte?“

„Pater Stefan war erst gestern Abend hier, ehrwürdige Mutter“, antwortete Katharina ausweichend. Sie lächelte nicht und musterte die Äbtissin kühl. „Ihr selbst habt ihm doch die Erlaubnis erteilt, in die Klausur zu kommen, weil Schwester Hildegard erkrankt ist. Wisst Ihr nicht mehr?“

Katharina ist schlau, überlegte die Äbtissin erbost, *schlau und hinterlistig, indem sie mir eine Antwort gibt, aber nicht sagt, was ich hören wollte.*

Die Alte führte die Nonne in eine Nische. Mehr denn je war sie davon überzeugt, auf der richtigen Spur zu sein. „Ihr wart unaufmerksam in der Kirche, meine Tochter. Ich habe Euch beobachtet!“

Katharina von Bora zog die Augenbrauen zusammen. Sie sah erstaunt aus, doch wenn Äbtissin Renate insgeheim gehofft hatte, die jüngere Ordensschwester würde vor Aufregung die Fassung verlieren, wurde sie enttäuscht.

Katharina sagte mit fester Stimme: „Verzeiht mir, ehrwürdige Mutter, aber wenn Ihr mich so genau beobachtet habt, wart Ihr gewiss nicht in der Lage, dem Chorgebet die Aufmerksamkeit zu schenken, die es verlangt. Dies täte mir von Herzen leid!"

Schwester Renate rang empört nach Luft. Katharina hatte sie mit ihren eigenen Waffen geschlagen. Was, um alles in der Welt, ging hier vor?

„Wisst Ihr von dem Pamphlet, das heute Morgen im Kloster aufgetaucht ist, meine Tochter? Habt Ihr die Schriften dieses Mannes gelesen?"

Katharina von Bora erbleichte. Unter den frostigen Blicken ihrer Ordensoberen schmolz die Sicherheit, die sie noch wenige Augenblicke zuvor kühn zur Schau getragen hatte, wie Schnee in der Wintersonne. Plötzlich bekam sie Angst, beinahe Todesangst. Ja, sie hatte sich mit Doktor Martin Luthers Lehren beschäftigt, obwohl sie wusste, dass man sie dafür bestrafen konnte. Seit Monaten lasen sie und einige andere Schwestern insgeheim seine Schriften, die im Wagen eines Krämers, der das Kloster regelmäßig mit Fisch belieferte, durch die Pforte geschmuggelt wurden.

Für Katharina, die niemals elterliche Zuneigung empfangen hatte, gab es keine andere Familie als die Gemeinschaft ihres Ordens. Und doch eröffneten die Schriften, die sie des Nachts heimlich bei Kerzenschein studierte, ihr eine völlig neue Welt. Sie hatte erfahren, dass Gott keinen erzwungenen Dienst verlangte. Für Frauen gab es mehr als nur die formelhaften Gebete in der Klosterkirche. *Was geschieht mit uns,* fragte sie sich, *wenn die Werke der Frömmigkeit, nach denen wir hier streben, uns überhaupt nicht in den Himmel bringen, weil wir die Grundlagen des Glaubens nicht kennen?*

„Ihr habt mir also nichts zu sagen?" Die bohrende Stimme der Äbtissin riss Katharina aus ihren Gedanken. Die alte Frau bedachte sie mit einem kummervollen Blick. „Dann geht jetzt ins Refektorium, und kümmert Euch um die Ausbesserung der Altardecken für das Osterfest."

Katharina neigte den Kopf und wandte sich ab. Als sie durch den Kreuzgang lief, spürte sie, wie ihr der Schweiß aus allen Poren trat. Unter ihrem weiten Habit raschelte ein Stück Papier. Sie konnte von Glück reden, dass die Äbtissin es in ihrer Aufregung nicht bemerkt hatte.

Ich muss fort von hier, dachte Katharina angstvoll und beschleunigte ihre Schritte. Aber konnte sie eine Flucht überhaupt in Erwägung ziehen? Im benachbarten Herzogtum Sachsen war eine entlaufene Nonne auf dem Schafott gelandet. Und selbst wenn es ihr gelänge, unbemerkt aus Nimbschen zu fliehen, wohin sollte sie als völlig mittellose Klosterfrau gehen? Plötzlich kam ihr ein Gedanke. Möglicherweise gab es ja doch jemanden im Konvent, der ihr bei dieser schweren Entscheidung beistehen konnte.

Ich werde Schwester Lene um Rat fragen, dachte sie. Schwester Lene war Siechenmeisterin in Marienthron und über den väterlichen Zweig mit ihr verwandt. Wenn jemand im Kloster sie anhören würde, ohne sie zu verraten, so war sie es.

Auf seinen Erkundungszügen durch das Umland von Eisenach erlebte Martin schreckliche Dinge. Er kam durch Dörfer, die nahezu vollständig niedergebrannt waren. Verkohlte Balken, die wie zersplitterte Knochen aussahen, starrten ihn anklagend an. Hinter den Fenstern lauerten nur noch Leere und Dunkelheit. Martin konnte es nicht fassen. Wohl hatte er in den vergangenen Wochen hin und wieder Rauchsäulen am Horizont aufsteigen sehen, aber weder der Burghauptmann noch Matthes hatten ihm auf seine Fragen eine zufriedenstellende Antwort gegeben.

Vor einer Schmiede ließ er sich langsam aus dem Sattel gleiten. Er band sein Pferd an einen Pfosten und folgte dem Klang regelmäßiger Hammerschläge – das einzige Geräusch, das die trostlose Stille, die über dem geplünderten Weiler lag, durchbrach.

Ein winziger Hof, in dem tiefe Wasserlachen standen, führte zu einer Werkstatt, in der ein Kohlenfeuer loderte. Dort stand ein breitschultriger Mann vor einem Amboss. Wie von Sinnen schmetterte er seinen Hammer auf ein glühendes Hufeisen. „Was wollt Ihr?“, herrschte er Martin an, ohne den Kopf zu heben.

„Seid Ihr allein zurückgeblieben?“ Martin blickte sich verstohlen um. Der Schmied warf den Hammer auf den Boden, stemmte die nackten, rußbedeckten Arme in die Hüften und schob angriffslustig das Kinn vor. Martin wich erschrocken zurück. Im nächsten Augenblick entdeckte er den Galgen, der das Dach der Werkstatt überragte. Wenige Schritte von der Schmiede entfernt baumelten zwei Leichen an Stricken im Wind. Ihre bärtigen Gesichter waren dunkel verfärbt, die Augen aufgerissen, der Blick leer.

„Sie kamen von Süden her“, erklärte der Schmied, hob den Hammer wieder auf und setzte seine Arbeit fort. „Sie behaupteten, die Bauern würden die Klöster plündern.“

„Aber … wer?“ Martin war wie vor den Kopf geschlagen.

Der Schmied hielt kurz inne und zuckte die Achseln. „Was weiß ich? Sie wollten, dass wir dasselbe tun. Sagten, das sei die Freiheit, von der dieser Martin Luther gefaselt hat!“ Wütende Schläge ließen den Amboss erbeben. „Ihr Anführer, so ein dürrer Kerl, schrie, dass jeder Christ das Recht hätte, sich mit Gewalt zu nehmen, was er brauchte. Als wir uns weigerten, ihm zu gehorchen, fielen seine Männer über das Dorf her.“

Aber das ist doch Wahnsinn, ging es Martin durch den Kopf, *ein unverzeihlicher Bruch des Landfriedens.* „Ich habe nie … Ich meine, Luther hat niemals Gewalt gepredigt. Wer dies behauptet, ist ein verlogener Teufel."

„Ach ja?"

„Wenn Luther von Kampf spricht, meint er den geistigen Kampf, der in den Herzen der Menschen ausgefochten werden muss. Es geht darum, die Sünde abzulegen und sich der Gnade Christi zu überlassen."

„Tja, Euer Luther hat jedenfalls das Weite gesucht, doch seine verdammten Ideen haben die gesamte Welt in Brand gesetzt. Jedenfalls die Welt, die ich kenne, und die endet hinter dem Galgenhügel. Bald wird nicht nur unser Dorf in Flammen stehen, sondern ganz Deutschland."

Martin holte tief Luft. Seine Hand wanderte hinab zu der Tasche, die er sich um die Hüften geschnallt hatte. In ihr lag das fertige Manuskript seiner Übersetzung des Neuen Testaments. *Der Schmied hat recht,* dachte er resigniert. *Ich habe das Weite gesucht. Wenn ich in Wittenberg gewesen wäre, anstatt mich auf der Wartburg zu verstecken, hätte ich möglicherweise verhindern können, dass man mein Wort derart falsch auslegt.*

Er konnte nicht länger davonlaufen; sein Entschluss stand fest. Er durfte nicht mehr auf die Wartburg zurückkehren. Der einzige Ort, an dem er nun noch etwas ausrichten konnte, war Wittenberg.

ALS MARTIN zwei Tage später über den Stadtgraben und durch das weit geöffnete Tor in die Stadt hineinritt, blies der raue Wind ihm einen unangenehmen Brandgeruch entgegen. Irgendwo in der Nähe schien ein Feuer zu wüten, aber keine Brandglocke war zu hören. Die beiden Torwächter, welche die hölzerne Brücke im Auge behielten, winkten ihn unwirsch weiter, ohne auf seine Fragen zu antworten. Sie erkannten ihn nicht, da er noch immer den ledernen Jagdrock und die hohen Stiefel trug.

Als er sich der Schlosskirche näherte, an deren Tür er fünf Jahre zuvor seine Thesen angeschlagen hatte, gefror ihm das Blut in den Adern. Das Kirchenportal stand in Flammen. Dichter weißer Rauch waberte über den Platz. Überall lagen Trümmer herum, verkohlte Holzstücke, Splitter und bunte Glasscherben säumten seinen Weg. Die Stadt war in Aufruhr, genauso, wie er es befürchtet hatte. Von überallher strömten Männer und Frauen, mit Stöcken und Knüppeln bewaffnet, in Richtung Schlossplatz.

In unmittelbarer Nähe der mächtigen Westfassade schleuderten bewaffnete Männer Brandfackeln durch die zerbrochenen Fenster und gegen die steinernen Schwertträger, die auf Sockeln rechts und links über dem Portal thronten. Sie schrien begeistert auf, wenn aus dem Innern des Gotteshauses ein wütendes Zischen drang. Vom Schlosshof eilte eine Schar Soldaten mit Schwertern und Hellebarden herbei, die sich jedoch von der wütenden Menge fernhielt. Ihre Aufgabe schien lediglich darin zu bestehen, den Aufrührern den Zutritt zum Hof des Fürsten zu verwehren, alles andere ging sie offenbar nichts an. Die beiden Knechte des Bürgermeisters schleppten Wasser in Holzeimern über den Kirchplatz, aber sie wurden nicht durchgelassen. Ehe sie das brennende Portal erreichten, rissen zerlumpte Gestalten ihnen die Eimer aus der Hand und gossen das Wasser in den Sand.

Martin blickte zu den Rundbogen und Treppen der Schlossanlage hinüber, doch dort rührte sich nichts. Der Kurfürst, so hatte er unterwegs erfahren, war krank, und seine Berater schienen fest entschlossen, die Exzesse zu ignorieren. Doch wo, zum Teufel, steckte Spalatin?

Mit versteinerter Miene zog Martin sein Pferd hinter sich her und erkämpfte sich einen Weg durch die aufgebrachte Menge. Der beißende Rauch des Feuers vor der Kirche schien ihn wie ein Dämon zu verfolgen. Unvermittelt traf ihn die Erkenntnis, dass er den Teufel auf der Wartburg nicht hatte vertreiben können. Der düstere Widersacher mochte sich für eine Weile zurückgezogen haben, um neue Kraft zu schöpfen. Nun aber war er wieder da, bereit, seinen tödlichen Kampf gegen Martin von Neuem aufzunehmen. Martin traten Tränen der Verzweiflung in die Augen. Er musste zur Universität, um Melanchthon zu Hilfe zu rufen. Der Spuk musste beendet werden.

An der Ecke zum Rathausplatz wurde er jedoch aufgehalten. Eine Frau schrie laut auf und warf die Hände in die Luft. „Seht nur, sie bringen die gefangenen Mönche!“

Martin wandte sich um und sah, wie sechs Ordensbrüder, mit Stricken aneinandergebunden, hinter einem Pferdekarren hergeschleift wurden. Der erbärmliche Anblick der Männer entsetzte ihn so sehr, dass er beinahe das Atmen vergaß. Jeder Einzelne von ihnen war ihm bekannt. Ganz vorne lief Bruder Severinus, ein siebzigjähriger Franziskanerpater, der erst wenige Jahre zuvor nach Wittenberg versetzt worden war, um dort seinen Lebensabend zu verbringen. Ihm folgte der Subprior seines Konvents, ein ernster Mann, der sich abmühte, nicht über zerschlagene Krüge oder Unrat zu stolpern. Drei Brüder, die an ihren schwarzen Kutten unschwer als Augustiner zu erkennen waren, waren Martin bisher nur vom Sehen bekannt. Sie waren jünger und kräftiger als die Übrigen, jedoch völlig verängstigt. Den Abschluss bildete – Bruder Ulrich.

Martin öffnete den Mund, doch kein Schrei drang über seine Lippen. Das konnte nicht wahr sein! Hatte denn die ganze Welt den Verstand verloren?

Er ließ die Zügel seines Rappen fallen und drängte einen Korbflechter zur Seite. *Mein Gott,* dachte er, *was haben diese Wahnsinnigen mit Ulrich vor?*

Der Karren kam unmittelbar neben dem gemauerten Fundament des Prangers zu stehen. Ein Mann sprang ab und schnitt die Handfesseln der gefangenen Mönche durch, während sich ein paar seiner Kumpane mit drohenden Gesten auf die kleine Gruppe zubewegten. Im nächsten Augenblick wurden die sechs Männer auch schon zu Boden gerissen. Der Anführer der Rebellen trug ein langes Gewand. Eine Kapuze, die aussah wie die eines Scharfrichters, verbarg seine Gesichtszüge. Er nahm eine brennende Fackel und führte sie langsam und drohend an den Kopf von Bruder Ulrich heran.

„Ihr seid schon einmal aus der Kirche verjagt worden, Ulrich!", rief er dem am Boden liegenden Mann zu. „Damals haben wir Euch verboten, wiederzukehren und die Messe zu lesen, aber Ihr wolltet ja nicht hören."

Ulrich hob den Kopf. Sein Gesicht war grau vom Staub des Platzes, aus der geschwollenen Nase tropfte Blut. Als sein Blick den des Rebellen traf, verzog er angewidert den Mund und spuckte in den Sand.

„Zieht diese römischen Kleider aus, Ulrich, sonst brennen wir sie Euch und Euren Brüdern vom Leib!"

Der verletzte Mönch sackte erschöpft zusammen. Er steckte die Finger der rechten Hand in den Kragen seiner Kutte, als wolle er der Aufforderung seines Peinigers nachkommen. Doch plötzlich, völlig unerwartet, bäumte sich der Mönch auf. Mit einem Schrei sprang er auf die Füße, stieß dem verblüfften Mann mit der Fackel seine Faust in den Magen und riss ihm mit einer raschen Handbewegung die Kapuze vom Kopf. Die Fackel flog in hohem Bogen in eine Pfütze, wo sie mit wütendem Zischen erlosch.

„Karlstadt!", rief Bruder Ulrich mit Todesverachtung, während er von zwei kräftigen Männern überwältigt und auf die Knie gezwungen wurde. „Wusste ich's doch! Warum verbergt Ihr Euer Gesicht, Nachbar Andreas? Glaubt Ihr vielleicht, Gott erkennt Euch nicht unter der Kapuze? Seid versichert, der Herr selbst verhüllt sein Antlitz vor Euren Schandtaten!"

„Schweig, du päpstlicher Speichellecker!" Karlstadt richtete sich zu seiner vollen Größe auf; Unheil verkündend breitete er die Arme aus, als wollte er der Menge seinen Segen erteilen. Was unter der Filzkapuze zum Vorschein kam, schien indessen nicht wenige der Männer und Frauen auf dem Platz zu irritieren. Karlstadts Äußeres hatte sich sehr verändert. Er wirkte krank und verwirrt. Sein knochiger Schädel war kahl geschoren, die Wangen blutleer.

„Reicht mir eine Fackel!", verlangte Karlstadt mit fester Stimme. Sein Zorn war einer beängstigenden Entschlossenheit gewichen. Einer seiner Anhänger drückte ihm einen mit Lumpen umwickelten und in Öl getränkten Holzstab in die Hand. Langsam näherten sich die züngelnden Flammen dem Saum von Bruder Ulrichs schmutziger Kutte. Der Mönch hob abwehrend den Arm. Blankes Entsetzen lag in seinem Blick.

„Nein … Das dürft Ihr nicht!"

Martins Schrei ließ die Männer jäh zusammenfahren. Er nutzte ihre Verwirrung, um sich durch die Reihen der Gaffer zu drängen und auf Karlstadt zuzulaufen. Im letzten Augenblick gelang es ihm, dem verblüfften Magister die Brandfackel zu entwinden und sie wegzuschleudern.

Erschrockenes Gemurmel brandete auf. Karlstadt stierte seinen Angreifer hasserfüllt an. Seine Hochstimmung war wie weggeblasen. Mit einem unartikulierten Aufschrei taumelte der ehemalige Magister zurück, doch schon im nächsten Moment spürte Martin, wie zwei kräftige Arme sich von hinten um seinen Brustkorb legten und ihn brüsk in die Höhe stemmten. Der Angriff war so unerwartet gekommen, dass er nicht einmal mehr die Hände heben konnte, um sich zu schützen. Sein Gesicht lief feuerrot an, vor seinen Augen zerstoben tausend Funken. Doch dann gelang es ihm, Karlstadts Gehilfen beide Ellenbogen in die Seite zu rammen. Der Mann schnappte nach Luft, der Griff um Martins Brust lockerte sich. Ohne zu zögern, wandte Martin sich um und gab seinem Angreifer einen so heftigen Stoß in den Unterleib, dass er zu Boden stürzte.

„Ihr erbärmlichen Feiglinge!", rief Martin und ging in Kampfstellung, wie er es Hans von Berlepschs Ritter oft hatte tun sehen. „Und ihr nennt euch Christenmenschen?" Aus den Augenwinkeln sah er, wie zwei weitere Männer sich an ihn heranschlichen. In der Faust des einen blitzte der kalte Stahl eines Jagdmessers auf. Brüllend wie ein Bär warf er sich auf Martin, der jedoch geschickt auswich und dem Burschen einen Hieb in den Magen versetzte, der ihn taumeln ließ. *So war die Zeit in der Burgvogtei doch noch zu etwas gut,* schoss es ihm mit bitterer Freude durch den Kopf.

„Großer Gott", hörte er plötzlich eine Stimme aus der Gruppe der Mönche. „Das ist … Bruder Martinus … Doktor Luther!"

Karlstadt zuckte zusammen, als hätte ihn ein Stein am Kopf getroffen. Der Klang dieses Namens traf ihn bis ins Mark. Ungläubig starrte er den fremden Ritter an. „Luther!", zischte er. „Luther ist am Leben!"

Die Nachricht rauschte wie eine Meereswoge über den Platz. Martin straffte die Schultern und hob den Blick, damit alle ihn sehen konnten. *Gott sei Dank, sie haben mich wiedererkannt,* dachte er erleichtert. *Keine Ahnung, wie lange ich noch durchgehalten hätte.* Mit klopfendem Herzen sah er, wie sich Bruder Ulrich auf die Füße plagte und ihm schwankend, aber lächelnd entgegenlief. Die Burschen, die ihn angefallen hatten, machten, dass sie davonkamen.

„Bruder Martinus. Ich kann's kaum glauben!"

Martin klopfte ihm aufmunternd auf den Rücken. „Glaub es, mein Freund! Und nun lass uns dieses Höllenspektakel beenden!" Er ließ Ulrich stehen.

„Ihr da!", rief Martin. „Was steht ihr da herum und starrt Löcher in den Schlamm. Na los, wir brauchen Eimer und Schaufeln! Lauft!!"

Erschüttert sah Karlstadt zu, wie sich die Menge, die eben noch auf seiner Seite gestanden hatte, zerstreute, um der Aufforderung Luthers nachzukommen. „Wenn ein Glied faul ist, Martin Luther, so muss man es abschneiden und ins Feuer werfen, wie es der heilige Johannes gefordert hat. Das weißt du so gut wie ich!"

„Geh mir aus den Augen, Karlstadt!", stieß Martin leise hervor.

„Verstehst du denn immer noch nicht, Martin?" Karlstadt verlegte sich aufs Flehen. „Das alles geschieht um deinetwillen. Ich habe dich unterstützt. Ich habe genauso weitergemacht, wie du es getan hättest. Lass die Flammen lodern! Sie werden alles vernichten, was der reinen Lehre widerspricht."

„Dieses Chaos ist gewiss nicht mein Werk!", erwiderte Martin.

„Es ist das Werk des Volkes!", fauchte Karlstadt, der seine Erregung kaum noch zügeln konnte. Er wandte sich der Menge zu, aber niemand mochte ihm in die Augen schauen. Die Menschen behandelten ihn, als wäre er Luft. Gedemütigt streifte er sich die Kapuze über den kahl geschorenen Kopf. Dann verließ er den Platz, ohne sich noch einmal umzusehen.

Achtzehntes Kapitel

Rom, 1523

Auf den Gängen des päpstlichen Palastes wurden bereits die Lichter angezündet, als Girolamo Aleander sich endlich dazu durchrang, dem Toten die letzte Ehre zu erweisen.

Mit fahrigen Bewegungen schob er den schweren Vorhang beiseite, der den Körper des Verstorbenen vor allzu neugierigen Blicken abschirmte, und schritt langsam, fast wie in einem Traum, über die eisigen Steinplatten. Es fiel ihm schwer, sich zu konzentrieren. Der monotone Gesang der Dominikanermönche, die in einem Winkel der Marmorkapelle saßen und beteten, jagte ihm einen Schauer über den Rücken. Er hasste Mönche. Stumm trat er an den langen, mit schwarzem Samt überzogenen Tisch, auf dem der massige Körper des Mannes lag, der ihm zu Lebzeiten so oft Angst gemacht hatte. Er bekreuzigte sich flüchtig.

Papst Leo war tot, daran gab es nun keinen Zweifel mehr. Wie es dem Brauch entsprach, hatte man den Leichnam keine fünf Schritte vor den Stufen zum Altar der Marmorkapelle aufgebahrt. Weite purpurne Gewänder aus Brokat und Seide hüllten ihn fast völlig ein. Am Kopf- und Fußende standen mächtige goldene Kandelaber, doch der Schein der winzigen Wachsstummel, die in ihnen steckten, verbreitete beinahe mehr Dunkelheit als Licht. Das Gesicht des Papstes wirkte unter der riesigen Mitra weder beeindruckend noch furchterregend. Im Gegenteil, Aleander kamen seine Züge spitz und kantig vor, die Haut schimmerte wie Pergament. Wahrscheinlich hatten die Ärzte den Heiligen Vater so lange zur Ader gelassen, bis kein Blutstropfen mehr in ihm gewesen war. Aleander betrachtete die gefalteten Hände des Papstes und stellte fest, dass sie rissig und blau waren. Kein einziger Edelstein schmückte die dürren Finger. Obgleich es ihn nicht wirklich kümmerte, runzelte Aleander die Stirn. Hatte man etwa gewagt, den Toten zu berauben?

Auf einem Schemel neben Leos Leichnam saß Kardinal Cajetan. Seine von tiefen Falten umgebenen Augen waren geschlossen, aber seine Lippen bewegten sich. Aleander fragte sich unwillkürlich, ob sein alter Mentor den Verlust des Papstes aufrichtigen Herzens bedauerte oder ob er Gott insgeheim dankte, dass er ihn und damit ganz Rom ein für alle Mal von Leos Launen befreit hatte. Seine Gedanken kehrten zu der Unterredung zurück, die er vor Jahren, kurz nach der Papstwahl, mit dem alten Mann geführt hatte. Welch große Hoffnungen hatten beide doch mit Leos Pontifikat verbunden. Sowohl Aleander als auch Cajetan waren davon überzeugt gewesen, dass Leo X. der geeignete Mann war, um Korruption und Lasterhaftigkeit im Vatikan mit Stumpf und Stiel auszurotten. Doch letzten Endes waren sie und mit ihnen unzählige andere Menschen bitter enttäuscht worden. Leo war zwar ein scharfsinniger Politiker gewesen, doch für notwendige Reformen innerhalb der Kirche war er bestenfalls halbherzig eingetreten. Dafür hatte er ausschweifende Feste gefeiert, Jagdausflüge unternommen und einen Berg von Schulden hinterlassen. Seit dem Tag, da er die Augen geschlossen hatte, pochten beinahe täglich Gläubiger gegen die Tore des Palastes, um fällige Gelder einzutreiben.

Ungeduldig sah Aleander zu, wie Bischöfe, Kardinäle und andere Würdenträger in prunkvollen Gewändern an dem Aufgebahrten vorbeischritten und sich verbeugten. Als ein einfacher Mönch neben ihm auftauchte, hielt er ihn grob am Ärmel fest. „Um Gottes willen, Bruder, könnt Ihr nicht wenigstens für ein paar zusätzliche Kerzen sorgen?", raunte er dem Mönch zu. „In dieser Finsternis wird sich noch jemand den Hals brechen!"

„Wir haben schon fast alle Kerzen aus den Gängen hierher in die Kapelle schaffen lassen, Exzellenz!" Der Mönch zuckte mit den Achseln. Dann ergänzte er mit gesenkter Stimme: „Wir haben einfach … kein Geld mehr!"

Aleander nickte grimmig. Er ließ den Mönch wieder an seinen Platz zurückkehren und wandte sich dem Kardinal zu, der noch immer auf dem Schemel verharrte. Als der alte Mann seinen einstigen Günstling erkannte, huschte ein müdes Lächeln über die faltigen Wangen. „Bankrott", kicherte er. „Habt Ihr es gewusst, Girolamo? Achthunderttausend Dukaten Schulden. Der Bau der Peterskirche stockt, die Baumeister und Steinmetzen haben die Arbeit niedergelegt." Er hustete gequält. „Soll ich Euch etwas verraten?"

„Ihr solltet Euch nicht überanstrengen!"

Cajetan machte eine abwehrende Handbewegung. „Wenn Leo weitergelebt hätte, hätte er auch noch den Vatikan verkauft und uns alle auf die Gasse hinausgejagt."

Arm in Arm verließen die beiden Männer die düstere Kapelle und wanderten ziellos durch die Gänge.

„Welche Ironie des Schicksals! Ein Mann setzt die Zukunft der Kirche aufs Spiel – riskiert, dass sie gespalten wird –, nur weil er will, dass der König von Frankreich statt des Königs von Spanien den kaiserlichen Thron besteigt. Aber am Tag vor seinem Tod schlägt er ebendiesen Franzosen und feiert bis spät in die Nacht; fängt sich eine Erkältung ein, die zu einem wütenden Fieber führt, und …" Cajetan beendete den Satz nicht.

„Ihr habt ihn nicht gemocht, oder?", fragte Aleander den alten Kardinal.

„Leo X. hätte die Welt verändern können. Er hätte die Kirche reformieren können – stattdessen hat er nur Bolzen an die Tore der Macht schlagen lassen. Er war ein geistiger Zwerg, als wir einen Riesen gebraucht hätten." Er hielt inne und fügte dann leise hinzu: „Einen Mann wie Luther!"

Aleander stöhnte auf; seine Augen funkelten vor Zorn. Der deutsche Mönch war geflohen, vielleicht war er längst tot und unter einem Galgen verscharrt. Als er den Mund öffnete, um dem Kardinal seine Vermutung mitzuteilen, gebot Cajetan ihm Einhalt. Auf seinem Gesicht breitete sich ein sanftes Lächeln aus.

„Aber als *Freund* habe ich Leos Gesellschaft geschätzt. Er brachte mich zum Lachen – gewöhnlich zum falschen Zeitpunkt. Das fand ich zum Verrücktwerden. Dennoch werde ich ihn vermissen."

Er streckte die Hand aus. Als Aleander sie zögerlich ergriff, merkte er, dass Cajetan den großen Siegelring des Papstes trug.

„Denkt daran, Aleander. Gott braucht unsere Protektion nicht!“ Der alte Mann drehte sich um und setzte seinen Weg alleine fort, bis seine hagere Gestalt von der Dunkelheit verschlungen wurde.

Katharina von Bora hatte ihre Flucht mithilfe der Siechenmeisterin bis ins kleinste Detail geplant. Nun konnte sie nur noch beten, dass sie und die anderen nicht entdeckt wurden.

Kurz nach Karfreitag stellten sich bei mehreren Schwestern heftige Magenbeschwerden ein, die sogleich dem gelieferten Fisch zugeschrieben wurden. Nach und nach begaben sich die Betroffenen ins Spital, das aus Sorge vor Ansteckung nicht im Haupthaus, sondern auf der anderen Seite des Klosterhofes in der Nähe der Außenmauern lag. Die ganze Sache war ein Wagnis, aber die Beteiligten waren sich einig, dass ein Leben hinter den Mauern des Konvents für sie nicht länger zu ertragen war.

Während Äbtissin Renate und die meisten Nonnen in der Klosterkirche an den liturgischen Feiern zur Osternacht teilnahmen, rumpelte ein von zwei Pferden gezogener Planwagen die Mauer entlang. Auf der Ladefläche standen neun riesige Fässer, in denen für gewöhnlich Heringe aus Torgau befördert wurden. Der Mann auf dem Bock blickte verstohlen über die Schulter. Im Unterholz kreischte ein Nachtvogel auf, und aus der Ferne drang geisterhafter Gesang an sein Ohr. Mürrisch trieb er sein Gespann über den schmalen Weg, bis endlich der Turm der Klosterkirche vor ihm aufragte. Seine Augen suchten die Dunkelheit nach dem verabredeten Signal ab. Tatsächlich entdeckte er hinter einem winzigen Mauerfenster ein flackerndes Licht. Der Mann atmete tief durch. Dann schwenkte er seinerseits die Laterne, die am Pfosten seines Wagens befestigt war. Nun musste er nur noch warten.

Eine quälend lange Weile geschah gar nichts. Der Fuhrmann wurde unruhig. Er hatte seine Instruktionen und einen großzügigen Lohn im Voraus erhalten, doch sein Leben wollte er nicht aufs Spiel setzen. Was geschah, wenn jemand ihn und die Nonnen verraten hatte? Auf Nonnenraub stand der Tod.

Plötzlich wurde unmittelbar hinter der Ladefläche eine knarrende Pforte aufgestoßen. Eine Schar dunkler Gestalten huschte lautlos am Wagen vorbei.

„Na endlich, es wurde höchste Zeit“, brummte der Fuhrknecht und sprang vom Wagen. Erleichtert half er den Frauen beim Aufsteigen. „In die Fässer, schnell. Wir dürfen keinen Verdacht erregen. Sobald mein Wagen über die Hügelkette fährt, seid ihr auf der Flucht. Man wird euch anklagen!“

„Das wissen wir, Mann“, antwortete eine der Frauen. „Kümmert Euch darum, dass meine Kinder in Sicherheit gebracht werden. Fahrt sie nach Torgau, zum Ratsherren Leonhard Koppe. Der wird ihnen weiteres Geleit bis Wittenberg geben. Für alles Übrige wird unser Herrgott schon sorgen!" Die Frau wandte sich ab und trat unter den Türsturz zurück. Offensichtlich hatte sie sich dafür entschieden, im Kloster zu bleiben.

Katharina, die bereits auf der Ladefläche stand, hob die Hand zu einem flüchtigen Abschiedsgruß. „Und du willst es dir nicht noch einmal überlegen, Tante?", rief sie der Frau zu.

Die Nonne schüttelte den Kopf. „Nicht, solange meine Helferinnen noch in der Lehre sind. Ich bin Siechenmeisterin, die Einzige, die sich mit Heilkräutern auskennt. Wenn die Zeit gekommen ist, werde ich mein Gewissen befragen. Vielleicht sehen wir uns dann wieder, mein Kind!"

„Beeilt Euch, Schwester", zischte der Fuhrknecht Katharina zu. „Wir müssen verschwunden sein, ehe die Nonnen ihre Gebete beendet haben!"

Katharina lächelte ihn milde an. Mit einer bedächtigen Bewegung nahm sie Gebinde und Schleier ab, warf der Siechenmeisterin einen letzten Blick zu und zwängte sich in das nach Fisch stinkende Fass.

MARTIN machte sich große Sorgen, als er von den zunehmenden Unruhen erfuhr. Wieder einmal mussten seine Worte für Taten herhalten, an die er nicht im Traum gedacht hätte. In seiner Fantasie sah er das Reich schon in Strömen von Blut schwimmen. Er nahm Anteil an der Not der Bauern, denn er wusste, dass inzwischen ganze Dörfer verhungerten, weil ihre Grundherren sie bis zum letzten Sack Korn ausplünderten. Aber war Gewalt eine Lösung? Offener Widerstand mit Knüppeln und Äxten gegen Schwerter und Kanonen?

Die Geduld der Bauern – auch mit Martin und seinen Mitstreitern – schien am Ende zu sein. Unermüdlich hatten die Reformer Gerechtigkeit gepredigt und Veränderungen durchgesetzt. In Wittenberg wurden Heiligenfeste und Seelenmessen abgeschafft, statt pompöser Zeremonien forderten Martin und seine Anhänger bescheidene Gottesdienste mit Wortverkündigungen und Gebeten in deutscher Sprache. Das Neue Testament in deutscher Sprache, das im vorausgegangenen Herbst endlich gedruckt worden war, hatte reißenden Absatz gefunden und einen Siegeszug durch das ganze Reich angetreten. Nun arbeitete Martin daran, auch die hebräischen Schriften zu übertragen.

Die Bauern fühlten sich in ihrem Kampf gegen die Ausbeutung durch ihre Herren indes im Stich gelassen. Unnachgiebig forderten sie die Abschaffung der Leibeigenschaft, der Fronarbeit und Jagd- und Fischereifreiheit. In einem Brief bat Martin die Anführer der Aufständischen um Zeit. Die Welt, so schrieb er ihnen, sei nicht stark genug, zu viele Veränderungen auf einmal zu verkraften. Den Christen stehe nicht zu, sich mit Gewalt gegen die Obrigkeit aufzulehnen. Im Jenseits werde ihnen dafür Gerechtigkeit widerfahren. Martin wusste wohl, dass diese Worte für die Unterdrückten wie Hohn klingen würden, aber ihm blieb keine andere Wahl. Wollte er Schlimmeres verhindern, musste er sie aufhalten.

Eines Morgens, als Martin sich bereit machte, um zur Kirche zu gehen, stürmte Spalatin in seine Kammer. „Ihr müsst mitkommen!", keuchte er.

Erschrocken starrte Martin den Sekretär an. Für gewöhnlich konnte Spalatin seine Gefühle unter der kühlen Maske des Beamten verbergen. „Geht es um Seine Durchlaucht? Hat sich sein Zustand verschlechtert?"

„Kurfürst Friedrich geht es den Umständen entsprechend", erwiderte Spalatin erregt. „Darum geht es nicht. Ganz in der Nähe der Stadt hat eine furchtbare Schlacht getobt. Hunderte, ja Tausende von Bauern haben sich in ein Dorf hinter den Wäldern zurückgezogen und Palisaden errichtet …"

Martin sprang auf. „Was sagt Ihr da?"

„Viele Eurer Wittenberger Beichtkinder haben sich den Aufständischen angeschlossen, obwohl Ihr und mein Fürst ihnen davon abgeraten habt. Kommt und seht selbst. Die Pferde stehen vor dem Tor bereit!"

An der Seite Spalatins schlug Martin den Weg in südöstlicher Richtung ein. Bald gewahrte er eine dünne Rauchsäule, die sich wie eine Windhose über die Wipfel der Bäume erhob. Trotz des feinen Nieselregens, der seit dem Morgengrauen niederging, lag der schwere Geruch nach Verbranntem in der Luft. Martin ritt zwischen zwei großen Wasserlachen hindurch. Der Fluss war wie so oft in dieser Jahreszeit über seine Ufer getreten und hatte die Auen überschwemmt. Entsetzt bemerkte er, dass sich das Wasser unter den Hufen seines Pferdes langsam blutrot färbte.

Und dann sah er Leichen, unzählige Leichen, wohin man blickte. Sie trieben aufgedunsen im Fluss.

„Wir kommen zu spät", flüsterte Spalatin niedergeschlagen. Vor ihnen lagen morastige Felder, die nicht mehr bearbeitet wurden, und dahinter eine Ansammlung von Hütten und Scheunen. Der Brandgeruch war kaum noch wahrzunehmen, dafür roch es nach Verwesung.

Auch der Dreschplatz des Dorfes war mit Leichen übersät, unter ihnen zwei Nonnen in angesengten Gewändern, Mönche und einige Edelleute mit klaffenden Kopfwunden. Martin und Spalatin schwangen sich aus dem Sattel und schritten vorsichtig auf die kleine Dorfkirche zu. Martin hatte erst vor wenigen Monaten in ihr gepredigt. Die Pforten des aus Backsteinen errichteten Gebäudes hingen gefährlich schief in den Angeln und klapperten im Wind.

Aufruhr ist nicht nur Mord, sondern ein tosendes Feuer, das ein ganzes Land befällt und in Schutt und Asche legt, dachte Martin traurig. Er zuckte zusammen, als er einen kleinen Jungen entdeckte, der gleich neben der Treppe in einem Aschenhaufen kauerte und ihn mit großen Augen anstarrte.

„Geht dort besser nicht hinein, Herr!“, rief der Junge ängstlich.

Martin strich ihm über das Haar. „Warum nicht? Dies ist ein Haus Gottes.“

„Jetzt nicht mehr!“ Der Junge sprang auf und rannte die Dorfstraße hinunter. Martin zögerte einen Moment, dann lief er die Treppe hinauf, stieß die Tür auf – und begriff, was der Junge ihm hatte sagen wollen.

Das Haus Gottes war entweiht worden. Über den Bänken, vor der hölzernen Empore, ja sogar auf dem geplünderten Altar lagen Tote.

Martin blieb am Eingang stehen. Sein ganzer Körper war in einem namenlosen Schrecken erstarrt. Übelkeit stieg in ihm auf. Er nahm nicht wahr, wie sich die Tür ein zweites Mal öffnete und Spalatin neben ihn trat. Erst nach einer Weile gelang es Martin, den Sekretär anzusehen. „Ist es vorbei?“

„Ja, es ist vorbei.“

„Wie viele Tote?“

Spalatin zuckte müde die Schultern. „Das weiß noch niemand. Manche sagen fünfzigtausend, andere sprechen von weitaus mehr Opfern. Vielleicht … hunderttausend Menschen.“

„Hunderttausend tote Bauern?“

„Es waren auch einige Edelleute darunter. Die Wut hat um sich gegriffen wie …“ Der Sekretär sprach nicht weiter. Verwundert sah er zu, wie Martin seine Kutte raffte, langsam von Bank zu Bank schritt und den Toten sorgsam das Gesicht verhüllte. Dafür benutzte er Kleidungsstücke, Schleier, Stofffetzen – was ihm in die Hände fiel. „Das ist Schlächterei, Spalatin. Der Sinn dessen, was ich schrieb, war doch, die Gewalt zu beenden.“

„Ihr habt den Fürsten zugeraten, die Bauernaufstände im Keim zu ersticken. Habt Ihr das etwa vergessen?“

Martin reagierte nicht. Ja, er hatte Schuld auf sich geladen, große Schuld. Niemals hätte er zulassen dürfen, dass die Obrigkeit derart gegen die Bauern losschlug. Statt neue Gottesdienstordnungen zu verfassen und Kirchenlieder zu schreiben, hätte er sich als Vermittler anbieten können. Doch nun war es zu spät.

Plötzlich hielt er inne, ein brennender Schmerz durchzuckte seine Brust. Zwischen den zusammengesunkenen Körpern glaubte er vage ein Gesicht zu erkennen. *Das darf nicht sein,* dachte er verzweifelt. *Nein, nur das nicht.* Haltlos schluchzend fiel er auf die Knie und kroch wie von Sinnen zu dem leblosen kleinen Körper, der zwischen zwei herabgestürzten Balken lag. Es war eine junge Frau, beinahe noch ein Kind. Ihr langes blondes Haar umrahmte ihren Kopf wie ein Kranz aus goldgelben Ähren. Arme und Beine waren in grotesker Weise vom Körper abgewinkelt. Trotzdem sah sie wunderschön aus und so friedlich, als schliefe sie.

„Kennt Ihr das Mädchen?“, fragte Spalatin mit schwacher Stimme. Er legte Martin eine Hand auf die Schulter.

„Ihr Name ist Grete“, gab Martin zurück. Er schüttelte Spalatins Hand ab; das Blut in seinen Ohren rauschte so stark, dass ihm schwindelte. „Die Tochter einer Reisighändlerin, die hier in der Nähe im Wald lebt.“

„Aber … Sie ist verkrüppelt. Was, um alles in der Welt, mag sie unter den aufständischen Bauern gesucht haben?“

Martin richtete sich auf. Mit zitternden, blutbefleckten Fingern versuchte er sich die Tränen aus den Augen zu wischen. „Sie ist nicht mehr verkrüppelt, Spalatin“, sagte er leise. Dann bückte er sich und hob den Leichnam des Mädchens auf. „Von heute an ist sie es nicht mehr.“

Es war noch früh. Ein Dunstschleier hing im zaghaften Licht der Morgendämmerung über den Dächern und Türmen der Stadt, als der Wagen aus Torgau gemächlich über das Pflaster holperte.

Auf der Ladefläche herrschte schläfriges Schweigen. Die meisten Frauen hatten die Augen geschlossen, nur zwei oder drei blinzelten vorsichtig in die Sonne oder kauten an einem runzeligen Apfel. Katharina saß auf dem Kutschbock. Im Gegensatz zu ihren apathischen Reisegenossinnen konnte sie es kaum abwarten, ihre neue Heimat kennenzulernen. Ihr Blick schien sich überall festzusaugen: an den prächtigen, mit Wappen geschmückten Sandsteinbogen, die zum Hof der kurfürstlichen Residenz führten, an der Kirche, deren Portal mit Holzbrettern verschalt war, und an den großzügigen Fassaden der Patrizierhäuser.

Vor einem imposanten Gebäude aus rotem Ziegelstein, über dessen Portal ein kunstvoll verziertes Kupferschild prangte, brachte Katharina den Wagen zum Stehen. Aufmerksam betrachtete sie das Anwesen. Dies musste das Haus des Hofmalers Cranach sein, mit dem sie von Torgau aus Briefe gewechselt hatte. Der Maler hatte sich erboten, sie und ihre Schwestern für die erste Zeit zu beherbergen. Ohne zu zögern, stieg Katharina vom Wagen und teilte den Frauen mit, dass sie das Ziel ihrer langen Irrfahrt erreicht hatten.

Aus einem Fenster im unteren Stockwerk war die Ankunft der ehemaligen Nonnen beobachtet worden. Sogleich öffnete sich die Tür, und ein würdevoll aussehendes Ehepaar trat auf den Wagen zu.

„Katharina von Bora?“, erkundigte sich der Mann höflich. „Mein Name ist Lucas Cranach, und ich stehe ab sofort zu Euren Diensten.“ Er legte seine rechte Hand vor die Brust und deutete eine Verbeugung an, während seine Gattin die Frauen auf dem Wagen musterte.

„Ich danke Euch von Herzen, Herr Cranach. Es ist sehr gütig von Euch, dass Ihr und Eure Gemahlin uns Zuflucht gewähren wollt. Seid versichert, dass wir Eure Gastfreundschaft nicht länger in Anspruch nehmen als nötig."

„Wie ich sehe, wurdet Ihr neu eingekleidet, Schwester … Jungfer von Bora", mischte sich Cranachs Frau in das Gespräch ein. „Die Torgauer müssen brav gespendet haben, nicht wahr?"

Katharina nickte. Jede andere Frau wäre unter den abschätzenden Blicken der Malergattin vor Verlegenheit im Erdboden versunken, Katharina jedoch blickte sie offen an und strich sich mit einer anmutigen Geste über das einfache Kleid aus Wollstoff, das man ihr für die Reise geschenkt hatte. „Darf ich fragen, wo ich Doktor Luther finde?", fragte sie, an Cranach gewandt. „Ich möchte ihm so bald wie möglich meine Aufwartung machen. Schließlich verdanken wir es seinen Schriften, dass uns ein neues Leben erwartet."

Lucas Cranach winkte einen seiner Knechte herbei, der die wenigen Habseligkeiten der Nonnen vom Wagen lud, und bat ihn, Katharina zur Marienkirche zu begleiten. Dort, erklärte er, sei der Doktor seit seiner Rückkehr in die Stadt häufig anzutreffen.

Als Katharina das dämmrige Kirchenschiff betrat, bemerkte sie einen Mann in einer schwarzen Schaube, der, tief in Gedanken versunken, vor dem Altar stand. Sein breiter Körper lag im Schatten, aber sein Kopf war in einen Lichtstrahl getaucht, der durch ein zerbrochenes Buntglasfenster fiel. Katharina spürte plötzlich Angst, am liebsten hätte sie auf dem Absatz kehrtgemacht, aber vor Cranachs Knecht, der ungeduldig am Portal stehen geblieben war, wollte sie sich keine Blöße geben. Sie wartete einen Augenblick, dann ging sie langsam auf den Mann am Altar zu.

„Verzeiht mir, ich bin auf der Suche nach Doktor Luther!" Katharina setzte ihr strahlendstes Lächeln auf, erntete jedoch nur einen verstörten Blick.

Der Mann runzelte die Stirn. Offensichtlich fühlte er sich gestört.

„Bitte, Herr, meine Schwestern und ich sind vor einiger Zeit aus dem Kloster in Nimbschen geflohen."

„Und was treibt Euch hierher?" Der Mann unterzog die junge Frau einer argwöhnischen Musterung und befand, dass sie nicht wie eine Nonne aussah. Ihre sanfte, kultivierte Redeweise und das selbstbewusste Gebaren ließen eher auf ein Edelfräulein schließen.

„Hier lebt doch Doktor Martin Luther?", erkundigte sich Katharina. „Er hat die Mönche und Nonnen aufgerufen, Gott *in* der Welt zu dienen. Nicht hinter Klostermauern. Und genau das haben meine Schwestern und ich vor."

Der Mann schaute sie skeptisch an. Er widerstand dem Impuls zu lächeln, obwohl ihm plötzlich danach zumute war. *Unbegreiflich*, wunderte er sich.

Und das nach all dem Leid der vergangenen Tage und Wochen. Mit einer fahrigen Handbewegung lud er die junge Frau ein, sich auf die Bank eines Ratsherren zu setzen.

„Guter Herr, wir wurden in Heringsfässern aus dem Kloster geschmuggelt. Wir haben zwei Nächte auf einem offenen Wagen zugebracht. Ich bin müde und hungrig. Seid also so gut und sagt mir, wo …"

„Also schön, Jungfer", unterbrach der Mann sie und seufzte. „Ihr gebt ja doch keine Ruhe, ehe ich es Euch gesagt habe. Ich bin Martin Luther."

„Katharina von Bora. Ich … Eigentlich wollte ich Euch so viel sagen, aber nun fehlen mir die Worte."

Martin nahm ihre Hand und lächelte nachsichtig. „Und das erschreckt Euch, wie ich sehen kann."

Ich glaube nicht, dachte Katharina. Ihre Augen begannen zu brennen. Sie war todmüde und sehnte sich nach einer Mahlzeit und einem Bett. Vielleicht war es ein Fehler gewesen, gleich auf Luther zuzugehen, überlegte sie. Die matten Züge des Mannes deuteten darauf hin, dass er einen tiefen Kummer mit sich herumtrug. Doch vielleicht konnte sie ihm helfen, diese Sorgen zu bewältigen. Fürwahr, es gab nichts, was sie sich in dieser Stunde mehr wünschte, als die Vertraute dieses Mannes zu werden.

„Cranachs Knecht hat sich gerade aus dem Staub gemacht", holte Martin sie mit leiser Stimme aus ihren Überlegungen. „Ihr dürft ihm das nicht übel nehmen. Der Bursche ist in ein Mädchen aus der Nachbarschaft verliebt."

„Der Glückliche", flüsterte Katharina. „Dies sollte mir einmal passieren, aber es scheint, ich habe schon zu viele Klosterjahre auf dem Buckel."

„Erst mit den Jahren reift der beste Wein heran."

Katharina erwiderte nichts. Sie erhob sich, schenkte Martin ein warmherziges Lächeln und eilte aus der Kirche.

Neunzehntes Kapitel

Wittenberg, Juni 1525

An einem sonnigen Frühsommertag feierten die Bürger von Wittenberg ein Fest, das so ungewöhnlich war, dass die Kunde von ihm in Windeseile durch das gesamte Reich drang. Vielerorts erhob sich hämisches, empörtes oder zumindest besorgtes Geschrei, als bekannt wurde, dass Martin Luther – der zwar noch immer im Schwarzen Kloster lebte, seine Mönchskutte jedoch abgelegt hatte – die ehemalige Nonne Katharina von Bora heiraten wollte.

Unter den Flötenklängen zahlreicher Gaukler und Spielleute tanzten gut gekleidete Menschen auf den Straßen und Plätzen. Ratsherren und Kaufleute ließen Wein ausschenken, und in der Mitte des Marktplatzes drehten sich saftige Ferkel und Gänse am Spieß. Die Stimmung war prächtig.

Die Trauung des sonderbaren Paares nahm Stadtpfarrer Bugenhagen, einem alten Brauch gemäß, nach Anbruch der Dunkelheit auf den Stufen der Marienkirche vor. Dort gaben sich Martin und Katharina von Bora im Licht von hundert flackernden Kerzen und Laternen ihr Eheversprechen. Katharina, die ein cremefarbenes Kleid aus Taft und einen weißen Seidenschleier trug, strahlte über das ganze Gesicht.

Martin und sie hatten sich den entscheidenden Schritt wochenlang überlegt. Sie ahnten, dass ihre Heirat nicht nur Freude auslösen würde, sondern auch Wasser auf die Mühlen ihrer Feinde wäre. Doch letztlich kümmerte es sie kaum. Martin spürte, dass die Zeit gekommen war, seine Ansichten über das zölibatäre Leben und die Bewertung des Ehestandes durch das eigene Beispiel zu untermauern.

Am Morgen nach der Trauung setzte sich ein langer Festzug in Bewegung, der das frischgebackene Ehepaar unter Glockengeläut von der Stadtkirche zum Kloster begleitete. Dort sollte das Hochzeitsmahl stattfinden.

Martin war so aufgeregt, dass er kaum einen Bissen von den köstlichen Speisen herunterbrachte, die von Cranachs Knechten und Mägden auf silbernen Tellern aufgetragen wurden. Ein köstlicher Duft nach gerösteten Forellen und Aalen in deftiger Soße, Hühnchen mit Ingwer und Zimt sowie Pasteten aus Wildschweinschinken und Lauchzwiebeln drang durch die Halle. Immer wieder spähte Martin verstohlen über die Tafel zu seiner Frau hinüber, die mit erhobenem Haupt an der Stirnseite saß und die Glückwünsche und Trinksprüche der Anwesenden entgegennahm. Katharina war länger im Kloster gewesen als er selbst. Ihre gesamte Kindheit hatte sie unter der strengen Aufsicht von Nonnen zugebracht, und doch bewegte sie sich im Kreise der Gesellschaft so sicher, als hätte sie niemals etwas anderes getan.

Ich bin froh, dass sie mich genommen hat, dachte Martin glücklich und nahm einen tiefen Schluck aus seinem Becher. Dann ließ er sich von einem jungen Burschen eine Laute reichen. Seine Finger waren ein wenig klamm, dennoch flogen sie über die Saiten. Der Junge neben ihm begann den Rhythmus auf seinem Tamburin zu schlagen. Martin spürte, wie seine Anspannung langsam einer heiteren Gelassenheit wich. Nach all den Jahren war Musik noch immer sein heimliches Lebenselixier. Katharina verließ ihren Platz und stellte sich neben ihn. Sie lauschte einige Augenblicke lang, dann fing sie mit glockenheller Stimme an, die Begleitung zu seiner Melodie zu summen.

Um sie herum versammelten sich die Cranachs, Melanchthon, der seine Frau, die jüngste Tochter des Bürgermeisters, im Arm hielt, ein paar Studenten und andere Junggesellen aus Wittenberg. Der Einzige, der sich abseits hielt, war Ulrich. Martins ehemaliger Ordensbruder hatte das Kloster inzwischen ebenfalls verlassen. Er trug einen weiten Mantel mit Kettenspange und Reisestiefel. Über seiner Schulter hing ein prall gefüllter Ledersack.

Martin stutzte, als er sah, wie sein Freund auf die Tür deutete. Seit Wochen sprach Ulrich nun schon davon, Wittenberg zu verlassen, um die Lehre der Heiligen Schrift in seine Heimat zu tragen, doch bisher war es Martin immer gelungen, ihm dieses Vorhaben auszureden. Von plötzlicher Unruhe getrieben, ließ Martin die Laute sinken, flüsterte Katharina eine Entschuldigung ins Ohr und folgte Ulrich auf den Korridor hinaus.

„Das kannst du uns doch nicht antun, mein Freund“, sagte er in gespielter Heiterkeit. „Bleib bei uns. Heirate eines dieser trefflichen jungen Weibsbilder. Katharina würde sich freuen, wenn es ihr gelänge, eine weitere Ehe zu stiften!“

Ulrich lachte. „Ich weiß eure Freundschaft zu schätzen. Ihr habt einen Weg gefunden, wie ihr dem Herrn in Wittenberg dienen könnt. Katharina von Bora als umsichtige Hausherrin und du mit deinen Schriften und Predigten.“

„Aber …“

„Ich muss meinem eigenen Weg folgen, und ich denke, er führt mich in die Niederlande zurück. Ich möchte, dass die Menschen dort dieselbe Erfahrung machen können wie ich, als ich zum ersten Mal verstand, dass Jesus kein strafender Richter, sondern ein liebevoller Erlöser ist.“

Martin räusperte sich. Es war kein guter Zeitpunkt, die schützenden Mauern Wittenbergs zu verlassen. Kaiser Karl und die Spanier, die Flandern als Teil der Habsburger Erblande besetzt hielten, hatten ihm klargemacht, was sie von seinen Bemühungen um eine Reform der Kirche hielten. Ohne Gnade verfolgten ihre Späher jeden, in dessen Beutel auch nur der Fetzen einer reformatorischen Druckschrift entdeckt wurde. Wenn Ulrich Kursachsen erst einmal verlassen hatte, konnte kein Fürst sich mehr für ihn verbürgen.

„Gott sei mit dir, Ulrich!“ Ohne Umschweife zog Martin seinen alten Freund an sich und umarmte ihn fest.

„Et cum spiritu tuo“, erwiderte Ulrich. Mit einem verlegenen Lächeln befreite er sich aus Martins Griff, schulterte seinen Rucksack und eilte die Straße hinunter, die zum Elbtor führte.

Als Martin sich umwandte, stand plötzlich Katharina mit einem silbernen

Kelch hinter ihm. „Du bist so schnell verschwunden, mein Gatte", sagte sie. „Ich befürchtete schon, es hätte an meinem Tanz gelegen."

„Ich wünschte, so wäre es!" Martin schaute zurück zur Straße. „Ulrich verlässt die Stadt. Er geht seinem Schicksal so eilig entgegen, als sei *er* heute der Bräutigam."

„Nicht jeder Bräutigam ist so flink."

„Ach, Katharina", stöhnte Martin. „Der Kaiser hat mich geächtet, auf mich ist ein Kopfgeld ausgesetzt. Jederzeit könnte ich von einem Wildfremden getötet werden. Ich bin noch immer nicht restlos überzeugt, dass ich einer Ehefrau zumuten kann, ein Leben in ständiger Furcht zu führen."

„Martin, bitte quäl dich nicht selbst", mahnte Katharina begütigend.

„Aber an meinen Händen klebt Blut. An mir scheiden sich die Geister. Tausende mussten meinetwegen sterben … An den meisten Tagen bin ich so mutlos, dass ich mich frage, ob es noch einen Sinn hat, aufzustehen. Ich bin ein wandernder Planet. Niemand sollte versuchen, sich an mir zu orientieren."

Katharina maß ihren Gatten mit einem nachdenklichen Blick. Dann erklärte sie: „Zwei Dinge verspreche ich dir, Liebster – vom heutigen Tag an werden wir gemeinsam musizieren. Und um an dich heranzukommen, werden deine Feinde über meine Leiche steigen müssen!"

„Du bist eine eigenartige Frau, Katharina Luther", sagte Martin mit feinem Spott, doch seine Miene war ernst, denn er glaubte ihr jedes Wort.

„Als Gegenleistung verlange ich nur *eines*: dass du keinen von ihnen mit in unser Ehebett bringst. Keine Bauern, keine Fürsten, keine Päpste – nicht einmal den Herrgott persönlich. Es sei denn, Er ist der Gott der Liebe."

EINIGE TAGE SPÄTER wurden Martin und Katharina mitten in der Nacht von einem heftigen Schlag gegen den Fensterrahmen geweckt.

„Was, zum Teufel …?" So schnell er konnte, sprang Martin aus dem Bett und schlich an der Wand entlang.

„Wenn das ein Attentäter ist, sag ihm, er muss bis morgen früh warten", sagte Katharina in einem missglückten Versuch, die Situation zu entschärfen. Es stand ihr ins Gesicht geschrieben, dass auch sie erschrocken war. Eine zweite Handvoll Erde schlug gegen das Fensterglas. Martin stieß mit einem Arm den nur angelehnten Laden auf, durch dessen Spalt kühles Mondlicht in die Schlafkammer drang. Er blickte in den Klostergarten hinunter und erstarrte. „Mein Gott!"

„Was ist denn, Liebster?"

„Da unten steht Karlstadt", antwortete Martin. „Ich erkenne ihn genau."

Katharina ließ sich seufzend in die Kissen zurücksinken. „O nein", murmelte sie. „Wird von nun an jede Nacht ein Mann vor unserem Fenster stehen, der dich sprechen will?“

Martin erwiderte nichts. Er schlüpfte in seine Pantoffeln und warf sich eine leichte Schaube über die Schultern. Dann verließ er mit einer Kerze in der Hand die Kammer und ging den hallenden Korridor zur Treppe hinunter. Katharina blieb in angstvoller Erwartung zurück. Trotz der Wärme ihrer Decke, des Lammfells und der Kissen überfiel sie plötzlich ein Frösteln. Wenn der einstige Magister Karlstadt mitten in der Nacht vor ihrem Fenster auftauchte, musste etwas Schlimmes geschehen sein.

Es dauerte eine Ewigkeit, bis Martin wiederkehrte. Als er den Alkoven betrat, war sein Gesicht so bleich, dass Katharina die Hand vor den Mund legte, um nicht laut aufzuschreien.

„Ulrich ist tot“, sagte Martin. „Sie haben ihn vor drei Tagen auf dem Marktplatz von Brüssel verbrannt. Dieser verfluchte Aleander!“

„Aleander?“

„Er war dort, als Nuntius des neuen Papstes. Niemand kann mir weismachen, er hätte damit nichts zu tun. So hat dieser Bluthund es also doch noch geschafft, sich an mir zu rächen!“

Katharinas Augen füllten sich mit Tränen. Sie streckte eine Hand aus, legte sie in Martins Nacken und zog seinen Kopf mit einer tröstenden Geste in ihren Schoß. In dieser Haltung verharrten beide, bis Katharina schließlich die Sprache wiederfand. „Aleanders Herrschaft ist die des Augenblicks und nicht der Ewigkeit“, sagte sie leise. „Er fürchtet, dass nichts von dem, wofür er gekämpft hat, sein armseliges Leben überdauert. Eine … verlorene Seele!“

Martin hob den Kopf und blickte seine Frau traurig an. „Gebe Gott, dass wir nicht alle unsere Seele verloren haben.“

In den folgenden Wochen und Monaten bemühte sich Martin, seiner Trauer über Ulrichs Tod Herr zu werden, indem er sich in die Arbeit stürzte. Nach wie vor konnte man ihn Tag für Tag auf der Kanzel seiner Kirche stehen sehen. Abends saß er mit Katharina vor dem Kamin und arbeitete an neuen Schriften, Predigten und Liedern oder beantwortete Briefe. Immer häufiger erschienen Gesandte aus verschiedenen deutschen Fürstentümern in seinem Haus, um Rat einzuholen. Der Kurfürst von Brandenburg und der Landgraf von Hessen, deren Stimmen im Heiligen Römischen Reich von besonderem Gewicht waren, bekannten sich inzwischen rückhaltlos zu seiner Lehre und begannen, ihre Kirchen nach den Vorstellungen der Heiligen Schrift neu zu ordnen. Weitere Fürsten und zahlreiche Reichsstädte folgten ihrem Beispiel.

Ein Jahr nach Martins Eheschließung musste Erzherzog Ferdinand, der Bruder des Kaisers, auf dem Reichstag von Speyer in eine wenn auch befristete Freigabe des neuen Bekenntnisses einwilligen. Der Türkenkrieg hatte es erforderlich gemacht, die Reichsstände noch einmal zu vereinen. Für kurze Zeit traten die Auseinandersetzungen um Martins Schriften und Lehren in den Hintergrund. Bis zu einem Allgemeinen Konzil sollte jeder im Reich das Recht haben, so zu leben, wie er es vor Gott und dem Kaiser mit seinem Gewissen vereinbaren konnte. Als die Herolde den Beschluss im Schlosshof von Wittenberg verkündeten, fielen sich die Menschen in den Straßen jubelnd um den Hals. Martin und Katharina gingen allein in die Schlosskirche und sprachen ein stilles Gebet vor dem Sarkophag ihres Gönners. Kurfürst Friedrich war wenige Monate vor dem Reichstag gestorben. Martin hatte noch Gelegenheit gehabt, ihm seine Bibelübersetzung zu überreichen. Er hatte sie dem weisen Fürsten in Dankbarkeit für all das gewidmet, was dieser für ihn getan hatte.

Nun saß Friedrichs Bruder Johann, den man auch „den Beständigen" nannte, auf dem sächsischen Thron. Am Hofe munkelte man, dass er nicht in Wittenberg bleiben wolle, sondern vorhabe, seine Residenz nach Torgau oder Dresden zu verlegen. Martin fragte sich, ob sich dadurch Konsequenzen für ihn und seine Familie ergeben würden. Bisher war es für ihn beruhigend gewesen, den Landesherrn und vor allem dessen Berater Spalatin in seiner Nähe zu wissen. Kurfürst Johann hatte Martin zwar seiner Gunst versichert, aber ob er die Politik seines Vorgängers wirklich weiterverfolgen und sich dem Kaiser im Ernstfall ebenfalls widersetzen würde, blieb abzuwarten.

AUCH IN MARTINS UMFELD hielten sich Freude und Schmerz die Waage. Im Jahr des Reichstags hatte Katharina einen gesunden Jungen zur Welt gebracht, den sie Johannes nannten. Er war ein fröhlicher Knabe, dem die Herzen im Sturm zuflogen. Martins Brust schwoll vor Stolz, sooft er den Jungen betrachtete, und selbst seine alten Eltern zeigten sich hocherfreut und wurden nicht müde, ihrem ersten Enkel Geschenke zu schicken. Sechzehn Monate später folgte ein Mädchen, Elisabeth, das jedoch von schwächlicher Statur und kränklich war. Martin und Katharina wachten oft in den Nächten an ihrer Wiege, wenn sie vor Fieber keinen Schlaf fand. Im August des folgenden Jahres starb die Kleine. Martin war untröstlich. Wochenlang schlich er wie ein Schatten durch die Gänge seines ehemaligen Klosters und lauschte dem Wind, der gegen die hölzernen Läden schlug.

Er erwachte erst aus seiner Erstarrung, als er erfuhr, dass der Bruder des Kaisers auf einem zweiten Reichstag zu Speyer seine aus Berechnung erlassenen Beschlüsse widerrufen hatte. Damit trat das Wormser Edikt wieder in Kraft. Martins Anhänger waren von Neuem der Verfolgung ausgesetzt.

„Die anwesenden evangelischen Fürsten ließen sich diese unglaubliche Beleidigung natürlich nicht gefallen", berichtete Spalatin eines Abends, während er mit Martin und Katharina im ehemaligen Refektorium des Schwarzen Klosters zu Abend speiste. „Sie haben lautstark protestiert. Sechs Fürsten und vierzehn Ratsherren verschiedener freier Städte unterzeichneten eine offizielle Beschwerdeurkunde. Darin bezeugen sie vor dem Kaiser, dass sie die neuen Beschlüsse des Speyrer Reichstags auf keinen Fall akzeptieren wollen. Ja dass sie Ferdinands Entscheidung sogar für schändlich und gegen Gottes Wort ansehen. Kaiser Karl muss vor Wut getobt haben, als er davon erfuhr."

„Aber bedeutet der Reichsabschied nicht eine empfindliche Niederlage für uns?", wollte Katharina wissen.

Spalatin schüttelte den Kopf. Er öffnete den Mund, um zu antworten, aber Martin kam ihm zuvor. Er neigte den Kopf und sagte leise: „Unser Freund will uns erklären, dass der Protest die Fürsten zum ersten Mal vereint hat. Vorher waren sie oft zerstritten und nicht fähig, einen gemeinsamen Beschluss zu fassen. Doch nun scheint es so, als würden sie künftig geschlossen gegen die Willkür des Kaisers auftreten."

„Trotzdem sollten wir nicht den Fehler machen, Kaiser Karl zu unterschätzen, Martin", sagte Spalatin und steckte sich ein Stück Käse in den Mund. „Karl V. ist längst nicht mehr der schmächtige Jüngling, dem du in Worms gegenüberstandest. Er hat Frankreich in der Schlacht von Pavia in die Knie gezwungen. Seine Landsknechte haben Rom eingenommen und den Papst gedemütigt. Glaub mir, auch für die evangelischen Fürsten ist er eine Gefahr!" Der Sekretär atmete tief durch. Dann griff er in die Innentasche seines Wamses und zog einen zerknitterten Brief hervor. „Der Kaiser hat einen neuen Reichstag einberufen. Er soll in Augsburg stattfinden."

„Aber wozu?", fragte Katharina.

Spalatin faltete das Schreiben umständlich auseinander und reichte es Martin. „Um zu beenden, was er in Worms begann … Um uns zugrunde zu richten. Um alles zu zerstören, was Martin Luther zu erreichen versucht hat."

Martin legte die Stirn in Falten. Hastig überflog er die wenigen Zeilen. Einen Augenblick sprach niemand ein Wort. Dann sprang Martin unvermittelt auf und ging zur Tür. Katharina eilte ihm nach. „Du darfst nicht gehen. Das ist eine Falle, Martin. Einmal bist du mit knapper Not aus Augsburg entkommen. Ein zweites Mal wird es dir nicht gelingen. Sie werden dich genauso lodern lassen wie den armen Ulrich!"

„Ich muss sofort mit Melanchthon reden."

„Wenn du stirbst, stirbt alles, wofür du stehst." Katharina begann vor Aufregung zu weinen. Sie breitete die Arme aus und lehnte sich gegen den Türrahmen. „Also schön. Ich verspreche dir, dass ich mich zusammennehmen werde. Aber was willst du sagen? Wie willst du ihnen ins Gewissen reden?"

Martin zuckte die Achseln. Er sah, wie Spalatin gedankenverloren einige trockene Holzscheite in das Kaminfeuer warf.

„Du weißt es also nicht!", rief Katharina. „*Ich* muss es aber wissen."

Martin versuchte ihre Wange zu berühren, doch sie wandte sich ab.

„Katharina, in Worms wollte der Kaiser nur, dass ich meine Thesen gegen den Ablasshandel widerrufe", sagte er tonlos. „Jetzt will er, dass halb Europa sich vor ihm beugt. Nur die Türken sind noch eine Bedrohung für ihn. Mit einem Wort: Er hat alle Zeit und alle Mittel der Welt, um uns aufzureiben. Es geht nicht mehr allein darum, Geistlichen die Heirat zu gestatten oder den übertriebenen Kult um die Heiligen einzudämmen. Wir müssen kämpfen, um zu überleben!"

„Mag sein, aber du hast Kämpfe genug ausgefochten. Kannst du die Sache nicht einem anderen überlassen?"

Martin lächelte sie an. Seine dunklen Augen glänzten geheimnisvoll. Einen Herzschlag lang ließ Katharina sich von ihrem melancholischen Zauber fesseln. Sie trat beiseite und spürte den zärtlichen Hauch eines Kusses auf ihren Lippen. Bevor sie aus ihrer Erstarrung erwachte, war Martin bereits an ihr vorbeigeschlüpft und um die Ecke verschwunden.

Zwanzigstes Kapitel

Auf dem unebenen Pflaster des Fronhofs, um den sich die Gebäude der bischöflichen Residenz von Augsburg wie ein Gürtel schmiegten, wurden an diesem Abend bereits früher als gewöhnlich Kohlenfeuer und Fackeln entzündet. Der heftige Regen der vorangegangenen Tage hatte endlich aufgehört, aber es war noch immer kühl und dunstig. Männer, Frauen und Kinder versammelten sich um die glühenden Becken, um sich zu wärmen. Sie erzählten sich Geschichten und sangen, begleitet von einem Flötenspieler, Hymnen in deutscher Sprache.

Der Gesang drang durch die geöffneten, von wilden Kletterrosen umrankten Bogenfenster ins obere Geschoss des Palastes, wo Kaiser Karl in Gesellschaft von Aleander auf die Ankunft der sieben Kurfürsten sowie der Vertreter der freien Reichsstädte wartete. Während Karl mit unbewegter Miene auf seinem mit Pelzen ausgeschlagenen Lehnstuhl saß und den Klängen der Musik lauschte, lief Aleander unruhig in der Halle auf und ab.

„Setzt Euch in Gottes Namen endlich hin!“, befahl der Kaiser mit rauer Stimme. „Ihr fangt an, mich wütend zu machen!“

Aleander schob einen Stuhl in die Nähe der Tafel, an der bald Schreiber und Beamte der kaiserlichen Kanzlei ihre Plätze einnehmen würden. „Sie werden versuchen, das Verfahren in die Länge zu ziehen, Majestät“, sagte er, während er sich setzte. „Besonders der Landgraf von Hessen versteht sich darauf, Verwirrung zu stiften. Auf ihn solltet Ihr besonders achten!“

„Habt Ihr noch mehr gute Ratschläge, die Ihr meint, mir erteilen zu müssen?“ Karl nippte an einem Becher Wein.

„Ihr könnt sie auf einen einfachen Nenner bringen, Majestät. Eure Fürsten müssen akzeptieren, dass es nur eine Kirche gibt.“ Mit düsterer Miene schob Aleander seine Hände unter die Falten seiner violetten Robe und betrachtete das Muster seiner Schärpe. Sein ganzes Leben lang hatte er davon geträumt, in der Hierarchie der römischen Kirche aufzusteigen und Bischof oder Kardinal zu werden. Doch nun, da er sein Ziel erreicht hatte, schien es ihm beinahe bedeutungslos. Wem nutzten schon alte Symbole des Glaubens, die kein Mensch mehr achtete? Ämter, die angezweifelt und in den Dreck gezogen wurden? Der Kaiser selbst hatte der Macht des Papsttums einen empfindlichen Schlag versetzt, dennoch hing er mit beinahe kindlicher Ergebenheit am Glauben seiner Väter.

Aleander räusperte sich; mühsam rang er um Fassung. *Wenn es den Deutschen wirklich gelingt, eine neue Kirche zu gründen, wird nichts so bleiben, wie es war,* dachte er und senkte den Kopf.

Drei Stunden später drängten sich Scharen von Menschen – Sekretäre, Ratsherren, Edelleute und einflussreiche Kaufleute – in der spartanisch eingerichteten Halle des Fronhofs zusammen. Fanfaren erklangen, als die offiziell Geladenen den Raum betraten und sich durch ein Meer von Bewaffneten in Brustpanzern auf das Podest zubewegten.

Der Kaiser, zu dessen Füßen eine Bulldogge lag, nahm die Huldigungen der deutschen Regenten mit stoischer Gelassenheit entgegen. Nur den älteren Fürsten, die bereits seinem Großvater mit Rat und Tat zur Seite gestanden hatten, entbot er einen flüchtigen Gruß. Wie gewöhnlich hatte Aleander seinen Platz hinter dem Stuhl des Kaisers; wie immer lag sein Gesicht im Schatten. Als sich die Fürsten in ihren prunkvollen Gewändern der Reihe nach verneigten, hielt er in gespannter Erwartung die Luft an und wartete geduldig, bis Kaiser Karl die Hand hob.

Im nächsten Moment erstarb das Gemurmel in der Halle. Zwei Soldaten, die am Portal Dienst taten, verriegelten auf einen stummen Wink ihres Kommandanten hin beide Flügel der schweren Eichentür. Nun konnte niemand mehr die Halle betreten oder sie verlassen.

„Ich habe Eure Anträge sorgfältig studiert, Ihr Herren", erklärte der Kaiser nach einigen Augenblicken des Schweigens. Mit einer gebieterischen Geste gab er den Versammelten zu verstehen, dass sie sich setzen durften. „Aber damit Ihr es gleich wisst: Ich bin nicht nach Augsburg gekommen, um mit Euch über Martin Luther zu streiten. Euren Pfarrern wird hiermit untersagt, in meinen Ländern zu predigen. Und Ihr werdet Acht und Bann über diese Bibeln in der Sprache des Pöbels aussprechen und jeden, der eine besitzt, zum Feind des Reiches erklären." Er schaute herausfordernd in die Runde. „Habt Ihr mich verstanden, Ihr Herren?"

Die Reichsfürsten schwiegen betreten; keiner von ihnen wagte es, sich von der Stelle zu rühren. Stattdessen richteten sich alle Augen auf den Landgrafen von Hessen, den die Edelleute zu ihrem Sprecher gemacht hatten. Eine Weile stand auch dieser mit gesenktem Haupt vor Karl, doch plötzlich richtete er sich auf und trat zwei Schritte auf den Kaiser zu.

„Bei allem Respekt, aber was Euer Majestät von uns verlangen, ist unannehmbar", sagte der Landgraf. Er war totenbleich, und seine Hände waren schweißnass, dennoch zögerte er nicht, Karl den Beschluss der Reichsstände zu verkünden. „Wir werden unsere Pfarrer nicht daran hindern, das Wort Gottes zu predigen. Nicht hier und auch nicht anderswo."

Ehe Karl seine Überraschung in Worte kleiden konnte, eilte Johann von Sachsen, der Bruder des verstorbenen Friedrich, dem Landgrafen zu Hilfe. „Die deutsche Bibel ist ein Gottesgeschenk für alle, die den Herrn fürchten, Euer Majestät", erklärte er mit einem leichten Zittern in der Stimme. „Die Untertanen des Fürstentums Sachsen lehnen es ab, sie zu ächten!"

„Wie könnt Ihr es wagen?" Mit hochrotem Kopf sprang Karl auf. Er warf den Vertretern der Städte, die zu den Worten des Kurfürsten beifällig genickt hatten, einen bitterbösen Blick zu. Dann schlug er seinen wallenden Umhang über die Schulter und streckte die Hand aus. „Ich verlange von meinen Regenten Treue und Unterwerfung! Als Zeichen Eurer Ergebenheit werdet Ihr morgen alle bei der Fronleichnamsprozession zum Dom marschieren und beten … Jeder Einzelne von Euch – und zwar nach Art und Weise der heiligen römischen Kirche!"

Ein weiterer Fürst trat vor. Es war Markgraf Georg von Brandenburg, ein betagter Mann, dessen Gesicht von zahllosen Falten durchzogen war. „Nein, Majestät", sagte er entschieden. „Das werden wir nicht tun."

„Ihr *werdet*, Markgraf, sonst bekommt Ihr mein Schwert zu spüren! Glaubt nur nicht, ich würde Euch schonen, nur weil Ihr Kurfürst seid!"

„Ehe ich zulasse, dass man mir das Evangelium streitig macht und von mir verlangt, meinen Glauben zu verleugnen, knie ich nieder und lasse mir den Kopf abschlagen", sagte der alte Mann unerschrocken. Unter großer Anstrengung ließ er sich vor dem Stuhl des Kaisers zu Boden sinken und beugte langsam den Kopf.

Was als Nächstes geschah, verschlug nicht nur Karl, sondern auch Aleander den Atem. Kurfürst Johann von Sachsen und Landgraf Philipp wechselten einen kurzen Blick miteinander, dann knieten auch sie nieder. Nach und nach folgten die übrigen Fürsten und die Vertreter der Städte Nürnberg und Reutlingen, bis sie alle in einer Reihe zu Karls Füßen verharrten.

Der Kaiser wich langsam zurück. Schritt um Schritt. Einen Moment lang wünschte er sich verzweifelt, auf einem Schlachtfeld zu stehen und seine Truppen gegen den Feind zu führen. Das Kriegshandwerk war seine Welt. Eine Welt, die er verstand, weil sie klaren Regeln unterworfen war. Hier jedoch, inmitten seiner Fürsten und Vertrauten, verstand er nichts und niemanden mehr. Ungläubig blickte er von seinen Schreibern zu den bewaffneten Wachsoldaten, die sich an ihre aufgerichteten Hellebarden klammerten. Während er noch überlegte, was er als Nächstes tun oder sagen sollte, kämpfte sich ein schmächtiger Mann in einer knielangen dunkelbraunen Schecke aus besticktem Seidendamast durch die Reihen. In einer Hand hielt er eine Pergamentrolle. Es war Philipp Melanchthon.

„Was wollt *Ihr* denn?", herrschte Aleander ihn an.

„Verzeiht, Exzellenz, wir haben ein Bekenntnis unseres Glaubens verfasst – an dem Seine Majestät, so hoffe ich, keinen Tadel finden wird."

„So, meint Ihr?" Aleander lachte auf, doch seine Augen blieben ausdruckslos. „Dann dürfen wir also davon ausgehen, dass Ihr uns neue Ketzereien unterbreiten wollt. Sind es wieder fünfundneunzig geworden?"

Melanchthon rang nach Atem. Sein Herz schlug ihm bis zum Hals, als er sich dem grimmig dreinblickenden Kaiser und den vor ihm knienden Männern näherte. Dessen ungeachtet nahm er all seinen Mut zusammen und reichte Karl die Pergamentrolle. „Mein Freund Doktor Martin Luther und ich haben die Schrift Eurer Majestät gewidmet", erklärte er feierlich. „Wir nennen sie *Confessio Augustana*, das Augsburger Bekenntnis."

„Nun, wir werden sehen!" Der Kaiser nahm das Pergament mit spitzen Fingern, als befürchtete er, sich daran zu verbrennen. Dann gab er es über die Schulter an einen seiner Schreiber weiter.

Als Melanchthon ein wenig später verstohlen zu diesem hinüberspähte, bemerkte er zu seiner Überraschung, dass Aleanders Platz leer war. Martins alter Gegenspieler schien den Reichstag in dem Moment verlassen zu haben, da der Kaiser Luthers Bekenntnisschrift empfangen hatte. Melanchthon atmete befreit auf. Ein tiefes Gefühl von Ruhe und Zufriedenheit durchströmte seinen Körper.

Keiner der Anwesenden vermisste Aleander, niemand holte seinen Rat ein. Während sich Melanchthon unter zahlreichen Verbeugungen wieder zurückzog, breitete sich in der Halle des Bischofspalasts Stille aus.

Und selbst der Kaiser zog es vor zu schweigen.

Epilog

Martin und Katharina liefen über die regennassen Felder. Sie hielten einander an den Händen, lachten und scherzten wie ein frisch verliebtes Paar. Für einige traumhafte Augenblicke vergaßen sie alles, was sich um sie herum bewegte. Wittenberg war ebenso weit entfernt wie Augsburg. Nicht mehr als eine schemenhafte Erinnerung.

Vor ihnen ragten die Befestigungsanlagen der Stadt Coburg auf, wo Martin auf Anraten der Reichsfürsten Quartier genommen hatte. Er durfte sich nicht in Augsburg zeigen, wollte aber den Reichstag dennoch aus der Nähe verfolgen.

Plötzlich ertönte am Horizont ein Geräusch, das sich wie tiefes Donnergrollen anhörte. Über der Bergkuppe tauchten die Konturen von vier Reitern auf, die einen kurzen Augenblick wie suchend verharrten, dann aber den Hügel hinunterjagten. Sie hielten geradewegs auf sie zu. Ein Zusammenstoß war unvermeidlich – ein Entkommen unmöglich.

Martin hielt die Luft an und stellte sich schützend vor Katharina. Er hörte sie entsetzt aufschreien, als aus östlicher Richtung zwei weitere Reiter aus dem Unterholz brachen. Die Männer trugen Waffen, Helme und Kettenhemden, auf denen unverkennbar das Wappen des Kaisers prangte.

Martin griff nach Katharinas Hand. Langsam führte er sie zu seinen Lippen und küsste sie hingebungsvoll. Dann blickte er ihr in die Augen. „Ich bin so glücklich, von dir geliebt worden zu sein, Katharina von Bora."

„Martin …"

Der wilde Schrei eines kaiserlichen Soldaten ließ Katharina verstummen. Plötzlich bemerkte sie, wie hinter den vier Berittenen eine weitere Person die Hügelkette überquerte.

„Martin, schau! Siehst du, was ich sehe?“ Sie streckte den Arm aus; ihre Pupillen weiteten sich in ungläubigem Staunen. Der Mann, der sich ihnen nun näherte, trug einen weiten Samtmantel. Er saß unsicher im Sattel, und doch hielt er die Zügel nur in einer Hand. In der anderen schwenkte er eine Pergamentrolle. Und er schrie aus Leibeskräften.

„Philipp Melanchthon!“, rief Martin aus. Auch er hatte den schmächtigen Reiter in der Gruppe der kaiserlichen Soldaten erkannt. Er legte seinen Arm um Katharina. „Was, um alles in der Welt, kann das bedeuten?“

„Sie haben widerstanden!“, hörte er Melanchthon schon von Weitem jubeln. „Die Fürsten haben dem Kaiser die Treue geschworen, aber sie haben ihm auch klargemacht, dass ihr Gewissen nur ihnen allein gehört.“

Während die Soldaten in respektvollem Abstand ihre Pferde zum Stehen brachten, rutschte Melanchthon vor Martin und Katharina aus dem Sattel. Er stolperte auf die beiden zu und nahm sie stürmisch in die Arme. Martin hatte den ernsten Gelehrten nie zuvor so ausgelassen erlebt.

„Du bist gerettet, Liebster“, sagte Katharina.

Melanchthon nickte atemlos „Du hast der Welt einen barmherzigen Gott zurückgegeben, mein Freund. Eines Tages … werden sie dies verstehen.“

Schweigend drückte Martin seinem Freund die Hand. Dann wandte er sich von Melanchthon und seiner Frau ab, warf den kaiserlichen Rittern einen knappen Blick zu, stellte sich in den lauen Wind, der seine erhitzten Wangen kühlte, und dachte darüber nach, was sich zu Augsburg zugetragen hatte. Gott selbst hatte auf dem Reichstag Recht gesprochen. „Ich habe nicht einen Augenblick daran gezweifelt, dass du bei uns bist“, flüsterte Martin in den Wind. „Wir müssen nur lernen, deine Sprache zu verstehen!“

„Ich finde große Umbrüche in der Geschichte spannend, Ereignisse, durch die sich etwas grundlegend verändert hat.“

Guido Dieckmann

Guido Dieckmann, Jahrgang 1969, begann bereits als Schüler zu schreiben. Nach seinem Studium der Geschichtswissenschaft, Anglistik und Amerikanistik in Mannheim und Jerusalem arbeitete er unter anderem als Wirtschaftshistoriker im Archiv einer Versicherung. Doch schon seine ersten Romanveröffentlichungen, *Die Poetin* (2000) und *Die Gewölbe des Doktor Hahnemann* (2002), waren so erfolgreich, dass er beschloss, sich seinen Lebenstraum zu erfüllen und Schriftsteller zu werden.

Mit *Luther*, dem Roman zu dem gleichnamigen, überaus erfolgreichen Kinofilm, gelang Dieckmann schließlich der internationale Durchbruch. Das Buch wurde in mehrere Sprachen übersetzt und stand wochenlang auf den Bestsellerlisten. Es zeigt Martin Luther als suchenden, an sich selbst und seinem Glauben zweifelnden Menschen, der den für sich als richtig erkannten Weg jedoch mit aller Konsequenz verfolgt. Dieckmanns Faible für die Lutherzeit speist sich unter anderem aus seinem Interesse für historische Zeitenwenden: „Das 16. Jahrhundert, in dem sich das Mittelalter verabschiedet, um ganz behutsam der frühen Neuzeit Platz zu machen, ist eine Zeit kolossaler Umwälzungen, mit der ich mich besonders gern beschäftige.“

Um sich mit den Lebensverhältnissen sowie den politischen und kulturellen Gegebenheiten einer Epoche vertraut zu machen, recherchiert Guido Dieckmann oft mehrere Monate lang. Zwischenzeitlich hat er sechzehn historische Romane publiziert und gehört zu den erfolgreichsten deutschen Autoren dieses Genres.

WATCH ME

ICH WERDE ES WIEDER TUN

JAMES CAROL

Ich zeigte dem Polizisten den Film mit Sam Galloways letzten Momenten. „Sagen Sie mir, was Sie gesehen haben, Taylor."

„Der Mörder kippt das Benzin über Sam Galloway, lässt ein Streichholz fallen und verschwindet wieder. Als würde er ein Grillfeuer anzünden. Der Typ ist ein Psychopath."

Mit zwei Klicks rief ich die Website auf. Eine neue Partie Galgenmännchen hatte gerade angefangen. „Und was halten Sie davon?"

Gebannt starrte er auf den Monitor. Dann sah er mich an. „Der Täter gibt uns zu verstehen, dass Sam Galloway nur der Anfang war. Er wird wieder töten."

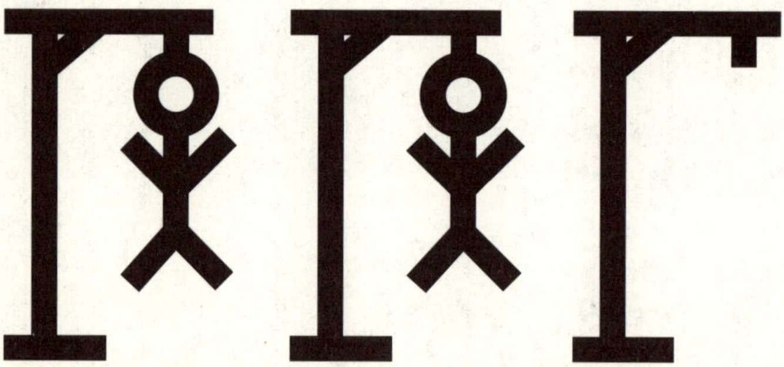

1

Sam Galloway starb einen langsamen, qualvollen Tod, einen Tod, der überhaupt nicht zu seinem Leben passte. Eigentlich hätte er ganz anders sterben müssen. Menschen wie er schliefen friedlich ein oder wurden auf der zweiten Hälfte eines 18-Loch-Golfplatzes von einem Herzinfarkt niedergestreckt. Sie starben nicht, weil jemand sie mit Benzin übergoss und anzündete.

Man könnte Sam leicht zu einem Opfer der Umstände erklären und seinen Fall der Kategorie „falsche Zeit, falscher Ort" zuordnen. Dieser Fehler wird in einer solchen Situation häufig gemacht. Sobald man sagte, Sam sei zur falschen Zeit am falschen Ort gewesen, konnte man die Schuld an seiner Ermordung dem Schicksal oder dem Zufall geben.

Doch Sams Tod war kein Zufall gewesen. Jemand hatte ihn als Opfer ausgewählt. Dieser Jemand hatte sich vorgestellt, was er tun würde, und seine Fantasie dann in die Tat umgesetzt, und zwar so, dass er nicht erwischt werden würde.

Letzteres war entscheidend. Nicht dabei erwischt zu werden. Darin unterscheidet sich der Profi vom Amateur. Ein Verbrechen zu begehen ist vergleichsweise einfach. Jeder Dummkopf kann das. Ein Verbrechen zu begehen und nicht erwischt zu werden, das ist schon schwieriger.

Der Plan war so weit aufgegangen. Sam war tot, und der Täter konnte sich frei bewegen und sein Leben weiterführen, als wäre nichts passiert.

Ich hatte bis zum Eintreffen der E-Mail vor zehn Minuten noch nie von Sam Galloway gehört. Jetzt konnte ich an nichts anderes denken als an das, was ihm passiert war, und daran, wer als Täter infrage kam. Vor allem Letzteres.

Ich sah zu meinem aufgeklappten Laptop und dem Koffer auf dem Bett hinüber. In den vergangenen zwei Wochen hatte ich in South Carolina einen Mörder namens Carl Tindle gejagt. Carl saß inzwischen hinter Schloss und Riegel, und es war Zeit für den nächsten Fall.

Bis vor fünf Minuten war das noch ein Serientäter gewesen, der in Honolulu Prostituierte vergewaltigte. Flüge und Hotel waren gebucht, mein Koffer war gepackt und ich mehr als bereit, Charleston zu verlassen. Nicht dass mich an Charleston etwas gestört hätte, keineswegs. Aber ich war schon zwei Wochen hier, und länger als zwei Wochen halte ich es derzeit nirgends aus.

Ich sah wieder zum Laptop. Absender der E-Mail war Sheriff Peter Fortier aus Eagle Creek im Landkreis Dayton, Louisiana.

Der Filmclip im Anhang der E-Mail war insofern interessant, als ich Killer selten bei der Arbeit zu sehen bekam. Meist sah ich nur das Ergebnis. Das konnte eine Leiche sein, aber nicht in jedem Fall. Manchmal gab es nicht einmal einen Tatort. In meiner Zeit beim FBI hatte ich Dutzende Serientäter verhört, ich kannte also genug Schilderungen aus erster Hand. Aber es war kein Ersatz dafür, etwas mit eigenen Augen zu sehen, und sei es nur durch die Linse der Kamera einer anderen Person.

Ich spielte den Clip noch einmal ab. Die Bildqualität war gut, die Konturen klar umrissen. Das Bild wackelte auch nicht, die Kamera war offenbar auf ein Stativ montiert. Was zugleich bedeutete, dass Sheriff Fortier es mit einem Einzeltäter zu tun hatte. Bei zwei Tätern hätte bestimmt einer die Kamera halten wollen, und ich würde jetzt einen schlecht gedrehten Amateurfilm sehen. Ton gab es keinen. Mit Ton wäre es in gewisser Weise weniger schlimm gewesen. Meine übersteuerte Fantasie füllte die Stille mit Geräuschen, die vermutlich noch grauenvoller waren als die Wirklichkeit.

Der Bildschirm wurde größtenteils von Sam Galloway ausgefüllt. Er lag geknebelt, an Händen und Füßen gefesselt und fast wahnsinnig vor Angst auf dem Boden. Sein Anzug war zerknittert und schmutzig, der Kragen seines weißen Hemdes ebenfalls.

Wo er gefangen gehalten wurde, war schwer zu sagen. Der Boden bestand aus schmutzigem Beton, die eine Wand, die ich sah, aus Betonziegeln. Meinem Gefühl nach handelte es sich um einen industriellen Zweckbau. Laut der Zeitangabe in der rechten unteren Bildschirmecke war der Film gestern Abend um kurz nach elf gedreht worden.

Die Uhr auf dem Bildschirm sprang eine Minute weiter auf 23.04. Kurz darauf erschien ein zweiter Mann auf dem Bildschirm. Er war schmächtig und etwa einen Meter fünfundsiebzig groß. Und er trug einen Kanister.

Der dünne Mann ging zu Sam, wobei er der Kamera immer den Rücken zukehrte. Als Sam ihn bemerkte, erstarrte er. Er sah ihn an und dann den Kanister und warf sich verzweifelt hin und her.

Der Mann schraubte den Deckel des Kanisters auf und kippte den Inhalt über Sam. Benzin spritzte in alle Richtungen. Sam bekam es in die Augen und in die Nase. Seine Kleider trieften. Der Mann schüttelte die letzten Tropfen aus dem Kanister und stellte ihn auf dem Boden ab. Dann holte er ein Streichholzbriefchen heraus. Der Karton war weiß, kein Logo eines Restaurants oder einer Bar. Der Mann zündete ein Streichholz an, ließ es mit einer beiläufigen Bewegung auf Sam fallen und verschwand vom Bildschirm.

Sam brauchte über zwei Minuten, um zu sterben. Die Schmerzen müssen entsetzlich gewesen sein. Niemand sollte so sterben müssen.

Ein Link in Sheriff Fortiers E-Mail führte mich zu einer primitiven Website. Sie zeigte große weiße Ziffern auf schwarzem Grund. 13:29:23. Rechts davon war die Strichzeichnung einer Onlinepartie des Spiels Galgenmännchen zu sehen. Die Partie war fast zu Ende, dem Männchen am Galgen fehlten nur noch die Gliedmaßen. Die Uhr lief, aus der Drei wurde eine Zwei und dann eine Eins. Arme und Beine erschienen in rascher Folge. Zwei Gliedmaßen pro Sekunde. Die letzte Ziffer wurde zu einer Null, die Zeichnung verfärbte sich rot und verschwand.

Aus der Zwanzig wurde eine Neunzehn, und auf dem Bildschirm erschien die Basis eines neuen Galgens. Mit jeder verstreichenden Sekunde kamen weitere Teile hinzu. Der senkrechte Balken, der Querbalken, die diagonale Strebe, das Seil. Kopf, Rumpf, Arme, Beine. Die letzte Ziffer sprang von Eins auf Null, die Zeichnung verfärbte sich rot und verschwand, und der ganze, etwa zehn Sekunden dauernde Vorgang begann von vorn.

Ich fuhr mit der Maus über den Bildschirm und suchte nach versteckten Links. Ich fand keine. Auch die Netzadresse sagte mir nichts: *www.violescent.com*. Einer Google-Suche zufolge handelte es sich bei *violescent* um ein seltenes Wort, das „leicht ins Violett gehend" bedeutete. Der Name der Website musste noch überprüft werden, aber er war mit ziemlicher Sicherheit eine Sackgasse. Einen Domainnamen unter falscher Identität anzumelden war kein Kunststück.

Ich hatte schon daran gedacht, dass das Ganze eine ausgeklügelte Inszenierung sein könnte. Es gab keine Leiche, keinen Tatort, keinerlei physische Hinweise auf ein Verbrechen. Die Polizei hatte nur den Filmclip und die Website. Viel war das nicht. Trotzdem war ich überzeugt, dass die Tat wirklich begangen worden war.

Denn erstens wurde Sam Galloway tatsächlich vermisst.

Zweitens hatte man die Person im Film eindeutig als Sam Galloway identifiziert.

Drittens und noch wichtiger: Was hätte der Täter von einem solchen Schabernack gehabt? Man tut nichts ohne Grund. Wenn Sam seinen Tod vortäuschen wollte, hätte er das sehr viel einfacher tun können.

Viertens, und für mich entscheidend, konnte die Filmszene unmöglich gespielt sein. Andernfalls hätte die schauspielerische Leistung einen Oscar verdient.

Einige lange Minuten saß ich da und überlegte, was ich tun sollte, während ein steter Strom von Zahlen und Galgenmännchen über den Bildschirm lief.

Hier in Charleston war es jetzt halb zwölf vormittags. Dayton lag eine Stunde zurück, es war dort also erst halb elf. Der Countdown auf der Website lief Punkt Mitternacht nach Louisiana-Zeit ab. Bis dahin würden weitere 4860 Strichmännchen sterben.

Louisiana oder Honolulu? Sumpf oder Strand?

Es war im Grunde einfach. Ich werde bei dramatischen Gesten immer schwach, und dieser Täter hatte zweifellos einen ausgeprägten Sinn fürs Theatralische. In Wahrheit hatte er mich sofort am Haken gehabt.

„Jefferson Winter?“

Als Frage gestellt hallte mein Name durch den Hangar. Ich drehte mich nach der Stimme um.

An der Treppe einer Gulfstream G550 stand ein schwarzer Hüne mit kahl rasiertem Schädel. Der Privatjet wirkte in der großen Halle wie ein Spielzeug, doch der Typ sah im Vergleich zu dem Flugzeug riesig aus, als stimmten die Proportionen nicht.

Ich ging auf den Jet zu. Auch von Nahem war der Schwarze ein Riese. Knappe zwei Meter und bestimmt hundertzwanzig Kilo Muskelmasse. Ich bin nur eins sechsundsiebzig groß, er überragte mich also um gute zwanzig Zentimeter. An der Brust seiner schwarzen Uniform trug er einen golden glänzenden Stern, an seinen Ärmeln Abzeichen der Dienststelle des Sheriffs von Dayton. Er war jünger, als ich beim ersten Anblick gedacht hatte. Anfang zwanzig. Und er hatte ein unschuldiges Gesicht mit einem offenen, ehrlichen Blick. Ich fragte mich, wie lange das noch so sein würde. Dieser Job machte alle fertig, manche früher, manche später.

Ich fragte mich auch, was es mit dem Privatjet auf sich hatte. Das FBI konnte sich eine Gulfstream leisten – sogar zwei –, aber das Büro des Sheriffs von Dayton ganz sicher nicht. Das Flugzeug selbst verriet nichts. Glänzender weißer Lack, am Heck eine Nummer, mehr nicht. Kein Logo, was ungewöhnlich war. Besitzer von Privatjets wollen in der Regel zeigen, wer sie sind und was sie haben.

Ich stellte meinen Koffer ab und streckte die Hand aus. Der Riese ergriff sie. Meine Hand verschwand in seiner Pranke, der Händedruck war zu meiner Überraschung aber ganz sanft.

„Netten Flieger haben Sie da“, sagte ich mit einem Nicken zur Gulfstream.

„Schön wär's.“

Er trug keine Rangabzeichen an seiner Uniform, stand in der Hackordnung also noch ganz unten. Dem intelligenten Funkeln seiner Augen nach handelte es sich dabei jedoch um einen vorübergehenden Zustand. Ein Hüne, ja. Aber alles andere als dumm.

„Wie heißen Sie?“, fragte ich.

„Taylor.“

„Das ist alles? Nur Taylor?“

„Nur Taylor.“

„Offenbar haben Sie einen wirklich peinlichen Vornamen.“ Ich grinste. „Sie können ihn mir ruhig jetzt gleich sagen. Ich finde ihn sowieso heraus.“

„Das werden Sie nicht.“ Er erwiderte mein Grinsen.

Ein Flughafenangestellter tauchte aus dem Nichts auf und ließ meinen Koffer im Frachtraum verschwinden. Er enthielt alles, was ich brauchte. Ich reiste mit leichtem Gepäck. Seit der Hinrichtung meines Vaters reise ich durch die Welt, immer auf der Jagd nach Serientätern. Ich habe Verbrecher in Paris und Sydney, Los Angeles und London, Johannesburg und Buenos Aires gejagt. Das Böse respektiert keine Grenzen.

Mein Zuhause ist die jeweilige Hotelsuite, die mein Auftraggeber für mich gebucht hat. Ich besitze zwar ein Haus, das ich mir während meiner Zeit beim FBI gekauft habe, oben in Virginia. Man kommt von dort rasch ins Hauptquartier nach Quantico. Ich war zwar seit Jahren nicht mehr dort, trotzdem bringe ich es nicht über mich, es zu verkaufen.

Bevor ich beim FBI aufhörte, war ich dort Chef-Profiler, der jüngste in der Geschichte der Abteilung für Verhaltensanalyse. Ich habe wie alle FBI-Agenten Anzug und blank geputzte Schuhe getragen und von frühmorgens bis spätabends für gesichtslose Autoritäten gearbeitet, die ich von Tag zu Tag weniger respektierte. Die Hinrichtung war mein persönliches Damaskuserlebnis. Zwei Tage nachdem der Staat Kalifornien meinem Vater einen tödlichen Giftcocktail hatte verabreichen lassen, kündigte ich.

Wenn ich an meinen Vater denke, sehe ich ihn in der Hinrichtungszelle. Er brauchte zum Sterben sechs Minuten und dreiundzwanzig Sekunden, und die meiste Zeit davon war er bewusstlos. Anders als Sam Galloway kam er glimpflich davon. Viel zu glimpflich.

Ich habe die Fallakten gesehen, die Fotos. Mein Vater hatte bis zu seiner Festnahme fünfzehn Frauen ermordet. Er entführte sie, brachte sie in die hügeligen Wälder von Oregon, setzte sie dort aus und streckte sie mit einem Hochleistungsgewehr mit Nachtzielfernrohr nieder. Er ließ die Frauen an Ort und Stelle liegen. Er machte sich nicht einmal die Mühe, ein flaches Grab zu schaufeln. Es ist erstaunlich, wie schnell Mutter Natur Schönheit zerstört, wie erbarmungslos sie sein kann.

Meiner Meinung nach hätte man das Pentobarbital weglassen können. Mein Vater hätte diese Welt um Atem ringend und bei vollem Bewusstsein verlassen sollen. Das wäre zwar immer noch keine Wiedergutmachung gewesen, aber wenigstens ein Anfang.

„Marion“, sagte ich zu Taylor. „Ihre Eltern sind glühende John-Wayne-Fans.“

„Weit daneben.“

„Chuck? Ihr Vater steht auf Basketball und Turnschuhe.“

Taylor lachte nur und ließ mir mit einer Handbewegung den Vortritt.

Der Abflug war lehrbuchmäßig. Ohne Sperenzchen. Die Flugbegleiterin war Anfang fünfzig. Haare dunkel gefärbt, praktische flache Schuhe. Man hatte sie eingestellt, weil sie ihren Job gut machte, nicht wegen ihres Aussehens, was mir nur recht war. Sie gab uns die Speisekarte, fragte, was wir essen und trinken wollten, und verschwand in der Bordküche im Heck.

Als sie mit den Getränken zurückkehrte, stiegen wir immer noch. Ich musste wieder an den Besitzer der Gulfstream denken. Hätte ich einen Privatjet, wäre ich sehr wählerisch, wem ich ihn leihen würde. Die Polizei stünde ziemlich am Ende der Liste. Am einfachsten wäre es gewesen, Taylor zu fragen, was ich wissen wollte, aber so weit war ich noch nicht.

Ich fuhr meinen Laptop hoch, klickte den Filmclip mit Sam Galloways letzten Momenten an, drückte auf Play und drehte den Bildschirm so, dass Taylor ihn sehen konnte. „Schauen Sie es sich gut an, und sagen Sie mir dann, was Sie gesehen haben.“

Ich griff nach meinem Kaffee und nahm einen Schluck. Er kam von den Blue Mountains auf Jamaika und war wunderbar sanft. Taylor trank eine Pepsi. Er wusste nicht, was er verpasste.

Ich betrachtete ihn. Das flackernde Licht des Bildschirms spiegelte sich in seinen Augen. Ich konnte sein Unbehagen an seinem Gesicht ablesen. Ein paarmal zuckte er zusammen. Schließlich drehte er den Bildschirm wieder zu mir zurück.

„Und?“, fragte ich.

„Ich werde nicht bezahlt, um eine Meinung zu so was zu haben, Mr Winter. Das übersteigt meine Gehaltsstufe bei Weitem.“

Ich tat so, als müsste ich gähnen.

„Schauen Sie, ich bin erst seit einem halben Jahr Polizist. Ich bin auf dem Revier so unentbehrlich, dass man mich bis nach Charleston schickt, um Sie abzuholen. Ich weiß nicht, ob Sie es bemerkt haben, aber was ich anhabe, ist keine Sheriffuniform.“

„Zuerst mal, nennen Sie mich Winter. Zweitens, interessante Wortwahl. Sie hätten jeden Rang nehmen können, aber Sie haben sich für den Sheriff entschieden. Den Mann ganz oben. Das heißt, Sie haben irgendwann vor einem Spiegel gestanden und sich in einer nagelneuen Sheriffuniform gesehen.“

Taylor schoss das Blut ins Gesicht. Der Kontrast war nicht annähernd so stark wie bei Rot auf weißer Haut, aber er war da.

„Außerdem“, fügte ich hinzu, „sind Sie intelligent und wissen ganz genau, dass Ihre Chancen im nördlichen Louisiana gleich null sind. Sie werden also die Zähne zusammenbeißen, rackern und sich in Ihrem momentanen Umfeld so weit hocharbeiten, bis Sie genug Erfahrung gesammelt haben, und es dann in einem weniger rassistischen Teil des Landes versuchen.“

„Ehrgeiz ist kein Verbrechen.“

„Keineswegs. Und ich verspreche Ihnen, wenn Sie meine Frage beantworten, verrate ich Ihren Kollegen nicht, wie intelligent Sie wirklich sind.“

Taylor griff nach seiner Pepsi und nahm einen Schluck.

„Sie haben sich in der Aufnahmeprüfung absichtlich ein bisschen dümmer gestellt, als Sie sind, stimmt's? Sie hätten mit Auszeichnung bestehen können, aber Sie wollten auf keinen Fall, dass sich Ihre Kollegen in Ihrer Gegenwart womöglich unbehaglich fühlen. Vermutlich spielen Sie den naiven, gutmütigen Riesen inzwischen perfekt.“

Taylor protestierte nicht, was auch gar nicht nötig war. Das schlechte Gewissen stand ihm ins Gesicht geschrieben.

Ich nickte in Richtung Laptop. „Zurück an die Arbeit. Was denken Sie?“

Taylor seufzte und kaute auf der Unterlippe. Dann schüttelte er den Kopf. „Niemand sollte so sterben müssen.“

Was genau meinen eigenen ersten Eindruck wiedergab. Leider war eine emotionale Reaktion für die Ermittlungen unbrauchbar. „Versuchen Sie es noch einmal, aber diesmal ohne Emotionen. Und dann sagen Sie mir, was Sie sehen.“

Taylor zögerte und lächelte. „Emotionen."

„Weiter."

„Der Mörder könnte ein Roboter sein, so wenig Emotionen zeigt er. Er kippt das Benzin über Sam Galloway, lässt ein Streichholz fallen und verschwindet wieder. Als würde er ein Grillfeuer anzünden. Der Typ ist ein Psychopath."

Ich schüttelte den Kopf. „Sie haben in einem Punkt recht. Die fehlenden Emotionen sind entscheidend. Aber Sie irren sich, wenn Sie ihn für einen Psychopathen halten. Das ist er nicht."

„Natürlich ist er das. Er hätte Galloway auf ein Dutzend Arten schneller töten können, zum Beispiel mit einer Kugel in den Kopf. Er hat ihn aber angezündet, und so etwas tut man nur, wenn das Opfer leiden soll."

„Sie haben gerade zwei und zwei zusammengezählt und fünf herausbekommen. Das ist manchmal gut, aber nicht diesmal."

„Wie kommt man dann auf vier?"

„Gute Frage."

„Aber Sie wollen sie nicht beantworten."

„Noch nicht."

Mit zwei Klicks rief ich die Website auf. 10:42:08. Eine neue Partie Galgenmännchen hatte gerade angefangen. In Dayton war es jetzt achtzehn Minuten nach eins. Die Zeit verstrich, Mitternacht rückte unaufhaltsam näher. Ich drehte den Computer so, dass Taylor wieder den Bildschirm sehen konnte.

„Und was halten Sie davon?"

Gebannt starrte er auf den Monitor. Und dachte nach. Dann sah er mich an. „Der Täter gibt uns zu verstehen, dass Sam Galloway nur der Anfang war. Er wird wieder töten."

„Darf ich Sie was fragen?", vernahm ich Taylors Stimme.

Ich zog meine Ohrhörer heraus und öffnete die Augen. Der zweite Satz von Mozarts Jupiter-Sinfonie büßte den warmen, vollen Klang ein und wurde zu Blech. Ich streckte die Hand nach meinem Laptop aus, und die Sinfonie brach ab. Wir waren seit einer Stunde unterwegs und hatten die Strecke nach Louisiana zur Hälfte geschafft.

Taylor sah mich mit ernstem Gesicht an, und ich wusste, was als Nächstes kommen würde. Ich hatte die Frage schon tausendmal gehört. Was mein Vater getan hatte, war kein Geheimnis, und natürlich waren die Leute neugierig. Sie wollten wissen, wie man mit einem Serienmörder unter demselben Dach zusammenleben konnte, ohne etwas zu merken.

Die Antwort darauf war einfach. Mein Vater war intelligent, manipulativ und vollkommen überzeugend. Anders als unser Feuermörder war er ein Psychopath wie aus dem Lehrbuch. Er vermittelte so glaubhaft, dass er ein ganz normales Leben führte, dass niemand Verdacht schöpfte.

Abgesehen davon, dass mein Vater Frauen ermordete, war er ein ganz normaler Typ, der Mathe unterrichtete und zu Hause Frau und Kind hatte. Er verwendete viel Mühe darauf, nicht aufzufallen. Er schlug oder misshandelte meine Mutter und mich nie. Sein schlimmstes Verbrechen uns gegenüber bestand darin, dass er gelegentlich distanziert war oder autoritär, aber das waren Millionen andere Ehemänner und Väter auch.

Bevor das FBI über uns hereinbrach, waren wir eine durchschnittliche Familie. Manchmal hassten wir einander, dann vertrugen wir uns wieder, und gelegentlich liebten wir uns auch. Anders ausgedrückt, wir waren eine ganz normale Familie.

„Nur zu, fragen Sie."

„Wieso haben Sie diese weißen Haare?"

Ich lachte und schüttelte den Kopf

„Was ist denn?", wunderte sich Taylor.

„Nichts. Auf diese Frage war ich nur nicht gefasst."

„Wenn Sie sie nicht beantworten wollen, verstehe ich das."

Ich machte eine abwehrende Handbewegung. „Die weißen Haare sind genetisch bedingt. Mein Vater hatte schon mit Mitte zwanzig welche, mein Großvater auch. Ich war einundzwanzig."

„Das habe ich nicht gemeint. Warum färben Sie sie nicht? Sie sind doch erst, hm, Anfang dreißig? Sie könnten das, ohne dass es albern wirkt."

Darauf gab es ein Dutzend Antworten, alle mehr oder weniger wahr. Der eigentliche Grund hatte mit der Hinrichtungszelle in San Quentin zu tun.

Die letzten Worte meines Vaters galten mir. Er sah mich direkt an und formte mit dem Mund stumm vier Worte: *Du bist wie ich.* Mir war klar, dass er nur ein grausames Spiel mit mir trieb. Aber ich würde mich selbst anlügen, wenn ich bestreiten wollte, dass diese Worte eine gewisse Wahrheit enthalten. Dass ich meine Arbeit so gut mache, hat seinen Grund. Meine Ausbildung in Quantico hat auch dazu beigetragen, aber vor allem weiß ich, wie Serientäter denken. Ich verstehe sie. Etwas in meiner DNS ermöglicht mir, ganz nahe an diese Monster heranzukommen, und dieses Etwas stammt ja von irgendwoher.

Das wollte ich Taylor allerdings jetzt nicht näher auseinandersetzen. Kurz zusammengefasst hätte ich sagen können, dass ich mir die Haare nicht färbte, weil mein Vater sie sich gefärbt hatte, aber auch das wollte ich nicht.

Ich antwortete mit einer Gegenfrage. „Warum ziehen Sie beim Gehen den Kopf zwischen die Schultern?“

„Ich weiß nicht, wovon Sie reden.“

„Die meisten Menschen gehen in der Mitte der Straße, aber gelegentlich begegnet man Menschen am Rand. Den Außenseitern. Wir beide ähneln uns mehr, als Sie denken.“

Taylor lachte schnaubend. „Sicher. Sie sind der geniale Profiler, ich der unerfahrene Polizist. Da kann man schon leicht verwechselt werden. Von unserer Größe und Hautfarbe mal ganz abgesehen.“

„Ich sprach von ähnlich, nicht von identisch. Sie fallen auf, weil Sie ein Schrank von Mann sind. Ich falle auf, weil ich meine Arbeit gut mache und weil mein Vater fünfzehn Frauen ermordet hat. Ihre Art, damit umzugehen, ist, sich kleiner zu machen. Deshalb ziehen Sie den Kopf zwischen die Schultern.“

„Und Sie gehen damit um, indem Sie ganz bewusst auffallen. Deshalb färben Sie sich die Haare nicht. Und deshalb ziehen Sie sich an wie das Mitglied einer Grunge-Band.“

Ich hob die Augenbrauen. „Wie bitte?“

„Sie wissen, was ich meine. Die Designer-Jeans, die abgewetzten Stiefel, das T-Shirt, die Lederjacke und die Haare.“ Taylor grinste. „Sie sehen vielleicht aus, als wären Sie gerade aus einem Müllcontainer geklettert, aber ein solcher Look will sorgfältig kultiviert werden.“

Jetzt musste ich lachen.

„Ich habe noch eine Frage“, fuhr Taylor fort. „Haben Sie eine Ahnung, wer der Täter ist?“

„Ich habe ein paar Ideen, aber nichts, worüber ich reden will. Weil man einen Fall mit einem schlechten Profil ganz leicht vermasseln kann. Bevor ich etwas sage, müssen wir uns den Tatort ansehen.“

„Er muss jedenfalls ziemlich intelligent sein. Diese Website zu programmieren kann nicht einfach gewesen sein.“

„Outsourcing“, erklärte ich, und er sah mich verwirrt an. „In einem hatten Sie recht: Der Typ ist intelligent. Wie viele Menschen in Eagle Creek können so gut programmieren? Die Antwort lautet: wahrscheinlich keiner. Aber nehmen wir nur übungshalber an, es gebe zwei oder drei. Wir lassen sie also kommen, verhören sie, bis einer zusammenbricht und gesteht, und der Fall ist abgeschlossen? Nein, wenn der Täter programmieren kann, hätte er das nicht so öffentlich gemacht. Dazu ist er zu schlau.“

„Und deshalb beauftragt er irgendeinen Programmierer in Mumbai oder auf den Philippinen, ein kleines Programm für ihn zu schreiben“, übernahm

Taylor. „Und wir könnten diese Spur ein Jahr lang verfolgen, ohne dass wir ihn finden. Okay, sagen Sie es ruhig: blöde Idee."

„Seien Sie nicht so streng mit sich. Das Leben wäre viel einfacher, wenn der Täter ein größenwahnsinniges Computergenie wäre, eine Art Superman, aber so einfach ist es leider nie."

Wem sagen Sie das, gab Taylor mir mit einem Augenrollen zu verstehen. „Und wenn wir den Tatort nicht finden, Winter? Was dann?"

„Sie werden ihn finden. Unser Täter ist ein Angeber. Er hält sich für schlauer als wir und will uns das auch zeigen."

„Wir werden den Tatort also finden, weil er es will."

„Genau. Was können Sie mir zu Sam Galloway sagen?"

„Nur das, was Sie schon in den Akten gelesen haben, die Sheriff Fortier Ihnen geschickt hat."

Ich lachte abfällig. „Das Problem mit Akten ist, dass der Mensch an sich faul ist. Wer einen Bericht schreibt, kürzt immer ab. Das macht jeder. Verlassen Sie sich nie auf einen Bericht, okay?"

„Okay."

„Sam Galloway." Ich nickte aufmunternd.

„Er war Anwalt. Zweiundvierzig Jahre alt. Verheiratet seit zwanzig Jahren. Drei Kinder, ein Sohn und zwei Töchter."

„Hatte er Feinde? Affären? Nehmen die Kinder Drogen?"

„Von Affären weiß ich nichts. Die Ehe lief gut. Bei den Kindern haben wir auch nichts gefunden. Sie sind zwischen zehn und fünfzehn Jahre alt und offenbar eher brav. Keine Drogen, keine Straftaten, keine Schwangerschaften. Und beruflich hat Galloway sich mit unspektakulären Fällen beschäftigt. Scheidungen, Testamente, Immobilien, so was in der Art. Er war kein Strafverteidiger oder so, der sich viele Feinde gemacht hätte."

„Nur dass er doch einen Feind hatte."

„Und wenn es ihn nur zufällig getroffen hat?"

„Es war kein Zufall. Der Mord wurde von einem bestens organisierten Serientäter begangen, der nichts dem Zufall überlässt."

„Muss man als Serienmörder nicht mindestens drei Menschen getötet haben?"

„Das ist nur ein Aspekt. Glauben Sie mir, der Typ ist ein Serienmörder."

DER PILOT überquerte den Landkreis Dayton, von Norden kommend, im Tiefflug, sodass ich einen guten Eindruck von der Landschaft gewann – Wälder und Seen und Farmen und einige verstreute, durch gewundene Landstraßen verbundene Ortschaften. Viel Platz und wenig Menschen.

An Dayton fiel mir als Erstes auf, dass das Sumpfland fehlte. Bei Louisiana denkt man immer gleich an Sümpfe und Alligatoren, an Cajun-Essen und Karneval. Dayton lag sechzig Meter über dem Meeresspiegel. New Orleans liegt dagegen sogar teilweise zwei Meter darunter, und diese Tatsache trennt den Norden vom Süden.

Eagle Creek lag am unteren Rand von Dayton, sechzehn Kilometer nördlich der Interstate 20, die den Norden Louisianas von Osten nach Westen durchquert. Die kleine Stadt war angelegt wie Tausende ähnlicher Ortschaften. Am Rand, wo die Grundstücke billig waren, lagen Büros, Fabriken und ein Einkaufszentrum. Näher zum Zentrum dann Wohnungen und Häuser, Schulen, Parks und ein Baseballplatz für Kinder und Jugendliche. Südlich der Interstate breitete sich eine stillgelegte Erdölraffinerie aus. Grauer Beton, verbrannte Erde und tonnenweise Stahl.

Die größeren Villen lagen inmitten gepflegter Grünflächen im Nordwesten. Die Autobahn konnte man dort nicht hören, die alte Raffinerie nicht sehen, und zum Golfplatz war es auch nicht weit.

Wir drehten scharf nach rechts ab und begannen den Landeanflug auf den kleinen Flugplatz von Eagle Creek. Wir setzten auf und rollten in einen Hangar, der etwas abseits von anderen Gebäuden stand. Wie die Gulfstream war auch er weiß gestrichen und ohne Hinweis auf den Eigentümer. Sonst standen nur noch ein Hubschrauber und ein schwarzer Streifenwagen mit den Abzeichen des Büros des Sheriffs von Dayton in dem Hangar. Die Gulfstream kam neben dem Streifenwagen zum Stehen.

Es war fast drei Uhr nachmittags. Der Flug von Charleston nach Eagle Creek hatte genau zwei Stunden gedauert. Vor meinem geistigen Auge sah ich die weißen Ziffern auf schwarzem Grund des auf null herunterzählenden Countdowns. 09:06:34.

Als wir ausstiegen, traf mich die Hitze wie ein Schlag, als wäre ich in den Tropen gelandet. Die Luft roch auch genau so, nach Kerosin und sonnendurchtränkter Vegetation.

Ich stieg auf der Beifahrerseite in den Streifenwagen, Taylor zwängte sich hinter das Steuer. Mein Koffer und der Laptop wanderten auf den Rücksitz, und Taylor ließ den Wagen an.

„Sue“, sagte ich. „Sie sind der Junge namens Sue.“

„Wovon reden Sie?“

„Das ist ein Song von Johnny Cash.“

„Meine Eltern stehen mehr auf Motown.“

„Dann vielleicht Marvin? Wie Marvin Gaye. Marvin Taylor? Klingt irgendwie gut.“

Helles Sonnenlicht durchflutete den Wagen, und ich setzte meine Sonnenbrille auf, als wir aus dem Hangar fuhren.

„Geben Sie lieber gleich auf, Winter. Sie kommen da nie drauf."

„Das hört sich nach einer Herausforderung an."

„Keine Herausforderung, eine Tatsache."

„Und Sie wären bereit, Ihren Worten Taten folgen zu lassen? Wie wär's mit einer Wette über fünfzig Dollar?"

„Fünfzig? Machen wir es doch ein bisschen interessanter. Wie wär's mit zweihundert?"

„Sind Sie sicher, dass Sie sich das von Ihrem Anfängergehalt leisten können?"

Taylor lachte. „Diese Wette verliere ich auf keinen Fall."

„Abgemacht. Wenn ich Ihren Vornamen nicht bis zu meiner Abreise herausgefunden habe, zahle ich Ihnen mit Vergnügen zweihundert Dollar."

Ich streckte die Hand aus, und Taylor ergriff sie.

„Sie können mir die zweihundert Dollar auch gleich zahlen, Winter. Dann sparen Sie sich die Mühe."

Ich lächelte und lehnte mich zurück. „Das Gleiche wollte ich auch gerade zu Ihnen sagen."

2

Fünf Minuten nach Verlassen des Flugplatzes bogen wir auf die Main Street ein. So tief in der südlichen Ödnis grassierte üblicherweise die Armut. Kleine Ortschaften lagen buchstäblich im Sterben. Man sah überall verlassene, baufällige Häuser, und zugenagelte Läden waren die Regel, nicht die Ausnahme. Nicht so in Eagle Creek. Wohin man blickte, leuchteten frisch gestrichene Mauern. Die Straße war so glatt, als wäre sie gerade erst neu geteert worden.

Die Häuser um den Park in der Ortsmitte flimmerten in der Nachmittagshitze. Im Gegensatz zu der niedrigen zweistöckigen Bebauung der restlichen Main Street standen hier große, wichtig aussehende graue und weiße Gebäude. Gericht, Rathaus und Bücherei.

In der Mitte des Parks stand die aus weißem Stein gehauene Statue eines streng dreinblickenden Mannes. Daneben hing an einem Fahnenmast das Sternenbanner. Rot, Weiß und Blau leuchteten so grell, dass es in den Augen wehtat. Der gepflegte Rasen hatte Golfplatzqualität.

Das Büro des Sheriffs war in einem größeren Gebäude am nördlichen

Ende der Main Street untergebracht. Taylor fuhr auf den Hof dahinter und parkte rückwärts ein. Links von uns standen vier Autos, rechts fünf, Limousinen und Geländewagen, von denen das älteste vielleicht zwei Jahre alt war. In den Fuhrpark waren offenbar in jüngster Zeit mehrere Hunderttausend Dollar investiert worden.

Beim Aussteigen schlug mir heiße Luft wie aus einem Hochofen entgegen. Es war Nachmittag, und das Thermometer zeigte bestimmt an die vierzig Grad. Bereits beim Überqueren des Parkplatzes brach mir der Schweiß aus. Ich wischte mir die Tropfen von der Stirn, ehe wir in die klimatisierte Kühle des Gebäudes traten.

Taylor führte mich durch ein Labyrinth von Gängen zu einer Tür mit einer Rauchglasscheibe, auf der in goldenen Lettern SHERIFF PETER FORTIER stand. Er klopfte kurz, und eine Stimme auf der anderen Seite rief uns hinein.

Fortiers Büro war wie das übrige Revier in makellosem Zustand. Beherrscht wurde es von einem aufgeräumten Schreibtisch aus Eiche mit einem großen Ledersessel. Die Post in Ein- und Ausgangskorb sah übersichtlich aus. An einer Wand hingen Bilder von Booten und Fischen. Auf allen war Fortier abgebildet. Der lächelnde, gebräunte Fischer unterschied sich beträchtlich von dem Mann mit grimmigem Gesicht hinter dem Schreibtisch.

Er kam mir mit ausgestrecktem Arm um den Schreibtisch entgegen und gab mir die Hand. Der Sheriff war Mitte fünfzig, etwa zehn Zentimeter kleiner als ich und an die fünfunddreißig Zentimeter kleiner als Taylor. Er hatte graue Haare und die kräftige Gesichtsfarbe eines Menschen, der viel draußen ist. Seine Uniform war so makellos wie sein Büro. Allerdings wirkte er müde, geradezu erschöpft, bar jeglicher Energie. Vermutlich würde er bei der nächsten Wahl nicht mehr als Sheriff kandidieren. Der Mann vor mir sehnte sich danach, der Mühsal der wirklichen Welt den Rücken zu kehren. Wahrscheinlich starrte er tagsüber die Bilder an der Wand seines Büros an und träumte davon, seine restlichen Jahre mit Fischen und Bourbontrinken zu verbringen.

„Danke, dass Sie so kurzfristig gekommen sind“, sagte Fortier.

„Gern geschehen.“

„Ehrlich gesagt war ich überrascht, dass Sie überhaupt dazu bereit waren. Ich weiß, dass Sie sonst nur bei Serienmördern ermitteln, und unser Mann ist kein Serienmörder. Aber ich habe Ihre Arbeit in South Carolina verfolgt, und da Charleston mit dem Flugzeug nicht weit weg ist, dachte ich mir, was soll’s, einen Versuch ist es wert. Wenn Sie uns also irgendwie helfen können –

wir sind für jede Anregung dankbar. Wenn Sie etwas brauchen, sagen Sie es einfach."

„Serientäter."

„Verzeihung?"

„*Serien*täter. Ich befasse mich mit allen. Entführern, Vergewaltigern, Brandstiftern, Erpressern und Mördern. Und ich sage es nur ungern, aber unser Mann ist tatsächlich ein Serienmörder."

„Wie kommen Sie darauf?"

„Wegen der Art und Weise, wie der Mord an Sam Galloway inszeniert wurde. Was, glauben Sie, wird passieren, wenn der Countdown abgelaufen ist?" Sein Blick sagte mir, dass er darüber bereits nachgedacht hatte und zum selben Schluss gekommen war wie ich. „Wenn Sie den Kerl nicht schnappen, und zwar schnell, wird er immer wieder töten. So lange, bis jemand ihn stoppt. Glauben Sie mir, er hat eben erst angefangen."

„Es handelt sich Ihrer Meinung nach also nicht um eine einmalige Tat?"

„Auf keinen Fall."

Fortier schien förmlich zu schrumpfen. Er hatte ganz offensichtlich auf eine andere Antwort gehofft. Ein Mord war schon schlimm genug, aber eine ganze Serie ein Albtraum.

„Wie steht es mit der Presse?", erkundigte ich mich.

„An dieser Front ist alles ruhig. Es gibt in der Stadt eine Wochenzeitung. Der Typ, der sie herausgibt, trinkt lieber, als dass er schreibt. Die nächste Ausgabe erscheint erst kommende Woche. Solange er bis dahin eine Schlagzeile für die Titelseite hat, macht er uns keine Schwierigkeiten."

„Und außerhalb von Eagle Creek?"

„Die nächsten Großstädte sind Shreveport und Monroe. In Eagle Creek ist nicht viel los, die Reporter würden wahrscheinlich nicht einmal den Weg zu uns finden."

„Aber jetzt ist schon etwas los."

„Ich werde schon mit ihnen fertig."

„Es wäre gut, wenn wir den Fall so lange wie möglich aus den Schlagzeilen heraushalten könnten. Unser Mann sucht nach einem Publikum. Wenn er das nicht bekommt, lässt er sich vielleicht zu einer Dummheit verleiten, um auf sich aufmerksam zu machen. Und je größer die Dummheit, desto leichter schnappen wir ihn."

Fortier lächelte. „Ich werde tun, was ich kann."

„Dasselbe gilt für die Website. Auch davon sollte möglichst niemand erfahren. Der Täter will damit Aufmerksamkeit erregen. Wer weiß davon?"

Das Lächeln erlosch. „Zu viele. Hier im Sheriffbüro wissen es alle, und natürlich habe ich den Chef der städtischen Polizei unterrichtet. Und den Bürgermeister, er musste es wissen."

„Dann sorgen Sie für Schadensbegrenzung. Weisen Sie die anderen an, nicht darüber zu sprechen. Es nützt wahrscheinlich nichts, aber man weiß nie." Ich überlegte kurz und fügte hinzu: „Dumme Frage, aber in der Stadt weiß inzwischen wahrscheinlich jeder von Sam Galloways Ermordung?"

Fortier lachte schnaubend. „Was glauben Sie denn?"

„Es wäre ein Wunder, wenn es in einer so kleinen Stadt anders wäre, und ich glaube nicht so recht an Wunder."

„Wir haben noch nicht über Ihr Honorar gesprochen."

„Keine Sorge, ich verlange das, was sich die Leute nach meiner Einschätzung leisten können. Mich interessiert der Fall mehr als das Geld. Ich verspreche Ihnen, ich werde Sie nicht in den Bankrott treiben."

Fortier grinste. „Versuchen Sie das mal."

„Was heißt das?"

Der Sheriff wischte die Frage mit einer Handbewegung beiseite. „Schicken Sie einfach die Rechnung, wenn Sie fertig sind. Und vergessen Sie nicht die Spesen. Sie wollen sich wahrscheinlich erst noch auf den neuesten Stand bringen, bevor Sie ein Profil erstellen."

Ich warf Taylor einen Blick zu, wartete, bis er ihn erwiderte, und antwortete dann: „Das hat Officer Taylor bereits im Flugzeug getan. Wenn Sie wollen, bekommen Sie Ihr Profil gleich."

SHERIFF FORTIER führte uns einen Gang entlang und blieb vor einer Tür stehen, auf deren Rauchglasscheibe in goldenen Buchstaben CAPTAIN ANTHONY SHEPHERD, KRIMINALABTEILUNG stand. Er klopfte kurz und drückte die Tür auf. Shepherd telefonierte. Er hob den Kopf, bedeutete uns, dass er gleich fertig sein würde, und beendete das Gespräch.

Wir wurden einander vorgestellt, gaben uns die Hand. Shepherd war Mitte vierzig, fit und schlank. Er hatte grau melierte Haare und einen ordentlich gestutzten Schnurrbart. Seine Brille hatte einen breiten schwarzen Rand. Bekleidet war er mit einem schlichten braunen Anzug, einem weißen Hemd und einer roten Krawatte.

Im Unterschied zu Fortier schien er noch jede Menge Energie zu besitzen. Ich wäre nicht überrascht gewesen, wenn er in Fortiers Büro schon heimlich auf dem großen Ledersessel Probe gesessen hätte.

Er wirkte gestresst, aber der Grund lag auf der Hand. Der letzte Mord in Dayton lag zehn Jahre zurück. In den vergangenen hundert Jahren hatte es nur zwanzig Morde gegeben. Gemeinsam war allen Fällen, dass die Opfer ihren Mörder gekannt hatten, den Ehemann, den Bruder, einen Bekannten. Das alles war nicht ungewöhnlich. Der Mord an Sam Galloway gehörte in eine ganz andere Kategorie.

„Mr Winter wäre mit seinem Profil so weit", verkündete Fortier.

„Schon?"

„Ich arbeite schnell", erklärte ich und spürte Taylors bohrenden Blick auf meinem Hinterkopf. „Und nennen Sie mich bitte Winter. Der ‚Mister' macht mich so alt."

„Also dann, Winter. Wir gehen am besten ins Nachbarzimmer, dort haben wir mehr Platz."

Fortier sah auf die Uhr. „Ich muss leider zu einer Besprechung. Können Sie mich später informieren, Tony?"

„Ja, Sir."

Wir verließen das Büro hintereinander, Fortier bog rechts ab. Shepherd ging zum Nachbarbüro voraus und trat, ohne zu klopfen, ein. Im Zimmer saßen zwei Polizeibeamte in Zivil, beide männlich und in den Dreißigern. Beide hatten schwarze Haare und blaue Augen. Sie hätten Zwillinge sein können, nur betrug der Taillenumfang des einen gut fünfundsiebzig Zentimeter und der des anderen rund hundert.

Die beiden drehten sich um, als wir eintraten, und nahmen den Neuen in Augenschein. In ihrem Blick mischten sich Misstrauen und Neugier. Er sagte so viel wie: *Für wen halten Sie sich eigentlich?*

Daran bin ich gewöhnt. Nach der Verhaftung meines Vaters ging meine Mutter in den Fluchtmodus, und zwar so lange, bis sie sich in ein frühes Grab getrunken hatte. Zwischen elf und siebzehn lebte ich in fünfzehn verschiedenen Städten, deshalb bin ich es gewohnt, der Neue zu sein. Wahrscheinlich werde ich mein Leben lang der Neue bleiben, egal wie alt ich werde.

Shepherd entließ Taylor mit einem knappen „Sie können jetzt gehen".

„Moment", warf ich ein. „Ich hätte ihn gern dabei. Ich gehe davon aus, dass es sich bei unserem Täter um einen Serienmörder handelt. In diesem Fall brauchen wir jeden Mann, den wir kriegen können."

Es hatte wie eine Bitte geklungen, aber wir beide wussten, dass es keine gewesen war. Taylor war auf halbem Weg zur Tür stehen geblieben, unsicher, was er tun sollte.

„Also gut, Sie können bleiben", entschied Shepherd.

„Ein Serienmörder?" Die Frage kam von dem dünnen Beamten.

Shepherd wies mit einem Nicken auf ihn. „Das ist Barker." Dann ein Nicken in Richtung des Dicken. „Und das Romero."

Allgemeines Händeschütteln, danach setzte ich mich auf den Fenstersims. „Sie haben bisher ein Opfer, aber es wird weitere geben. Das nächste meiner Einschätzung nach in gut achteinhalb Stunden."

„Entsprechend dem Countdown auf dieser Website", sagte Shepherd. „Sie meinen, der Kerl teilt uns mit, wann er wieder töten wird?"

„Wozu wäre der Countdown sonst da?"

„Aber das ist doch verrückt. Warum sollte er das tun?"

„Sie müssen zuerst einmal wissen, dass Serientäter nicht wie normale Menschen denken. Alles, was sie tun, ist von ihren Fantasien beeinflusst. Was uns verrückt erscheint, ist für sie vollkommen vernünftig, weil ihre Fantasien für sie alles bedeuten. An normalen Maßstäben gemessen, hat unser Täter bereits einige absurde Dinge getan. Dazu gehören der Countdown, die Tatsache, dass er den Mord gefilmt, den Film der Polizei geschickt und Feuer als Mordwaffe gewählt hat. Wenn wir ihn kriegen wollen, dürfen wir das nicht als verrückt abtun, sondern müssen uns darauf konzentrieren, was seine Aktionen uns sagen."

„Und das wäre?", meldete sich Romero zu Wort.

„Dass er alles andere als verrückt ist. Der Mörder von Sam Galloway geht planvoll vor. Alles, was er tut, geschieht aus einem bestimmten Grund."

„Was können Sie uns noch über ihn sagen?", fragte Shepherd.

„Sie suchen nach einem weißen Mann, eins fünfundsiebzig groß, Mitte dreißig. Schmächtige Statur, Collegeabschluss. Das wäre vorerst alles. Ich muss den Tatort sehen oder die Leiche. Am besten beides. Setzen Sie für die Suche alle verfügbaren Kräfte ein. Die Uhr tickt."

„Vielleicht haben wir Glück und finden den Kerl, bevor er wieder zuschlägt."

„Ich glaube nicht an Glück. Ich habe nie daran geglaubt und werde es auch künftig nicht tun. Glück ist der letzte Ausweg für Menschen ohne Fantasie. Ich glaube an harte Arbeit. Damit kriegen wir unseren Mann."

Shepherd sah mich scharf an und öffnete den Mund, um noch etwas zu entgegnen, und ich konnte mir schon denken, was. Über die Jahre habe ich mehr als genug Autoritätspersonen vor den Kopf gestoßen.

„Captain Shepherd", sagte ich höflich wie ein guter Pfadfinder, „könnte ich Sie kurz in Ihrem Büro sprechen?"

SCHWEIGEND gingen wir hinüber. Shepherds Schultern waren angespannt. Er war ziemlich sauer, was ich gut verstehen konnte.

Shepherd schloss die Tür hinter uns, setzte sich an seinen Schreibtisch und bedeutete mir, auf dem Stuhl davor Platz zu nehmen. Er strich sich über seinen gepflegten Schnurrbart, dann richtete er den Blick auf mich.

„Der letzte Ausweg für Menschen ohne Fantasie? Ich mag es nicht, wenn man mich vor meinen Leuten lächerlich macht."

„Ich versichere Ihnen, das war nicht meine Absicht."

„Aber es kam so rüber, auch wenn Sie es nicht wollten."

„Ich weiß. Ich lasse mich manchmal von einem Fall so sehr mitreißen, dass ich unüberlegte Dinge sage. Aber ich wollte Sie nicht kränken."

Shepherd dachte darüber nach, sein Schweigen hing schwer zwischen uns. Er fixierte mich. „Sie sehen in mir einen überforderten Provinzbullen. Und wissen Sie was? Sie haben recht. Ich habe mit Fällen dieser Größenordnung keine Erfahrung. Sie dagegen haben das. Wenn Sie freie Hand brauchen, um diesen Schweinehund zu fassen, bekommen Sie die von mir. So viel Sie wollen." Pause. Er durchbohrte mich mit seinem Blick. „Aber kommen Sie mir bitte nicht noch einmal so respektlos vor meinen Leuten."

„Verstanden."

Er lehnte sich zurück. „Benzin über einen Mitmenschen kippen und dann zusehen, wie er verbrennt. Das ist doch krank. Wie können Sie so etwas täglich ertragen und normal bleiben? Wie schlafen Sie nachts?"

„Mit Whisky und Schlaftabletten. Und wer sagt, dass ich normal geblieben bin?"

Shepherd hätte fast gelacht. „Ich will nur, dass dieser Albtraum aufhört."

„Das wollen wir beide. Sie hatten vor, mir Barker an die Seite zu stellen, stimmt's?"

„Er ist ein guter Mann. Mein bester."

„Nein, das ist er nicht."

„Er ist Romero haushoch überlegen."

„Das bestreite ich keinen Moment."

„Warum wollen Sie dann lieber Romero?" Es dauerte einen Augenblick, bis der Groschen gefallen war. „Sie wollen mit Taylor arbeiten."

Ich nickte.

„Warum? Er ist noch neu."

„Ich habe meine Gründe. Sie sagten gerade, Sie wollten mir Spielraum lassen." Ich lächelte. „Jetzt wäre eine gute Gelegenheit dazu."

„Okay, Sie bekommen Taylor. Aber wenn Sie Ihre Meinung ändern, kann ich Ihnen auch Barker geben."

„Ich werde meine Meinung nicht ändern. Bei diesem Fall ist Taylor mein Assistent." Ich stand auf, um zu gehen, blieb aber an der Tür stehen. „Ach, eins noch. Sie wissen nicht zufällig, wie Taylor mit Vornamen heißt?"

TAYLOR sprach auf dem Weg zum Auto kein Wort. Er sagte auch nichts, als er den Motor startete und wir vom Parkplatz rollten. Schweigend fuhren wir die Main Street entlang, vorbei an der hohen weißen Statue. Es waren nur wenige Autos unterwegs, und schon nach ein paar Minuten hatten wir das „Imperial Hotel“ erreicht. Taylor stellte den Motor ab.

„Irgendwann müssen Sie mir Ihren Plan verraten“, meinte er.

„Sie haben recht. Aber jetzt ist nicht der richtige Zeitpunkt.“ Ich öffnete die Beifahrertür und stieg aus. Brütende Hitze umfing mich. Dann lehnte ich mich noch einmal in die offene Tür. „Warten Sie bitte hier, während ich drinnen einchecke.“

Taylor wies mit einem Nicken auf meinen Koffer auf dem Rücksitz. „Haben Sie nicht etwas vergessen?“

„Nein.“ Ich schlug die Tür zu.

Ein kalter Luftstoß empfing mich, als ich aus der hellen Sonne in das Grabesdunkel trat, das dem dicken Gemäuer geschuldet war. Ich schob die Sonnenbrille in die Haare und ging zur Rezeption. Das Einchecken dauerte zwei Minuten. Anschließend gab der Mann an der Rezeption mir einen Schlüssel, in dessen Anhänger SENATOR-SUITE eingeschnitzt war.

Wenn ich einen Fall übernehme, stelle ich zwei Bedingungen. Erstens will ich eine Suite und nicht nur ein Zimmer. Das geht auf meine Zeit beim FBI zurück. Damals habe ich mehr billige Motelzimmer von innen gesehen, als mir lieb ist. Die zweite Bedingung ist eine Flasche Single Malt. Alles über zwölf Jahre ist annehmbar, achtzehn Jahre und darüber hinaus sind noch besser.

Ich sagte dem Rezeptionisten, dass ich mein Gepäck später bringen würde, dann ging ich hinaus zum Auto und stieg wieder ein. „Ich brauche ein anderes Hotel.“

„Wieso denn? Das ist das beste in der Stadt.“

„Weiß ich. Und für Ihre Kollegen ist es auch das, in dem ich wohne.“

„Sie wollen, dass ich lüge.“

„Nur wenn sie fragen. Kennen Sie ein anderes Hotel? Ich suche etwas Ruhiges, Anonymes.“

„Da weiß ich was.“

DIE MORROW STREET war auf beiden Seiten von Bars gesäumt, grauen, zweistöckigen Gebäuden mit dunklen Fenstern. Dazwischen befanden sich einige Pensionen und Diner. Hier schlug das dunkle Herz von Eagle Creek. Jede Stadt hat eins.

Wir fuhren zwei Drittel der Straße entlang und hielten vor einer Pension.

Auf einem Schild über der Tür stand in verschnörkelten roten Buchstaben HANNAH'S PLACE. Ich stieg aus und holte Koffer und Laptop vom Rücksitz. Taylor nahm mir den Koffer ab, und ich folgte ihm über den Gehweg.

Das Innere der Pension war kühl, sauber und geräumig. Die Hollywood-Schwarz-Weiß-Fotos an den Wänden zeigten Marilyn Monroe und Tony Curtis, Rock Hudson und Doris Day. Wir gingen zur Rezeption, und Taylor schlug auf eine altmodische Tischklingel aus Messing.

„Sekunde!", rief eine Stimme aus dem Hinterzimmer.

Die Frau, die der Stimme folgte, war Anfang bis Mitte zwanzig, sah aber aus wie mindestens dreißig. Ihre Hände waren dem Aussehen nach harte Arbeit gewohnt, sie selbst war schlank, aber von der Arbeit und nicht weil sie ins Fitnessstudio ging. Sie hatte große rehbraune Augen und kurze, stachelig abstehende blonde Haare, außerdem Piercings in Ohren und Nase. Dazu ein ausgeleiertes T-Shirt der Band Gutterpigs.

Als die Frau Taylor sah, lächelte sie, und die Jahre fielen von ihr ab. Eine unaufdringliche Schönheit kam zum Vorschein, die in ständigem Kampf mit dem harten Arbeitstag lag.

„Hey, Hannah."

„Hey, Taylor."

Er wandte sich an mich. „Jefferson Winter, darf ich Ihnen Hannah Hayden vorstellen." Und zu der Frau: „Hannah, das ist Jefferson Winter."

„Cooler Name", sagte ich. „Sie sind ein wandelndes Palindrom."

Sie lächelte wieder. „So hat mich noch niemand genannt."

„Winter braucht ein Zimmer."

„Da hat er Glück, wir vermieten welche."

„Sie haben nicht zufällig eine Suite?", fragte ich.

„Ich kann Ihnen unser bestes Zimmer geben. Zwar keine Suite, aber mit eigenem Bad."

„Und Pralinen auf dem Kopfkissen?"

Hannah hob die Augenbrauen.

„Das Mittagessen ist schon eine Weile her, und mein Blutzucker sinkt gerade rapide ab. Ich brauche Zucker."

„Pralinen habe ich keine, aber einen Schokoriegel kann ich auftreiben."

„Dann nehme ich das Zimmer." Ich zahlte für zwei Nächte im Voraus, legte noch einmal hundert Dollar daneben. „Es wäre mir recht, wenn Sie niemandem sagen, dass ich hier bin."

„Kein Problem." Das Geld verschwand.

Sie gab mir den Schlüssel. Taylor kam mir zuvor, schnappte meinen Koffer und stieg die Treppe hinauf. Das Zimmer war sauber und ordentlich, die Matratze war fest, und im Bad lebten keine exotischen Organismen. Es gehörte nicht zu meinen Top Ten, aber ich hatte schon schlimmer übernachtet.

Taylor legte den Koffer auf das Bett. „Ich warte auf eine Erklärung, Winter."

„Sie bekommen auch eine. Aber zuerst müssen Sie noch ein paar Dinge für mich erledigen."

Ich nannte die Liste der Aufgaben und gab ihm den Schlüssel zur Senator-Suite des Imperial. Taylor kniff die Augen zusammen, als wollte er meine Gedanken lesen.

„Und ziehen Sie was anderes an. Die Uniform geht nicht."

Taylors Blick verfinsterte sich, und er ging zur Tür. Mit der Hand auf der Klinke blieb er stehen. „Wenn ich wiederkomme, will ich die Erklärung."

ICH STELLTE EINIGES UM und richtete mich ein. Dann schloss ich meine Laptop-Lautsprecher an und überließ dem Computer die Auswahl der Musiktitel per Zufallswiedergabe.

Der erste Akt von „Figaros Hochzeit" erfüllte das Zimmer. Mozarts Musik sprüht vor Witz, und wenn ich diese Stelle höre, muss ich unweigerlich lächeln. Die Welt mag noch so finster aussehen, diese Musik hat die Kraft, sie wieder aufzuhellen.

Ich telefonierte nach unten, fragte Hannah nach dem Wi-Fi-Passwort und bestellte Kaffee. In meinem Posteingang befand sich neben den üblichen Junk-Mails auch eine E-Mail von Olina Kalani, dem Polizeichef von Honolulu. Der Tonfall war höflich, aber zugleich genervt. Die Medien hatten sich auf den Fall des Vergewaltigers gestürzt und betrieben mit ihren Schlagzeilen Panikmache. Ich schrieb ihm rasch zurück, er solle mir alles schicken, was er zu dem Fall habe. Wenn mir dazu etwas einfalle, würde ich ihm Bescheid geben. Dann loggte ich mich auf der Website des Täters ein.

07:22:20. Eine geschlagene Minute lang betrachtete ich den Bildschirm und folgte den verstreichenden Sekunden.

Ich legte mich aufs Bett und ging in Gedanken durch, was ich wusste. Ich dachte an Gulfstreams, nagelneue Polizeiautos und den Sheriff einer Kleinstadt, der es sich leisten konnte, mir einen Blankoscheck auszustellen.

Dreierlei stand bisher fest.

Erstens: Wo immer Sams Mörder gerade war, er hatte sich wie ein Chamäleon an seine Umgebung angepasst, denn genau das beherrschten Mörder dieses Typs so perfekt. Sie waren der stille Nachbar, der immer fröhlich winkte und höflich grüßte. Der Arbeitskollege, der einem im letzten Herbst ausgeholfen hatte, als das Auto kaputtgegangen war. Mein Vater war ein Meister der Täuschung gewesen. Fünfzehn Morde in zwölf Jahren, ohne dass jemand den geringsten Verdacht geschöpft hätte.

Zweitens wusste ich, dass die Gedanken von Sams Mörder unablässig um seine Tat kreisten. Zwar würde er nach Kräften so tun, als wäre heute ein ganz normaler Tag. Aber die Ereignisse der vergangenen Nacht gingen ihm wie eine Endlosschleife durch den Kopf. In ruhigeren Augenblicken überließe er sich seinen Erinnerungen für kurze Zeit vielleicht sogar ganz. Aber die restliche Zeit würde er darauf achten, dass er sich genauso verhielt wie sonst.

Drittens war ich felsenfest davon überzeugt, dass er, solange ihn niemand aufhielt, wieder zuschlagen würde.

Ein leises Klopfen an der Tür rief mich in die Gegenwart zurück. Ich klappte den Laptop zu, stand auf und ließ Hannah herein. Sie trug ein Tablett zum Nachttischchen und stellte es dort ab. Auf dem Tablett lag eine Banane neben dem Kaffeebecher. Ich sah Hannah an.

„Das ist kein Schokoriegel."

Hannah lächelte. „Zehn von zehn Punkten für scharfe Beobachtungsgabe. Taylor sagte schon, dass Sie echt gut sind. Wenn Sie ein Problem mit Ihrem Blutzuckerspiegel haben, ist Obst erwiesenermaßen besser."

„Aber es schmeckt nicht so gut."

„Sie werden mir noch danken."

Ich nahm die Banane und betrachtete sie widerwillig. Dann schälte ich sie und begann zu essen.

Hannahs Lächeln wurde breiter. „Sie sehen jetzt schon besser aus."

Ich ließ zwei Stück Zucker in den Becher fallen und nahm einen Schluck. „Sie sind vermutlich nicht die ursprüngliche Hannah, es sei denn, Sie hätten das Geheimnis der ewigen Jugend gelüftet."

Sie lachte. „Das war meine Großmutter. Sie hat die Pension in den Sechzigerjahren gekauft. Die ist seit über fünfzig Jahren in Familienbesitz."

„Sie kennen Taylor schon länger, stimmt's?"

Hannah nickte. „Wir sind zusammen zur Highschool gegangen. Ich war zwei Klassen über ihm."

„Ältere Mädchen lassen Jungs, die jünger sind, in der Regel links liegen. Wie kommt es, dass Sie Taylor überhaupt wahrgenommen haben?"

„Er war der beste Footballspieler, den Eagle Creek je hatte und je haben wird. Eine Legende."

„Das passt."

Sie lächelte wieder. „Sie wollen auf etwas hinaus, und ich ahne, worauf. Seien Sie also so gut und kommen Sie zur Sache. Ich habe noch zu tun."

„Wie heißt Taylor mit Vornamen?"

„Warum sollte ich Ihnen den verraten? Zumal Taylor mir eben erst fünfzig Dollar gegeben hat, damit ich es nicht tue."

Ich zog hundert Dollar aus meiner Geldbörse und wedelte damit vor ihrer Nase hin und her. „Weil Benjamin Franklin einen Ulysses S. Grant jederzeit sticht."

Hannah nahm mir den Schein aus der Hand. „Da könnten Sie recht haben."

ZWANZIG MINUTEN SPÄTER kehrte Taylor zurück. Er schleppte ein Whiteboard, das so groß war wie er, und an einem seiner kräftigen Finger hing eine Einkaufstüte aus Plastik. Den Inhalt schüttete er neben mir auf das Bett. Die Tüte enthielt eine Kollektion verschiedenfarbiger Filzstifte und die Flasche Single Malt, die in meiner Suite im Imperial zurückgeblieben war. Bei dem Whisky handelte es sich um einen dreißig Jahre alten Glenmorangie. Sehr nobel und seltener als ein Diamant. Ein Kenner musste ihn gekauft haben.

Taylor hatte schwarze Jeans und ein einfaches schwarzes Hemd angezogen. Dazu schwarze Sneakers und schwarze Socken. In dem Holster an seiner Hüfte steckte eine Glock. Es war keine große Verbesserung, aber ein Schritt in die richtige Richtung, wenn auch ein kleiner.

„Was ist?", fragte er.

„Sie sehen aus wie ein Bulle, dem man seine Dienstabzeichen geklaut hat."

„Immer noch besser als ein Rockstar auf dem Abstieg, der sich verzweifelt an seiner glorreichen Vergangenheit festklammert." Er wies mit einem Nicken auf das Whiteboard. „Wohin soll ich das stellen?"

„Da drüben neben den Schrank bitte."

Taylor lehnte die Tafel an die Wand. „Erklärungen, Winter."

„Bekommen Sie, wenn Sie den dritten Test bestanden haben."

„Test? Was für einen Test?"

„Nur ein paar Fragen, Sie brauchen sich keine Sorgen zu machen. Okay, erste Frage: Haben Sie schon mal jemanden ermordet?"

„Wie bitte? Natürlich nicht."

„Zweite Frage: Darf man lügen?"

Taylor sah mich böse an. „Nein."

„Und wenn das Hündchen des kleinen Jimmy gerade gestorben ist und seine Mutter sagt, der Wauwau sei über die Regenbogenbrücke gegangen, wohne jetzt auf der Sonnenscheinfarm und jage dort den ganzen Tag Kaninchen?“

„Also gut, manchmal sind kleine Lügen erlaubt.“

„Und das ist wirklich Ihre Meinung – das ist jetzt keine solche Lüge, oder?“

„Es reicht. Wenn Sie mir das in den nächsten zwei Sekunden nicht erklären, gehe ich, und Sie können sich für Ihre Psychospielchen einen anderen Dummen suchen.“

Ich lächelte. „Gratuliere. Mit Glanz und Gloria bestanden.“

Taylor schüttelte den Kopf und ging zur Tür.

„Mit einem schlechten Profil kann man einen Fall ganz leicht vermasseln.“

Er blieb stehen, die Hand auf der Klinke, und starrte mich unverwandt an.

Ich hielt seinem Blick stand und wies mit einem Nicken auf das Bett. „Setzen Sie sich, dann reden wir.“

Er nahm Platz. Ich zündete mir eine Zigarette an. Taylor schaute mich strafend an, hielt aber den Mund.

„Ich musste wissen, ob ich Ihnen vertrauen kann.“

„Warum?“

„Dazu kommen wir gleich. Außerdem musste ich wissen, ob ich mit Ihnen arbeiten kann. Als ich Sie im Flugzeug nach dem Filmclip fragte, wollte ich herausfinden, ob Sie mir sagen, was Sie denken, oder nur, was ich hören will. Ich hasse Jasager. Auf dem Revier wollte ich wissen, ob Sie rasch reagieren. Sie wussten, dass das Profil, das ich den anderen gegeben habe, Blödsinn war, aber Sie haben den Mund gehalten. Gute Entscheidung übrigens.“

„Aber warum? Ich kapier’s nicht, wirklich. Wozu der ganze Aufwand?“

„Weil in diesem Fall eine falsche Grundannahme vorliegt, eine Annahme, die auf einem irreführenden Indiz beruht, das zugegebenermaßen verführerisch einleuchtend ist.“ Ich schwieg kurz, um meine Gedanken zu ordnen. „Ich sagte in meinem Profil, wir würden einen weißen Mann suchen, eins fünfundsiebzig groß, Mitte dreißig, schmächtige Statur und Collegeabschluss. Fünf Informationen. Zwei davon sind richtig, drei könnten richtig sein.“ Ein Schulterzucken. „Oder auch nicht. Welche zwei sind richtig?“

„Das ist eine Fangfrage“, erwiderte Taylor. „Alle fünf stimmen. Sie haben die Informationen ja aus dem Filmclip. Der Typ, der das Streichholz geworfen hat, war definitiv weiß und schlank, zwischen dreißig und vierzig Jahre alt, und ein Meter fünfundsiebzig trifft es auch ziemlich genau. Angesichts der Art seines Verbrechens liegt der Schluss nahe, dass er ein College besucht hat. Das ist keine Kunst, Winter."

Ich schwieg und gab ihm etwas Zeit, über seine Worte nachzudenken.

„Scheiße. Der Typ, der das Streichholz geworfen hat, war gar nicht der Täter. Das glauben Sie doch, ja?"

„Sie sind schon im Flugzeug fast draufgekommen, als Sie sagten, der Mann mit dem Streichholz hätte ein Roboter sein können. Die fehlenden Emotionen waren der Schlüssel, damit hatten Sie recht. Und es gibt leichtere Methoden, jemanden zu töten. Auch damit hatten Sie recht."

Taylor hörte mir mit ungeteilter Aufmerksamkeit zu.

„Feuer ist eine hässliche Art zu töten. Wer Feuer als Mordwaffe wählt, ist ein Sadist. Ein Sadist würde aber ganz anders reagieren als der Mann im Film. Er würde die Dinge möglichst in die Länge ziehen, sich Zeit lassen und mit seinem Opfer spielen. Erst dann würde er es anzünden."

„Mein Gott", sagte Taylor leise.

„Ein Sadist würde niemals geradewegs auf sein Opfer zugehen, es mit Benzin überschütten und ein angezündetes Streichholz darauf werfen. Das macht doch keinen Spaß, oder? Der Mann, der das Opfer angezündet hat, wurde dazu gezwungen."

„Wie?"

Ich zuckte mit den Schultern. „Mit irgendeiner Drohung. Vielleicht über einen Angehörigen. Wurde in den vergangenen achtundvierzig Stunden jemand als vermisst gemeldet?"

„Nicht dass ich wüsste."

„Dann wahrscheinlich nicht über einen Angehörigen. Die entscheidende Frage ist, warum. Warum hat der Täter die Drecksarbeit nicht selbst erledigt?"

„Keine Ahnung, aber er hatte vermutlich einen triftigen Grund."

„Den hatte er. Benzin ist ein übles Zeug für den, der damit umgehen muss. Der Geruch haftet an Kleidern, Haaren und Haut, und man wird ihn kaum wieder los. Dazu kommt der Rauch, der ebenfalls an einem haftet. Es ist dumm, jemanden mit Feuer zu töten."

„Aber unser Täter ist nicht dumm. Deshalb veranlasst er jemand anders, das Opfer anzuzünden. Er weiß, wonach die Spurensicherung sucht, wenn Feuer im Spiel ist."

„Weiter", ermunterte ich ihn. „Sie sind fast am Ziel. Tun Sie noch den letzten Schritt. Kleiner Tipp: Die Lösung hat mit einer Frage zu tun, die Sie mir vorhin gestellt haben. Warum muss ich wissen, ob ich Ihnen vertrauen kann?"

Taylor begriff plötzlich. Er riss die Augen auf. „Mein Gott! Sie glauben, der Täter ist ein Cop. Das ist ausgeschlossen, Winter, völlig ausgeschlossen. Ich arbeite täglich mit diesen Leuten zusammen. Wenn einer ein Mörder wäre, würde ich es wissen."

„Nein, würden Sie nicht. Ich habe elf Jahre lang mit einem der schlimmsten Serienmörder des Landes zusammengelebt und hatte keine Ahnung. Und meine Mutter siebzehn Jahre. Die beiden waren dreizehn Jahre miteinander verheiratet. Sie haben Bett und Leben geteilt, und trotzdem hat meine Mutter nichts geahnt. Mein Vater hat sein ganzes Leben lang in derselben Kleinstadt gewohnt. Seine Freunde kannten ihn zum Teil noch aus der Schulzeit, und auch sie haben nichts geahnt."

„Aber Sie waren noch ein Kind. Es ist doch kein Wunder, dass Sie nichts mitbekommen haben. Das hätte auch niemand erwartet."

„Darum geht es gar nicht. Wir haben alle multiple Persönlichkeiten. Einmal das Gesicht, das wir für Freunde und Familie aufsetzen und das unsere Umgebung zu sehen bekommt. Dann das Gesicht, das wir im Spiegel sehen. Und dann hat jeder von uns noch eine dunkle Seite. Wir alle haben Gedanken und Gefühle, die wir lieber für uns behalten. Sie werden einen anderen Menschen nie vollständig kennen. Finden Sie sich damit ab."

„Ich sage Ihnen, Winter, es ist kein Bulle."

„Und Sie können für jeden Ihrer Kollegen die Hand ins Feuer legen? Vom Sheriff persönlich bis hinunter zum Disponenten?"

Taylor nickte.

„Obwohl Sie erst ein halbes Jahr dabei sind?"

Wieder ein Nicken, doch nicht mehr ganz so überzeugt.

„Und die städtische Polizei? Können Sie sich auch für jeden verbürgen, der dort arbeitet?"

Diesmal kein Nicken.

„Seien Sie vorsichtig mit Ihren Annahmen, Taylor. Ich sagte nur, der Täter sei Polizist, nicht, dass er im Büro des Sheriffs arbeite."

„Sind Sie hundertprozentig sicher, dass er Polizist ist?"

„Nicht ganz, aber neunundneunzigprozentig, und mehr wird's auch nicht, solange wir den Kerl nicht haben."

In seinem Kopf arbeitete es sichtlich. Er suchte nach einem Gegenargument, fischte in einem stockdunklen Zimmer nach einem Strohhalm, an den er sich klammern konnte. „Gut, nur mal angenommen, Sie irren sich. Sie sagten eben selbst, es gebe eine Chance von einem Prozent, dass der Täter kein Cop ist. Wenn sich herausstellt, dass Sie sich irren, haben wir viel Zeit damit verschwendet, einem Phantom hinterherzujagen. Und in der

Zwischenzeit läuft der Countdown ab, und es wird wieder jemand bei lebendigem Leibe verbrannt."

„Wir verschwenden unsere Zeit nicht. Erstens *ist* der Täter Polizist. Zweitens suchen ja der Sheriff und die städtische Polizei nach einem Mörder, der kein Polizist ist. Das sind sehr viele Menschen. Sollte ich mich irren, müssen wir darauf vertrauen, dass die anderen ihre Arbeit tun und den Kerl kriegen. Wenn sich drittens tatsächlich herausstellen sollte, dass ich mich irre, schwenken wir um und ermitteln in der anderen Richtung."

„Und inzwischen stirbt wieder ein Opfer."

„So ist das in unserem Job eben. Man plant aufgrund der zur Verfügung stehenden Informationen und hofft und betet, dass man recht behält. Manchmal gewinnt man, manchmal verliert man."

Taylor schwieg.

„Ich kann das allein durchziehen, wäre aber froh über Ihre Unterstützung. Sie sind intelligent und reagieren schnell, und genau das brauchen wir. Aber es ist Ihre Entscheidung."

Taylor ließ einen tiefen Seufzer hören.

„Es kommt noch schlimmer", fügte ich hinzu. „Ist Ihnen klar, dass das Büro des Sheriffs bis zur Beendigung dieses Falls praktisch nur aus uns besteht? Aus Ihnen und mir, mein Freund."

„Sie machen mir wirklich Mut."

„Nehmen Sie's nicht so schwer. Sie sind jetzt der neue Chef der Kriminalabteilung im Büro des Sheriffs von Dayton. Sie sprinten geradezu die Karriereleiter hinauf. In null Komma nichts sind Sie praktisch Sheriff."

„Was tun wir jetzt also?"

„Wir beginnen mit der Arbeit. Zuerst sehen wir uns Sam Galloway genauer an. Im Zweifelsfall sollte man immer zum Opfer zurückkehren. Es ist erstaunlich, was die Toten einem sagen können." Ich holte einen Vierteldollar aus der Tasche und warf ihn hoch. „Bei Kopf unterhalten wir uns mit der Witwe. Bei Zahl sehen wir uns erst Sams Büro an."

3

McArthur Heights lag im Nordwesten von Eagle Creek. Die Häuser dort sahen wie Kathedralen aus, und der Golfklub war nur eine kurze Autofahrt entfernt. Taylor hielt sich exakt an die Geschwindigkeitsbegrenzung. Sein Blick klebte auf der Straße, obwohl nur wenige Autos unterwegs waren.

„Jetzt habe ich ein paar Fragen“, sagte ich. „Ich habe schon mit einigen Sheriffbüros zusammengearbeitet, und wissen Sie, wie viele eine Gulfstream G550 besitzen? Kein einziges.“

„Die Gulfstream gehört uns nicht.“

Ich lachte. „Ja, das habe ich mir schon gedacht. Ich wüsste aber gern, wer sie Ihnen ausleiht und, noch wichtiger, warum.“

„Das Flugzeug gehört der Morgan Holding. Die Familie Morgan ist schon seit Ewigkeiten in Eagle Creek ansässig. Ihr gehört ein großer Teil von Dayton. Erinnern Sie sich an die Statue auf dem Platz im Zentrum?“

Ich nickte. „Schwer zu übersehen.“

„Das war Randall Morgan. Er hat Anfang des vergangenen Jahrhunderts in Dayton auf seiner Farm Öl entdeckt. Im Ort wird er fast wie ein Heiliger verehrt. Aber ich kann Ihnen sagen, das war er nicht. Sobald das Geld hereinkam, kaufte er überall dort, wo er Öl vermutete, Land auf. Und er war sehr geschickt darin, die Besitzer zum Verkauf zu überreden.“

„Mit Gewalt.“

Taylor starrte geradeaus auf die Straße. Er hatte die Schultern, die eben noch ganz locker gewesen waren, ein wenig hochgezogen.

„Ihr Großvater oder Ihr Urgroßvater?“, fragte ich leise.

„Mein Urgroßvater. Er hatte eine kleine Farm dreißig Kilometer nördlich von Eagle Creek. Dort baute er ein wenig Mais an und hielt ein paar Tiere und kam damit knapp über die Runden. Anfang des letzten Jahrhunderts gab es im Süden nicht viele Schwarze, die Land besaßen. Randall schickte einen Mob, um meinen Urgroßvater zu lynchen. Ein halbes Dutzend Männer auf Pferden, in weißen Gewändern und mit weißen Kapuzen auf dem Kopf. Sie zerrten meinen Urgroßvater mitten in der Nacht aus dem Haus, knüpften ihn am ersten Baum auf, zu dem sie kamen, und stellten ein brennendes Kreuz vor sein Haus. Am nächsten Tag kam Randall mit einem Anwalt und einem Vertrag und zwang meine Urgroßmutter, ihr Kreuz darunterzusetzen.“ Taylor schüttelte den Kopf. „Und wissen Sie, was das Schlimmste war, Winter? Es gab dort gar kein Öl, das Land war völlig wertlos. Mein Urgroßvater war grundlos ermordet worden.“

Wir ließen Eagle Creek hinter uns, und an die Stelle von Häusern und Beton traten Felder und Bäume. Man konnte sich leicht in eine Zeit zurückversetzen, in der ein reicher Weißer einen armen Schwarzen ermorden lassen konnte, ohne eine Strafe befürchten zu müssen.

„Auf Randall folgte nach seinem Tod sein Sohn Randall Morgan Junior“, fuhr Taylor fort. „Er war ehrgeizig, aber nicht so skrupellos wie sein Vater. Und er war klug. Er begriff frühzeitig, dass die Ölvorräte einmal erschöpft sein würden, und streute seine Investitionen. Zeitungen, Rundfunk, Banken, Bauunternehmen. Gemeinsam war ihnen, dass sie Profit abwarfen. “

„Ist die Morgan Holding immer noch im Besitz der Familie?“

Taylor nickte. „Zu hundert Prozent.“

„Und der Gulfstream nach zu urteilen, laufen die Geschäfte nicht schlecht.“

„Ja, das kann man wohl sagen.“

„Wer leitet das Unternehmen heute?“

„Technisch gesehen Clayton Morgan. Er ist seit dem Rücktritt seines Vaters Jasper vor einigen Jahren der Geschäftsführer. Jasper ist aber weiter der Präsident. Das ist zwar angeblich ein Ehrenamt, aber der allgemeinen Meinung nach hält er die Zügel noch in der Hand.“

„Okay, das beantwortet die Frage nach dem Wer. Bleibt das Warum. Warum leiht das Unternehmen seine Gulfstream an die Polizei aus?“

„Jasper Morgan ist damals zurückgetreten, um Bürgermeister von Eagle Creek zu werden. Er nimmt alles, was hier passiert, persönlich. Als er den Filmclip sah, sagte er, wir müssten alles tun, um den Kerl zu schnappen. Geld spiele keine Rolle. Er will, dass der Mörder schnellstmöglich erwischt wird. Tot oder lebendig, das ist ihm egal, solange der Typ aus dem Verkehr gezogen wird.“

Das erklärte Sheriff Fortiers Reaktion bei dem Gespräch über mein Honorar. Wenigstens wusste ich jetzt, wer meinen Blankoscheck unterschrieben hatte.

SAM GALLOWAYS PROTZVILLA lag auf einem fünf Morgen großen Grundstück inmitten der anderen herrschaftlichen Häuser von McArthur Heights. Ein schmiedeeiserner schwarzer Zaun auf einem Ziegelfundament bildete die Grenze.

Taylor hielt vor einem großen Doppeltor. Die Gegensprechanlage war wie bei einem Drive-in-Restaurant in eine Säule eingebaut. Taylor langte durch das Fenster und drückte auf den Summer. Eine Sekunde verging, dann eine zweite, dann ein Klicken und Rauschen.

„Kann ich Ihnen helfen?“ Eine weibliche Stimme. Vielleicht Sam Galloways Frau oder das Dienstmädchen.

„Büro des Sheriffs. Wir müssen mit Mrs Galloway sprechen.“

Wieder ein Klicken. Dann teilten die Torflügel sich langsam, und wir fuhren die lange, gewundene Auffahrt entlang.

Ein großes Herrenhaus, dem Baustil nach aus der Zeit vor dem Sezessionskrieg stammend, kam in Sicht. Sam hatte vielleicht langweilige Fälle bearbeitet, aber er war dafür ganz gewiss gut bezahlt worden. Das Haus war ein Prachtbau. Die weißen Mauern leuchteten strahlend in der grellen Sonne.

Wir folgten der Auffahrt bis seitlich ans Haus. Dort befand sich – versteckt hinter einer hohen Hecke – eine Garage für drei Autos. Taylor hielt neben einem nagelneuen Mercedes der Luxusklasse und stellte den Motor ab.

Wir stiegen aus, und die Hitze verschlug mir den Atem. Obwohl es schon fast sechs Uhr abends war, lag die Temperatur bestimmt noch bei über dreißig Grad. Die Eingangstür stand bereits offen, als wir dort ankamen, eine Angestellte erwartete uns und führte uns nach drinnen. Die Eingangshalle war kühl und riesig. Wir folgten dem Hausmädchen durch die Halle, vorbei an einer breiten Treppe aus dunklem Holz, die mit einem leuchtend roten Teppich belegt war. An einer Tür blieb das Mädchen stehen, klopfte und trat zur Seite, um uns eintreten zu lassen.

Der große Raum war mit teuer aussehenden Möbeln eingerichtet, wirkte aber gesichtslos. Barbara Galloway stand vor einem prächtigen Kamin. Eine Frau von erlesener Schönheit, wie eine Porzellanpuppe, doch ohne zerbrechlich zu wirken. Anfang vierzig, brünett, haselnussbraune Augen. Bekleidet war sie leger mit einer Jeans und einer schlichten schwarzen Bluse. Dass sie trauerte, konnte man an einem Dutzend Hinweise ablesen, einige versteckt, andere weniger. Sie trug kein Make-up und als einzigen Schmuck einen Verlobungs- und einen Ehering. An dem Ehering drehte sie unaufhörlich, vermutlich ohne es zu bemerken.

Das Gemälde über ihr zeigte die ganze Familie. Sam, Barbara und die drei Kinder. Kein Lächeln, sondern ernste Gesichter, schließlich handelte es sich um ein Familienporträt und kein Foto.

Barbara Galloways Blick folgte meinem zu dem Bild. „Die Kinder sind bei meinen Eltern."

„Wir müssen Ihnen einige Fragen stellen, wenn Sie einverstanden sind."

„Natürlich. Setzen Sie sich doch bitte."

Sie deutete auf ein Sofa, das auch in Versailles nicht fehl am Platz gewirkt hätte. Taylor ließ sich an einem Ende nieder, ich am anderen. Barbara Galloway setzte sich in einen dazu passenden Sessel.

„Ich habe bereits mit der Polizei gesprochen."

„Darüber bin ich informiert, Mrs Galloway. Ich habe nur noch ein paar ergänzende Fragen."

„Sie kommen nicht von hier?"

„Nein, Ma'am. Mein Name ist Jefferson Winter. Das Büro des Sheriffs hat mich als Berater zu dem Fall hinzugezogen."

Ihr Blick blieb einen Moment lang an meinem Hendrix-T-Shirt und meinen Haaren hängen, dann wanderte er weiter zu meinen Augen. „Mein Mann hat mich gestern Abend gegen fünf angerufen und gesagt, er müsse noch arbeiten und werde nicht zum Essen nach Hause kommen. Das war nicht ungewöhnlich. Er arbeitet abends oft noch. Meist ist er aber um neun zu Hause. Als er um zehn noch nicht da war, begann ich mir Sorgen zu machen. Ich habe versucht, ihn auf seinem Handy anzurufen, aber es ging nur die Mailbox dran."

Ich hatte noch gar keine Frage gestellt, und was sie sagte, klang einstudiert. Ich fragte mich, wie oft Sam „abends gearbeitet" hatte. Es hätte mich überrascht, wenn ein reicher Mann wie er, der hier wie ein Plantagenbesitzer residierte, keine Geliebte gehabt hätte.

Barbara Galloway schien mir eine starke und stolze Frau zu sein, doch jetzt war sie am Ende ihrer Kraft. Es wäre zu viel für sie gewesen, so etwas zuzugeben, ihre Maske abzusetzen. Ich hätte sie ihr ganz leicht abreißen können, aber das wäre grausam gewesen. Die Wahrheit, die hier verborgen war, konnten wir auch anderswo herausfinden.

„Mrs Galloway", begann ich, „ich will mir ein Bild davon machen, was für ein Mensch Ihr Mann war."

„War", flüsterte sie. „Wie lange dauert es, bis die Gegenwart zur Vergangenheit wird?"

„Das hängt davon ab, wie nahe Sie der betreffenden Person standen. Bei den einen dauert es Monate, bei anderen Jahre. Und einige wenige gewöhnen sich nie an den Verlust." Ich überlegte, ob ich weiterreden sollte.

„Bitte", forderte sie mich auf, „sprechen Sie einfach aus, was Ihnen durch den Kopf geht."

„Für einige Menschen bleibt die Zeit stehen. In dem Moment, in dem sie den Telefonanruf bekommen oder es um Mitternacht an die Tür klopft, bleibt die Welt stehen. Egal was sie tun, sie kommen nicht mehr vom Fleck. Das Überlebenden-Syndrom hält sie in der Vergangenheit gefangen. Zehn, fünfzehn Jahre später legen sie bei Tisch immer noch ein Extragedeck auf."

Ich dachte an meine Mutter. Sie hatte die Gräueltaten meines Vaters nie verkraftet. Es gab noch eine weitere Gruppe von Menschen, von der ich aber nicht gesprochen hatte. Die Gruppe derer, die so sehr gelitten hatten, dass sie nicht weiterleben konnten. Meine Mutter gehörte auch zu dieser Gruppe. Sie galt zwar als Alkoholikerin, aber Selbstmord kann viele Gesichter haben.

„Danke für Ihre Offenheit, Mr Winter, ich weiß sie zu schätzen. Sie sagten,

Sie hätten noch Fragen.“ Sie lächelte angestrengt. Man hatte ihr von Geburt an gute Manieren eingetrichtert. Niemand kann aus seiner Haut heraus, egal wie sehr er es versucht.

„Schildern Sie mir doch einen typischen Tag Ihres Mannes.“

Überraschung flackerte in ihrem Gesicht auf, war aber sofort wieder verschwunden. Sie hatte bestimmt viele Fragen über sich ergehen lassen müssen, nachdem die Polizei den Filmclip zugeschickt bekommen hatte, und ich konnte mir in etwa vorstellen, was das für Fragen gewesen waren. Shepherd und seine Leute hatten sich vermutlich auf Sam Galloways letzten Tag konzentriert.

„Sams typischer Arbeitstag beginnt um sieben.“ Barbara Galloway merkte, was sie gesagt hatte, und verbesserte sich. „*Begann* um sieben. Sam duschte und zog sich an, ich weckte die Kinder und half ihnen, die Schulsachen zu packen. Dann frühstückten wir gemeinsam. Sam aß immer Cornflakes.“

Einen Augenblick lang glaubte ich, sie werde die Beherrschung verlieren. Doch sie holte tief Luft und riss sich zusammen. Es war beeindruckend, wie es ihrem Willen gelang, das Gefühl zu bezwingen.

„Wenn er ins Gericht musste, ging er gegen acht aus dem Haus, sonst meist erst um Viertel nach acht. Er versuchte immer, möglichst um sechs zu Hause zu sein, damit die ganze Familie zusammen zu Abend essen konnte.“ Sie erwiderte meinen Blick. „Die Familie bedeutete ihm alles.“

„Aber es wurde oft später, wie Sie vorhin sagten.“

Sie nickte. „Er befasste sich mit allem außer Strafsachen, und glauben Sie mir, damit hatte er sogar in einer kleinen Stadt wie Eagle Creek viel zu tun. Die Kanzlei wurde von seinem Großvater gegründet. Nach seinem Tod übernahm Sams Vater sie, und dann stieg Sam ein. Wir dachten immer, unser Sohn werde sie übernehmen, wenn mein Mann sich zur Ruhe setzt. Vielleicht finden wir ja eine Möglichkeit, dass das trotzdem geht.“ Sie verstummte, und was sie noch hatte sagen wollen, blieb ungesagt.

„Wie verbrachte er die Wochenenden?“

„Am Samstagvormittag spielte er Golf. Der Sonntag war für die Familie reserviert. Wir besuchten meist meine Eltern oder Sams Mutter.“

„Hat er manchmal auch am Wochenende gearbeitet?“

„Nur sehr selten. Die Wochenenden hat er möglichst frei gehalten, damit wir gemeinsam etwas Schönes unternehmen konnten. Es tut mir leid, Mr Winter, aber haben Sie noch viele Fragen? Das ist für mich sehr anstrengend.“

„Nur noch eine. Wenn Sie Ihren Mann mit einem Wort beschreiben sollten, welches würden Sie wählen?“

Barbara Galloway überlegte kurz. „Ehrlich. Er war der ehrlichste Mensch, den ich kenne.“

Das Tor stand bereits offen, als wir es erreichten. Taylor bog auf die Straße ein, und wir kehrten nach Eagle Creek zurück, wieder ohne ein einziges Mal die Geschwindigkeitsbegrenzung zu überschreiten. Dabei war es doch einer der wenigen Vorteile des Polizistendaseins, dass man keine Strafzettel zu fürchten brauchte.

„Was halten Sie von Mrs Galloway?“, fragte Taylor.

„Es war eine Geldheirat.“

„Wie kommen Sie darauf?“

„Sie haben die Fotos in der Akte und das Gemälde gesehen. Sam war keine Schönheit, seine Frau ist dagegen schon eine. Sie hatte freie Auswahl, und sie hat sich für Sam entschieden. Warum? Weil er stinkreich war.“

„Vielleicht hat sie ihn ja aus Liebe geheiratet. So was gibt es auch.“

„Nicht in diesem Fall. Die Liebe kam später, das bezweifle ich keinen Moment. Sie hat Sam auf ihre Weise geliebt. Ich habe schon viele trauernde Witwen erlebt, und ihre Trauer war echt. Aber geheiratet hat sie ihn wegen des Geldes, nicht aus Liebe.“

„Nein, da irren Sie sich. Barbara Galloway kommt aus einer guten Familie mit viel Geld. Sie brauchte Sams Geld gar nicht.“

„Es gibt einen alten Spruch: Die erste Generation macht das Vermögen, die zweite verwaltet es, und die dritte verprasst es. Vermutlich war das auch hier der Fall. Mrs Galloway erkannte die Zeichen der Zeit und heiratete Sam, um den hohen Lebensstandard aufrechtzuerhalten, auf den sie nicht mehr verzichten konnte.“

„Aber mit Sicherheit können Sie das nicht wissen.“

„Sie haben recht. Sie sind der neue Leiter der Kriminalabteilung. Recherchieren Sie das, dann sehen Sie, dass ich recht habe.“

Schweigend fuhren wir ein, zwei Kilometer weiter.

„Man nennt Anwälte ja alle möglichen Dinge, aber ‚ehrlich‘ habe ich in diesem Zusammenhang noch nie gehört“, bemerkte ich.

„Sie glauben, sie lügt?“

„Nein. Sie glaubt durchaus an das, was sie sagt. Was ihre Aussage so ambivalent macht, ist die Tatsache, dass Sam eine Affäre hatte.“ Taylor sah mich fragend an, und ich fügte hinzu: „Wenn Sie so viel zu tun hätten, dass

Sie regelmäßig bis spätabends arbeiten müssten, dann würden Sie auch am Wochenende arbeiten."

„Aber Mrs Galloway ist nicht dumm. Wenn ihr Mann eine Affäre gehabt hätte, wüsste sie davon und würde ihn nicht den ehrlichsten Menschen nennen, den sie je kennengelernt hat."

„Ehrlichkeit ist etwas Relatives, nichts Absolutes. Vielleicht hat sie die Affäre entdeckt, aber nichts gesagt, weil Status und Geld ihr wichtiger waren als Treue. Das gibt es. Oder vielleicht hatten sie ein Arrangement getroffen. Sie hat weggeschaut, solange er diskret blieb." Ich blickte aus dem Fenster auf die Bäume und überlegte weiter. „Die zweite Möglichkeit passt besser. Die beiden hatten ein Arrangement getroffen, das für beide akzeptabel war. Als sie von ‚ehrlich' sprach, meinte sie damit ziemlich sicher diese pragmatische Ehrlichkeit in ihrer Beziehung. Aber Sie haben recht, Mrs Galloway ist nicht dumm. Sie weiß, dass wir das mit der Affäre herausfinden werden. Das ist der zweite Grund für ihre Bemerkung. Sie hat uns zu verstehen gegeben, dass es ihr nichts ausmacht."

„Aber warum?"

„Weil sie nicht will, dass wir tiefer in Sams Vergangenheit graben. Sie will vermeiden, dass Sams Ruf angekratzt wird. Es geht ihr letztlich immer um Status und Geld."

„Ihr Mann ist eben erst gestorben. Glauben Sie wirklich, es geht ihr im Moment um so etwas? Sie sagten selbst, ihre Trauer sei echt. Dass sie ihn geliebt hat."

Ich warf Taylor einen Blick zu. „Man kann trauern und trotzdem pragmatisch handeln. Gegenwärtig will Barbara Galloway vor allem sicherstellen, dass das Familienunternehmen eines Tages auf ihren Sohn übergeht. Sam ist ihre Vergangenheit, ihr Sohn die Zukunft. Sie will ihren Lebensstandard beibehalten, und ihr Sohn kann ihr das ermöglichen."

„Sie haben ja keine besonders gute Meinung von ihr. Zuerst kommt es ihr nur aufs Geld an, jetzt hat sie ein Herz aus Eis."

„Im Gegenteil, sie hat meine Hochachtung. Ich habe schon viele Menschen erlebt, die in so einer Situation völlig zusammengebrochen sind. Barbara Galloway wird das durchstehen, und das ist gut so, weil der Täter dann ein Opfer weniger auf dem Konto hat."

SAM HATTE EINE KANZLEI in bester Lage mit Blick auf den Park gehabt. Ideal geeignet für einen Anwalt in Strafsachen, da Gericht und Gefängnis jeweils nur einen Steinwurf entfernt waren, weniger gut dagegen für einen Anwalt am anderen Ende des Spektrums. Ein Haus weiter die Main

Street hinauf wäre dafür günstiger gewesen. Dort waren die Immobilien billiger, und wenn man einmal ins Gericht musste, war es auch nicht weit.

Galloway & Galloway, Anwälte, war in eine Bronzetafel an der Hauswand eingraviert. Taylor schob die schwere Holztür auf, und wir traten ein. Eine breite Treppe führte zum Empfangsbereich im ersten Stock. Die Dame, die uns begrüßte, lächelte ein wenig angestrengt. Sie war bereits Mitte fünfzig. Graue Haare und dezentes Make-up. Sie war konservativ gekleidet mit einer schlichten weißen Bluse und einem marineblauen Rock.

Taylor zückte seine Dienstmarke. „Ich bin Officer Taylor, und das ist Jefferson Winter. Er hilft uns bei den Ermittlungen im Mordfall Galloway. Wir sind Ihnen sehr dankbar, dass Sie gewartet haben."

Die Empfangsdame schien gleich in Tränen ausbrechen zu wollen. „Ich kann noch gar nicht glauben, dass Mr Galloway nicht mehr da ist."

„Wie heißen Sie?", fragte ich.

„Mary. Mary Sanders."

„Arbeiten Sie schon lange hier, Mary?"

„Seit der Highschool. Mr Galloways Vater hat mich eingestellt." Sie schüttelte den Kopf. „Es erscheint mir alles so unwirklich. Wenn ich jemanden kommen höre, denke ich jedes Mal, es sei Mr Galloway."

Ich nickte und dachte, wenn jemand über Sam Galloways außerdienstliche Aktivitäten Bescheid wusste, dann Mary. Das Problem war nur, dass sie ihm in blinder Treue ergeben war.

„Wer arbeitet sonst noch hier?"

„Josh Landry. Er befasst sich hauptsächlich mit Immobilienrecht. Und Judy Dufrene ist auch noch da, unsere Sekretärin."

„Sie haben bestimmt ein Besprechungszimmer."

Mary nickte.

„Wir würden gern mit Judy und Josh sprechen."

„Natürlich."

Sie brachte uns zu einem großen, holzgetäfelten Raum mit hoher Decke und einem eichenen Konferenztisch mit zwanzig Stühlen. Ich versuchte, mir einen Anlass vorzustellen, zu dem man in einer Kleinstadt wie Eagle Creek einen so großen Tisch brauchte. Mir fiel nur eine Testamentsverlesung ein.

„Kann ich Ihnen etwas zu trinken bringen?"

„Für mich bitte einen Kaffee. Schwarz, zwei Stück Zucker."

„Für mich gern Wasser mit Eis, vielen Dank", sagte Taylor.

Mary verschwand. Das Besprechungszimmer lag auf der vom Park abgewandten Seite des Gebäudes, sicher mit Absicht. Demnach lag Galloways Büro auf der Parkseite, in bester Lage also.

Deshalb war er nicht in eines der günstigeren Bürogebäude am Ende der Straße gezogen. Seine Frau hatte gesagt, die Familie habe ihm alles bedeutet. Sie irrte sich. Ich hatte den Eindruck, dass Status für ihn viel wichtiger gewesen war. In dieser Hinsicht waren sich die beiden wahrscheinlich ähnlicher gewesen, als ihr bewusst war. Auch mit diesem Tisch, diesem Zimmer, dem ganzen Gebäude hatte Galloway vor allem seinen Reichtum zur Schau gestellt. Wie mit dem Haus in McArthur Heights und dem Ferrari, der ganz sicher in seiner Garage parkte.

„Hatte Sam Galloway einen roten Ferrari? Einen Testarossa?"

Taylor blickte mich entgeistert an. „Woher wissen Sie das jetzt schon wieder?"

Mary kehrte mit einem Tablett und unseren Getränken zurück, Josh Landry und Judy Dufrene folgten ihr. Sie gab mir den Kaffee und Taylor ein hohes Glas, an dem das Wasser kondensierte.

Judy war Mitte zwanzig, wirkte unscheinbar und ein wenig spröde und war konservativ gekleidet – marineblauer Rock und weiße Bluse. Ihre langen roten Haare waren zu einem festen Knoten zusammengesteckt, ihre Augen waren so grün wie meine.

Josh war mittleren Alters und für einen Herzinfarkt prädestiniert. Klein, dick, rotes Gesicht. Er machte keinen glücklichen Eindruck. Andererseits hatte man bei ihm das Gefühl, dass er das sowieso nie machte.

Die beiden setzten sich auf die gegenüberliegende Seite des Konferenztisches. Mary wollte gehen, aber ich bat sie zu bleiben. Sie setzte sich neben Josh.

„Was können wir für Sie tun, Mr Winter?" Die Frage kam von Josh. Kurz, knapp, keine langen Vorreden. Galloways Tod hatte ein Machtvakuum hinterlassen, das Josh offenbar ausfüllen wollte.

„Wie war Sam Galloway als Arbeitgeber?"

Er zuckte mit den Schultern. „Meist ganz okay."

„Aber manchmal auch eine richtige Nervensäge", ergänzte ich für ihn.

Josh sah mich scharf an. „Sam ist tot, und ich werde ihn vermissen. Ich habe fast zehn Jahre für ihn gearbeitet. Aber wenn so etwas passiert, macht man schnell einen Heiligen aus jemandem." Er seufzte. „Was ich sagen will, ist, dass Sam ein anständiger Kerl war. An manchen Tagen war er glücklich, an anderen nicht. Er hatte bestimmt auch seine Probleme, wie wir alle."

„Wissen Sie das, oder ist das nur Spekulation?"

„Reine Spekulation. Letzten Endes war er der Chef. Wir hatten keinen privaten Kontakt, verkehrten nicht in denselben Kreisen. Davon abgesehen war er ein guter Chef. Einer der besten, für die ich gearbeitet habe."

Mein Blick fiel auf Marys linke Hand. Sie trug einen Ehering. „Und Sie? Würden Sie dem zustimmen?“

Mary nickte. „Mr Galloway war ein vollendeter Gentleman, genau wie sein Vater. Ich hätte mir keinen besseren Arbeitgeber vorstellen können.“

Ich wandte mich an Judy. „Und Sie?“

„Ich bin erst seit sieben Monaten hier, kannte Sam also nicht so gut.“

„Trotzdem kann man sich auch in sieben Monaten eine Meinung bilden.“

„Ich kann Mrs Sanders und Mr Landry nur zustimmen. Mr Galloway war ein guter Chef. Er hat mich immer gut behandelt.“

Ich lächelte zuerst Josh und dann Mary an. „Vielen Dank für Ihre Zeit.“

Die beiden wechselten einen unsicheren Blick und standen auf. Judy wollte ihnen folgen, aber ich bedeutete ihr mit einer Handbewegung zu bleiben.

„Ich habe noch ein paar Fragen. Es dauert nicht lange.“

Judy sah Josh und Mary nach, wie sie zur Tür gingen. Dann schaute sie wieder mich an, ängstlich.

Ich erwiderte ihren Blick. „Sie lügen. Sie sind vielleicht erst sieben Monate hier, aber Sie kannten Sam ziemlich gut, stimmt’s? Wie lange sind Sie schon mit ihm ins Bett gegangen?“

„Ich bin nicht mit Mr Galloway ins Bett gegangen. Er war verheiratet.“

„Und verheiratete Männer haben nie Affären.“

„Ich bin nicht mit ihm ins Bett gegangen.“

„Das erste Mal haben Sie ihn Sam genannt, dann nur Mr Galloway. Dass Sie ihn versehentlich Sam nannten, spricht dafür, dass Ihre Beziehung zu ihm enger war als zu einem Vorgesetzten. Deshalb noch einmal meine Frage: Wie gut haben Sie Sam Galloway gekannt?“

Es entstand eine lange Stille. Judy starrte vor sich hin. Taylor saß stumm neben mir.

„Ich wollte seine Ehe nicht kaputt machen“, flüsterte Judy.

„Das haben Sie auch nicht. Sie waren nicht Sams erste Geliebte. Und wenn er nicht ums Leben gekommen wäre, auch nicht seine letzte.“

„Es ist nicht so, wie Sie denken. Wir haben uns geliebt.“

„Hat er Ihnen das gesagt?“

Judy nickte. Sie blickte mich trotzig an.

Ich seufzte. „Und Sie haben ihm geglaubt?“

Wieder nickte sie. Eine Träne rollte ihre rechte Wange hinunter, dicht gefolgt von einer zweiten.

„Er hat Ihnen bestimmt gesagt, er werde seine Frau verlassen, oder?“

Ein weiteres Nicken. „Er sagte, sie würden sich nicht mehr lieben. Sie schliefen in getrennten Betten.“

„Sam Galloway hätte seine Frau nie verlassen, Judy. Glauben Sie wirklich, er hätte für Sie die Villa in McArthur Heights aufgegeben? Das hätte er nie getan.“

„Er hat gesagt, er wolle sie verlassen“, flüsterte sie, aber ihr Kampfgeist war gewichen.

Ich beugte mich vor. „Erzählen Sie mir doch einfach, was passiert ist.“

Die nächsten zehn Minuten sprach sie in stockenden, tränenerstickten Sätzen über ihre Affäre mit Galloway. Sam hatte seiner Frau am Abend seines Todes gesagt, er müsse noch arbeiten, weil er sich mit Judy getroffen hatte. Ihr Verhältnis folgte einer erprobten und bewährten Routine. Judy arbeitete bis halb sechs oder Viertel vor sechs, dann ging sie nach Hause. Sam wartete, bis niemand mehr in der Kanzlei war, und ging dann selbst, meist gegen halb sieben.

Judys Wohnung lag nur fünf Gehminuten von der Kanzlei entfernt. Sam ging zu Fuß, weil ein Ferrari oder ein brandneuer Mercedes dort aufgefallen wäre. Seine Frau hatte Diskretion verlangt, das war die Abmachung, an die er sich zu halten gedachte. Er ging also zu Fuß zu Judys Wohnung und gab acht, dass niemand ihn sah. Dort taten die beiden, was sie eben taten, danach schlich Sam sich wieder in die Kanzlei und fuhr mit dem Auto nach Hause nach McArthur Heights.

Nur war er gestern Abend nicht in Judys Wohnung aufgetaucht.

Ich schickte Judy hinaus und bat sie, Mary noch einmal zu holen. Ich stand auf und streckte mich. „Wo wurde Mr Galloway also entführt?“

„Es muss hier in der Kanzlei gewesen sein“, antwortete Taylor. „Jemanden vom Gehweg wegzuschleppen ist zu riskant. Wenn jemand ihn in einen Lieferwagen gezerrt hätte, hätte das jemand gesehen.“

„Ganz meine Meinung.“

„Woher wussten Sie, dass Galloway einen Testarossa fährt?“

Bevor ich antworten konnte, klopfte es leise.

Mary kam herein und setzte sich auf denselben Platz wie zuvor. Dann sah sie mich trotzig und herausfordernd an. „Mr Galloway war kein schlechter Mensch.“

„Aber er hat Ehebruch begangen.“

„Er war glücklich verheiratet.“

„Glücklich verheiratet und hatte Affären.“

Mary seufzte. „Ich habe es nie verstanden. Er hatte eine schöne Frau, schöne Kinder, ein schönes Zuhause.“

„Seine Frau wusste von seinen Affären."

„Auch das verstehe ich nicht. Ich glaube, die Reichen leben nach anderen Regeln."

„Waren die Frauen immer Angestellte?"

„Nein, nicht immer."

„Aber es gab immer jemanden, ja?"

„Meist ja. Aber er war stets diskret."

„Das gehörte zur Abmachung mit seiner Frau. Barbara Galloway hatte sich wegen des Geldes mit der Situation abgefunden. Wie Sie sagen: Die Reichen leben nach anderen Regeln. Okay, laut Ihrer Aussage, die das Büro des Sheriffs aufgenommen hat, sind Sie gestern Abend erst nach Josh gegangen."

„Das stimmt. Ich ging ungefähr um zwanzig vor sechs."

„Hat Mr Galloway sich in irgendeiner Weise ungewöhnlich verhalten?"

Mary schüttelte den Kopf. „Nein."

„Er wirkte also nicht nervös oder besorgt? Verängstigt?"

Wieder ein Kopfschütteln und ein „Nein".

„Wo war er, als Sie ihn das letzte Mal gesehen haben?"

„In seinem Büro. Ich habe mich jeden Abend von ihm verabschiedet."

„Können Sie mir das Büro bitte zeigen?"

SAMS BÜRO hatte, wie vermutet, einen Blick auf den Park. Vor ihm hatte es seinem Vater gehört, davor seinem Großvater. Und wenn Barbara Galloway ihren Willen bekam, würde eines Tages ihr Sohn hier sitzen.

Mary war an der Tür stehen geblieben. Sie wirkte, als wohnte sie einer Grabschändung bei. Ich setzte mich in Galloways großen Ledersessel, wippte zurück und legte die Füße auf den alten Mahagonischreibtisch. Mary starrte mich an, als hielte ich die Schaufel schon in der Hand.

„Setzen Sie sich bitte."

Ich winkte sie zu dem Platz mir gegenüber. Nach kurzem Zögern ließ sie sich nieder.

„Befragungen folgen meist einem bewährten Schema. Der Ermittler stellt Fragen, der Befragte beantwortet sie. Das ist gut und schön, aber leider werden dabei viele Details übersehen oder gehen verloren."

Mary nickte, als leuchtete ihr das vollkommen ein.

„Ich möchte aber gern ein kognitives Interview versuchen. Der Unterschied besteht darin, dass Sie sich in die Situation zurückversetzen, die Sie erlebt haben. Anhand dessen, was Sie gesehen, gehört und gerochen haben, wollen wir uns ein genaueres Bild von den Ereignissen verschaffen. Ein zweiter Vorteil dieser Methode ist, dass man Lügen leichter erkennt."

„Ich lüge nicht."

„Das freut mich zu hören", erwiderte ich, obwohl auch das eine Lüge war. Wir lügen alle. Von unserem ersten bis zum letzten Wort erzählen wir eine Million Lügen. „Ich möchte Sie bitten, die Augen zu schließen."

Mary sah mich beunruhigt an, schloss dann aber die Augen.

„Beschreiben Sie, was Sie tun, wenn Sie Feierabend machen."

„Ich sehe noch einmal nach den E-Mails, bevor ich den Computer herunterfahre. Dann räume ich den Schreibtisch auf und schalte den Anrufbeantworter ein. Und wenn Mr Galloway noch da ist, verabschiede ich mich von ihm."

„Okay, wenden wir uns dem letzten Abend zu. Sie haben den Anrufbeantworter eingeschaltet. Mr Galloway arbeitet noch, also gehen Sie zu ihm. Wie schnell gehen Sie?"

„Ziemlich schnell. Ich muss zum Kochen nach Hause. Es gibt Lasagne, und die braucht immer eine Weile."

„Was hören Sie?"

„Meine Schritte auf den Dielen."

„Was riechen Sie?"

„Es riecht wie in einem Museum. Ein staubiger, alter Geruch. Ich glaube, er kommt von dem Holz."

„Okay, Sie sind also vor Mr Galloways Büro angekommen. Gehen Sie gleich hinein?"

„Nein, nie. Ich klopfe an und warte."

„Und dann?"

„Mr Galloway ruft mich herein, und ich öffne die Tür. Er ist mit Papieren beschäftigt, also verabschiede ich mich rasch und gehe."

„Sagt er etwas?"

Ein Kopfschütteln. „Nein."

„Wirkt er gestresst oder besorgt?"

„Nein, er wirkt ganz normal." Mary lächelte.

„Was ist?"

„Als ich die Tür zumachte, begann er, leise zu summen. Er tat das, wenn er sich konzentrierte."

„Danke, Sie haben mir sehr geholfen."

ALS WIR nach draußen zurückkehrten, zündete ich mir als Erstes eine Zigarette an. Als Zweites setzte ich die Sonnenbrille wieder auf. In dieser Reihenfolge, obwohl meine Augen im grellen Licht der Sonne tränten. Die Prioritäten eines Süchtigen.

„Das Gespräch mit Mary Sanders war interessant.“

Taylor blieb abrupt stehen und blickte mich mit zusammengekniffenen Augen an. „Soll das ein Witz sein? Also gut, erklären Sie es mir.“

„Wir wissen jetzt mit absoluter Gewissheit, dass Sam Galloway nicht hat kommen sehen, was ihn erwartete. Man verabredet sich nicht mit seiner Geliebten, wenn man auch nur entfernt mit der Möglichkeit rechnet, man könnte entführt, mit Benzin überschüttet und angezündet werden.“

„Na prima. Aber das wissen Sie von Judy Dufrene, nicht von Mary Sanders.“

„Sie sind der Chefermittler, finden Sie die Antwort auf Ihre Frage.“

Ich nahm einen tiefen Zug von meiner Zigarette. Neun Minuten vor sieben. In Gedanken sah ich den Countdown ablaufen. Weiße Ziffern auf schwarzem Grund. 05:08:32. Im Kopf sah ich 1851 Strichmännchen in einer langen Schlange anstehen, um zum Galgen hinaufzusteigen. Wenn wir den Täter nicht bald fanden, musste ein weiteres Opfer sterben.

Ich rief Shepherd an. „Haben Sie den Tatort schon gefunden?“

„Wir arbeiten dran, Winter. Wir überprüfen Fabriken, Lagerhäuser und die alte Raffinerie. Sogar in privaten Garagen sehen wir nach. Aber so etwas dauert.“

„Sind in letzter Zeit Personen als vermisst gemeldet worden?“

„Nein, wieso?“

„Ich denke nur an weitere mögliche Opfer. Aber das ist etwas weit hergeholt. Sam Galloway hat der Täter auch nicht lange festgehalten, und er wird diese Vorgehensweise wahrscheinlich beibehalten.“

„Die Idee ist trotzdem gut. Ich werde veranlassen, dass ich sofort informiert werde, wenn jemand als vermisst gemeldet wird. Wie kommen Sie voran?“

„Sam Galloway hatte eine Affäre mit einer Arbeitskollegin.“

Taylor ließ mich nicht aus den Augen und hörte aufmerksam zu.

„Wie ernst?“, fragte Shepherd.

„Ernst genug.“

Die möglichen Schlussfolgerungen schwangen zwischen uns nach.

„Ich setze jemanden darauf an“, sagte Shepherd schließlich.

Ich legte auf, nahm einen letzten Zug von meiner Zigarette und drückte sie in einem Abfalleimer in der Nähe aus. Wir stiegen wieder ins Auto, und Taylor ließ den Motor an. Die Klimaanlage rauschte. Ich spürte, wie er mich von der Seite ansah.

„Was war das jetzt?“, wollte er wissen.

„Ich habe nur Shepherd auf den neuesten Stand gebracht.“

„Nein, Sie haben ihm ein Motiv gegeben."

„Und warum sollte ich das tun?"

„Keine Ahnung. Vielleicht, um ein wenig Schlamm aufzuwirbeln."

Ich lächelte. „Shepherd ist nach eigener Aussage ein Provinzbulle. Ein schönes altmodisches Motiv wie das der betrogenen Ehefrau, die ihren ehebrecherischen Mann ermorden lässt, leuchtet ihm mehr ein als ein Perverser, der Menschen anzündet, nur weil er sie gerne brennen sieht."

„Aber Sie wissen schon, dass Sie ein hohes Risiko eingehen, wenn Sie alles auf die Theorie setzen, der Täter sei Polizist."

„Das Risiko ist nur dann hoch, wenn der Ausgang ungewiss ist."

„Neunundneunzig Prozent, ja?"

„Der Täter ist Polizist."

„Galloway hat vor sich hin gesummt", fuhr Taylor fort. „Wenn er Angst gehabt hätte, wäre er im Büro auf und ab gegangen, hätte an den Nägeln gekaut oder was er eben in einem solchen Fall getan hätte. Er hätte nicht konzentriert gearbeitet."

Ich nickte. „So sehe ich es auch."

„Und jetzt?"

„Gehen wir essen. Es wird ein langer Abend werden."

4

Wir parkten vor dem „Apollo's", einem einstöckigen Diner. Von seinem Schild, das sich über die gesamte Fassade erstreckte, startete eine Rakete aus blau und rot flackernden Neonröhren. Der Diner lag meiner Pension genau gegenüber.

Die Tische drinnen waren leer, kein einziger Kunde war zu sehen. Ein schlechtes Zeichen. Leere Plätze bedeuten normalerweise lausiges Essen. Ich blickte die Morrow Street auf und ab. Sie war wie ausgestorben.

Taylor sah meinen Blick. „Sonst ist hier um diese Zeit am Abend mehr los. Der Mord hat die Leute vergrault."

„Ist das Essen gut?"

„Mehr als gut. Würde ich sonst herkommen?"

Das genügte mir. Wenn Polizisten über etwas Bescheid wissen, dann über Diner. Wo man essen kann und wo nicht.

Wir traten ein, und über unseren Köpfen schepperte eine Glocke. Der Geruch von frittiertem Essen schlug uns entgegen. Er hing an dem abgenutzten schwarzen Vinyl der Stühle, den vergilbten Resopaltischen, den ursprünglich weißen Wänden und den abgewetzten weißen Bodenfliesen. An den Wänden hingen gerahmte Schwarz-Weiß-Fotos der Apollo-Missionen. Am Ehrenplatz hinter dem Tresen hing ein Bild von Neil Armstrong, wie er als erster Mensch den Mond betrat.

Weil sonst niemand da war, hatten wir freie Platzwahl. Ich nahm einen Fenstertisch. Die Speisekarte las ich gar nicht erst. An einem solchen Ort war sowieso klar, was man bestellte.

Eine Kellnerin tauchte hinter dem Tresen auf und eilte zu uns. Sie hatte die Haare hochtoupiert und trug Retrokleider, als hätte man sie aus den Sechzigerjahren hergebeamt. Ihr Gesicht kam mir bekannt vor, der Grund fiel mir aber nicht gleich ein, weil ich sie noch nie gesehen hatte. Ihre großen braunen Rehaugen halfen mir schließlich auf die Sprünge.

„Wie geht's, Taylor?", fragte sie.

„Prima, Lori." Er nickte in meine Richtung. „Das ist Jefferson Winter."

„Freut mich, Sie kennenzulernen."

„Sind Sie zufällig mit Hannah verwandt?", fragte ich.

„Ich bin ihre Tante." Sie zog Block und Stift aus der Tasche ihrer Schürze. „So, was darf ich den Herren bringen?"

„Ich nehme einen Burger mit Pommes und einen großen Schokomilchshake. Außerdem bitte Kaffee, viel Kaffee."

Sie notierte alles auf ihrem Block und wandte sich Taylor zu.

„Dasselbe, nur die doppelte Portion. Und eine Pepsi. Keinen Kaffee und keinen Milchshake."

„Kommt sofort."

Lori lächelte fröhlich und eilte wieder hinter den Tresen. Sie rief unsere Bestellung durch eine Durchreiche, und eine Männerstimme antwortete, es sei ihr ein Vergnügen. Dreißig Sekunden später kehrte Lori mit unseren Getränken zurück. Ich ließ zwei Stück Zucker in den Kaffee fallen und nahm einen Schluck.

„Sie schulden mir zweihundert Dollar, Alvin."

Taylor antwortete darauf mit einem dröhnenden Lachen, das mir überhaupt nicht gefiel. „Wie viel hat sie Ihnen dafür abgeknöpft?"

„Sie heißen nicht Alvin?"

Ein Kopfschütteln. „Beantworten Sie meine Frage, Winter."

„Hundert. Aber Sie haben ihr auch fünfzig gezahlt."

Taylor schwieg.

„Nein? Keine fünzig? Sie hat mich angelogen."

„Das kommt vor, Winter. Manchmal lügen Menschen."

„Sie finden das lustig?"

Taylor lachte wieder sein tiefes, dröhnendes Lachen. „Auf jeden Fall."

„Zurück an die Arbeit", wechselte ich das Thema. „Die anderen sind also nach Hause gegangen, und Galloway sitzt allein in seinem Büro. Der Täter kommt und entführt ihn irgendwie. Versetzen Sie sich bitte in das Büro zurück. Was hat gefehlt?"

„Es gab keinerlei Anzeichen eines Kampfes. Sonst wäre das Zimmer ein Tatort gewesen."

„Und was sagt Ihnen das?"

„Dass der Täter bewaffnet war."

„Vermutlich ja, aber ich glaube nicht, dass er mit einer Pistole herumgefuchtelt hat. Ich glaube, er ist raffinierter vorgegangen."

„Womöglich hat Galloway den Täter gekannt."

„Nicht nur womöglich. Er kannte ihn. Und daraus können wir schließen, dass der Täter eine Amtsperson war. Zum Beispiel ein Polizist."

Taylor schüttelte den Kopf. „Eine gewagte Annahme, Winter."

„Nicht unbedingt. Insgesamt ergibt sich daraus ein schlüssiges Bild. Weil ein Polizist hereinkommt, fragt Galloway sich natürlich sofort, was er angestellt hat. So ticken wir. Frage: Was ist das Beste daran, Polizist zu sein?"

„Sie meinen abgesehen von der Uniform und den vielen weiblichen Fans und dem überwältigenden Gefühl der Macht, wenn man als Hüter des Gesetzes durch die Straßen schreitet?"

Ich lachte. „Für Sie vielleicht. Für unseren Täter ist es die Pistole, die er tragen darf."

Ich nahm einen Schluck Kaffee. Taylor schwieg und langte nach seiner Pepsi.

„Okay, der Täter hat jetzt Galloways Aufmerksamkeit und erzählt ihm eine Geschichte. Vielleicht sagt er, seine Frau und die Kinder hätten einen Autounfall gehabt. Sie seien alle schwer verletzt und die Sanitäter hätten sie nach Shreveport ins Krankenhaus gebracht. Galloway steht unter Schock. Der Polizist spielt daraufhin den guten Samariter. Er bietet Galloway an, ihn zum Krankenhaus zu fahren, sagt, sie könnten mit hundertsechzig und Blaulicht über die Autobahn brettern. Galloway geht die Treppe nicht hinunter, er rennt. Er steigt ins Auto, schnallt sich an, und der Täter betäubt ihn mit einer Spritze."

„Warum die Mühe? Das Opfer sitzt doch schon im Auto."

„Weil der Täter nicht vorhat, Blaulicht und Sirene einzuschalten. Er hält sich an die Geschwindigkeitsbegrenzung und will möglichst nicht auffallen. Galloway hätte trotz seines Schocks irgendwann gemerkt, dass etwas nicht stimmt. Und das durfte nicht geschehen, während der Täter mit Fahren beschäftigt war. Dann wäre es knifflig geworden. Sinnvoller war es deshalb, Galloway vor dem Losfahren außer Gefecht zu setzen."

„Hört sich überzeugend an, Sie haben nur ein kleines Detail vergessen: Es ist alles nur Spekulation."

„Nein. Es ist genau so abgelaufen."

„Und wie können Sie da so sicher sein?"

„Weil ich es so gemacht hätte."

Lori kam mit dem Essen, schenkte mir Kaffee nach, wünschte uns guten Appetit, kehrte hinter den Tresen zurück und vertiefte sich in ein Hochglanzmagazin.

Der Essensberg auf Taylors Teller sah geradezu vulgär aus. Zwei dicke 250-Gramm-Burger und Pommes für vier. Taylor nahm einen Burger, biss davon ab und dann noch einmal. Er aß, als hätte er das Essen gerade erfunden.

Ich nahm meinen Burger und biss davon ab. Taylor hatte recht. Das Essen schmeckte gut.

„Nur einmal angenommen, der Täter wäre tatsächlich ein Bulle, woher wissen Sie, dass ich nicht der Täter bin?" Taylor zuckte mit den Schultern. „Schließlich bin ich auch einer."

„Weil Sie mir gesagt haben, Sie hätten noch nie jemanden getötet."

Taylor schnaubte. „Wir haben ganze Gefängnisse voller Leute, die genau dasselbe behaupten."

„Sie waren es nicht, vollkommen ausgeschlossen. Der wahre Grund ist, dass das Profil nicht auf Sie passt."

Wieder ein Schnauben. „Sie meinen das Profil, das Sie für Shepherd erfunden haben?"

Ich tippte an meine Schläfe. „Nein, das Profil, das hier drin ist. Außerdem habe ich das Profil nicht komplett erfunden. Zwei Eigenschaften stimmen, vergessen Sie das nicht."

„Aber welche zwei?"

Ich stopfte eine Handvoll Pommes in den Mund. „Sagen Sie es mir. Unser Täter ist weiß, ein Meter fünfundsiebzig, in den Dreißigern, schmächtig und hat das College besucht. Was stimmt daran?"

Taylor aß eine Weile schweigend weiter und überlegte angestrengt. „Ein Weißer mit Collegeabschluss", sagte er schließlich.

„Eins mit Stern, gratuliere. Aber warum haben Sie recht? Vielleicht haben Sie ja nur zufällig richtig geraten."

„Galloway war auch weiß, und Serientäter halten sich gewöhnlich an Opfer derselben Hautfarbe."

„Nicht immer."

Taylor hatte den ersten Burger aufgegessen, leckte sich die Finger ab und nahm den zweiten in die Hand. „Nein, nicht immer, aber doch so oft, dass man diese Verallgemeinerung mit einiger Berechtigung aufstellen kann. Und aufs College muss er gegangen sein, weil der Mord so raffiniert und gut ausgeführt war."

„Einverstanden. Und die anderen drei Eigenschaften?"

„Er ist wahrscheinlich tatsächlich in den Dreißigern."

„Nicht jünger?"

„Kaum. Sein Verbrechen verrät sehr viel Selbstbeherrschung. Jemand Jüngeres hätte nicht die Geduld."

„Wieder einverstanden. Und er ist wahrscheinlich auch nicht älter. Seine Fantasien bis dreißig zu unterdrücken ist das eine, sie noch einmal zehn Jahre lang in Schach zu halten etwas ganz anderes. Und bevor Sie etwas sagen, Galloway war sein erstes Opfer. Unser Täter inszeniert seine Morde. Wenn er schon einmal gemordet hätte, wüssten Sie das. Jetzt zu seiner Größe und Statur. Eins fünfundsiebzig und schmächtig?"

„Wäre denkbar."

Ich machte ein Geräusch wie ein Türsummer. „Falsche Antwort."

„Wieso?"

„Eine Person unter Kontrolle zu halten ist schon schwer, aber gleich zwei zu beaufsichtigen ist etwas ganz anderes. Der Täter ist so groß, dass man ihn ernst nimmt, aber kein Riese, der auffällt." Ich warf Taylor bei meinen letzten Worten einen Blick zu. „Sie suchen nach jemandem, der fit ist und rund eins achtzig groß. Noch Fragen?"

„Vorerst nicht."

Schweigend aßen wir zu Ende.

„Ich habe eine Aufgabe für Sie", sagte ich dann. „Aber Sie müssen diskret vorgehen. Ich brauche die Namen von allen Mitarbeitern im Büro des Sheriffs. Von wirklich allen, vom Sheriff bis hinunter zum Pförtner. Außerdem die Namen von allen Angestellten der städtischen Polizei. Und solange Sie das recherchieren, passen Sie auf, ob jemand sich sonderbar verhält, auch wenn es nur das kleinste bisschen ist. Sie können dort ein und aus gehen, ohne aufzufallen, ich nicht."

„Wenn Sie so sicher sind, dass der Täter ein Bulle ist, warum brauchen Sie dann auch den Namen des Pförtners?"

„Nur für alle Fälle. Ich bin mir zu neunundneunzig Prozent sicher, das sind nicht hundert Prozent. Der Pförtner hätte Zugang zu einer Polizeiuniform."

„Und zu einem Streifenwagen?" Taylor schüttelte den Kopf. „Kann ich mir nicht vorstellen."

„Den kann man sich völlig problemlos auch gebraucht beschaffen. Dafür gibt es das Internet."

ALS ERSTER NAME kam der von Taylor auf das Whiteboard. Es folgten Sheriff Peter Fortier, Captain Tony Shepherd, Romero und zuletzt Barker.

Ich trat zurück, betrachtete die fünf Namen, nahm statt des schwarzen Markers einen roten und strich Taylor durch.

Dasselbe tat ich anschließend mit Fortier und Shepherd. Die beiden waren zu alt und hatten außerdem andere Probleme. Fortier fieberte dem Ende seiner Dienstzeit entgegen, Shepherd war damit beschäftigt, sich als Nachfolger in Stellung zu bringen.

Hinter Romero und Barker setzte ich Fragezeichen. Sie waren zwar beide weiß und in der richtigen Altersgruppe, aber Barker war zu schmächtig und Romero zu dick. Ich konnte mir sie beide nicht als Täter vorstellen, wollte sie aber auch noch nicht ausschließen.

Ich zündete mir eine Zigarette an und setzte mich mit einem Glas vom dreißig Jahre alten Glenmorangie aufs Bett. Der Whisky übertraf meine Erwartungen bei Weitem.

Auf meinem Laptop lief der Countdown. 04:03:32. In gut vier Stunden würde wieder ein Opfer sterben. Ich wollte bis zur letzten Minute versuchen, das zu verhindern, aber meine Chancen standen schlecht.

Ich rief Hannah an und bestellte Kaffee. Kurz darauf hörte ich sie klopfen.

„Kommen Sie rein!", rief ich.

Die Tür ging auf, und Hannah trat ein.

Ich nickte in Richtung der Whiskyflasche auf dem Nachttischchen. „Schluck gefällig?"

Hannah zögerte kurz, dann zog sie sich einen Stuhl heran und schenkte sich ein Glas ein. Sie setzte sich und nahm einen Schluck. „Nicht übel."

„Überhaupt nicht."

Sie kniff die Augen zusammen. „Sollten Sie nicht arbeiten?"

Ich klopfte seitlich an meinen Kopf. „Tue ich doch. Lassen Sie sich nicht durch den äußeren Schein täuschen."

Hannah lachte. „Also für mich sieht es so aus, als würden Sie dafür bezahlt, bei Whisky und Zigaretten herumzusitzen. Angenehme Arbeit, wenn man sie bekommt."

Jetzt war es an mir zu lachen. „Ich könnte dasselbe von Ihnen sagen.“

„Nur dass ich nicht rauche.“

Ich drückte die Zigarette im Aschenbecher aus und hielt das Päckchen Hannah hin. Sie lehnte dankend ab. Daraufhin setzte ich mit einigen Klicks auf der Tastatur meines Laptops das Video in Gang. Hannahs Kaffee war gut, aber der eigentliche Grund, warum ich sie gerufen hatte, war der Film. Ich drehte den Computer so, dass sie den Bildschirm sehen konnte. Ihre Augen weiteten sich, als sie begriff, was sie sah.

„Versteckte Videokamera.“ Ich wies zu dem Teddybären auf der Kommode. „Vor einem halben Jahr wollte ein Zimmermädchen mir eine Schachtel Zigaretten klauen. Ich hatte ein Dutzend davon im Koffer, und sie glaubte, ich würde nicht merken, wenn eine fehlte. Sie irrte sich.“

Trotz der grob gepixelten Schwarz-Weiß-Bilder war die Frau, die das Zimmer soeben betreten hatte, gut zu erkennen. Die Hannah auf dem Bildschirm ging durch das Zimmer, nahm verschiedene Dinge in die Hand und stellte sie wieder hin. Sie hob auch den Bären auf, und ihr Gesicht wurde riesengroß und verzerrte sich. Stirnrunzelnd stellte sie ihn wieder hin. Als Nächstes öffnete sie den Reißverschluss des Koffers und inspizierte den Inhalt. Sorgfältig nahm sie die einzelnen Gegenstände heraus und stapelte sie ordentlich aufeinander. Dann verstaute sie alles wieder im Koffer genau so, wie sie es vorgefunden hatte. Sie blickte ein letztes Mal durch das Zimmer und ging.

„Sie haben gar nichts mitgenommen. Ich weiß nicht, ob ich darüber gekränkt sein soll.“

„Ich bin keine Diebin.“

„Was wollten Sie dann in meinem Zimmer?“

Hannah ging nicht auf meine Frage ein. „Was passierte mit dem Zimmermädchen, das Ihre Zigaretten geklaut hat? Wurde sie gefeuert?“

„Das gehört nicht hierher. Niemand feuert Sie, weil Sie hier die Chefin sind. Also, was ist mit Ihrer Mutter?“

„Was soll mit ihr sein?“

„Wenn nichts wäre, hätten Sie das auch so gesagt. Stattdessen haben Sie meine Frage mit einer Gegenfrage beantwortet.“

Hannah nahm Zigaretten und Feuerzeug vom Nachttischchen und zündete sich eine an. „Meine Mutter hat Parkinson. Sie macht noch die Buchführung, aber mehr schafft sie nicht. Die körperliche Arbeit muss ich tun.“

Ich betrachtete sie skeptisch. Es war etwas Schlimmes passiert, aber nicht Parkinson. Ich konnte Hannah der Lüge bezichtigen, aber sie würde mir wahrscheinlich trotzdem nicht die Wahrheit sagen. Also beschloss ich, die Sache auf sich beruhen zu lassen. Vorerst.

„Zurück zu meiner ursprünglichen Frage. Da Sie offenbar nichts klauen wollten, was wollten Sie dann in meinem Zimmer?"

„Mich interessiert, wer meine Gäste sind und was sie bewegt. Also eine extreme Form der Menschenbeobachtung."

Ich lachte. „Und was bewegt mich?"

„Wenn ich es nicht besser wüsste, würde ich sagen, Sie sind ein Serienmörder."

Nun lachte Hannah, weil sie es als Witz gemeint hatte, und ich lachte mit, weil sie nicht wissen sollte, was ich in Wirklichkeit dachte. *Du bist wie ich.*

„Wieso sagen Sie das?"

„Sechs Unterhosen, alle identisch und ordentlich zusammengefaltet. Sechs Paar Socken, ebenfalls identisch und ordentlich ineinandergekrempelt. Sechs T-Shirts, die einen zweifelhaften Geschmack für Musik von vorgestern verraten, zwei identische Levis und zwei Kapuzenpullis, einer schwarz, einer grau. Wenn Sie sich morgens anziehen, müssen Sie sich nur bei T-Shirt und Kapuzenpulli entscheiden."

„Vielleicht bin ich ja einfach praktisch veranlagt."

„Was beim einen praktisch ist, ist beim anderen eine Marotte. Sie müssen zugeben, es wirkt schon ein wenig zwanghaft."

Ich langte nach den Zigaretten und zündete mir eine neue an. „Ich will, dass Sie für mich arbeiten. Sie entsprechen genau dem Personentyp, den das neue Büro des Sheriffs von Dayton sucht."

„Zwei Sätze voller Worte, die ich einzeln verstehe, aber nicht im Zusammenhang."

Ich klickte mich durch die Dateien des Laptops, bis ich die richtige gefunden hatte, und drückte auf Play. Sam Galloway gefesselt und in Panik.

„Sehen Sie sich das an, und beschreiben Sie, was Sie sehen."

ALS TAYLOR zehn Minuten später kam, sah Hannah sich den Film zum dritten Mal an. „Krass", hatte sie nach dem ersten Mal geurteilt.

Taylor blieb wie angewurzelt in der Tür stehen, als er uns Schulter an Schulter auf dem Bett sitzen sah. „Was ist hier los, Winter?"

„Ich darf Ihnen Ihre neue Ermittlerin vorstellen. Hannah, dass ist Ihr neuer Chef. Taylor leitet die Kriminalabteilung."

Sie lachte. Es klang wie ein Schnauben. „Mein Chef, klar."

„Haben Sie mir die Namensliste mitgebracht, Taylor?"

„Hier ist sie.“ Er hielt ein Blatt Papier hoch.

„Wie ist die Stimmung auf dem Revier?“

„Angespannt. Alle haben die Uhr im Blick und zählen die Sekunden. Aber sollte Hannah das sehen, Winter?“

„Ich dachte, eine weitere Meinung könnte nicht schaden.“

„Aber sie ist nicht bei der Polizei.“

„Leute“, rief Hannah, „ich hab da vielleicht was!“

Ich sah auf den Bildschirm. Hannah hatte den Film an einer Stelle angehalten, an der auf dem Bildschirm vor allem die untere Körperhälfte des Feuermörders zu sehen war.

„Fällt Ihnen was auf?“, fragte Hannah.

Ich betrachtete das Bild kurz, sah, was sie meinte, und lächelte in mich hinein. „Ich hab's.“

„Was?“, fragte Taylor.

„Sieh dir die Schuhe an“, forderte Hannah ihn auf.

Schweigend starrte er auf den Bildschirm. Dann grinste er. „Sie passen nicht zusammen.“

„Genau. Sie sind beide schwarz, weshalb es dir vielleicht nicht gleich aufgefallen ist, aber wenn du genauer hinsiehst, erkennst du, dass es sich um verschiedene Modelle handelt.“

„Und wer trägt Schuhe, die nicht zueinanderpassen?“, fragte ich. „Bitte nicht alle auf einmal.“

„Ein Obdachloser“, antwortete Hannah.

„Was bedeutet, dass unser Täter kleiner ist, als wir dachten. Ursprünglich sagte ich, er sei um die eins achtzig, weil er sonst nicht ohne Weiteres zwei Leute in Schach halten könne, aber diese Schuhe ändern alles. Einen wehrlosen Anwalt und einen Obdachlosen könnte jede Oma in Schach halten.“

„Okay.“ Taylor seufzte. „Wir wissen etwas, aber das bringt uns nicht unbedingt weiter.“

„Warum nicht?“, fragte Hannah.

„Captain Taylor meint, dass wir jetzt nach einer Person zwischen eins siebzig und eins achtzig suchen. Und dafür kommen laut Statistik die meisten Männer auf Taylors Liste infrage.“

Ich ging zu dem Whiteboard und wischte die roten Fragezeichen hinter Barkers und Romeros Namen weg. Die beiden waren wieder im Spiel. Taylor und Hannah folgten mir. Ich nahm die Liste von Taylor entgegen und überflog sie. Namen, Geburtsdaten und Adressen. Ich gab sie ihm zurück.

„Übertragen Sie die Liste auf die Tafel. Alle Männer, die weiß und zwischen dreißig und vierzig Jahre alt sind. Wer die schönere Schrift hat, soll schreiben. Meiner Rechnung nach haben wir siebzehn neue Verdächtige. Rufen Sie mich, wenn Sie fertig sind."

Ich zog den Laptop zu mir heran und spielte den Film von Sam Galloways Ermordung noch einmal ab. Verschiedene Schuhe. Das hätte ich bemerken müssen. Ich fragte mich, was ich noch übersehen hatte.

„Exakt siebzehn neue Verdächtige!", rief Hannah nach einer Weile.

Ich ging wieder zu der Tafel und betrachtete die Namen. Zwei ordentliche Spalten, jede mit elf Namen. Taylor, Fortier und Shepherd waren aus dem Spiel, aber damit blieben immer noch neunzehn Verdächtige übrig. Taylor betrachtete sie schweigend und konzentriert.

„Irgendwelche Namen, die Ihnen auffallen?", fragte ich ihn.

„Darrell Hodginson, aber nur weil er ein Arschloch ist, nicht weil ich ihn für den Täter halte."

„Und Sie, Hannah?"

Sie schüttelte den Kopf. „Die meisten kenne ich nicht. Mit Dan Choat bin ich zur Schule gegangen, aber ich kann mir nicht vorstellen, dass er so was macht."

„Warum nicht?"

„Er war beliebt, intelligent und höflich. Wenn er mit Lehrern gesprochen hat, hat er sie grundsätzlich mit Ma'am oder Sir angeredet."

„Damit haben Sie gerade den Serienmörder Ted Bundy beschrieben."

Hannahs Mund formte ein stummes Oh.

„Wir haben also neunzehn Verdächtige. Unser Täter versteht es, sich zu verstecken, während er zugleich für alle sichtbar ist. Er weiß, wie Polizisten denken, weil er selbst einer ist. Er kennt sich mit Spurensicherung und Täterprofilen aus. Und er tut alles Mögliche, uns in die falsche Richtung zu lenken."

DIE SONNE war untergegangen, auch die Temperatur war gesunken. Es war immer noch ein warmer Abend, aber auf angenehme Art, ohne Death-Valley-Hitze. Die Morrow Street lag vollkommen verlassen da. Zwanzig vor neun. In drei Stunden und zwanzig Minuten würde höchstwahrscheinlich ein weiteres Opfer bei lebendigem Leib verbrennen.

Hannah war in der Pension geblieben, weil sie dort noch zu tun hatte.

„Schlüssel." Ich streckte die Hand aus.

Wir standen auf dem Gehweg neben dem Streifenwagen. Taylor schüttelte den Kopf.

„Bitte."

„Sie bekommen die Schlüssel nicht.“

„Jetzt hören Sie mir mal zu. Sie sind nur der Chef der Kriminalabteilung, und das macht mich automatisch zum Sheriff, ich stehe also rangmäßig über Ihnen. Außerdem vermute ich mal, dass Shepherd Sie angewiesen hat, mir auf jede erdenkliche Weise zu helfen. Und jetzt wäre es wirklich sehr hilfreich, wenn Sie mir die Schlüssel geben könnten.“

Taylor ließ sie in meine offene Hand fallen, und wir stiegen ein. Er schob den Beifahrersitz so weit zurück wie möglich. Ich überprüfte, ob die Straße vor uns frei war, und gab Gas.

„Mein Gott, Winter! Nicht so schnell!“

Als wir die Main Street erreichten, bog ich nach Süden ab. Ich nahm den Fuß vom Gas und reduzierte die Geschwindigkeit.

„Sie fahren in die falsche Richtung“, bemerkte Taylor.

„Ihre Feststellung gründet auf der irrigen Annahme, wir würden zum Revier fahren.“

„Tun wir das nicht? Wohin fahren wir dann?“

„Der Main Street nach zu urteilen, betreibt Bürgermeister Morgan in Sachen Obdachlose eine Null-Toleranz-Politik. Keine Landstreicher innerhalb der Stadtgrenze. Hab ich recht?“

Taylor nickte.

„Wenn Sie also einen Obdachlosen finden wollten, müssten Sie woanders suchen. Irgendein Vorschlag?“

„Am besten wahrscheinlich in Shreveport, der nächsten Großstadt. Wir brauchen etwa eine halbe Stunde bis dahin.“

„Eine halbe Stunde, schätzen Sie.“

Sobald wir auf der Interstate waren, schaltete ich das Blaulicht ein, gab Gas und ließ die Nadel auf über hundertsiebzig steigen. Wir hatten die beiden Fahrbahnen, die kerzengerade Richtung Westen führten, im Wesentlichen für uns.

Links von uns tauchte die stillgelegte Raffinerie auf. Die Anlage war riesig. Hier gab es viele Stellen, wo man eine Leiche verstecken oder jemanden anzünden konnte, ohne dass man sich um die Schreie zu sorgen brauchte. Selbst wenn Shepherd alle seine Leute schickte, würden sie bei einer Durchsuchung trotzdem noch Stellen übersehen. Zumal wenn jemand, der selbst an der Suche teilnahm, es so wollte.

Neunzehn Minuten später passierten wir das Ortsschild von Shreveport. Taylor war in Eagle Creek geboren und aufgewachsen, seine Familie war dort verwurzelt. Aber Eagle Creek war zu klein für junge Leute. Wenn Taylor und seine Kumpel sich am Wochenende amüsieren wollten, fuhren sie vermutlich in die nächste Großstadt. Sie wussten, wohin sie dort gehen konnten. Und auch, welche Gegenden sie besser mieden.

„Sie müssen mich führen."

Zehn Minuten später bogen wir nach rechts in eine Art Morrow Street nach dem Weltuntergang ein. Alle Häuser waren mit Brettern vernagelt. Nicht eine Straßenlaterne brannte, die Glühbirnen waren zertrümmert. Graue Schatten in Menschengestalt schlichen durchs Dunkel. Verschiedentlich wurde die Nacht von Flammen erhellt, die aus Ölfässern schlugen. Die hatte man nicht der Wärme wegen, sondern als Beleuchtung angezündet.

Wir glitten langsam die Straße entlang, und aus dunklen Winkeln folgten uns Augen. Ich fuhr an den Gehweg, ließ den Motor aber laufen. Nicht dass ich mit Ärger gerechnet hätte. Der Wagen war deutlich sichtbar als Dienstfahrzeug des Sheriffs von Dayton gekennzeichnet.

„Und jetzt?", fragte Taylor.

„Steigen Sie aus, und reden Sie mit den Menschen. Finden Sie heraus, ob in den vergangenen achtundvierzig Stunden jemand verschwunden ist."

„Das ist jetzt ein Witz, ja?" Er sah, dass ich es ernst meinte. „Das ist völlige Zeitverschwendung, Winter. Niemand wird mit mir reden. Und wer sagt, dass der Täter seinen Gehilfen hier aufgelesen hat?"

„Tun Sie mir einfach den Gefallen, okay?"

Taylor schüttelte den Kopf und stieg aus. Wie er da, ganz in Schwarz gekleidet, durch die Dunkelheit marschierte, sah er mehr denn je aus wie ein Bulle. Die Menschen, die hier unterwegs waren, rochen das. Er ging auf eins der brennenden Fässer zu. Daneben standen einige Männer und ließen eine Flasche in einer braunen Papiertüte kreisen. Als er bei dem Fass ankam, waren sie alle verschwunden.

Polizist zu sein war der größte Vorteil unseres Täters, aber zugleich auch sein größtes Problem. Selbst wenn er in einem Secondhandladen Kleider kaufte, sie zerriss, durch den Schmutz zog und in billigem Whisky und Urin tränkte, hielte man ihn doch nie für einen Obdachlosen. Er wäre zu gut ernährt und sähe zu gesund aus. Seine Zähne wären nicht bis auf die Stümpfe abgefault. Die gelblich blasse Haut und die geplatzten Äderchen des Alkoholikers fehlten, genauso die graue Haut und die tief eingesunkenen Augen des Junkies. Obdachlos zu sein war eine Lebensform, keine Rolle, in die man eben mal schlüpfte.

Was hatte der Täter also getan? Er musste sein Opfer vom Rudel trennen, aber es musste freiwillig mitkommen. Vielleicht gab er sich als Schwuler aus, auf der Suche nach billiger, anonymer Bedürfnisbefriedigung. Er tat nervös und schreckhaft, das kannten die Menschen hier zur Genüge. Hinter seiner Nervosität konnte er den Polizisten verstecken. Andererseits war der Typ ein absoluter Kontrollfreak. Die Rolle des devoten Schwulen hätte er nicht überzeugend gespielt.

Also hatte er sich vielleicht als Drogendealer ausgegeben. Das passte auf Anhieb besser. Dealer waren hier sowieso eine Art Polizei. Sie trugen Pistolen und bestimmten die Regeln. Für diese Rolle brauchte der Täter sich nicht zu verbiegen. Er wählte sein Opfer sorgfältig aus. Es musste einigermaßen verzweifelt sein, damit es mit ihm mitkam, wenn er sagte, der Stoff sei im Kofferraum seines Autos, aber auch wieder nicht zu sehr. Er brauchte jemanden, der leben und nicht sterben wollte, damit hatte er ihn unter Kontrolle. Der Täter ging also zum Kofferraum und öffnete den Deckel. Dann spritzte er seinem Opfer ein starkes Betäubungsmittel, hievte es in den Kofferraum und schlug den Deckel zu. Danach fuhr er unbemerkt davon.

Taylor stieg wieder ins Auto und sah mich streng an. Er wirkte gereizt, aber auch verwirrt. „Vollkommene Zeitverschwendung. Aber Sie wussten das schon vorher. Was tun wir also hier?“

Ich ging nicht auf die Frage ein. „Die Gefangennahme ist der riskanteste Teil einer Entführung, weil der Täter sich dabei zeigen muss. In unserem Fall eine doppelte Herausforderung, weil er Polizist ist. Sie haben selbst gesehen, wie die Menschen auf Sie reagiert haben. Sie können einen Polizisten auf einen Kilometer Entfernung riechen.“

„Wie hat er es dann gemacht?“

„Er hat so getan, als wäre er Drogendealer.“

Wir verliessen Shreveport. Als wir wieder auf der Autobahn waren, drückte ich das Gas durch und schaltete das Blaulicht ein. Die Straße war leer, und es fühlte sich gut an, den Highway so schnell hinter uns verschwinden zu sehen. Ich dachte an die weißen Ziffern auf schwarzem Grund, die sich unaufhaltsam der Null näherten. Vor allem aber dachte ich daran, wie viel Aufwand es bedeutete, jemanden so öffentlich und nach einem derart präzise getakteten Plan zu ermorden.

Einige Kilometer später drehten sich meine Gedanken nur noch im Kreis und führten nirgendwohin. Ich zog mein Handy heraus. Shepherd antwortete beim ersten Klingeln. Er sagte nur kurz Hallo, und seine Anspannung war aus jeder Silbe herauszuhören. Verständlicherweise. Die Uhr lief, guter Rat war teuer und die Zeit knapp.

„Haben Sie den Tatort schon gefunden?“, fragte ich.

„Wir suchen noch.“

„Sie haben unter anderem von der alten Raffinerie gesprochen. War die auch ein Flop?“

„Wir haben dort alles auf den Kopf gestellt, Winter. Nichts.“ Eine kurze Pause folgte. „Ich dachte, Sie wollten hierherkommen.“

„Wollen wir auch. Wir mussten nur noch etwas überprüfen.“

„Etwas Wichtiges?“ Seine Stimme klang um einen Halbton erhöht. Ein Hoffnungsschimmer? Vielleicht auch Verzweiflung.

„Nein. Es war sowieso etwas weit hergeholt. Sie müssen unbedingt weiter nach dem Tatort suchen, Shepherd.“

„Warum sind Sie so darauf fixiert?“

„Weil der Tatort uns helfen wird, den Täter zu schnappen.“

Als wir die stillgelegte Raffinerie erreichten, wurde ich langsamer. Die Silhouette, die dunkel vor uns aufragte, zog mich an. Das westliche Ende wurde von den mächtigen Tanks beherrscht, vierzehn insgesamt. Sie waren mindestens dreißig Meter hoch. Ich schaltete das Blaulicht aus, setzte den Blinker, verließ die Interstate und bog in die Zufahrtsstraße ein, die zum Haupttor führte.

„Kleiner Umweg“, erklärte ich auf Taylors fragenden Blick hin.

„Shepherd wartet im Revier auf uns.“

„Nein, er wartet auf ein Wunder, das wir bewirken sollen, aber das wird nicht geschehen. Besser, wir unternehmen etwas, als untätig im Revier herumzusitzen.“

Ich hielt vor dem Haupteingang und stieg aus. Der kühle, von Süden wehende Wind war mir nach der Affenhitze des Tages sehr willkommen. Ich zündete mir eine Zigarette an und trat an das große, zweiflügelige Tor. Drei Meter hoher Maschendraht, darüber Stacheldraht und am unteren Rand Rollen.

Das Tor war mit einer dicken Kette und einem massiven Vorhängeschloss gesichert. Das Schloss wirkte abschreckend, aber das war nur Show. Zu ernen, wie man ein Schloss knackt, hat mir in meiner Zeit in Quantico mit am meisten Spaß gemacht. Schlösser sind nur eine Art Puzzle, bei dem es mehr auf Geschick als auf Intelligenz ankommt. Ich liebe solche Puzzles.

Das Vorhängeschloss war erst vor Kurzem geölt worden, deshalb bewegten sich alle Teile gut. Ich brauchte nicht einmal dreißig Sekunden, um es zu knacken.

Ich steckte das abgenutzte Ledertuch mit den Dietrichen wieder in die Innentasche meiner Jacke und zog die Kette klappernd aus dem Gestänge heraus. Taylor schob das Tor auf, bis die Öffnung groß genug war, dass wir hindurchfahren konnten. Die Torflügel bewegten sich leicht, was vermutlich nichts mit Taylors Kraft und Größe zu tun hatte, sondern damit, dass die Rollen, auf denen sie liefen, zur selben Zeit geölt worden waren wie das Schloss.

Wir stiegen wieder ein und rollten durch die Öffnung. Nach zehn Metern kamen wir an eine Schranke und ein Wachhaus. Die Schranke war offen, und wir fuhren langsam an ihr vorbei. Dann bogen wir nach rechts in eine Ringstraße ein, die um die Raffinerie herumführte.

„Halten Sie Ausschau nach irgendwelchen Lebenszeichen, Taylor. Vor allem nach Autos."

„Sie glauben, er ist jetzt hier?"

„Er muss irgendwo sein."

„Warum gerade hier?"

Gute Frage. Hinweise darauf gab es keine.

„Weil es sich richtig anfühlt."

„*Richtig anfühlt?* Wo bleiben Fakten und Beweise? Sie wissen schon, das, was vor Gericht zählt?"

„Manchmal muss man eben zwei und zwei zusammenzählen, um fünf zu erhalten, vergessen Sie das nicht."

„Dahinter steckt doch mehr."

„Ertappt." Ich lächelte. „Was wissen wir denn über den Täter? Er hat einen Sinn für Drama. Er hat den Drehort so sorgfältig ausgewählt wie für einen Hollywoodfilm. Der Ort sollte uns seine Perspektive vermitteln."

„Ein Ort wie dieser hier?"

„Richtig. Überlegen Sie doch. Dracula finden Sie auch nicht in einer Wohnwagensiedlung. Er lebt in einem großen Schloss irgendwo auf einem hohen Felsen."

„Okay. Und jetzt?"

„Suchen wir hier jeden Winkel nach einem Auto ab. Wenn wir das Auto finden, finden wir auch den Täter, und wenn wir ihn rechtzeitig finden, retten wir jemanden davor, bei lebendigem Leibe verbrannt zu werden."

„Hört sich nach einem Plan an."

„Wir gehen systematisch vor. Das Wachhaus nehmen wir als Ausgangspunkt. Zuerst fahren wir von Westen nach Osten. Wenn wir nichts finden, versuchen wir es in der umgekehrten Richtung."

Wir fuhren fast anderthalb Stunden hin und her. Wir überprüften jeden Winkel, der groß genug war, um ein Auto darin zu verstecken. Die Gebäude hatten alle verschiedene Größen. Einige waren groß genug für einen Jumbojet, in anderen hätte man nur mit Mühe einen Schreibtisch unterbringen können. Doch keine Autos, keine Lebenszeichen.

Ich hielt wieder vor dem Wachhaus. „Wir müssen im Dunkeln eine Abzweigung übersehen haben."

„Vielleicht ist der Täter ja auch gar nicht hier."

„Oder er hat sein Auto irgendwo drinnen versteckt."

„Oder Sie klammern sich an einen Strohhalm, weil Sie nicht zugeben können, dass Sie sich vielleicht geirrt haben. Finden Sie sich damit ab, Winter, hier ist niemand."

Ich seufzte, fuhr durch das Tor und hielt an. Taylor zog das Tor zu, ich hängte das Schloss daran. Der Wind hatte eine dünne Staubschicht über den Asphalt geweht, auf der sich schwach die Rollen der Torflügel abzeichneten. Ich folgte den Spuren bis zum Ende, ging in die Hocke und strich etwa einen Meter des Staubs glatt. Wenn hier nach uns jemand durchfuhr, würden wir es wissen.

Bei unserer Rückkehr ins Revier war es elf Minuten vor Mitternacht. Elf Minuten bis zur Stunde null. Die Uhr tickte lauter denn je. Alle Parkplätze waren besetzt, eine lange Reihe von Polizeiautos glänzte im Licht der Straßenlaternen. Zusätzlich zählte ich zwei Dutzend zivile Fahrzeuge. Drei stachen ins Auge, weil ein Polizist sie sich unmöglich leisten konnte, es sei denn, er betrieb krumme Geschäfte. Es handelte sich um einen Bentley der Oberklasse, einen knallroten Cadillac Coupe DeVille aus den Fünfzigerjahren und einen Porsche 911.

Auch die Medien waren da, was mich nicht überraschte. Vorerst sah ich allerdings nur einen Übertragungswagen. Er parkte in der Main Street. Ich kannte das Kürzel auf der Seitenfläche nicht, aber wahrscheinlich handelte es sich um einen Sender aus Shreveport.

Ich parkte so nah am Revier wie möglich und stieg aus. Taylor tat es mir auf der Beifahrerseite gleich, schlug die Tür zu und lief zum Eingang.

„Moment!", rief ich ihm nach. „Feindliches Territorium. Wir brauchen einen Plan."

„Was haben Sie vor?"

„Hier findet heute Abend das große Ereignis statt. Alle wichtigen Leute werden da sein."

Taylor dachte darüber nach. Dann fiel der Groschen. „Der Täter kann nicht an zwei Orten gleichzeitig sein."

„Nicht solange er innerhalb der vier Dimensionen operiert, die uns an diese Wirklichkeit ketten. Wir spielen Spion. Machen Sie mit Ihrem Handy Bilder von allen weißen Männern zwischen dreißig und vierzig, die heute Abend hier sind."

Taylor grinste. „Und dann vergleichen wir die Bilder mit unserer Verdächtigenliste. Wer fehlt, ist unser Mann. Genial und zugleich ganz einfach. Der Täter hat Mist gebaut."

„Alle machen irgendwann einen Fehler. Aber lassen Sie sich von niemandem erwischen. Schaffen Sie das?"

„Kein Problem. Wahrscheinlich haben alle sowieso nur Augen für den Countdown. Ich werde trotz meiner zwei Meter unsichtbar sein, versprochen."

Die Eingangstür flog auf, und Barbara Galloway kam heraus. Sie wurde von einem Mann Anfang sechzig begleitet, der aussah wie ein Anwalt. Als sie mich erblickte, blieb sie stehen. Sie sah älter aus als am Nachmittag. Nur sechs Stunden waren seitdem vergangen, aber es hätten genauso gut sechs Jahre sein können. Trotzdem hielt sie sich kerzengerade.

„Guten Abend, Mr Winter."

Ausnahmsweise machte es mir nichts aus, mit Mister angeredet zu werden. Aus ihrem Mund klang es irgendwie richtig.

„Mrs Galloway", antwortete ich mit einem kurzen Nicken.

„Die Polizei glaubt, ich hätte etwas mit dem Mord an meinem Mann zu tun."

„Barbara", rief der Anwalt scharf, „Sie brauchen vor diesen Leuten nichts zu sagen!"

„Ist schon recht." Sie wandte sich wieder an mich. „Mein Mann hatte eine Affäre. Die Polizei glaubt, ich hätte aus Eifersucht einen Auftragsmörder engagiert."

„Bloße Routine. Aber Sie haben nichts mit dem Mord an Ihrem Mann zu tun."

Sie fixierte mich mit ihren traurigen, müden Augen. „Was macht Sie so sicher?"

„Es ergäbe keinen Sinn. Judy Dufrene war für Sie keine Bedrohung. Eine nette Frau, aber sie konnte Ihre Regeln nicht ändern, nach denen Ihr Mann das Spiel spielte."

„Danke für Ihre Aufrichtigkeit, Mr Winter."

Sie entfernte sich in Richtung des Bentleys, der Anwalt folgte ihr.

„Shepherd hat keine Zeit verloren", bemerkte Taylor.

„Provinzbulle, Provinzmotiv. Er konnte nicht anders."

5

Alle waren im Besprechungszimmer versammelt. Mindestens fünfzig Menschen waren dort zusammengepfercht. Ein Projektor, den man an einen Laptop angeschlossen hatte, warf ein Bild auf eine große Leinwand. Verschwommene weiße Ziffern vor einem grauschwarzen Hintergrund und verschwommene Strichmännchen, die dran glauben mussten. 00:04:33. Nur noch achtundzwanzig Strichmännchen.

„Romero und Barker sind da“, flüsterte Taylor mir ins Ohr. „Darrell Hodginson auch.“

„Das Arschloch, ja?“, flüsterte ich zurück.

„Stimmt.“

„Gut, dann können wir die drei schon mal von der Liste streichen. Bleiben nur noch sechzehn.“

Ich sah mich rasch um und studierte die Gesichter. Drei der Anwesenden fielen mir auf. Sie saßen in einer Reihe nebeneinander, in einigem Abstand zum Rest, als würden sie durch ein Kraftfeld geschützt. Die anderen klebten praktisch aneinander, aber nicht diese drei.

Der ältere Herr in der Mitte war sichtlich die wichtigste Person im Raum, weil er den besten Platz hatte. Er trug ein schwarzes Seidenhemd und sah aus wie jemand, der einen klassischen Caddy fuhr.

Der Mann mittleren Alters rechts von ihm war mit Sicherheit der Porsche-Besitzer. Eine jüngere Version des Caddy-Fahrers, fülliger, aber ganz offensichtlich mit ihm verwandt. Dieselben Augen, dieselbe Nase.

Zweifellos Vater und Sohn. Der größte Unterschied bestand in ihrer Ausstrahlung. Der alte Herr strahlte absolute Autorität aus. Es wäre niemandem eingefallen, sie auch nur eine Sekunde lang anzuzweifeln. Der Jüngere war sichtlich um dieselbe Autorität bemüht, aber vergebens. Er gehörte zu denen, die ihr ganzes Leben lang darum kämpfen, aus dem Schatten des Vaters zu treten.

Der Dritte im Bunde war Sheriff Fortier. Er wirkte angespannt und erschöpft, niedergedrückt durch die Last der Ereignisse. Sein Blick ging ins Leere, und er hing schweigend seinen Gedanken nach.

„Der Typ da vorne mit dem Stetson auf dem Schoß, ist das Jasper Morgan?“, flüsterte ich.

„Erraten. Und neben ihm sitzt Clayton.“

Jasper Morgan hatte die Schultern gestrafft, den Rücken durchgedrückt und blickte auf die Leinwand. Niemand sprach mit ihm, und er sprach auch mit niemandem. Wie Fortier saß er nur schweigend da und starrte auf den Bildschirm. Seine Haut war tief gebräunt wie Leder, sein Gesicht von tiefen Falten durchzogen. Man sah ihm jedes seiner zweiundsiebzig Lebensjahre an, aber zugleich machte er den Eindruck, als könnte er mühelos noch einmal dreißig Jahre durchhalten, was Clayton bestimmt nicht gefiel.

„Okay, mischen wir uns unter die Leute, Taylor. Machen Sie mir ein paar schöne Schnappschüsse."

Er verschwand mit dem Smartphone in der Hand in der Menge, ich schob mich zu dem Tisch, auf dem man den Laptop installiert hatte. Das Bild des Computermonitors war schärfer als das verschwommene Bild des Projektors, zeigte aber leider dieselben Ziffern. 00:03:13. An dem Galgen neben den Zahlen baumelte ein Strichmännchen ohne Gliedmaßen.

„Ein Albtraum", murmelte eine Stimme hinter mir.

Ich drehte mich um. Vor mir stand Shepherd. Wenn Barbara Galloway um sechs Jahre gealtert war, dann er um zwanzig. Der Stress setzte ihm zu, saß ihm in den Muskeln, in den Augen. Vor allem aber sprach er aus jedem Wort, das er sagte.

„Ich bin auf dem Weg nach drinnen Barbara Galloway begegnet." Auch ich senkte unter dem Eindruck der allgemeinen Atmosphäre die Stimme.

Shepherd schnaubte. „Einen schönen Anwalt hat sie da mitgebracht! Sie selbst hat nichts gesagt, kein Wort. Saß nur da und hat von ihrem Recht auf Aussageverweigerung Gebrauch gemacht."

Wir blickten beide auf den Laptop und die verstreichenden Sekunden. 00:02:34.

„Sie hat mit dem Tod ihres Mannes nichts zu tun. Das ist Ihnen schon klar, oder?"

„Ja. Aber Sie wissen, wie so etwas läuft. Galloway hatte eine Affäre und sie deshalb ein Motiv. Das mussten wir überprüfen."

„Gab es Reaktionen auf die Nachricht, dass Sie Mrs Galloway zum Verhör einbestellten?"

„Was meinen Sie damit?"

„Hat jemand besonders heftig reagiert? Sie wissen schon, sich aufgeregt und gesagt, er finde das nicht gut."

„Nur Bürgermeister Morgan. Er meinte, ein Verhör von Barbara würde nichts bringen."

„Gab es auch Leute, die das Verhör gut fanden?"

Shepherd schüttelte den Kopf, und ich spürte diesen Knoten im Magen, wie immer, wenn etwas nicht so läuft, wie ich will. Ich hatte den Täter dazu provozieren wollen, die Ermittlungen in eine Sackgasse zu lenken, aber er hatte nicht angebissen. Ich hob den Kopf und sah mich nach Taylor um. Er stand am anderen Ende des Raums und blickte zur Leinwand, als verfolgte er wie die anderen den Countdown, und dann auf sein Handy, als läse er Textnachrichten.

„Hat Ihre Spur zu etwas geführt?“, fragte Shepherd.

„Nein.“

„Verraten Sie mir, wo Sie den ganzen Abend gewesen sind, oder ist das ein Staatsgeheimnis?“

„Ich wollte die alte Raffinerie überprüfen.“

„Haben Sie etwas gefunden?“

„Nichts.“

„Das überrascht mich auch nicht. Wir haben dort jeden Winkel abgesucht und absolut nichts gefunden.“

„Ich muss unbedingt den Tatort sehen.“

„Ich weiß, Winter, und wir tun alles, was wir können. Wir werden ihn auch finden, das garantiere ich Ihnen. Wie klappt die Arbeit mit Taylor?“

„Gut, ein aufgeweckter Kerl. Er hat eine große Zukunft vor sich.“

Wir verstummten beide und starrten wie gebannt auf die langsam ablaufenden Ziffern auf dem Laptopbildschirm.

00:01:04.

Aus der Vier wurde eine Drei, dann eine Zwei, dann eine Eins. In sechzig Sekunden würde der Countdown bei null angelangt sein, und ein neues Opfer läge gefesselt und zappelnd auf dem schmutzigen Boden. Der Obdachlose würde mit seinem Kanister kommen und ihn über dem Opfer ausleeren. Dann würde er ein Streichholz anzünden, und aus dem kleinen Flämmchen würde ein Flammeninferno werden. Und wir konnten nicht das Geringste dagegen tun.

Noch nie in meinem Leben war ich mir so sicher gewesen. Es war das einzig logische Szenario. Die großen Filmstudios machten für ihre Filme Trailer, um damit möglichst viele Zuschauer anzuziehen. Der Grund für ihre Mühe war Geld.

Aber das Motiv unseres Täters war nicht Geld. Ihm reichte es nicht, wenn jemand auf unvorstellbar grausame Weise starb, er brauchte dazu die Bestätigung eines Publikums. Und gab es ein besseres Publikum als die Leute, die ihn jagten? Er wollte uns vorführen, wir sollten seine überlegene Intelligenz anerkennen.

Er irrte sich.

Sein erster Filmclip war eine Art Trailer gewesen, mit dem er unsere

Aufmerksamkeit hatte wecken wollen. Und sein Plan war aufgegangen. Sämtliche Polizisten von Eagle Creek waren hier. Mit einer Ausnahme.

Irgendwann machten sie alle einen Fehler. Alle.

00:00:03.

Ich sah zu, wie aus der Drei eine Zwei wurde. Eine Ewigkeit verging, dann wurde aus der Zwei eine Eins. Alle hielten den Atem an und beugten sich vor.

Aus der Eins wurde eine Null.

Nichts geschah.

00:00:00.

Die Zeit verging, und noch immer geschah nichts. Drei Sekunden, vier Sekunden, fünf.

„Damit habe ich nicht gerechnet", murmelte ich.

„Was ist denn jetzt los?", brummte Shepherd neben mir.

Und dann brach auf einmal die Hölle los. Alle standen auf und gingen hin und her und redeten. Es war, als wäre ein Damm gebrochen. Die Spannung hatte sich auf einen Schlag gelöst.

„Das kapiere ich nicht", fuhr Shepherd fort. „Warum dann die ganze Mühe? Das ergibt doch keinen Sinn."

„Der Link zur Website und zu dem Filmclip kam doch per E-Mail. Vielleicht kontaktiert der Täter uns wieder auf dieselbe Art."

„Gute Idee." Shepherd setzte sich an den Laptop und begann zu tippen.

Aber es war doch keine gute Idee, mir war es klar gewesen, noch während ich den Vorschlag gemacht hatte. Mit dem ersten Film hatte der Täter Zuschauer anziehen wollen. Jetzt hatte er sein Publikum, aber er kniff und verzichtete auf die große Show.

Wenn er seinen Plan durchgezogen hätte, würde in diesem Moment ein weiteres Opfer in Flammen aufgehen, aber aus irgendeinem Grund war das nicht passiert. Warum nicht? Was war schiefgegangen? Denn es musste etwas schiefgegangen sein, so gründlich, dass der Täter die Notbremse gezogen und den so sorgfältig durchdachten Plan abgebrochen hatte.

„Keine E-Mail!", rief Shepherd. „Aber vielleicht hatte er nur noch keine Zeit, eine zu schicken."

Ich schüttelte den Kopf. „Sehen Sie ruhig weiter nach, aber Sie werden keine bekommen. Ein solcher Countdown diktiert den Ablauf. Sobald die Uhr auf null steht, muss etwas passieren. Nur so funktioniert das."

„Was machen wir dann jetzt?"

„Ich gehe jetzt schlafen. Ich bin todmüde. Ein paar Stunden Schlaf und ich kann morgen früh mit frischer Kraft weitermachen."

Shepherd sah enttäuscht aus, als hätte er nicht mit dieser Antwort gerechnet.

„Etwas Positives hat das Ganze immerhin“, fügte ich hinzu. „Es musste niemand sterben. Ein Opfer weniger ist immer ein Grund zum Feiern.“

Ich sagte Gute Nacht, verließ den Konferenzraum und kehrte zum Haupteingang zurück. Der Lärm von fünfzig durcheinanderredenden und erfolglos drauflosspekulierenden Stimmen wurde rasch leiser. Draußen steckte ich mir eine Zigarette an. Die Flamme des Feuerzeugs erinnerte mich an Sam Galloway, und ich überlegte wieder, was passiert war. Warum hatte der Täter sein Vorhaben abgebrochen?

Die Tür des Reviers ging auf. Ich drehte mich um und erwartete Taylor zu sehen, aber statt seiner kam Jasper Morgan mit ausgestrecktem Arm auf mich zu. Wir gaben uns die Hand.

„Sie sind Jefferson Winter?“

„Und Sie stecken vermutlich hinter dem Glenmorangie.“

Er lächelte. „Ein guter Whisky.“

„Ein ausgezeichneter Whisky.“

„Gut zu hören. Wenn Sie etwas brauchen, fragen Sie einfach, okay?“

„Okay.“

Morgan wies mit einem Nicken auf meine Zigarette. „Sie haben nicht zufällig eine übrig?“

Ich gab ihm Päckchen und Feuerzeug, und er zündete sich eine an.

„Ich habe schon vor Jahren aufgehört, aber Sie wissen ja.“ Er zuckte mit den Schultern.

„Ja, ich weiß.“

Morgan nahm einen tiefen Zug und lächelte in sich hinein. Er sah aus wie jemand, der gerade einen alten Freund getroffen hat.

„Was kann ich für Sie tun, Mr Morgan?“

Er nahm noch einen Zug und blickte auf zu dem Sternenmeer über uns. „Ich bin mit Joe Galloway aufgewachsen, Sams Vater. Joe ist schon mit dreiundvierzig Jahren gestorben, und das war einer der traurigsten Tage meines Lebens. Er hatte all die Jahre ein krankes Herz, ohne es zu wissen. Und eines Tages ließ es ihn im Stich. Jedenfalls hatten wir eine Vereinbarung. Wenn einem von uns etwas passierte, würde der andere für dessen Familie sorgen. Sam war für mich wie ein Sohn. Ich kann nicht glauben, dass er nicht mehr da ist.“ Morgan ließ die halb gerauchte Zigarette auf den Boden fallen und trat sie aus. „Verdoppeln Sie das, was Sie normalerweise berechnen. Aber finden Sie das Schwein, das das getan hat.“

Er wandte sich ab und ging zum Caddy. Seine Schultern waren wieder gestrafft und der Rücken durchgedrückt, aber mich konnte er damit nicht täuschen. Ich habe genug Leid und Kummer mitangesehen, und Jasper Morgan litt schwer.

Die Tür zum Revier ging wieder auf, und diesmal kam wirklich Taylor heraus. Er grinste, als hätte er in der Lotterie gewonnen. „Dan Choat“, verkündete er atemlos.

„Der Ted-Bundy-Klon?“

Taylor nickte.

„Was ist mit ihm?“

Das Grinsen wurde breiter. „Er fehlt.“

Wir hatten telefoniert, und Hannah erwartete uns auf der Treppe der Pension, als wir fünf Minuten später dort ankamen. Sie stieg hinten ein.

„Das ist ja echt cool. Wie im Film.“

„Ja“, stimmte Taylor auf dem Beifahrersitz zu. „Wir haben endlich Glück gehabt. Es war aber auch höchste Zeit.“

„So etwas wie Glück gibt es nicht“, widersprach ich.

„Wie würden Sie es dann nennen?“

„Gewissenhafte und systematische Ermittlungsarbeit.“

„Dan Choat ist also der Bösewicht“, sagte Hannah. „Er war mir irgendwie schon immer suspekt.“

„Nein, überhaupt nicht. Ich zitiere: ‚Mit Dan Choat bin ich zur Schule gegangen, aber ich kann mir nicht vorstellen, dass er so was macht.‘ “

Hannah fuhr sich mit der Hand durch die Haare. „Egal. Entscheidend ist doch, dass wir den Täter kennen und ihn uns jetzt schnappen.“

Die Kennon Street lag am Stadtrand im Nordosten von Eagle Creek. Dan Choat wohnte etwa in der Mitte der Straße in einem allein stehenden, zweistöckigen Holzhaus mit einem kleinen, gepflegten Vorgarten. Seitlich daneben stand eine Einzelgarage. Blumen wuchsen in sauber abgegrenzten Beeten. Ein weißer Lattenzaun. Ich bremste, blieb aber nicht stehen, sondern fuhr langsam vorbei. Im Haus brannte kein Licht. Entweder Choat schlief, oder er war nicht da.

Fünfzig Meter weiter bog ich nach rechts ein und parkte. Wir stiegen aus, kehrten zu Choats Haus zurück und betraten leise die Veranda. Die Kennon Street war menschenleer. Nirgendwo in der Nachbarschaft brannte Licht. Hannah und Taylor zogen sich auf meine Anweisung tief in den Schatten der Veranda zurück, ich machte mich mit meinen Dietrichen an die Arbeit.

Dreißig Sekunden später waren wir drinnen. Taylor hielt seine Glock in der Hand. Einen Moment lang standen wir nur da und lauschten. In einem

Zimmer tickte laut eine Uhr. Im Erdgeschoss war niemand. Alles roch fast schon übertrieben sauber.

Ich streckte die Hand aus und sah Taylor auffordernd an. Er schüttelte den Kopf. Ich schnippte ungeduldig mit den Fingern, und er schüttelte wieder den Kopf. Ich formte mit den Lippen das Zauberwort: *Shepherd*. Er sah mich böse an, dann gab er mir die Pistole mit dem Griff voraus.

Ich zeigte auf die Treppe, und wir stiegen zusammen hinauf, die Glock voraus, Taylor und Hannah in der Nachhut. Im Obergeschoss gab es drei Räume: ein Schlafzimmer, ein Gästezimmer und ein Bad. Alle Türen standen weit offen. In weniger als fünf Sekunden wussten wir, was ich bereits ahnte.

Dan Choat war nicht zu Hause.

WIR GINGEN ins Schlafzimmer und knipsten das Licht an. Das Bett war ordentlich gemacht, das Zimmer aufgeräumt. Nirgends lagen Kleider herum.

Ich gab Taylor die Glock zurück, und er steckte sie in sein Holster.

„Okay, Hannah, jetzt sind Sie dran. Ich will alles wissen, was es über diesen Choat zu berichten gibt."

Taylor sah mich verwirrt an.

„Eine extreme Form der Menschenbeobachtung", erklärte ich, worauf er mich noch verwirrter ansah. „Sie hat wirklich Talent."

Ich setzte mich als Zuschauer aufs Bett. Hannah begann mit der Kommode. Sie zog die oberste Schublade heraus und sichtete sorgfältig den Inhalt. Dann nahm sie ein T-Shirt heraus, roch daran und legte es genau so wieder in die Schublade, wie sie es vorgefunden hatte. Taylor stand verunsichert in der Tür. Ich klopfte auf den freien Platz neben mir.

„Na kommen Sie schon, Julian. Entspannen Sie sich."

„Julian? Im Ernst?"

„Sie haben es also nicht herausbekommen, Winter?", rief Hannah.

„*Noch* nicht."

„Ich wette zweihundert Dollar darauf, dass Sie es nicht schaffen."

„Ich freue mich schon auf das viele Geld."

Ich klopfte wieder auf das Bett, Taylor kam widerstrebend und setzte sich. „Erzählen Sie mir, was Sie über Dan Choat wissen."

„Ich weiß ehrlich gesagt gar nicht so viel."

„Würden Sie ihn als jemanden beschreiben, der am liebsten für sich ist?"

Taylor nickte.

„Grüßt immer mit einem munteren Hallo?"

Ein weiteres Nicken.

„Die Sorte Mensch, die einem gerne hilft, wenn man in der Klemme steckt?"

Noch ein Nicken.

„Das gefällt mir immer besser. Er kommt dem Täter von allen am Nächsten."

„Was aber noch lange nicht bedeutet, dass er der Täter ist", wandte Taylor ein. „Sie halten ihn nicht für den Täter, stimmt's?"

„Warten wir ab, was Hannah zu sagen hat, okay?"

Sie war beim Kleiderschrank angelangt und sah Choats Uniformen durch. Er hatte insgesamt fünf, was mir übertrieben vorkam. Man brauchte höchstens drei. Eine zum Tragen, eine in der Reinigung und eine als Reserve.

„Ich bin hier fertig", verkündete Hannah.

„Dann nehmen Sie sich das Bad vor."

Sie ging hinein und kehrte eine Minute später zurück.

„Okay, erzählen Sie mir alles über Dan Choat", forderte ich sie auf.

„Also, zunächst mal hat er ein ernstes Problem mit seiner Mutter. Sehen Sie sich doch mal die Vorhänge und die Tagesdecke an. Welcher normale Mensch will so was in seinem Schlafzimmer?"

Sie hatte recht. Die Vorhänge waren schrecklich. Mit einem verspielten Blumenmuster in Rosa-, Violett- und Fliedertönen.

„Und seine Unterwäsche ist gebügelt. Die *Unterwäsche*. T-Shirts und Jeans auch. Alles ist so ordentlich, dass es einen gruselt."

„Vielleicht lebt seine Mutter noch", überlegte ich laut. „Vielleicht wäscht sie für ihn."

„Nein, sie ist tot. Hier war ihr Zimmer. Nur so kann ich mir die Vorhänge erklären. Selbst ein unheilbarer Single wie Choat hätte sie nicht ausgesucht."

„Unheilbarer Single?"

Hannah lächelte ein wenig verlegen. „Tun Sie nicht so unschuldig, Winter. Deshalb sollte ich doch im Bad nachsehen. Wenn Choat je eine Freundin gehabt hätte, müsste es irgendwelche Spuren geben, hier oder im Bad. Aber da ist nichts, rein gar nichts. Ergo, unheilbarer Single."

„Geben Sie es zu", sagte ich, an Taylor gewandt, „Hannah ist gut. Was haben wir also? Einen weißen Mann, der unheilbarer Single ist und einen Mutterkomplex hat. Einen stillen, unaufdringlichen Menschen, immer höflich, immer freundlich. Ich muss gestehen, das passt alles sehr gut. Ich bin überzeugt." Ich lächelte. „Okay, wir spielen zuerst noch ein kleines Spiel. Jeder von uns überlegt einen Grund, warum er nicht unser Täter ist. Sie fangen an, Taylor."

„Choat ist genauso alt wie Hannah, also zu jung."

„Jetzt Sie, Hannah."

Sie sah sich im Zimmer um und fuhr sich mit der Hand durch die Haare. „Er ist ein Sauberkeits- und Ordnungsfanatiker", sagte sie schließlich. „Das Bad ist makellos sauber. So sauber, dass es mit Sicherheit innerhalb der letzten vierundzwanzig Stunden geputzt worden ist. Und genauso hier im Schlafzimmer. Das Bett ist gemacht und alles aufgeräumt. Jemand, der sich gerade mitten in einer Mordorgie befindet, verschwendet doch keinen Gedanken an Hausarbeit."

Ich schüttelte den Kopf. „Sie vergleichen die Logik, nach der ein Serienmörder vorgeht, mit der eines normalen, gut angepassten Mitglieds der Gesellschaft. Ich kann mir gut vorstellen, dass ein Serienmörder jemanden ermordet und anschließend einen gründlichen Hausputz macht. Wenn das zu seinem Ritual gehört, tut er es eben."

„Sie hätten auch einfach sagen können, dass ich falschliege."

„Aber das ist es ja gerade, Sie waren *so* nah an der Wahrheit dran." Ich hob die Hand. Daumen und Zeigefinger waren nur einen Zentimeter auseinander. „Jemanden bei lebendigem Leibe zu verbrennen macht extrem viel Schmutz. Ein Sauberkeitsfanatiker wie Choats würde seine Opfer auf eine reinliche Art beseitigen. Durch Ersticken vermutlich. Ein Kissen auf das Gesicht. Dann muss man nicht das viele eklige Blut aufwischen."

„Sie sind dran, Winter", meinte Taylor. „Was macht Sie so sicher, dass Choat nicht der Täter ist?"

„Wenn etwas zu schön ist, um wahr zu sein, dann ist das eben so. Choat wurde uns sozusagen auf dem Silbertablett präsentiert. Er ist auf keinen Fall unser Mann."

Taylor seufzte. „Ich dachte wirklich, mit Choat wären wir auf der richtigen Spur. Jetzt stehen wir wieder ganz am Anfang."

„Ist das Ihr Ernst? Etwas Besseres ist uns heute den ganzen Tag noch nicht passiert. Endlich haben wir so was wie eine Spur."

Taylor und Hannah sahen mich an, als würde ich eine andere Sprache sprechen.

„Wir müssen das große Ganze im Auge behalten." Ohne ein weiteres Wort stand ich auf und ging zur Treppe.

BEI UNSERER RÜCKKEHR in die Pension war alles ruhig, so ruhig, dass ich mich schon fragte, ob ich der einzige Gast war.

Taylor und Hannah hatten schon in Dan Choats Haus angefangen, wegen irgendetwas miteinander zu streiten, und zankten sich immer noch. Ich hatte sie bislang einfach ignoriert.

„Der Täter ist verunsichert."

Die beiden verstummten abrupt und wandten sich mir zu.

„Die große Frage ist, warum", fuhr ich fort. „Warum hielt er es für notwendig, uns einen plausiblen Verdächtigen zu präsentieren? Und warum hat er bei dem großen Auftritt den Schwanz eingezogen? Es war alles bereit, und dann, in der letzten Sekunde, nichts. Was für ein Reinfall!"

Taylor und Hannah sahen mich unverwandt an. Keiner wollte die falsche Antwort geben.

„Was ist los? Im Auto hatten Sie sich so viel zu sagen und jetzt nichts mehr?" Ich ging zur Rezeption und schlug auf die Tischklingel. Ein B, aber eine Spur zu hoch. „Okay, Leute, wer als Erster richtig antwortet, hat gewonnen. Gestern Abend hat unser Täter sein Vorhaben endlich in die Tat umgesetzt. Beim Aufwachen heute Morgen kam er sich wahrscheinlich vor wie der Allergrößte. Heute Abend dagegen improvisiert er nur herum und macht einen Fehler nach dem anderen."

„Fehler?", fragte Hannah.

„Den großen Auftritt nicht durchzuziehen war ein Fehler, weil es Unsicherheit verrät, und Unsicherheit bedeutet Schwäche. Auch Dan Choat war ein Fehler. Wenn er mich für so dumm hält, dass ich ihm das abkaufe, zeigt das, dass er mich ernsthaft unterschätzt. Hier also meine Frage: In Anbetracht dessen, dass der Mann alle Variablen eine Million Mal durchgespielt hat, was hat sich verändert? Welche unberechenbare Variable ist neu ins Spiel gekommen?"

Hannah und Taylor sahen zuerst einander und dann wieder mich an.

„Sehr gut", lobte ich sie. „Ich bin die unberechenbare Variable. Mich zu den Ermittlungen hinzuzuziehen hat die ganze Dynamik verändert. Der Täter musste seinen Plan noch einmal überdenken. Und dabei kam er zu der Erkenntnis, dass das mit seinem großen Auftritt nicht hinhauen konnte. Er hat irgendwie mitbekommen, dass wir einen Polizisten suchen. Ihm wurde klar, dass wir die anwesenden Polizisten überprüfen und sein Fehlen bemerken würden und damit einen Hauptverdächtigen hätten."

Taylor nickte. „Also lenkt er den Verdacht auf Choat, ist selbst anwesend und streicht den großen Auftritt. Ja, leuchtet mir ein."

„Angesichts des Drucks, unter dem er steht, ist das kein schlechter Schachzug. Entweder er ist sich sicher, dass wir einen Polizisten suchen, oder aber er hat nur einen entsprechenden Verdacht. In diesem Fall braucht er eine Bestätigung für seinen Verdacht, und wenn wir Choat festnehmen, hat er sie."

„Wir nehmen Choat also nicht fest", folgerte Hannah. „Dann ist der Täter weiter auf Vermutungen angewiesen und macht weiter Fehler."

Ich schlug wieder auf die Klingel. „Da wir schon bei Choat sind, wenden wir uns der zweiten Frage zu. Was ist mit ihm passiert?“

„Er wird gefangen gehalten“, spekulierte Hannah.

„Sie glauben wahrscheinlich auch, dass es Einhörner gibt.“

„Winter meint, dass Choat tot ist.“ Taylor warf mir einen Bestätigung suchenden Blick zu, und ich nickte.

„Es gibt keinen Grund, ihn am Leben zu lassen, dafür aber jede Menge Gründe, ihn zu töten. Wenn er tot ist, kann er nicht mehr fliehen und den Täter identifizieren. Zweitens macht ein Toter weniger Arbeit als ein Lebender. Man braucht kein Versteck, wo man ihn festhält, und muss ihn nicht verpflegen.“ Ich schlug ein drittes Mal auf die Klingel, weil mir der Klang gefiel. „Was sollen wir also tun? Hannah hat schon eine Möglichkeit vorgeschlagen. Nichts. Das Problem ist nur, dass wir den Täter damit extrem unter Druck setzen. Was einerseits gut ist, weil er dann, wie Hannah sagte, Fehler macht. Aber es ist auch schlecht, weil er sich gedrängt sehen könnte, früher zu töten, als er es sonst vorgehabt hätte. Wollen Sie das auf Ihr Gewissen laden?“

Hannah und Taylor schüttelten den Kopf.

„Die Alternative wäre, das zu tun, was der Täter von uns erwartet. Wir ermitteln gegen Choat, erzählen überall herum, dass er der Täter ist. Sheriff Fortier und Shepherd mobilisieren ihre Leute, und schon suchen alle bis auf den letzten Mann nach Choat. Wir bleiben im Hintergrund und halten Ausschau nach einem, der sich die Hände reibt.“

„Was tun wir also?“, fragte Hannah.

„Wir schlafen noch mal drüber. Wir treffen uns um acht zum Frühstück im Apollo’s und entscheiden dann. Den Täter ein paar Stunden schmoren zu lassen wird wahrscheinlich keinen Schaden anrichten, und wir sind alle müde. Wir brauchen Schlaf.“

KURZ NACH FÜNF wachte ich auf. Mein Gehirn arbeitete auf Hochtouren. Ein Gedanke beherrschte mich: Ich war irgendwie für Dan Choats Ermordung verantwortlich, weil ich an den Ermittlungen beteiligt war. Eine Weile lag ich so im Bett und versuchte, wieder einzuschlafen. Neben mir tickte meine Uhr, und um halb sechs gab ich schließlich auf.

Auf der Kommode stand ein kleiner Wasserkessel, ich konnte mir also Kaffee machen. Zwar nur Instant, aber wenigstens enthielt er Koffein. Ich setzte mich aufs Bett und las meine E-Mails.

Die von Chief Olina Kalani aus Honolulu enthielt Dutzende von Anhängen. Fotos, Verhörprotokolle, Autopsieberichte, das volle Programm. Die Medien hatten den Täter „Clown-Mörder“ getauft. Er hatte es nur auf Prostituierte abgesehen. Zuerst versuchte er, sie zu vergewaltigen, dann erstach er sie und malte ihnen die Gesichter an. Ein verschmiertes, schiefes rotes Lächeln, eine dicke rote Nase und um die Augen dicke schwarze Ringe. Die Leichen entsorgte er in dunklen Gassen. Er machte nie den Versuch, sie zu verstecken. Er wollte, dass seine Opfer gefunden wurden.

Als Erstes fiel mir auf, wie sehr er das Rampenlicht suchte. Er wollte bemerkt werden. Als Zweites fiel mir auf, wie gering seine Selbstachtung war. Bei Prostituierten geht der Täter kein großes Risiko ein. Es gehört zu ihrem Beruf, mit einem Fremden mitzugehen, ohne groß an die eigene Sicherheit zu denken, und das macht sie zu leichten Opfern.

Ich drückte auf Reply und begann zu tippen. Dieser Täter war weiß, männlich und zwischen zwanzig und fünfundzwanzig, ein gescheiterter Schauspieler oder Musiker. Er erzählte wahrscheinlich überall herum, dass er demnächst groß herauskommen werde. In Wahrheit hatte er nur einige Male erfolglos vorgesprochen und war in Talentshows aufgetreten, an die sich niemand erinnerte.

Man würde ihn leicht finden, weil sein Gesicht unter den Zuschauern jedes Tatorts auftauchte. Denn er musste die Reaktion auf sein Werk unbedingt mit eigenen Augen sehen. Er lechzte nach Applaus, nach der Bestätigung, die damit verbunden war. Chief Kalani sollte seine Leute auf das Filmmaterial der Nachrichtensender vom Tatort ansetzen. Damit würden sie den Täter kriegen. Sie mussten die Zuschauermenge nach einem schlechten Schauspieler absuchen, der sich die größte Mühe gab zu verbergen, dass dies für ihn die beste Show aller Zeiten war.

Ich schob die Vorhänge auseinander und blickte durch das Fenster. Es war inzwischen halb sieben, und die Sonne würde demnächst aufgehen. Die leichte Brise, die durch das offene Fenster wehte, kündigte einen weiteren heißen Tag an. Ich schloss das Fenster, stieg in die Dusche, dann zog ich mich an.

Im Apollo’s war ich der erste Kunde und setzte mich auf denselben Fensterplatz wie gestern.

„Frühaufsteher“, begrüßte Lori mich.

„Präsenile Bettflucht.“

Sie lächelte. „Da passen Sie gut zu meinem Frank. Sie hören ihn in der Küche poltern. Er ist kein Morgenmensch, ganz bestimmt nicht. Wie ein Bär mit Kopfschmerzen. Ich dagegen schlafe wie eine Tote. Kaum liege ich, bin ich auch schon weg bis zum nächsten Weckerklingeln. Kaffee?“

„Das wäre wunderbar, danke.“

Aus der Küche war lautes Scheppern zu hören, gefolgt von wilden Flüchen. „Es liegt direkt vor deinen Füßen, Schatz!“, rief Lori. Der Schatz fluchte wieder, und sie musste lächeln, während sie mir Kaffee einschenkte.

„Wann ist Ihre Schwester gestorben?“, fragte ich.

Sie hielt mitten im Einschenken inne, dann machte sie weiter. Als sie fertig war, richtete sie sich auf. Das Lächeln war verschwunden. Ich war mir zu neunundneunzig Prozent sicher gewesen, dass Hannah gelogen hatte, als sie erzählte, ihre Mutter habe Parkinson. Jetzt waren es hundert Prozent.

„Cissy ist vor fast einem Jahr gestorben.“ Sie schüttelte den Kopf. „Ich kann nicht glauben, dass es schon ein Jahr her ist. Sie fehlt mir immer noch täglich. Sie war meine kleine Schwester, und ich habe sie geliebt.“

„Woran ist Cissy gestorben?“

„Brustkrebs. Sie hatte eine Chemo gemacht, dachte, alles wäre unter Kontrolle, aber Krebs ist eine heimtückische Krankheit. Er kam wieder und breitete sich rasend schnell aus. Cissy konnte nichts tun.“ Lori wischte sich über die Augen und verschmierte die Wimperntusche.

„Wie hat Hannah das verkraftet?“

„Sie war ein Engel. Sie hat ihre Mutter bis zum Ende gepflegt und daneben noch die Pension betrieben.“

„Einen Vater scheint es nicht zu geben.“

Lori schüttelte den Kopf. „Er ist abgehauen, als Hannah noch ein Säugling war. Ein richtiger Kotzbrocken und Tunichtgut.“

„In der Pension scheint im Augenblick nicht viel los zu sein.“

„Es ist ein Auf und Ab, das war schon immer so. Vor zwei Wochen war sie ausgebucht. Diese Woche ist sie leer.“

„Hannah betreibt die Pension allein?“

Sie nickte. „Frank und ich versuchen zwar, ihr nach Kräften zu helfen, aber wir sind mit dem Diner genug beschäftigt, deshalb macht sie das ziemlich allein, stimmt. Ich habe ihr schon hundertmal gesagt, sie soll jemanden einstellen, aber das macht sie nicht. Es ist fast, als wollte sie sich bestrafen, als gäbe sie sich die Schuld am Tod ihrer Mutter.“

Lori straffte sich mit einem Seufzer und gab mir damit zu verstehen, dass unser Gespräch beendet war. Sie stellte die Kaffeekanne auf den Tisch und nahm Stift und Block zur Hand. „Was kann ich Ihnen zum Essen bringen?“

„Ich hätte gern Schinken und Eier.“ Ich lächelte und rieb die Hände.

Sie eilte zum Tresen zurück, rief meine Bestellung durch die Durchreiche, und Frank schrie zurück, es sei ihm ein Vergnügen.

Ich rührte zwei Zucker in meinen Becher und nahm einen Schluck. Dann holte ich mein Handy heraus und tätigte zwei Anrufe. Den an Taylor zuerst, weil er zumindest streckenmäßig den längeren Weg hatte, dann den an Hannah, die nur über die Straße gehen musste. Die Mitteilung war in beiden Fällen dieselbe: Das Frühstück ist fertig.

Das Diner belebte sich nach und nach. Ich hatte gerade mit Essen angefangen, da kam Hannah. Sie lächelte, als sie mich sah. Sie trug heute ein Death-Parade-T-Shirt, wieder eine Band, von der ich noch nie gehört hatte. Ich hatte ein Lennon-T-Shirt an. Sie ließ sich auf den Platz mir gegenüber fallen.

„Hi, Hannah!“, rief Lori vom Tresen. „Wie immer?“

„Danke, Tante Lori.“

Sie gab die Bestellung an Frank weiter, und Frank antwortete, es sei ihm ein Vergnügen. Dann kam sie mit der Kaffeekanne, schenkte mir nach und Hannah einen neuen Becher ein. Die beiden wechselten einige Worte, und Lori kehrte zum Tresen zurück.

„Verraten Sie mir Taylors Vornamen, und ich lasse Ihnen Ihr Geld.“

„Und warum sollte ich das tun?“

„Weil ich sowieso draufkomme, und dann sind Sie um zweihundert Dollar ärmer.“

Hannah grinste. „Nee, Winter, da kommen Sie nicht drauf, und ich bin zweihundert Dollar reicher.“

„Okay. Wenn Sie so sicher sind, erhöhen wir doch auf vierhundert.“

„Gebongt.“

Sie stimmte ohne das geringste Zögern zu, was mir ein wenig Sorge bereitete. Wie immer Taylor hieß, sie war überzeugt, dass ich es nicht herausfinden würde. Und ich konnte noch eine interessante Schlussfolgerung ziehen. Taylor behandelte seinen Namen wie ein Staatsgeheimnis und tat, als wäre er der einzige Mensch auf der Welt, der die Wahrheit kannte, von seinen Eltern natürlich abgesehen. Aber Hannah wusste ihn offenbar auch.

Die Glocke über der Tür bimmelte, und Taylor trat ein. Er begrüßte uns, und Hannah rutschte ein Stück auf der Bank, um ihm Platz zu machen. Laut meiner Uhr waren seit Hannahs Ankunft exakt fünf Minuten vergangen. Ich blickte aus dem Fenster. Vor der Pension stand eine schwarze Limousine mit dem Abzeichen des Sheriffbüros. Ich wettete darauf, dass es sich um dasselbe Auto wie gestern handelte.

„Habt ihr Kinder mir etwas mitzuteilen?“, fragte ich.

„Wir wissen nicht, wovon Sie sprechen“, erklärte Taylor.

„*Wir*“, wiederholte ich betont.

Hannah versetzte Taylor einen Rippenstoß. „Idiot“, zischte sie.

Unschuldig sah er sie an. Er wirkte herzzerreißend naiv.

„Seien Sie nicht so streng mit ihm“, sagte ich zu Hannah. „Es war mir schon klar, bevor Sie beide gekommen sind.“

„Wie sind Sie darauf gekommen?“

„Das mit dem Namen war der entscheidende Hinweis. Sie kennen Taylors Vornamen, stimmt's?“

Hannah nickte.

„Dann die Art, wie Sie sich gestern Abend gestritten haben, wie ein altes Ehepaar. Wann bekomme ich die Einladung zur Hochzeit?“

„Wir hängen unsere Beziehung nicht an die große Glocke“, erwiderte Hannah. „Zwar leben wir nicht mehr in den Fünfzigerjahren, dafür aber in Nordlouisiana. Es gibt hier Leute, die so etwas nicht gutheißen würden.“

„Sie machen auf mich nicht den Eindruck, als würde Sie das sonderlich kümmern.“

„Und Sie haben noch nie ein Geschäft in einer Kleinstadt im Süden geführt. Manchmal muss man eben mitspielen. Ich tue es nicht gern, aber ich würde mir nur ins eigene Fleisch schneiden.“

„Wie ernst ist es denn?“

„So ernst, dass Taylor mir einen Antrag gemacht hat.“

„Der alte Romantiker. Sie haben bestimmt Ja gesagt.“

„Natürlich, ich bin doch nicht dumm. Er ist der beste Mann, den ich kenne.“

„Leute, ich sitze auch hier“, meldete sich Taylor zu Wort. Seine Wangen waren so rot wie noch nie. Ich war richtig gerührt.

Lori kam mit zwei Tellern. Sechs Heidelbeerpfannkuchen für Hannah, zehn einfache für Taylor und dazu Steak und Eier. Wir aßen eine Weile schweigend. Ich war als Erster fertig und nahm noch einen Schluck Kaffee.

„Sie rechnen wahrscheinlich mit drei Jahren.“

„Wovon reden Sie?“

„Ich weiß, dass Ihre Mutter tot ist, Hannah.“

Sie blickte mich mit ihren großen Rehaugen an. Mit einem kaum merklichen Nicken bedeutete sie mir weiterzusprechen.

„Außerdem weiß ich, dass Sie nicht hierbleiben und sich in der Pension abrackern würden, wenn Sie nicht einen verdammt guten Grund dafür hätten. Der erste Grund: Sie brauchen Geld. Die Pension würde zwar eine Stange Geld bringen, wenn Sie sie verkaufen, aber nicht genug, um ein neues Leben aufzubauen.“ Ich wies mit einem Nicken auf Taylor. „Er ist der zweite Grund. Er braucht aber noch mehr Erfahrung als Polizist. Also müssen Sie noch eine Weile hierbleiben.“

„Und Sie haben das alles ganz genau ausgerechnet.“

„Das ist mein Beruf. Wohin wollen Sie denn?“

„Nach San Francisco“, antwortete Taylor.

„Schöne Stadt, wenn Sie Nebel mögen. Und Morde werden dort auch genügend begangen, Sie wären also beschäftigt.“ Ich wandte mich wieder an Hannah. „Und was wollen Sie tun?“

„Ich werde eine Internetfirma eröffnen. Ich kaufe Sachen billig ein und verkaufe sie mit Gewinn weiter. Alles Mögliche. Kleider, Schuhe, Elektrogeräte, was Sie wollen.“

„Und wie viel brauchen Sie, um Ihren Fluchtplan umzusetzen?“

„Eine halbe Million“, erwiderte Hannah ohne Zögern.

„Wie viel bekommen Sie für die Pension?“

„Der Schätzwert liegt bei dreihundertdreißigtausend.“

„Und wie viel haben Sie gespart?“

Hannah warf Taylor einen Blick zu und sah dann mich wieder an. „Worauf wollen Sie eigentlich hinaus?“

„Keine Sorge, Sie brauchen nicht zu antworten.“ Ich überlegte kurz. „Okay, Sie haben beim Tod Ihrer Mutter etwas Geld geerbt, und Sie planen den Neuanfang schon eine Weile, sagen wir also rund siebzigtausend. Trifft es das?“

Hannah schwieg, aber ihr Blick sagte, dass ich in etwa richtig geschätzt hatte.

„Wenn es euch recht ist, Leute, würde ich unsere Wette gerne ändern. Sollte ich Taylors Vornamen wirklich nicht herausbekommen, zahle ich hunderttausend. Damit müsstet ihr die halbe Million zusammenhaben. Außerdem lege ich bei der Polizei von San Francisco ein gutes Wort für Taylor ein. Die sind mir noch was schuldig.“

„Sie können es riskieren, hunderttausend zu verlieren?“

„Erstens werde ich nicht verlieren. Zweitens müsste nicht ich dafür aufkommen, sondern Jasper Morgan. Ich könnte die Summe jederzeit als Spesen rechtfertigen. Und wenn Jasper sich drittens aus irgendeinem Grund weigert zu zahlen und ich durch ein Wunder die Wette doch verliere, könnte ich das immer noch verkraften.“

„Ganz schön spendabel für jemanden, der für die Polizei arbeitet. Taylor kann sich kaum die Raten für sein Auto leisten.“

„Ich spekuliere ab und an ganz gern mit Aktien.“

„Offenbar mit ziemlichem Erfolg, wenn Sie hunderttausend riskieren können.“

Ich unterdrückte ein selbstgefälliges Lächeln. „Ich kann nicht klagen. Aber das spielt keine Rolle. Ich werde ja nicht verlieren.“

Taylor schüttelte den Kopf. „Vielleicht können Sie sich leisten, hunderttausend zu verlieren, Winter, aber wir auf keinen Fall.“

„Das Schöne an unserer Wette ist doch, dass die Bedingung nicht für Sie gilt. Wenn ich Ihren Namen herausfinde, zahlen Sie mir einen Dollar. Den können Sie sich leisten, oder? Einen einzelnen Dollarschein?“

„Habe ich das richtig verstanden?“, fragte Hannah nach. „Wenn wir gewinnen, zahlen Sie uns hunderttausend. Wenn wir verlieren, zahlen wir Ihnen einen Dollar.“

„Genau. Und ich werde Taylor helfen, bei der Polizei von San Francisco unterzukommen, vergessen Sie das nicht.“

Sie sahen sich an und begannen, über meinen Vorschlag zu sprechen. Sie unterhielten sich in einer privaten Geheimsprache mit vielen Gesten und Kopfbewegungen. Dann nickte Taylor, und Hannah nickte auch. Sie wandten sich wieder mir zu.

„Die Sache hat keinen Haken?“, fragte Hannah.

„Keinen Haken“, versicherte ich.

„Okay, wir nehmen die Wette an.“

„Gut, dann wieder an die Arbeit. Wir gehen mit Dan Choat nicht an die Öffentlichkeit und lassen den Täter schwitzen.“

„Und er wird deshalb nicht umso schneller wieder töten?“, gab Taylor zu bedenken.

„Das habe ich dann auf dem Gewissen, denn es war meine Entscheidung. Manchmal muss man etwas riskieren.“

Widerstrebende Zustimmung der beiden.

„Hannah, Sie nehmen sich heute frei und arbeiten mit mir und Taylor. Drei Köpfe sind besser als zwei.“

„Und die Pension?“

„Ich bin der einzige Gast, und ich kann damit leben, wenn mein Bett nicht gemacht und mein Koffer nicht durchsucht wird.“ Ich sah sie grinsend an, und sie antwortete mit einem sonnigen Lächeln. „Wir müssen den Ort finden, an dem Sam Galloway ermordet wurde. Ich setze immer noch auf die Erdölraffinerie.“

„Aber die haben wir gestern Abend abgesucht“, wandte Taylor ein. „Und nichts gefunden, wissen Sie noch? Shepherds Leute haben auch nichts gefunden.“

„Sie ist riesig. Wir suchen nach der sprichwörtlichen Nadel im Heuhaufen und könnten leicht etwas übersehen haben.“

„Oder wir suchen am falschen Ort.“

„Der Ort stimmt. Das Schloss war frisch geölt. Wer sollte das an einem Ort tun, an den niemand mehr kommt? Und das Schloss ist nur das eine. Sie haben selbst gesehen, wie leicht das Tor aufging. Die Rollen waren auch frisch geölt. Unser Täter wollte rasch hineinkommen, ohne Lärm zu verursachen.“

„Aber warum die Mühe? Die Raffinerie liegt am Ende der Welt. Dort hört ihn sowieso niemand.“

„Der Täter ist übervorsichtig. Wann wurde die Raffinerie stillgelegt?“

„Vor etwa zwanzig Jahren.“

„Gut. Das bedeutet, dass es hier noch Menschen geben muss, die dort gearbeitet haben. Fällt Ihnen jemand ein?“

Stirnrunzeln von der anderen Tischseite. „Tante Lori“, rief Hannah, „hast du kurz Zeit?“

„Sicher, Schatz.“ Lori kam herüber. „Was kann ich für dich tun?“

„Kennst du jemanden, der in der alten Raffinerie gearbeitet hat?“

Sie überlegte. „Elroy Masters. Er hat eine Weile dort gearbeitet. Aber er ist bestimmt schon über achtzig.“

6

Elroy Masters wohnte draußen in der Horton Street, am südlichen Ende von Eagle Creek. Er kam in einem verwaschenen, rot gestreiften Morgenmantel und Pantoffeln zur Tür. Misstrauisch betrachtete er uns, wie wir vor seinem Haus standen.

Taylor hielt seine Dienstmarke hoch. „Büro des Sheriffs.“

Elroy hob die Hände. „Okay, ich geb’s zu. Ich war’s. Ich habe Kennedy erschossen. Ich bin nur überrascht, dass Sie so lange gebraucht haben, mich zu erwischen.“

Ich lachte. Der Alte gefiel mir. Er sah aus wie deutlich über achtzig, war aber geistig noch hellwach, und seine blauen Augen blitzten jugendlich.

„Wir brauchen Ihre Hilfe in einem Fall, an dem wir gerade arbeiten. Dürfen wir reinkommen?“

„Klar. Ich habe jede Menge Zeit.“

Elroy vollführte eine Kehrtwendung, und wir folgten ihm in den Flur. Wir betraten ein kleines Wohnzimmer, das seit den Achtzigerjahren nicht mehr renoviert worden war. Elroy ließ sich in den einzigen Armsessel des Zimmers fallen und zeigte auf ein Sofa, auf dem allerdings nur zwei Personen Platz hatten. Hannah und Taylor setzten sich. Ich zog den Couchtisch vor Elroy und klappte meinen Laptop auf.

„Was kann ich für Sie tun?“, fragte der alte Mann.

„Sie haben früher in der alten Raffinerie gearbeitet?“

„Zehn Jahre lang, bis sie dichtgemacht wurde.“

„Worin bestand Ihre Arbeit?“

„Ich war Sicherheitsbeamter.“

„Dann kennen Sie die Anlage also ziemlich gut.“

„Jeden Quadratzentimeter in- und auswendig.“

Der Laptop war hochgefahren, und ich lud den Filmclip von Sam Galloway. Dann drückte ich auf Play, hielt den Film an einer Stelle an, an der man den Hintergrund besonders deutlich sehen konnte, und drehte den Bildschirm zu Elroy hin.

„Sehen Sie sich das an. Könnte das die alte Raffinerie sein?“

Elroy zog eine Lesebrille aus der Tasche seines Morgenmantels und betrachtete das Bild lange Zeit. Er zeigte mit einem knochigen Finger auf den Bildschirm.

„Das ist Sam Galloway. Ich habe gehört, er wurde ermordet.“

Ich nickte.

„Erzählen Sie mir, was passiert ist?“

„Er wurde mit Benzin überschüttet und angezündet.“

Elroy sog Luft durch die Zähne ein und ließ sie wieder entweichen. „Schrecklicher Tod.“

„Hört sich an, als wüssten Sie, wovon Sie sprechen.“

„Vietnam. Wenn Sie einmal den Einsatz von Napalm erlebt haben, vergessen Sie das nie wieder. Auch nicht den Gestank, mein Gott, den vergessen Sie auch nicht.“ Elroy wies mit einem Nicken zum Bildschirm. „Es könnte die Raffinerie sein, aber sicher bin ich mir nicht.“

Ich spürte einen Stich, obwohl ich eigentlich mit dieser Antwort gerechnet hatte. Wieder war eine vage Hoffnung zerplatzt.

„Sie haben offenbar Zugang zur Raffinerie“, fügte Elroy hinzu. „Wenn wir hinfahren, hilft das meinem Gedächtnis vielleicht auf die Sprünge.“

Er sagte das auf eine Art, dass ich mich fragte, was er tatsächlich auf dem Bildschirm gesehen hatte. Seine Worte klangen unschuldig, waren es aber nicht. Er verfolgte ein Ziel. Vielleicht war da etwas, vielleicht auch nicht. Einen Versuch war es allemal wert.

„Okay, fahren wir hin.“

UNTERWEGS redete Elroy die ganze Zeit und erzählte eine Geschichte nach der anderen. Einige waren lustig, andere traurig. Er lächelte ständig und schien sich bestens zu amüsieren, und mir kam der Verdacht, dass es ihm nur um einen Ausflug ging. Eine willkommene Abwechslung in seinem Leben.

Vor uns tauchte die Raffinerie aus dem Morgennebel auf, wie ein vergessenes Wesen aus der Vergangenheit. Der ganzen Szenerie haftete etwas Unwirkliches an.

Als wir näher kamen, verstummte Elroy und blickte gedankenverloren durch die Windschutzscheibe. „Eine riesige Anlage, nicht wahr? Ich habe ganz vergessen, wie groß sie ist."

„Eine riesige Anlage", stimmte ich zu. Vor dem Haupttor hielt ich und stieg aus. Es war erst kurz nach zehn, wurde aber bereits heiß.

Das Schloss ging so leicht auf wie am Abend zuvor. Durch den Staub, den ich glatt gestrichen hatte, führte eine frische Reifenspur. Folglich war jemand hier gewesen, nachdem wir den Ort verlassen hatten. Der Täter? Wenn ja, wo hatte er sich aufgehalten, nachdem er drin gewesen war?

Ich zog die Kette rasselnd weg, schob die Torflügel auf den gut geölten Rollen auf, stieg wieder in den Wagen und fuhr los. Wir passierten das Wachhaus mit der offenen Schranke und blieben an den Abzweigungen zur Ringstraße stehen.

„Links oder rechts?", fragte ich Elroy.

„Links."

Obwohl Elroy seit zwanzig Jahren nicht mehr hier gewesen war, dirigierte er uns, als wären nur ein paar Tage vergangen. Als Erstes führte er uns zu einem Wartungsgebäude am östlichen Ende der Anlage. Ich parkte neben den Gleisen, wir stiegen aus und gingen zu dem Schuppen. Ich kniete mich hin und überprüfte den Sand an der Tür. Durch den Wind hatten sich feine Rippen darauf gebildet, ansonsten war alles unverändert. Das Schloss war eingerostet und schwer zu knacken, und die Türangeln quietschten. Die Tür hatte schon lange keiner mehr benutzt. Vermutlich seit zwanzig Jahren nicht mehr.

Drinnen war alles grau und dunkel. Ich hielt eine Taschenlampe in der Hand, Taylor ebenfalls. Wir ließen die Strahlen durch den Innenraum wandern. Auf einem Wandregal waren Kübel mit Farbe gestapelt, daneben lehnten, säuberlich aufgereiht, Leitern, Gerüststangen und Abdeckplanen. Ich kniete mich auf den Boden und wischte den Staub beiseite. Darunter kam schmutziger Beton zum Vorschein. Ich konnte unmöglich beurteilen, ob er vom selben Bauunternehmer gegossen worden war wie der Boden in dem Filmclip, aber ausschließen konnte ich es auch nicht.

„Wohin jetzt?“, fragte ich Elroy.

Unser nächstes Ziel war wieder ein Wartungsgebäude, diesmal am westlichen Ende der Raffinerie. Dasselbe wie vorher. Auch hier war jahrelang niemand gewesen.

Wir verließen das Gebäude. Ich zündete mir eine Zigarette an und ließ das Päckchen herumgehen. Nur Hannah nahm eine. Taylor sah sie unwirsch an.

Ich nahm einen Zug. „Er wird sich nicht am Rand der Anlage verstecken, das ist zu exponiert. Die Raffinerie ist wie ein Labyrinth, also wird er sich möglichst in der Mitte aufhalten, weil man ihn dort am schwersten finden kann.“

Elroy nickte, als leuchtete ihm das vollkommen ein. „Ja, ich könnte mir einige Orte denken.“

Die ersten beiden, zu denen er uns brachte, waren ein kompletter Reinfall.

Ganz anders der dritte.

Als Erstes fiel mir das Auto auf, ein kleiner weißer Nissan. Der Innenraum war makellos sauber, am Rückspiegel baumelte ein Luftauffrischer. Als Zweites sah ich die Reifenspuren. Sie waren identisch mit denen unseres eigenen Wagens, was natürlich noch nichts bewies. Die Polizei hatte die Raffinerie gestern gründlich abgesucht, wie wir auch.

Aber diese Spuren führten zu einer rostigen Stahltür, und soweit ich es beurteilen konnte, war jemand mindestens viermal hin- und hergefahren und hatte jedes Mal an mehr oder weniger derselben Stelle geparkt. Bei diesem Detail sträubten sich mir die Nackenhaare. Man parkte nur deshalb immer wieder an derselben Stelle, weil man schon da gewesen war und festgestellt hatte, dass man von hier aus am schnellsten zur Tür kam.

Der Staub davor war so zertrampelt, dass keine einzelnen Fußabdrücke mehr zu erkennen waren. Die anderen hatten die Reifenspuren noch nicht bemerkt. Sie drängten sich um den Nissan, als wäre er der Heilige Gral.

Das Schloss der Stahltür war frisch geölt und ließ sich leicht knacken. Die Tür ging ohne das leiseste Knarren auf. Der Geruch nach verdorbenem Fleisch, der mir entgegenschlug, brachte mich zum Würgen. Es war ein Geruch, bei dem man abrupt stehen blieb. Den man nicht ignorieren konnte.

„Kommt doch mal her!“, rief ich.

Die anderen lösten sich von dem Nissan und eilten zu mir.

„Mein Gott“, flüsterte Hannah. „Wie das stinkt!“

„Wartet hier“, wies Taylor sie und Elroy an. „Wenn das der Tatort ist, dürft ihr ihn nicht verunreinigen.“

Hannah schien widersprechen zu wollen, trat dann aber einen Schritt zur Seite, wo der Gestank weniger schlimm war.

Ich ging mit Taylor hinein. Hinter der rostigen Tür lag ein schmaler Gang. Nach einigen Metern knickte er plötzlich im 90-Grad-Winkel nach rechts ab. Es wurde dunkler, und der Gestank wurde schlimmer.

Wir gelangten zu einem offenen Durchgang und blieben stehen. Fliegen flogen summend durch den dunklen Raum vor uns, ganze Schwärme. Ich ging zuerst hinein und schwenkte die Taschenlampe in alle vier Ecken. Hier hatte man ursprünglich Autos gewartet. Ich sah eine Inspektionsgrube und eine verrostete Hebebühne.

In der Mitte des Raums lagen zwei Leichen. Dort hatten sich die Fliegen versammelt, große, aufgedunsene, wohlgenährte Schmeißfliegen. Sie umkreisten die Leichen aufgeregt summend, krabbelten auf ihnen herum.

„Wir müssen gehen", sagte Taylor. „Das hier ist Aufgabe der Spurensicherung."

„Sie können gehen, aber ich bleibe. Ich gehe erst, wenn ich mich hier gründlich umgesehen habe. Widerspruch zwecklos."

„Sie werden den Tatort verunreinigen."

„Ich passe auf, versprochen."

Taylor seufzte ungeduldig. „Wie sicher ist das denn, dass Sie mir eine Stelle in San Francisco beschaffen können?"

„Die Stelle zu kriegen ist kein Problem, Wyatt, Sie sollten sich lieber darum Sorgen machen, ob Sie die Wette gewinnen."

„Raten Sie weiter, Winter."

Seine Schritte entfernten sich. Ich ging hinüber zur ersten Leiche und schwenkte die Taschenlampe auf der Suche nach Blut in einem weiten Kreis um sie herum. Wer es versteht, Blutspuren zu lesen, dem erzählen sie eine Menge. In diesem Fall wiesen Blut und die Lage der Leiche überdeutlich darauf hin, dass es sich um eine Hinrichtung handelte.

Der Tote war weiß und männlich, mittleren Alters, eins fünfundsiebzig groß. Der Kopf war links zur Seite gekippt. Eingefallene Wangen, tiefe Augenhöhlen. Ein ausgemergeltes, hungriges Gesicht. Das Gesicht eines Obdachlosen. In der Mitte der Stirn befand sich ein Einschussloch. Den Schießpulverresten auf der umgebenden Haut nach war die Pistole aus nächster Nähe abgefeuert worden. Ein großer Teil des Hinterkopfs fehlte, was bedeutete, dass der Täter eine großkalibrige Waffe verwendet hatte. Auch das zeigte seine übertriebene Vorsicht. Er hatte absolut sichergehen wollen, dass sein Opfer nicht mehr aufstand.

Wahrscheinlich gab es irgendwo einen Menschen, der wusste, wer der

Tote war. Eltern, Bruder oder Schwester, vielleicht sogar eine Exfrau. Vorerst war er aber nur ein toter Unbekannter. Doch egal wer das war, jedes Opfer hat Gerechtigkeit verdient.

Die zweite Leiche lag zwei Meter von der ersten entfernt. Ich ließ die Taschenlampe langsam von Kopf bis Fuß wandern. Wieder ein Weißer, diesmal knapp eins achtzig und in den Dreißigern. Blonde Haare, blaue Augen und schwarze Polizeiuniform. Dan Choat. Er lag ausgestreckt auf dem Rücken. Neben seiner rechten Hand lag eine Smith & Wesson. Eine ballistische Untersuchung würde mit Sicherheit ergeben, dass mit derselben Waffe auch der Unbekannte erschossen worden war.

An Choats rechter Schläfe befand sich ein kleines Einschussloch, von der linken Schläfe war nur noch blutiger Brei übrig. In seiner Hemdtasche steckte etwas Weißes. Ich bückte mich und zog mit den Fingerspitzen einen Zettel heraus. Er war ordentlich gefaltet. Ich faltete ihn vorsichtig auseinander, um das Papier möglichst wenig zu berühren. Quer über den Knick war ein einziges Wort geschrieben. Den zittrigen Buchstaben zufolge hatte der Verfasser unter extremem Stress gestanden.

Entschuldigung.

Ich faltete den Zettel sorgfältig wieder zusammen und steckte ihn zurück. Die hier inszenierte Geschichte war einfach. Choat hatte den unbekannten Obdachlosen entführt und gezwungen, Sam Galloway zu verbrennen. Anschließend war er in sein zwanghaft ordentliches Serienmörderleben in seinem zwanghaft sauberen Serienmörderhaus zurückgekehrt, von Schuldgefühlen zerfressen. Irgendwann waren sie übermächtig geworden. Er war an den Tatort zurückgekehrt und hatte sich eine Kugel durch den Kopf gejagt.

Es war eine interessante Geschichte, und es wäre durchaus interessant gewesen zu wissen, wie sie nach Ansicht des Täters weitergehen sollte.

Eine Tür in der rückwärtigen Wand führte zu einem zweiten Raum, der viel kleiner war und wahrscheinlich als Lagerraum für Autoteile gedient hatte. Er hatte keine Lüftung, und der Gestank nach ranzigem Grillfleisch war überwältigend.

Ich ließ die Taschenlampe kreisen und verschaffte mir einen groben Eindruck. Trotzdem erkannte ich den Raum aus dem Filmclip auf Anhieb wieder. Derselbe graue Betonboden, dieselben Wände aus Betonziegeln. Fliegen gab es keine, weil sie hier nichts zu fressen hatten. Das Festmahl war nebenan angerichtet. Der Lichtkegel meiner Taschenlampe blieb auf den eingeäscherten Überresten von etwas stehen, das einmal ein Mensch gewesen war.

Sam Galloways Leiche war schwarz verkohlt und bis auf die Knochen verbrannt. Muskeln und Sehnen waren in der Hitze geschrumpft, und die Leiche hatte die sogenannte Boxer-Pose angenommen. Sams Hände waren zu Fäusten geballt und seine Arme an den Ellbogen angewinkelt.

Der Raum hatte keine Fenster und war, abgesehen von Sams Leiche, leer. Beton schmolz erst ab einer Temperatur von deutlich über tausend Grad. Für die Zwecke des Täters war der Raum ein großer feuerfester Behälter gewesen. Er hatte nur Sam verbrennen wollen, sonst nichts. Das Feuer zu kontrollieren war seine oberste Priorität gewesen.

Wichtig war zweitens die Beleuchtung gewesen. Ich richtete den Strahl der Taschenlampe auf den Boden und fand schon bald, wonach ich suchte.

Auf dem Abschnitt zwischen Tür und Leiche waren Schmutz und Staub an einer Stelle verwischt. Ich ging hin und untersuchte die Stelle genauer. Zu sehen waren zweierlei Abdrücke, angeordnet zu einem großen und einem kleinen Dreieck. Hier hatte der Täter Stative aufgestellt, ein kleines für die Kamera und ein größeres für den Scheinwerfer.

Ich legte die Finger wie zu einem Rahmen aneinander und ging in die Hocke, bis ich durch den Rahmen genau den Ausschnitt des Filmclips sah. Dann ging ich zu dem größeren Dreieck und bewegte die Taschenlampe hinauf und hinunter, bis auch die Schatten in etwa denen im Film entsprachen. Das Kamerastativ war, grob geschätzt, einen Meter hoch gewesen, das Scheinwerferstativ anderthalb Meter.

Als Nächstes versuchte ich, den zeitlichen Ablauf zu rekonstruieren.

Der Täter hatte den Ort schon lange im Voraus ausgewählt, vielleicht schon Monate vor dem Mord an Sam. Ein paar Tage davor hatte er vermutlich Licht und Kamera hergebracht und alles aufgebaut, wahrscheinlich auch den Benzinkanister bereitgestellt. Irgendwann in den darauffolgenden vierundzwanzig Stunden hatte er den namenlosen Penner entführt und ihn wahrscheinlich in diesem Raum eingesperrt. Ich ging zur Tür und sah sie mir genauer an. Die Halterung für das Vorhängeschloss sah nagelneu aus, was meine Theorie bestätigte.

Der Obdachlose war also ohne Essen, Wasser und Licht hier eingesperrt gewesen. Der Täter hatte auch ihn töten wollen, deshalb brauchte er ihm nichts zu essen zu geben. Der Penner war vermutlich außerdem geknebelt und an Armen und Beinen gefesselt gewesen, damit er nicht herumlaufen und Lärm machen konnte. Der Ort war zwar abgelegen, aber der Täter hatte nicht das geringste Risiko eingehen wollen. Ein weiterer Grund war psychologischer Natur. Indem der Täter den Penner fesselte, hatte er ihm zu verstehen gegeben, dass er ihn beherrschte, dass er ihm gehörte.

Dadurch hatte er ihn später leichter dazu bringen können, das Streichholz anzuzünden.

Das nächste große Ereignis war die Entführung Sams gewesen. Der Täter hatte ihn sich geschnappt, als er nach Feierabend allein in seiner Kanzlei gewesen war, und auf dem kürzesten Weg hierhergeschafft. Bis zu seiner Verbrennung waren noch etwa vier Stunden geblieben. In dieser Zeit hatte der Täter Sam gefoltert. Der Film zeigte allerdings keine Hinweise auf körperliche Misshandlung. Der Täter machte sich nicht die Hände schmutzig. Er hatte den Penner und Dan Choat aus nächster Nähe erschossen. Rasch und sauber. Ich tippte auf psychische Folter. Der Täter hatte dem Familienmenschen Sam vermutlich detailliert beschrieben, was er mit seiner Frau und den Kindern zu tun gedachte, obwohl er nicht vorhatte, diese Drohungen wahr zu machen. Es passte nicht ins Profil des Täters, Frauen und Kinder zu töten. Aber Sam hatte das nicht gewusst. Er war in dem Glauben gestorben, dass der Täter auch hinter seinen Angehörigen her war und er ihnen nicht helfen konnte.

Ich setzte mich auf den Boden, lehnte mich an die Wand und betrachtete seine verkohlten Überreste. Sam Galloway, ein namenloser Penner und Dan Choat, drei Opfer. Damit hatte der Täter offiziell den Status eines Serienmörders erreicht.

Die Polizei traf eine Viertelstunde später ein. Schwere Schritte trampelten über den schmutzigen Beton, und die Wände warfen ihr Echo zurück, sodass sie klangen wie eine anrückende Armee. Taschenlampen leuchteten in alle Richtungen wie Suchscheinwerfer, die nach gegnerischen Flugzeugen tasten. Dann blieben die Lichtkegel auf den Leichen stehen.

„Mein Gott“, flüsterte eine Stimme.

Shepherd kam als Erster in den Lagerraum, dicht gefolgt von Barker, Romero und Taylor. Alle vier hielten abrupt an, als sie Sam Galloways Überreste sahen. Sie trugen weiße Tatort-Schutzanzüge, Latexhandschuhe an den Händen und Plastiküberschuhe.

Sekundenlang rührte sich niemand. Wie gebannt standen sie vor der Leiche. Ich schaltete meine Taschenlampe ein. Die anderen fuhren herum.

„Herrgott, Winter!“ Shepherd starrte mich durch seine Brille an. „Sie sollten nicht hier sein.“

„Wo dann?“

„Sie wissen, was ich meine. Das hier ist ein Tatort. Da gelten Regeln. Sie können an einem Tatort nicht einfach herumspazieren. Dadurch zerstören Sie Beweismaterial.“

„Ich gebe Ihren Leuten meine Fingerabdrücke und den Abdruck meiner Schuhe, dann können Sie mich ausschließen. Sehen Sie, es ist nichts passiert."

„Darum geht es nicht. Sie hätten warten müssen."

„Kommen Sie mit. Sie müssen sich etwas ansehen."

Wir gingen nach nebenan in die Werkstatt. Ich hockte mich neben Dan Choats Leiche und zeigte auf den Zettel in seiner Hemdtasche.

„Sehen Sie sich den an."

Shepherd zog den Zettel mit einer Pinzette heraus und las ihn. Barker, Romero und Taylor reckten hinter ihm die Hälse, um besser sehen zu können. Taylor blickte mich an, und in seinen Augen standen ein Dutzend Fragen, aber er sagte nichts. Die anderen wechselten entsetzte Blicke und holten scharf Luft. Offenbar waren sie alle zum selben Schluss gekommen. Was mich nicht überraschte. Der Schluss lag auch wirklich nahe.

„Haben Sie den Zettel angefasst?"

„Nur ganz am Rand."

Shepherd sah mich durch sein dickes Brillengestell hindurch böse an. Er hatte den Mund zu einem Strich zusammengepresst.

„Ich glaube das nicht", sagte Barker. „Nie im Leben hat Choat Galloway getötet. Völlig ausgeschlossen."

„Warum nicht? Weil er immer so ruhig, höflich und nett war? Sie scheinen zu vergessen, dass einige Serienmörder Meister darin sind, sich in der Öffentlichkeit zu verstellen. Außerdem passt das Profil auf Choat. Weiß, männlich, Collegeabschluss."

„Sie wussten die ganze Zeit, dass der Täter Polizist ist, stimmt's?" In Barkers Stimme schwangen Vorwürfe und Fragen mit.

„Ja."

„Scheiße!", schimpfte Shepherd. „Warum haben Sie nichts gesagt, Mann? So eine Scheiße!"

„Ich halte mich noch bis morgen zur Verfügung, falls Sie Fragen haben. Dann fange ich mit meinem nächsten Fall an."

Ich streckte die Hand aus und wartete darauf, dass Shepherd sie ergriff. Doch er starrte sie nur an. „Sie halten sich zu unserer Verfügung", sagte er schließlich.

Ich ließ den Arm fallen und ging zur Tür. Ich war schon fast draußen, als Taylor mich einholte.

„Sie müssen hierbleiben", flüsterte ich. „Beobachten Sie die anderen. Ich will sofort wissen, wenn jemand sich auffällig verhält. Der Täter hat eine bestimmte Vorstellung davon, wie alles ablaufen soll, und wird darauf hinarbeiten, dass es auch so kommt. Dabei wird er Mist bauen, und dann haben wir ihn."

„Was wollen Sie tun?"

„Ich sehe mich zusammen mit Hannah noch einmal bei Choat um, für den Fall, dass wir etwas übersehen haben."

WIR MACHTEN einen Umweg über die Horton Street, wo wir Elroy Masters absetzten, und kamen kurz nach Mittag in der Kennon Street an. Wir parkten vor Choats Haus. Der weiße Lattenzaun war frisch gestrichen, der Rasen vor Kurzem gemäht worden. Die Blumen in den Beeten blühten, auf der Einfahrt wuchs kein Unkraut. Es war der Vorgarten eines alten Menschen, nicht der eines jungen berufstätigen Singles. Ich stellte den Motor ab, und wir stiegen aus. Auf dem Gehweg gingen wir zu Choats Gartentor.

„Wie lange sind Sie und Taylor schon zusammen?"

„Warum wollen Sie das wissen?"

„Warum so ablehnend?" Sie sah mich verärgert an, und ich fügte hinzu: „Ich bin nur neugierig, mehr nicht. Ich mag Sie, und ich mag Taylor, und ich habe eine Schwäche für Liebesgeschichten."

Hannahs Miene hellte sich auf. „Seit Taylors letztem Highschool-Jahr."

„Sie haben sich ihn also gleich gekrallt."

„Moment mal, das war nicht ich. Er war hinter mir her."

„Bestimmt ganz langsam und bedächtig, in aller Ruhe."

Hannah lachte. „Als ich merkte, dass er sich für mich interessierte, musste ich ein wenig nachhelfen, aber das hat Spaß gemacht. Die Typen, mit denen ich davor zusammen war, waren alle typische Südstaatler, und mit denen hat es nie lange gehalten. Taylor war anders. Er ist ein vollendeter Kavalier."

Wir waren am Ende des schmalen Weges angelangt, der durch Choats ordentlichen Garten führte, und stiegen die Stufen zur Veranda hinauf. Hannah schirmte mich vor neugierigen Blicken ab, während ich mich mit meinen Dietrichen an die Arbeit machte. Zwanzig Sekunden später öffnete ich die Tür, aber nur so weit, dass wir hineinschlüpfen konnten.

„Wie haben Sie sich kennengelernt?"

„Wir sind uns eines Tages in der Stadt begegnet. Wir sind ins Gespräch gekommen, und in null Komma nichts waren vier Stunden vergangen. Wir haben damals den ganzen Sommer zusammen verbracht und uns täglich getroffen. Ich arbeitete in der Pension, aber meine Mutter lebte noch, und ich hatte viel Freizeit. Ich war gerade erst von einem Jahr auf Reisen zurückgekehrt und schlug die Zeit bis zum Beginn des College tot."

„Sie wollten auf dasselbe College wie Taylor?“

Hannah nickte. „Ich konnte tauschen, um mit ihm zusammen zu sein.“

„Und dann wurde Ihre Mutter krank.“

Wieder ein Nicken, diesmal begleitet von einem Seufzer. „Taylor ging aufs College, und ich blieb hier und kümmerte mich um Mom. Er sagte, er wolle mir treu sein, und ich dachte, na toll. Ich meine, er ging aufs College, all die Mädchen dort … Er kniete sich sogar vor mich und machte mir einen Antrag, aber ich sagte nur, er solle nicht albern sein.“

„Aber dann war er Ihnen doch treu, stimmt's?“

Hannah lächelte. Dann lachte sie. „Ja. Er ist ein guter Mensch, Winter, zu gut für mich.“

„Jetzt verkaufen Sie sich aber unter Wert. Er braucht jemanden wie Sie genauso, wie Sie jemanden wie ihn brauchen.“

„Wie ist das eigentlich bei Ihnen? Wen brauchen Sie?“

Auch ich lachte jetzt. „Das ist die völlig falsche Frage.“

„Und wie lautet die richtige?“

„Wer könnte es mit mir aushalten?“

Ich lachte wieder, aber Hannah lachte nicht mit, sondern sah mich mit einer Mischung aus Mitgefühl und Trauer an. Ich hatte das Gefühl, als sähe sie durch mich hindurch und als könnte ich ihrem kritischen Blick nicht genügen. Bevor sie etwas antworten konnte, sagte ich: „Ich will wissen, was Dan Choat zu verbergen hatte.“

„Woher wissen Sie, dass er etwas zu verbergen hatte?“

„Weil das jeder hat. Sie, ich, alle.“

WIR BEGANNEN im Erdgeschoss. Hannah übernahm die Küche, ich suchte im Wohnzimmer.

Dort war seit dem Tod von Choats Mutter nichts verändert worden. Blumenmuster überwogen, ein kaleidoskopartiges Durcheinander von Rosa-, Violett-, Gelb- und Grüntönen. Es war nur ein Buch im Raum. Auf dem Couchtisch lag in Reichweite des einzigen Sessels eine abgegriffene Bibel. Der gesprungene schwarze Ledereinband war über die Jahre zu Dunkelgrün verblasst.

An einer Wand hing eine Reproduktion von Leonardo da Vincis „Abendmahl“, an einer anderen ein großes Kruzifix. Es gab keinen Fernseher, nur ein Radiogerät aus Bakelit aus den frühen Sechzigern.

Choat hatte nach dem Tod seiner Mutter nur eine Veränderung in dem Zimmer vorgenommen. Er hatte ein Porträt von ihr malen lassen. Es hing über dem Sofa, genau gegenüber dem Sessel. Das Porträt war riesig, ein

Meter zwanzig auf neunzig Zentimeter und nicht entfernt schmeichelhaft. Choats Mutter sah so streng aus wie eine Prophetin des Alten Testaments. Man hatte den Eindruck, dass gleich die göttlichen Strafen auf einen niederregneten. Offenbar hatte Choat sie so in Erinnerung gehabt, was eine Menge erklären würde.

Ob er schwul gewesen war? Je länger ich darüber nachdachte, desto plausibler erschien es mir. Er hatte es so stark verdrängt, dass er an seinen Schuldgefühlen erstickt war.

Ich setzte mich in den Sessel. Neben der Bibel lag, genau parallel ausgerichtet, ein Block, neben dem Block ein Stift, wiederum parallel zu Bibel und Block. In das oberste Blatt des Blocks hatte sich in der Mitte, genau dort, wo der Knick beim Falten gewesen wäre, ein Wort eingedrückt: *Entschuldigung.*

Die Geschichte entfaltete sich, es kamen ständig neue Details hinzu. Es war leicht zu erraten, wie sie laut Plan des Täters enden sollte. Choat hatte seine letzten Stunden hier verbracht. Er war auf und ab gegangen und hatte nachgedacht, und die Schuldgefühle hatten an ihm gefressen. Und dann, als die Schuldgefühle übermächtig geworden waren, hatte er sich an den Tisch gesetzt, den Abschiedsbrief geschrieben, ordentlich gefaltet und in die Hemdtasche gesteckt. Anschließend war er zur alten Erdölraffinerie gefahren.

Trotzdem war nicht alles stimmig, leuchtete nicht alles ein. Warum hätte Choat Sam ermorden sollen? Was war das Motiv? Vermutlich hatte der Täter auch dafür eine Geschichte vorbereitet und wir waren nur noch nicht darauf gestoßen.

Hannah trat in den Raum.

„Sind Sie in der Küche weitergekommen?“

„Leider nein. Es sei denn, es ist ein Verbrechen, wenn man mit über zwanzig noch Honigpops isst. Und Sie? Haben Sie etwas gefunden?“

„Jein. Ich bin dabei, mir ein klareres Bild von Choat zu machen, aber habe das, was ich suche, noch nicht gefunden. Der Täter hatte etwas gegen Choat in der Hand, etwas, was so peinlich war, dass er ihn damit erpressen konnte. Etwas, was ihn veranlasste, zu der stillgelegten Raffinerie zu fahren und sich mit dem Täter zu treffen.“

Ich stieg ins Obergeschoss hinauf, Hannah folgte mir mit einigen Schritten Abstand. Ich nahm mir Choats Schlafzimmer vor. Hannah durchsuchte das Gästezimmer. Ich brauchte nicht lange. Hannah hatte sich gestern schon hier umgesehen. Wenn man etwas Wichtiges hätte finden können, hätte sie es gefunden.

Als ich zu ihr hinüberging, schaute sie gerade unter dem Bett nach. Das Zimmer sah aus wie das eines Teenagers. An der Decke hingen Modelle von Kampfflugzeugen, handgefertigte und -bemalte Fleißarbeiten, mit Begeisterung ausgeführt. Im Bücherregal standen Krimis und Abenteuergeschichten mit rissigen Rücken vom vielen Lesen. Am interessantesten fand ich das, was fehlte. Es gab keinen Fernseher, keinen CD-Spieler, keine CD-Sammlung und keine Poster.

Hannah war aufgestanden und stand neben dem Bett. „Vielleicht hatte er gar kein dunkles Geheimnis, Winter. Vielleicht war er nur ein einsamer, trauriger Kerl mit einem Mutterkomplex."

Ich schüttelte den Kopf. „Nein, da muss etwas sein. Okay, ich gebe Ihnen ein Szenario. Der Täter kommt her, zwingt Choat, den Abschiedsbrief zu schreiben, schlägt ihn bewusstlos, verfrachtet ihn in den Kofferraum seines Autos, fährt mit ihm zur Raffinerie hinaus, erschießt ihn, arrangiert alles so, dass es wie Selbstmord aussieht, und fährt wieder nach Hause. Was stimmt an dieser Version nicht?"

„Der Nissan. Jemand musste ihn zur Raffinerie fahren, aber nicht der Täter, denn wie hätte er dann nach Hause kommen sollen?"

„Genau. Choat musste den Nissan zur Raffinerie fahren, aber er hat es nur getan, weil der Täter ihn gezwungen hat."

„Gut, aber hier ist nichts. Sonst hätte ich es gefunden."

„Ich weiß. Genau das ist ja so merkwürdig. Ich war fest überzeugt, wir würden etwas finden."

„Was tun wir jetzt?"

„Ich weiß es nicht", gestand ich.

Wir gingen nach draußen und kehrten schweigend zum Auto zurück. Ich überlegte immer noch, was Choat dazu gebracht hatte, zur Raffinerie zu fahren. Wir waren am Auto angekommen, ich machte die Tür auf und warf einen letzten Blick auf das Haus. Hannah stand neben mir und blickte ebenfalls zum Haus zurück. Plötzlich hellte ein Lächeln ihre Miene auf.

„An einem Ort haben wir noch nicht gesucht", sagte sie.

Es dauerte eine Sekunde, bis ich kapiert hatte, was sie meinte. Wir eilten zum Haus zurück. Am Ende des Gartenwegs bogen wir statt nach links nach rechts ab. Das Schloss der Garage hatte ich in zehn Sekunden geknackt.

Die Tür ging leicht auf. Einen Moment lang verharrten wir auf der Schwelle. Die Sonne stand direkt hinter uns und beleuchtete das Garageninnere. Der Betonboden war weiß gestrichen und zeigte keinerlei Ölflecken, Reifenspuren oder sonstigen Schmutz. Das Weiß reflektierte die Sonne und blendete geradezu. Choat hatte den Boden nicht nur gewischt, sondern geschrubbt, bis er glänzte.

Hannah machte ein amüsiertes und zugleich ungläubiges Gesicht. „Hier ist es sauberer als in meiner Küche."

„Was uns sagt, dass Choat unter schweren Schuldkomplexen litt."

„Das schließen Sie aus seiner aufgeräumten Garage? Respekt."

„Nicht nur aus seiner Garage. Seine Mutter war eine religiöse Spinnerin und sorgte dafür, dass er an Schuldgefühlen litt. Auch nach ihrem Tod war Choat nicht frei. Überall in diesem Haus war er mit Erinnerungen an seine Mutter konfrontiert, und hinter den Erinnerungen lauerten die Schuldgefühle."

Wir gingen hinein. An der Wand links hingen Gartengeräte. Die große Werkbank an der Rückwand stand offenbar schon länger dort. Das Holz war im Lauf der Jahre nachgedunkelt. Unten Schrankfächer, dann eine einzelne Reihe von Schubladen, dann die Arbeitsplatte. An der Wand darüber ordentlich aufgehängte Werkzeuge, geordnet nach Typ und Größe.

Hannah begann am linken Ende der Werkbank, ich am rechten. Die erste Schublade ging ganz leicht auf und enthielt einen Einsatz mit Fächern für alle erdenklichen Arten von Schrauben.

„Ich glaube, ich habe etwas gefunden!", rief Hannah. Sie hockte vor einem der Schrankfächer. „Warum hat dieses Fach im Unterschied zu den anderen ein Schloss?"

Ich ging hinüber und sah die Reihe der Schrankfächer entlang. Hannah hatte recht. Unter dem Griff war ein kleines Schlüsselloch in die Tür eingelassen. Ich holte meine Dietriche heraus und wählte den kleinsten. Das Schloss war klein, und ich musste eine Weile herumfummeln, bis ich es geknackt hatte. Schwungvoll öffnete ich die Tür.

Das Schrankfach war leer.

„Das verstehe ich nicht", sagte Hannah. „Warum einen Schrank abschließen, der leer ist?"

Ich zuckte mit den Schultern. „Vielleicht hat er den Schlüssel verloren."

„Merkwürdig ist ja nicht nur, dass der Schrank abgeschlossen ist, Winter, sondern dass er leer ist. Einen leeren Schrank schließt man nicht ab."

Ich steckte den Kopf in das Schrankfach und sah es mir genauer an. Es war geringfügig kleiner als das, das ich mir vorhin am anderen Ende der Werkbank angesehen hatte. Ich klopfte mit dem Knöchel auf das Bodenbrett und hörte ein hohl klingendes Echo. Ich drückte auf das hintere Ende, und das vordere Ende schwang nach oben. Darunter lag ein Stapel Zeitschriften.

Hannah zog die oberste heraus und hielt sie hoch. Auf dem Umschlag waren zwei in Leder gekleidete Männer abgebildet. Der eine kniete auf allen vieren, hatte einen Ballknebel im Mund und trug ein nietenbesetztes Hundehalsband. Hannah blätterte durch die Zeitschrift. Ihre Miene war schwer zu deuten. Sie zeigte keine Missbilligung, dafür aber Trauer und auch Wut. Sie schloss die Zeitschrift.

„Niemand sollte wegen so was sterben müssen. Was macht es denn, wenn er schwul und an Sadomaso interessiert war? Es war sein Leben."

„Nur dass die Mehrheit der Menschen hier anders denkt. Deshalb konnte der Täter ihn damit unter Druck setzen."

Hannah sah mich an. „Ich hasse diese Stadt. Je schneller ich von hier abhauen kann, desto besser."

Wir legten die Zeitschrift zurück, drückten den Zwischenboden wieder herunter und schlossen das Schrankfach ab. Ich vergewisserte mich, dass alles genau so war, wie wir es vorgefunden hatten, dann schlossen wir die Garage ab und gingen auf dem Gartenweg zurück. Auf dem Gehsteig blieb ich stehen, setzte die Sonnenbrille auf und überflog mit einem Blick die Straße.

„Was haben wir?" Die Frage galt genauso mir wie Hannah. „Wir haben einen verunsicherten Täter, der Fehler macht. Wir haben einen Tatort. Und gestern Abend haben wir ein weiteres Opfer vor dem Verbrennungstod bewahrt. Es wird eng für den Täter, ohne dass er es ahnt."

„Aber wir wissen nicht, wer er ist."

„*Noch* nicht", verbesserte ich sie. „Als Nächstes müssen wir genau rekonstruieren, wie und wo Choat entführt wurde."

Ich rief Taylor an. Nur seine Mailbox antwortete, und ich hinterließ eine kurze Nachricht. Er sollte herausfinden, ob Choat gestern Dienst gehabt hatte und, wenn ja, in welcher Schicht. Ich legte auf und klopfte mit dem Handy an mein Kinn.

„Woran denken Sie?", fragte Hannah.

„Die Entführung ist bei einem solchen Verbrechen immer der riskanteste Teil, weil der Täter sich in der Öffentlichkeit zeigen muss. Dabei riskiert er, beobachtet zu werden."

„Sie glauben, dass Choat hier entführt wurde."

Mein Blick ruhte mittlerweile auf den Vorgärten auf der anderen Straßenseite. Von links nach rechts betrachtet konne man interpretieren: junges Paar mit Kindern, Rentner, berufstätiges Paar. „Es würde passen. Er lebte allein, und Sie haben selbst gesehen, wie leicht man bei ihm einbrechen kann."

„Trotzdem hätte der Täter sich in der Öffentlichkeit zeigen müssen, wenn auch nur kurz.“

Im Rentnerhaus gegenüber öffnete sich ein Vorhang einen Spaltbreit und fiel sofort wieder zu.

„Genau.“ Ich setzte mich in Bewegung. „Wie gut können Sie eine Polizistin spielen?“

„Hab ich noch nie probiert.“

„Es geht ganz leicht. Sie müssen nur dastehen und so einschüchternd wie möglich dreinblicken. Überlassen Sie das Reden mir.“

Der Vorgarten war genauso gepflegt wie der von Choat. Wir gingen zur Haustür und klopften energisch. Im Flur waren eilige Schritte zu hören, gefolgt von dem Klicken eines Sicherheitsschlosses. Die Tür ging knarzend auf, so weit die Vorhängekette es erlaubte, und das Gesicht einer Frau spähte durch den Spalt.

„Was wollen Sie?“

„Nur ein paar Minuten Ihrer Zeit, Ma'am. Wir kommen vom Büro des Sheriffs.“

Die Frau sah uns an, als hätten wir soeben behauptet, wir seien Aliens. Ich konnte ihr das nicht vorwerfen. Wir sahen nicht entfernt wie Polizisten aus. Wir hatten andere Frisuren und trugen T-Shirts.

„Kann ich Ihre Ausweise sehen?“

Ich klopfte auf meine Taschen und schnitt eine Grimasse. „Ich muss meinen im Auto liegen lassen haben.“

„Und das soll ich Ihnen glauben?“

Ich trat zur Seite, wies mit einem Nicken auf das Polizeiauto. Ich wünschte mir Taylor her oder zumindest seine Dienstmarke. Sie hätte die Situation wesentlich vereinfacht.

„Ma'am“, meldete Hannah sich zu Wort.

Die Alte wandte sich ihr zu und musterte sie. „Bei allem Respekt, Miss, aber Sie sehen noch weniger wie ein Polizist aus als der da.“

„Haben Sie gehört, was mit Sam Galloway passiert ist? Dem Anwalt?“

„Ja, habe ich.“

„Wir wurden von Shreveport zugezogen, um bei den Ermittlungen zu helfen. Der Grund für unsere Kleidung ist, dass wir verdeckt ermittelt haben. Gleich nachdem wir unseren Fall abgeschlossen hatten, kamen mein Partner und ich sofort hierher, um auszuhelfen. Wir hatten nicht mal Zeit zum Umziehen.“

„Aber einen Ausweis müssten Sie trotzdem haben.“

„Ma'am, wir haben verdeckt ermittelt und einige wirklich schlimme

Verbrecher gejagt. Wenn die bei uns Ausweise gefunden hätten, hätten sie uns getötet."

Die Alte sah an uns vorbei auf das Auto, dann schlug sie uns die Tür vor der Nase zu. Im nächsten Moment hörte man das Rasseln der Vorhängekette, die entfernt wurde.

„Ich wollte doch das Reden übernehmen", flüsterte ich.

„Bitte, jederzeit", flüsterte Hannah zurück. Ich zog die Augenbrauen hoch, und sie fügte hinzu: „Wenn ich Ihnen das Reden überlassen hätte, Winter, würden wir Weihnachten noch hier stehen."

Die Tür ging auf, und wir schenkten der alten Frau, die vor uns stand, unser schönstes Lächeln. Sie wies mit einem Nicken auf Choats Haus.

„Sie glauben, Daniel hat es getan, stimmt's? Sie glauben, dass er den Anwalt verbrannt hat."

„Wie heißen Sie, Ma'am?"

„Annie Dufoe. Und Sie?"

„Ich bin Detective Winter. Und das ist Detective Hayden."

„Würden Sie jetzt bitte meine Frage beantworten?"

„Ja, Ma'am, er ist ein Tatverdächtiger."

Mrs Dufoe nickte, als leuchtete ihr das vollkommen ein. „Der Junge war schon immer irgendwie seltsam. So still und höflich. Es war nicht natürlich, aber er konnte schließlich nichts dafür."

„Was meinen Sie damit?"

„Ein Junge braucht seinen Vater. Ich weiß nicht, ob Sie es wissen, aber sein Vater hat sich da drinnen in seiner Garage eine Kugel durch den Kopf gejagt."

„Daniel hat die Leiche seines Vaters gefunden, nicht wahr?"

Wieder ein Nicken. „Jedes andere Kind wäre schreiend aus der Garage gerannt. Nicht so Daniel. Er holte einen Eimer mit Seifenwasser und schrubbte den Boden sauber, während sein Vater keinen halben Meter neben ihm lag und langsam steif wurde. Seine arme Mutter fand die beiden bei ihrer Rückkehr von der Arbeit. Sie erzählte mir später, er habe mit dem Eimer zwischen den Knien dagesessen und habe ins Leere gestarrt."

„Wann haben Sie Daniel zuletzt gesehen?"

„Gestern Abend um kurz vor sieben. Ich erinnere mich, weil ich gerade mit dem Abwasch nach dem Essen fertig war und meine Fernsehsendung noch nicht angefangen hatte. Vom Küchenfenster kann ich die Straße sehen."

„War es ungewöhnlich, dass er am Abend noch ausging?"

Ein Kopfschütteln. „Er hat Schicht gearbeitet und kam und ging zu allen möglichen Zeiten."

„Ist Ihnen gestern Abend etwas Verdächtiges aufgefallen?"

Noch ein Kopfschütteln. „Ich liege meist um zehn im Bett. Wenn ich erst schlafe, kann mich nichts mehr aufwecken."

„Danke für Ihre Zeit, Mrs Dufoe."

„Hoffentlich schnappen Sie ihn bald."

„Und Sie passen bis dahin auf, dass Sie die Tür immer gut abgeschlossen haben."

„Da machen Sie sich mal keine Sorgen."

Die Tür fiel mit einem Knall zu, und die Schlösser rasteten nacheinander ein. Zuletzt wurde rasselnd die Vorhängekette vorgelegt.

7

„Alles nur Blendwerk."

Wir saßen im Auto, der Motor lief, die Klimaanlage arbeitete auf Hochtouren, und es wurde langsam kühler.

„Wovon reden Sie?", fragte Hannah.

„Der Täter spielt uns etwas vor, eine Täuschung. Das funktioniert allerdings nur, wenn das Publikum mitmacht. Ein Zauberer kann den Zuschauern nicht vorschreiben, was sie glauben sollen, sondern nur Vorschläge machen. In unserem Fall haben wir eine Leiche, eine Pistole und einen Abschiedsbrief. Zusammen ergibt das Selbstmord."

„Ich höre ein ‚Aber'."

„Der Notizblock."

Sie sah mich verwirrt an.

„Der Notizblock ist der Geniestreich. Er schafft die Verbindung zwischen dem, was uns der Täter glauben machen will, also dem Selbstmord in der Werkstatt der stillgelegten Raffinerie, und dem, was wirklich geschehen ist. Also, wie kam der Notizblock in Choats Haus?"

„Vielleicht hat er Choat gehört, und der Täter hat ihn im Haus gefunden."

„Ausgeschlossen. Der Täter hat ihn mitgebracht. Wenn die Spurensicherung die Blätter nachzählen würde, würde sie feststellen, dass nur eines fehlt, nämlich das, das ordentlich gefaltet in Choats Hemdtasche steckte. Wie müssen wir uns den Ablauf folglich vorstellen?"

Hannah kaute auf der Lippe und blickte durch die Windschutzscheibe auf den Hitzeschleier, der von der Straßenoberfläche aufstieg. Auch ich sah geradeaus und überlegte.

Annie Dufoe hatte ausgesagt, Choat sei kurz vor sieben gegangen. Wäre der Täter noch davor gekommen, hätte sie ihn gesehen. Demnach hatte der Täter Choat zu einem Treffen in die Raffinerie bestellt. Er hatte ihm damit gedroht, der ganzen Welt sein Geheimnis zu verraten, wenn er nicht gehorchte. Also war Choat zur Raffinerie gefahren und hatte seinen Nissan vor der Werkstatt geparkt. Das Schöne daran war, dass der Täter nicht mit dem Auto in Berührung kommen musste. Keine Fingerabdrücke, keine DNA, keine Fasern.

Danach war alles ganz schnell gegangen. Der Täter hatte Choat mit vorgehaltener Pistole gezwungen hineinzugehen. Dort hatte dieser vermutlich als Erstes den toten Obdachlosen gesehen. Zu Tode erschrocken, hatte Choat daraufhin alles getan, was der Täter von ihm wollte, nur um sich etwas Aufschub zu verschaffen.

Der Täter hatte ihn den Abschiedsbrief schreiben lassen und anschließend erschossen. Dass er eine großkalibrige Kugel verwendet hatte, war mit Sicherheit geplant gewesen. Wer sich ernsthaft selbst erschießen will, steckt sich den Lauf in den Mund und schießt nach oben. Hätte der Täter Choat dazu gezwungen, hätte dieser Verletzungen im Mundbereich gehabt. Sich selbst in die Schläfe zu schießen, ist wiederum riskant, weil die Möglichkeit besteht, dass man überlebt. Je kleiner die Kugel, desto wahrscheinlicher ist das. Deshalb hatte der Täter eine großkalibrige Kugel gewählt.

Nachdem er Choat getötet und ihm den Brief in die Hemdtasche gesteckt hatte, war er ins Revier zurückgekehrt, wo alle dem Ablauf des Countdowns entgegengefiebert hatten. Erst viel später, irgendwann in den frühen Morgenstunden, war er zu Choats Haus gefahren und hatte den Notizblock dort deponiert. Damit schien die Illusion des Selbstmords perfekt.

Ich ging alles in Gedanken noch einmal durch und trug Hannah meine Theorie vor.

„Warum Choat?“, fragte sie, als ich geendet hatte.

„Weil unser Täter übervorsichtig ist. Es bestand immer die Möglichkeit, dass die Polizei ihm ungemütlich dicht auf den Pelz rückte, also suchte er nach einem Sündenbock. Ein Kollege war ideal für diese Rolle. Die Polizei würde nicht erwarten, dass der Täter aus ihren Reihen kam, und erst einmal gelähmt vor Schreck sein. Seine Wahl fiel auf Choat. Er beschäftigte sich eingehender mit ihm und stellte fest, dass er ins Schwarze getroffen hatte. Choat war aufgrund seines Privatlebens der ideale Sündenbock. Damit wäre der Fall nomalerweise abgeschlossen und alle zufrieden gewesen. Der Täter hätte ein paar Monate gewartet, bis Gras über die Sache gewachsen wäre, dann wäre er in eine andere Gegend gezogen und hätte wieder getötet."

Hannah nickte. „Mit ‚normalerweise' meinen Sie: wenn man Sie nicht hinzugezogen hätte?"

Ich lächelte. „Stimmt."

„Und wohin fahren wir jetzt?"

„Ganz einfach. Meine innere Uhr sagt, dass Mittag bereits vorbei ist. Ich plädiere für das Apollo's."

Ich legte den Gang ein und fuhr los. Überall waren die Vorhänge zugezogen oder die Jalousien heruntergelassen, um die gnadenlose Hitze draußen zu halten. Ich setzte den Blinker, ließ einen entgegenkommenden zerbeulten Ford-Lieferwagen durch und bog nach links ab.

Mein Handy meldete sich. Ich hatte eine SMS bekommen. Ich zog es aus der Tasche und drückte mit dem Daumen einige Tasten, während ich mit der anderen Hand lenkte und zugleich die Straße im Auge behielt. Die Nummer war nicht die von Taylor und mir auch sonst nicht bekannt. Ich öffnete die Mitteilung. Sie enthielt keine Nachricht, nur ein Bild. Ich brauchte kurz, um zu verarbeiten, was ich sah. Kaum hatte ich es begriffen, trat ich auf die Bremse.

Ich hörte wie von ferne, dass Hannah etwas sagte. Die Klimaanlage arbeitete, was das Zeug hielt, aber nicht deshalb war mir plötzlich so kalt. Und mir war nicht nur kalt, ich stand förmlich unter Kälteschock. Ich sah wieder auf das Bild auf meinem Handy, in der Hoffnung, dass ich es mir nur eingebildet hatte.

Das war nicht der Fall.

„WAS IST LOS? Warum halten wir mitten auf der Straße an?" Die Panik in Hannahs Stimme war unüberhörbar.

Ich suchte nach Worten, mit denen ich sie beruhigen, trösten konnte, aber es kam nichts heraus. Ich starrte nur das Bild auf meinem Handy an, ratlos, wie so etwas Furchtbares hatte geschehen können.

„Zeigen Sie mir das Handy."

„Sie wollen das nicht sehen."

Meine Stimme klang ruhig, aber ich war nicht ruhig, überhaupt nicht. Meine Gefühle spielten Flipper mit mir. Von Wut zu Ohnmacht, von rasendem Zorn bis zu einem Gefühl der Hilflosigkeit.

Hannah riss mir das Gerät aus der Hand und sah auf den Bildschirm. Ihre Augen weiteten sich, und das Handy fiel ihr in den Schoß. Sie schnappte nach Luft.

„Ist er tot?“ Die Frage kam als stockendes Flüstern aus ihr heraus.

„Ich glaube nicht.“

Kleine, harmlose Lügen haben ihre Zeit genauso wie große, aus der Verzweiflung geborene. Wenn Hannah jetzt durchdrehte, konnte sie mir nicht mehr helfen. Ich nahm das Handy, betrachtete das Bild und bemühte mich, so zu tun, als handelte es sich um das Foto eines x-beliebigen Tatorts. Doch der Anblick von Taylors zerschlagenem Körper drohte mich zu überwältigen. Ich holte tief Luft, zwang mich zur Konzentration und suchte den Hintergrund nach Hinweisen ab.

Staub auf einem Betonboten. Eine schwarze Betonwand. Und am äußersten rechten Rand der Ausschnitt eines Gerüsts.

„Ich kenne den Ort. Es ist der erste Schuppen, zu dem Elroy uns geführt hat.“ Ich gab Hannah mein Handy. „Wählen Sie den Notruf. Wir brauchen einen Krankenwagen und die Polizei.“

„Er wird überleben, ja?“

Die Mischung aus Verzweiflung und Hoffnung in ihrer Stimme war herzzerreißend. Ich nickte. Wieder eine große Lüge. Ich legte einen Gang ein und drückte aufs Gas. Wir brauchten zehn Minuten für die Fahrt zur Raffinerie. Ich fuhr so schnell, wie die Straßen es zuließen, hielt auch nicht an roten Ampeln und tat alles, um noch einige Sekunden herauszuholen.

Nicht dass es etwas genützt hätte. Ich konnte noch so schnell fahren und noch so schnell dort ankommen, Taylor würde das nicht wieder lebendig machen.

Das Tor zur Raffinerie stand weit offen, und ich raste mit siebzig hindurch. Schließlich bremste ich und hielt schleudernd vor dem Schuppen. Ich drückte die Fahrertür auf, sprang hinaus und begann zu rennen.

Der Boden war mit Schleifspuren bedeckt. Jemand hatte etwas Schweres in das Gebäude gezogen. Die Tür war nicht abgeschlossen, und ich überlegte, ob es sich um eine Falle handelte. Vielleicht wartete der Täter in diesem Moment drinnen, um uns zu erschießen.

Nur dass das nicht zu dem passte, was wir bisher über ihn wussten. Er war vorsichtig. Er rechnete damit, dass wir die Polizei angerufen hatten. Uns hier aufzulauern war viel zu riskant. Ganz sicher war ich mir allerdings nicht, und ich hätte mir eine Pistole gewünscht.

Ich riss die Tür auf und stürzte aus dem gleißenden Tageslicht in den dämmrigen Schuppen. Die Schleifspuren auf dem Boden endeten dort, wo Taylor lag.

Bei seinem Anblick verließ mich die Kraft. Ich holte ein paarmal tief Luft und versuchte, mir einzureden, dass es sich um einen Tatort handelte, wie ich ihn im Lauf der Jahre schon viele Hundert Mal gesehen hatte.

Eine weitere Lüge. Er hätte nicht verschiedener sein können. Die emotionale Distanz, die es mir ermöglichte, meine Arbeit zu tun, fehlte. Ich kannte Taylor erst seit einem Tag, doch der bewirkte einen himmelweiten Unterschied.

Ein schriller Laut brachte mich in die Gegenwart zurück, eine Mischung aus Kreischen, Schreien und Schluchzen, die mehr nach einem Tier als nach einem Menschen klang. Aus Hannahs Gesicht war alle Farbe gewichen, und sie stützte sich schwer gegen den Türrahmen. Unverwandt starrte sie mich an, und in ihren großen braunen Augen funkelte Hass.

„Sie sagten, er würde leben."

Sie ballte die Hände zu Fäusten und schlug auf meine Brust ein. Ich ließ es bewegungslos geschehen. Tränen liefen ihr über das Gesicht. Ihre Schläge wurden schwächer und hörten schließlich ganz auf. Ich nahm sie in die Arme und hielt sie fest an mich gedrückt. Ihre heißen Tränen durchnässten mein T-Shirt.

Taylors Gesicht war übel zugerichtet. Beide Augen waren von mehrfachen Schlägen zugeschwollen. Die Lippen waren ebenfalls geschwollen und aufgeplatzt, und überall war Blut. Seine Kleider bedeckten die Wunden, die der Täter mit Sicherheit auch seinem Körper zugefügt hatte. Darunter waren die eigentlichen, schweren Verletzungen. Innere Verletzungen. Dagegen gab es keine Schussverletzung, dafür war nicht genügend Blut ausgetreten.

Er lag auf der linken Seite. Der rechte Fuß steckte unter der linken Wade, die rechte Hand lag auf dem linken Arm. Eine ganz deutlich und bewusst inszenierte Haltung. Taylor war nicht so gestorben. Der Täter hatte ihn so hingelegt, und das aus einem bestimmten Grund. Die Haltung war mir irgendwie vertraut. Ich brauchte kurz, bis mir einfiel, woher.

Taylor lag in der stabilen Seitenlage.

Ich machte mich von Hannah los, eilte zu Taylor, kniete mich neben ihn und drückte zwei Finger an seine Halsschlagader. An den Fingerspitzen spürte ich ein Flattern, das so schwach war wie der Flügelschlag eines Schmetterlings. Seine Brust hob und senkte sich, zwar kaum merklich, aber immerhin.

„Lebt er?", flüsterte Hannah hinter mir.

„Kaum noch. Wählen Sie noch mal die 911. Sagen Sie, der Krankenwagen soll sich beeilen."

„Wird er überleben?"

Ich blickte auf Taylor hinunter und sah dann Hannah an. Taylors Atmung gefiel mir nicht. Bei jedem Ausatmen hatte ich das Gefühl, es könnte das letzte gewesen sein. „Ich weiß es nicht. Rufen Sie den Krankenwagen."

Ich rollte Taylor auf den Rücken, wischte das Blut von seinem Mund und begann mit der Reanimation. Sofort schmeckte ich einen metallischen Geschmack auf der Zunge und musste ein Würgen unterdrücken. Dann drückte ich auf sein Brustbein und zählte. Bei dreißig beatmete ich ihn wieder zweimal, dann führte ich die nächsten dreißig Pumpstöße aus.

„Wo bleibt der Krankenwagen, verdammt noch mal?"

„Er ist unterwegs und wird gleich hier sein."

Ich verfiel in einen gleichmäßigen Rhythmus. Auf zwei Beatmungen folgten die raschen Stöße der Herzdruckmassage. Meine Lippen waren mit Taylors Blut verschmiert, meine Arme schmerzten. Ich verlor jedes Zeitgefühl. Hannah kniete neben mir. Sie hielt Taylors Hand und flüsterte wieder und wieder, dass alles gut werden würde.

In der Ferne war eine Sirene zu hören, die näher kam.

Meine Arme waren so müde, dass ich sie nicht mehr spürte. Ich wusste nicht, wie lange ich noch weitermachen konnte. Doch dann blickte ich auf Taylor hinunter und wusste, dass ich durchhalten würde, solange er mich brauchte.

Wieder Mund-zu-Mund-Beatmung, gefolgt von der Herzdruckmassage. Die Sirene verstummte. Von draußen kamen Schritte.

„Ich bin hier!", rief ich.

Zwei Sanitäter stürzten herein, und ich rutschte hastig zur Seite, damit sie ihre Arbeit tun konnten. Ich kam mir mit einem Mal vollkommen überflüssig vor. Nach der hektischen Aktivität von eben wusste ich nicht, was ich mit mir anfangen sollte. Hannah kniete noch flüsternd neben Taylor. Der Raum kam mir plötzlich erdrückend eng vor.

Ich ging nach draußen. Hitze schlug mir entgegen. Ich musste die Augen gegen die Sonne zusammenkneifen. Im Mund hatte ich den Geschmack von Taylors Blut.

Ich ging zum Krankenwagen. Die Hecktür war nicht abgeschlossen. Zwanzig Sekunden später hatte ich gefunden, wonach ich suchte. Einen Behälter mit Papiertüchern und einen blauen, in Zellophan verpackten OP-Kittel. Mit den Papiertaschentüchern wischte ich das Blut ab, so gut es ging, und tauschte mein blutiges T-Shirt gegen den OP-Kittel.

Dann suchte ich mir einen Platz im Schatten einer Mauer und wartete ab, wer alles auftauchen würde.

DREISSIG SEKUNDEN SPÄTER traf das erste Polizeiauto mit jaulender Sirene ein und hielt mit quietschenden Reifen hinter dem Krankenwagen. Es handelte sich um eine schwarze Limousine vom Büro des Sheriffs mit Barker am Steuer und Romero auf dem Beifahrersitz.

Barker, der fittere der beiden, stieg zuerst aus. „Lebt er?“, rief er.

„Kaum noch. Die anderen sind drinnen.“

Barker und Romero verschwanden im Schuppen, und ich hielt weiter die Stellung.

In den folgenden fünf Minuten traf fast die gesamte Polizei von Eagle Creek ein. Die Aufregung der Polizisten war verständlich. Einer der Ihren war einem Verbrechen zum Opfer gefallen, und alle wollten es dem Mistkerl heimzahlen, der dafür verantwortlich war. Alle bis auf einen.

Shepherd und Sheriff Fortier kamen zusammen und gingen gleich hinein. Ich wartete noch eine Minute auf etwaige Nachzügler, dann stellte ich mich an einen Platz, von dem aus ich möglichst viele Polizisten sowohl im Schuppen wie draußen sehen konnte. Mit dem Daumen ging ich die Anrufliste meines Handys bis zu der Nummer durch, von der aus das Foto geschickt worden war. Dann drückte ich auf Wählen und wartete darauf, dass jemand nach seinem Handy griff.

Fünf Sekunden verstrichen, dann zehn, dann verkündete eine körperlose Stimme, das Handy, das ich anriefe, sei abgeschaltet. Es wäre auch zu leicht gewesen, aber natürlich hatte ich es versuchen müssen. Der Täter war zu schlau, um einen solchen Fehler zu machen.

Sheriff Fortier kam allein heraus, blieb kurz stehen und kniff die Augen gegen die Sonne zusammen. Dann sah er mich und kam herüber. Er wirkte gestresster denn je. Und irgendwie kleiner. Man sah ihm an, dass er an jedem anderen Ort lieber gewesen wäre als hier.

„Was können Sie mir sagen?“

„Nicht viel.“

Ich berichtete das wenige, das ich wusste. Als ich ihm das Foto zeigte, wollte er mein Handy als Beweismittel einziehen. Ich lehnte ab. Er schien widersprechen zu wollen, überlegte es sich aber anders. Dann wollte er wissen, was Hannah hier zu suchen hatte, und mir fiel kein Grund ein, warum ich es ihm nicht hätte sagen sollen. Wenn er überrascht war, dass Hannah und Taylor ein Paar waren, ließ er es sich nicht anmerken.

„Choat ist also nicht unser Mann?“

„Das war er nie.“

„Sie wollten uns das nicht sagen?“

„Ich dachte, Sie würden selbst draufkommen.“

Die Antwort stieß Fortier sauer auf, aber er setzte nicht nach. „Warum hat er das Bild Ihnen geschickt?“

Ich zuckte mit den Schultern. Es war ein überzeugendes Schulterzucken, das den Eindruck vermittelte, dass ich keine Ahnung hatte.

„Irgendeine Idee, wer der Täter sein könnte?“

Ich schüttelte den Kopf. „Aber das Profil gilt weiter. Sie suchen nach einem weißen Mann, der eins fünfundsiebzig groß ist, in den Dreißigern, schmächtige Statur und Collegeabschluss. Ergänzen könnte man, dass es sich um einen Spieler handelt. Er ist absolut skrupellos und genießt es im Moment in vollen Zügen, dass wir herumrennen wie eine Schar kopfloser Hühner.“

Fortier starrte zu den riesigen Tanks hinauf, dann wandte er sich wieder an mich. „Warum tut er das? Was ist sein Motiv?“

Das waren gute Fragen, auf die ich keine Antwort hatte. Was Taylor widerfahren war, hatte den Zuschnitt des Falls komplett verändert.

„Er ist ein Serienmörder.“ Ich entschied mich für eine Standardantwort, die ich überzeugend rüberbringen konnte. „Er will seine Opfer leiden sehen, sie kontrollieren und beherrschen.“

„Aber warum?“

„Da gibt es kein Warum. Er ist einfach so gepolt. Natürlich kann man die Kindheit dafür verantwortlich machen oder die Erziehung, und diese Dinge spielen auch tatsächlich eine Rolle, aber nicht jeder mit einer schlimmen Kindheit wird zu einem Serienmörder.“

An der Tür entstand plötzlich Unruhe, und wir blickten hinüber. Im nächsten Augenblick kamen die Sanitäter mit einer fahrbaren Krankentrage heraus. Hannah folgte ihnen mit einigen Schritten Abstand. Taylor war auf die Trage geschnallt. Als ich bei den Sanitätern war, hatten sie die Hecktür des Krankenwagens bereits geöffnet und schoben Taylor hinein.

„Hannah.“

Sie drehte sich zu mir um. Ihr Gesicht war bleich und verhärmt.

„Sie wollen bei Taylor bleiben, und das verstehe ich auch, aber Sie können nichts für ihn tun. Ob er überlebt oder stirbt, hängt davon ab, wie gut die Sanitäter und Ärzte sind. Ich finde den Schweinehund, der das getan hat, auch ohne Ihre Hilfe. Aber wenn Sie mir helfen, finde ich ihn schneller. Und je schneller wir ihn schnappen, desto weniger wahrscheinlich ist es, dass er noch jemanden verletzt oder tötet.“

Hannah sah mich ungläubig an. „Taylor braucht mich.“

„Nein. Er ist bewusstlos, liegt vielleicht sogar im Koma. Er weiß nicht einmal, dass Sie hier sind.“

„Wir müssen los!“, rief ein Sanitäter.

„Tut mir leid, Winter.“

„Als Sie Ihre Mutter pflegten, haben Sie sich vollkommen hilflos gefühlt. Ihre Mutter ist gestorben, und Sie konnten nichts dagegen tun. Wenn Sie nicht da gewesen wären, hätte das am Ergebnis etwas geändert? Die Antwort lautet Nein. Ihre Mutter wäre trotzdem tot, und Sie hätten trotzdem Gewissensbisse, weil es Ihrer Meinung nach etwas geben musste, das Sie anders hätten machen können. Jetzt haben Sie diese Chance. Helfen Sie mir.“

Hannah blickte mich an, als wollte sie mich umbringen. Ich konnte ihr das nicht verdenken, überhaupt nicht. „Sie sind ein Arschloch!“, zischte sie und stieg in den Krankenwagen.

Der Sanitäter schlug die Tür zu, und der Krankenwagen fuhr mit jaulender Sirene und Blaulicht an.

Ich kehrte zum Auto zurück, ließ den Motor an und stellte die Klimaanlage auf die höchste Stufe. Mit meinem Telefon in der Hand saß ich da und zählte die Sekunden. Bei siebenundfünfzig klingelte es. Ich nahm den Anruf an und hielt das Handy ans Ohr.

„Wo sind Sie?“

HANNAH wartete im Schatten des Wachhauses am Eingang der Raffinerie. Verdrossen riss sie die Autotür auf, stieg ein und schlug die Tür zu. Ich fuhr durch das Tor. Eine Weile saßen wir schweigend nebeneinander.

„Warum hat der Täter Taylor zusammengeschlagen?“, fragte ich auf der Zufahrt zur Interstate.

„Wollen Sie nicht wissen, wie es ihm geht?“

„Wie geht es ihm?“

Hannah sah mich nur böse an. „Interessiert er Sie denn überhaupt nicht?“

„Doch, natürlich. Taylor ist ein großartiger Mensch, und ich hoffe, dass er durchkommt. Aber ich kann nichts dazu tun. Sein Überleben hängt von seinem eigenen Lebenswillen ab und davon, wie gut die Ärzte hier sind.“

Hannah bedachte mich mit einem weiteren eisigen Blick. „Sie sind wirklich unmöglich, Winter. Wie kommt es, dass Sie so gefühllos sind?“

Mit gefühllos hatte das nichts zu tun, dafür umso mehr damit, dass ich den Kerl schnappen wollte, der Taylor so zugerichtet hatte. Ich hatte mir noch nie etwas so dringend gewünscht. Leider reichten Worte nicht aus, um Hannah das verständlich zu machen. Sie war wütend und brauchte einen Sündenbock. Und ich taugte genauso gut dazu wie jeder andere. Ich verstand ihre Wut, weil ich sie kannte.

Hannah sah mich immer noch böse an. „Ich dachte, Sie könnten was." Sie schüttelte den Kopf. „Ich muss sagen, ich bin nicht überzeugt. Der Täter war Ihnen die ganze Zeit einen Schritt voraus."

„Stimmt."

Die nächsten Minuten redete sie sich den Frust von der Seele, und ich ließ sie reden. Sie konnte mir nur helfen, wenn sie sich jetzt Luft machte. Und wenn ich Taylor helfen wollte, dann musste ich sie jetzt reden lassen, ohne ihre Worte persönlich zu nehmen. Ich nickte also nur an den passenden Stellen und sagte Ja oder Nein, wenn sie eine Antwort erwartete.

Denn Taylor würde wollen, dass ich den Täter schnappte. Es entsprach einfach seiner Art. Er arbeitete nicht für Ruhm oder Anerkennung, sondern um Verbrecher hinter Schloss und Riegel zu bringen. Verwandte im Geist erkennen einander.

Während Hannah sich Luft machte, hing ich meinen Gedanken nach und kam dabei immer wieder auf eine Frage zurück. Warum hatte der Täter Taylor ausgerechnet jetzt überfallen? Was war der Auslöser gewesen?

Als wir uns dem Stadtrand von Eagle Creek näherten, bog ich in eine Wohnstraße ein, parkte am Gehweg und stellte den Motor aus.

„Machen wir einen Spaziergang. Ich muss mir die Beine vertreten."

Hannah sah mich an. Es war das Erste, was ich nach längerem Schweigen sagte, und offenbar nicht das, was sie erwartet hatte. Ich stieg aus, zündete mir eine Zigarette an und ging los.

Eine Autotür wurde zugeschlagen. Dann hastige Schritte hinter mir, die näher kamen. Hannah tauchte neben mir auf. Ich hielt ihr Zigarettenpäckchen und Feuerzeug hin. Sie nahm beides wortlos, zog eine Zigarette heraus, bog sie gerade und zündete sie an.

„Also, warum hat der Täter Taylor überfallen?", fragte ich.

„Keine Ahnung. Vielleicht weil er uns das Leben zur Hölle machen wollte. Und warum brauchte er überhaupt einen Grund?"

„Glauben Sie mir, er hat für alles, was er tut, einen Grund. Was uns gleich zur zweiten Frage führt. Warum hat er Taylor nicht getötet? Die Frage ist besonders schwierig. Er hat drei Morde begangen, warum also nicht noch einen vierten?"

„Vielleicht hat er geglaubt, er hätte ihn getötet. Ich habe ihn zuerst auch für tot gehalten." Einen Augenblick lang drohte Hannah die Beherrschung zu verlieren. Den letzten Satz brachte sie nur mit Mühe heraus. Sie holte tief Luft und presste die Lippen zusammen.

Ich schüttelte den Kopf. „Einen solchen Fehler macht er auf keinen Fall.

Er ist übervorsichtig, vergessen Sie das nicht. Seine ersten drei Opfer waren ohne jeden Zweifel tot. Glauben Sie mir, wenn er Taylor hätte töten wollen, wäre er jetzt tot. Und warum hätte er ihn dann in die stabile Seitenlage bringen sollen?"

Hannah schwieg. Auf ihrem Gesicht lag ein abwesender Ausdruck, als wäre sie in Gedanken in den Schuppen zurückgekehrt.

„Hannah", sagte ich scharf, „ich brauche Sie hier." Weicher fügte ich hinzu: „Taylor braucht Sie auch hier."

„Und wenn er stirbt, Winter? Ich glaube nicht, dass ich ohne ihn leben könnte. Und erzählen Sie mir nicht, dass er nicht sterben wird. Ich habe die Blicke der Sanitäter gesehen."

Ich blieb stehen, wandte mich ihr zu und legte ihr sanft die Hand auf den Arm. „Wenn er stirbt, dann werden Sie das alles irgendwann einmal abschließen wollen. Und das geht nur, wenn wir dieses Arschloch schnappen. Sie haben sich dafür entschieden, hier zu sein, denn ein Teil von Ihnen weiß das. Aber wenn Sie mir helfen wollen, müssen Sie auch wirklich mit Ihren Gedanken hier sein. Wenn das nicht geht, sagen Sie es mir, und ich fahre Sie jetzt gleich zum Krankenhaus."

Eine Weile standen wir in der sengenden Hitze nur da und sahen uns an. Hannahs Gesicht war angespannt. Hinter ihren Augen tobte ein Kampf. Sie wollte bei Taylor sein, und sie wollte mir helfen, den Mistkerl zu fangen, aber sie konnte nicht beides tun, und das zerriss sie.

„Okay, warum hat er Taylor nicht getötet?" Ihre Stimme war so leise, dass ich sie kaum hören konnte.

„Weil er annahm, wir würden ihn ins Krankenhaus begleiten. Solange wir aber im Krankenhaus sind und darauf warten, ob Taylor durchkommt oder nicht, sind wir nicht hinter ihm her. Und selbst wenn wir das nicht tun, geht der Täter davon aus, dass ich vollkommen durcheinander bin. Aber das ist nicht die wichtige Frage."

„Was ist dann die wichtige Frage?"

„Warum ausgerechnet jetzt? Der Täter hat Choats Tod so inszeniert, dass er wie ein Selbstmord aussieht, und alle schienen mit dieser Erklärung zufrieden. Die Polizei hat einen toten Täter und ein plausibles Motiv. Der Täter hat sich Zeit verschafft, um seine nächsten Schritte zu planen. Aber dann überfällt er Taylor. Warum inszeniert er zuerst so sorgfältig Choats Selbstmord, wenn er anschließend das tut? Aus Sicht der Polizei hatte ich den Fall gelöst und meine Arbeit getan. Der Täter hätte nur eine Weile stillhalten müssen, aber das hat er nicht getan. Warum nicht?"

„Weil er wusste, dass wir ihm auf die Schliche gekommen sind."

„Genau. Aber woher wusste er das? Wir waren vorsichtig. Meiner Meinung nach gibt es nur eine plausible Erklärung. Das Auto ist verwanzt."

Hannah blickte mich an, als wäre ich verrückt geworden. „Das ist jetzt ein Scherz, oder?"

„Nein, ich meine es vollkommen ernst. Die Wanze ist entweder unter dem Fahrersitz oder unter dem Beifahrersitz versteckt. Der Täter hat sie wahrscheinlich vom Rücksitz aus angebracht, damit wir sie nicht so leicht finden."

Hannah sah mich ungläubig an.

„Es gibt noch eine Alternative. Entweder Sie oder Taylor haben es ihm gesagt, denn ich war es ganz bestimmt nicht."

„Und ich sage Ihnen, dass weder Taylor noch ich ein Sterbenswörtchen verraten haben."

„Dann ist das Auto verwanzt. Sie haben selbst gesagt, der Täter sei uns einen Schritt voraus. Wenn er unsere Gespräche belauscht, wäre das die Erklärung dafür."

„Angenommen, Sie haben recht, warum das Auto?"

„Er hat nicht nur das Auto verwanzt, sondern wahrscheinlich auch mein Zimmer im Imperial. Aber das ist egal, weil ich ja in Ihrer Pension wohne."

Hannah überlegte. „Wir können mein Auto nehmen."

„Keine gute Idee. Dann wüsste der Täter, dass wir Bescheid wissen. Lassen Sie uns zunächst nur aufpassen, was wir im Auto sagen."

Ich rauchte meine Zigarette und dachte über die Annahmen nach, die uns bis zum jetzigen Punkt geführt hatten. Vor allem eine beschäftigte mich. Je mehr ich über sie nachdachte, desto mehr Raum nahm sie ein, bis ich nur noch an sie denken konnte.

„Ich habe mich geirrt. Der Täter ist kein Serienmörder."

„Wenn er kein Serienmörder ist, was ist er dann?"

„Nur ein Mörder."

„Nur ein Mörder", wiederholte Hannah mit einem tonlosen Flüstern. „Das hört sich an, als wäre er Einpacker in einem Supermarkt."

„Aber das ist eine gute Nachricht, Hannah. Es ändert alles. Denken Sie dran, wir haben es nicht mit einem impulsiven Mörder zu tun. Unser Täter plant alles sorgfältig. Das heißt, ihn treibt eins der drei großen Motive an: Rache, Geld oder Glaube." Ich dachte laut nach und sprach in dem Tempo, in dem ich dachte. „Wir müssen uns die Opfer noch einmal ansehen. Choat und unseren namenlosen Penner können wir vergessen, weil sie nur zufällig Opfer geworden sind. Bei Sam Galloway dagegen liegt die Sache anders. Wir müssen nur noch herausfinden, warum er ermordet wurde, dann kriegen wir den Täter."

Ich kehrte rasch zum Auto zurück. Hannah eilte neben mir her. Zum ersten Mal seit meiner Ankunft in Eagle Creek hatte ich das Gefühl, dass wir vorankamen.

Als wir am Auto waren, legte ich den Finger an die Lippen, schüttelte den Kopf und wartete, bis Hannah mit einem Nicken bestätigte, dass sie verstanden hatte. Dann öffnete ich die hintere Tür und tat so, als suchte ich etwas. Ich warf einen Blick unter den Fahrersitz, fand aber nichts. Dann blickte ich unter den Beifahrersitz. An seiner Unterseite war ein kleines schwarzes Kästchen befestigt, halb so groß wie eine Zigarettenschachtel, vielleicht noch kleiner. Wenn ich nicht danach gesucht hätte, hätte ich es nie gefunden.

Ich stieg ein und ließ das Auto an. Hannah saß bereits auf dem Beifahrersitz. Sie sah mich fragend an, und ich wies mit einem Nicken auf ihren Sitz. Sie schüttelte ungläubig den Kopf. Ich stellte mir in Gedanken den Stadtplan von Eagle Creek vor und überlegte den schnellsten Weg nach McArthur Heights. Dann legte ich einen Gang ein und fuhr los.

Unterwegs wechselten wir einige belanglose Worte. Hannah machte ihre Sache gut. Sie klang überhaupt nicht gekünstelt, sondern ganz natürlich. Ich stellte mir vor, wie der Täter uns belauschte. Ob er wusste, was wir vorhatten? Ich glaubte es nicht.

Dagegen würde er bald wissen, wohin wir fuhren. Alle Polizeiautos waren mit Peilsendern ausgerüstet.

Barbara Galloway empfing uns im selben Zimmer wie am Vortag. Sie schien im ersten Moment überrascht, dass jemand sie besuchte, der aussah, als wäre er gerade aus einem Autowrack geborgen worden. Dann begrüßte sie uns höflich.

Ich sah ihr fest in die Augen. „Sam hatte ein Geheimnis und deshalb hat ihn jemand ermordet. Was war es?“

„Ich weiß nicht, wovon Sie reden.“ Da war kein Zögern. Es war, als hätte sie mit der Frage gerechnet und eine Antwort parat gehabt, nur für alle Fälle.

„Sie lügen.“

„Ich darf Sie bitten zu gehen.“ Die Höflichkeit war noch da, aber der Ton war eisig.

„Erinnern Sie sich an Officer Taylor?“

„Natürlich.“

„Er wird gegenwärtig drüben in Shreveport operiert. Sein Leben steht auf Messers Schneide.“

„Was hat das mit mir zu tun?“

„Die Person, die ihn überfallen hat, war dieselbe, die Ihren Mann ermordet hat.“ Ich bedeutete Hannah, einen Schritt vorzutreten. „Das ist Hannah Hayden. Sie ist Officer Taylors Verlobte. Die beiden hatten Pläne für eine gemeinsame Zukunft, die jetzt vielleicht gar nicht mehr stattfindet.“

„Daran können Sie nicht mir die Schuld geben.“

„Meine Meinung braucht Sie nicht zu kümmern. Hören Sie lieber auf die Stimme in Ihrem Kopf, die man Gewissen nennt. Sie wird Sie damit bis an Ihr Lebensende verfolgen. Mitten in der Nacht wird sie Sie wecken und quälen und anklagen, und glauben Sie, dass Ihnen Leugnen und Abstreiten dann noch hilft?“

„Mrs Galloway“, warf Hannah ein, „wenn Sie etwas wissen, das uns helfen könnte, sagen Sie es uns. Ich bitte Sie!“

Barbara Galloway richtete ihren Blick auf Hannah. „Wie schwer ist Ihr Verlobter verletzt?“

„Sehr schwer.“ Hannah unterdrückte ein Schluchzen. „Er stirbt vielleicht.“

Mrs Galloway schwieg kurz, dann sagte sie: „Das tut mir aufrichtig leid. Aber es gibt kein dunkles Geheimnis.“

„Sie lügen“, wiederholte ich. „Wenn es so wäre, würden Sie sich anders verhalten. Sie hätten sofort die Polizei gerufen und uns wegen Hausfriedensbruchs verhaften lassen. Aber Sie tun nichts dergleichen, während ich Sie eine Lügnerin nenne.“

Unverwandt sah sie mich mit zusammengekniffenen Augen an.

„Ihr Hinweis bei unserem ersten Treffen, dass Sam eine Affäre hatte, war übrigens eine nette Geste“, fügte ich hinzu. „Und sehr raffiniert. Wir hatten etwas zu untersuchen, während das große Geheimnis verborgen blieb.“

„Es gibt kein Geheimnis, Mr Winter, wie oft soll ich Ihnen das noch sagen?“

„Sam wurde aus Rache oder für Geld getötet. Was war es?“ Ich holte einen Vierteldollar aus der Tasche, warf ihn hoch und schlug ihn mit der einen Hand auf den Rücken der anderen. „Bei Kopf beschäftigen wir uns mit der Rache, bei Zahl mit dem Geld.“

Mrs Galloway blickte auf meine Hand. Wieder begegneten sich unsere Blicke. Ich lüftete die Hand ein wenig, sah darunter nach, zog die Hand mit einer schwungvollen Geste weg und ließ sie die Münze sehen.

„Also Zahl. Hat Sam jemandem Geld geschuldet? War er spielsüchtig?“

Ich ließ Mrs Galloway nicht aus den Augen. Sie reagierte auf keine der beiden Fragen. Aber es hatte eine Reaktion gegeben, als die Münze mit der

Zahl nach oben gelandet war. Sie war so schwach ausgefallen, dass niemand sonst sie bemerkt hätte. Ihre Augen hatten ganz kurz geflackert, ihre Lippen kaum wahrnehmbar gezuckt. Es ging auch um Geld, aber Geld war nicht der Hauptgrund für den Mord an Sam Galloway.

„Okay, wenden wir uns der Rache zu."

Barbara Galloway reagierte wieder wie beim ersten Mal. Beides dauerte nur den Bruchteil einer Sekunde.

„Vielleicht hat Sam jemanden um Geld betrogen. Es müsste sich allerdings um eine größere Summe handeln, sonst wäre ein so grausamer Tod nicht gerechtfertigt. Wie hört sich das an? Liege ich in etwa richtig?"

Ich beobachtete Mrs Galloway scharf, aber sie zeigte nun keinerlei Reaktion, nicht das kleinste Zucken.

„Vielleicht hat er Geschäfte mit der russischen Mafia gemacht. Drogenhandel, Menschenhandel, Waffenhandel."

„Das ist lächerlich. Sam hatte nicht mit der russischen Mafia zu tun, auch nicht mit der italienischen oder einer anderen Form des organisierten Verbrechens."

„Vielleicht nicht. Aber Sie wohnen in dieser Villa und haben eine Garage voller Luxusautos. Das Geld dafür muss von irgendwoher kommen. Sam war bestimmt ein großartiger Anwalt, aber dass er in einer Kleinstadt wie dieser so viel verdient hat, will mir nicht einleuchten."

„Das Geld kommt von der Familie, Mr Winter. Sein Vater hat mit Aktien spekuliert und einige gute Investitionen getätigt."

„Und wie viel ist davon übrig?"

„Genug."

„Also gut, wenn er nicht mit der Mafia zu tun hatte, bleibt nur noch sein Liebesleben übrig. Ich glaube Ihnen gern, dass Sie nicht an Sams Tod schuld sind, aber was ist mit den vielen Frauen, mit denen er im Lauf der Jahre geschlafen hat? Vielleicht hat eine das Ende der Beziehung doch nicht so gut verkraftet, wie er dachte."

„Und dann? Hat sie einen Auftragskiller engagiert und ihn ermorden lassen? Das kann ich mir nicht vorstellen."

„Sie überzeugen mich nicht. Ich kaufe Ihnen die betrogene Ehefrau, die sich für die Liebhaberinnen ihres Mannes einsetzt, nicht ab."

Sie seufzte. „Sam stand auf einen bestimmten Typ. Seine Freundinnen waren alle jung und naiv und so oberflächlich, dass er sie mit seinem Geld beeindrucken konnte."

„Und Sie wissen das, weil sie den Hintergrund dieser Frauen haben überprüfen lassen."

„Stimmt. Ich musste sichergehen, dass Sam mich nicht verlassen würde. Ist das nicht verständlich?“

Ich nickte. „Sie mussten Ihre Investition schützen.“

„So hätte ich es nicht ausgedrückt.“

„Und was haben Sie herausgefunden?“

„Nichts, das mir schlaflose Nächte bereitet hätte. Einige Frauen hatten Geldprobleme, aber keine ernsthaften. Auf keinen Fall hätten sie Sam deswegen erpresst. Oder ermorden lassen. Einige haben eine Therapie gemacht.“

„Das könnte interessant sein.“

Mrs Galloway schüttelte den Kopf. „Sie haben sich nur eingebildet, sie seien unglücklich, und jemanden dafür bezahlt, dass er sie vom Gegenteil überzeugt. Von einer Zwangseinweisung in die Psychiatrie waren sie weit entfernt.“

„Was macht Sie da so sicher?“

„Der Privatdetektiv, den ich engagiert habe, war der beste, den man für Geld kriegen kann. Er hatte exzellente Referenzen.“

„Sie machen sich strafbar, wenn Sie sich in Krankenakten und Konten einhacken, das wissen Sie doch?“

Sie hätte fast gelacht. „Mr Winter, Sie haben meinen Anwalt kennengelernt. Wenn das eine versteckte Drohung war, war sie ziemlich lahm.“

AUF DER RÜCKFAHRT in die Stadt unterhielten wir uns über Barbara Galloway, sagten aber nur unverfängliche Dinge. Wenn der Täter uns abhörte, würde er wissen, dass wir in der Villa der Galloways gewesen waren und mit ihr gesprochen hatten. Hätten wir uns nicht über sie unterhalten, hätte das Verdacht erregt. Also spielten wir ihm etwas vor.

Doch ich spürte, dass Hannah nicht bei der Sache war. Schuldgefühle nagten an ihr. In Gedanken ging sie die vergangenen vierundzwanzig Stunden durch, auf der Suche nach etwas, was sie anders hätte machen können.

Sie holte ihr Handy heraus und rief Taylors Mutter an. Taylor wurde immer noch operiert, und es gab nichts Neues zu berichten.

„Keine Nachrichten sind gute Nachrichten“, bemerkte ich.

„Nein, Winter, eine gute Nachricht ist, dass er die Operation überlebt hat und durchkommt.“

Den restlichen Weg in die Morrow Street legten wir schweigend zurück. Ich parkte vor der Pension. Wir stiegen aus und überquerten die Straße zum Apollo’s. Die Glocke bimmelte über unseren Köpfen, und wir traten ein.

Als Lori uns sah, kam sie zu uns herüber. Unterwegs wischte sie sich die Hände an der Schürze ab. Ihre Miene war bekümmert, ihr Blick besorgt.

„Ich habe gehört, was Taylor zugestoßen ist. Wie geht es dir, Schatz?"

„Ganz gut, Tante Lori. Mach dir um mich keine Sorgen."

„Wenn ich mir die nicht mache, wer dann?" Lori versuchte ein beruhigendes Lächeln, das jedoch gründlich misslang. „Wie geht es ihm?"

„Er wird noch operiert. Seine Eltern sind bei ihm. Sie rufen mich an, wenn es etwas Neues gibt."

„Er schafft es, Schatz. Glaubst du, er lässt dich so einfach hier zurück?" Lori schüttelte den Kopf. „Niemals. Er würde für dich durchs Feuer gehen, so lieb hat er dich."

Hannah entschuldigte sich und ging zur Toilette, und Lori und ich blieben zurück.

Sie wartete, bis Hannah uns nicht mehr hören konnte, dann fragte sie: „Und wie geht es ihr wirklich?"

Ich wiegte den Kopf hin und her. So lala. „Ich versuche sie zu beschäftigen. Das ist wahrscheinlich besser für sie, als verrückt vor Sorge im Krankenhaus zu sitzen."

„Wahrscheinlich haben Sie recht." Lori blickte in Richtung der Toiletten. „Das Mädchen hat schon so viel durchgemacht. Sie hat das nicht verdient. Warum bestraft Gott die Guten? Was für einen Sinn hat das? Manchmal kommen einem da wirklich Zweifel."

Ich hatte das Gefühl, dass Lori noch etwas sagen wollte, und schwieg. Blicklos und gedankenverloren starrte sie in den hinteren Teil des Diners. Dann erwachte sie plötzlich aus ihrer Trance und fragte, ob sie mir etwas zu essen bringen könne. Manchmal ist es leichter, zum Vertrauten Zuflucht zu nehmen, als der Wirklichkeit ins Auge zu sehen. Man mag das Verweigerung nennen, ich spreche lieber von Selbsterhaltung.

„Ich nehme einen Burger mit Pommes, danke. Hannah wird Ihnen sagen, dass sie keinen Hunger hat, aber bringen Sie ihr etwas, was sie mag. Vielleicht isst sie es, vielleicht auch nicht."

„Wird gemacht."

Lori rief die Bestellung durch die Durchreiche. Frank antwortete wie immer, es sei ihm ein Vergnügen, nur dass seine Stimme matter klang als sonst. Er versuchte um Loris' willen einen Anschein von Normalität zu wahren, konnte damit aber niemanden täuschen.

Ich setzte mich an meinen üblichen Tisch am Fenster. Zwei Dutzend Gäste bevölkerten den Diner. Ein so geschäftiges Treiben hatte ich hier noch nicht erlebt. Ein Beweis dafür, dass das Leben weiterging.

Lori kam mit der Kaffeekanne und zwei Bechern. Sie schenkte ein und ließ mich dann allein. Hannah kehrte zurück und setzte sich mir gegenüber.

„Hier können wir reden", sagte ich. „Es sei denn, der Täter steht direkt draußen und hält ein Abhörgerät ans Fenster."

Sie hätte fast gelächelt, doch sofort wurde ihr Gesicht wieder ernst und hart, was sie älter aussehen ließ. „Barbara Galloway weiß etwas, Winter."

„Ja, ist mir klar."

„Okay." Hannah zog die beiden Silben so in die Länge, dass die Ironie nicht zu überhören war. „Aber wenn das so ist, was sitzen wir dann hier herum? Warum sind wir nicht bei ihr und zwingen sie, uns zu sagen, was sie weiß?"

„Weil sie lieber sterben würde, als Sams Geheimnis preiszugeben. Sie muss an ihre Zukunft denken und an die Zukunft ihrer Kinder."

Hannah ließ wieder ein ironisches „Okay" hören. „Verbessern Sie mich, wenn ich mich irre, aber ist das nicht auch eine Fähigkeit, die man Ihnen zuschreibt? Informationen aus Leuten herauszubekommen?"

„Und was schlagen Sie vor? Dass ich ihr Daumenschrauben anlege? Ihr die Zähne ziehe? Die Fingernägel? Ihre Kinder bedrohe?"

„Natürlich nicht."

„Ganz so düster ist unsere Situation nicht, Hannah. Barbara Galloway hat uns eine Menge erzählt, ohne es zu merken."

„Als da wäre?"

„Na ja, wir wissen jetzt, dass Sam auf jeden Fall ein Geheimnis hatte, und zwar ein so schwerwiegendes, dass jemand ihn deshalb bei lebendigem Leib verbrannt hat."

Hannah zuckte mit den Schultern. „Das ist alles, was Sie als genialer Detektiv herausgefunden haben? Wie soll uns das helfen, solange wir nicht wissen, was sie verbirgt?"

„Sie haben zu viele Krimis gesehen. Die meisten Verbrechen werden in vielen kleinen Schritten aufgeklärt und nicht in wenigen großen. Vor unserem Besuch bei Mrs Galloway hatten wir den Verdacht, dass Sam etwas verbirgt, jetzt wissen wir es. Wir sind endlich auf der richtigen Spur, und das ist ein Fortschritt."

„Okay, dann fahren wir zu ihr und prügeln es aus ihr heraus."

Ich lächelte. Für einen kurzen Augenblick war die alte Hannah zum Vorschein gekommen. „Das würde nichts bringen. Sie wird uns nichts sagen."

„Dann verhaften Sie sie und verhören Sie sie, bis sie gesteht."

„Könnte gehen. Nur dass unser Täter Polizist ist, deshalb will ich sie nicht im Revier haben. Es ist eine Zwickmühle. Wir wissen, dass sie die Information hat, die wir brauchen, aber wir kommen nicht daran, ohne den Täter zu alarmieren, und das wollen wir auf keinen Fall, da wir ihn ja nicht kennen. Er verhält sich auch so schon ziemlich unberechenbar."

Die letzte Feststellung führte ich nicht weiter aus. Das brauchte ich nicht.

„Sehen Sie, Hannah", fügte ich hinzu, „wenn es eine Möglichkeit gäbe, die Information von Mrs Galloway zu bekommen, würde ich sie nutzen."

„Es muss doch eine geben."

Ich schüttelte den Kopf. „Nein."

Lori kam genau im richtigen Moment mit unserem Essen. Auf Hannahs Teller lag ein Toast, auf meinem ein Burger mit einer doppelten Portion Pommes.

„Was ist das, Tante Lori? Ich habe nichts bestellt."

„Ich habe für Sie bestellt", erklärte ich.

„Ich habe keinen Hunger."

„Aber du musst etwas essen, Schatz", warf Lori ein. „Damit du durchhältst."

„Das ist mir egal."

Lori unterdrückte eine Bemerkung, warf mir einen besorgten Blick zu und ließ uns allein. Ich nahm eine Hand voll Pommes und steckte sie in den Mund.

„Wie können Sie jetzt essen?"

Ich zuckte mit den Schultern. „Ich habe das Mittagessen ausgelassen, deshalb brauche ich jetzt was."

„Sie wissen, was ich meine."

„Fasten hilft Taylor nichts und es hilft auch nicht gegen Ihre Schuldgefühle." Hannah wollte etwas sagen, aber ich hob die Hand. „Jetzt esse ich."

Ich nahm den Burger und biss hinein.

Beim Essen versuchte ich, möglichst nicht an den Fall zu denken. Die Erkenntnis, dass es sich bei unserem Täter nicht um einen Serienmörder handelte, änderte alles. Ich musste meine Gedanken ordnen und den Fall noch einmal von vorn aufrollen. Ohne etwas Bestimmtes im Blick zu haben, starrte ich aus dem Fenster.

Hannah rührte ihr Essen nicht an. Sie blickte ebenfalls aus dem Fenster.

„Wir müssen noch einmal von vorn anfangen."

Damit riss ich Hannah aus ihren Gedanken. In ihren Augen lag eine schier unerträgliche Trauer. Ihr Toast lag unberührt auf ihrem Teller.

„Die erste Annahme war: Es handelt sich um einen Serienmörder. Vor allem deshalb bin ich nach Louisiana gekommen. Grund meiner Vermutung war die Kombination von Filmclip und Countdown. Der Countdown hat aus dem Mord eine Theatervorstellung gemacht. Deshalb habe ich an einen Serientäter gedacht. Einige Serientäter fahren auf so was ab. Die zweite Annahme: Es handelt sich um einen Polizisten. Sie gilt nach wie vor."

Ich erklärte das nicht weiter. Dan Choat war tot, Taylors Leben stand auf Messers Schneide, mehr Beweise brauchten wir nicht.

„Was für Annahmen haben Sie noch gemacht?", fragte Hannah.

„Dass der Täter das Opfer in der alten Raffinerie getötet hat. Das hat sich bestätigt."

„Noch was?"

Ich wollte schon verneinen, unterbrach mich aber im letzten Moment.

„Ja?"

„Vielleicht, vielleicht auch nicht."

Ich stand auf und ging zur Tür.

Fünf Minuten später fuhren wir die Main Street entlang. Ladenfronten und Fenster glänzten in der Nachmittagssonne und alles war so perfekt wie Disneyland an einem heißen Sommertag.

Ich parkte vor dem Rathaus. Die Dame am Empfang war Mitte dreißig, konservativ gekleidet und beherrschte das Empfangsdamenlächeln perfekt. Freundlich und unverbindlich. Sie betrachtete uns, Hannahs Piercings und T-Shirt, meine weißen Haare und den seltsamen blauen OP-Kittel, ohne ihr Lächeln auch nur für eine Sekunde zu unterbrechen.

„Ich würde gern mit Bürgermeister Morgan sprechen."

„Haben Sie einen Termin?"

„Leider nein." Ich wies mit einem Nicken auf einen Gang, der tiefer in das Gebäude hineinführte. „Sein Büro liegt vermutlich in dieser Richtung?"

Die Empfangsdame folgte meinem Blick, und ihr Lächeln geriet ins Stocken. Für mich war das ein Ja, und ich setzte mich in Bewegung. Hannah folgte mir mit zwei Schritten Abstand.

„Sir!", rief die Empfangsdame mir nach. „Mr Morgan ist heute nicht da."

„Natürlich nicht."

„Er hat sich heute Morgen telefonisch krank gemeldet."

Etwas an der Art, wie sie es sagte, ließ mich anhalten. Ich kehrte zu ihr zurück.

„Ist er oft krank?"

„Entschuldigung, wer sind Sie eigentlich?"

„Ich bin Jefferson Winter und ermittle im Mordfall Sam Galloway. Und ich habe wirklich keine Zeit für so was. Also beantworten Sie jetzt bitte meine Frage."

Die Empfangsdame schüttelte den Kopf. „Eigentlich ist er nie krank."

„Nie? Nicht einmal eine Erkältung?"

„Wenn er erkältet ist, kommt er trotzdem. So ist er. Diszipliniert wie ein Soldat."

„Und als Sie heute mit ihm telefoniert haben, klang er sterbenskrank, ja?"

Sie schüttelte den Kopf.

„Wie dann?"

„Eher still und verhalten."

Als „verhalten" hätte ich Jasper Morgan nicht beschrieben. Er war ein Alphatyp und wusste das auch. „Still und verhalten" kam für ihn nicht infrage.

„Was er sonst nicht ist, ja? Sonst erteilt er Anweisungen und marschiert hier herum, als gehörte ihm das Gebäude, was es wahrscheinlich auch tut, wenn ich es mir recht überlege." Ich lächelte. „Dass er plötzlich so still war, hat Ihnen bestimmt zu denken gegeben."

Die Empfangsdame hätte mein Lächeln fast erwidert. „Schon."

„Geben Sie wieder, was er gesagt hat, so gut Sie sich erinnern. Verwenden Sie möglichst seine Worte."

Die Empfangsdame überlegte kurz. „Er sagte, er sei unpässlich und werde heute nicht kommen. Dann bat er mich, die Termine abzusagen."

„Das waren seine Worte? Er sei unpässlich?"

Die Empfangsdame nickte.

„Hat er gesagt, wann er wiederkommen würde?"

Erneutes Kopfschütteln.

„Hat er sonst noch etwas gesagt?"

„Nein, das war alles."

„Danke." Ich ging zur Eingangstür.

Draußen zündete ich mir eine Zigarette an und setzte die Sonnenbrille auf. Hannah streckte die Hand aus, und ich gab ihr Zigaretten und Feuerzeug.

„Haben Sie keine eigenen?"

„Ich will aufhören."

„Seit wann?"

„Seit Taylor."

„Offenbar ohne Erfolg."

„Wenn er durchkommt, höre ich auf. Ehrenwort."

Sie zündete sich eine Zigarette an. Ihre Hand zitterte ein wenig, als sie mir das Päckchen und das Feuerzeug zurückgab. „Hat Jasper Morgan denn etwas mit unserem Fall zu tun?“

„Vielleicht, vielleicht auch nicht.“

„Das haben Sie schon im Diner gesagt.“

„Nur dass ich inzwischen dazu tendiere, dass er doch etwas damit zu tun hat. Das Telefonat mit seiner Sekretärin war äußerst merkwürdig. Wenn man krank ist, sagt man, man hat eine Grippe oder Erkältung oder etwas in der Art. Man sagt nicht, man fühle sich unpässlich, das hört sich an wie aus einem alten Film. Außerdem sagt man immer, wann man voraussichtlich wieder ins Büro kommt. Man lässt das nicht einfach offen. Das tut niemand.“

„Dann sollten wir jetzt mit Jasper Morgan sprechen.“

„Genau das sollten wir.“

8

Jasper Morgans Haus lag, von der Umgebung abgeschirmt, in einem privaten Wald, auf einem mehrere Quadratkilometer großen Gelände. Die Zufahrtsstraße folgte dem hügeligen Gelände in Windungen zwischen den Bäumen entlang in ein breites Tal hinunter.

Das Haus lag am hinteren Ende eines großen, wie eine Träne geformten Sees direkt am Wasser. Es erinnerte an ein Hotel in New England, aber die Türmchen auf den Dächern passten auch zu einem französischen Château. Die Holzbalken waren in einem kühlen Grau gestrichen, die Wände so weiß wie die der städtischen Verwaltungsgebäude im Zentrum. Der riesige Brunnen vor dem Eingang war von der Sorte, wie man sie auf den Piazzas in Rom findet.

Ich fuhr so nahe wie möglich an die Eingangstür heran. Noch bevor ich den Motor ausstellen konnte, eilten schon zwei Sicherheitsleute die breite Treppe herunter. Sie hatten uns wahrscheinlich beobachtet, seit wir auf dem Gelände waren.

Das Anwesen erschien wie eine Festung. Bestimmt waren in den Bäumen Kameras versteckt und in der Straße Bewegungsmelder eingebaut. Die anderthalb Kilometer lange Auffahrt war der einzige Zugang.

Die beiden Wachen hatten Glocks an die Hüfte geschnallt und sahen aus, als könnten sie auch damit umgehen. Sie trugen schwarze Hemden, schwarze Hosen und schwarz polierte Stiefel, eine Uniform, die fast identisch mit Taylors Freizeitkleidung vom Vortag war.

Wir stiegen aus, und die Wachen empfingen uns am Fuß der Treppe. Sie waren beide größer als ich, etwa ein Meter neunzig. Der Jüngere war Ende dreißig, sein Kollege zehn Jahre älter. Es waren ganz offensichtlich ehemalige Soldaten. Rücken kerzengerade, Schultern durchgedrückt. Ihre Augen waren ständig in Bewegung und hielten nach Gefahren Ausschau. Vermutlich Mitglieder einer Sondereinheit. Wer sich eine Gulfstream und ein solches Haus leisten konnte und eine Milliarde auf der Bank liegen hatte, der sparte nicht beim Personenschutz.

Der ältere Mann kam mir unangenehm nahe. Ein Alphatyp, der sein Revier verteidigte. Man erwartete von mir, dass ich einen Schritt zurückwich. Was ich nicht tat. Stattdessen blieb ich stehen und widerstand der Versuchung, den Blick zu heben. Auf der Höhe meiner Augen sah ich sein Kinn. Ein energisches Kinn, das Kinn eines Soldaten.

„Kann ich Ihnen helfen?“

Erst jetzt blickte ich auf. „Büro des Sheriffs. Wir wollen mit Jasper Morgan sprechen.“

Der Typ musterte mich von Kopf bis Fuß. Die weißen Haare, den blauen OP-Kittel, die Jeans samt abgewetzten Stiefeln und die getrockneten Blutflecken. Dann tat er dasselbe bei Hannah. Sein Blick wanderte von ihrer Stachelfrisur über das Death-Parade-T-Shirt hinunter zu ihren abgetretenen Sneakers. Seiner Miene nach zu schließen, glaubte er uns kein Wort.

„Ich brauche einen Ausweis.“

Ich wies mit einem Nicken auf das Polizeiauto. Der Mann folgte meinem Blick über meinen Kopf hinweg.

„Ich brauche etwas Offizielleres.“

Ich klopfte auf meine Taschen und schüttelte den Kopf. „Ich muss meine Dienstmarke in der anderen Jeans gelassen haben.“

„Verlassen Sie bitte das Grundstück.“

„Ausgeschlossen, zuerst muss ich Ihren Chef sprechen.“

„Er ist nicht da.“

„Doch. Seine Empfangsdame im Rathaus sagte, er fühle sich ‚unpässlich‘. Wo sollte er also sein als zu Hause im Bett? Sagen Sie ihm, Jefferson Winter sei hier, um mit ihm zu reden.“

„Mr Morgan empfängt heute niemanden.“

„Für mich macht er bestimmt eine Ausnahme. Sagen Sie ihm, ich wollte ihn über die neueste Entwicklung im Fall Galloway informieren.“

Der Mann rührte sich nicht vom Fleck.

„Sie können ihn durchlassen, Smithson.“

Die Stimme kam vom oberen Ende der Treppe. Wir wandten uns dorthin.

Oben stand Jasper Morgan. Er bedeutete mir mit einer Handbewegung, zu ihm hinaufzukommen, und ich schlüpfte an Smithson vorbei zur Treppe. Hannah folgte mir dicht auf den Fersen.

„Wir sind im Seezimmer, Smithson."

„Sehr wohl, Sir."

Wir traten ein, Morgan voraus. Schweigend gingen wir durch breite, helle Gänge. Auf Schritt und Tritt erinnerte alles an Morgans Reichtum. Teure Gemälde an den Wänden, teure Skulpturen auf Sockeln, ein teurer Marmorfußboden unter unseren Füßen.

Der Blick vom Seezimmer war atemberaubend. Die Wand zum See bestand nur aus Glas und vermittelte den Eindruck, man könne von hier direkt in den See springen. Das Zimmer war sparsam möbliert, nur mit ein paar großen Sofas vor dem Fenster, dazu einige Beistelltischchen. In diesem Raum war alles auf den Seeblick ausgerichtet.

Morgan winkte uns zu den Sofas, und wir nahmen Platz. Ich betrachtete ihn näher und suchte nach Anzeichen von Anspannung, fand aber keine. Er wirkte ruhig und entspannt. Mir kam die Befürchtung, ich könnte mich geirrt haben. Aber warum hatte er sich dann krankgemeldet?

„Sie sehen gesund aus."

Morgan lächelte ein Politikerlächeln, und auf seiner gebräunten, ledrigen Haut erschienen Falten und Runzeln. „Und Sie haben mit Susan im Rathaus gesprochen." Das Lächeln verschwand. „Aber Sie sind nicht deshalb herausgekommen, um sich nach meiner Gesundheit zu erkundigen."

Ich schüttelte den Kopf. „Ich sage Ihnen, was mich beschäftigt. Gestern Abend im Revier ist der Countdown abgelaufen, aber es ist nichts passiert. Zu dem Zeitpunkt nahm ich an, der Täter habe es mit der Angst zu tun bekommen und seinen Plan aufgegeben."

Morgan sah mich unverwandt an, schwieg jedoch und ließ mich reden.

„Wenn diese Annahme nun aber falsch war? Wenn doch alles genau so ablief, wie er es geplant hatte, und ich es nur nicht bemerkt habe? Wenn er seine große Enthüllung gemacht hat und ich sie übersehen habe?"

„Dann war sie wohl doch nicht so großartig."

„Vielleicht nicht für mich, aber das ist eine Frage der Perspektive. Ich rechnete mit einer Wiederholung von Sam Galloways Tod."

Bei der Erwähnung Galloways war Morgan kaum merklich zusammengezuckt. Die Reaktion war klein und, oberflächlich betrachtet, unbedeutend. Aber das täuschte. Sie war der erste Hinweis darauf, dass ich der richtigen Spur folgte.

Er zuckte mit den Schultern, den Blick weiterhin auf mich gerichtet.

„Ich war auch dabei. Und ich muss sagen, ich hatte das Gefühl, dass nichts passierte.“

„Das glaube ich nicht. Im Raum waren fünfzig Leute versammelt, aber der Täter gab seine Vorstellung nur für einen. Für Sie. Es war eine perfekte Vorstellung, bis hin zur Verteilung der Plätze. Sie hatten den besten.“

„Aber es ist doch nichts passiert.“

„Eben. Es ist nichts passiert. Und danach war die Spannung raus. Als der Countdown abgelaufen war und klar wurde, dass nichts passieren würde, machte sich Erleichterung breit. Die Leute lachten und scherzten und verhielten sich wie auf einer Party. Auch Sie wirkten, oberflächlich betrachtet, erleichtert. Als ich draußen vor dem Revier mit Ihnen sprach, plauschten Sie zunächst über Whisky und hatten Freude an Ihrer Zigarette.“

„Es hatte kein weiteres Opfer gegeben. Natürlich war ich darüber froh.“

„Natürlich, aber Sie sind der Bürgermeister. Als solcher müssen Sie nach außen über solchen Gefühlen stehen. Trotzdem haben Sie sich aufgeführt wie die anderen Jungs.“

„Sie lesen da zu viel rein.“

„Wirklich? Sie waren persönlich betroffen, deshalb haben Sie sich so verhalten. Sonst wären Sie anders gewesen, distanzierter, zurückhaltender. Sie sind doch hier der große Zampano, der reichste Mann der Stadt, Sie gehören nicht zum Fußvolk. Was hätte denn Ihrer Meinung nach bei Ablauf des Countdowns passieren können?“

Unverwandt starrten wir uns an. Das Zimmer war so geschrumpft, dass es nur noch für uns beide Platz bot. Selbst Hannah existierte nicht mehr.

„Sie wussten in Wirklichkeit ziemlich genau, was passieren würde, stimmt's? Und es kam genau so, wie Sie es sich vorgestellt hatten. Deshalb waren Sie in Feierlaune. Sie glaubten, Sie hätten den Mörder ausgetrickst. Was hatten Sie denn befürchtet, Jasper?“

Morgan blickte lange Zeit auf den See hinaus. „Sie spekulieren doch nur“, sagte er schließlich.

„Stimmt. Aber Ihrer Reaktion nach zu schätzen, liege ich in etwa richtig. Einige Dinge weiß ich, andere glaube ich zu wissen, und dazwischen liegt jede Menge Spekulation und Vermutung.“

Morgan wandte sich mir wieder zu. Er sah jetzt viel älter aus als am Abend zuvor. „Also gut, fangen wir mit dem an, was Sie wissen.“

„Sam Galloway ist der Schlüssel zu allem, und zwar war er das von Anfang an.“

Morgan zuckte bei der Erwähnung von Galloways Namen wieder kaum merklich zusammen. Er wollte es verbergen, was ihm aber nicht ganz gelang.

„Sie sagten, Sam sei für Sie wie ein Sohn gewesen."

Meiner aufmerksamen Beobachtung entging nicht das erneute Zucken der Gesichtsmuskeln. Ein Teil des Rätsels wurde mir plötzlich klar. Alles passte so gut, dass es stimmen musste.

„Sam war für Sie nicht nur *wie* ein Sohn, stimmt's? Er *war* Ihr Sohn."

Morgan stützte den Kopf in die Hände und seufzte schwer. Als er die Hände wegnahm, sah er nicht mehr aus wie der große Zampano, sondern wie ein Vater, dessen Kind brutal ermordet worden war. „Ja, Sam war mein Sohn", bestätigte er leise.

Ich nickte, als würde das alles erklären. Was es nicht tat. Es erklärte zwar vieles, aber nicht alles. Es erklärte, warum ein Kleinstadtanwalt wie Sam Galloway auf so großem Fuß hatte leben können. Er hatte es sich nicht leisten können, Morgan hatte ihn finanziert. Das wiederum erklärte, warum Barbara Galloway Sams Geheimnis um jeden Preis wahren wollte. Sie wollte ihren Lebensstandard erhalten.

„Sam war gar nicht das eigentliche Ziel", fuhr ich fort. „Der Mörder wollte Sie treffen. Wäre Sam nicht Ihr Sohn gewesen, würde er noch leben."

Ich sah auf den See hinaus. Die verschiedenen Teile des Puzzles schwirrten in meinem Kopf herum. Sie ordneten sich und zerfielen wieder, Ideen in ständiger Bewegung. Einige Teile des Bildes ergaben einen Sinn, andere nicht.

„Deshalb wollten Sie Clayton gestern Abend in Ihrer Nähe haben. Sie hatten einen Sohn verloren und wollten nicht noch einen verlieren."

Morgan nickte. „Als ich den Countdown sah, nahm ich an, der Täter würde sich als Nächsten Clayton vornehmen. Clayton hat keine Kinder. Wenn er stirbt, stirbt der Familienname mit ihm. Wer mich kennt, weiß, dass mich das schwer treffen würde. Ich bedränge ihn seit Jahren, eine Familie zu gründen, aber er meint immer, jetzt sei noch nicht der richtige Zeitpunkt. Irgendwie passt es nie."

„Und Sie nahmen an, am sichersten wäre er bei Ablauf des Countdowns in einem Raum voller Polizisten. Deshalb waren Sie so zuversichtlich, dass nichts passieren würde."

„Das bestreite ich ja gar nicht. Ich will meine Familie schützen. Seit wann ist das ein Verbrechen?"

„Wo ist Clayton jetzt?"

„Hier im Haus. Er ist seit gestern Abend hier, zusammen mit seiner Frau. Hier sind wir sicher."

„Okay, sprechen wir über das Motiv. Rache oder Geld? Welches von beiden?"

Morgans Gesicht zuckte wieder, und er versuchte, einen weiteren Nervenimpuls zu unterdrücken.

„Was verbergen Sie, Jasper? Wenn ich Ihnen helfen soll, müssen Sie offen zu mir sein. Ich kann den Täter kriegen, aber dazu brauche ich Ihre Hilfe."

„Es geht um Geld. Als ich gestern Abend nach Hause kam, hatte ich eine Mail bekommen. Ich sollte zwanzig Millionen Dollar zahlen, sonst würde Clayton das nächste Opfer sein. Die Mail enthielt auch die Daten eines Schweizer Bankkontos, auf das ich das Geld überweisen sollte."

„Sie haben noch nicht gezahlt?"

„Nein. Es braucht Zeit, eine solche Summe aufzutreiben. Ich habe eine Frist bis Mitternacht, aber ich habe das Geld fast zusammen."

„Zahlen Sie nicht."

Morgan starrte mich an. „Und warum nicht? Wie könnte ich denn damit leben, wenn Clayton etwas zustoßen würde? Natürlich werde ich zahlen. Alles andere wäre verrückt."

„Im Gegenteil, es wäre verrückt zu zahlen. Wenn Sie das tun, was hält den Erpresser davon ab, mehr zu fordern? So gehen Erpresser vor. Die erste Zahlung fällt am schwersten. Sie ist der Haken. Bevor Sie wissen, wie Ihnen geschieht, hängen Sie an diesem Haken, und der Erpresser stellt die nächste Forderung. Außerdem wird niemand Clayton töten."

„Das können Sie nicht wissen."

„Clayton weiß über Sam Galloway Bescheid, ja?"

Morgan nickte. „Ich habe ihm alles erzählt."

„Wann?"

„Gestern Nachmittag."

„Sind Sie sicher, dass er bis dahin nichts wusste?"

„Ganz sicher." Doch in Morgans überzeugten Worten schwang die leise Spur eines Zweifels.

„Und wie hat er darauf reagiert?"

„Er war wütend, dass ich es ihm nicht früher gesagt habe, akzeptiert aber meine Entscheidung, es geheim zu halten."

„Wie ich gehört habe, akzeptiert Clayton schon jahrelang Ihre Entscheidungen. Sie sagen ihm praktisch seit seiner Geburt, was er zu tun und zu denken hat. An seiner Bürotür steht vielleicht ‚Geschäftsführer', aber jeder hier weiß, wer in Wirklichkeit die Zügel in der Hand hält. Wenn man das täglich ertragen muss, kann einen das mit der Zeit ganz schön verbittern."

„Was wollen Sie damit sagen?"

„Dass ich mit Clayton sprechen will."

MORGAN verließ das Zimmer, um seinen Sohn zu holen, und ich stand auf und ging zum Fenster. Das Glas unter meiner Hand fühlte sich warm an, die Sonne brannte auf den See herunter. Das Wasser leuchtete mittelmeerblau.

In der Scheibe spiegelte sich Hannah, die auf einem der Sofas saß. Sie hielt ihr Handy ans Ohr. Ihrem unbewegten Gesicht nach zu schließen, gab es nichts Neues von Taylor. Keine Erleichterung, keine Bestürzung. Mit gesenktem Kopf und unbewegtem Gesicht starrte sie auf den hellgrauen Teppich.

Ich holte mein Handy heraus und rief Shepherd an. „Ich habe Ihren Täter gefunden."

„Wer ist es?"

„Clayton Morgan."

Es folgte ein kurzes Zögern, während er die Nachricht verarbeitete. Dann holte er scharf Luft. „Soll das ein Witz sein, Winter?"

„Nein. Clayton ist Ihr Mann. Wie lange brauchen Sie bis zu Jasper Morgans Anwesen?"

„Ich kann in zehn Minuten da sein."

„Wenn Sie jemanden hier in der Nähe haben, schicken Sie ihn her. Er soll die Auffahrt absperren. Schicken Sie auch jemanden zum Flughafen. Die Morgans besitzen einen Hubschrauber und eine Gulfstream. Ich glaube zwar nicht, dass bei Clayton Fluchtgefahr besteht, aber wir geben ihm lieber nicht die Gelegenheit dazu."

„Also gut." Vom anderen Ende der Leitung kam ein tiefer Seufzer. „Clayton Morgan. Und Sie sind sich sicher?"

„Es besteht keinerlei Zweifel."

„Das wird Jasper Morgan schwer treffen."

„Nicht mein Problem. Mein Job ist es, den Täter zu fangen. Sobald das erledigt ist, bin ich weg. Den Saustall müssen dann Sie aufräumen."

„Zehn Minuten." Shepherd legte auf.

Hannah war während des Telefonats neben mich getreten. Abwesend blickte sie auf die Landschaft draußen.

„Wie geht es Taylor?", fragte ich.

„Wird noch operiert. Die Milz wurde entfernt."

„Solange er operiert wird, lebt er noch, Hannah."

Sie starrte durch die Scheibe. „Sie sagten, der Täter sei Polizist." Hannah sprach mit ihrem Spiegelbild.

„Zu neunundneunzig Prozent."

„Wollen Sie damit sagen, dass Sie sich geirrt haben?"

„Nein, ich sage nur, dass der Fall endlich aufgeklärt werden muss."

„Wenn Clayton Morgan den ganzen Morgen hier war, wie konnte er dann Taylor überfallen?“

„Sein Vater behauptet, er sei hier gewesen. Das ist nicht dasselbe. Die Menschen lügen die ganze Zeit. Würde Morgan lügen, um seinen Sohn zu schützen? Natürlich.“

„Aber wenn er die Wahrheit sagt? Und Clayton tatsächlich hier war?“

„Dann hat er jemanden mit dem Überfall beauftragt. Mit Geld kann man jedes Problem lösen.“

Hannah sah mich an. „Und wenn Sie sich wieder irren? Wenn Clayton unschuldig ist? Was dann?“

„Haben Sie etwas mehr Vertrauen. Glauben Sie mir, ich weiß, was ich tue.“

ICH STAND mit dem Rücken zum Zimmer und mit der Fensterscheibe als Spiegel vor mir, als Jasper Morgan und Clayton eintrafen. Ich drehte mich nicht um und sagte nichts, sondern beobachtete nur, wie sie das Seezimmer hintereinander durch die große Doppeltür betraten. Hannah stand neben mir und blickte auf den See hinaus.

Die beiden blieben stehen, ganz klar ein Kräftemessen. Ich stand, deshalb mussten sie auch stehen. Zu sitzen hätte für sie einen psychologischen Nachteil bedeutet.

Ich hatte Clayton am Vorabend nicht weiter beachtet. Er sah aus, als hätte ihm sein Vater gerade eine Standpauke gehalten. Mit gesenktem Kopf blickte er auf den Boden. In ihm rumorte eine Menge unterdrückter Wut. Obwohl erst Anfang vierzig, wirkte er unter Stress viel älter.

Das Schweigen im Zimmer war zum Zerreißen gespannt. Hin und wieder wurde es von einem Geräusch unterbrochen, einer Bewegung, einem Räuspern oder dem Rascheln eines Ärmels auf der Haut, wenn jemand auf die Uhr sah. Es gelingt vier Menschen einfach nicht, ganz still zu sein, erst recht nicht, wenn sie es versuchen.

Die Polizei kam nach ein paar Minuten. Die Männer betraten den Raum hintereinander. Zuerst Sheriff Fortier, dann Shepherd, Barker und zuletzt Romero.

Fortier marschierte geradewegs auf Jasper Morgan zu. „Es tut mir furchtbar leid. Wir sind gleich wieder weg und lassen euch in Ruhe.“

„Einen Augenblick.“ Ich drehte mich vom Fenster weg. „Wir haben hier einen dringend der Tat Verdächtigen, und wir haben ein Motiv, die Gelegenheit und die Mittel. Sie werden Clayton jetzt unverzüglich zum Verhör aufs Revier bringen.“

Fortier kam auf mich zu. Er war hochrot im Gesicht, sein Blutdruck war in schwindelerregende Höhen gestiegen. Dicht vor mir blieb er stehen. Er musste den Kopf heben, um mich anzusehen. Ich sah aus wie ein Wrack, seine Uniform war dagegen picobello wie immer, mit Falten an den richtigen Stellen und blitzblanken Schuhen.

„Ich sage Ihnen genau, was hier gleich passiert. Wir lassen diese braven Leute in Frieden, und ich fahre Sie persönlich nach Shreveport und sorge dafür, dass Sie von dort das erste Flugzeug nehmen." Er wandte sich wieder an Jasper Morgan. „Noch einmal, ich kann mich gar nicht genug für dieses Missverständnis entschuldigen."

Jasper wischte die Entschuldigung beiseite, als wäre der Mordverdacht gegen seinen Sohn nichts Besonderes.

„Sie machen einen großen Fehler", sagte ich. Fortier sah mich wütend an. „Sie sind doch hier aufgewachsen?"

Er nickte. „Was soll diese Frage jetzt?"

„Sie kennen Clayton also schon seit seiner Kindheit. Und Jasper Morgan wiederum kennt Sie seit Ihrer Kindheit. So funktioniert das hier, richtig? Jeder weiß über jeden Bescheid. Der Clayton, den Sie kennen, kann mit einem Mord nichts zu tun haben. Völlig ausgeschlossen. Problematisch bei dieser Einschätzung ist die Grundannahme, wir könnten einen anderen Menschen wirklich kennen. Sie ist falsch."

„Clayton Morgan hat mit Sam Galloways Ermordung nichts zu tun. Dafür lege ich meine Hand ins Feuer."

Ich ließ meinen Blick durch das Zimmer wandern und betrachtete nacheinander die Gesichter der anderen. Jasper Morgan und Sheriff Fortier waren kurz davor zu explodieren. Shepherd sah aus wie jemand, der das Gesetz auf seiner Seite wusste. Barker und Romero schienen darauf zu warten, dass man ihnen sagte, was sie tun sollten. Und Hannah war tief erschüttert.

„Interessiert sich denn keiner dafür, was ich zu sagen habe?", fragte ich.

„Ich schon", meldete sich Hannah zu Wort, was ihr einen bösen Blick von Sheriff Fortier einbrachte.

Ich sah Jasper Morgan an. Er hatte hier das Sagen. „Was meinen Sie denn, Jasper? Wenn Sie von der Unschuld Ihres Sohnes überzeugt sind, was haben Sie dann zu verlieren? Ich sage meine Meinung, und wenn sich herausstellt, dass ich mich irre, sind Sie alle fein raus, und ich stehe da wie ein Idiot." Ich lächelte. „Und wenn ich recht habe? Was dann? Es sieht dann so aus, als hätten Sie Ihren Sohn decken wollen, und das ist schlecht fürs Geschäft. Egal was Sie tun, gegen Clayton muss ermittelt werden. Auf die eine oder andere Art kommt die Wahrheit sowieso heraus."

Morgan seufzte. Noch beherrschte er sich, aber es kostete ihn große Mühe. Seine Fäuste waren geballt. „Sie irren sich. Mein Junge hat damit nie im Leben etwas zu tun. Aber egal, wenn Sie sich unbedingt blamieren wollen … Sagen Sie Ihr Sprüchlein auf, und dann verschwinden Sie verdammt noch mal aus meinem Haus."

„Okay, sprechen wir über das Motiv. Ein Erpresser verlangt zwanzig Millionen Dollar, also geht es offenbar um Geld, ja?" Ich schüttelte den Kopf. „Falsch. Es geht um Rache. Was bedeutet Ihnen von allen Dingen am meisten, Jasper? Ich gebe Ihnen einen Tipp. Nicht Ihre Familie und auch nicht Eagle Creek."

Alle starrten mich an, niemand sagte etwas.

„Die Morgan Holding. Die Firma ist Ihr Vermächtnis. Sie war schon lange vor Ihrer Geburt da und wird, wie Sie hoffen, auch noch lange nach Ihrem Tod da sein. Unter der Leitung eines Morgan, wenn es nach Ihrem Willen geht. Das ist für Sie das Wichtigste. Dass Clayton noch keinen Erben gezeugt hat, macht Sie wütend."

Ich wandte mich den anderen Anwesenden zu. Sieben Augenpaare erwiderten meinen Blick.

„Für alle, die noch nicht auf dem neuesten Stand sind: Jasper hat gestern Abend eine Erpresser-E-Mail erhalten, in der zwanzig Millionen Dollar gefordert wurden. *Das* ist der wirklich coole Teil von Claytons Plan. Diese Zahlung dient nur dazu, den Ball ins Rollen zu bringen. Clayton hat die Summe bestimmt sorgfältig gewählt. Sie musste so groß sein, dass es der Firma wehtut, aber nicht so groß, dass sie zugrunde geht. Sonst hätte Jasper wohl oder übel aktiv werden und das FBI einschalten müssen. Vorerst will er alles möglichst kleinhalten. Wenn herauskommt, dass er erpresst wird, wäre das schlecht fürs Geschäft."

„Sie müssen sich schon entscheiden", fiel Fortier mir ins Wort. „Eben sagten Sie noch, es gehe nicht um Geld, jetzt geht es doch wieder darum."

„Und Sie haben nicht aufgepasst. Die Erpressung ist nur Mittel zum Zweck. Clayton hasst seinen Vater. Er will ihn vernichten, und dazu muss er das zerstören, was seinem Vater am meisten bedeutet. Die Firma. Jasper zahlt, und ein paar Monate später kommt die zweite Forderung. Diesmal ein kleinerer Betrag. Sagen wir, fünf Millionen. Jasper macht also weitere Mittel locker und zahlt. So geht es immer weiter, und die Firma wird nach und nach ausgehöhlt, bis nichts mehr übrig ist. Das ist die Methode eines Erpressers. Es geht darum, den Ball ins Rollen zu bringen und das Opfer auszubluten."

Ich hielt inne. Aller Augen waren weiter auf mich gerichtet, es war still im Raum. Clayton erwiderte meinen Blick und sah gleich wieder weg.

„Aber Jasper ist nicht dumm“, fuhr ich fort. „Er wird eine Armee von Privatdetektiven engagieren, um dem Erpresser das Handwerk zu legen. Nur dass niemand Clayton überprüfen wird, warum auch? Warum sollte Clayton seine eigene Firma zerstören wollen? Ein guter Plan. Am besten gefällt mir daran, wie Clayton es hinbekommen hat, dass sein Vater ihn jetzt tatsächlich beschützt. Das ist genial.“ Ich grinste Clayton an. „Ihr Vater hat Sie wirklich unterschätzt, nicht wahr?“

„Das ist doch abwegig! Ich habe mit Sams Ermordung nichts zu tun und erpresse auch nicht meinen Vater.“

Ich musterte ihn eingehend. Wieder erwiderte er meinen Blick nur kurz und sah dann weg. „Sie sind ein guter Lügner, das muss man Ihnen lassen.“

„Ich lüge nicht.“

„Aber Sie hassen Ihren Vater, stimmt's?“

Clayton senkte den Kopf, biss sich auf die Lippen und schwieg.

„Und da haben Sie Ihr Motiv.“

„Aber wo sind die Beweise?“, fragte Fortier. „Die Fakten? Bisher habe ich nur Spekulationen gehört.“

„Sie sind die Polizei, die Beweise müssen Sie finden. Mein Job war, Sam Galloways Mörder zu finden, und das habe ich getan. Ich an Ihrer Stelle würde Clayton jetzt schleunigst zum Verhör aufs Revier bringen und sehen, was er zu sagen hat.“

„Winter hat recht, Sir“, meldete sich Shepherd zu Wort und strich sich über den Schnurrbart. Sein Gesicht war nachdenklich. „Wir haben zwar nicht genug für eine Anklage, aber Clayton hat ein Motiv. Wir müssen zumindest mit ihm reden.“

Fortier stand da wie gelähmt, dann schüttelte er den Kopf und tat einen langen, müden Seufzer. „Es tut mir wirklich leid, Jasper, aber wir müssen Clayton mitnehmen. Aber keine Sorge, wir klären das. Zum Abendessen ist er wieder da, das verspreche ich Ihnen.“

Shepherd winkte Barker und Romero heran und nickte in die ungefähre Richtung von Clayton. Die beiden gingen zu ihm.

„Tut mir sehr leid, Mr Morgan“, sagte Barker.

Clayton fixierte seine Schuhe, als wären sie der interessanteste Gegenstand im Zimmer. Ich habe im Lauf der Jahre schon viele gebrochene Menschen gesehen. Clayton sah aus, als wäre er total am Ende.

Zugleich wirkte er so schuldig, wie man nur konnte.

Ich wartete, bis die drei an der Tür waren, dann sagte ich: „Moment, ich habe meine Meinung geändert. Clayton ist nicht der Täter. Er ist unschuldig."

Die sechs Augenpaare, die Clayton gefolgt waren, richteten sich auf mich.

„So ist das mit Lügen. Wenn sie das richtige Quantum Wahrheit enthalten, hört sich alles plausibel an. Dann kann man jeden damit überzeugen."

Die anderen starrten mich nur an. Jasper Morgan und Sheriff Fortier sahen wütend aus, aber in ihre Wut mischte sich eine Verunsicherung, die zuvor nicht da gewesen war.

„Sie erinnern sich an Dan Choat? Den Polizisten mit Schuldkomplexen, der Sam Galloway ermordet und dann Selbstmord begangen haben soll? Das war eine sehr geschickte Lüge. Die meisten haben sie geglaubt, und zwar deshalb, weil der Täter mit Choat eine gute Wahl getroffen hatte. Alle Zutaten stimmten. Die verkorkste Kindheit, die dominante Mutter, ein klassischer Fall."

Ich hielt inne und schüttelte den Kopf.

„Leider stand die ganze Inszenierung auf tönernen Füßen. Das ist die andere Sache mit den Lügen: Man muss auch die kleinen Details richtig planen. Mist gebaut hat unser Täter beim Abschiedsbrief. Einen Abschiedsbrief hinterlässt man, weil die Menschen verstehen sollen, warum man es getan hat. Wer das nicht für nötig hält, hinterlässt keinen Brief, ganz einfach. Wenn man aber einen solchen Brief schreibt, glauben Sie, man findet gleich die richtigen Worte? Niemals. Man formuliert ihn immer neu. Aber nicht so bei Choat. Sein Abschiedsbrief wurde auf das erste Blatt eines Notizblocks geschrieben. Er hat es gleich beim ersten Mal hinbekommen."

Wieder unterbrach ich mich und lächelte. Im Zimmer war es so still, dass eine herunterfallende Nadel so laut geklungen hätte wie eine Kirchenglocke.

„Das war der erste Fehler. Der zweite war der Inhalt des Briefes. Niemand schreibt einen Abschiedsbrief mit nur einem Wort, *niemand*. Choat fiel also nach gründlichem Überlegen nichts Besseres ein als ‚Entschuldigung'. Entschuldigung wofür? Bei wem? Wie gesagt, der Sinn eines Abschiedsbriefes besteht darin, zu erklären und zu rechtfertigen, warum man sich umbringt."

„Was soll dieser Quatsch?", polterte Jasper Morgan los. „Und warum höre ich ihm zu? Kann jemand mir diesen Idioten aus den Augen schaffen?"

Er hatte endlich die Sprache wiedergefunden. Es hatte eine Weile gedauert, aber jetzt war er wieder voll da.

Ich hob in gespielter Kapitulation die Hände. „Hey, Sie sollten jetzt eigentlich der glücklichste Mensch der Welt sein. Ihr Sohn ist unschuldig, er kommt nicht ins Gefängnis. Er hasst Sie zwar, aber wenigstens wollte er Sie nicht fertigmachen.“

Jasper Morgan wandte sich an Sheriff Fortier. Er sah aus, als würde er am liebsten drauflosschlagen. „Ich will, dass dieser Irre mein Haus verlässt. Habe ich mich klar ausgedrückt?“

Barker und Romero hatten Clayton losgelassen und kamen jetzt auf mich zu.

„Bevor Sie mich rauswerfen, noch eine letzte Bemerkung. Die meisten von Ihnen haben die Geschichte geglaubt, dass Clayton Jasper erpresst habe, dabei konnte sie genauso wenig stimmen wie der Selbstmord von Dan Choat. Will niemand wissen, warum?“

„Schafft ihn raus!“, rief Fortier. Der Sheriff klang fast genauso wütend wie Morgan.

„Weil der Mann, den Sie suchen, Polizist ist.“

Ich musterte Jasper Morgan aufmerksam. Er war im Moment der einzige Anwesende, der zählte. Barker und Romero waren stehen geblieben und warteten verunsichert auf weitere Anweisungen.

„Okay, das reicht jetzt“, mischte sich Shepherd ein. „Sie greifen nach jedem Strohhalm. Der Täter ist niemals Polizist.“

„Sie haben doch auch bereitwillig geglaubt, Choat sei der Täter. Okay, jetzt hat sich herausgestellt, dass er es doch nicht ist, aber es könnte ja ein anderer Polizist gewesen sein. Sie zum Beispiel.“

Shepherd lachte und schüttelte den Kopf.

„Das würde auch erklären, warum Taylor im Krankenhaus liegt. Denn daran habe ich wirklich herumgerätselt, glauben Sie mir. Das Warum liegt auf der Hand. Sie wollten ablenken. Das Wie war schwieriger zu beantworten. Wenn Barker oder Romero oder sonst jemand sich mit Taylor angelegt hätten, hätte er sie windelweich geprügelt. Außerdem wäre er auf einen solchen Angriff gefasst gewesen.“ Ich lächelte Shepherd an. „Bei Ihnen ist das etwas anderes. Sie hätten ihn überraschen können. Ihr Name stand zwar mit als erster auf unserer Liste der Verdächtigen, wurde aber auch als einer der ersten wieder gestrichen. Wie haben Sie es also gemacht?“

„Wenn das wieder so eine Posse ist, finde ich sie nicht komisch.“

„Ich sage Ihnen genau, wie Sie es gemacht haben. Sie haben gewartet, bis die anderen alle beschäftigt waren, dann haben Sie Taylor gebeten, etwas aus dem Kofferraum Ihres Autos zu holen. Sie sind ihm gefolgt unter dem Vorwand, dass Sie noch was brauchten. Sobald Sie nahe genug an ihm dran waren, haben Sie ihn mit einer Spritze betäubt und in den Kofferraum verfrachtet. Dann sind Sie zu dem Lagerschuppen gefahren und haben ihn hineingeschleift. Dort haben Sie ihn halb totgeschlagen, anschließend sind Sie zum Tatort zurückgekehrt, bevor Sie vermisst wurden."

„Die Fantasie geht mit Ihnen durch, Winter."

Ich lachte, und die Augen hinter der Brille blitzten wütend auf. Seine Regung kam für mich einem Geständnis gleich.

„Das ist die falsche Reaktion. Wenn jemand in Ihrer Position mit einem so ungeheuerlichen Vorwurf konfrontiert wird, stellt er unmissverständlich klar, dass er es nicht war."

„Und was wäre mein Motiv?"

Ich wandte mich zu Jasper Morgan. „Gute Frage. Was ist sein Motiv, Jasper?"

„Woher soll ich das wissen?"

Ich blickte erst Shepherd an, dann Morgan. Dann wieder Shepherd und noch einmal Morgan. Ich sah zu Clayton hinüber, dann wandte ich mich wieder Shepherd zu.

„Es sind die Augen. Da steckt offenbar ein dominantes Gen dahinter. Die Brille und der Schnurrbart sind übrigens eine hübsche Note. Sie lenken von Ihren Augen ab."

„Wovon redet er?", fragte Clayton.

„Darf ich Ihnen Ihren Halbbruder vorstellen?"

Clayton sah mich an, als hätte ich Shepherd soeben zur Reinkarnation von Elvis erklärt.

„So ein Quatsch", erklärte Shepherd. Er nickte Barker zu. „Bringen Sie ihn endlich raus."

„Ist ja gut, ich gehe schon. Aber zuerst will ich von Jasper hören, ob ich mich irre." Shepherd sah mich an, als wollte er mich umbringen. Ich wandte mich an Morgan. „Ich bin ganz Ohr."

Morgan ging langsam zu Shepherd und blieb vor ihm stehen. Als sie so voreinanderstanden, fielen weitere Ähnlichkeiten auf. Die Form der Nase, die Wölbung der Wangenknochen. Sie waren gleich groß. Morgans Haare waren so weiß wie meine, die von Shepherd auf dem Weg dorthin.

„Warum?", fragte Morgan.

Es folgte ein langes Schweigen.

Schließlich brach Shepherd den Bann, indem er lachte. Das Lachen klang trocken und spröde und enthielt keine Spur von Humor. „Du kapierst es wirklich nicht."

„Nein, aber ich will es verstehen. Ich *muss* es verstehen."

Shepherd seufzte und schüttelte den Kopf, als könnte er nicht glauben, dass er etwas so Offensichtliches erklären musste. „Sam hatte seine Villa in

McArthur Heights und den Ferrari, alles von dir bezahlt. Und dann Clayton. Wenn du stirbst, bekommt er alles. Und wo bleibe ich?“

„Ich habe immer danach geschaut, dass du nicht zu kurz kommst. Du wolltest der nächste Sheriff werden. Ich hätte dafür gesorgt.“

„Du kapierst es immer noch nicht.“ Shepherd schüttelte den Kopf und schnaubte. „Ich will den Ferrari und die Gulfstream und die Villa, aber obwohl ich dein Sohn bin, geht das nicht. Wenn ein Bulle einen Ferrari kauft, reden die Leute.“

Morgans Augen weiteten sich ungläubig. „Es geht dir ums Geld?“

„Natürlich. Machen wir uns doch nichts vor. Es geht immer ums Geld.“

„Warum hast du nichts gesagt? Ich hätte dir Geld gegeben.“

„Du hast mir nicht zugehört. Was hätte ich sagen sollen, wenn die Leute anfangen, Fragen zu stellen? Dass ich in der Lotterie gewonnen habe? Du hättest doch sagen können, dass ich dein Sohn bin. Aber das hättest du nie getan, denn dann hättest du die Beziehung zu meiner Mutter anerkennen müssen. Und ein Kind mit einer Kellnerin wäre doch schlecht fürs Image gewesen.“

„Ich habe immer gut für deine Mutter gesorgt.“

„Nein, du hast ihr Schweigen gekauft. Ein großer Unterschied.“

„Ich hab mal eine Frage.“ Die beiden sahen mich überrascht an. Sie waren so mit ihrer Auseinandersetzung beschäftigt gewesen, dass sie die anderen Anwesenden ganz vergessen hatten. „Ihre Mutter ist tot, ja? Und bestimmt noch nicht lange.“

„Sie ist letzten Monat gestorben“, antwortete Shepherd. „Aber was soll die Frage?“

„Das passt. Dafür, dass Sie ausrasten und Ihren Halbbruder verbrennen, nur weil er ein besseres Auto fährt als Sie, brauchte es einen Auslöser. Und ein schmerzlicher Verlust ist dafür bestens geeignet.“

Shepherd blickte mich an, als wollte er mich umbringen. Dann milderte sich sein Gesichtsausdruck, doch was dann kam, war schlimmer. Eben noch eine wutverzerrte Fratze, war das Gesicht jetzt vollkommen ausdruckslos und leer. Ich kannte diese Miene von alten Videos aus meiner FBI-Zeit. Es war die eines Selbstmordattentäters unmittelbar vor der Explosion.

Während mein Gehirn das Geschehen noch verarbeitete, hatte Shepherd schon seine Glock gezogen. Ich ging auf ihn zu, ohne zu wissen, was ich tun wollte, wenn ich bei ihm war. Die Ausbilder in Quantico hatten versucht, mich in Selbstverteidigung und Nahkampf zu unterrichten, allerdings ohne Erfolg.

Ich hatte noch nicht die Hälfte der Strecke zurückgelegt, da war es schon zu spät. Die erste Kugel traf Jasper Morgan in die Brust, die zweite riss ihm den Hinterkopf weg.

Shepherd schwenkte die Pistole in meine Richtung, und ich blieb abrupt vor ihm stehen. Er streckte die Hand aus, packte den blauen OP-Kittel, riss mich herum und schlang den Arm fest um mich. Die Glock bohrte sich in meine rechte Schläfe. Das heiße Metall verbrannte mir die Haut. Shepherd duckte sich hinter mich und benutzte meinen Körper als Schild. Wir standen unmittelbar vor dem breiten Panoramafenster.

Schritte ertönten, und Smithson und sein Kollege stürmten ins Zimmer. Die beiden Sicherheitsmänner hatten ihre Pistolen gezogen und zielten in unsere Richtung. Barker und Romero fummelten panisch an ihren Holstern herum.

Aus den Augenwinkeln sah ich Hannah. Ihre Augen waren weit geöffnet, ihr Mund zu einem O erstarrt. Jasper Morgan lag links von mir, und sein Blut strömte auf den teuren Teppich.

Shepherd bohrte die Pistole fester in meine Schläfe. Sein linker Arm drückte mir den Hals zu und schnürte mir die Halsschlagader ab. Ich bekam keine Luft mehr und fühlte mich seltsam schwerelos. Mein Blickfeld begann zu flimmern, und ich stand kurz davor, das Bewusstsein zu verlieren.

Ich unterdrückte den Impuls, mich zu wehren und zu kämpfen. Damit hätte ich nur kostbaren Sauerstoff verbraucht. Es fiel mir allerdings nicht leicht. Ich wollte weglaufen, kämpfen, konnte aber noch einigermaßen klar denken und wusste, dass mir das nichts bringen würde. Mein Blick traf sich mit dem von Smithson. Er suchte mit seiner Pistole nach einer Schussmöglichkeit.

„Erschießen Sie ihn.“ Meine Worte waren an ihn gerichtet. Sie klangen verzweifelt und waren kaum hörbar.

Shepherd stieß mir die Pistole noch heftiger in die Schläfe. „Wenn er das tut, sind Sie tot. Wollen Sie das?“

„Erschießen Sie ihn“, keuchte ich wieder.

Mehr brachte ich nicht heraus, und sogar das kostete mich schon zu viel Anstrengung. Mein Gehirn arbeitete immer langsamer, und ich konnte nicht mehr klar denken. Und nicht mehr richtig sehen. Alles verschwamm. Smithson und Hannah nahm ich nur noch schemenhaft wahr. Um mich herum wurde es immer dunkler. Nur noch ein hauchdünner Faden verband mich mit der Welt. Jeden Moment konnte es vollends Nacht werden, und dann war es aus.

Da tauchte am linken Rand meines Gesichtsfelds plötzlich ein Schatten auf. Es war so weit. Der Moment war gekommen.

Ein einzelner Schuss.

Das scharfe, schrille Klirren einer berstenden Glasscheibe. Der Faden riss, und ich schwebte durch die Luft. Nacheinander erloschen die Lichter, es wurde Nacht.

9

Ich stand vor dem Krankenhaus und hielt genießerisch das Gesicht in die Sonne. Wenn man dem Tod ins Auge geblickt hat, ist man danach eine kurze Zeit lang hyperwach. Die Sinne explodieren angesichts der grandiosen Vielfalt der äußeren Eindrücke. Anblicke, Geräusche, Gerüche, Geschmacks- und Tastempfindungen, alles wirkt klarer und lebendiger.

Der Zustand hält nicht lange an, nur ein paar Tage. Die Regler fahren nach und nach zurück, bis man mit den Füßen wieder auf dem Boden steht.

Doch in diesem Moment überließ ich mich ganz den Gerüchen eines heißen Sommertags und war glücklich.

Ich hatte wirklich gedacht, ich würde sterben.

Inzwischen waren vierundzwanzig Stunden vergangen. Ich hatte einen ganzen Tag lang Zeit gehabt, herauszufinden und zu verarbeiten, was passiert war. Die meisten Lücken hatte ich geschlossen.

Hannah hatte mir das Leben gerettet. Sie war der Schatten gewesen, den ich noch aus den Augenwinkeln bemerkt hatte, bevor ich ohnmächtig geworden war. Sie hatte sich auf Shepherd gestürzt und ihn umgestoßen und Smithson damit die Gelegenheit zum Schuss verschafft. Die Kugel hatte Shepherds Schädel durchschlagen und eine der großen Glasscheiben zertrümmert. Durch das Loch waren wir alle drei in den See gefallen.

Ich war schon wieder bei Bewusstsein, als ich hustend und spuckend aus dem Wasser gezogen wurde. Irgendwie war ich heil davongekommen. Mein Hals war wund, weil Shepherd ihn zugedrückt hatte, an meiner Schläfe hatte die Glock einen kleinen Brandfleck hinterlassen, das war alles. Hannah hatte mehr abbekommen. Sie war an der zerbrochenen Fensterscheibe hängen geblieben und musste genäht werden. Wenn ich ihr diese Verletzungen hätte abnehmen können, ich hätte es liebend gern getan. Sie war meine Heldin.

Ich betrat das Krankenhaus. In der Gesäßtasche meiner Jeans steckte zusammengefaltet ein Scheck über hunderttausend Dollar, ausgestellt auf Hannah Hayden. Das Geld kam leider von meinem eigenen Konto. Jasper Morgan konnte meine Spesen nicht mehr abzeichnen, und Clayton zickte herum. Er gab mir die Schuld am Tod seines Vaters und wollte mein Honorar nicht zahlen. Ich konnte es verkraften. Ich besaß einige Aktien und Anteile, ich verdiente gut und hatte so gut wie keine Ausgaben.

Der Aufzug hielt im dritten Stock, und ich betrat einen breiten, hellen Flur, der nach Krankenhaus roch und von entsprechenden Geräuschen erfüllt war. Ein schwarzes Paar kam mir entgegen, beide Ende vierzig, hochgewachsen, schlank und fit. Die Frau lächelte, als sie mich sah. Ich ergriff ihre ausgestreckte Hand, und sie hielt meine Hand mit beiden Händen.

„Wie schön, dass wir Sie treffen. Taylor hat uns so viel von Ihnen erzählt. Ich bin übrigens Rosa." Sie lächelte ihren Mann an. „Und das ist Malcolm."

„Freut mich, Sie kennenzulernen. Wie geht es ihm?"

„Besser. Danke, dass Sie meinen Sohn gerettet haben."

Sie lächelte mich noch eine Weile an, dann ließ sie mich schließlich los.

Anschließend ergriff Malcolm meine Hand und schüttelte sie. Er war fast genauso groß wie sein Sohn. Sein Gesicht gab mir eine Vorstellung davon, wie Taylor später einmal aussehen würde. Ein Charaktergesicht, kraftvoll, stolz und integer. „Danke", sagte er.

Ich wusste nicht, was ich antworten sollte. Ich komme mit Lob nicht gut zurecht, das in diesem Fall auch gar nicht gerechtfertigt war. Statt sich bei mir zu bedanken, hätten sie mich aus der Stadt jagen sollen.

„Ist er wach?"

„Immer wieder", antwortete Rosa. „Jedenfalls war er wach, als wir gegangen sind, und er würde sich über Ihren Besuch bestimmt freuen."

Wir verabschiedeten uns voneinander, und sie gingen zum Aufzug weiter. Ich machte zwei, drei Schritte und blieb abrupt stehen. Erst jetzt wurde mir klar, was Rosa soeben gesagt hatte. Ich eilte den beiden nach und erreichte sie, als die Aufzugstür gerade aufging.

„Rosa!", rief ich.

Sie drehte sich um. „Alles in Ordnung?"

„Ja, alles bestens. Als wir eben miteinander gesprochen haben, nannten Sie Ihren Sohn Taylor."

Sie sah mich verwirrt an. „Er heißt so. Wie sollte ich ihn sonst nennen?"

„Das meine ich nicht. Sie sind seine Mutter. Mütter nennen ihre Kinder immer beim Vornamen. Sie verwenden auch keine Kurzform, sondern den ganzen Namen. Gibt es dazu nicht auch etwas in der Verfassung?"

Taylors Mutter nickte lächelnd. Sie hatte verstanden, worauf ich hinauswollte. „Taylor ist sein Vorname."

Jetzt sah ich sie verwirrt an.

„Das erklärt Ihnen am besten Malcolm."

Durch ein Kopfschütteln gab er zu verstehen, dass er das schon oft hatte tun müssen. „An dem Tag, an dem ich Taylors Geburt bei der Behörde melden wollte, kehrte ich unterwegs in einer Bar ein und genehmigte mir einen Drink."

Rosa schnaubte. „Ein Drink wäre nicht schlimm gewesen, aber es blieb nicht bei einem."

„Was? Ich darf nicht feiern, wenn ich einen Sohn bekomme?"

„Feiern ist das eine, sich volllaufen lassen etwas anderes."

„Jedenfalls machte ich beim Ausfüllen des Formulars einen Fehler. Ich trug Taylor als Vor- und Nachnamen ein. Wir wollten das noch ändern, aber ein Neugeborenes macht viel Arbeit. Wir nannten den Jungen im Scherz Taylor. Als dann der schlimmste Schlafmangel überstanden war, hatten wir uns daran gewöhnt und konnten uns nicht mehr aufraffen, ihn zu ändern."

„Ich wollte ihn eigentlich David nennen", warf Rosa ein. „Aber der Name passte einfach nicht zu ihm. Er war Taylor, fertig, aus."

Ich nickte. „Ja, er ist definitiv ein Taylor."

ICH GING DEN FLUR ENTLANG zur Intensivstation und lächelte die ganze Zeit. Es gibt nichts Schöneres als die kribbelnde Freude, wenn man endlich ein schwieriges Rätsel gelöst hat.

Taylor schlief. Er sah besser aus als bei meinem letzten Besuch, aber nicht viel. Sein Oberkörper war von Verbänden bedeckt, das Gesicht übel zugerichtet. Die Augen waren verquollen und voller Blutergüsse, die Lippen dick. Shepherd hatte ganze Arbeit geleistet.

Doch wurde er nicht mehr künstlich beatmet, und sein Herz schlug dem Monitor zufolge regelmäßig. Hannah saß neben ihm und hielt seine Hand.

„Wie geht es ihm?", fragte ich leise.

Sie hob den Kopf und lächelte müde. Sie hatte ein Tangleweed-T-Shirt an, wieder eine Band, von der ich noch nie gehört hatte. Ihre beiden Arme waren bandagiert, Gesicht und Hände voller Schnitt- und Schürfwunden.

„Gut", flüsterte sie. „Die Ärzte meinen, wenn es weiter so gut geht, kommt er in ein paar Tagen hier raus und einen Stock tiefer."

„Das ist ja prima. Und Sie? Wie geht es Ihnen?"

„Gut."

„Wann haben Sie das letzte Mal geschlafen?"

„Ich kann doch jetzt nicht schlafen."

„Als Märtyrerin nützen Sie Taylor nichts. Sie müssen auch auf sich aufpassen."

Hannah lachte. „Ach ja? Das sagt der Richtige."

„Der bin ich wahrscheinlich wirklich."

Wir schwiegen beide, und nur noch die leisen Geräusche der die Patienten am Leben erhaltenden Maschinen waren zu hören.

„Danke, dass Sie mir das Leben gerettet haben."

Hannah lachte wieder. „Bilden Sie sich das nicht ein. Was ich getan habe, hatte überhaupt nichts mit Ihnen zu tun. Ich wollte es nur dem Arschloch heimzahlen, das Taylor so zugerichtet hat."

„Okay. Trotzdem danke."

„Hey, Winter, sind Sie das?" Taylor hatte die Augen einen Spaltbreit geöffnet.

„Sie sehen gut aus, Taylor."

„Falsch, ich sehe aus wie ein Haufen Scheiße. Man bringt mir nicht mal einen Spiegel, so schlimm sehe ich aus."

„Besser ein Krankenhausbett als ein Sarg."

Taylors Mundwinkel bogen sich nach oben. Ein richtiges Lächeln brachte er nicht zustande. „Shepherd, was? Hätte ich nie gedacht."

„Da waren Sie in bester Gesellschaft."

„Er hat mich gebeten, Lampen aus dem Kofferraum seines Autos zu holen. Als Nächstes bin ich dann hier aufgewacht."

„Sie können nichts dafür. Shepherd hat uns alle zum Narren gehalten."

„Sie nicht."

„Aber ich habe zu langsam geschaltet."

„Hey, Sie können auch nichts dafür. Entscheidend ist, dass Sie geschaltet haben."

Mein Lächeln bestand auch nur aus einer Andeutung, was aber daran lag, dass mir nicht nach Lächeln zumute war.

„Hannah hat mir gesagt, was Sie getan haben", fuhr Taylor fort. „Danke. Es hätte auch ganz anders ausgehen können." Er beschrieb das „anders" nicht näher, aber das brauchte er auch gar nicht. Seine Lider zuckten, und er bemühte sich krampfhaft, sie offen zu halten. „Wir haben ihn erwischt", murmelte er, leiser werdend und vom Morphium benebelt.

„Das haben wir", bestätigte ich leise, aber da war er schon eingeschlafen.

„So geht das ständig", sagte Hannah. „Er wacht auf und schläft wieder ein."

„Seine Genesung braucht Zeit."

„Aber das wird ihn verändern, stimmt's?"

Ich seufzte. Es ging nicht darum, ob Taylor einen bleibenden Schaden davontragen würde, sondern darum, wie groß der Schaden sein würde.

Über so etwas kam man nie ganz hinweg. Ich hatte es schon zu oft erlebt. Zu den eigentlichen Opfern, also denen, die nicht überlebt hatten, kamen die sekundären Opfer, die Menschen, die überlebt hatten. Die Hinterbliebenen wie Eltern, Partner oder Freunde. Menschen wie Taylor, die mit einem Mörder zusammengetroffen und mit dem Leben davongekommen waren. Meine Mutter hat das, was mein Vater getan hatte, nie verkraftet, und ich würde lügen, wenn ich behauptete, ich sei ohne Blessuren davongekommen.

„Er wird Sie in den nächsten Monaten mehr brauchen als je zuvor", sagte ich zu Hannah.

„Ich werde für ihn da sein."

„Ich weiß. Sie beide gehören zusammen."

„Sie gehen, ja? Sie sind gekommen, um sich zu verabschieden."

Ich nickte. „Wir unterhalten uns weiter, wenn ich das nächste Mal in San Francisco bin."

„Hört sich gut an."

Ich zog den Scheck aus der Gesäßtasche und gab ihn ihr. Hannah faltete ihn auseinander, las, was ich daraufgeschrieben hatte, und hielt ihn mir hin.

„Das kann ich nicht annehmen."

„Sie können es, und Sie werden es. Sie haben gewonnen, es ist nur fair. Wenn ich gewonnen hätte, hätte ich meinen Gewinn völlig skrupellos eingetrieben. Zu hundert Prozent."

Sie studierte einen Moment lang mein Gesicht. Der Blick ihrer großen braunen Augen ging mir durch und durch.

„Wie haben Sie es herausgefunden?"

„Ich weiß nicht, wovon Sie reden."

Sie zerriss den Scheck einmal und dann noch einmal und noch einmal.

„Taylors Eltern", erklärte ich. „Ich bin ihnen draußen auf dem Flur begegnet."

„Wir kommen schon zurecht, ich und Taylor. Wir werden nach San Francisco ziehen, heiraten und ein Dutzend Kinder bekommen."

„Daran habe ich nicht den geringsten Zweifel."

„Bis dann, Winter."

„Ja, bis dann."

Ich fuhr mit dem Aufzug zum Empfang hinunter und ging nach draußen.

Bei einem Autoverleih hatte ich ein Corvette Cabrio gemietet. Eine Viertelstunde später fuhr ich mit offenem Verdeck und Sonnenbrille auf der Interstate in Richtung Osten. Ich hatte keinen Plan, ich wollte nur fahren, bis ich müde war, und dann in einem Motel einchecken.

Nach Beendigung eines Falls ging ich gewöhnlich gleich zum nächsten über, so hatte ich es seit meinem Ausscheiden aus dem FBI gehalten. Es entsprach meinem Bedürfnis, ständig in Bewegung zu bleiben, aber diesmal wollte ich eine Pause einlegen.

Chief Kalani hatte seinen Vergewaltiger geschnappt, ich wurde also auch auf Hawaii nicht mehr gebraucht. Wie sich herausgestellt hatte, war der Bösewicht kein gescheiterter Schauspieler, sondern ein gescheiterter Musiker. Kalanis Leute hatten sich das Filmmaterial der Nachrichtensender zu den früheren Verbrechen vorgenommen – und tatsächlich, da hatte er gestanden, als wäre Bescherung.

Deprimierend war nur, dass es keinen großen Unterschied machte, wenn ich ein paar Tage aus dem Karussell ausstieg. Die Zahl der in den Vereinigten Staaten aktiven Serienmörder lag bei hundert, vielleicht sogar höher. Einige malten sich in diesem Augenblick aus, wie sie ihre Opfer foltern und töten konnten. Und die Arbeit war nie zu Ende. Ich konnte noch so vielen dieser Monster das Handwerk legen, es reichte nie. Das war aber auch kein Grund aufzuhören. Ein weiserer Mensch als ich hatte einmal gesagt, dass man nicht die ganze Welt auf einmal, sondern nur ein Leben nach dem anderen retten könne. Mehr konnte ich nicht tun.

Ich suchte im Radio nach einem Rocksender und drehte die Lautstärke voll auf. Dann gab ich Gas. Die Nadel kroch auf hundertdreißig, auf hundertfünfzig, auf hundertsiebzig. Versunken in die Musik, blickte ich auf die Straße, die sich schwarz und endlos vor mir erstreckte, und genoss den Wind im Gesicht. Die Welt kam mir so lebendig vor wie nie zuvor, und ich war ausnahmsweise einmal ganz zufrieden damit, nur auszuspannen und zu genießen.

„Meine Ausgangsidee war, dass Winter mit der Polizei einer Kleinstadt zusammenarbeiten sollte.“

James Carol

Vor seiner Schriftstellerkarriere arbeitete James Carol in so verschiedenen Berufen wie Gitarrist, Toningenieur, Pferdetrainer und Journalist – als Fallanalytiker bei Kriminalermittlungen war er hingegen noch nicht tätig. Gibt es dennoch Ähnlichkeiten zwischen ihm und seinem exzentrischen Profiler Jefferson Winter? „Ich glaube, alle Romanfiguren, seien sie gut oder böse, tragen etwas von ihrem Schöpfer in sich“, antwortet der 1969 geborene Schotte. „Aber falls Sie erwarten, dass ich an dieser Stelle ins Detail gehe – da sollten Sie wohl besser meine Frau fragen! Ich weiß, das ist eine echte Politikerantwort, aber ich werde nie im Leben zugeben, dass ich ein weißhaariges, kettenrauchendes, whiskysaufendes Genie bin!“

Was macht Serienmörder aus Autorensicht für ihn so interessant? „Am meisten faszinieren mich jene Serienkiller, die sich verbergen, ohne sich wirklich zu verstecken“, erklärt der zweifache Vater, der mit seiner Familie in der südostenglischen Grafschaft Hertfordshire lebt. „Es gibt da ein paar, denen es gelang, erfolgreich vorzutäuschen, normal zu sein, was dazu führte, dass sie jahrelang weitermorden konnten, bevor sie gefasst wurden. Wie machten sie das? Wichtiger noch: Warum taten sie das? Und das führt zu einer noch gruseligeren Frage: Da man nie in einen anderen Menschen hineinschauen kann, wie können Sie sicher sein, dass der ruhige Nachbar, der Ihnen so gerne behilflich ist, nicht ein Serienmörder ist?“

Beruhigend, dass James Carol auch einen der Guten wie Jefferson Winter mit großer Beharrlichkeit versehen hat. „Das mag ich an ihm: Was immer das Rätsel ist, er wird nicht ruhen, bis er die Antwort findet.“

Nora
und die
Novemberrosen

Tania Krätschmar

Entlang der niedrigen Mauer waren Hunderte, wenn nicht Tausende Tontöpfe gestapelt. Einige der Stapel waren umgefallen. Und sie schienen dort schon lange zu liegen, denn Moos wuchs auf ihnen. Sie reichten für zahllose Pflanzen …

Die Erkenntnis traf Nora wie ein Blitzschlag: Hier war früher eine Gärtnerei gewesen. Wie geheimnisvoll! Eine alte, vergessene Gärtnerei. Ein wucherndes grünes Rätsel. Ihr Herz begann schneller zu schlagen.

Prolog

„Lilianne! Komm endlich!"

Scharf schnitt die Stimme der Mutter durch den grauen Novembermorgen. Aber Lilianne hörte es nicht. Weil sie es nicht hören wollte. Sah ihre Mutter nicht, was sie gerade tat?

Vorsichtig trat sie die Rose fest, die sie gepflanzt hatte. Der Vater hatte ihr erklärt, wie sie es machen musste. Wie tief das Loch sein sollte und dass die Veredelungsstelle – das war die, wo die Rose dick und knotig war – fünf Zentimeter unter der Erdoberfläche liegen musste. Als ob sie das nicht schon wüsste! Schließlich hatte sie ihn oft genug dabei beobachtet, wie er Rosen pflanzte.

Das Loch zu graben war anstrengend gewesen. Trotz der Kälte war ihr ganz heiß. Aber nun stand die Rose da, wo sie hingehörte – hinter den beiden Gewächshäusern, deren Glasscheiben beschlagen waren. Nicht weit von der hohen Ligusterhecke, die mit ihren immergrünen Blättern eine dunkle Wand in die neblige Landschaft zeichnete.

Neben Lilianne lag ihr Spaten, den der Vater ihr zum siebten Geburtstag geschenkt hatte. Fast ein Jahr war das nun schon her. Das Spatenblatt war kleiner und der Stiel kürzer als bei den schweren Spaten, mit denen die Arbeiter in der Gärtnerei werkelten. Seit Lilianne ihr eigenes Gartenwerkzeug besaß, durfte sie dem Vater helfen.

Sie wanderte gern mit ihm zwischen den Beeten umher und durch die Gewächshäuser. In einem war es immer so warm und feucht, dass dort die allerschönsten Blumen wuchsen – Callas, Orchideen und Lilien. Tropische Pflanzen waren das.

Im zweiten Gewächshaus war es ein bisschen kühler, es war allein für die Rosen ihres Vaters reserviert. Nicht für Rosen, die nackt und sparrig waren wie die, die sie gerade gepflanzt hatte, sondern für edle langstielige Teerosen, die gehegt, gepflegt und unter künstlichem Licht gezogen wurden. Wenn die Blüten groß, aber noch fest geschlossen waren, kam Frau Fritsch. Sie schnitt sie sorgfältig und band sie zu wunderschönen Sträußen. Dann wurden sie nach Berlin gefahren, zu diesen großen, lauten Veranstaltungen, die ihr Vater manchmal im Radio verfolgte. „Damit die Leute wenigstens etwas Schönes sehen, wenn sie schon diesen Brüllaffen hören müssen“, hatte er einmal gesagt.

Ob dieser Brüllaffe auch schuld war an den vielen Glasscherben in der Stadt? Lilianne fand es gemein, nachts die Schaufenster zu zerschlagen. Nicht auszudenken, wenn das mit ihren Gewächshäusern passieren würde! Zum Glück waren sie weit von Berlin entfernt.

Wenn Lilianne mit ihrem Vater zusammen durch die Gärtnerei ging, brüllte niemand. Im Frühling und Sommer hörte man die Vögel zwitschern. Im Herbst und Winter kam noch das Knacken der Heizungsrohre in den Gewächshäusern hinzu. Aber brüllen, nein, brüllen tat keiner.

Tag für Tag lauschte Lilianne den leise gemurmelten Kommentaren des Vaters und versuchte, sich so viel wie möglich davon zu merken. Alles, was er ihr über Pflanzen, Stauden und Gewächse beibrachte, interessierte sie. Manchmal sagte der Vater, in ihren Adern fließe kein Blut, sondern Pflanzensaft. Wie bei einer der zarten Birken, die hinter dem Zaun wuchsen. Dann lächelte er und drückte ihre Hand.

Und heute Morgen, nach dem Frühstück, hatte er etwas sehr Seltsames getan. Er hatte sie gefragt, ob sie eine Rose pflanzen wolle, sie ganz allein! Sie kenne sich damit doch schon aus, sie sei schließlich seine kleine große Gärtnerin, hatte er sie ermutigt.

Seine Stimme hatte ein bisschen rau geklungen, als er ihr die kahle Pflanze gegeben und gesagt hatte: „Sie ist wurzelnackt, aber stämmig und gesund. Sie hat viele Augen, und im nächsten Sommer wird sie schneeweiß blühen. Du wirst sehen, Lilianne, das wird eine Schönheit, die uns alle überlebt! Eine Schönheit, wie du eine bist, mein Mädchen.“ Dann hatte er sie an sich gezogen und ihr mit einem schwieligen Finger über die Wange gestrichen.

Die Rose würde Triebe haben und irgendwann ihren Platz vor der dunklen Hecke erhellen wie ein vom Himmel gefallener Stern. Lilianne konnte es kaum erwarten, aber sie wusste, dass eine Gärtnerin Geduld haben musste.

„Wachse schön“, flüsterte sie dem kleinen Rosenstock zu und berührte rasch, wie zur Bestätigung, den Anhänger an der feinen goldenen Kette, die sie um den Hals trug.

Das Schmuckstück hatte ihrer Großmama Ava gehört. Als sie vor zwei Jahren gestorben war, hatte ihre Mutter es ihr, Lilianne, angelegt, und seitdem trug sie es jeden Tag. Nur neulich, als ihre Eltern so ernst mit ihr gesprochen hatten, hatte sie es ablegen wollen. Aber dann hatte sie es sich anders überlegt. Wenn jemand darauf starrte, was in der letzten Zeit ein paarmal passiert war, ließ sie es rasch unter der Bluse verschwinden.

Lilianne griff nach ihrer kleinen Zinkgießkanne und begann die Rose zu gießen. Während sie beobachtete, wie das Wasser in der Erde versickerte, warf sie gedankenverloren ihre dicken, dunklen Zöpfe zurück. Der eine verfing sich an der Kette. Lilianne zerrte ein bisschen daran, dann war er befreit.

„Kind, hörst du nicht? Ich habe gesagt, du sollst endlich kommen!"

Sie zuckte zusammen. Sie hatte ihre Mutter nicht kommen hören. Jetzt stand sie direkt hinter ihr und schloss ihre Hand so fest um Liliannes Handgelenk, dass sie die Gießkanne fallen ließ.

„Mutti, ich bin noch nicht ganz fertig", protestierte sie, aber die Mutter zog sie einfach fort, kümmerte sich nicht um Spaten und Gießkanne, die auf der Erde liegen blieben.

„Wir müssen los", erklärte die Mutter kurz angebunden.

Lilianne stolperte in ihren Holzpantinen neben ihr her. Da erst sah sie, dass die Mutter nicht wie üblich ihre grüne Küchenschürze, sondern ihren Wintermantel trug. Und Handschuhe. Und ihren grauen Hut.

„Wohin gehen wir denn?", fragte Lilianne und wusch sich an dem Wasserhahn neben der Terrasse gebückt die Hände. Die Kälte biss. Schnell trocknete sie sich an dem groben Handtuch ab, das danebenhing.

„Wir fahren zum Bahnhof", sagte die Mutter und deutete auf Liliannes braune Schuhe, die in der geöffneten Terrassentür standen.

Gehorsam schlüpfte sie aus den Holzpantinen und in die Schuhe hinein. Dann nahm sie ihren Mantel, der auf einer gepackten Reisetasche lag. „Verreisen wir denn?", fragte sie. „Ihr habt gar nichts gesagt."

Die Mutter antwortete nicht, schüttelte nur den Kopf, nahm die Reisetasche und griff nach Liliannes Hand. Zusammen gingen sie um das Haus herum zur Einfahrt, wo die dunkle Limousine stand.

Im ersten Stock wurde ein Fenster geöffnet. Hinter der Gardine war schemenhaft eine Person zu sehen.

Der Motor des Wagens lief bereits. Hans, einer der Arbeiter der Gärtnerei, schnallte gerade einen braunen Lederkoffer hinten auf der Kofferbrücke fest. Er hievte auch die Reisetasche hinauf, dann stieg er ein und setzte sich hinter das Lenkrad. Sonst brachte er Lilianne immer mit seinen Scherzen zum Kichern, heute drehte er sich nicht mal zu ihr um, als sie in den Fond des Wagens kletterte. Wortlos starrte er durch die Windschutzscheibe.

„Wo ist denn Vati? Kommt er nicht mit?", fragte Lilianne.

Wieder erhielt sie keine Antwort von der Mutter.

„Ich will zu Vati! Er hat meine Rose noch gar nicht gesehen!" Unruhig griff Lilianne nach ihrer Kette, ließ die zarten Goldglieder durch die Finger gleiten und suchte nach ihrem Anhänger, um ihn fest mit der Faust zu umschließen – wie sie es häufig tat, wenn sie Trost brauchte. Aber der Anhänger war nicht da. „Mutti, er ist weg! Mein Anhänger, er ist weg! Vorhin hatte ich ihn noch! Ich geh und such ihn!“ Sie stieß die Tür wieder auf und wollte aus dem Wagen schlüpfen, die Mutter hingegen drehte sich um und hielt sie zurück.

„Das geht nicht, Lilianne. Schließ die Tür. Wir sind spät dran“, sagte sie mit gepresster Stimme.

„Aber Mutti!“, jammerte Lilianne. „Es ist mein Glücksanhänger! Ich habe ihn bestimmt beim Pflanzen verloren.“

„Mach sofort die Tür zu!“, befahl die Mutter. „Fahren Sie, Hans!“, sagte sie dann zu dem Mann am Steuer, ohne weiter auf Lilianne einzugehen.

Erschrocken schloss Lilianne die Wagentür. Warum war ihre Mutter heute so streng zu ihr? Warum durfte sie ihren Anhänger nicht suchen?

Sie verstand nicht, was das alles bedeutete, und spürte, wie ihr die Tränen in die Augen stiegen. Aber sie wollte nicht weinen. Sie war fast acht Jahre alt, sie hatte allein eine Rose gepflanzt!

Lilianne versuchte, die Tränen hinunterzuschlucken, und schaute wie zum Trost aus dem Rückfenster des Wagens. Dort, hinter den Gewächshäusern, stand ihre Rose, irgendwo da musste sie ihren Stern verloren haben. Wenn sie zurückkam, würde sie sofort danach suchen. Sie würde es nicht vergessen. Egal wie lange diese Reise dauerte.

Langsam rollte der Wagen los. Die Räder drückten sich schwer in den hellen Kiesweg der Auffahrt. Ein Arbeiter öffnete das Tor, legte die Hand grüßend an die Mütze, als sie ihn passierten. Sie fuhren weiter, und hinter ihnen verschwand die Gärtnerei im Novembergrau.

STILLE HERRSCHTE. Einen Moment lang rührte sich nichts im Haus. Dann bewegte sich der Schatten des Mannes, der im ersten Stock am Fenster stand. Er verlor sich in der Dunkelheit des Hauses.

1. Kapitel

Es gab Tage, an denen Nora ihren Job mochte, und Tage, an denen sie ihn hasste. Aber nie war er für sie etwas anderes als ein Brotjob, der sie und Fanny mehr recht als schlecht ernährte. Als Gärtnerin hatte sie einen anderen Traum, als in der Blumenabteilung eines kleinen Baumarktes schnell hochgezogene Pflanzware zu verkaufen wie lebende Wegwerfprodukte.

Gelegentlich beriet Nora Kunden, die echtes Interesse an Pflanzen hatten.

Das war dann ein guter Tag für sie. Der heutige dagegen schien ein ausgesprochen schlechter Tag zu werden. Was an der üppigen, stark geschminkten Blondine lag, die vor ihr stand und auf sie einredete.

„Haben Sie nicht verstanden, was ich will?“, fragte die Blondine herausfordernd.

Nora steckte die Hände tief in die Taschen ihrer grünen Arbeitsweste, um der Versuchung zu widerstehen, sich die kurzen dunklen Locken zu raufen.

„Doch, ich habe genau verstanden, was Sie wollen. Sie möchten für Ihren Balkon Pflanzen, die jetzt, im März, blühen, die auch im Sommer und im Herbst blühen und im nächsten Frühjahr immer noch. Oder schon wieder.“

Die Frau nickte. „Genau. Und warum sind Sie nicht in der Lage, mir so etwas zu verkaufen? Kennen Sie sich nicht aus, oder was?“

„Doch, ich kenne mich aus. Deshalb kann ich nur wiederholen: So eine Pflanze werden Sie nicht finden! Wenn Sie noch etwas warten, können Sie Geranien oder Petunien oder Husarenknöpfchen pflanzen. Oder etwas Ähnliches. Sommerblüher jedenfalls. Damit haben Sie zumindest von Mai bis zum Frost Spaß.“

„Warum verkaufen Sie sie mir dann nicht?“

„Wir haben sie noch nicht geliefert bekommen. Und selbst wenn, wäre es jetzt nicht das Richtige für Ihren Balkon, der, wie Sie erklärt haben, ungeschützt im siebten Stock liegt. Wenn es noch Nachtfröste gibt, dann sind die Blumen gleich hin. Oder Sie müssen sie mit einer Folie abdecken, um sie zu schützen.“

Die Kundin sah sie an, als wäre jede Form von Nachtfrost Noras persönliche Schuld. „Und was ist das Gelbe und Blaue hier? Das blüht doch sehr hübsch! Warum bieten Sie mir die denn nicht an?“

Sie wies auf die großen Holztische im Freibereich, auf denen Töpfe mit Primeln, Narzissen und Stiefmütterchen dicht an dicht standen.

Nora atmete tief durch. „Das sind Frühlingsblüher. Die sehen im Sommer nach *gar nichts* mehr aus. Die möchten Sie nicht, wenn Sie länger als Juni etwas davon haben wollen. Das können Sie mir glauben.“

„Schön.“ Die Frau nickte resolut. „Dann möchte ich Rosen. Die blühen doch das ganze Jahr, oder? Sonst würde man sie ja nicht noch im Winter in den Blumengeschäften bekommen.“

Nora verlor die Geduld. „Rosen möchten Sie also? Was denn für Rosen? Strauchrosen? Teerosen? Historische Rosen? Kletterrosen? Moosröschen? Hundsrosen oder lieber Essigrosen?“

Einen Moment lang sah die Kundin sie unsicher an, dann zuckte sie blasiert mit den Schultern. „Rosafarbene Rosen“, erwiderte sie.

„Na, dann kommen Sie mal mit", sagte Nora zu der Kundin, und lief zügigen Schrittes quer durch den Baumarkt. Als sie an ihrem Ziel angekommen war, wies Nora auf bunt blühende Pflanzen, die ohne ersichtliche Ordnung auf einem hohen Regal standen – Orchideen, Callas, Tulpen, Efeu, Lilien und Rosen. „Das ist das Richtige für Sie! Die Blumen blühen das ganze Jahr über, und pflegeleicht sind sie auch. Da stehen Rosen. Sogar rosafarbene!"

Die Kundin sah sie ungläubig an. „Wollen Sie mich auf den Arm nehmen? Das sind doch Seidenblumen! Ich will etwas Natürliches auf meinem Balkon! Wie soll ich denn sonst im Einklang mit der Natur leben?", protestierte sie.

„Ich habe keine Ahnung, mit wem Sie im Einklang leben", schnappte Nora, „aber mit der Natur bestimmt nicht." Sie drehte sich um und ging zurück in den Freibereich des Gartencenters. Ungehalten begann sie, die Balkonerde, die gerade geliefert worden war, auf die Paletten zu wuchten – ordentlich nach der Größe gestapelt: fünf Liter, zehn Liter, zwanzig Liter … Nur einmal unterbrach Nora ihre Arbeit schwer atmend und warf einen raschen Blick in Richtung Innenraum, zur Kasse. Die Frau war nirgends zu sehen. Wahrscheinlich war sie beleidigt rausgerauscht. Es hätte Nora nicht gleichgültiger sein können. Sie war geduldig, bestimmt. Aber sie ließ ihre Gärtnerseele nicht mit Füßen treten!

Als sie kurz nach sechs im Bus in Richtung Schmargendorf saß – sie hatte die erste Schicht gehabt, der Kollege musste bis zur Schließung um neun Uhr bleiben –, dachte sie noch einmal an die unmögliche Kundin und warum sie sich von deren idiotischen Antworten so hatte reizen lassen.

Der Bus überquerte gerade die Halenseebrücke, als Nora die Erleuchtung kam. Diese Frau verkörperte alles, was in Noras Leben *nicht* stimmte. Sie wollte im Freien arbeiten, wollte kreativ sein, wollte sich um Pflanzen kümmern, wollte interessierten Menschen den Wert des Wachsens und Gedeihens vermitteln, wollte Respekt für ihre Tätigkeit und Respekt für die Pflanzen. Stattdessen verkaufte sie Tag für Tag, was immer es gerade billig auf dem Markt gab, egal wie lange die Pflanzen überleben würden.

Sie hasste es, und sie sah keinen Ausweg. Doch es gab einen Menschen auf der Welt, für den sie das tat. Für Fanny.

„Mama, ich und Ellie haben vorhin Wiener Schnitzel gemacht. Erst das Fleisch platt geklopft, dann in Mehl gewendet, dann in Ei, dann in Bröseln. Dann gebraten, in ganz viel Fett. Und dann haben wir noch ein Kinderschnitzel für mich gemacht, nur aus dem Rest Ei und Semmelbröseln", plapperte Fanny los, kaum dass Margarete Nora die Tür geöffnet hatte.

Mit Begrüßungen hielt Noras siebenjährige Tochter sich nicht lange auf. Das war typisch für sie, dachte Nora und strich ihr über das Haar, das lockig und kurz wie ihr eigenes war, nur ein paar Schattierungen heller.

„Gib deiner Mutter fünf Minuten zum Verschnaufen", sagte Margarete. „Na, einen anstrengenden Tag gehabt?", fragte sie Nora. Auf ihrem für eine Frau in den Siebzigern erstaunlich faltenfreien Gesicht erschien ein prüfender Ausdruck.

„Das kann man wohl sagen. Ich sollte froh sein, dass die Gartensaison bald wieder losgeht, aber ich … Ach, ich weiß auch nicht." Margarete mit ihren Selbstzweifeln zu belasten war das Letzte, was Nora wollte. Es verging kein Tag, an dem sie nicht dankbar für die kleine Hausgemeinschaft war, die sich um Fanny kümmerte. Ohne Margarete, Ellie und Udo hätte sie ihr Leben als Alleinerziehende nicht geschafft. Bis vor zwei Jahren war auch noch Udos Frau Anne dabei gewesen, die liebevollste Ersatzomi, die man sich hatte vorstellen können. Aber dann war Anne überraschend gestorben. Lungenkrebs.

Sie alle hatte das Tempo ihres Verfalls erschreckt, für Udo war es natürlich am schlimmsten gewesen. Zuerst hatte er sich nach Annes Tod völlig von ihnen zurückgezogen, doch das war in einem Haus, in dem es nur vier Parteien gab, schwierig. Inzwischen trauerte er etwas weniger, aber noch immer ging er jeden Tag auf den Friedhof. Anne besuchen, wie er es nannte.

Am Anfang hatte er Fanny gelegentlich dorthin mitgenommen. Nora hatte es nicht gern gesehen. Denn danach hatte Fanny immer die merkwürdigsten Fragen gestellt: Wie sieht man aus, wenn man lange in der Erde gelegen hat? Was geht eher kaputt, Knochen oder Holz? Wie lange dauert es, bis die Würmer einen aufgefressen haben? Wie lange wirst du leben, Mama? Ihre Fragen erinnerten Nora immer daran, dass sie die beiden Letzten der Familie Dittbrenner waren. Dass Udo, seit Fanny in die Schule ging, Anne immer allein besuchte, empfand sie als Erleichterung.

„Morgen wieder?", fragte Margarete. Sie wussten beide, dass es eine Routinefrage war. Was sonst hätte Nora mit ihrer Tochter machen sollen.

„Ja, bitte. Morgen habe ich ja Samstagsdienst."

Margarete nickte. „Fein! Fanny, holst du mal das Schnitzel für deine Mama?" Fanny flitzte in die Küche. „Wir haben gedacht, wir könnten mit unserer Kleinen mal einen Ausflug machen", wisperte Margarete. „In das Dorf in der Mark Brandenburg, in dem Anne geboren wurde. Udo hat es vorgeschlagen. Ist das okay für dich?"

Nora zögerte einen Moment. Dann gab sie sich einen Ruck. „Natürlich. Da wird sie sich freuen!"

Margarete strahlte. „Wir haben so viel Spaß mit ihr! Udo fährt. Er ist manchmal ein bisschen … Aber wir passen auf. Mach dir keine Sorgen. Wir sagen ihm, wann er überholen darf. Und wann er bremsen soll. Ah, da bist du ja wieder, Schatz. Hör mal, Fanny, wir machen morgen einen Ausflug!"

Fanny quietschte begeistert auf. „Wohin denn?"

„Ins Umland von Berlin."

„Mit einem Picknick?"

„Aber natürlich! Sonst wäre es doch kein Ausflug. Du kommst morgen früh runter, und dann packen wir alles zusammen ein. So toll, wie du das Schnitzel eingewickelt hast!"

Fanny hatte mindestens eine halbe Rolle Küchenpapier um das Schnitzel gewickelt, sie trug das weiße Paket unter den Arm geklemmt. „Kommst du auch mit, Mama?", fragte sie.

Nora schüttelte den Kopf. „Nein, ich muss arbeiten. Aber ihr habt sicher eine wunderbare Zeit. Tschüs, Margarete, bis morgen."

Fanny bekam von Margarete einen raschen Abschiedskuss, dann schloss sich die Tür.

Was Fanny tat, machte sie gründlich. Das galt fürs Einwickeln. Das galt für ihr größtes Hobby, das Sachensuchen auf der Straße, in Parks und im Wald, wo sie merkwürdige Dinge auflas, die nur für sie Bedeutung hatten. Und ganz offensichtlich galt es seit Neuestem auch fürs Schnitzelbraten unter Ellies Anleitung.

Ellie war eine begnadete Köchin. Seit wann brachte sie wohl auch Fanny das Kochen bei? Nora stieg müde die Treppe hinauf. Neben ihr hüpfte Fanny über die Stufen. Hatte sie da wieder etwas verpasst? Wie so oft in Fannys Entwicklung?

Als sie gut acht Jahre zuvor schwanger geworden war, hatte sie gewusst, dass sie ihr Kind allein großziehen und dass das nicht leicht sein würde. Es war eine Sommerliebe gewesen, eine flüchtige Beziehung mit einem charmanten Mann. Der nur noch flüchtig und überhaupt nicht mehr charmant war, als Nora auf Unterhalt für Fanny bestanden hatte.

Mittlerweile waren die monatlichen Zahlungen das Einzige, was sie noch von ihm bekam. Für Fanny war er praktisch nicht existent und für Nora nur eine monatliche Zahl auf ihrem Kontoauszug. Sie schloss die Tür auf, und Fanny sauste mit dem Schnitzelpäckchen in die Küche. Dann verschwand sie in ihrem Zimmer.

„Kann ich noch spielen?", rief sie, aber Nora bezweifelte, dass sie ihr Ja noch hörte. Sie setzte die Tasche ab, hängte ihre Jacke auf und schlüpfte aus den Schuhen.

Ah, zu Hause zu sein! Das Haus, in dem sie wohnte, war nicht groß. Und schön war es auch nicht. Eingeklemmt stand es zwischen den repräsentativen sanierten Altbauten, schmal und niedrig, ein vergessener Sechzigerjahre-Bau, hellhörig und feucht, wenn nicht ständig gründlich gelüftet wurde. Längst schon hätte die Heizungsanlage ausgewechselt werden müssen – ihre drei Zimmer wurden im Winter selten richtig warm.

Aber das Haus lag in einer schönen, ruhigen Straße im bürgerlichen Bezirk Schmargendorf. Es war ein Stückchen heile Welt, und das war genau das, was Nora für sich und Fanny brauchte. Der Grunewald, in dem sie am Wochenende oft spazieren gingen und Sachen suchten (Fanny), war nicht weit, die Grundschule, wo Fanny die zweite Klasse besuchte, lag um die Ecke, und die Miete war erschwinglich. Besitzer Stegemann, ein älterer Herr aus Süddeutschland, machte sich offenbar nicht allzu viel aus Geld. Sie konnte nur hoffen, dass das so blieb.

Es war ein Glücksfall gewesen, dass Nora die Wohnung vor sechs Jahren bekommen hatte. Und ein noch größerer Glücksfall, dass Margarete, Ellie, Udo und Anne sie und die damals einjährige Fanny mit offenen Armen aufgenommen hatten. Ja, da hatte sie tatsächlich einmal Glück gehabt. Fanny entwickelte sich prächtig und hatte Menschen um sich herum, die sie liebten und die sich um sie kümmerten. Sie selbst war Mitte dreißig und gesund. Sie hatte ein Nest für sich und ihre Tochter. Und wenn nichts Außergewöhnliches passierte, reichte das Geld für sie beide, jeden Monat wieder.

Nora nahm Teller und Besteck aus dem Küchenschrank. Sie stellte alles auf den Küchentisch, wickelte das Schnitzel aus, setzte sich hin und begann zu essen.

Manchmal war das Leben als Singlemutter allerdings furchtbar anstrengend. Neben Job und Fanny blieb ihr fast nur der Kontakt zu den Leuten im Haus. Sie hatte keinen Freund. Einen zu finden war nicht leicht. Nora hatte überhaupt keine Lust, sich auf Singlebörsen im Netz herumzutreiben.

Und selbst wenn eines Tages jemand in den Gartenmarkt kommen, sie strahlend ansehen und erklären würde, dass sie die Richtige für ihn sei und er der Richtige für sie: Eine Beziehung zu pflegen erschien ihr viel schwieriger, als das bisschen Einsamkeit auszuhalten. Es hatte bisher einfach noch nie funktioniert.

Was Noras Job anging … Als sie die Lehre begonnen hatte, hatte sie von einem selbstbestimmten Leben mit dem Geruch von Erde in der Nase und viel Grün fürs Auge geträumt. Ihre Eltern waren pikiert gewesen. Sie habe doch Abitur, warum sie nicht wenigstens Biologie studiere, hatten sie, beide Lehrer, gefragt.

Doch das wollte Nora nicht. Sie wollte nicht studieren, sie wollte alles über Pflanzen lernen und es umsetzen, wollte mit den Händen arbeiten, wollte den Spaten in die Erde rammen und sich das verlorene Paradies zurückerobern. Sie hatte vorgehabt zu sparen, den Meister zu machen und dann ihre eigene Gärtnerei zu eröffnen. Das war der Plan gewesen. Damals war Nora jung gewesen. Und vielleicht gehörte das auch zum Erwachsenwerden – sich von seinen Träumen für immer zu verabschieden.

Denn dann hatte sie Fanny bekommen, und damit war es mit diesen Plänen erst mal vorbei. Wir haben es dir ja gleich gesagt, hatten ihre Eltern ihr wortlos zu verstehen gegeben, wenn sie sich mal gesehen hatten. Oft war es nicht gewesen. Die beiden waren früh pensioniert worden und hatten auf La Palma gelebt, bis ein betrunkener Busfahrer ihren Wagen zu spät gesehen hatte. Fünf Jahre war das her.

Nora war Selbstmitleid fremd. Aber manchmal hatte sie das Gefühl, dass immer nur sie diejenige war, die beim Lotto zielsicher die Zahlen direkt neben den Gewinnerzahlen tippte. Diejenige, vor der der Schalter gerade geschlossen wurde, auch wenn sie schon eine Stunde gewartet hatte. Und die, die sich immer in den falschen Mann verguckte.

2. Kapitel

Es war ein strahlend schöner Märztag, wie gemacht für eine Landpartie. Nur der Fahrer fehlte.

„Wo bleibt Udo denn? Wir wollen doch los!“, sagte Ellie. Ungeduldig strich sie sich die silbergrauen Locken zurück.

Trotz der Sonne war es empfindlich kühl, der Märzwind pfiff durch die Straße. Ellie schlug sich den Kragen ihrer dunkelblauen Windjacke hoch. Margarete hatte ebenfalls auf praktische Kleidung gesetzt, wenn auch mehr in ihren Lieblingsfarben Beige und Braun, registrierte sie mit einem raschen Blick auf ihre beste Freundin.

Margarete war immer schon die damenhaftere von ihnen gewesen. Sie trug grundsätzlich bis Mitte Mai Lederhandschuhe in derselben Farbe wie ihre Schuhe. So auch heute. Sie war bildungsbeflissen, perfekt organisiert und mit der guten Rente ihres verstorbenen Mannes gesegnet.

Am ersten Tag seines Ruhestandes hatte Harald die Augen für immer geschlossen, als wäre sein Lebenssinn mit dem Ende seiner Arbeitstätigkeit hinfällig. Damals war Margarete achtundfünfzig gewesen und bis zu diesem Zeitpunkt hauptberuflich Ehefrau. Jetzt sei sie hauptberuflich eine Wilmersdorfer Witwe, sagte Udo manchmal, wenn er sie aufziehen wollte, frei nach dem Musical „Linie 1“.

Margarete war vor allem eines, fand Ellie: pingelig. Ihre Vorliebe für Ordnung zeigte sich auch im Vorgarten, den sie aufopferungsvoll pflegte. Kein Unkrauthälmchen schaffte es dort aus dem Boden. Die Gänseblümchen, die versuchten, darauf zu wachsen, wurden konsequent ausgestochen.

Aber von Margaretes penibler Vorgartenpflege durfte man sich nicht irritieren lassen. Sie hatte nichts Versnobtes an sich und war ausgesprochen patent. Klar, sonst könnte Ellie ja unmöglich mit ihr befreundet sein! Und das war sie seit vielen Jahren. Seit sie von Margarete das erste Mal ein Ei ausgeliehen hatte. Für eine selbst geschlagene Mayonnaise, wenn sie sich recht erinnerte. An Essen konnte sie sich gut erinnern, schließlich hatte sie bis zur Rente als Köchin gearbeitet. Beziehungsweise bis zur Grundsicherung.

Sie, Margarete und Fanny hatten am Morgen alles vorbereitet. Der Picknickkorb war gepackt. Vier Klappstühle und ein Tisch warteten darauf, in Udos Passat verstaut zu werden. Sie waren alle drei fertig angezogen – Fanny trug ihren roten Dufflecoat und Gummistiefel.

„Udo wollte noch mal auf den Friedhof“, sagte Margarete.

Ellie verdrehte die Augen. „Ich möchte den Tag erleben, an dem er *nicht* auf den Friedhof geht! Davon hat Anne doch nun wirklich nichts mehr.“

„Ach, Ellie. Sie waren fast fünfundvierzig Jahre verheiratet. Da ist es doch normal, dass er sie vermisst.“

„Ja, schon. Aber ich kann mich beim besten Willen nicht daran erinnern, dass er Anne jemals Blumen geschenkt hat. Und jetzt legt er jeden Tag eine Rose auf ihr Grab. Das hätte er lieber früher tun sollen!“, ereiferte sich Ellie.

„Was soll’s, wenn ihm das Ritual guttut. Wahrscheinlich gibt es ihm das Gefühl, gebraucht zu werden, wenn er eine Rose auf ihr Grab legt und mit Anne Zwiesprache hält“, erwiderte Margarete.

„Er kann doch mit uns sprechen! Wir brauchen ihn nämlich wirklich!“

„Ja. Wenn die Spülmaschine kaputt ist … Ah, da ist er ja endlich.“

Udo war gerade um die Ecke gebogen und hielt im Sturmschritt auf sie zu. Wie immer war er glatt rasiert, sein weißes Haar war sorgfältig gescheitelt. Für einen Mann Ende sechzig strahlte er erstaunlich viel Energie aus.

„Entschuldigung. Ich bin nicht eher losgekommen“, entschuldigte er sich.

Margarete war einsichtig. „Ist schon gut. Fanny, noch mal Pipi?“

Fanny schüttelte den Kopf. „War schon.“

„Na dann.“

Sie luden gerade die Stühle in den Wagen, als der Briefträger die Straße entlanggeradelt kam. Vor ihrem Haus stieg er ab, griff einen Packen Briefe aus seiner Tasche, grüßte und verschwand im Haus.

„Willst du noch mal nach der Post schauen?", fragte Margarete.

Ellie winkte ab. „Ist bestimmt nichts für mich dabei. Dabei hab ich Magnus neulich fünfzig Euro zum Geburtstag geschickt. Nicht gerade wenig, oder? Aber du musst nicht glauben, dass er sich dafür mal bei seiner Oma bedanken würde. Ich weiß nicht, wie Stefan und Katja den Jungen erziehen. Gehört das heute nicht mehr dazu, dass man Danke und Bitte sagt?"

„Danke und bitte", sagte Fanny.

Ellie lachte. „Ja, du weißt das!"

Und dann stiegen sie in Udos Passat und fuhren los.

Obwohl Udo konzentriert am Steuer saß, schien er mit seinen Gedanken ganz woanders zu sein.

Margarete musterte ihn von der Seite. „Alles okay mit dir, Udo?"

„Och, mir geht Verschiedenes im Kopf rum", antwortete er.

Margarete sah in den Spiegel der Sonnenblende und traf auf Ellies Blick. *Anne*, formte Ellie stumm mit dem Mund.

Margarete nickte. Schließlich waren sie auf dem Weg in die Gegend in der Mark Brandenburg, aus der Anne stammte. Da wurden in Udo sicher Erinnerungen an ihre gemeinsamen Ausflüge wach. An die Zeit nach der Wende, als Anne und er dorthin gefahren waren und Anne der Hausgemeinschaft berichtet hatte, dass sie niemanden im Dorf angetroffen habe, den sie von früher kannte. Es war ein sehr kleines Dorf gewesen.

Im Löwenberger Land bogen sie von der viel befahrenen B96 auf eine kleine Teerstraße ab.

„Da vorn gab es früher einen kleinen Blumenladen und daneben einen wirklich guten Fleischer", erklärte Udo, als sie in ein Straßendorf fuhren. „Schaut, die gibt es immer noch! Da ist ‚Fritschs Floristik', seht ihr? Und daneben ist die ‚Fleischerei Kanitz'. Wartet, ich nehme was für zu Hause mit."

Er parkte und stieg aus. Die anderen folgten ihm. Zu viert betraten sie die Dorfschlachterei.

„Das sprengt wieder mal mein Budget", murmelte Ellie mit dem Blick auf die Hausmacher-Spezialitäten.

„Wir können ja zusammenlegen", schlug Margarete vor, die um Ellies prekäre Finanzlage wusste. „Und dann alles heute Abend mit Nora zusammen essen. Dann hat sie auch was von unserem Ausflug."

Mit zwei vollen Tüten verließen sie den Laden. Udo verstaute sie im Kofferraum, und weiter ging es.

„Kaum zu glauben, wie weit weg Berlin sich anfühlt, obwohl wir nur eine gute Stunde davon entfernt sind. So viel Natur! So viel weiter Himmel“, schwärmte Margarete, als sie das Straßendorf hinter sich gelassen hatten.

„Ich muss mal“, sagte Fanny unvermittelt.

„Da hast du deine unverfälschte Natur, Margarete. Kannst du hier halten, Udo?“, fragte Ellie.

„Klar.“ Er blinkte, fuhr rechts ran und blieb am Rand eines großen Feldes stehen. Weit und braun erstreckte es sich, ohne eine Spur von Bewuchs. „Dann mal los, Fanny.“

Fanny schaute aus dem Fenster. „Nein. Hier geh ich nicht Pipi machen. Hier sieht mich ja jeder.“

„Aber hier ist doch niemand, der dich sehen könnte. Und wir schauen in eine andere Richtung, versprochen.“

„Nein.“ Fanny schüttelte den Kopf. „Hier geh ich nicht.“

„Also gut. Dann eben hier nicht. Fahr weiter, Udo“, sagte Ellie.

Udo gab Gas. „Kannst du noch ein bisschen warten, Fanny?“, fragte er mit einem Blick in den Rückspiegel. „Höchstens eine Viertelstunde, okay? Dann sind wir da. Im Dorf gibt es eine Kneipe, da kannst du aufs Klo gehen.“

Fanny nickte. Das Feld schien kein Ende zu nehmen. Im Wagen herrschte Stille, bis …

„Ich muss aber ganz doll“, jammerte Fanny.

Udo seufzte leise und warf einen Blick in den Rückspiegel. Weil er wohl um seinen Autositz fürchtete, beschleunigte er rasant. Sie schossen hinein in einen Buchenwald.

Ellie, die nach einem geeigneten Platz Ausschau hielt, sagte: „Schau mal, dahinten ist dichtes Unterholz. Da traust du dich, Fanny, oder?“

Fanny nickte mit zitternder Unterlippe.

Udo bremste und bog ab. Sie fuhren zwischen Bäumen und Gebüsch hindurch, bis die Straße hinter ihnen nicht mehr zu sehen war. Dann hielt Udo. Fanny riss die Tür auf und verschwand hinter einem großen Busch.

Margarete lachte. „Das war knapp!“ Dann sah sie sich um. „Hübsch ist es hier. Ich vertrete mir mal kurz die Beine.“ Sie öffnete die Beifahrertür, stieg aus und ging einige Schritte einen kaum erkennbaren Pfad entlang, der von Wildwuchs überwuchert war. „Das muss früher mal ein Weg gewesen sein“, überlegte sie laut.

„Warte, ich komme mit!“, rief Ellie.

Udo zog den Autoschlüssel ab und stieg ebenfalls aus.

Fanny kam zurück. „Schaut mal, was ich gefunden habe! Das hat bestimmt eine Waldfee geschrieben."

Sie hob ein Stück Borke hoch. Würmer hatten auf ihrem Weg durch die Innenborke gekerbte, ineinander verschlungene Linien hinterlassen, die mit viel Fantasie an Buchstaben erinnerten. Und Fanny hatte viel Fantasie.

„Natursütterlin", meinte Margarete.

„Was ist Sütterlin?", fragte Fanny.

„Eine alte deutsche Schrift. So hat man früher geschrieben."

„Können Elfen das denn?"

„Offensichtlich", sagte Ellie.

„Was steht da?"

Ellie griff nach der Borke und las vor: „‚Wenn der Nachtfürst die Lichtung betritt, tanzen wir mit ihm Sternenwalzer. Zieh dein bestes Seidenspinnenkleid an. Wir treffen uns eine Stunde vor Vollmond.' Das ist eine Balleinladung von einer Waldfee, die du da gefunden hast, Fanny."

Margarete verdrehte die Augen. Ellie hatte auch viel Fantasie.

Fanny sah sie aufgeregt an. „Können wir bis eine Stunde vor Vollmond bleiben?", fragte sie, während sie sich durch das Buschwerk kämpften.

Niemand antwortete ihr, denn unvermittelt war der Weg versperrt. Sie standen vor dem Tor eines Zaunes, der gefährlich schief im Unterholz stand. Eine rostige Kette hielt die beiden Torflügel zusammen.

„Wer wohnt denn bloß in dieser Einsamkeit?" Ellie lugte über den Zaun.

„Niemand. Das sieht vollkommen verwildert aus", bemerkte Margarete.

Sie schien recht zu haben. Graues Wintergras stand hüfthoch jenseits des Zaunes. Eine wilde Hecke und hohe Bäume versperrten ihnen den Blick. Etwas Dunkelrotes schimmerte durch das dichte Gestrüpp.

Fanny rüttelte probeweise an der Kette. Ein rostiges Glied gab nach, die Kette fiel klirrend zu Boden, einer der Torflügel öffnete sich knarrend und gab einen kleinen Durchgang frei. Bevor irgendwer etwas sagen konnte, drängte sich Fanny schon durch die Lücke. „Ich schau nur mal!"

„Da gehe ich lieber mit. Nicht dass ihr was passiert", meinte Ellie.

Margarete und Udo folgten ihnen, und zu viert betraten sie das Grundstück. Vielleicht war hier mal eine Einfahrt gewesen, aber davon sah man nichts mehr. Man sah nur Moos, Gras, Birken- und Ahornschösslinge.

Die Zufahrt endete an einem dunkelroten zweistöckigen Backsteinbau. Von den verzogenen Fensterrahmen war die Farbe abgeblättert, man konnte erahnen, dass sie früher hell gestrichen waren. Im Erdgeschoss waren die Scheiben heil, wenn auch so schmutzig, dass man von außen nicht hineinsehen konnte. Im oberen Stockwerk waren zwei Scheiben kaputt. Die hölzerne Eingangstür war zwar geschlossen, wirkte aber verzogen.

Fanny und Ellie waren um das Haus herumgegangen. Margarete und Udo überlegten, ob sie das alte Gebäude betreten sollten, als sie Fanny begeistert kreischen hörte.

„Kommt mal, schnell, das müsst ihr sehen!"

Als Margarete die Hausecke umrundete, sah sie, was Fanny so entzückt hatte. Aus einem kleinen Backsteinhaus ragte ein gemauerter Schornstein empor. Und auf dem Schornstein war ein großes Nest, in dem zwei Störche standen. Der eine bog seinen langen Hals nach hinten und begann lautstark mit dem Schnabel zu klappern. Der zweite Storch stand am Nestrand und schaute misstrauisch zu ihnen hinunter. Er hob die Flügel und senkte sie, als ob er sich nicht entscheiden könnte, ob er bleiben oder abheben sollte. Er blieb.

„Störche!", rief Fanny und klatschte vor Begeisterung.

„Wenn du ein bisschen leiser bist, haben sie keine Angst", wisperte Ellie.

Fanny nickte verzückt, ohne den Blick von den Vögeln zu wenden.

Margarete schaute sich um. Warum stand hier eigentlich ein Schornstein? Was wollte man denn hier heizen? Sie kämpfte sich durch das Dickicht hinter dem Schornstein. Getrocknete Disteln, kleine Birken, Haselnusssträucher und von wildem Hopfen überwucherte Holunderbüsche bildeten eine krautige Wand. Sie bog einen Ast zur Seite und stand schließlich vor einem Gerippe aus rostigem Metall, umgeben von einer niedrigen Mauer. Margarete hatte nicht die leiseste Ahnung, was das mal gewesen sein mochte. Hinter sich hörte sie ein Rascheln. Sie drehte sich um. Ellie und Fanny hatten sich ebenfalls durchs Gebüsch gekämpft.

„Was ist das denn?", fragte Ellie.

„Keine Ahnung. Ein Baugerüst. Etwas, das vielleicht nie zu Ende gebaut worden ist. Wer um alles in der Welt mag hier bloß gewohnt haben?"

„Jemand, der die Einsamkeit mochte", sagte Ellie.

„Auf jeden Fall hat hier jemand gewohnt, der Kinder mochte. Oder sich um Kinder gekümmert hat", fügte Udo hinzu, der inzwischen neben ihnen stand.

„Wie kommst du denn darauf?", fragte Margarete.

„Ich hab mir das Haus genauer angeschaut. Durch die Terrassenfenster."

„Welche Terrasse meinst du?"

„Na, die hinter dem Haus. Drinnen stehen Stühle und Tischchen. Vielleicht war es ein Kindergarten oder ein Ferienheim."

„Hast du schon geschaut, ob es Strom gibt?", fragte Margarete.

Udo hatte früher eine kleine Elektrofirma besessen, die bankrottgegangen war, was ihm aber den Spaß an Basteleien nicht verdorben hatte. Statt einer Antwort auf die Frage grinste er nur.

„Auf jeden Fall sieht es aus, als ob hier jahrelang kein Mensch gewesen wäre“, sagte er dann.

„Vielleicht tanzen die Waldfeen hier eine Stunde vor Mitternacht?“, fragte Fanny hoffnungsvoll.

Margarete lachte, aber sie verstand, was Fanny meinte. Das stille Haus und der verwilderte, verlorene Garten, der hohe Schornstein, die kleine Backsteinhütte und die Störche – all das hatte etwas Märchenhaftes, etwas Verwunschenes an sich, das die Existenz von Feen nicht völlig ausschloss.

„Ich finde, jetzt ist die perfekte Zeit für unser Picknick“, sagte Ellie resolut. „Wer hilft, die Stühle und den Tisch aus dem Wagen zu holen? Ich schlage vor, wir essen auf der Terrasse.“

„Oder was man so Terrasse nennt“, murmelte Margarete.

3. Kapitel

Frau Dittbrenner. Bitte ins Büro!“, plärrte es aus den Lautsprechern.

Nora, die gerade eine frische Lieferung Stiefmütterchen nach Farben sortierte, zog die Gartenhandschuhe aus und verstaute sie unter der Kassentheke. Noch nie in den letzten zwei Jahren war sie mitten am Tag ins Büro gerufen worden. Dann kam ihr ein schrecklicher Gedanke … Vielleicht war etwas passiert? O Gott, hoffentlich hatte Udo keinen Unfall gebaut!

Die Tür zum Bürotrakt war, für die Kunden fast unsichtbar, in eine graue Wand eingelassen. Ernsthaft beunruhigt, betrat Nora das Sekretariat. Als sie die Tür hinter sich schloss, schaute Frau Weber nur flüchtig von einer Akte auf.

„Sie können gleich reingehen. Der Chef erwartet Sie“, sagte sie.

Nora atmete tief durch. Ihre Unruhe legte sich – ein wenig. Das klang nicht nach einem alarmierenden Anruf, nach einem tragischen Autounglück. Höflich klopfte sie an.

„Herein“, erklang die Stimme des Chefs.

Nora öffnete die Tür, und da saß er, wie festgewachsen hinter seinem geschmacklosen Schreibtisch aus Holzimitat. Ein Mann in Grau. Das Jackett, die Haare, die Augen hinter den Brillengläsern.

„Hallo, Herr Müller“, begrüßte sie ihn und lächelte.

Er lächelte nicht zurück, sondern wies auf den unbequemen Stuhl, der vor seinem Schreibtisch stand. Sie setzte sich.

„Frau Dittbrenner“, hob er an. „Wie lange sind Sie jetzt bei uns?“

„Ungefähr zwei Jahre“, antwortete Nora.

„Und Sie sind damals aus der Arbeitslosigkeit zu uns gekommen, richtig?“ Er nahm seine Brille ab und drehte sie zwischen zwei Fingern.

„Ja. Ich war ein knappes Jahr arbeitslos, weil meine kleine Tochter in die Vorschule kam und ich nicht einen neuen Job anfangen wollte, als sie …“

„Warum sind Sie eigentlich arbeitslos geworden?“, unterbrach er sie.

„Der Gartengrossist, für den ich gearbeitet hatte, musste Konkurs anmelden.“

„In dieser Firma hatten Sie nur mit Aufträgen und deren Versand zu tun, richtig?“

Nora nickte.

Er beugte sich etwas vor. „Kundengespräche gehörten nicht zu Ihrer Kompetenz?“

Nora schüttelte den Kopf. „Mit den Kunden hatte ich kaum etwas zu tun. Ganz selten gab es mal Rückrufe wegen Bestellungen, wenn versehentlich ein holländisches Gartengerät statt eines englischen ausgeliefert wurde. Die Kunden waren dann ungehalten, aber dafür konnte ich nichts …“

„Ah! Sie konnten nichts dafür! Aber wenn bei uns Kunden unzufrieden sind, dann können Sie etwas dafür!“, bellte er.

„Ich bemühe mich immer, auf die Wünsche unserer Kunden einzugehen.“

„Was wissen Sie eigentlich über Rosen?“, fragte der Chef, nun wieder in neutralem Ton.

Nora überlegte. Sie wusste viel mehr über Rosen als Helmut Müller, aber er hatte sie sicher nicht für einen Rosarienschnellkurs ins Büro zitiert.

„Moosrose? Hundsrose? Essigrose? Teerose?“, sagte er in ihr Schweigen. Es klang gehässig. „Na, dämmert es, Frau Dittbrenner?“

Nora beschlich ein ungutes Gefühl. „Hat sich etwa die Kundin von gestern über mich beschwert?“, fragte sie. „Das ist eine Frechheit! Sie hat einfach nicht verstanden, was ich gesagt habe!“

„Und deshalb wollten Sie ihr Seidenblumen verkaufen.“

„Ja! Alles andere hat ihr nicht gepasst! Sie hätten sie erleben sollen, Herr Müller. Solchen Menschen kann man es nicht recht machen. Es tut mir leid, dass ich die Nerven verloren habe, aber ganz ehrlich … Sie war dumm, ordinär und komplett beratungsresistent …“

Herr Müller funkelte sie an. „Das reicht! Ich sehe diese Dame jeden Tag. Sie ist meine Ehefrau. Und sie hat gestern mit Ihnen in meinem

Auftrag ein Verkaufsgespräch geführt, um zu schauen, wie Sie in Stresssituationen reagieren. Nicht gut, Frau Dittbrenner. Gar nicht gut. Sie sind fristlos entlassen. Sie können gern dagegen klagen. Meine Frau und ich sind mehr als bereit, als Zeugen vor dem Arbeitsgericht auszusagen. Auf Wiedersehen."

Nora starrte ihren Chef an. Das konnte nicht wahr sein, dachte sie. Durfte nicht wahr sein! Sie brauchte das Geld! Sie räusperte sich. „Herr Müller", sagte sie. „Ich brauche den Job. Bis auf dieses eine Mal waren alle Kunden mit mir zufrieden. Können Sie nicht ein Auge zudrücken? Kann ich mich nicht bei Ihrer Frau entschuldigen?"

Herr Müller schüttelte den Kopf. „Jemanden wie Sie brauchen wir hier nicht. Das Überleben eines kleinen Unternehmens hängt von der Kundenzufriedenheit ab. Das war es für Sie, Frau Dittbrenner."

Nora erhob sich, verließ mit hängendem Kopf das Büro. Sie machte sich nicht die Mühe, die Tür hinter sich zu schließen. Diesmal schaute Frau Weber auf, als sie an deren Schreibtisch vorbeikam.

„Ihr Entlassungsschreiben", sagte sie und reichte Nora ein Kuvert.

Deshalb hat sie wohl vorhin in den Akten gekramt, mich ohne ein Wort der Warnung in die Höhle des Löwen geschickt, dachte Nora. Hier stirbt wirklich jeder für sich allein.

Nora verabschiedete sich von den Kollegen, die angemessen erschrocken wirkten, nahm die wenigen persönlichen Dinge aus ihrem Spind im Umkleideraum und verließ hocherhobenen Kopfes den Baumarkt. Nie wieder würde sie freiwillig einen Fuß über diese Schwelle setzen!

Im Bus keimte dann eine unerwartete Freude in ihr auf. Wer sagte denn, dass sie nicht einen besseren Job bekommen würde? Und wurde nicht überall der Mangel von Fachkräften beklagt?

Allerdings ließ diese Freude wieder nach, noch bevor der Bus an der nächsten roten Ampel hielt. Wahrscheinlich waren mit den gesuchten Fachkräften eher Ingenieure und IT-Leute gemeint. Und nicht eine alleinerziehende Gärtnerin mitten in Berlin und aus finanziellen Gründen ohne Auto.

Je näher sie ihrer Wohnung kam, desto schwerer wurde Nora das Herz.

Bedrückt schloss sie die Haustür auf. Sie brauchte Ruhe. Und einen Plan. Sie würde Arbeitslosengeld bekommen, weil ihr ja gekündigt worden war. Bei der niedrigen Miete würde das Geld erst mal ausreichen. Und dank der anderen hatte sie wenigstens den Rücken für Bewerbungsgespräche frei. So dachte sie. Bis sie den Brief öffnete, den sie in ihrem Briefkasten vorgefunden hatte.

Sehr geehrte Mieterschaft,
hiermit teile ich Ihnen mit, dass ich grundlegende Änderungen bezüglich des Hauses vorzunehmen plane, in dem Sie wohnen. Es geht um erhebliche Maßnahmen, die ich persönlich mit Ihnen besprechen möchte, voraussichtlich Ende Mai dieses Jahres. Herr H. Wilbur, der mich begleiten wird, ist Ihr Ansprechpartner für weitere Fragen, die Sie im Anschluss an unser Gespräch haben werden. Wegen eines genauen Termins melde ich mich zeitnah bei Ihnen.

Hochachtungsvoll
Werner Stegemann

„VIELLEICHT ist Mama schon da! Ich geh mal nach oben“, hörte Nora einige Stunden später Fannys helle Stimme im Treppenflur.

Hastig setzte sie sich auf und fuhr sich mit der Hand über die Augen. Zu weinen wegen einer unabänderlichen Sache war albern, aber an diesem Tag war wirklich einiges zusammengekommen …

Es polterte an der Tür. Fanny schien mit den Gummistiefeln gegen das Holz zu treten. Sie sollte schimpfen, aber irgendwie lohnte es sich nicht. Sie öffnete die Tür, und Fanny flog ihr in die Arme.

Nora musste lächeln. Das Kind sah aus, als ob es nicht einen Ausflug in die Mark Brandenburg gemacht hätte, sondern durch einen Dschungel gerobbt wäre. Die Knie der Jeans starrten vor Schmutz, in ihren Locken hatten sich trockene Grashalme verfangen, und in der Kapuze ihres Dufflecoats schepperte es leise. Es klang nach einem überaus erfolgreichen Tag für die kleine Sachensucherin.

„Mama! Schau mal, was ich gefunden habe!“ Fanny hielt ihr kleine weiße Splitter entgegen. „Margarete sagt, das sind Eierschalen. Vielleicht von den Störchen auf dem Schornstein! Sie lagen im Gras unter dem Nest, und ein Storch saß drin, und vielleicht schlüpfen die Babys bald …“

Nora hatte keine Ahnung, wovon ihre Tochter sprach. Aber bevor sie nachfragen konnte, scholl ein lauter Ruf durchs Treppenhaus. Es war Udo, und er klang ungehalten.

Fanny sah sie fragend an. „Was hat denn Udo?“

Nora wusste es, aber sie hatte nicht die Absicht, es Fanny zu sagen. Stattdessen zog sie sie an sich und drückte sie fest. Weniger um die Kleine zu beruhigen, sondern weil sie ihre Nähe jetzt brauchte. Tief atmete sie den frischen, erdigen Geruch ein, den sie von ihrem Ausflug mitbrachte. „Ich glaube, wir müssen noch mal nach unten. Willst du die Eierschalen in dein Fundregal legen, Schätzchen, und dir den Mantel ausziehen? Nachher musst du mir in Ruhe erzählen, was du heute erlebt hast.“

Hand in Hand stiegen sie Minuten später die Treppe hinunter.

Inzwischen hatten sich die anderen bei Margarete versammelt. Die Tür war nur angelehnt, Gesprächsfetzen drangen in den Hausflur. Nora klopfte kurz an, wartete nicht auf eine Antwort und betrat Margaretes Wohnung.

Ellie hielt anklagend einen Brief hoch, den gleichen, den auch Nora vorgefunden hatte. „Was soll das denn bedeuten? Worüber will er mit uns sprechen, wenn er uns demnächst persönlich aufsucht? Und wer ist dieser Herr Wilbur?“

Margarete wedelte mit ihrem Brief. „Ich verstehe das überhaupt nicht. Müssen wir uns Sorgen machen?“

Nora hatte genug Zeit gehabt, sich zu überlegen, warum Stegemann allen Mietparteien diesen Brief geschickt hatte. Außerdem hatte sie den Namen „Wilbur“ in Zusammenhang mit Wohnhäusern gegoogelt und einen Harry Wilbur gefunden. Er war wie Herr Stegemann ein Schwabe aus Stuttgart. Aber er arbeitete in London für ein britisches Konsortium. Sein Unternehmen suchte in europäischen Metropolen alte Häuser, kaufte sie auf und ließ sie abreißen, um auf den Grundstücken neu zu bauen. Große, teure Stadtvillen. Oder er machte Luxussanierungen gegen den Willen der bisherigen Mieter. Wer die teuren Mieten nicht bezahlen konnte, hatte eben Pech.

Sie würden auch Pech haben. Was sie mit leiser Stimme den Freunden erklärte.

„Das kann Stegemann uns nicht antun! Unser Nest kann nicht zerstört werden. Wo sollen wir denn alle hin?“ Ellie rang die Hände.

„Unser schönes Zuhause“, sagte Margarete leise. „Es bricht mir das Herz, wenn ich mir vorstelle, dass ein Bagger kommt und das alles plattmacht …“

Fanny sah mit großen Augen in die Runde. „Wo sind denn wir, wenn die Bagger kommen?“

„Das ist die Millionenfrage, Fanny“, erwiderte Udo. „Ich brauch jetzt einen Schnaps. Noch wer?“

Alle nickten. Sogar Fanny.

Ellie hatte die Wurstspezialitäten, die sie von ihrem Ausflug mitgebracht hatten, angerichtet, dazu noch schnell einen Salat bereitet. Aber niemand hatte Appetit, als sie sich an den Tisch setzten.

Während Fanny die Runde mit ausgedachten Geschichten über Störche unterhielt, kaute Nora still ihre Salamischnitte und schluckte, ohne irgendetwas zu schmecken. Wie konnte es sein, dass an einem einzigen Tag ihre gesamte Existenz zusammenbrach? Und wann würde sie es den anderen sagen? Sie räusperte sich. „Ich fände es schön, wenn ihr nachher, wenn

Fanny schläft, noch mal zu mir nach oben kommen könntet. Auf ein Glas Wein."

„Warum muss ich dann schon schlafen?", fragte Fanny und pickte die Krümel ihres Leberwurstbrotes auf.

„Weil es schon spät ist und der Tag anstrengend war", sagte Margarete, hielt ihr eine Serviette hin, die Fanny gehorsam nahm und sich damit den Mund abwischte.

Nora spürte die fragenden Blicke der anderen, schüttelte aber nur leicht den Kopf.

Es dauerte eine Weile, bis Fanny zur Ruhe kam. Zu sehr hatten es ihr Feenbriefe, das verwilderte Grundstück und natürlich die Störche auf dem Schornstein angetan, von denen sie Nora berichtete. Aber als die anderen hochkamen, schlief sie endlich.

Nora öffnete eine Flasche Rotwein, schenkte ihnen ein und setzte sich. „Ich bin heute fristlos entlassen worden", platzte sie heraus. Die anderen sahen sie erschrocken an, aber Nora zuckte nur mit den Schultern. „Macht euch keine Sorgen. Und wisst ihr was? Irgendwie bin ich sogar froh. Manchmal hatte ich in letzter Zeit in dem Gartencenter das Gefühl, dass ich es nicht mehr lange aushalten würde. Das ist … so fern von allem, was ich jemals machen wollte. Hey Margarete, wenn ich jetzt Zeit habe, kann ich dir in deinem Vorgärtchen helfen", fügte sie in dem verzweifelten Versuch hinzu, die Gruppe aufzuheitern.

Es misslang gründlich.

„Ach Nora, ich wünsche dir so sehr, dass du schnell etwas findest. Ich helfe dir mit Fanny, das weißt du. Jedenfalls solange es geht. Wer weiß, wie lange noch." Margarete seufzte. „Wie machen wir denn das mit dem Haus weiter? Sollten wir Stegemann nicht schreiben und fragen, wann er gedenkt, uns mit Herrn Wilbur aufzusuchen?"

„Ich frage mich, wo Stegemann sein soziales Gewissen hat." Udo verstand es nicht. „Wir sind alte Leute, die hier schon ewig wohnen! Wir können hier unmöglich wegziehen!"

Sie ahnten alle, was Udo dachte. In einer neuen Wohnung würde ihn nichts mehr an Anne erinnern.

„Du, der Mann ist selbst alt. Vielleicht kommt er bald ins Heim und braucht Geld für die Pflege. Oder er hat Kinder, die ihm im Nacken sitzen. Oder er will nicht in unser Haus investieren. Ich finde es unmöglich, dass er mit so einem britischen ‚Heuschrecken'-Unternehmen in Kontakt steht. Aber irgendwie verstehe ich ihn auch", sagte Margarete. „Er will seine Angelegenheiten regeln."

„Dass Stegemann nicht investiert, ist nichts Neues. Der hat seit Jahren nicht investiert!“, ereiferte sich Ellie.

„Das war ja auch gut für uns. Hat es schön preiswert gemacht.“

Nora beteiligte sich nicht an der Diskussion. Sie fühlte sich zu mutlos.

Und dann sagte Ellie auch noch: „Wenn wir wegziehen, dann können wir uns nicht mehr um Fanny kümmern! Und wenn du einen neuen Job hast, Nora, brauchst du uns doch erst recht!“

NORAS GEDANKEN kreisten um diese Themen, als sie sich später in ihrem kleinen Schlafzimmer auszog.

Ich gehe Montag zur Agentur für Arbeit, fülle die Formulare aus und tue so, als wäre alles in bester Ordnung. Und wer weiß, vielleicht ist es das ja sogar. Vielleicht bekomme ich sofort einen neuen Job, der alle Gartenträume wahr macht. In dem ich endlich selbstbestimmt Pläne umsetzen kann! Möglicherweise auf der Freundschaftsinsel in Potsdam. Ist zwar ein bisschen weit von hier, aber mit der S-Bahn ist es gut zu erreichen. Aber erst mal muss ich dringend einen Wohnberechtigungsschein beantragen. Vielleicht bekomme ich direkt neben Fannys Schule eine Wohnung. Da wird doch gerade gebaut. Fanny muss allein von der Schule nach Hause kommen, wenn die anderen nicht mehr da sind, die sich um sie kümmern, aber sie wird dann ja auch schon acht Jahre alt sein.

AUCH ELLIE gingen tausend Gedanken durch den Kopf, als sie das Licht löschte. Die Rente ist sicher, hat der Blüm damals gesagt. Hahaha! Mich hat niemand vor Altersarmut gewarnt, als ich mich um Stefan gekümmert habe, als Jürgen weg war, als der Junge niemanden hatte außer mir. Meine Grundsicherung reicht jetzt schon vorne und hinten nicht! Woher soll ich eine Wohnung nehmen, die preiswert genug ist, dass das Sozialamt die Miete bezahlt? Hier in der Gegend gibt es so was garantiert nicht. Dann muss ich wohl wegziehen. Ohne Margarete, ohne Udo, ohne Nora. Und ohne meinen kleinen Schatz Fanny! Dieses Betteln beim Sozialamt ist grässlich. Jede Stromrückzahlung muss ich dem Amt melden. Was für eine Entmündigung, obwohl ich mein ganzes Leben lang als Köchin gearbeitet habe. Und Fanny, unsere kleine Fanny … Was wird nur aus ihr? Wir werden sie nicht mehr regelmäßig sehen, vielleicht findet sie andere Wahlgroßeltern. Jemanden, der mit ihr backt, kocht und Kartoffelpuffer brät. Und ihr zeigt, wie man Schnitzel so zubereitet, dass die Panade schön locker wird.

Wie eine dunkle Wolke hingen Ellies Gedanken über ihr, bevor sie es schaffte, in einen unruhigen Halbschlaf zu fallen.

WENN ICH aus Schmargendorf wegziehen muss, werde ich nicht mehr jeden Tag zum Friedhof gehen können, dachte Udo und drehte sich auf seiner Seite des Ehebettes herum. So lange war die andere Seite nun schon leer. Trotzdem bezog er auch Annes Bett immer neu, wenn er seine Bettwäsche wechselte.

Vielleicht reicht das Geld für eine andere Wohnung in der Nähe? Gut, dass ich die kleine Witwerrente habe, das macht es etwas leichter. Mit den Rosen muss ich dann sicher aufhören. Das wird zu teuer. Das muss sie verstehen. Aber vielleicht kann ich irgendwo jobben. Dann reicht es wieder. Als Rentner kann ich locker vierhundert Euro dazuverdienen.

MARGARETE lag auf dem Rücken und hatte die Arme hinter dem Kopf verschränkt. Arme Nora, dachte sie. Hoffentlich findet sie schnell einen neuen Job! Sonst wird es sehr knapp. Als Alleinerziehende sieht es sowieso nicht gut für sie aus. Und sie braucht uns für Fanny. Da denkt man, man bleibt ewig zusammen, und dann so etwas. Es wäre wirklich schade ums Haus. Ob sie es mit einer Abrisskugel zerstören? Schreckliche Vorstellung. Dieses Grundstück da draußen in der Mark, das war was. Weit ab vom Schuss, selbst von der Straße her nicht einsehbar. So verlassen. So malerisch gelegen. So ein Grundstück hätte ich gern. Und für Fanny, mein Gott, das Kind hat so viel Fantasie. Es könnte sich da austoben. Für uns alle wäre das eine Perspektive, wenn wir nicht mehr in diesem Haus sein können. Wenn wir demnächst alle verstreut wohnen sollten, könnten wir uns wenigstens dort treffen!

Wem dieses Grundstück wohl gehört?

4. Kapitel

Mama hat jetzt mehr Zeit. Weil ihr Chef ein blöder Hammel ist", erklärte Fanny, offenbar begeistert von dem Wort „Hammel".

Als Ellie ihr noch erläuterte, dass man mit Hammelfleisch einen wunderbaren Bohneneintopf machen konnte, wurde sie nachdenklich. Wahrscheinlich stellte sie sich den Chef in einem Topf mit grünen Bohnen vor.

Margarete nahm sich vor, mit Ellie ein ernstes Wort zu reden. Es ging doch nicht an, dass sie dem Kind immer solche Flausen in den Kopf setzte. Aber im Grunde war sie mit ihren Gedanken ganz woanders. „Udo, Anne kommt doch aus einem Dorf, das nicht weit von diesem Grundstück entfernt ist. Hat sie mal etwas darüber erzählt?", fragte sie, während sie alle – diesmal bei Ellie – Kaffee tranken.

Ellie hatte eine köstliche Torte gebacken, Blitztorte nannte sie die. Ein saftiger Boden, darauf Weintrauben und schließlich eine Haube aus Eischnee und Zucker, die im Ofen überbacken wurde. Sie langten zu, als hätten sie den ganzen Tag nichts gegessen.

Es war ein ausnehmend milder Tag, die Forsythienhecke auf der anderen Straßenseite leuchtete gelb zu ihnen herüber. Das Küchenfenster stand offen, laue Frühlingsluft wehte herein.

„Nein, Anne hat nie was davon erzählt. Sie ist ja schon als junges Mädchen weggezogen“, antwortete Udo und nahm ein zweites Stück Torte. „Nach der Wende waren wir einmal in ihrem Dorf. Wieso fragst du?“

„Mich interessiert es. Es hat so etwas Verwunschenes. Ich frage mich, was da mal war. Ob dort wirklich jemand gewohnt hat.“

„Wenn sie es bis zur Wende irgendwie für Kinder genutzt haben und danach nicht mehr, steht es mehr als fünfundzwanzig Jahre leer“, sagte Udo.

Margarete überlegte. „Es muss doch rauszufinden sein, was es mit diesem Grundstück auf sich hat. Wo ist denn registriert, wem welches Land gehört?“

„Im Katasteramt.“

„Möchte noch wer Kuchen?“, fragte Ellie.

Drei Teller wurden ihr entgegengehalten, als es an der Tür klingelte.

„Das ist Mama!“ Fanny ließ den Teller klirrend auf den Tisch fallen und flitzte zur Tür.

NORAS TAG war nicht gut gewesen. Sie hatte fast vergessen, wie es gewesen war, als sie zwei Jahre zuvor wie eine Bittstellerin in der Agentur für Arbeit gesessen und sich durch den Wust von Formularen hatte kämpfen müssen.

Tatsächlich hatte ihr die Sachbearbeiterin einige Stellen als Gärtnerin vorgeschlagen, aber alle waren mindestens eine halbe Autostunde von ihrem Zuhause entfernt. Mit öffentlichen Verkehrsmitteln würde sie ewig brauchen. Das ging einfach nicht mit Fanny.

Und die Jobs, die in Berlin zu bekommen waren, fand sie abwegig: Floristin auf dem Großmarkt mit unchristlichen Arbeitszeiten, eine Stelle als Baumdoktor – interessant, aber sie kannte sich mit Baumpflege überhaupt nicht aus, und es war für sie unvorstellbar, mit einer laufenden Kettensäge auf einer kranken Weide herumzuklettern! Zum Schluss war ihr auch noch eine Stelle als Vorarbeiterin in einer Fabrik, die Folie zum Einwickeln von Blumen herstellte, angeboten worden.

Nora hatte alle Stellenangebote dankend abgelehnt. Daraufhin hatte die Sachbearbeiterin sie angeschaut, als würde sie ihr die Ablehnung persönlich übel nehmen.

Nora verstand die Welt nicht mehr. Es war Frühling. Berlin war angeblich die grünste Stadt Europas! Da gab es jede Menge zu tun! Allein im Tiergarten waren mehrere große Staudenanlagen, die musste doch jemand pflegen. Und was war mit dem Britzer Garten, mit dem Charlottenburger Schloss, mit dem Pankower Schlossgarten, dem Park am Gleisdreieck? Überall explodierte die Natur! Wurde denn niemand gebraucht, der sich darum kümmerte? Doch, natürlich wurde jemand dafür gebraucht. Aber man wollte kein Geld dafür ausgeben.

Wenigstens hatte sie die Formalitäten erledigt. Selbst wenn sie arbeitslos blieb, würden sie und Fanny nicht verhungern müssen. Jedenfalls nicht gleich.

Entsprechend entmutigt betrat Nora Ellies Wohnung. Dass Fanny sich an sie hängte wie ein Kletteräffchen und es in der Wohnung der alten Freunde himmlisch nach Kaffee und Torte duftete, besserte ihre Laune ein bisschen.

AM NÄCHSTEN TAG saßen sie wieder in Udos Auto, aber diesmal zu fünft. Fanny, die heute nicht in den Hort ging, hibbelte vor Aufregung. „Ob die Störche noch da sind?“, fragte sie Nora.

Nora antwortete nicht. Wie sollte sie das wissen? Sie schaute aus dem Fenster und fragte sich, wann sie das letzte Mal einen Ausflug gemacht hatte. Wann sie überhaupt das letzte Mal außerhalb Berlins gewesen war. Wenn sie sich vorstellte, wie schlecht sie als Teilzeitgärtnerin bezahlt wurde, wollte sie lieber arbeitslos sein und dafür mehr Zeit haben für Fanny und die Dinge, die ihr wichtig waren. Vielleicht würde sie ihre Freundinnen endlich mal wieder sehen. Oder ausgehen, flirten, tanzen … Es wäre großartig, Zeit für andere Dinge, für andere Menschen zu haben.

Auf der anderen Seite – langzeitarbeitslos und dann noch ohne Wohnung … Das klang nicht gut. Sie brauchte Arbeit. Auch wenn das hieß, dass ihr soziales Leben eben wieder warten musste.

„Die Störche sind bestimmt noch da“, sagte Margarete. „Aber wir fahren nicht gleich zu den Störchen, sondern erst mal nach Löwenberg.“

„Warum? Gibt’s da Löwen?“

„Nein. Aber ein Amt. Da können wir vielleicht herausfinden, wem das Grundstück gehört.“

„Gehören dem dann auch die Störche?“

„Ich glaube, die gehören nur sich selbst.“

ZU FÜNFT betraten sie das Verwaltungsgebäude, in dem das Amt für Liegenschaften untergebracht war. Der Gang endete an einer Tür mit einem kleinen Glasfenster. BARBARA TSCHIRCH stand auf einem Schild neben der Tür.

Sie spähten durch das Glas in den Raum. Eine hagere Frau mittleren Alters mit gefärbtem rotem Haar blätterte in einem dicken Aktenordner. Das Büro war schmucklos mit grauen Büromöbeln eingerichtet. Der einzige Lichtblick war eine pinkfarben blühende Orchidee auf dem Fensterbrett.

„Je hässlicher das Haus, desto mehr Orchideen stehen am Fenster. Ist euch das schon mal aufgefallen?", fragte Nora leise.

Margarete nickte.

„Das schreckliche Ding da ist eine Orchidee? Ich dachte, es wäre Plastik", sagte Udo.

Margarete klopfte. Die Frau winkte sie herein. Gemeinsam betraten sie das Büro.

„Ja bitte? Wie kann ich Ihnen helfen?", fragte die Frau.

Das klingt gut, dachte Margarete. „Guten Tag. Wir hätten gern eine Auskunft zu einem Grundstück." Inzwischen war es für sie selbstverständlich, dass sie Redeführerin ihrer kleinen Gruppe war.

„Das kann ich Ihnen so nicht sagen. Sie müssen eine schriftliche Eingabe machen", erklärte die Frau.

Margarete unterdrückte einen Seufzer. „Wir sind extra aus Berlin gekommen, um mit Ihnen persönlich zu sprechen. Wir haben gehofft, gleich eine Auskunft zu bekommen."

Die Frau musterte sie der Reihe nach. Ihr Blick blieb an Udo hängen. „Sie hätten vorher anrufen können. Dann hätte ich Ihnen die Unterlagen rausgesucht", bemerkte sie und lächelte Udo an.

Udo lächelte zurück.

„Müssen wir das wirklich postalisch erledigen?", fragte Ellie.

Die Frau ignorierte sie völlig, doch ihr Lächeln in Richtung Udo hatte sich von verbindlich in einladend gewandelt. Was bei Udo nicht die Wirkung verfehlte. Er fuhr sich betont lässig durchs Haar, das sich dadurch von sorgfältig gescheitelt in leicht verwuschelt verwandelte.

Margarete war sich sicher, dass sie diese Geste noch nie an Udo gesehen hatte. Ihr fiel auf, wie der Blick der Frau über seine Hand glitt. Wollte sie sehen, ob er einen Ehering trug? Flirtete sie etwa mit Udo? Da hatte sie auf einmal eine Idee. „Fanny, musstest du nicht Pipi?", fragte sie.

„Nein!", sagte Fanny, die Noras Hand hielt, nachdrücklich.

„Doch, du musst jetzt Pipi! Kommt mit, wir suchen die Damentoilette."

Fanny wollte protestieren, aber Nora und Ellie hatten sofort begriffen, was Margarete vorhatte. Zu viert verließen sie das Büro.

Das Letzte, was Margarete von Udo hörte, war: „Mein Name ist Udo Kienast. Sie haben da übrigens eine zauberhafte Grünpflanze, Frau Tschirch.

Und so gut gepflegt. Meine verstorbene Frau mochte Zimmerlinden auch so gern." Seine Stimme klang einen Tick tiefer als sonst. Männlicher.

Margarete verdrehte die Augen. Zimmerlinde! Wo sie gerade über Orchideen gesprochen hatten! Immerhin hatte Udo verstanden.

Im Gang kicherten Ellie, Margarete und Nora leise.

„Er macht das gut", sagte Ellie. „Hätte ich ihm gar nicht zugetraut."

„Armer Udo. Ich frage mich, ob es die Mühe wert ist, hier rauszufinden, wem das Gelände gehört", meinte Nora. „Ich hätte besser auf den Ausflug verzichten und im Internet nach Jobs suchen sollen."

„Doch, es ist die Mühe wert. Du wirst schon sehen", erwiderte Margarete.

„Ich muss *nicht* Pipi", erklärte Fanny energisch.

„Natürlich nicht", stimmte Margarete ihr zu.

„Warum hast du das dann gesagt?", fragte Fanny klagend.

Margarete sah zu Ellie, die mit den Schultern zuckte und lächelte. Wie erklärte man einem kleinen Mädchen, das sehr wahrheitsliebend war, dass Flirten manchmal nichts mit Gefühlen, sondern mit Strategie zu tun hatte?

SIE SCHLENDERTEN ein wenig durch Löwenberg, gingen kurz über den Friedhof, kauften ein paar belegte Brötchen beim Bäcker und beschlossen dann, am Wagen auf Udo zu warten.

Eine halbe Stunde nach ihnen verließ Udo schwungvoll das Gebäude. „Ihr seid mir ja eine raffinierte Bande", sagte er schnaufend, als er den Wagen erreichte. „Mich einfach allein zu lassen!"

„Es war unsere einzige Chance. Und? Was hast du herausgefunden?"

„Lasst uns erst mal losfahren. Frau Tschirch muss uns hier ja nicht schwatzen sehen."

Sie stiegen ein.

„Dir liegt aber viel an ihrer Meinung, oder?", fragte Ellie.

„Na ja …" Udo grinste lausbubenhaft.

Margarete war ziemlich beeindruckt. Sie schaute ihren alten Freund nachdenklich von der Seite an. Aber was bedeutete das eigentlich – alt? Udo war neunundsechzig. War man mit neunundsechzig alt? An diesem Tag sah Udo jedenfalls überhaupt nicht alt aus. Sie musterte sein Haar, das leicht gelockt war und ihm ein bisschen verwegen in die Stirn fiel. Nach Annes Tod hatte sie den Verdacht gehabt, dass er sich die Haare selbst schnitt – mit einer stumpfen Nagelschere. Jetzt dagegen war der Schnitt ordentlich. Regelrecht modisch.

„Wann warst du eigentlich beim Friseur, Udo?", fragte sie.

„Vor drei Tagen", sagte er.

„Sieht gut aus. Du wirkst irgendwie … jünger.“

Er warf ihr einen kurzen Blick zu und schien merkwürdigerweise peinlich berührt. Sie fuhren los.

„Also, das mit diesem Grundstück ist sehr seltsam“, begann Udo.

„Warum?“, fragte Ellie.

„Weil es dazu keine Unterlagen gibt. Frau Tschirch hat gesucht und gesucht, erst im Computer, dann ist sie sogar ins Archiv gegangen, obwohl 2006 alles digitalisiert wurde. Aber sie hat nichts gefunden. Überhaupt nichts, was auf einen Eigentümer hinweist. Demzufolge müsste das Grundstück in kommunalem Besitz sein, aber auch dazu gibt es keine Unterlagen.“

„Hast du ihr gesagt, wo genau es liegt?“

„Natürlich. Ich habe es ihr sogar auf der Karte gezeigt. Komischerweise fährt sie da jeden Tag auf dem Nachhauseweg entlang. Aber sie hatte keine Ahnung, dass sich am Ende des Waldwegs ein Grundstück befindet.“

„Bis wann geht das Archiv zurück?“, wollte Margarete wissen.

„Es wurde 1945 bei einem Bombenangriff zerstört. Nach dem Krieg wurden die Leute per Amtsblatt aufgefordert, sich zu melden und Beweise für ihren Landbesitz zu erbringen, damit man es wieder im Rahmen des Liegenschaftsdienstes eintragen konnte. Das hat für dieses Grundstück aber nie stattgefunden. Deshalb weiß man nicht mehr, wem es früher gehörte.“

„Vielleicht sind die Besitzer im Krieg ums Leben gekommen“, mutmaßte Margarete.

„Da magst du recht haben“, beteiligte sich auch Ellie an den Spekulationen.

„Jedenfalls ist es in Vergessenheit geraten. Und auch über einen Kindergarten gibt es keine Unterlagen. Vielleicht ist das wiederum nach der Wende untergegangen. Wann bist du eigentlich geboren, Ellie?“, fragte Udo und schaute in den Rückspiegel.

„1944. Meine Mutter hat mit mir in der Nähe von Bremen gewohnt und uns durchgebracht, indem sie für Bauern genäht hat. Sie war Schneiderin.“

„Und dein Vater?“, fragte Margarete.

„Ist beim Feldzug gegen Russland ums Leben gekommen. Vorher hat er noch schnell mich gezeugt“, sagte Ellie. „Während eines Fronturlaubs.“

„Meiner war in französischer Kriegsgefangenschaft. Ich weiß noch, als er wieder nach Hause kam, 1947. Ich hab mich gefragt, wer der fremde Mann in Mamas Bett ist. Das war für die Frauen bestimmt eine Riesenumstellung, wenn die Männer zurückkamen und meinten, dass sie das Sagen hätten.“

„Was ist denn mit euch los?“, wunderte sich Nora. „Sonst redet ihr doch selten über die Vergangenheit.“ Sie war sich nicht sicher, ob ihr das gefiel.

„Archiv, ausgebombt, Brand, Krieg …“, sagte Udo. „Was glaubst du denn? Bei diesen Begriffen werden Erinnerungen wach. An unsere Jugend und an das, was uns die Eltern erzählt haben … Schau mal, Margarete, da vorn geht es in den Waldweg, oder?“

„Kann ich wieder zu den Elfen mit dem Natursütin gehen?“, fragte Fanny.

„Natursütterlin“, verbesserte sie Margarete. „Heute nicht. Wir fahren direkt zum Grundstück.“

„Aber ich …“, protestierte Fanny.

„Ich glaube, ich sehe schon die Störche!“, rief Ellie.

Margarete wusste, dass sie schwindelte. Vom Auto aus war der Schornstein nicht zu entdecken. Aber Fanny vergaß für einen Moment alles und verrenkte sich fast den Hals, um die Störche zu entdecken.

Und dann hielten sie.

Fanny öffnete die Autotür und purzelte vor Aufregung aus dem Wagen, Ellie und Udo folgten ihr gemächlich auf das Tor zu.

Nur Margarete blieb sitzen. „Das ist es, das Grundstück“, sagte sie vom Vordersitz aus und wandte sich um. „Was meinst du, Nora?“

5. Kapitel

Mit verschränkten Armen stand er am bodentiefen Sprossenfenster und schaute hinaus. Der Blick in ihren Garten war herrlich, davon abgesehen, dass der Regen den bunten Teppich aus Frühlingsblühern verschleierte. Im Herbst hatte sie, wie jedes Jahr, neue Blumenzwiebeln gesetzt. Sie pflegte ihren Garten allein, solange er denken konnte. Hatte ihn gepflegt, so wie die Dinge im Moment standen.

Er seufzte voller Trauer über das Unvermeidliche.

Hinter ihm raschelte es. Er drehte sich um und sah, dass die schmale Gestalt im Bett wach war.

„Komm her“, flüsterte sie leise, und er beeilte sich, ihrem Wunsch nachzukommen. Einladend klopfte sie mit der Hand neben sich auf die Matratze. „Setz dich, mein Junge. Lass uns reden. Viel Zeit bleibt mir nicht mehr.“

Er nahm Platz auf dem Bett. Sein Blick fiel auf den Nachttisch. Ein Block und ein Stift lagen dort und mehrere beschriebene Briefbögen. Daneben ein Stapel unterschiedlicher Schachteln, aus der die Pflegerin dreimal täglich ein Tablettenpotpourri zusammenstellte. Das seiner Meinung nach überhaupt nicht half.

Es war ihr Herz, und dieser Infarkt würde ihr letzter bleiben. Die Ärzte wussten es, er wusste es, sie wusste es. Sie nahm es leichter als sie alle.

Tröstend tätschelte sie seine Hand. „Schau nicht so bedrückt. Alles wird gut. Menschen leben nicht ewig, und fünfundachtzig ist ein wunderbares Alter, um zu gehen. Mein Leben war lang und schön. Jetzt freue ich mich darauf, deinen Großvater wiederzusehen. Und deinen Vater."

Er schluckte die aufsteigenden Tränen hinunter.

„Und meine Eltern", flüsterte sie kaum hörbar. Dann schwieg sie, und er schaute besorgt, ob sie wieder eingeschlafen war. Oder schlimmer. Nein, sie sah ihn an.

„Kannst du mir das Bild bringen?", fragte sie.

Die Wand, auf die sie vom Bett aus sah, war der Platz, an dem die Fotos hingen, die ihre glücklichsten Momente zeigten. Ihre Hochzeit mit dem Großvater, sie beide stolz in ihrem ersten Garten unter einem blühenden Kirschbaum, ihre Züchtungen, die sie in ihren Kreisen berühmt gemacht hatten, sein Vater als Kind, dann er als Kind mit dem Vater und der Mutter und schließlich die jüngsten Fotos, nur er mit seiner Mutter, er mit seinem Sohn

„Which one?", *fragte er.*

„Sprich Deutsch. Bitte schlag einer alten Frau nicht ihren letzten Wunsch ab", antwortete sie. „Das Gemälde."

Es gab nur ein Gemälde inmitten der Fotos. Er brachte es ihr.

„Es erinnert mich an mich selbst", sagte sie und strich mit dem Finger über die Leinwand. „An meine Kindheit."

Das Bild zeigte ein kleines Mädchen mit dunklem Haar, das auf einer Blumenwiese stand, einen hellen Schmetterling auf der Hand. Weitere tanzten um seinen Kopf. Die Pflanzen, die rings um die Wiese wuchsen, wirkten wie ein fantastischer Märchenwald, unbezähmbar im Wuchs, grenzenlos im Duft und voller Geheimnisse.

„Wieso an deine Kindheit?", fragte er.

„Der Garten, in dem ich aufgewachsen bin, ist in meiner Erinnerung genau so. Es gab Heckenhöhlen, Verstecke und Lichtungen, und überall schien etwas zu flüstern und zu raunen. Es war Magie." Sie seufzte. „Aber wahrscheinlich war es nur der Zauber meiner Kindheit. Dumme Gedanken einer alten Frau. Häng es wieder hin."

„Wo war denn der Garten deiner Kindheit, Granny?", fragte er, als das Bild wieder an seinem Platz hing.

Sie antwortete nicht mehr, hatte die Augen schon geschlossen.

6. Kapitel

Nora vermutete, dass Margarete irgendetwas Überschwängliches von ihr über das Grundstück hören wollte. Aber sie wusste nicht, aus welchem Grund sie enthusiastisch sein sollte.

Was sie sah, war eine Wildnis aus frischem Grün und wild wucherndem Gestrüpp. Naturbelassen eben. Dahinter lugte ein Haus hervor – das war wohl das Kinderheim, von dem die anderen gesprochen hatten. Ansonsten sah alles verlassen aus. „Ich weiß nicht so recht", antwortete Nora unsicher und nahm Margaretes Enttäuschung wahr.

Als sie aus dem Wagen stieg, flog vor ihnen ein kleiner Vogel auf und setzte sich auf einen Ast. Es war ein Rotkehlchen. Es legte das Köpfchen schräg, bevor es weiterflatterte und schließlich in den Wirrwarr von Schlingpflanzen schlüpfte, die an dem Zaun emporrankten. Aus alter Gärtnergewohnheit versuchte Nora, das Klettergewächs zu identifizieren. Zuerst dachte sie an Waldclematis, aber dann sah sie, dass es Geißblatt war – *Lonicera*. Die lateinischen Bezeichnungen waren ein Teil ihrer Ausbildung gewesen. Vielleicht war es ein Waldgeißblatt, das würde passen, das wuchs wild … Sie fragte sich, welche Farbe die Blüten wohl haben würden: gelb, rosa, weiß oder orange … Und dann musste sie plötzlich an die Laube ihrer Großmutter denken, ihren Garten, den sie gehegt und gepflegt hatte, in dem sie Möhren, Bohnen und Kartoffeln angebaut und die bunten Sommerblumenmischungen ausgesät hatte. Die Erinnerung überfiel sie mit einer Heftigkeit, dass sie die Augen schließen musste. Ihr war, als wäre sie dort, an einem warmen Sommertag. Sie meinte, barfuß durchs Gras zu laufen. Sah den schillernden Regenbogen, der entstand, wenn ihre Großmutter spätnachmittags im Sonnenschein die Pflanzen goss. Und dann breitete sich der Wohlgeruch des blühenden Geißblattes, das frech bis in die Spitze des alten Apfelbaumes emporgerankt war und dort seine orangefarbenen Blüten leuchten ließ, um sie aus. Sie atmete tief ein …

„Nora? Kommst du?"

Langsam öffnete Nora die Augen und sah Margarete an. „Riechst du was?", fragte sie.

Margarete schnupperte. „Waldluft. Wieso?"

Nora schüttelte den Kopf. „Ach, ich dachte nur …" Wie seltsam!, wunderte sie sich. Das Geißblatt war noch mindestens zwei Monate von der Blüte entfernt, nicht einen Hauch Duft strömte es aus – und ihre Großmutter war gestorben, als Nora kaum zehn Jahre alt gewesen war. Sie hatte ewig nicht mehr an ihren Garten gedacht. Bis jetzt.

„Mama! Schau dir endlich die Störche an!“ Fanny kam auf sie zugelaufen, griff nach ihrer Hand und zerrte sie voran.

Nora gab sich einen Ruck und schüttelte über sich selbst den Kopf.

SIE WAREN ums Haus herumgegangen, Nora hatte die Störche gebührend bestaunt, Udo und Ellie waren dabei, den Klapptisch und die Stühle aus dem Auto zu holen.

Margarete, Nora und Fanny standen auf der obersten Stufe der Treppe, die zu der Terrasse hinter dem Haus führte, und blickten über das verwilderte Grundstück. Jedenfalls, so gut es überhaupt möglich war.

Margarete fiel ein weitverzweigter Busch auf, und sie wies darauf. „Der Strauch da ist herrlich gewachsen. Kennst du den?“, fragte sie Nora.

Nora sah genauer hin. „Das ist eine Felsenbirne“, antwortete sie dann. „Sie ist ganz unempfindlich. Deshalb nimmt man sie gern als Straßenbepflanzung. Kommt aus Nordamerika, wurde von den Niederländern kultiviert, wilderte in Europa aus … Und weißt du was? In Kanada, wo die Felsenbirne ursprünglich herstammt, gibt es sie nicht mehr. Da ist sie ausgestorben.“

„Woher weißt du das?“, fragte Margarete und sah sie respektvoll an.

Nora lachte. „Das ist mein Job, so was zu wissen. Mein Chef früher hat Felsenbirnen gern als Heckenbepflanzung genutzt. Sie blühen im April wunderschön, haben leckere Früchte und eine sehr bunte Herbstfärbung.“

„Wachsen an dem Birnen?“, klinkte sich Fanny ins Gespräch ein.

„Nein, der Baum hat kleine dunkelblaue Beeren. Schmecken ein bisschen wie Blaubeeren.“

„Warum heißt der Baum dann nicht Blaubeerbaum?“

„Früher hat man ihn zur Familie der Birnen gezählt.“

„Was denn für eine Familie?“, fragte Fanny.

Nora konnte sich lebhaft vorstellen, was Fanny dachte: Papa Blaubeerbaum, Mama Blaubeerbaum, Tochter Blaubeerbaum … „So nennt man Pflanzen, die dieselben Merkmale haben.“

„Was sind denn Merkmale?“

Nora versuchte es zu erklären, aber bevor sie geendet hatte, war Fanny schon weggerannt. „Ich schau mal, ob ich was finde!“, rief sie noch, dann arbeitete sie sich durch das Gestrüpp, das sich der Terrasse anschloss.

Udo machte sich derweilen an der halb überwucherten Terrasse zu schaffen.

„Was tust du da?“, rief Nora ihm zu.

„Ich jäte Unkraut. Damit es hier wieder ordentlich aussieht!“, rief er zurück und warf ein paar ausgerissene Schösslinge auf einen Haufen.

Nora beobachtete Udo. Fast taten ihr die Pflanzen leid. Wären sie heute nicht zu fünft hier eingefallen, hätten die Pflanzen ungestört weiterwachsen können. Noch ein paar Jahre, und die Terrasse wäre überhaupt nicht mehr zu erkennen gewesen. Aber mit Udo, Margarete und Ellie blieb die Natur nicht sich selbst überlassen. Da waren ihre Freunde zu effizient, glaubten zu sehr an Ordnung, an Aufbau.

Nora legte die Hand an die Stirn, um die Augen gegen die Sonne zu schützen, und schaute von der erhöhten Position aus über das Grundstück. Jetzt sah sie die Metallstreben, die hinter dem Dickicht in den Himmel ragten. Davon hatte Margarete ihr schon erzählt, und auch, dass sie sich keinen Reim darauf hatte machen können. Nora runzelte die Stirn. Was war das nur?

Langsam ging sie die Treppenstufen hinunter und machte ein paar Schritte auf das Dickicht zu, in dem Fanny verschwunden war. Dann zwängte sie sich hindurch. „Fanny?“, rief sie. „Wo bist du?“

„Hier, Mama! Ich hab was gefunden!“

Nora folgte der Stimme ihrer Tochter, bog ein paar Zweige auseinander, kletterte über Wurzelwerk – und stolperte. Im letzten Moment fing sie sich an einem dicken Hartriegelzweig. Da sah sie, dass sie nicht über Wurzeln gestolpert war, sondern über zwei Steine, die rechtwinklig zueinander standen und ein Stückchen aus dem Boden ragten. Nora schaute sich um. Ein paar Meter weiter, auf einem wilden Wiesenstück, entdeckte sie wieder zwei Steine, die auf dieselbe Art und Weise zueinander standen. Seltsam. Sie schaute sich um. Und dort, auf der linken Seite, ebenfalls. Waren das Grenzsteine? Ober gab es hier einen überwachsenen Weg? Plötzlich beunruhigt, hastete sie weiter. Sie hätte vielleicht zuerst schauen sollen, was für Gefahren auf dem Grundstück lauerten. Die Steine waren nicht schlimm, aber was, wenn die Metallstreben über Fanny zusammenbrachen? Und überhaupt, sie wussten nichts über dieses Grundstück, das den Namen kaum verdiente, dieses Stück Wildnis, von einem halb verfallenen Zaun umgeben …

Sie hastete weiter.

Fanny hockte neben einer niedrigen Backsteinwand, in die die Metallstangen eingelassen waren, und spielte eines ihrer verträumten Fanny-Spiele. Es war ein sonniges, friedliches Plätzchen, das ihre Tochter für sich entdeckt hatte. Frisches Grün spross um sie herum, sodass es aussah, als säße sie auf einer kleinen Lichtung.

Nora fiel etwas ins Auge: Entlang der niedrigen Mauer waren Hunderte, wenn nicht Tausende Tontöpfe gestapelt. Einige der Stapel waren umgefallen.

Die Töpfe lagen verstreut da, viele waren zersprungen. Und sie schienen dort schon lange zu liegen, denn Moos wuchs auf ihnen, und einige Scherben waren in dem lange nicht gemähten Gras kaum auszumachen.

Mit Töpfen kannte Nora sich aus. Unzählige hatte sie in ihrer Lehre mit Erde befüllt. Aber diese hier sahen anders aus als alle, die sie jemals in den Händen gehabt hatte. Sie waren dickwandiger, unregelmäßiger, als wären sie in Handarbeit und nicht maschinell hergestellt worden. Und es waren wirklich unglaublich viele. Sie reichten für zahllose Pflanzen, pikiert, umgesetzt und gepflanzt, gezogen und vereinzelt …

Die Erkenntnis traf Nora wie ein Blitzschlag. Das Haus mochte zuletzt vielleicht als Kindergarten genutzt worden sein oder als Ferienheim, da hatten die Freunde sicher recht. Aber irgendwann davor hatte es ein anderes Leben geführt. Die rechtwinklig angeordneten Steine, über die sie gestolpert war, waren früher einmal Beeteinfassungen gewesen. Die niedrige Backsteinmauer und die darin eingelassenen Metallstreben waren das Überbleibsel zweier Gewächshäuser. Und der Schornstein, auf dem nun Fannys Störche nisteten, gehörte wahrscheinlich zu einer Anlage, mit dem einst die Gewächshäuser geheizt worden waren. Dann die vielen alten Blumentöpfe, entlang der kleinen Mauer gestapelt – die hatten bestimmt niemandem zum Privatvergnügen gedient, der im Frühling ein bisschen Petersilie ausgesät hatte. Nora war sich sicher: Hier war früher eine Gärtnerei gewesen, und den Ausmaßen der Beete und der Gewächshäuser nach zu urteilen keine kleine. Sie fragte sich, was dieses Grundstück ihr noch verraten würde. Hatte etwas von dem, das hier früher gewachsen war, überlebt? Gab es noch Spuren davon? Und wann war dieses Früher gewesen?

Wie geheimnisvoll! Eine alte, vergessene Gärtnerei. Ein wucherndes grünes Rätsel. Ihr Herz begann schneller zu schlagen.

Fanny kauerte auf dem Boden, vor sich einen der Blumentöpfe. „Ich habe ganz viele Töpfe gefunden, Mama! Und jetzt pflanze ich in einem davon eine Blume. Für Margarete“, sagte sie und versuchte, einen Pflanzenableger in etwas Erde zu pressen, die sie, wenn man sich ihre schwarzen Fingernägel ansah, irgendwo herausgekratzt haben musste.

Nora hockte sich neben sie. „Die Pflanze kennst du, Fanny. Es ist ein Löwenzahn. Siehst du, in der Blattrosette ist schon eine Blüte. Sie wird gelb blühen, und später wird es mal eine Pusteblume werden. Der Löwenzahn hat ganz lange, feste Wurzeln. Pfahlwurzeln nennt man sie. Zeig mal her.“ Sie hob die Pflanze an. Direkt unterhalb des Blattstands war – nichts. „Weißt du, was am wichtigsten ist, wenn du etwas pflanzt?“, fragte sie Fanny.

Stadtkind Fanny sah sie an. „Die Blume?“, schlug sie dann zögernd vor.

„Nein. Das, was du nicht siehst. Die Wurzeln. Denn damit holt die Pflanze sich das Wasser und die Nährstoffe aus dem Boden."

Niedergeschlagen sah Fanny auf die Pflanze. „Ich wollte sie nicht kaputt machen."

„Ich weiß. Und eigentlich hast du das auch nicht, denn aus der Wurzel, die du im Boden gelassen hast, wachsen neue Blätter und eine neue Blüte. Wir können bestimmt einen Topf bepflanzen, hier wächst ja so viel. Aber wollen wir uns erst mal die alten Gewächshäuser ansehen?"

Getröstet sprang Fanny auf. „Au ja!"

Sie betraten das erste Gewächshaus durch eine scheibenlose Tür. Nora schätzte die Grundfläche auf fünf mal zwölf Meter. Viel Platz, um im geschützten Raum etwas anzubauen. Sie schaute sich um, aber es gab keinen Hinweis darauf, wie es hier einmal ausgesehen hatte.

Sofort setzte ihre Gärtnerfantasie ein. Sie sah einen langen Holztisch, auf dem neben bereitstehenden Töpfchen ein Haufen frischer Erde lag. Hier wurde in Schalen gesät, pikiert, Erde wurde gemischt, Anzuchterde, lehmige Erde, saure Erde für Rhododendren und Himbeeren und Blaubeeren … Sicherlich hatten die Gärtner hier früher im Sommer barfuß gearbeitet, wenn sie zwischen den Reihen entlanggingen, Klettergewächse mit rauem Faden hochbanden und das dichte Grün der Treibhauspflanzen bändigten.

Jetzt war von üppigem Bewuchs nichts mehr zu sehen. Birken hatten sich auch hier ausgesät. Einzelne Schösslinge waren bereits so hoch, dass sie durch das Gerüst dem Himmel entgegenwuchsen. Andere dagegen waren noch klein, hatten vielleicht erst im vergangenen Jahr zu wachsen begonnen.

Nora lief durch die Hintertür hinaus und in das zweite Gewächshaus hinein. Hier bot sich dasselbe Bild. Der Boden war voller Unkraut, junge Bäume wuchsen durch die Metallstreben in den Himmel.

Nora sah nach oben, und da entdeckte sie etwas. Der hintere Teil des Gewächshauses war noch fast intakt. Einige Glasscheiben waren gesprungen, aber nicht herausgebrochen.

Ihr Blick glitt wieder abwärts. In der Ecke standen ein alter Spaten, ein angerosteter Rechen und eine Harke, daneben eine Gießkanne aus Zink. Und dann sah sie ein Stückchen weiter einen Haufen Gestrüpp. Ein wilder Komposthaufen vielleicht, der nie verrottet war, weil es hier zu trocken war? Nora sah braune, runzlige Stiele und nahm einen hoch, um ihn genauer zu betrachten … „Autsch!", rief sie und ließ ihn wieder fallen. Sie hatte in einen Dorn gefasst, hart und spitz. Rasch steckte sie den Finger in den Mund.

„Schau mal, Mama!" Fanny balancierte auf einem Rohr, das entlang der

Innenseite der kleinen Backsteinmauer verlief. Nora war sicher, dass es zu dem Heizhäuschen führte. Es war grün – oxidiertes Kupfer.

„Fein, Süße", sagte sie abwesend, mit ihren Gedanken ganz woanders. Die Dornen wiesen auf Rosen hin. Hatten hier mal Rosen gestanden? Sie sah sich um, konnte aber außer dem Dickicht zu ihren Füßen nichts entdecken, was wie ein Rosengewächs aussah.

Fanny sprang vom Rohr und blickte Nora nachdenklich an. „Weißt du, Mama, mit den Pflanzen ist das wie mit den Menschen. Wie mit den Wurzeln."

„Wie meinst du das?"

„Da ist doch auch das wichtig, was man nicht sieht. Das Innere. Das unter der Schicht liegt." Sie presste die freie Hand auf ihren kleinen Bauch. Vielleicht meinte sie aber auch das Herz.

Nora lächelte.

Als sie zu den anderen zurückkehrten, sah die Terrasse ganz verändert aus. Zuerst konnte Nora nicht genau sagen warum. Dann sah sie den Berg Unkraut und verstand – die anderen hatten sich die Zeit damit vertrieben, es weiter auszureißen. Die Terrasse sah natürlich noch nicht wie die eines gepflegten Einfamilienhauses aus, aber immerhin erkannte man bereits, dass es eine Terrasse war.

„Leute! Wisst ihr, was hier früher war?", rief Nora Margarete, Ellie und Udo zu, die es sich am Tisch gemütlich gemacht hatten.

„Klar. Ein Kindergarten", sagte Udo.

Nora schüttelte den Kopf. „Nein. Eine Gärtnerei! Die Metallstreben da hinten sind die Überbleibsel von zwei alten Gewächshäusern. Dorthin scheinen auch die Rohre aus dem Häuschen zu führen, wahrscheinlich war es ein Heizsystem oder so. Und Unmengen alter Pflanztöpfe liegen dort …"

„Die ich gefunden habe", warf Fanny ein.

„Ja, genau, die Fanny gefunden hat. Außerdem bin ich im Dickicht über Beetbegrenzungssteine gestolpert."

„Das ist ja interessant. Muss wohl vor 1945 gewesen sein. Sonst hätten wir vorhin ja einen Eintrag gefunden", meinte Udo nachdenklich.

„Eigentlich wollten wir dir einen Löwenzahn für deinen Garten mitbringen", sagte Fanny zu Margarete.

„Bleibt mir bloß weg mit dem Zeugs", antwortete Margarete entsetzt. „Ich hab Löwenzahn früher immer ausgestochen. Jetzt hab ich im Vorgarten endlich Ruhe. Obwohl …" Sie griff nach einem Käsebrötchen, biss aber nicht davon ab, sondern hielt es reglos in der Luft.

Fanny kam zu ihr und machte es sich auf ihrem Schoß bequem. Margarete schien das nicht zu merken. Ihr Blick war in weite Ferne gerichtet.

„Hallo?“, fragte Ellie und wedelte mit der Hand vor Margaretes Gesicht herum. „Ist wer zu Hause?“

Margarete schrak zusammen. Jetzt schien sie die Freunde wieder wahrzunehmen. „Das war seltsam“, sagte sie. „Plötzlich hab ich den Löwenzahn von früher gesehen. Und ich hatte wieder schrecklichen Hunger wie damals nach dem Krieg … Kennt ihr eigentlich Löwenzahnsirup?“

Ellie und Nora schüttelten den Kopf, Udo kaute und Fanny pulte die Gurke von ihrem Mortadellabrötchen. Grün im Essen war ihr verdächtig.

„Den hat meine Mutter früher selbst gemacht. Dafür mussten wir Löwenzahnblüten sammeln. Dann wurden sie mit Zucker aufgekocht, stundenlang. Im Marmeladenglas sah der Sirup aus wie Honig, goldgelb und transparent. Ach ja“, sie sah in die Ferne, „wir haben viel in den Ruinen gespielt. Besonders wenn wir von der Schule nach Hause gingen, nach dem Krieg.“

„War Berlin denn dort, wo du gewohnt hast, sehr zerstört?“, fragte Ellie.

„Lichterfelde? Absolut. Und wir haben noch lange nach dem Krieg alles genutzt, was die Ruinen hergaben. Viel war es nicht. Brennnesseln und Giersch hat meine Mutter wie Spinat zubereitet. Und der Löwenzahnhonig war ganz vorn mit dabei.“

„Von Löwenzahn kann man auch die Blätter essen“, fügte Nora hinzu.

Margarete hatte sich von ihrer Erinnerung noch nicht gelöst. „Im Krieg hat meine Mutter aus Zichorienwurzeln Kaffee gemacht, kennt ihr das noch?“

„Die Wurzel der Gemeinen Wegwarte. Die blüht hübsch blau. Gibt es hier sicher auch“, sagte Nora.

Margarete schien sie nicht zu hören. „Und nach dem Krieg war Bohnenkaffee für meine Mutter das Größte. Bis zu ihrem Tod hat sie keinen Tag darauf verzichtet. Sie hat nicht sehr geklagt, was ihr der Krieg abverlangt hat. Aber dass sie auf Kaffee verzichten musste, hat sie persönlich genommen.“

„Meine Mutter hat mir mal was von gerösteten und gemahlenen Eicheln erzählt“, sinnierte Udo.

„Als Kaffee?“ Nora schüttelte sich.

„Ja. Muckefuck.“

Fanny kicherte. „Muckefuck ist ein ulkiges Wort!“

„Kommt von *Moka faux*. Falscher Kaffee“, erklärte ihr Margarete.

„Steckrüben“, sagte Ellie und verzog das Gesicht. „Bei uns gab es ständig Steckrüben. Ich war ja klein, aber von dem Geruch muss ich mich heute noch übergeben. Ich glaube, wir haben jahrelang nichts anderes gegessen.“

„Jetzt sind Steckrüben als Gemüse wieder im Kommen“, meinte Margarete. „Im Tagesspiegel stand neulich ein interessantes Rezept …“

„Vergiss es!“ Ellie schüttelte sich.

„Ihr seid ja schon wieder bei den Kriegsgeschichten“, bemerkte Nora.

„Stimmt nicht. Wir sind bei den *Nach*kriegsgeschichten“, stellte Udo richtig.

Nora lachte und lenkte ab. „Ich frage mich, wie groß das Grundstück ist. Man kann es vor lauter Wildwuchs nicht erkennen.“

„Wir können versuchen, es abzulaufen. Immer am Zaun entlang. Und aufzeichnen, wie es ausgelegt ist.“ Margarete griff nach einer weiteren Brötchenhälfte. Die Erinnerung an ihren Nachkriegshunger schien anzuhalten.

„Mich interessiert, wie die Rohre der Heizanlage verlaufen. Unterirdisch oder oberirdisch“, sagte Udo und stand auf. „Ich hole aus dem Wagen was zum Schreiben.“

„Auf jeden Fall hat hier irgendwann einmal jemand gründlich aufgeräumt“, fuhr Nora fort. „Es liegt keine einzige Glasscherbe mehr um die Gewächshäuser herum.“

Es dauerte ein Weilchen, bis Udo zurückkam. „Ist euch eigentlich die Platte neben dem Haus aufgefallen?“, fragte er und legte einen kleinen Block und einen Kugelschreiber auf den Tisch. Er klang aufgeregt. Die drei Frauen schüttelten den Kopf. „Dann kommt mal mit!“

Alle standen auf und folgten Udo neugierig. Er führte sie zu der Treppe vor dem Haus. Und tatsächlich, daneben lag eine rostige, quadratische Metallplatte. Sie war schwer auszumachen, weil sie von Grasbüscheln überwachsen war, aber Udo hatte sie erspäht und sie ein Stückchen zur Seite gezerrt. Darunter war ein Loch, dunkel und unheimlich. Im Sonnenlicht konnte man nicht sehen, wie tief es war. Alle beugten sich vor, Nora hielt Fanny fest an der Hand.

„Passt auf!“, sagte Udo, nahm ein Steinchen und warf es hinein. Es dauerte eine Weile, bis sie ein leises Platschen hörten. „Das ist der Brunnen, den sie für die Gärtnerei genutzt haben! Sie werden eine Pumpe darin gehabt haben, und wahrscheinlich werden wir im Haus oder im Heizhaus einen Druckkessel entdecken, der das Wasser gespeichert hat. Das hier war der Rohranschluss. Muss erneuert werden.“ Er stupste leicht gegen ein rostiges Stück Metall, das in dem Brunnenloch mündete.

„Wasser! Aber woher hatte die Pumpe den Strom?“, fragte Nora und sah sich um. „Ich glaube kaum, dass dieses Grundstück an das Versorgungsnetz angeschlossen ist.“

Udo überlegte. „Vielleicht hatten sie ein eigenes Stromaggregat? Lasst uns mal weiterschauen. Da machen wir sicher noch ein paar Entdeckungen.“ Er zerrte die schwere Platte wieder über das Loch.

„Deck das ja richtig zu!“, warnte Margarete. „Nicht auszudenken, dass Fanny da reinfallen würde.“

„Ich fall da nicht rein! Ich bin doch kein Baby!“

„Macht euch keine Sorgen. Die Platte ist dick, und das Loch ist nicht groß genug für ein Kind. Nur für eine Pumpe. Außerdem passen wir auf sie auf. Stimmt's, Fanny?“

Fanny nickte.

„Ich würde gern den Grundriss des Grundstücks aufzeichnen“, sagte Nora und wandte sich ab, um den Schreibblock von der Terrasse zu holen.

„Warte, ich komme mit!“, rief Margarete.

„Ich auch.“ Ellie folgte ihnen.

„*Ich* hol den Block!“ Fanny flitzte voraus.

„Und ich schau mir derweilen das Haus von innen an“, verkündete Udo.

„Womit fangen wir am besten an, Nora?“, fragte Margarete.

„Ich dachte, wir gehen so dicht wie möglich an der Innenseite des Zaunes entlang und zählen die Schritte. Meterschritte, wenn möglich.“

EINE VIERTELSTUNDE SPÄTER gaben sie auf. Dicht am Zaun entlangzulaufen hatte sich als unmöglich herausgestellt. Der Wildwuchs war viel zu dicht, durch das Buschwerk zogen sich zudem stachelige Brombeerranken.

Aber Nora hatte trotzdem eine Grundstücksbegrenzung aufgezeichnet – achtzig Meter lang musste das Grundstück ungefähr sein, jedenfalls nach Schrittmaß, rechnete sie im Kopf. Der rostige Zaun machte hier, wo sie standen, einen scharfen Rechtsknick. Es war deutlich weniger Bewuchs zu sehen, was daran liegen mochte, dass sich dahinter nicht der Wald befand, sondern ein Feld. Nora folgte dem Zaun noch ein Stückchen weiter. Sie entdeckte weitere rechtwinklig angeordnete Begrenzungssteine und zählte. Vier Beete lagen, den Steinen nach zu urteilen, wohl unter der Unkrautschicht nebeneinander, und fünf Beete hintereinander.

Sie hockte sich vor dem ersten Beet hin. Zuerst sah sie nichts außer Unkraut. Aber dann entdeckte sie knapp vor sich einen dicken Trieb, der sich einen Weg aus der Erde ans Licht bahnte. Nora zog vorsichtig an einem verwurzelten Büschel, das die Pflanze überwucherte. Nach einigem Gezerre hatte sie das Unkraut in der Hand. Nachlässig warf sie es zur Seite und kniete sich auf die Erde. Jetzt sah sie die Pflanze deutlicher. „Das ist eine Hosta, eine Funkie!“, rief sie Ellie und Margarete zu. „Eine klassische

Gartenpflanze. Ich frage mich, wie viele Jahre sie hier überlebt hat, ohne dass sich jemand um sie kümmern konnte. Unfassbar."

Ellie und Margarete traten zu ihr.

„Warum heißt sie Hosta – ist das eine katholische Pflanze?", fragte Ellie und beugte sich vor, um sich den Trieb anzuschauen.

Nora lachte. „Nein! Das wäre dann wohl Weihrauch. Hostas werden auch Funkien genannt. Oder kennt ihr sie unter ‚Herzlilien'? Blüten haben sie auch, aber man setzt sie wegen ihrer schönen Blätter."

Ein Leuchten huschte über Margaretes Gesicht. „Ja, Herzlilien kenne ich. Es sind Schattenpflanzen, richtig? Dabei stehen sie hier voll in der Sonne."

„Nicht unbedingt. Nachmittags fällt der Schatten des Waldes auf das Beet. Und schaut mal, an dieser Stelle ist das Grundstück ein bisschen tiefer gelegen, da sammelt sich das Regenwasser." Sie scharrte mit der Fußspitze in der Erde. „Da hat sich schon jemand was dabei gedacht, die hierhinzusetzen."

Sie zeichnete die Anordnung der Beete auf den Zettel, dann schaute sie sich um. „Wo steckt denn eigentlich Fanny?"

„Fanny!", rief Margarete.

„Hier!", erklang Fannys Stimme.

„Sie muss dahinten am Zaun sein", sagte Nora. „Aber ich sehe sie nicht." Sie folgte zusammen mit Ellie und Margarete der Richtung, aus der sie Fannys Stimme gehört hatte. An der nächsten Zaunecke verstand sie, warum sie Fanny nicht gesehen hatte: Sie hatte in einer Ligusterhecke so etwas wie eine kleine Höhle entdeckt, in der sie nun hockte.

Nora trat näher und hörte, wie Fanny murmelte: „… dann essen wir was, das meine Mama gekocht hat, und danach kannst du wieder ins Gewächshaus gehen und mit deinem Papa weiterarbeiten …"

„Na, Fanny, hast du ein Versteck gefunden?", fragte sie.

Fanny sah sie so verwirrt an, als hätte sie Mühe, ihre Mutter zu erkennen. „Wir spielen Haus und Gärtnerei", erklärte sie dann.

Wir?, wunderte sich Nora. Eigentlich war die Zeit der imaginären Freunde vorbei, seit Fanny in die Schule ging. Bis dahin war kein Tag vergangen, an dem sie Nora nicht in den lebhaftesten Farben ihre Freunde und die gemeinsamen Abenteuer geschildert hatte. So intensiv, dass Nora sich besorgt an die Kinderärztin gewandt hatte. Kein Grund zur Sorge, hatte diese geantwortet, imaginäre Freunde seien in diesem Alter völlig normal. Aber hier auf diesem malerisch liegenden wilden Grundstück ging Fannys Vorstellungskraft wohl wieder mit ihr durch.

„Sie mag die weiße Rose am liebsten", sagte Fanny.

„Welche weiße Rose?", fragte Nora.

„Die hinter dir“, antwortete Fanny.

Nora drehte sich um. Tatsächlich, es war ein wilder, dorniger Rosenbusch, der dort austrieb, mannshoch, breit und sehr üppig. „Fanny, eigentlich möchte ich nicht, dass du hier spielst“, sagte sie streng. „Wenn du in dieses Gestrüpp fällst, kommst du nicht mehr allein raus.“

„Ich falle da nicht rein. Die Rose ist mein Freund.“

„Aha. Woher weißt du eigentlich, dass sie weiß blühen wird?“

„Hat sie mir gesagt“, antwortete Fanny ungeduldig.

Ellie und Margarete sahen sich besorgt an.

„Die Rose hat dir das gesagt?“, fragte Nora.

„Nein. Das Mädchen.“

„Welches Mädchen?“, fragte Nora.

„Meine Freundin“, erklärte Fanny und wandte sich ab.

Nora hatte genug gehört. „Komm doch mit uns“, schlug sie vor. „Udo ist im Haus. Vielleicht findest du dort auch was Interessantes.“

Fanny kroch aus ihrer kleinen grünen Höhle und stand auf. „Tschüs“, sagte sie in Richtung Hecke und hüpfte davon.

Die drei Frauen folgten ihr langsam.

„Schau mich nicht so an!“, protestierte Ellie, als Margarete ihr einen bedeutsamen Blick zuwarf. „Diesmal hab ich nichts damit zu tun! Sie hat sich das mit dem Mädchen ganz allein zusammengesponnen.“

7. Kapitel

Als sie das Haus erreichten, kam Udo gerade heraus.

„Da drinnen ist es trostlos. Nicht gerade heruntergekommen, bis auf die paar kaputten Fenster im ersten Stock, aber kalt und ungemütlich. Es ist auch nicht unterkellert. Ich gehe mal in das Schornsteinhäuschen. Irgendwo muss doch die Anlage stehen, die hier Strom erzeugt hat!“

„Ich will aber trotzdem rein“, sagte Fanny starrköpfig.

„Okay.“ Nora öffnete die Tür, und sie betraten das Gebäude. Es roch abgestanden und zugleich leicht chemisch nach Desinfektionsmitteln.

Im großen Zimmer, das zur Terrasse hinausführte, lagen in den Ecken schwarze Krümel – vermutlich Mäusekötel. In Bad und Küche klebten alte braune Fliesen an den Wänden, was extrem scheußlich aussah. Nora drehte den Wasserhahn auf – nichts. Die Lache in der Toilette war rostbraun.

Sie stiegen die Treppe in den ersten Stock hinauf. Auch hier waren die Zimmer leer und die Räumlichkeiten entmutigend nüchtern.

„Udo hat recht. Dieses Haus ist trostlos.“ Ellie schüttelte sich.

„Vielleicht birgt der Dachboden ja noch ungeahnte Schätze“, meinte Nora.

„Au ja, der Dachboden!“ Fanny rannte los.

Nora, Margarete und Ellie stiegen gemächlich die Treppe zum Dachboden hinauf. Die Stufen endeten vor einer schmucklosen Tür. Nora drückte die Klinke herunter, und die Tür schwang leise knarrend auf. Sie traten ein.

Nora konnte nicht sagen, was sie erwartet hatte. Irgendetwas Geheimnisvolles, Rätselhaftes. Stattdessen war hier … nichts.

Der Dachboden war dunkel und leer. Nur durch eine Luke fiel ein wenig Licht auf den staubigen Boden. Nora bekam eine Gänsehaut, rieb sich die Arme und wünschte, sie hätte ihre Jacke mitgenommen. Dieser Dachboden verströmte eine unangenehme Kälte. Ein einzelner schwerer Balken zog sich quer durch das Satteldach, er wurde links und rechts von dunkel gebeizten Stützen getragen. Hinter dem rechten Standbalken raschelte es, dann huschte etwas blitzschnell davon.

„Was war das?“, fragte Fanny.

„Ich weiß nicht. Vielleicht eine Maus? Oder eine Ratte?“

Fanny ließ die Hand ihrer Mutter los. „Ich schau mal!“

Sie stapfte in die Ecke, in der das kleine Tier verschwunden war. Ihre Schuhe hinterließen Spuren im Staub.

„Pass auf, dass dich nicht was beißt!“, warnte Nora, aber da war Fanny schon zurück. Spinnweben hatten sich in ihren Locken verfangen.

„Ich hab was gefunden!“

Es war ein Stück Papier, gelb verfärbt, fleckig und brüchig, eine Ecke sah verdächtig angeknabbert aus.

Nora kniff die Augen zusammen, um in der Dunkelheit etwas zu erkennen. Die Schrift war gestochen scharf, aber zu klein und zu verblasst, um sie in dem dämmrigen Licht entziffern zu können.

Ellie schaute ihr über die Schulter. „Das ist Sütterlin“, sagte sie.

„Eine Elfe hat das geschrieben? Wohnt die hier?“, fragte Fanny.

„Nein. Das ist Menschensütterlin, Fanny. Kommt, draußen können wir es vielleicht lesen.“

Zu viert verließen sie den Dachboden.

Sie gingen um das Haus herum zurück zur Terrasse. Nora legte das vergilbte Blatt auf den Tisch und hielt es mit einem Finger fest.

„Wir haben auf dem Dachboden etwas gefunden!“, rief sie Udo zu, der gerade aus dem Heizhäuschen trat.

„Ich hab auch etwas gefunden!“, rief er. „Sagt ihr zuerst! Dann ich!“

Ellie beugte sich vor. „Hier oben steht ein Name: ‚Fritsch, Magda‘. Dann untereinander ‚Montag, Donnerstag, Freitag‘. Einzelne Tage. Und dahinter Zahlen: ‚6,5, – 7,0 – 8,0 – 4,0‘.“

„Das ist ein Stundenzettel“, erklärte Nora überrascht. „So ähnlich haben wir es in der Gärtnerei, in der ich gelernt habe, gehandhabt. Manche arbeiten stundenweise und werden so auch bezahlt.“

„Fragt sich nur, von wann der Stundenzettel ist. Noch aus Gärtnereizeiten oder danach? Steht da irgendwo ein Datum?“ Margarete zeigte auf ein paar Buchstaben oben links in der Ecke. „Da oben.“

Ellie runzelte die Stirn. „Das heißt 28. November … Da fehlt ein Stück Papier.“

„Die Mäuse“, stellte Nora fest.

„Eine Jahreszahl kann ich jedenfalls nicht entdecken“, fuhr Ellie fort.

„Fritsch“, sagte Udo unvermittelt. „Fritsch? Kommt mir bekannt vor. Neulich erst hab ich den Namen Fritsch irgendwo gelesen …“

„Und was machen wir nun mit diesem Schrieb?“, fragte Ellie.

„Wir behalten ihn natürlich“, entschied Nora.

„Und was hast du gefunden, Udo?“, fragte Ellie.

„Im Schornsteinhäuschen stehen zwei Kessel. In einem wurde vermutlich das Wasser gespeichert, das aus dem Brunnen hochgepumpt wurde, der andere Kessel ist ein Brennkessel. Die Wärme wurde sowohl zum Haus als auch in die Gewächshäuser geleitet. Im Prinzip ganz leicht. Wenn ihr wollt, könnte ich es reparieren. Eine Pumpe und ein Notstromaggregat könnte ich uns auch besorgen. Ich hab da einen Kumpel. Kostet zwar ein bisschen was, aber dann haben wir die Anlage fast wiederhergestellt.“ Udo sah so stolz aus, als hätte er sie bereits repariert. Die anderen antworteten nicht. Wie in Zeitlupe wandelte sich sein Gesichtsausdruck von stolz zu unsicher. „Ich meine, wir wollen doch wieder hierherkommen …“, sagte er. „Wir haben doch schon angefangen, es uns gemütlich zu machen …“

Plötzlich hörten sie einen Wagen. Einen Motor, der verstummte. Eine Autotür, die zugeschlagen wurde, dann schauten sie alle fünf in Richtung Tor.

Nun war eine weibliche Stimme zu vernehmen. „Hallo? Ist da wer?“

Sie beobachteten, wie sich eine rothaarige Frau energisch durch den Wildwuchs der Auffahrt kämpfte und, so schnell es ihre Pumps auf dem unebenen Boden zuließen, auf sie zukam.

Nun, vielleicht kam sie nicht auf sie alle zu, sondern eher auf Udo.

„Ich dachte, ich schau auf dem Nachhauseweg mal vorbei. Sie haben mir das vorhin so gut beschrieben, dass ich es gleich gefunden habe“, sagte Barbara Tschirch und strahlte Udo begeistert an.

Der jedoch erwiderte ihre überschäumende Freude nur sehr zögerlich und vermied es tunlichst, zu seinen Freundinnen zu blicken.

8. Kapitel

Ellie kicherte immer noch in sich hinein, als sie eine Stunde später auf dem Weg zurück nach Berlin waren. „Du hast Chancen, Udo!“, sagte sie. „Babsi vom Grundstücksamt Löwenberg fährt voll auf dich ab!“

Udo warf Ellie über den Rückspiegel einen bösen Blick zu. „Das ist nicht fair. Ich hab nur mit ihr geflirtet, damit wir an Informationen kommen. Sie ist nicht mein Typ! Was kann ich dafür, dass sie mich mag?“

„Ich frage mich, ob es überhaupt gut ist, dass die Tschirch jetzt die alte Gärtnerei kennt“, meinte Margarete nachdenklich.

„Wieso? *Wir* waren doch diejenigen, die von ihr wissen wollten, wem das Grundstück gehört.“ Ellie verstand nicht, worauf die Freundin hinauswollte.

„Ja, aber was immer wir jetzt dort machen – wenn wir etwas machen – kann dokumentiert werden. Udo hat ihr alles gezeigt. Wir wissen nicht, wie sie tickt. Findet sie es schön, dass wir die Terrasse ein bisschen in Schuss gebracht haben? Oder denkt sie, wir verstoßen dabei gegen ungeklärte Eigentumsverhältnisse?“

„Gebt mir nicht die Schuld, nur weil ich sie rumgeführt habe! Was hätte ich denn tun sollen, als sie mich gefragt hat?“, sagte Udo ungehalten.

Sie fuhren gerade durch das schmucklose Straßendorf, in dem sie bei der ersten Fahrt gehalten hatten – das Wurstdorf, wie Margarete es wegen der Fleischerei genannt hatte.

„Kinder, nun regt euch ab!“, warf Ellie beschwichtigend ein. „Die Frage ist doch, ob wir überhaupt wieder hierherkommen.“

„Ja, wir kommen wieder her. Ich mag das Haus und den Garten“, sagte Fanny mit aller Autorität, die ihr als Siebenjähriger zur Verfügung stand.

Beinahe hätte Nora gelacht. Auf der anderen Seite … Sprach Fanny nicht genau das aus, was sie alle fühlten? Sie hatten sich in das Grundstück, in die alte Gärtnerei verliebt. Sie wieder zum Leben zu erwecken, wäre für sie eine Aufgabe, die sie gern annähmen. Mehr als gern. Es wäre ein Traum … Und hatte sie im Moment etwas Besseres vor? Nein.

Nora holte tief Luft, um den anderen zu sagen, dass sie sich gern, bis sie wieder einen Job hatte, um die Gärtnerei kümmern wollte, als Udo unvermittelt bremste. Er riss den Wagen nach links und kam auf dem kleinen Parkplatz vor der Fleischerei zum Stehen.

„Och, Udo, nicht schon wieder! Wir haben doch noch genug von neulich in unseren Kühlschränken!“

Udo ignorierte Margaretes Einwand und zeigte stattdessen auf den Laden neben der Fleischerei. „Ich wusste doch, dass ich den Namen erst neulich irgendwo gelesen habe!“

Alle schauten zu dem kleinen Blumenladen neben der Fleischerei – und verstanden. Auf dem Ladenschild stand FRITSCHS FLORISTIK.

Vielleicht war es ein Zufall, dass es derselbe Name war wie auf dem Stundenzettel, den Fanny gefunden hatte. Vielleicht aber auch nicht.

Sie würden es überprüfen.

Bevor Udo den Wagen elektronisch verriegelte, griff Nora vorsichtig nach dem Papier vom Dachboden, das sie auf die Ablage gelegt hatte.

DIE LADENGLOCKE BIMMELTE, als sie das Blumengeschäft betraten. In Gefäßen auf dem Boden und auf zwei Tischen standen kunterbunt gebundene Sträuße. Jeder einzelne war in Cellophan gewickelt, das oben mit gekringelten Geschenkbändern zusammengebunden war. Diese Sträuße hatten mit der Schönheit der Natur und der sorgfältigen Zusammenstellung von Formen und Farben nicht das Geringste zu tun. Nora wollte sich schon seufzend abwenden, als ihr Blick auf ein Gefäß fiel, das in der Ecke des Ladens stand. Darin stand ein Strauß besonderer Art. Es war ein exquisites Gebinde aus Zweigen, die rosafarbenen Knospen hatten sich teilweise geöffnet – eine Zierkirsche, filigran, rührend in ihrer Einzigartigkeit und zugleich voll selbstbewusstem Mut. Etwas lichtes Grün, das wie Schilf aussah, und ein blattloser zarter, heller Birkenzweig brachten das Arrangement in ein perfektes optisches Gleichgewicht.

Nora trat bewundernd näher. Hier hatte jemand mit wenigen Handgriffen einen kargen, aber atemberaubend schönen Frühling eingefangen.

Aus einem Hinterraum trat eine junge Frau in den Laden. Trotz des dicken Pullovers und der weiten Jeans, die sie unter der grünen Schürze trug, wirkte sie zierlich. „Guten Tag“, sagte sie freundlich. „Wie kann ich Ihnen helfen?“

Nora räusperte sich, als die anderen sie erwartungsvoll anblickten. „Hallo. Wir haben nur eine Frage an Sie. Haben Sie einen Moment Zeit?“

Die Frau warf einen unruhigen Blick in Richtung Hinterzimmer. „Na, wenn's nicht zu lange dauert. Wir haben heute viel zu tun.“

„Also …“ Nora wollte es kurz machen, aber dann fiel ihr etwas anderes ein, und sie unterbrach sich. „Wer hat diesen Strauß da hinten zusammengestellt?“, fragte sie und zeigte auf das Kirschblütenensemble.

Das Gesicht der jungen Frau verschloss sich. „Ich. Wieso?“

„Er ist wunderschön. So ganz anders als die anderen Sträuße hier im Laden …“, antwortete Nora.

„Danke schön. Ich bin gelernte Floristin“, erwiderte die junge Frau.

Nora lächelte sie an. „Ich frage mich, an was Sie gedacht haben, als Sie das zusammengestellt haben.“

Die junge Frau lächelte zurück. „An den Frühling in der Mark Brandenburg. Und an meinen Freund habe ich gedacht. Wir heiraten bald“, antwortete sie. „Suchen Sie etwas Bestimmtes?“

Nora schüttelte den Kopf. „Nein, wir wüssten nur gern, ob Sie eine Magda Fritsch kennen.“

Der Blick der jungen Frau huschte von einem zum anderen. Sie sah aus, als wollte sie antworten, traute sich aber nicht.

„Romy? Wo bleibst du denn? Gibt's Probleme?“ Eine ältere Frau trat aus dem Hinterzimmer. Sie trug eine grüne Kittelschürze, in der Hand hielt sie fünf rosafarbene Gerberas, deren Stiele fest mit Draht umwickelt waren.

„Nein, es gibt keine Probleme, Mutti. Aber die Herrschaften hier wollen wissen, ob wir eine Magda Fritsch kennen.“ Sie warf ihrer Mutter einen unsicheren Blick zu.

„Na, da hast du ihnen hoffentlich gesagt, dass das unsere Oma war, die vor vier Jahren gestorben ist.“ Noch mit den Blumen in der Hand stützte sie herausfordernd die Fäuste in die ausladenden Hüften. „Warum wollen Sie das überhaupt wissen?“

Nora umklammerte den Stundenzettel fester. „Es ist so: Wir haben vor ein paar Tagen ein verwildertes Grundstück im Wald entdeckt, ein Stückchen von hier entfernt. Das Liegenschaftsamt in Löwenberg weiß nicht, wem es gehört, weil das Archiv abgebrannt ist. Wir glauben, dass es als Kindergarten oder so genutzt wurde.“

Frau Fritsch nickte. „Das alte Kinderheim kenne ich noch. Wurde von der VEB Rinderzucht Oberhavel betrieben, damit die Gören der Arbeiter im Sommer versorgt waren.“

„Aber auf dem Grundstück sind auch zwei alte Gewächshäuser, Beete und eine Heizanlage“, fuhr Nora fort. „Wir sind sicher, dass es früher eine Gärtnerei war. Auf dem Dachboden haben wir das hier gefunden. Schauen Sie, das könnte ein Stundenzettel über die Arbeitsstunden einer Woche sein. Und hier steht der Name Magda Fritsch. Aber wir können die Jahreszahl nicht lesen.“ Sie hielt den Frauen den Zettel hin. Die beiden schauten auf das Blatt. „Wenn das also Ihre Oma war …“, sagte sie zu der älteren Frau.

„Es war *meine* Oma“, korrigierte die junge Frau. „Die Mutter meines Vaters. Die Schwiegermutter meiner Mutter. Aber alle haben sie Oma genannt.“

„Wissen Sie vielleicht, wann sie dort gearbeitet hat?“

Die Jüngere schwieg, die Ältere zuckte mit den Schultern. „Dass die Oma da gearbeitet hat, ist mir neu. Ich bin seit 1969 hier, den Kindergarten gab’s bis in die späten Achtzigerjahre. Ob es vorher eine Gärtnerei war? Keine Ahnung. Aber wenn unsere Oma dort gearbeitet hat, dann bestimmt nicht als Kindergärtnerin! Für was anderes als Pflanzen hatte sie nie Interesse. Das hat sie lieber meinem Mann und mir überlassen. Na, um unsere Romy hat sie sich allerdings auch gekümmert. Aber sonst … Sie hat immer nur das gemacht, was sie machen wollte.“ Die Ältere lächelte bitter.

Nora versuchte es noch einmal. „Sie hat also nie etwas über eine Gärtnerei erzählt, in der sie mal gearbeitet hat? Im Krieg vielleicht?“

Frau Fritschs Gesichtsausdruck war jetzt deutlich abweisend. „Nee, da kann ich Ihnen wirklich nichts zu sagen.“ Sie wedelte herausfordernd mit den Gerberas. „Los jetzt, Romy, wir müssen weiterbinden. Morgen ist die Hochzeit in Hoppenrade. Nachher kommen sie den Brautschmuck abholen. Wir haben noch viel zu tun.“ Sie nickte den Freunden zu und wandte sich ab. Als sie das Hinterzimmer fast erreicht hatte, fiel ihr Blick in die Ecke des Ladens, wo die Vase mit dem Kirschzweig stand. Abrupt blieb sie stehen. „Und schmeiß endlich dieses fürchterliche Gestrüpp raus!“, sagte sie ungehalten. „Wie oft soll ich dir noch sagen, dass sich kein Mensch für deine komischen Gebinde interessiert? Du kannst die Vasen nicht dafür nutzen, wir brauchen sie für meine Sträuße! Raus mit dem Zeug! Ab auf den Kompost!“ Anklagend sagte sie zu Nora: „Wenn unsere Oma sich nur aus Romys Erziehung rausgehalten hätte! Dann wäre vielleicht eine gute Floristin aus dem Mädchen geworden. Aber sie musste ihr ja den ganzen Quatsch von Formschönheit und Natur erzählen. Das kauft hier kein Mensch!“ Dann verschwand sie endgültig im Hinterzimmer.

Romy blickte ihrer Mutter nach und zuckte resigniert mit den Schultern.

„Kommt, wir fahren weiter“, sagte Udo. „Danke für Ihre Zeit!“

Sie verließen den Laden.

DRAUSSEN atmete Nora tief durch. Das Verhältnis der beiden Frauen zueinander bedrückte sie. Nie wollte sie so etwas mit Fanny erleben. Die desillusionierte Mutter und die zarte, begabte Tochter, die wusste, was Schönheit bewirken konnte, aber es nicht ausdrücken durfte … Nora hoffte nur, dass Romy einen Mann heiratete, der ihre Seele verstand.

Sie wollten gerade in den Wagen steigen, als hinter ihnen eine Tür klappte. Alle drehten sich um.

Romy kam aus dem Laden gestürzt. Atemlos erreichte sie den Wagen.

„Mir ist etwas eingefallen“, sagte sie keuchend. „Meine Oma hat mir mal erzählt, dass sie in der Gärtnerei Kirsch gearbeitet hat. Den Namen hab ich mir gemerkt, weil ich ihn so lustig fand. Kirsch wie Kirsche. Im Krieg hat sie da gearbeitet, danach nicht mehr. Oder nicht mal bis Ende des Krieges. Sie hat gesagt, dass sie Sträuße für die großen Naziveranstaltungen gebunden hat. Aber ich wusste nie, wo die Gärtnerei Kirsch war, ich dachte immer, irgendwo in der Nähe von Berlin. Wenn der Stundenzettel stimmt, dann wird's wohl hier in der Gegend gewesen sein.“

Nora war sicher, dass Romy dies alles keineswegs eben erst eingefallen war. Sie hatte wohl Gründe, warum sie sich nicht traute, in der Gegenwart ihrer Mutter über ihre Großmutter zu reden.

„Und nach dem Krieg wurde die Gärtnerei weiter betrieben? Hat Ihre Oma dazu was gesagt?“, fragte Margarete weiter.

„Darüber weiß ich nichts.“ Bedauernd zuckte Romy mit den Schultern. „Ich weiß noch, dass sie manchmal einen Tag lang weg war. Ich dachte immer, sie wäre nach Berlin gefahren. Da hatte sie eine Freundin, wissen Sie. Ich hab sie oft gefragt, warum sie mich nicht mitnimmt. Aber das wollte sie nicht. Sie war immer erschöpft, wenn sie von diesen Ausflügen zurückkam. So richtig kaputt. Und manchmal hatte sie einen wunderschönen Blumenstrauß dabei. Rosen.“

Romy sah aus, als wollte sie Nora etwas fragen, schwieg und fasste sich dann ein Herz. „Sie finden das Kirschzweiggebinde wirklich schön?“

Was der wahre Grund dafür war, dass sie ihnen nachgelaufen war, vermutete Nora. Einmal ein Lob bekommen. Sie legte ihre Hand auf Romys Arm. „Ganz ehrlich, es ist das schönste Arrangement, das ich seit Langem gesehen habe. Machen Sie weiter. Es mag ja sein, dass Sie für diese Kunst hier noch keine Abnehmer gefunden haben. Aber in Berlin gibt es bestimmt einen Markt dafür. Und Berlin ist nicht weit. Ich weiß, was ich sage. Ich bin selbst vom Fach. Gärtnerin.“

Romy nickte. „Das hätte meine Oma auch gesagt. Ich habe alles von ihr gelernt, wissen Sie. Es war manchmal, als ob sich unter ihren Händen die Pflanzen in die richtige Form bewegten, ohne dass sie etwas dafür tat. ‚Erst musst du eine Idee haben. Dann überleg, ob du sie auch verwirklichen kannst. Dann lass dein Herz sprechen. Und dann erst schneide die Blume ab‘, hat sie immer gesagt. ‚Alles andere ist grausam und der Natur gegenüber respektlos. Denn wenn du sie nicht mit deiner Kunst ins rechte Licht rücken kannst, dann hat sie das Recht weiterzuwachsen. Pflanzen sind etwas Lebendiges. Auch wenn sie nicht mit dir in Worten sprechen können, sondern nur in Form und Farbe, musst du lernen, sie zu verstehen. Das ist deine Aufgabe. Vergiss das nie‘."

Nora wünschte, sie hätte Oma Fritsch kennengelernt. Und aus einem Impuls heraus sagte sie: „Ich möchte gern Ihr Gesteck kaufen."

Romy strahlte.

VIELLEICHT waren es Magda Fritschs Worte – neben der Funkie, die überlebt hatte, den Störchen, den Tontöpfen und dem mysteriösen Duft des Geißblatts, an den sie sich erinnert hatte –, die Nora veranlassten, auf dem Nachhauseweg zu den anderen zu sagen: „Wollen wir die Gärtnerei zu unserem gemeinsamen Sommerprojekt machen? Solange ich keine andere Arbeit habe? Wäre doch schön, wenn wir etwas hätten, das uns von dem Ärger mit dem Haus ablenkt."

„Na endlich", entgegnete Margarete zufrieden. „Ich dachte schon, du fragst nie."

9. Kapitel

Lieber Herr Stegemann,
mit Bestürzung haben wir Ihrem Brief entnommen, dass Sie zusammen mit Herrn H. Wilbur maßgebliche Änderungen, unser Zuhause betreffend, planen! Wir haben über das Internet erfahren, in welchem Unternehmen Herr Wilbur tätig ist. Das können Sie uns nicht antun!

Sie sind der Besitzer unseres Hauses, von daher ist uns bewusst, dass wir nichts dagegen tun können. Dennoch möchten wir an Ihren Anstand appellieren. Immer mehr Heuschreckenunternehmen konzentrieren sich auf den Berliner Immobilienmarkt. Die Mietshäuser werden gekauft und saniert, um dann die Mieten auf unanständige Weise zu erhöhen. Gewachsene Mieterstrukturen werden zerstört.

In unserem Fall würden Herrn Wilburs Machenschaften mehr als eine gewachsene Mieterstruktur zerstören. Wir sind eine enge Gemeinschaft, vergleichbar mit einem Mehrgenerationenhaus. Das wissen Sie, denn Sie haben persönlich unsere Mietverträge unterzeichnet.

Was Sie wahrscheinlich nicht wissen, ist, dass wir uns gegenseitig unterstützen, was bei Menschen, die sich im allerbesten Alter befinden, durchaus sinnvoll ist. Zudem kümmern wir uns gemeinsam um die kleine Fanny, die Tochter von Frau Dittbrenner.

Herr Stegemann, es bedeutet uns so viel zusammenzubleiben!

Ihre Ankündigung schwebt wie ein Damoklesschwert über uns. Gibt es aus Ihrer Sicht irgendetwas, das wir tun können, um Sie davon abzubringen? Dann lassen Sie es uns wissen. Lassen Sie uns miteinander reden. Es muss eine Lösung geben, die nicht alles für den schnöden Mammon zerstört.

Hochachtungsvoll

Udo Kienast, Ellie Wagenknecht, Nora Dittbrenner mit Fanny und Margarete Segge

„Nun, ich glaube zwar nicht, dass es etwas nützt. Aber ich fände es schlimm, wenn wir es nicht wenigstens versuchen würden." Margarete klebte den Brief zu und drückte eine Marke auf den Umschlag. „Können wir gleich noch einstecken. Wo ist denn Udo?"

„Er wollte auf den Friedhof", sagte Nora.

In den letzten Tagen war der Winter zurückgekommen. Es hatte immer abwechselnd geregnet, gegraupelt und geschneit. An diesem Morgen jedoch hatte endlich eine andere Wetterlage die Oberhand gewonnen. Die Sonne schien warm, und die Natur hatte nach dem Niederschlag einen mächtigen Sprung in Richtung Frühling gemacht. Auf Büschen und Bäumen lag deutlich sichtbar ein grüner Schimmer. Morgen war der 1. April, am kommenden Wochenende würden sie Ostern feiern. Fanny hatte bereits Ferien.

Fast tat es Nora leid, dass sie sich bereit erklärt hatte, der Gärtnerei eine Chance zu geben. Heute wollten sie alle zusammen wieder dorthin fahren, aber Nora hatte große Bedenken wegen des Ausflugs. Denn seit dem letzten Besuch auf dem Grundstück schlief Fanny schlecht. Jede Nacht wurde sie wach, kam zu Nora ins Bett. Und einmal hatte sie schrecklich geweint. Bevor sie tränennass in Noras Arm eingeschlafen war, hatte sie von toten Kindern in den Rosenzweigen gemurmelt.

Nora wusste, dass sie Fanny kaum verbieten konnte, heute wieder in der Höhle der Hecke neben der Rose zu spielen. Aber das hieß nicht, dass sie sich nicht Sorgen um ihre Tochter machte.

Allerdings wirkte Fanny jetzt, ausgerüstet mit ihrer grünen Froschgießkanne, ihrem Eimer und ihrer Schaufel, ganz unbeschwert. Vielleicht war das eine Möglichkeit – sie aktiv zu beschäftigen, weg von der düsteren Hecke und den Fantastereien.

„Man sollte meinen, Udo gibt es endlich mal auf, den Rosenkavalier für Anna zu spielen", sagte Margarete, als es an der Tür klopfte. Sie öffnete.

„Seid ihr so weit? Von mir aus können wir los. Ich hab alles im Wagen!", rief Udo vergnügt.

„Was meinst du damit?“, fragte Ellie.

„Eine Pumpe, das Notstromaggregat von Axel und Werkzeug für euch.“

„Was denn für Werkzeug?“

„Eine Harke, zwei Spaten, einen Rechen und zwei Gartenscheren“, zählte Udo auf. „Ach, und eine Schubkarre.“

Nora sah ihn entsetzt an. „Udo! Du willst doch wohl nicht sagen, dass du das alles für uns gekauft hast! Das ist viel zu kostspielig! Wir wissen doch, dass du so wenig …“ Sie biss sich auf die Lippe. Das Letzte, was sie wollte, war, Udo auf seine prekäre finanzielle Situation hinzuweisen.

„Keine Sorge“, wehrte er ab. „Ich habe nichts gekauft! Nur für das Notstromaggregat musste ich zahlen – mit dem Versprechen, dass ich Axel bei der nächsten Elektropanne helfe. Das mache ich gern. Nein, das Gartenwerkzeug hab ich von … Charlie. Ist geliehen.“

„Wer ist denn Charlie?“, wollte Ellie wissen.

„Arbeitet in der Friedhofsgärtnerei. Da kenne ich inzwischen alle Leute.“ Lässig fuhr er sich durchs Haar.

Margarete, Ellie und Nora sahen ihn beeindruckt an.

„Nett von deinem Charlie, uns das zu leihen“, meinte Nora. „Dann können wir jetzt los!“

Die Veränderung der Natur war auf dem Land noch viel auffälliger als in Berlin. In der alten Gärtnerei war das meiste Gestrüpp nicht länger graubraun, die Büsche trugen kleine Blätter, eine große Kornelkirsche neben der Terrasse blühte gelb.

Diesmal gingen sie nicht so zögerlich vor wie bei ihrem letzten Besuch. Schon im Auto verteilten sie Aufgaben.

Udo wollte das Aggregat anschließen, um Strom zu erzeugen. Ellie plante, die Terrasse noch weiter vom Unkraut zu befreien, Margarete juckte es in den Fingern, mit der Gartenschere einen Weg in die wilde Hecke zwischen Terrasse und den dahinterliegenden Gewächshäusern zu schneiden, und Nora dachte an das Beet, in dem sie die Funkie entdeckt hatte. Sie wollte der Pflanze unbedingt mehr Raum geben und die Unkrautschicht abtragen.

Und so machten sie sich an die Arbeit.

Fanny riss mit Ellie kleine Ahorntriebe heraus, schnitt mit Margaretes Hilfe einen Haselnusszweig aus der Hecke und klatschte begeistert, als das Notstromaggregat den Betrieb aufnahm. Dann allerdings verzog sie sich wieder zum Spielen in ihre Ligusterhöhle.

„SIND WIR eigentlich vollkommen verrückt geworden, so viel Mühe in ein Projekt zu stecken, das uns nicht gehört und das uns mit einem Handstreich genommen werden kann? Das so weit von Berlin entfernt ist? Und dann auch noch heimlich?“, fragte Ellie ein paar Stunden später und streckte sich.

Sie spürte jeden Knochen. Aber es fühlte sich fantastisch an. So … überaus befriedigend. Bis in jeden Winkel des Körpers. Es ging ihr so gut wie schon lange nicht mehr. Sie grinste zufrieden.

Margarete blickte von dem Teebecher auf, den sie in beiden Händen hielt und an dem sie immer wieder nippte. Ellie hatte gleich zwei Thermoskannen mitgebracht, und nun waren beide leer. Die Wärme biss an der offenen Blase zwischen Daumen und Zeigefinger, die sie sich beim Beschneiden der Sträucher geholt hatte. Es war wie ein Rausch gewesen. Einmal damit angefangen, konnte sie kaum wieder aufhören. „Aber nein, wir sind nicht verrückt! Wir sind … großartig.“ Sie sah an Ellie vorbei zu den Gewächshäusern. „Niemand wird uns die alte Gärtnerei nehmen, weil niemand sie kennt und weil seit Jahrzehnten niemand Anspruch erhoben hat. Die körperliche Arbeit tut uns gut und so weit ist es nun auch nicht von Berlin entfernt, kaum mehr als eine Stunde. Und von heimlich kann gar keine Rede sein. Wir versuchen ja nicht, irgendwas zu verbergen.“

„Es waren rhetorische Fragen“, gab Ellie zu. „Es hat mir auch richtig Spaß gemacht. Obwohl ich es sonst nicht so mit dem Gärtnern habe.“

Nora lächelte. „Ich hab dahinten am Beet gearbeitet. An dem, das wir neulich gefunden haben. Ich verstehe etwas nicht.“

„Was denn?“, fragte Udo.

„Dieses Beet ist offenbar als Schattenbeet angelegt gewesen. Deshalb wächst da die Funkie. Außerdem habe ich einen Geißbart gefunden und zwei Astilben, wenn auch mickrige. Der Rest ist von Maiglöckchen überwuchert, sie sprießen gerade aus dem Boden. Verschiedene Farne wachsen auch noch da. Was mich nur wundert … Das Schattenbeet ist sehr vernachlässigt …“

„Das braucht dich doch nicht zu wundern!“ Ellie verstand nicht, was Nora meinte. „Es war ja ewig niemand mehr hier!“

„… lass mich mal ausreden, Ellie. Es ist vernachlässigt, aber längst nicht so, wie es sein müsste. Wenn sich hier niemand seit fünfundzwanzig Jahren zu schaffen gemacht hätte, würde man nichts mehr von den Pflanzen sehen. Nichts! Dass ich trotzdem noch so viel finde, ist erstaunlich.“

„Meinst du, jemand war in diesem Frühjahr schon da?“, fragte Margarete.

Nora schüttelte den Kopf. „Nein. Das Beet liegt sicher ein paar Jahre brach. Aber davor hat hier jemand an den Beeten gearbeitet. Auch was angepflanzt wurde, ist seltsam … es sieht wie ein Privatbeet aus, nicht wie etwas, das mal professionell genutzt wurde. Da hätte man dann nur Funkien gepflanzt, um sie zu verkaufen. Nein, es ist als dekoratives Schattenbeet angelegt. Und dann ist da dieser wilde Komposthaufen in dem einen Gewächshaus, auf dem vertrocknete Rosenstöcke liegen. Ein paar Jahre ist er alt, aber niemals fünfundzwanzig. Ich frage mich, was dahintersteckt."

„Also ein Geheimnis." Ellie wirkte sehr zufrieden.

„Aber wir wissen nichts Genaues und werden es wahrscheinlich auch nie herausfinden", sagte Nora. „Habt ihr euch eigentlich mal überlegt, was wir hier alles machen könnten? Die Gewächshäuser könnte man wieder in Betrieb nehmen und die Beete herrichten. Obwohl das ein sehr ehrgeiziges Unterfangen wäre."

Margarete sah sinnend in die Ferne. „Ich kann mir schon vorstellen, hier etwas anzupflanzen. Irgendwas … Buntes. Zum Beispiel … Geranien. Oder … Stiefmütterchen. Ja. Das würde mir gefallen."

Nora seufzte innerlich. Stiefmütterchen! Spießiger und fantasieloser ging es nun wirklich nicht. Da hätte sie ja gleich im Gartencenter des Baumarktes bleiben können.

„Ich finde Rosen schöner", sagte Udo. „Rosen sind immer gut."

„Ach, du immer mit deinen Rosen!", schimpfte Margarete. „Das sind doch die einzigen Blumen, die du kennst."

„Das ist nicht wahr", widersprach Udo. „Ich kenne auch Erika. Und Efeu. Alles, was auf dem Friedhof wächst. Aber Rosen mag ich am liebsten."

„Was verbindest du denn mit Rosen?", fragte Margarete.

Er ließ sich mit seiner Antwort Zeit. „Ich habe Anne damals in Hildesheim einen Antrag gemacht. Wir sind mit meinem Roller von Braunschweig aus hingefahren. Wie wenig Verkehr da auf den Landstraßen war! Na ja, Ende der Sechzigerjahre, da waren wir grad mal Anfang zwanzig. In Hildesheim wächst doch der tausendjährige Rosenstock. Der älteste der Welt. Die Rose ist das Wahrzeichen von Hildesheim. Kennt ihr die Geschichte nicht?"

Die drei Frauen schüttelten den Kopf.

„Also, das war so: Ein Kaiser war auf der Jagd, als er einen weißen Hirsch sah und allein die Verfolgung aufnahm. Dann stürzte er vom Pferd und wurde von einer wild wachsenden Rose so festgehalten, dass er nicht mehr aufstehen konnte. Er schlief ein. Als er aufwachte, lag um ihn herum Schnee, und sein Kreuz hing in dem Rosenbusch. Er versprach, an dieser Stelle eine Kapelle bauen zu lassen, wenn er gerettet würde. Prompt geschah das. Er hielt Wort und ließ an diesem Ort den Dom von Hildesheim bauen." Udo rieb sich gedankenversunken die Hände. „Und den Rosenstock gibt es immer noch. Selbst den Krieg hat er überdauert. Nachdem er vom

Geröll, das ihn begraben hatte, befreit war, trieb er wieder aus. Ein Zeichen für die Ewigkeit."

Margarete seufzte. „Das ist eine schöne Geschichte, Udo. Jetzt versteh ich, was das mit den Rosen, die du Anne immer aufs Grab legst, auf sich hat."

„Rosen haben so etwas Ewigliches", bemerkte Ellie. „Sie gehören zu den sieben Pflanzen, die im Garten der Maria geblüht haben sollen."

Nora überlegte, ob sie die anderen Pflanzen, die im klösterlichen Paradiesgärtlein dargestellt waren, noch kannte. Madonnenlilie, Schwertlilie, Akelei wegen ihrer Dreifaltigkeitsblätter … Was noch? Veilchen. Und auch Kräuter standen Maria zu Füßen, Salbei und Weinraute.

„Im Islam ist die Rose ein heiliges Symbol", sagte Margarete.

Fanny, die mit drei leeren Schneckenhäusern zu ihren Füßen spielte – ihre neuesten Fundstücke aus der Ligusterhöhle – hob den Kopf. „Früher waren hier viel mehr Rosen. Im Gewächshaus."

„Das weißt du doch nicht, Fanny, was hier früher war", verwies Nora sie.

„Doch, das weiß ich." Fanny wandte den Blick ab. „Ich hab's gesehen."

Nora sah besorgt auf ihre Tochter. Da waren wieder die Zweifel, die sie auch am Morgen beschlichen hatten. Vielleicht war es nicht richtig, so viel Zeit auf diesem abgelegenen, verwilderten Grundstück zu verbringen, das ihrer Tochter merkwürdige Träume bescherte … „Ich weiß genau, was ich hier anpflanzen würde", sagte sie in der Hoffnung, Fanny ein wenig abzulenken. „Am liebsten Rittersporne in allen Blautönen! Karl Foerster hat ihnen die schönsten Namen gegeben. Gletscherwasser, Berghimmel, Finsteraarhorn, Ballkleid … Auch Iris könnte man setzen, die Rhizome schön dicht unter der Erdoberfläche, sodass sie im Sommer gewärmt werden. Die mögen durchlässige Erde, also wäre der sandige Boden der Mark Brandenburg genau richtig. Pfingstrosen wären toll. Sie sind frosthart. Gut, die müssten dann etwas Dünger bekommen, aber wie schön blühen sie Ende Mai! Oder Phlox in Weiß und Rosa und Pink. Der duftet an warmen Sommerabenden herrlich süß. Oh, und dann der Herbst! Da kann ich mir Strahlenastern vorstellen. Oder Gräser wie in einem Präriegarten, dazwischen einzelne Sonnenhüte, als dramatischer Kontrast zu dem sanften Wogen der Halme!"

„Wow", sagte Margarete beeindruckt. „Du hast dir ja schon viele Gedanken gemacht. Klingt nach Arbeit."

Nora lächelte. Es war so leicht, über einen Traum zu sprechen, der niemals Wirklichkeit werden würde. „Oder wir nehmen nur panaschierte Pflanzen", schlug sie vor.

„Was bedeutet panaschiert?", fragte Ellie. „Klingt fast wie paniert."

Nora lächelte. „Nein, mit deinen leckeren Schnitzeln hat das nichts zu tun, Ellie. Manchmal sind Blätter nicht durchgängig grün, sondern weiß durchsetzt. Das gibt es bei ganz vielen Pflanzenarten – bei Maiglöckchen, Hartriegel, Iris, Gräsern, Funkien …. Panaschierte Pflanzen sind allerdings empfindlich. Wegen der weißen Stellen haben sie weniger Chlorophyll, also auch weniger Möglichkeit zur Fotosynthese. Das macht sie weniger robust."

„Das ist nicht das Richtige für uns", sagte Ellie bestimmt.

„Und wie wäre es mit Stiefmütterchen im Frühling? Wenigstens ein kleines Beet?", fragte Margarete.

Ellie senkte den Kopf und spielte mit dem Henkel ihrer Tasse. Plötzlich entfuhr ihr ein Schluchzer, laut genug, dass sich alle Blicke auf sie richteten.

„Was ist denn, Ellie?", fragte Margarete.

Die Freundin hob den Kopf. Tränen rannen ihr über die Wangen. „Ach, Stiefmütterchen …", sagte sie und tupfte sich die Tränen ab.

Fanny nahm die Schneckenhäuser und kletterte auf Ellies Schoß. Ellie verbarg ihr Gesicht in Fannys Locken, dann sah sie auf. „Stiefmütterchen – das bin ich. Schon mein ganzes Leben lang."

„Wieso bist du ein Stiefmütterchen?", fragte Nora.

Ellie atmete tief durch. „Ich war vierundzwanzig, als ich Jürgen kennenlernte. Im Sommer 1968 war das, in Berlin", erzählte sie. „Er war Student an der FU, und damals war in Berlin ganz schön was los. Jeden Tag gab es Demonstrationen gegen alles Mögliche, gegen Konsum, gegen die Amerikaner in Vietnam, gegen den Schah. Ich dagegen war ein echtes Landei. Ich war gerade ein paar Wochen zuvor aus Flensburg gekommen und kannte niemanden. Allein saß ich in meiner Einzimmerwohnung im Wedding und war grotteneinsam. Gelernt habe ich Köchin."

„Das wissen wir doch! Deshalb kochst du ja so toll!", sagte Udo.

„In jenem Sommer war ich außerdem arbeitslos. Ein kleiner Nebenjob an der Uni hat mich gerade so über Wasser gehalten."

„Was hast du denn gemacht?", fragte Margarete.

„Ich hab geputzt. Kennt ihr noch die Reklame in den Bussen? ES GIBT DINGE, DIE EINE FRAU NIE VERLERNT. So hat damals eine Reinigungsfirma geworben. Schlimm, was? Aber darauf habe ich mich beworben. Ich gehörte zu einem Trupp, den sie abends in die Dahlemer FU geschickt haben. Die Klos sauber machen und die langen Flure saugen und die Schreibtische der Dozenten abwischen und die vielen Aschenbecher leeren. Und da steht eines Tages so ein bärtiger Student vor mir und blitzt mich durch seine runde Nickelbrille an, verwickelt mich in ein Gespräch und tut so, als wäre ich genauso schlau wie er. Ich im blauen Arbeitskittel, den Arm voller Klopapierrollen … Ich hab mich sofort in ihn verliebt. Es war ja auch die Zeit der lockeren Beziehungen. Es dauerte nicht lange, und wir gingen zusammen … Na, ihr wisst schon. Im Nachhinein glaube ich, es war eine Alibisache für ihn.“

„Wieso Alibi?“, hakte Udo nach.

„Damals hatten die Studenten doch den Anspruch, mit anderen Bevölkerungsschichten Kontakt zu haben. Große kommunistische Parolen hat er geschwungen, der Jürgen, abends war er immer bei seinen Polit-AGs. Und danach ist er dann zu mir gekommen, und ich hab ihm was Leckeres gekocht. Er studierte Soziologie. Ich war schwer beeindruckt. Da hatte ich dann die Idee, mein Abi auf dem Abendgymnasium nachzuholen. Ich hatte nur Hauptschule. Meine Eltern haben immer gesagt, mehr muss für Mädchen nicht sein. Die heiraten sowieso. Also hab ich mich angemeldet.“

„Und dann?“ Nora fragte sich, wo Ellies Geschichte hinführte.

„Zuerst ging es ganz gut. Und dann kam Stefan zu uns. Er ist nicht mein Sohn. Er ist Jürgens Sohn. Ich bin seine … Stiefmutter.“

„Das wusste ich ja gar nicht“, sagte Margarete überrascht.

Ellie sah vorbei an den Haselnusssträuchern. „Jürgen hatte vorher mit einer Kommilitonin eine kurze Beziehung. Annette hieß sie. Sie war schon schwanger, als wir uns kennenlernten, und Annette bekam Stefan, als sie schon von Jürgen getrennt war. Als Stefan geboren wurde, lehnte Annette ihn ab. Sie hat Jürgen den Jungen in den Arm gedrückt, ihr Studium abgebrochen und ist nach Goa gegangen. In einen Ashram. Na, und da hat mich Jürgen gefragt, ob ich den Jungen nicht aufnehmen will. Mit ihm zusammen. Keine acht Wochen war der Kleine da alt.“

„Und da hast du Ja gesagt.“

„Natürlich hab ich Ja gesagt! Ich mag Kinder sehr. Allerdings musste ich dafür das Abendgymnasium aufgeben. Jürgen besuchte abends immer die Studentenversammlungen, und irgendwer musste sich schließlich um Stefan kümmern. Als der Kleine in die Krippe kam, hab ich wieder als Köchin gearbeitet. In Kantinen und so.“

„Aber ihr habt nicht geheiratet, oder?“

„Nein. Das war Jürgen zu bürgerlich. An so was hat er nicht geglaubt. Er sagte, man braucht kein Papier, um zu wissen, dass man zusammengehört.“

Margarete seufzte. „Ellie, kam dir nie der Gedanke, dass Jürgen dich hemmungslos ausgenutzt hat?“

„Ja, der Gedanke kam mir schon. Aber was hätte ich denn machen sollen? Ich hing doch an Stefan.“

„Du hängst noch an ihm“, korrigierte Margarete.

„Ja, das stimmt. Na, jedenfalls hat Jürgen dann seinen Abschluss gemacht und ist nach Frankfurt gegangen. Da war Stefan drei."

„Und du?"

„Ich bin in Berlin geblieben. Mit Stefan."

„War das denn rechtens? Du hattest doch gar nicht das Sorgerecht."

Ellie wurde rot. „Wichtige Papiere hab ich Jürgen geschickt. Und manchmal hab ich einfach … getrickst. Ich hab so getan, als wären wir geschieden. Damals gab es noch keine Computer, da ging das schon."

„Ellie!"

„Reg dich ab, Margarete. Wenigstens hat Jürgen mir ein bisschen Unterhalt gezahlt, als er eine Ärztin geheiratet hat."

„Vorher nicht?", fragte Nora.

„Nein, vorher nicht. Weshalb, glaubst du denn, finde ich es so wichtig, dass du genügend Geld verdienst? Ich weiß, wie das als Alleinerziehende ist. Wohin das im Alter führt."

„Erzähl weiter. Was ist jetzt mit Stefan?", wollte Margarete wissen.

„Er ist Studienrat, und ratet mal, wer ihn beim Studium unterstützt hat! Er hat dann Katja geheiratet, sie wohnen in einer Dachgeschosswohnung am Savignyplatz, sie haben Magnus, und jetzt …" Wieder ein verlorener Blick in die Ferne.

„Jetzt kümmert er sich kaum noch um dich", sagte Udo. „Jetzt denkt er, er wäre etwas Besseres."

Ellie nickte. „Ja, genau. Mit jeder Gehaltsstufe wird er distanzierter. So als ob es ihm peinlich wäre, dass ich nur Köchin war." Sie schwieg. „Ich bin die Stiefmutter, die von ihrem Kind … stiefmütterlich behandelt wird. Aus Dünkelhaftigkeit. Aus Geldgründen. Was weiß ich warum." Erbost blickte sie in die Runde. „Also von mir aus ein klares Nein."

„Ein Nein wozu?", fragte Margarete.

„Zu Stiefmütterchen! Ich kann sie nicht ausstehen. Sie erinnern mich zu sehr an mein eigenes Leben."

„Also dann keine Stiefmütterchen", entschied Nora.

„Mir ist kalt", sagte Fanny plötzlich und rutschte von Ellies Schoß.

Die Nachmittagssonne war hinter den märkischen Kiefern verschwunden.

„Ja, kalt ist mir auch", gab Nora zu. „Wollen wir nach Hause? Ich brauche eine Nagelbürste und eine heiße Dusche."

Ein Auto näherte sich. Parkte. Eine Tür wurde zugeschlagen. Jemand kam durchs Tor, die Auffahrt entlang.

„Oh, bitte nicht", sagte Udo leise. „Nicht sie schon wieder!"

„Hallooooooh!", rief Barbara Tschirch und stapfte auf sie zu. Die Absätze ihrer Büropumps waren dick genug, um nicht in dem Kiesuntergrund einzusinken. „Hab ich's doch geahnt, dass es an so einem wunderschönen Frühlingstag hier mit der Arbeit losgeht! Ich dachte, ich schau mal wieder vorbei. Und ich habe Ihnen was mitgebracht, Udo."

Udo sah die Freundinnen an. Hatte er Frau Tschirch eingeladen, ihn beim Vornamen zu nennen?

Die aber preschte voran. „Brauchen Sie die?", fuhr sie fort. „Sie sind von meinem verstorbenen Mann. Nehmen Sie sie doch!" Sie hielt Udo ein Paar Arbeitshandschuhe hin. „Ich habe in der letzten Woche noch weiter nachgeforscht, wem die Gärtnerei gehören könnte. Aber es ist wie verhext. Es gibt keine Unterlagen."

„Na, wie denn auch, wenn das Archiv abgebrannt ist", sagte Margarete.

Endlich schaute Barbara Tschirch in ihre Richtung. „Ja, schon, aber normalerweise gibt es trotzdem Hinweise, oder Erbengemeinschaften erheben Anspruch. In diesem Fall seltsamerweise nicht. Wenn es niemanden gibt, dann fällt das Grundstück natürlich in den Besitz des Landes."

„Wir glauben, dass der Besitzer der Gärtnerei Kirsch hieß", bemerkte Udo.

Margarete sah ihn entsetzt an, Nora hielt den Finger vor den Mund, und Ellie zischte leise durch die Zähne. Wie konnte er das nur ausplaudern!

Zu spät. Barbara Tschirch sprang auf den Namen an wie ein Rotkehlchen auf den ersten Regenwurm im Frühjahr. „Wirklich! Das ist ja hochinteressant! Dann können wir noch mal intensiver suchen. Ich spür's … früher oder später werden wir herausfinden, wem dieser Grund und Boden gehört."

10. Kapitel

Am Ostersamstag fuhren sie wieder in die Gärtnerei.

Die vergangenen Tage waren ausgefüllt gewesen mit Gängen zum Arbeitsamt und Surfen im Internet nach Jobs (Nora), mit Eierbemalen (Fanny), mit Friedhofbesuchen (Udo), mit Ausprobieren eines Möhrenkuchens (Ellie) und mit Entwerfen, Schreiben und Zerreißen weiterer Briefe an Stegemann (Margarete).

Die Abende hatte Nora damit verbracht, ihre Gartenbibliothek durchzuschmökern. Um sich inspirieren zu lassen, voller Vorfreude, was sie vielleicht pflanzen oder säen könnten. Das Gartenfieber hatte sie gepackt. Sie konnte es kaum erwarten rauszufahren. Wenn sie auf dem Grundstück war, fühlte sie sich befreit von ihrer bedrückenden Situation in Berlin. Da draußen zählten nur die Natur, die Pflanzen, die Erde an den Händen.

Heute war es ein Mädelsausflug. Udo hatte etwas von „Friedhof … dauert länger“ gemurmelt und wollte nachkommen. Also nahmen sie Margaretes alten Polo. Klappstühle und Tisch hatten sie beim letzten Mal schon auf dem Grundstück gelassen, sodass im Wagen genug Platz für das Gartenwerkzeug war.

Jeder Tag, den sie in der alten Gärtnerei verbrachten, hatte sein eigenes Flair, fand Nora. An diesem war es erstaunlich warm, achtzehn Grad, aber es war bedeckt. Als sie ihr Ziel fast erreicht hatten, fing es an zu nieseln.

„Ich hab's geahnt. Es war keine gute Idee rauszufahren“, sagte Ellie und schaute auf die Felder, die hinter einem grauen Schleier verschwanden.

„Es soll nachher besser werden. Wir bekommen einen schönen Ostersamstag“, versprach Margarete.

„Ellie, denk mal an die Natur! Es war bisher viel zu trocken. So ein Landregen ist genau das Richtige für die Pflanzen“, erklärte Nora.

„Bei diesem Regen können wir uns nicht mal draußen hinsetzen. Da wird mein Möhrenkuchen wässrig“, meckerte Ellie weiter.

„Dann setzen wir uns eben ins Haus“, meinte Margarete und bog schwungvoll in den Waldweg ein.

Nora wollte schon protestieren, dass sie persönlich lieber im Auto als in dem düsteren kalten Haus sitzen würde, da sagte Fanny: „Wir können die Stühle ins Gewächshaus stellen.“

Ellie lachte freudlos. „Da werden wir genauso nass.“

„Nein“, widersprach Nora. „Im zweiten werden wir nicht gleich nass. Da gibt es noch ein paar intakte Scheiben.“

„Also lieber nicht arbeiten, gleich ab ins Trockene und Kuchen futtern?“, fragte Ellie. Jetzt klang sie schon munterer. Dann rief sie plötzlich: „Schaut mal! Das Haus ist verschwunden!“

„Was?“

Nora schaute unruhig nach vorn. Was redete denn Ellie da? Das konnte nicht sein. Niemand hätte in ein paar Tagen das Haus abreißen können!

Ellie zeigte lachend auf die Frontscheibe. „Es ist so grün geworden, dass man es kaum mehr sieht!“

Sie hatte recht. Die ehemals graubraune Hecke hatte sich seit ihrem letzten Besuch mit Blattwerk geschlossen. Das Haus war fast nicht mehr zu erkennen, selbst das Tor war zugewachsen.

„So ist das im April. Besonders wenn es regnet. Dann explodiert die Natur förmlich“, sagte Nora erleichtert.

„Wir können Ordnung machen!“ Margarete klang begeistert. Sie parkte direkt vor dem Tor.

„Ich mache nicht Ordnung. Ich helfe höchstens den Pflanzen, besser zu wachsen", widersprach Nora. Sie stieß die Autotür auf und stieg aus. Es regnete beständig weiter, kleine Rinnsale waren auf dem Weg entstanden, auf denen trockene Kiefernnadeln trieben. Sie schloss die Augen und atmete tief durch. Dann hörte sie ein kaum wahrnehmbares Rascheln hinter sich. Als sie sich umdrehte, sah sie Fanny, die ebenfalls ausgestiegen war. Sie schaute an ihr vorbei, als stünde Nora nicht direkt vor ihr. „Was ist, Fanny? Alles okay?" Fanny reagierte nicht, und Nora rüttelte sie sanft an den Schultern. „Fanny!"

Da erst kam ihre Tochter zu sich. Sie sah verwirrt aus. „Ich weiß noch, dass Omi mit mir spazieren gegangen ist. Sie hat einen Ast mit Blättern an meinem Kinderwagen befestigt. Ich hab ihn mir angeschaut und gelacht", flüsterte Fanny. „Es hat geregnet, und es hat genauso gerochen wie jetzt."

Nora starrte ihre siebenjährige Tochter an. Das kann nicht sein, wollte sie sagen. Du warst erst zwei, als Omi gestorben ist. Aber sie schwieg, weil ihr die eigene Erinnerung an den Duft des Geißblatts einfiel. Sie nahm Fannys Hand. „Komm, wir gehen ins Gewächshaus."

Tisch und Stühle standen genau dort, wo sie sie beim letzten Mal zusammengestellt hatten – unter einem baufälligen Unterstand neben der Terrasse. Die Frauen nahmen je einen Stuhl und gingen wie in einer vorgezogenen kleinen Osterprozession ins Gewächshaus. Als sie an dem Schornstein vorbeikamen, klapperten die Störche zur Begrüßung. Aber vielleicht mochten sie auch nur den Regen nicht.

Im hinteren Teil des zweiten Gewächshauses stellten sie die Stühle auf. Dort setzten sie sich und lauschten dem Prasseln des Regens.

Fanny begann, emsig in der Erde zu graben. Nora hatte ihr ein Tütchen mit Radieschen- und eins mit Ringelblumensamen geschenkt, hatte ihr erklärt, was sie tun musste, und nun war Fanny hochkonzentriert bei der Sache. Vielleicht hat sie mein Gartengen geerbt, dachte Nora, während sie ihre Tochter dabei beobachtete, wie sie grub und scharrte und wühlte. Eine schläfrige Zufriedenheit überfiel sie, und sie schloss die Augen.

„Mama! Ich hab was gefunden! Einen Schatz!", rief Fanny plötzlich.

Nora öffnete die Augen. Fanny hielt einen Spaten in den Händen. Sie rappelte sich auf und stellte den Spaten neben sich auf die Erde. „Passt mir genau", sagte sie begeistert.

Es war unübersehbar ein Kinderspaten. Er hatte genau die richtige Größe für Fanny, auch wenn der Stiel von der feuchten Erde dunkel geworden war und vermutlich bei der ersten Belastung brechen würde.

Nora nahm den Spaten und strich über das Blatt. „Schön ist der. Handgemacht! Schau mal, auf dem Stahl sieht man noch die Hammerabdrücke vom Schmied. Überhaupt nicht verrostet", sagte sie anerkennend.

„Kann ich ihn behalten?", fragte Fanny.

„Na klar. Du hast ihn gefunden. Er braucht wahrscheinlich einen neuen Stiel", überlegte Nora. „Wer weiß, wie lange der Spaten in der Erde gelegen hat. Wir fragen Udo, ob er uns hilft." Sie gab Fanny den Spaten zurück.

„Wer vergräbt denn so was?", fragte Ellie.

„Keine Ahnung. Vielleicht Kinder, die hier gespielt haben."

„Merkt ihr was?", rief Margarete.

„Nee", antwortete Ellie. „Was denn?"

„Es hat aufgehört zu regnen." Margarete hatte den Satz kaum ausgesprochen, als ein erster Sonnenstrahl ins Gewächshaus fiel.

Fanny legte den Spaten sorgfältig zur Seite und ging hinaus. „Ich gehe die Störche besuchen", verkündete sie.

„Ich höre ein Auto", sagte Ellie. „Das wird Udo sein." Sie gähnte. Dann stand sie auf und reckte sich. „Ich sag ihm, wo wir sind. Er will sicher auch ein Stück Kuchen, wie ich ihn kenne." Sie verließ das Gewächshaus.

Margarete und Nora sahen sich an, als von draußen ein lautes „Nein!" erklang.

„Kommt raus! Das müsst ihr sehen!", rief Ellie.

Als sie rausgingen, sahen sie sofort, was Ellie meinte. Gerade noch war die Welt grau gewesen, jetzt dagegen … Auf der Grünfläche, in den Mauerritzen, zwischen dem dichten Buschwerk, überall hatten sich bei den ersten Sonnenstrahlen Löwenzahnblüten geöffnet. Wohin man sah, leuchteten kleine gelbe Sonnen um die Wette.

„Das werden aber viele Pusteblumen", bemerkte Fanny.

„Wie schön", sagte Nora beinahe andächtig.

„Da ist ja Udo! Aber nicht allein", stellte Ellie mit Blick zum Eingang fest.

Margarete stöhnte. „Nicht schon wieder die Tschirch!"

„Das ist *nicht* Babsi", sagte Ellie.

Udo und eine Frau, die sie noch nie zuvor gesehen hatten, bahnten sich ihren Weg durch die Hecke.

Nora musterte die Fremde. Die Frau mochte jünger als Udo sein, aber deutlich älter als sie selbst. Sie trug Jeans, einen weinroten Pulli und darüber eine grob gestrickte dunkelblaue Strickjacke. Freizeitlook. Und sie hatte, was Nora sofort auffiel, grüne Gärtnerschuhe an. Vielleicht wirkte die Fremde so jugendlich, weil sie so zierlich war. Oder weil sie ihr hellblondes Haar zu einem Zopf gebunden hatte. Sie hatte Ähnlichkeit mit Anne. Sie war auch blond gewesen, bis ihre Haare wegen der Chemotherapie ausgefallen waren.

Die Fremde und Udo redeten intensiv miteinander, während Udo sich bemühte, die Äste, die ihnen entgegenzuschlagen drohten, aus dem Weg zu halten. Denn die Fremde hatte keine Hand frei, um sich gegen peitschende Zweige zu wehren, sie trug eine große Kiste.

Als Udo die Freundinnen bemerkte, sah er aus, als ob ihm unbehaglich wäre. Aber zugleich auch vergnügt und … sogar ein bisschen stolz?

Die Frau setzte die Kiste ab, dann richtete sie sich auf und wischte sich ihre Hände an den Jeans ab, bevor sie auf sie zutrat und zuerst Nora die Hand hinhielt. „Hallo", sagte sie. Ihre Stimme klang überraschend tief. „Danke, dass ich heute mitkommen durfte. Ich war schon so gespannt auf die Gärtnerei. Udo hat erzählt, was ihr schon alles gemacht habt. Das ist einfach … toll. Du musst Nora sein. Ich darf doch Du sagen?"

Nora ergriff die schmale Hand der Fremden und schüttelte sie, sah aber zugleich fragend Udo an. Ihr Blick sprach Bände: *Wer ist das, Udo?*

Der räusperte sich. Dann sagte er, unter den Blicken seiner Mitbewohnerinnen plötzlich sichtlich nervös. „Also das ist … na ja, ich meine, wir kennen uns vom Friedhof, und seit einem Vierteljahr sind wir eigentlich … Ich hab bloß noch nichts gesagt …"

Die Frau lachte amüsiert. „Udo! Mach's jetzt nicht so kompliziert!" An Nora, Ellie und Margarete gewandt, fügte sie verschwörerisch hinzu: „Männer!", und verdrehte ihre schönen blauen Augen. Ihr Akzent war eine deftige Mischung aus Berlinerisch und Märkisch.

Sie kommt aus dem Osten, dachte Nora.

Udo riss sich zusammen. „Das ist … Charlie. Ich kenne sie schon eine ganze Weile vom Friedhof. Sie ist dort Gärtnerin. In der letzten Zeit haben wir uns öfter getroffen …" Er wurde doch tatsächlich rot.

„Charlie?", fragte Nora und überlegte. „Warte mal, Udo hat dich erwähnt! Aber ich dachte, das ist eine Abkürzung für Charles. Oder Karl! Dann bist du die Friedhofsgärtnerin, die uns das Gartenwerkzeug geliehen hat?"

Charlie neigte den Kopf. „Ja, die bin ich. Charlie steht für Charlotte." Sie begrüßte nun auch Margarete und Ellie. Dann wandte Charlie sich wieder an Nora. „Ich habe Udo das Werkzeug geliehen, weil ich die Idee, eine verlassene Gärtnerei wieder auf Vordermann zu bringen, einfach großartig finde. Ist der Treuhand wohl durch die Lappen gegangen, dieses Areal. Konnten sie bestimmt nicht an den Westen verkaufen. Ich wäre gern vorher schon mal mit hergekommen, aber ich hatte in letzter Zeit echt zu tun. Vor Ostern wollen die Leute immer, dass die Gräber besonders schön sind. Da muss ich Überstunden machen. Und dabei sind …", sie zeigte auf die große Kiste zu ihren Füßen, „… so viele Stauden abgefallen. Die Leute wollen sie nicht mehr auf den Gräbern, wenn sie nicht mehr blühen. Aber es tut mir jedes Mal leid, sie auf den Kompost zu werfen. Der Chef hat nichts dagegen, wenn ich sie mitnehme. Ich dachte, vielleicht ist das etwas für hier." Als die anderen schwiegen, fügte sie hinzu: „Ich meine … ich will mich natürlich nicht einmischen. Ihr habt sicher schon Pläne, wie das hier mal aussehen soll, und da komme ich mit meinen doofen alten Stauden, die niemand mehr haben will …"

„Nein, nein, wir haben noch überhaupt keine Pläne. Hauptsache, es sind keine Stiefmütterchen! Die wollen wir nicht", unterbrach Ellie sie.

„Natürlich nicht. Damit würde ich bestimmt nicht ankommen. Das sind ja auch keine Stauden. Außerdem finde ich sie etwas spießig", sagte Charlie.

Margarete machte plötzlich ein mürrisches Gesicht.

„Ellie hat recht. Wir haben noch kein Konzept", meinte Nora. „Wir wissen ja noch gar nicht mal, wie lange wir hierbleiben können. Wir stehen ganz am Anfang. Eigentlich ist es nur … ein Spaß."

Charlie nickte verständnisvoll. Dann sagte sie: „Aber von hier verjagen lasst ihr euch auch nicht, oder?"

Klingt irgendwie kämpferisch, fand Nora. „Ich finde es toll, dass du die Stauden mitgebracht hast. Die Gärtnerei ist so groß, sicher finden wir irgendein Eckchen dafür. Wahrscheinlich wäre es im Gewächshaus am besten. Aber wir haben den Boden noch gar nicht vorbereitet. Da wächst so viel Unkraut …"

„Ich hab meinen Spaten dabei", sagte Charlie.

Margarete schnaubte ungehalten.

„Bist du Udos Freundin?", fragte Fanny.

„Ja", sagten Charlie und Udo wie aus einem Munde. „Und du bist bestimmt Fanny", fügte Charlie hinzu und hielt ihr die Hand hin. „Wie alt bist du?"

„Sieben."

„So alt wie mein Enkel. Er heißt Leo."

„In meiner Klasse ist auch ein Leo", bemerkte Fanny interessiert.

Charlie lachte. „Das ist sicher nicht unser Leo. Der wohnt in Pankow."

Ellie und Margarete sahen sich bedeutungsschwanger an.

„Du magst wohl Rosen?", fragte Margarete spitz.

Charlie lächelte. „Ja, sehr. Aber die Rosen, die Udo immer mitbringt, sind für Annes Grab, falls du das meinst."

Margarete hatte wenigstens den Anstand, peinlich berührt auszusehen – genau das war wohl ihr Verdacht gewesen.

„Wir haben etwas zu essen mitgebracht. Ist noch im Wagen." Charlie lachte Udo vergnügt an, dann griff sie nach seiner Hand.

Nora beobachtete die Geste, die so vertraut wirkte. Sie fragte sich, wie die Geschichte mit Charlie und Udo angefangen hatte. Nora hatte in Udo immer einen älteren Mann gesehen, der sich freuen konnte, drei gute Freundinnen im Haus zu haben. Der kein Interesse am anderen Geschlecht hatte, weil er zu traurig und zu alt war, weil er jeden Spaß in seinem Leben, der über das Basteln an kaputten Elektrogeräten hinausging, nicht mehr wahrnahm. Mann, hatte sie sich getäuscht! Udo war gerade dabei, ihr vorzumachen, wie aufregend das Leben sein konnte, wenn man sich traute und den richtigen Menschen fand. Egal in welchem Alter. Sie schluckte. Sie freute sich für Udo, gönnte ihm sein Glück. Trotzdem fühlte sie einen Stich, als sie die beiden beobachtete. Aber der kam wahrscheinlich nur von ihrer eigenen Einsamkeit. Davon, dass niemand ihre Hand so liebevoll drückte, wie Udo es gerade mit Charlies tat.

WÄHREND die Sonne am blauen Osterhimmel allmählich höherstieg, wurde Ellie, Margarete und Nora klar, dass Udo und Charlie diesen Tag genau geplant hatten. In den zwei Körben, die die beiden ins Gewächshaus gebracht hatten, fanden sich kühle Getränke, Kaffee in einer Thermoskanne, Salate, kalte Buletten, gefüllte Eier und sogar ein Osterzopf. Sie hatten Gläser, Becher und Geschirr dabei, Servietten und Teelichter und sogar einen Picknicktisch, auf dem sie das kleine Büfett aufbauten.

Es entging Nora nicht, dass Udo und Charlie sich um Fanny besonders bemüht hatten. Es gab Kirsch-Bananen-Saft, den Fanny so liebte. Außerdem hatten sie zwei rosa Petits Fours gekauft und Servietten mit kitschigen Osterhasen drauf, von denen Fanny hingerissen war.

Neben Fannys kleinem Spaten („Das machen wir, Fanny, er bekommt einen neuen Stiel“, hatte Udo sofort gesagt, als Fanny ihm den Spaten gezeigt hatte) stand nun ein zweiter, großer: Charlies. Sie hatte ihn aus dem Wagen geholt und wortlos in die verkrautete Gewächshauserde gestoßen.

Nora fand das alles fast ein bisschen übergriffig. Auf der anderen Seite … War sie vielleicht zu engstirnig? Sie konnten für das Grundstück, wenn sie wirklich etwas damit anfangen wollten, jede helfende Hand brauchen. Und Charlies Gärtnerhände waren ein besonderes Geschenk. Was wollte Nora mehr? Sie konnte es nicht benennen. Aber sie war … vorsichtig.

Jetzt wollte Udo Charlie erst mal zeigen, was er bisher auf dem Grundstück geschafft hatte. Ellie, Margarete und Nora blieben im Gewächshaus.

„Was für ein Gockel!“, zischte Margarete. „Ich kann nicht glauben, wie er angibt! Und ich blöde Kuh wundere mich, warum er beim Friseur war! Jetzt weiß ich es! Schön wollte er für sie sein! In seinem Alter!“

„Er hätte uns wirklich was sagen können!“, giftete Ellie. „Da tut er immer so, als wäre er der trauernde Witwer. Geht nicht zum Unkrautjäten auf den Friedhof, sondern zum Flirten! Die arme Anne. Ich bin so was von enttäuscht von Udo. Ich dachte, wir wären befreundet!“

„Das sind wir doch auch. Ihr seid ungerecht“, beschwichtigte Nora die beiden älteren Freundinnen. „Und stutenbissig. Er gehört euch nicht. Anne wäre die Erste, die Udo ein bisschen Liebe gönnen würde. Als er mit unserer lieben Babsi geflirtet hat, hattest du auch nichts dagegen, Margarete!“

„Das sollte er machen, damit wir alle was davon haben, nämlich wissen, wem das Grundstück gehört. Jetzt dagegen …“ Margarete verstummte.

„Jetzt dagegen geht es um sein Glück. Hat er doch verdient! Kriegt euch wieder ein! Was seid ihr denn für Freundinnen?“

Aber auch wenn Nora es niemals zugegeben hätte, verstand sie Ellie und Margarete. Was bedeutete es für sie alle, dass Udo nicht mehr allein war? Vielleicht fände Udo es überhaupt nicht schlimm, dass sich ihre Gemeinschaft auflöste … Vielleicht waren sie für ihn nur eine Notgemeinschaft gewesen, bis er eine Frau gefunden hatte? Ein schrecklicher Gedanke kam Nora: Vielleicht war das die endgültige Totenglocke für ihre Hausgemeinschaft. Die nicht von außen, sondern von innen angeschlagen wurde.

Sie war überzeugt, dass Udo sich all das selbst gefragt hatte. Er hatte lange gewartet, ihnen Charlie vorzustellen, er war unbeholfen gewesen. Aber er hatte es getan, und das hieß auch, dass er sich sicher war. Das mussten sie respektieren, und sie mussten Charlie willkommen heißen. Das waren sie Udo schuldig.

11. Kapitel

Warum bist du Gärtnerin geworden?“, fragte Nora, während sie mit Charlie über das Grundstück schlenderte.

„Ich wollte nicht Gärtnerin werden.“ Charlie winkte ab. „Ich wollte Medizin studieren. Aber meine Eltern waren nicht parteitreu und außerdem in der katholischen Kirche. Da hat das mit einem Studienplatz nicht geklappt.“

„Bitter“, sagte Nora.

Charlie nickte. „Sie haben mich in die VEB Rote Scholle gesteckt. War ziemlich eintöniges Zeug, das wir da angebaut haben. Und immer diese roten Nelken zum 1. Mai! Weißt du übrigens, woher das mit der roten Nelke kommt?“ Nora schüttelte den Kopf. „Wir mussten es bei jeder Lieferung erzählen, ob die anderen es hören wollten oder nicht. Also, pass auf: 1889 wurde die rote Nelke beim internationalen Sozialistenkongress in Paris zur Arbeiterblume. 1890 war der Tag der Arbeit in Deutschland schon von Bismarck in der Sozialistengesetzgebung verboten. Demonstrieren war untersagt, Plakate durften auch nicht aufgehängt werden. Also haben sich die Arbeiter eine rote Nelke ins Knopfloch gesteckt und sind ins nächste Gartenlokal gegangen. Ich kann immer noch keine roten Nelken sehen, ohne dass ich anfange, die Internationale zu summen."

„Und als die Wende kam?", fragte Nora weiter. „Warum hast du da nicht studiert?"

„Da war ich schon über dreißig, ein bisschen spät zum Studieren. Ich hätte auch nicht das Geld dazu gehabt. Dauert ja Jahre, so ein Studium! Ich hab mit meinem Mann in Bad Freienwalde gelebt. Bis zur Scheidung. Dann hab ich mich in Berlin beworben und Glück gehabt. Richtiges Glück."

„Warum?"

„Weil ich einen festen Job bekommen habe. Gestorben wird immer. Also müssen auch immer Gräber in Ordnung gehalten werden. Ich hab noch ein paar Jahre bis zur Rente, das bekomme ich hin."

Sie ist eine gute, aber keine leidenschaftliche Gärtnerin, dachte Nora.

Sie gingen die Hecke am verfallenen Zaun entlang. Die Haselnusssträucher waren inzwischen grün belaubt, dazwischen blühten Forsythien, die dringend beschnitten werden mussten. Im mittleren Teil der Hecke hatte sich Flieder durchgesetzt.

„Flieder ist wunderschön, aber er hält sich leider nicht in der Vase." Charlie seufzte.

„Es gibt einen Trick", erklärte Nora. „Auf die Stiele mit einem Hammer hauen. Dann können sie das Wasser besser aufnehmen."

Sie blieb vor einer Felsenbirne stehen, die erste weiße Blüten zeigte. Hummeln und Bienen umschwirrten sie hektisch.

Plötzlich wurden Charlies Augen groß. „Himmelschlüsselchen …", schwärmte sie und drängte sich zwischen Flieder und Felsenbirne hindurch, um besser in Richtung Wald sehen zu können.

Nora reckte den Hals und sah, was Charlie meinte. Auf einer kleinen Lichtung zwischen den Kiefern blühte es hellgelb, dicht an dicht.

„So viele …!", rief Charlie verzückt.

„Inzwischen stehen sie unter Naturschutz", erklärte Nora. „*Primula veris*. Die Erste des Frühlings … Sie soll den Himmel öffnen. Ihre Blüten sehen wie ein Schlüsselbund aus. Hübsch, oder?" Aber ihre Worte schienen Charlie nicht zu erreichen. Sie stand bewegungslos da, ihr Mund war leicht geöffnet, ihr Blick starr. „Charlie? Alles okay?“ Wieder keine Reaktion. „Charlie!“, rief sie und griff fest nach ihrem Arm.

Charlie blinzelte, dann atmete sie tief durch. „Das war merkwürdig“, sagte sie.

„Was denn?“

„Ich wollte gerade sagen, dass ich meiner Mutter früher immer Himmelschlüsselchen geschenkt habe. Im Frühling wuchsen sie bei uns auf dem Pimpinellenberg. Er war ganz gelb vor lauter Blumen. Ich bin dorthin gegangen, um sie zu pflücken. Plötzlich wusste ich wieder, wie es war, wenn man sie abbricht. Ich hab mich hingekauert und gepflückt und gepflückt, bis ich einen dicken Bund in der Hand hatte. Ich war … da. Und trotzdem hier.“

Nora nickte. „Hier gibt es etwas, das Erinnerungen lebendig macht. Es weckt die Pflanzen in unserer Vergangenheit. Es macht, dass wir wieder genau wissen, wie es früher war.“

„Das ist unheimlich.“ Charlie schüttelte sich. „Hat Udo es auch gespürt?“

Nora überlegte kurz, ob sie seine Erinnerung an Anne erwähnen sollte. Aber nein. Das ging nicht. „Er scheint es nicht so stark zu empfinden“, sagte sie. Dann wechselte sie das Thema. „Das Grundstück ist in Beete aufgeteilt. Sie sind reichlich verkrautet. Ich hab jedoch ein Beet gefunden, das mir ein Rätsel aufgibt. Ich würde gern hören, was du als Gärtnerin davon hältst. Hast du Lust?“

„Na klar“, erwiderte Charlie, und zusammen gingen sie zum Schattenbeet.

„VIER, FÜNF JAHRE, schätze ich, hat niemand mehr daran gearbeitet. So sehen viele Gräber aus, wenn auf ihnen nichts mehr gemacht wird“, spekulierte Charlie, während sie zum Gewächshaus zurückgingen. „Vielleicht ist es ja sogar ein Grab gewesen.“

Nora blieb stehen. „Das meinst du nicht im Ernst!“, sagte sie und blickte zu dem Beet zurück. „Könnte es sein, dass hier ein Friedhof war?“

„Nein. Das glaube ich nicht. Die Ecksteine sehen nach Beeten aus. Kein Grabhügel, kein Kreuz, gar nichts. Reg dich nicht auf. Das ist kein Friedhof. Da hinten haben sie höchstens die Gärtnerkatze begraben.“

„Wir haben uns neulich überlegt, was man hier anbauen könnte, wenn man die Gärtnerei aus dem Dornröschenschlaf erwecken würde.“ Nora merkte erst jetzt, wie sehr sie es genoss, jemanden zum Fachsimpeln zu haben. „Wie fändest du es, wenn man hier Mohn anbaut?“

„Seid ihr nicht ein bisschen vorschnell mit diesen Überlegungen? Bis jetzt sehe ich nicht, dass man irgendwas anbauen könnte. Ist doch überhaupt nicht kultiviert“, entgegnete Charlie kritisch.

„Ich dachte, wir fangen beim nächsten Mal an, den Boden im zweiten Gewächshaus umzugraben“, rechtfertigte sich Nora. „Wir haben jetzt die Pumpe, und es gibt die Wasserleitung, mit der wir dort viel besser bewässern können als draußen. Ich mag Mohnstauden so gern …“

Charlie lachte. „Du bist ja schon wieder einen Schritt weiter. Wenn das was werden soll, müsst ihr auch Humus und Lehm in die Erde einbringen. Hier gibt es überall nur diesen entsetzlich mageren Sandboden der Mark Brandenburg. Da könnt ihr wässern, so viel ihr wollt, am nächsten Tag ist der Boden wieder trocken. Wollt ihr denn überhaupt jeden Tag hier rausfahren? Mir kommen eure Pläne ein bisschen blauäugig vor.“

„Du bist schrecklich nüchtern“, sagte Nora. „Uns machen die Überlegungen einfach Spaß, wir sehen hier Potenzial, auch wenn wir noch nicht wissen, wie wir es ausschöpfen können. Es ist ein Traum, verstehst du?“

Die aufgeregten Stimmen der anderen schallten zu ihnen herüber. Irgendetwas schien da vor sich zu gehen.

„Was macht ihr denn da?“, fragte Nora, als sie und Charlie die Terrasse erreicht hatten.

Ellie, Margarete und Fanny hatten den Grünschnitt, der bisher angefallen war, auf den großen Haufen neben der Treppe geschleppt.

„Wir machen ein Osterfeuer!“ Fanny warf eine Handvoll Zweige darauf – mit so viel Schwung, dass sie fast das Gleichgewicht verloren hätte.

„Das Zeug ist doch nass. Wie soll es denn brennen?“, gab Charlie zu bedenken. Dann sah sie Udo, der die Auffahrt entlangkam, einen Kanister in der Hand. „Ah! Dafür hast du den mitgebracht! Ich hab mich schon gefragt warum.“

„Wir haben früher auf verlassenen Grundstücken auch immer Osterfeuer gemacht“, erzählte er Charlie und strahlte sie verliebt an. Er schraubte den Verschluss des Kanisters ab, ging um den Haufen herum und bespritzte ihn gleichmäßig mit Benzin. Dann stellte er den Kanister neben eine alte Zinkwanne, die mit Wasser gefüllt war und in der ein Schöpfeimer stand.

„Darf ich ihn anzünden?“, bettelte Fanny.

„Nein, du darfst nicht“, sagte Nora streng. „Das ist zu gefährlich.“

„Ach, warum denn nicht? Lass sie doch.“ Charlie ignorierte Noras mütterliche Autorität. „Wir passen auf.“

Fanny nahm ihre Hand und sah sie verzückt an.

In diesem Moment wünschte Nora, sie hätte Charlie nicht so flammend bei Margarete und Ellie verteidigt. Die waren ihr noch nie in den Rücken gefallen. „Von mir aus“, grummelte sie, nicht weil sie es sich anders überlegt hatte, sondern weil sie keinen Streit vom Zaun brechen wollte.

Fast feierlich gruppierten sie sich um den Holzhaufen. Udo riss ein Streichholz an und gab es Fanny, Charlie hielt ihre Hand. Die Kleine warf das Streichholz unbeholfen aufs Holz.

Einen Moment passierte nichts. Dann jedoch gab es ein Geräusch, als ob ein Riese tief Luft holte, und mit einem „Whuusch" entzündete sich das Benzin. Eine gewaltige Stichflamme schoss hoch. Fanny brachte sich eilends hinter Charlie und Udo in Sicherheit. Das Holz, die Äste, die Schösslinge – alles, was sie abgeschnitten hatten, fing Feuer.

Die Störche begannen hektisch zu klappern. Fanny drehte sich um und sah zu ihnen hoch. Sie standen auf dem Nestrand. Ihre Silhouetten zeichneten sich deutlich gegen den Abendhimmel ab.

Charlie sah sich um. „Ich verschwinde mal kurz. Wo geht ihr denn hin, wenn ihr austreten müsst? Gibt es im Haus eine Toilette?", fragte sie.

„Gibt es", antwortete Nora. „Aber die willst du nicht benutzen. Wir gehen … na ja." Sie zeigte etwas vage in Richtung Gewächshäuser.

Charlie war kaum hinter der Hecke verschwunden, da hörten sie, dass sich ein Auto näherte.

„Der Scheiterhaufen ist gerichtet", murmelte Udo. „Fehlt nur noch die Hexe. Ich glaube, da kommt sie gerade."

„HALLO!" Babsi Tschirch stolzierte ihnen entgegen. „Hallo Udo! Dachte ich's mir doch, dass hier heute ein schickes Osterfeuer veranstaltet wird! Fehlt da vielleicht noch eine tüchtige Frau, um das Feuer anzuheizen? Da bin ich genau die Richtige! Und *vielleicht* hab ich sogar ein Sektchen dabei!" Sie schwenkte neckisch eine Rotkäppchen-Flasche und lachte Udo an. „Da können wir endlich Brüderschaft trinken, was?"

Vielleicht sollte sie lieber verschwinden, solange sie es kann, ohne ihr Gesicht zu verlieren, dachte Nora. Das wäre besser für sie und für uns. Aber wer wollte ihr das jetzt sagen?

„Hallo", sagte Udo, und wenn man ihn nur ein bisschen kannte, hörte man genau, wie unangenehm ihm das plötzliche Auftauchen der übereifrigen Verwaltungsangestellten war.

Frau Tschirch stand jetzt vor Udo und hielt ihm eine Wange hin.

„Bekomme ich keinen Begrüßungskuss?", fragte sie.

Hinter ihnen raschelte es. Charlie kam aus dem Dickicht gekrochen. Sie sah aus wie eine hübsche hellblonde Waldelfe, das Haar voller Laub, ein Lächeln auf den Lippen.

„Oh, hallo", sagte sie, als sie Frau Tschirch entdeckte. „Wie schön! Noch mehr Besuch am Ostersamstag! Ich bin Charlie. Udos Freundin." Dann trat sie auf Udo zu, gab ihm zärtlich einen Kuss auf die Wange.

Udo legte seinen Arm um ihre Schultern. Ihm entging Babsis Blick nicht. „Darf ich Ihnen Charlotte vorstellen?“, fragte er. „Charlie, das ist Barbara Tschirch. Sie arbeitet in Löwenberg und versucht netterweise, für uns herauszufinden, wem dieses Grundstück gehört.“

Nora war sich nicht ganz sicher, was gerade heißer glühte: das Osterfeuer, das zum Himmel loderte – oder der Hass in Barbara Tschirchs Augen.

Barbara Tschirch wich vor Udo zurück und räusperte sich. „Wer hat Ihnen eigentlich die Erlaubnis erteilt, hier ein Feuer zu machen?“

„Niemand. Es gibt ja niemanden, dem das Grundstück gehört“, erwiderte Margarete schlagfertig.

Aber sie war nicht so schlagfertig wie Frau Tschirch. „Ach ja? Nun, ich bin heute hergekommen, weil das Grundstück in den Bereich unseres Katasteramtes gehört. Damit sind wir für die öffentliche Sicherheit dieser Flächen verantwortlich. Wie ich sehe, sind Sie hier widerrechtlich eingedrungen. Sie sind nicht befugt, diese Flächen zu nutzen.“ Barbara Tschirchs Stimme klang eiskalt. „Löschen Sie das Feuer, und sehen Sie zu, dass Sie wegkommen!“, schnauzte sie.

„Ich denke nicht daran“, antwortete Udo böse. „Heute ist Ostersamstag, da gibt es in der ganzen Mark Brandenburg Feuer, und wir tun hier niemandem etwas.“ Er zog Charlie näher an sich ran.

„Na, das werden wir ja sehen.“ Barbara Tschirch wandte sich um und ging durch die Abenddämmerung zu ihrem Auto.

Das Geräusch des wegfahrenden Wagens klang durch die Abendstille. Es wurde leiser und verstummte schließlich. Wie um sie alle zu trösten, begann eine Nachtigall zu singen. Es klang so schön, aber Nora seufzte trotzdem.

„Noch einen Prosecco?“ Ellie sah die anderen der Reihe nach fragend an, doch alle schüttelten den Kopf. Die Stimmung war längst nicht mehr so beschwingt wie zuvor. Ihr Mitleid mit Barbara Tschirch hielt sich in Grenzen, aber deren Abgang hatte etwas Unheilverkündendes gehabt. Sie hatten sich eine Feindin gemacht.

Eine Weile beobachteten alle, wie das glühende Holz zerfiel.

„Ist dir kalt?“, fragte Nora und zog Fanny an sich.

„Nö. Das Feuer ist doch schön warm“, sagte Fanny.

„Wie lange, glaubst du, dauert es, bis es ganz erlischt?“, wollte Margarete von Udo wissen. „Irgendwann müssen wir auch mal nach Hause. Aber ich würde es nicht wagen wegzufahren, wenn es noch brennt.“

„Das geht auch nicht. Wir müssen unbedingt bleiben“, mischte sich Charlie ins Gespräch ein. „Ein Windstoß reicht, dann fangen die Kiefern Feuer. Am Ende brennt der Wald, und wir haben Schuld …“

Udo legte den Kopf schief und lauschte.

„Was ist denn, Udo?“, fragte Nora.

Da hörte sie es auch. Ein Heulen drang zu ihnen herüber.

Feuerwehrsirenen!

Zuerst hörte man es nur, dann flackerte es blau zwischen den Kiefern hindurch. Mehrere Wagen fuhren den Waldweg entlang. Schließlich verstummte das Tatütata, aber das Blaulicht blinkte weiter durch die Dunkelheit. Wagentüren wurden aufgerissen. Männer in blauen Schutzuniformen kletterten aus den Wagen. Sie stürmten vor, traten das marode Eingangstor nieder, räumten den Weg frei, sodass die Wagen die Einfahrt des Grundstücks hinauffahren konnten. Vorneweg ein dunkelblauer Personenwagen, dahinter ein Tankzug und ein Leiterwagen.

„Brandmeister, hier soll es einen Wasseranschluss geben, sagte der Anrufer. Falls das Wasser im Tankwagen nicht reicht!“, rief ein Mann einem weiteren zu, der aus dem Personenwagen gestiegen war und nun Befehle in ein Funkgerät bellte.

„Lehmann, du suchst den Wasseranschluss!“, gab der Anführer Kommandos. „Kalgit, du schaust, wie weit sich das Feuer bereits im hinteren Teil des Grundstücks ausgebreitet hat. Falk, du überprüfst …“

Nora reichte es. Sie verließ den Spähposten, auf dem sie und die anderen bis jetzt unbemerkt geblieben waren, und machte sich auf den Weg. Fanny rannte ihr nach und griff nach ihrer Hand. Zusammen eilten sie zu dem Mann mit dem Funkgerät.

„He, was soll das denn? Was wollen Sie hier? Hier brennt doch nichts außer unserem kleinen Osterfeuer! Und das haben wir im Griff!“, rief sie.

Plötzlich war es still. Die Männer hielten wie eingefroren in ihren Bewegungen inne. Der Brandmeister ließ verblüfft sein Funkgerät sinken.

„Wir haben einen Anruf erhalten, dass hier ein großes Feuer ausgebrochen ist. Von Brandstiftern gelegt“, sagte er und musterte Nora.

„So ein Quatsch. Wir haben nur ein Osterfeuer gemacht und alles unter Kontrolle“, ereiferte sich Nora. „Los, schauen Sie selbst!“

Inzwischen waren Noras Freunde nachgekommen. Sie standen stumm um Nora, den Brandmeister und die Feuerwehrleute herum.

Der Brandmeister nahm seinen großen Hut ab und kratzte sich am Kopf. Dann setzte er ihn wieder auf. „Das verstehe ich nun echt nicht“, meinte er. „Die Anruferin klang so alarmiert, als stünde der ganze Wald hier in Flammen. Sie sagte etwas von Leuten, die angeblich Feuer gelegt hätten und dann weggefahren wären.“

„Hat die Anruferin ihren Namen genannt?“, fragte Nora.

„Nein. Es war ein anonymer Anruf.“

Nora überlegte kurz, ob sie dem Brandführer einen Hinweis geben sollte. Aber nein, das war nicht ihre Art. „Da hat sich jemand einen Scherz erlaubt“, sagte sie. „Wollen Sie sich nun das Feuer mal anschauen?“

„Auf jeden Fall.“ Er folgte der kleinen Gruppe aus Berlin, die voranging. Da war es, das Osterfeuer, das nur noch spärlich brannte. Der Brandmeister musterte es. Er betrachtete die alte Zinkwanne, die danebenstand und mit Wasser gefüllt war. „Also gut, das sieht wirklich nicht nach einem ungeschützten Brandherd aus. Hier ist keine Gefahr im Verzug. Ich ziehe meine Leute ab, wenn Sie versprechen, nachher die Glut zu löschen.“

„Versteht sich von selbst“, sagte Udo.

Der Feuerwehrmann tippte an seinen großen Hut und drehte ab.

„Kommt Ihre Familie aus der Gegend?“, fragte Nora plötzlich. Ihr war noch etwas eingefallen.

Der Brandmeister blieb stehen. „Jawohl. Bin von Geburt an Märker und stolz darauf.“

„Kennen Sie jemanden, der Kirsch heißt?“

Der Brandmeister überlegte. „Kirsch? Kommt mir irgendwie bekannt vor. Wüsste aber nicht woher … Kirsch … Aber der Name sagt mir was … Moment, Moment … Kirsch! Jetzt weiß ich's.“ Nora sah ihn gespannt an. „Der Name steht auf einem Grabstein auf unserem Friedhof in Teschendorf. Kurz vor Löwenberg, kennen Sie das? Da liegt meine Mutter auch. Jetzt muss ich aber los. Meine Leute haben Hunger.“ Dann drehte er endgültig ab.

„Tschüss und danke!“, rief Nora ihm hinterher.

Als der Löschzug rumpelnd, aber ohne Blaulicht und Sirenen verschwunden war, gingen Udo und Charlie ins Gewächshaus, um das Büfett abzuräumen. Fanny begleitete sie.

Ellie und Margarete kippten das Wasser aus der Zinkwanne auf das niedergebrannte Feuer. Nora beobachtete, wie die weiße Dampfsäule zischend in den Himmel stieg.

„Im Gewächshaus saßen ganz viele Mäuse. Sie haben das Osterbrot von Charlie gefressen“, berichtete Fanny aufgeregt, als sie zurückkamen. „Kann ich eine Maus haben?“

„Nein.“ Das sagten Nora, Ellie und Margarete gleichzeitig. Sie waren alle drei keine Mäusefreundinnen.

„Aber Mäuse sind doch so etwas Niedliches“, schwärmte Charlie. „Mein Sohn hatte als Kind auch Mäuse.“

Die anderen sahen sie skeptisch an. Nur Fanny strahlte.

12. Kapitel

Der Vormittag des Ostersonntags verging damit, dass die Erwachsenen Eier versteckten, die Fanny dann suchte – quer durchs Haus, durch alle Wohnungen und in den Vorgarten ging die Ostereierjagd.

Danach machte Margarete sich für den Kirchgang in der Dorfkirche von Schmargendorf schick. Die anderen schwänzten die Kirche. Nora und Fanny unternahmen stattdessen einen Osterspaziergang durch den Grunewald.

Später aßen sie zusammen Lamm, das Ellie köstlich zubereitet hatte. Charlie war von Udo dazu eingeladen worden, leider hatte er vergessen, Ellie Bescheid zu geben, was diese ihm übel nahm.

Ostermontag taten sie nichts. Sie brauchten eine Pause. Von der Gärtnerei und voneinander.

Am folgenden Samstag saßen sie wieder im Wagen. Charlie traf sich mit ihrer Familie, was Ellie und Margarete insgeheim freute. Udo benehme sich dann anders, hatten sie Nora erklärt, er sei wieder *ihr* Udo, den sie seit Jahren kannten.

Sie hatten beschlossen, erst nach Teschendorf zu fahren. Vor dem dortigen Friedhof hielt Udo. Sie gingen durch das schmiedeeiserne Tor, an einem Gemeindehaus und einer kleinen weißen Kirche vorbei und standen schließlich auf dem Hauptweg. Links und rechts zweigten schmale Wege ab, an denen die Gräber lagen.

„Also los, wir suchen ein Grab, auf dem Kirsch steht."

„Ich gehe mit Udo", sagte Fanny.

Nora sah, wie die beiden Hand in Hand den ersten Seitenweg entlanggingen. Sie biss sich auf die Lippe, verärgert über sich selbst, dass sie nicht daran gedacht hatte, dass ein Friedhofsbesuch ohne Charlie für Udo wahrscheinlich sehr traurig war.

In diesem Moment drehte Fanny sich um und winkte ihr zu. Sie winkte zurück, froh darüber, dass ihre kleine Tochter dem alten Freund zur Seite stand. Dann machte sie sich selbst auf die Suche. Langsam schlenderte sie von Grab zu Grab, las Namen und Jahreszahlen … nichts.

Ellie hatte sich den letzten Seitengang vorgenommen. Dort lagen große Gräber, die nur spärlich bepflanzt waren. „Hier ist es!", rief sie plötzlich aufgeregt den anderen quer über den Friedhof zu – so laut, dass eine alte Frau, die zwei Gänge weiter die Stiefmütterchen auf einem Beet goss, sie empört ansah. Ellie ignorierte sie. Die anderen kamen eilig den Gang entlang. „Schaut!"

Ellie zeigte auf ein altes Grab. Es war von Unkraut und Efeu überwuchert. Ein kleiner grauer Grabstein stand dort, verwittert und mit Moos bewachsen. Das Kreuz darauf war aus Metall und oxidiert, die eingravierte Schrift war gerade noch so lesbar.

Gärtnermeister Theodor Kirsch
1901–1942
Vivat, crescat, floreat

„Ja!“, rief Nora triumphierend. „Gärtnermeister! Das muss er sein!“

„Er ist nicht alt geworden“, kommentierte Udo, „gerade mal einundvierzig …“

„Was heißt *vivat, crescat, floreat*?“, fragte Ellie.

„Es möge leben, wachsen und gedeihen“, erwiderte Nora, die Latein immer gemocht hatte.

„Passt doch zu einem Gärtnermeister“, ertönte neben ihnen eine Stimme.

Sie fuhren herum. Unbemerkt war die alte Frau, die sich gerade über Ellie empört hatte, an sie herangetreten.

Nora musterte sie. Ganz in Schwarz war sie gekleidet. Die grauen Haare waren zu einem strengen Knoten aufgesteckt. Sie sah aus wie eine Frau, die nicht viel Spaß im Leben gehabt hatte.

„Kannten Sie den Gärtnermeister Kirsch, der hier begraben liegt?“, fragte Nora.

Die Frau schüttelte den Kopf. „Nein. Eine Familie Kirsch stammt nicht aus Teschendorf. Das wüsste ich. Gesehen hab ich an diesem Grab noch nie jemanden. Aber bis vor ein paar Jahren wurde es gepflegt.“

„Wie oft denn?“, fragte Margarete, aber da hatte sich die Frau schon abgewandt, als hätte sie die letzte Frage nicht gehört oder nicht hören wollen.

Sie schauten ihr nach.

„Eigentümlich“, bemerkte Nora und sah wieder auf das Grab. „Wie lange bleiben Gräber eigentlich erhalten?“, fragte sie Udo.

„Ach, das kommt darauf an“, antwortete er. „Normalerweise fünfundzwanzig Jahre.“

„Dann muss die Pacht für dieses Grab ja schon mehrmals verlängert worden sein“, sagte Ellie. „Aber vielleicht ist das bei diesen Gräbern hier auch anders. Oder überhaupt auf dem Dorf.“

„Ich finde noch was anderes seltsam.“ Nora hatte etwas entdeckt. Plötzlich wünschte sie, Charlie wäre da, um mit ihr über die Pflanzen zu sprechen. „Mich wundert, was hier wächst.“

„Keine Rosen. Nur Efeu.“ Udo wandte sich ab, als hätte das Grab des unbekannten Gärtners ohne Rosen jeden Anspruch auf seine Zeit verwirkt.

„Stimmt, keine Rosen. Aber es ist nicht nur Efeu. Geißbart kommt dort und, schaut doch mal, das ist doch eine Hosta. Und jede Menge Maiglöckchen sprießen hier auch …“ Ihr Herz schlug schneller. „Das sind die Pflanzen, die auch in der Gärtnerei wachsen! Ich glaube, dass jemand die bewusst gesetzt hat. Jemand, der ein Stück der Gärtnerei hierherbringen wollte. Die Pflanzen, die er in der Gärtnerei gezogen hat, haben Theodor Kirsch bis zu seiner Ruhestätte begleitet.“

„Meinst du wirklich?“, fragte Ellie skeptisch.

„Ich hab was gefunden“, erklang Fannys Stimme.

Alle sahen sich um, konnten das Mädchen aber nirgends entdecken.

„Fanny?“, fragte Nora.

Ein blonder Lockenschopf erschien hinter dem Grabstein. „Schau mal, Mama, was hier liegt!“, rief Fanny.

Nora ging am Grab entlang. Vorsichtig achtete sie darauf, keine Pflanze, die sich im Zwischenraum zwischen den Gräbern ausgebreitet hatte, zu zertreten. Hinter dem Grabstein kauerte sie sich neben Fanny. „Das sind aber schöne Kieselsteine! Und so viele!“, sagte sie.

In der Tat. Ein Häufchen kleiner Steine lag hinter dem Grabstein. Die meisten waren glatt und hatten hübsche Zeichnungen – silbergrau mit weißen Streifen, schlicht steingrau, dunkel mit rosafarbenen Einsprengseln, fast weiß und porös. Keiner war größer als ein Daumennagel.

„Kann ich die Steine mitnehmen?“, fragte Fanny. Sie wartete die Antwort gar nicht erst ab und begann Steine in ihre Jeanstaschen zu stopfen.

„Nein, nicht alle“, sagte Nora. „Nimm dir drei, den Rest lässt du hier.“

„Warum denn?“, fragte Fanny trotzig.

„Es hat etwas mit Respekt für das Grab zu tun“, erwiderte Nora. „Man nimmt ja auch nicht Kerzen von Gräbern.“

Widerwillig ließ Fanny die Steine wieder auf den Haufen fallen, auch wenn sie aussah, als ob sie Noras Einwand weder verstand noch einsah.

„Und was machen wir mit diesem Wissen?“, fragte Udo und durchbrach damit das lange, nachdenkliche Schweigen, das geherrscht hatte, seit sie wieder in den Wagen gestiegen waren.

„Wir wissen noch nicht viel“, meinte Margarete.

„Aber immerhin schon einiges“, gab Nora zurück. „Die Gärtnerei wurde von Gärtnermeister Kirsch betrieben. Der Betrieb kam wahrscheinlich

1942 zum Erliegen, als Theodor Kirsch starb. Bis 1942 hat die Floristin Magda Fritsch stundenweise in der Gärtnerei gearbeitet. Und sie hat danach …“ Nora stockte. „Meint ihr, Magda Fritsch hat das Schattenbeet gepflegt? Sie ist manchmal einen Tag lang verschwunden und dann wieder im Wurstdorf aufgetaucht.“ Sie überlegte, dann sagte sie: „Das kann doch sein! Sie hat sicher auch das Grab ihres ehemaligen Arbeitgebers bepflanzt!“

„Das klingt plausibel“, sagte Margarete.

„Aber warum macht man das? Warum bepflanzt man das Beet seines Arbeitgebers?“, fragte sich Nora.

„Vielleicht war sie in ihn verliebt“, bemerkte Margarete.

„Oder er tat ihr leid“, überlegte Ellie.

„Irgendwann werden wir wissen, was sich in unserer Gärtnerei zugetragen hat“, stellte Nora fest. „Eines Tages bekommen wir es heraus!“

„Unsere Gärtnerei …“, echote Ellie und seufzte zufrieden, als sie in den vertrauten Waldweg einbogen.

„Wie gut das klingt! Unsere …“, sagte Nora und verstummte erschrocken.

Jemand war in ihrer Abwesenheit hier gewesen. Die zerbrochene Kette, mit der sie die letzten Male die beiden Torhälften pro forma verschlossen hatten, war verschwunden. Stattdessen wurden die Zaunflügel nun von einer dicken Edelstahlkette zusammengehalten. Und die Kette ihrerseits von einem noch dickeren Schloss.

Und als ob das noch nicht deutlich genug wäre, war zudem ein großes schwarz-gelbes Schild am Zaun befestigt: UNBEFUGTES BETRETEN BEI STRAFE VERBOTEN.

Sie starrten auf die Kette und das Schild.

„Das glaub ich jetzt nicht“, sagte Nora.

„Die blutige Rache der Babsi Tschirch“, murmelte Udo.

„Meinst du?“, fragte Margarete.

„Na, was denn sonst? Erst hetzt sie uns die Feuerwehr auf den Hals und jetzt wahrscheinlich ihren Chef. Oder den gesamten Amtsschimmel.“

Sie betrachteten die Kette, die feindlich in der Sonne blitzte.

„Wir können hinten bei meiner Höhle reinklettern“, schlug Fanny vor. „Da ist der Zaun ganz runtergetreten.“

„Aber wenn uns jemand sieht, sind wir dran“, gab Margarete zu bedenken.

„So was tun wir mal lieber nicht“, bestätigte Ellie.

Udo und Nora nickten bedrückt.

Dann fuhren sie zurück nach Berlin.

13. Kapitel

Ich kann nicht glauben, dass die das mit euch machen!“, sagte Charlie.

Udo hatte Charlie angerufen, und sie war abends zu ihnen gekommen. Zu sechst saßen sie jetzt bei Margarete in der Küche.

Charlie war empört. „Jahrelang kümmert sich niemand um dieses Grundstück. Es gibt keine Unterlagen, niemanden, der einen Anspruch anmeldet. Das Amt weiß nicht mal von seiner Existenz! Ich sage euch was – das hat etwas mit der Bodenreform in Brandenburg zu tun. Erst wurde enteignet, und nach der Wende gab sich das Land wenig Mühe, die Vorbesitzer zu finden. Irgendwann hat die Mark Brandenburg sich dann selbst als Eigentümer eintragen lassen.“

„Meinst du wirklich, Charlie?“, fragte Udo.

„Na klar, das war doch vor ein paar Jahren ein richtiger Skandal! Nur dieses Grundstück ist irgendwie unentdeckt geblieben. Jetzt seid ihr darauf gestoßen. Ihr engagiert euch und dann werdet ihr einfach ausgesperrt? Wie ein paar Rowdys, die in eine Baustelle eingebrochen sind?“

„Genau so ist es“, bestätigte Nora. „Es ist so ungerecht.“

Ihr war zum Weinen zumute. Aus der Traum, so einfach war das. All die Überlegungen darüber, was sie einmal in der Gärtnerei anbauen wollten, waren überflüssig gewesen. Über die Vergangenheit würden sie nichts mehr erfahren, und die Zukunft des Grundstücks würde ohne sie stattfinden.

Obwohl Charlie nicht dabei gewesen war, brauste sie auf. „Und noch viel weniger kann ich glauben, dass ihr das mit euch machen lasst! Ihr müsst euch wehren! Denkt doch nur an die ‚Wir sind das Volk‘-Bewegung! Sie wollten uns unterdrücken, aber das haben wir nicht zugelassen.“

„Denkst du an eine ‚Wir sind die Gärtnerei‘-Bewegung?“, fragte Margarete ironisch. „Montagsdemos in Löwenberg?“

„Nun sei doch mal ernst, Margarete!“, fuhr Charlie sie an. „Ich denke an was ganz anderes. Warum besetzen wir die Gärtnerei nicht?“

Verblüffte Stille herrschte.

Nora fing sich als Erste. „Besetzen?“, fragte sie. „Das ist ja verrückt.“

„In den Achtzigerjahren wurden viele Häuser besetzt. Und fast genauso viele geräumt“, sagte Margarete.

„Aber nicht alle“, gab Ellie zu bedenken. „In manchen Fällen haben die Hausbesetzer auch mit dem Senat einen Pachtvertrag ausgehandelt.“

„Wie stellst du dir das vor, Charlie?“, hakte Udo nach. „Wir sind doch nur eine Handvoll Leute. Da rückt die Tschirch schneller mit einem Räumungskommando an, als wir ‚Wasserpumpe' sagen können. Und strafbar machen wir uns auch. Mein schönes Notstromaggregat, es hat so gut funktioniert …" Er hatte feuchte Augen.

Charlie tätschelte ihm aufmunternd den Arm. „Nun mach dir mal keine Sorgen um dein Notstromaggregat. Wir holen es einfach wieder raus. Ich frage mich, ob man sich wirklich bei so was strafbar macht. Die Gärtnerei gehört doch niemandem. Wo kein Kläger, da kein Richter. Wir könnten es drauf ankommen lassen." Sie sah herausfordernd in die Runde. „Also, was ist? Wollt ihr dieser bornierten Bürotussi euren Traum opfern?"

Sie sagte es provozierend, und vielleicht meinte sie es nicht mal so. Aber sie traf bei den anderen den Gerechtigkeitsnerv.

Bei dem Gedanken, die Gärtnerei zu besetzen, spürte Nora zum ersten Mal seit ihrer Kündigung so etwas wie Mut, eine wilde Entschlossenheit, gegen Ungerechtigkeit zu kämpfen. Es fühlte sich gut an.

„Mal angenommen, wir wehren uns wirklich dagegen, dass sie uns aussperren", sagte Margarete. Man sah ihr an, dass ihr bei dem Gedanken nicht ganz wohl zumute war. „Was ist, wenn das Grundstück inzwischen wirklich dem Land Brandenburg gehört? Dann hängt das Schild dort zu Recht, und wenn wir die Gärtnerei besetzen, wäre das Hausfriedensbruch!"

Charlie schnaubte verächtlich. „Bist du vorbestraft?"

Margarete sah sie entsetzt an. „Natürlich nicht!"

„Na siehst du. Selbst wenn sie dich wegen irgendetwas belangen, werden sie dich doch nicht verurteilen, wenn du nicht vorbestraft bist." Charlie hielt Margaretes Bedenken für überflüssig.

„Wie besetzt man ein Grundstück, das niemand kennt? Das weit ab vom Schuss liegt?", fragte Ellie, immer praktisch veranlagt.

Charlie überlegte kurz. „Wir müssen die Öffentlichkeit mobilisieren. Wir schreiben einen Brief an die Presse. Wir machen eine Facebook-Seite und posten Fotos. Wir richten im Gewächshaus die Aktionszentrale ein. Wir stellen an der Straße Schilder auf, damit solidarische Menschen zu uns finden. Wir geben Interviews an ausgesuchte Journalisten. Wir teilen uns so ein, dass immer ein Ansprechpartner vor Ort ist, der Rede und Antwort stehen kann. Wir machen so richtig Rabatz! Und vor allem nehmen wir beim nächsten Mal einen fetten Bolzenschneider mit!"

„Wozu das denn?", fragte Margarete.

Aber Udo hatte verstanden. „Um die Kette zu zerschneiden, die sie am Tor angebracht haben."

„Nein. Nur das Schloss. Das ersetzen wir dann durch ein eigenes."

Raffiniert, dachte Nora.

„Ich hol meine Malstifte. Dann können wir die Schilder basteln. Die für die Straße!“, rief Fanny eifrig. Sie stand auf und lief aus der Wohnung.

„Die geborene kleine Freiheitskämpferin, deine Tochter“, sagte Charlie.

„Sie bastelt nur gern“, erwiderte Nora grinsend.

Margarete dachte wohl noch über Charlies Argumente nach. Dann gab sie sich einen sichtlichen Ruck. „Also schön. Ich bin dabei. Und wenn es gut läuft, besetzen wir das Haus hier gleich mit! Dann soll Stegemann mal sehen, wie sein englischer Investor uns rausbekommt.“ Ihre Augen funkelten.

Charlie klopfte ihr auf die Schulter. „Endlich hast du es verstanden. Ich kenne einen Journalisten in Berlin, der fürs Internet über märkische Themen schreibt. Max von Steinbrech heißt er. Den setzte ich auf die Sache an.“

Ellie nickte. „Ich bin auch dabei. Ich hab nichts zu verlieren.“

Auf einmal sahen alle Nora an.

„Ich weiß nicht“, sagte sie. „Ich bin arbeitslos. Wie sieht es denn aus, wenn ein zukünftiger Arbeitgeber sich über mich informiert, und das Erste, was er über mich herausfindet, ist, dass ich eine Besetzerin bin?“

„Immerhin besetzt du einen Garten. Das spricht doch sehr für dein Engagement“, konterte Charlie. „Wenn es ein netter Chef ist, wird er dich dafür schätzen. Und wenn er kein netter Chef ist, willst du nicht für ihn arbeiten.“

Das gab für Nora den Ausschlag. Sie nickte.

Unmerklich war aus einer fixen Idee ein Plan geworden. Noch war er vage, noch fehlten die Details. Aber die Stimmung war gekippt in eine Richtung, in die sie vorher nicht gedacht hatten.

„Das wird ein Garten des Widerstandes!“, bemerkte Charlie kämpferisch. „Wir könnten ihn ‚Wildrosengarten‘ nennen.“

„Weil wir so wild sind?“, fragte Margarete unerwartet gut gelaunt. „Unbeugsam? Unverwüstlich? Stachelig? Dornig?“

„Genau deshalb“, sagte Charlie. Und sie klang kein bisschen ironisch.

Udo wiegte den Kopf. Er war von dem Namen noch nicht überzeugt. „Rose sollte im Namen stehen. Aber es müsste auch etwas mit unserem Alter zu tun haben. Wildrosen klingt so … jung. Wir sind ja schon spät dran für so eine Aktion. Eher Graue Panterrosen oder Winterrosen.“

„Novemberrosen?“, fragte Nora, und alle wandten sich ihr zu.

„Das klingt schön“, sagte Ellie.

„Novemberrose … So heißt ein Gedicht von Stefan George“, erklärte Nora. „Schrecklich düster. Aber das Bild einer blühenden Rose im November finde ich hinreißend. Wie ein Versprechen, dass es im nächsten Jahr weitergeht. Je länger die Rose blüht, desto kürzer ist der Winter. Selbst wenn Raureif auf ihr liegt, blüht sie weiter.“

„Ich fände es auch schön, wenn wir uns Novemberrosen nennen würden“, stimmte Margarete zu. „Es geht in Richtung Ende, aber noch blüht alles. So fühle ich mich oft. Was meinst du, Udo?“

In diesem Moment kam Fanny zurück. Sie trug einen leeren Pappkarton und ihr Federmäppchen. „Damit können wir doch Schilder basteln, oder? Ich möchte auf meins einen Storch malen.“

„Klar, Fanny, das ist eine gute Idee“, sagte Margarete. „Sag mal, wie findest du den Namen ‚Novemberrosen‘?“

Fanny sah von einem zum anderen. „Das passt gut zu euch. Ein bisschen … verwelkt eben …“

In den nächsten Tagen sammelten sie beim Discounter Pappen, und Udo fuhr in den Baumarkt, um Holzleisten, Folie und wasserfeste Stifte zu besorgen.

„F…i…n…g…e…r weeeeeg von un…se…ren Betten“, las Fanny vor. Sie sah Margarete dabei zu, wie diese mit roten Druckbuchstaben eine Parole auf ein großes Schild schrieb.

„Finger weg von unseren *Beeten*, nicht Betten“, verbesserte Margarete. „Soll ich das Schild noch mit einer Blumenranke verzieren? Nein, besser nicht. Das wirkt zu verspielt. Wir meinen es schließlich ernst, oder?“ Sie hielt Udo das Schild hin.

„Richtig. Wir meinen es ernst. Und das kommt an die Straße“, entschied er. „Da fehlt aber noch ein Pfeil, damit die Leute wissen, wo sie langmüssen.“

Margarete fügte einen Pfeil hinzu, dann reichte sie es Udo, der es sorgfältig an einer Holzleiste befestigte.

„Wie wäre es mit: ‚Nieder mit der staatlichen Willkür in Deutschland‘?“, fragte Charlie.

„Das ist mir zu radikal“, widersprach Margarete. „Uns geht es doch darum, dass wir weiter in der Gärtnerei sein dürfen, nicht darum, einen Staatsputsch anzuzetteln.“

„Was ist ein Staatsputsch?“, fragte Fanny.

„Erklär du mal“, sagte Nora zu Charlie, die schwungvoll loslegte. Nach fünf Minuten sah Fanny komplett verwirrt aus.

Ellie steuerte ein altes Bettlaken bei, auf das sie riesengroß Besetzt schrieben. Mit violetter Wäschefarbe. Sie planten, das Laken aus einem der Fenster im oberen Stock des Gärtnerhauses zu hängen.

„Wann willst du den Journalisten denn anrufen?“, fragte Nora

„Steinbrech? Sobald wir so weit sind, dass er zu uns in die Gärtnerei kommen kann“, erwiderte Charlie fröhlich.

NORA als die Jugendlichste im Team – von Fanny mal abgesehen – hatte sich bereit erklärt, sich um den Internetauftritt zu kümmern.

Was großartiger klang, als es war. Während die anderen emsig schrieben und werkelten, schob Nora die Aufgabe vor sich her. Einen Tag bevor sie wieder in die Gärtnerei fahren wollten, um offiziell mit der Besetzung zu beginnen – passenderweise am 1. Mai –, konnte Nora es nicht länger aufschieben. Sie wollte Charlies Vorschlag folgen und eine Facebook-Seite einrichten. Im Grunde war sie keine große Freundin sozialer Netzwerke, aber sie überwand sich.

Nach einigem Grübeln nannte sie die Seite „Die alte Gärtnerei der Novemberrosen". Sie schrieb groß BESETZT über ihren ersten Post und erklärte, was sie machten. Dass die alte Gärtnerei schon lange ungenutzt sei und warum sie es sich nicht gefallen lassen wollten, grundlos ausgesperrt zu werden. Sie durchsuchte ihr Handy nach Fotos, die sie posten konnte: das brennende Osterfeuer, Udos Pumpe, altes Werkzeug, die vielen, vielen Tontöpfe, ein Foto mit blühendem Löwenzahn nach dem Regen. Und ein Foto von dem Rosenbusch ganz hinten auf dem Grundstück. Er hatte ausgetrieben. Nora fragte sich, ob Fanny recht behielt und die Rose wirklich weiß blühen würde.

Schließlich kopierte sie die Landkarte, die die Mark Brandenburg nordöstlich von Berlin zeigte, und fügte sie ein. Mit einem dicken roten Stecknadelkopf markierte sie den Standort der Gärtnerei. Dann schloss sie das Programm, ohne sich allzu große Hoffnungen zu machen, dass die neue Seite irgendwem auffallen würde.

AM NÄCHSTEN TAG packten sie ihre Gartensachen in Udos Kofferraum, vergaßen auch den Bolzenschneider nicht und fuhren in die Mark Brandenburg. Am Abzweig der Teerstraße zum Waldweg buddelten sie das Schild mit dem Pfeil sorgfältig ein – so, dass es sicher stand.

Als Udo kurz darauf mit einem kräftigen Ruck das Schloss knackte, klatschten sie Beifall. Sie drückten die wackligen Torflügel auf und hörten das Begrüßungsklappern der Störche auf dem Ziegelschornstein.

Immer wieder erstaunte es Nora, wie sehr sich von einem Besuch zum nächsten die Natur veränderte. In der Stadt waren ein paar Wochen genau das: ein paar Wochen. Das Leben lief linear weiter. Überschaubar. Nora hatte sich mit zunehmend skurriler werdenden Stellenangeboten auseinandersetzen müssen – unter anderem mit einem sehr gut bezahlten Halbtagsjob in einem Blumenladen, nur dass der leider in den Vereinigten Arabischen Emiraten lag, und dann noch mit einer fast perfekten Ganztagsstelle als Staudengärtnerin. Leider in Büren an der Aare.

In der Gärtnerei dagegen schien die Zeit anders zu verrinnen. Die Fliederbüsche waren erblüht, strahlten in Violett, Lilafarben und Weiß.

„‚Wenn der weiße Flieder wieder blüht' …", sang Udo leise, als er aus dem Haus kam.

Bei ihrem Rundgang, mit dem Nora bisher jeden Besuch in der Gärtnerei begonnen hatte, entdeckte sie unter der wilden Hecke einen kleinen Tuff blühender Wildtulpen, von dem sie hätte schwören können, dass er beim letzten Mal noch nicht da gewesen war. Im Schattenbeet hatten sich die Blätter der Hosta entrollt, ebenso wie die Farne, die nun fedrig-hellgrün im Frühlingswind wehten.

Nora zückte ihr Handy, um weitere Aufnahmen für die Facebook-Seite zu machen. Sie fotografierte die erblühten Fliederbüsche, die Störche, das kleine Heizhaus und das zweite Gewächshaus.

Der Tag verlief so ruhig, wie er begonnen hatte. Im offenen Teil des ersten Gewächshauses gruben sie gemeinschaftlich ein weiteres Stück um und säten neben Fannys Radieschen und Ringelblumen je eine Reihe Basilikum und Möhren, Dill, Rucola und Phacelia – eine wilde Sommerblumen- und Kräutermischung schnell austreibender Sämereien. Was immer sie hier machen wollten, es musste rasch gehen. Man wusste ja nie. Sie gossen die Neusaat, was dank Udos Pumpe kein Problem war, danach versorgten sie das Schattenbeet und auch den Rosenbusch mit Wasser.

Als sie fertig waren, setzten sie sich auf ihre Campingstühle, genossen den Duft der feuchten Erde, beobachteten einen Zitronenfalter, der sich an einer kleinen Pfütze niedergelassen hatte, hörten die Vögel zwitschern, tranken Kaffee und Saft und versuchten, das Gefühl zu verdrängen, dass sie nicht hier sein sollten.

„Ich würde heute gern nicht so spät nach Hause fahren", sagte Udo. Da war es kurz nach zwei.

Nora musterte ihn von der Seite. Sie vergaß oft, dass er nicht mehr der Jüngste war, so wie sie auch nie bei Ellie und Margarete in irgendeiner Alterskategorie dachte. Sie wirkten alle drei munter, keinen Tag älter als sie selbst. Aber heute sah Udo erschöpft aus. Nora wusste, dass er oft Rückenschmerzen hatte. Dass er gerade unermüdlich volle Gießkannen getragen hatte, war sicher nicht hilfreich gewesen. „Klar, wir können uns allmählich auf den Weg machen. Ich freue mich auf ein heißes Bad", erwiderte sie und erntete dafür einen dankbaren Blick von Udo. Sie rappelte sich hoch, die anderen folgten ihr. Inzwischen waren sie ein gut eingespieltes Team.

Als sie im Wagen saßen und hinter sich das Tor mit einem neuen Schloss verriegelt hatten, gab Udo ungeduldig Gas. Sie waren noch nicht weit gefahren, als ihnen ein großer Wagen entgegenkam – *rbb Rundfunk Berlin-Brandenburg* stand darauf. Er zischte an ihnen vorbei, als ob deren Fahrer es mindestens so eilig hätte wie Udo.

„Schau an, wer hätte gedacht, dass in dieser verschlafenen Gegend mal etwas passiert, das den *rbb* auf den Plan ruft“, bemerkte Nora.

In diesem Moment bremste Udo heftig.

„Erst rast du, dann bremst du. Was ist denn heute mit dir los, Udo?“, fragte Margarete ungehalten.

Udo zeigte in den Rückspiegel. „Da!“, rief er. „Der Sendewagen vom *rbb*! Er ist in unseren Waldweg abgebogen. Kinder, der will zu uns!“

14. Kapitel

Die rote Aufschrift auf dem silbernen Kastenwagen leuchtete durch die Kiefern. Drei Personen spähten über den Zaun, rüttelten am Schloss und wandten sich nun um, als sie Udos Wagen hörten.

Es waren eine blonde Frau und zwei Männer. Der eine hielt eine große Fotokamera in den Händen, der andere hantierte an einer Filmkamera herum.

„Hallo!“, rief die Frau und schritt munter auf sie zu. „Nicht erschrecken! Wir sind vom Rundfunk Berlin-Brandenburg!“

„Sehen wir so aus, als ob wir uns leicht erschrecken?“ Ellie grinste.

„Sind Sie die Lokalmatadore, die die alte Gärtnerei besetzt haben? Ist das die Gärtnerei? Wer von Ihnen ist für die Facebook-Seite verantwortlich? Haben Sie etwas dagegen, wenn wir ein Interview mit Ihnen machen?“

Alle wandten sich Nora zu, während der Fotograf langsam seine Kamera in Anschlag brachte. In ihre Richtung.

„Nicht hierherschauen“, sagte er und begann, den Auslöser zu drücken.

„Wie heißen Sie?“, fragte die Frau.

Einen winzigen Moment lang zögerte Nora. Sie könnte jetzt einfach einen falschen Namen sagen und sich hinter den anderen verstecken. Um einen zukünftigen Job nicht zu gefährden. Es wäre wahrscheinlich schlauer.

„Nora Dittbrenner“, sagte sie. Die Frau tippte etwas in ihr iPad.

„Wie haben Sie die Facebook-Seite so schnell gefunden?“, fragte Nora.

Die Frau schaute auf. „Na, Sie sind ja lustig! Die besetzte Gärtnerei ist doch heute Stadtgespräch! Unsere Redaktionsassistentin ist darüber gestolpert, weil mehr als achthundert Leute Ihren Beitrag geteilt haben. Ganz normale Menschen im besten Alter, die sich so etwas trauen! Das ist der Stoff, aus dem die guten Quoten gemacht sind!“ Die Frau sah Nora an.

„Wir möchten gern heute noch in der Abendschau darüber berichten. Kann ich Ihnen jetzt ein paar Fragen stellen? Und ist das okay, wenn mein Kollege inzwischen auf dem Grundstück Fotos macht?"

Nora sah zu den Freunden. „Was meint ihr?"

Die anderen nickten. Udo kramte den Schlüssel heraus, um das Schloss zu öffnen.

„Also gut." Nora war bereit.

„Sehr schön", sagte die Moderatorin. „Können wir uns irgendwo setzen?"

„Im Gewächshaus steht ein schöner alter Korbstuhl", schlug Ellie vor.

„Wunderbar, dann gehen wir ins Gewächshaus", meinte die Moderatorin. „Dieser Beitrag wird bei unseren Zuschauern der Knüller: der Frühling, wilde Blumen, eine alte Gärtnerei, dazu ein paar alte Freunde. Und ein süßes kleines Mädchen."

Der Kameramann hielt auf Fanny.

„Ich möchte auf keinen Fall, dass meine Tochter im Fernsehen gezeigt wird. Bitte verstehen Sie das", sagte Nora.

Der Kameramann schwenkte sofort von Fanny ab.

Als sie das Gewächshaus betraten, Nora auf dem Korbstuhl Platz nahm und die anderen sich um sie herumstellten, passierte etwas Merkwürdiges.

Die Interviewerin, die mit ihnen die Fragen durchgegangen war, Nora das Mikrofon hingehalten hatte und gerade im Begriff war, ihre erste Frage vor laufender Kamera zu stellen, ließ das Mikro wieder sinken. Ihr Blick bekam etwas Abwesendes, als sie zwischen den rostigen Metallstangen hindurch zur Fliederhecke jenseits der wilden Wiese schaute. Der Wind wehte den Blütenduft direkt zu ihnen herüber.

„Was ist denn, Cathrin?", fragte der Mann, der sich zum Filmen bereit gemacht hatte. Er ließ die Kamera ebenfalls sinken.

Die Moderatorin schaute sich um, als erwachte sie aus einem Traum. „Ich muss plötzlich daran denken, wie wir als Kinder Fliederblüten abgezupft und daran gesogen haben. Es schmeckte wie staubiger Honig. Wir haben Bienen gespielt, die durch den Garten summen. Meine Eltern hatten eine Datsche. Hinter Buch lag sie. Es waren so schöne lange Sommer … Da blühte in dieser Zeit auch immer eine Fliederhecke. Jahrelang hab ich nicht mehr daran gedacht", sagte sie leise.

Du also auch, fuhr es Nora durch den Kopf. Dieser Ort hier macht etwas mit dir. Aber sie hatte nicht vor, darüber vor laufender Kamera zu sprechen.

DAS INTERVIEW dauerte fast eine Stunde. „Was würden Sie hier anbauen, wenn es wirklich Ihre Gärtnerei wäre?“, wurden sie zum Schluss gefragt.

„Da sind wir uns noch nicht einig“, sagte Nora. „Ich persönlich mag Stauden. Einige von uns mögen Rosen.“ Sie schaute Udo an und lachte.

„Falls unsere Zuschauer Ihnen Pflanzen aus ihren eigenen Gärten spenden wollen – wäre das etwas für Sie?“

„Warum nicht?“, erwiderte Nora. „Wenn erst mal in den Gewächshäusern umgegraben ist, haben wir genug Platz für viele Pflanzen.“

Dann packte das Filmteam zusammen, die Moderatorin erklärte, dass sie den Beitrag ungefähr um 19:40 Uhr senden würden, und wünschte ihnen weiterhin alles Gute.

Die Freunde sahen dem silbernen Wagen nach, als wollten sie sichergehen, dass er auch wirklich verschwand. Dann schlossen sie sorgfältig das Tor.

Auf dem Heimweg diskutierten sie, ob das Interview nun gut für sie gewesen war oder eher nicht.

„Wir wollten an die Öffentlichkeit treten“, sagte Margarete. „Das haben wir nun gemacht. Mal sehen, was der Lokalsender daraus macht.“

Und so saßen sie zu Beginn der Berliner *Abendschau* gespannt vor dem Fernseher in Ellies Wohnzimmer.

„Mein Gott, warum hat mir niemand gesagt, dass mein Ansatz so rausgewachsen ist!“, rief Margarete entsetzt, als sie zum Thema „Gartenarbeit im Alter“ befragt wurde.

„Ich finde, du siehst gut aus“, sagte Charlie, meinte damit allerdings nicht Margarete, sondern Udo, der gerade erklärte, wie er für Wasser und Strom in der vergessenen Gärtnerei gesorgt hatte.

„Oh, meine Störche! Schaut, schaut, schaut!“, rief Fanny aufgeregt.

Beide Störche standen auf dem Horst und klapperten unruhig. Aber weil der Kameramann nah ans Nest gezoomt hatte, hatte man einen viel besseren Blick auf sie als vom Fuß des Schornsteins aus. Und alle sahen, was Fanny meinte: Zwischen den großen Störchen lugten vier kleine flaumige Ministörche hervor. Die Küken waren geschlüpft.

Als Nora später ihre Facebook-Seite „Die alte Gärtnerei der Novemberrosen“ aufrief, sah sie staunend, was die Moderatorin gemeint hatte. An einem einzigen Tag hatten über sechstausendfünfhundert Menschen ihre Seite gelikt, und sie war weit über tausendmal geteilt worden! Allerlei Kämpferisches war gepostet worden, zahlreiche Kommentare standen unter ihrem allerersten und bisher einzigen Beitrag.

Gut so! Zeigt's den ausbeuterischen Landjunkern und nehmt euch, was dem Volk gehört! Die Mark gehört allen, nicht nur den reichen Westlern und Spekulanten, las Nora, wobei sie nicht ganz sicher war, wen der Kommentator mit Landjunker eigentlich meinte. Sein Facebook-Name lautete „Roter Tom“. Aber auch Feindliches fand sich: *Habt ihr penner kein eigenes Zu hause, das ihr Fremdes eigentuhm klaut?* Nora wunderte sich, wie man in so einem kurzen Post so viele Rechtschreibfehler unterbringen konnte.

Sie überlegte kurz, dann schrieb sie ihren zweiten Post: *Die Storchenbabys sind geschlüpft. Und der rbb war heute in der alten Gärtnerei. Eine Redakteurin hat ein Interview mit uns gemacht. Es wurde in der* Abendschau *gezeigt. Wer sich interessiert, kann es sich in der Mediathek unter diesem Link anschauen.* Sie fügte den Link hinzu.

Als sie die Facebook-Seite wieder aufrief, hatten bereits vierundneunzig Leute ihren neuen Beitrag gelikt, zweiundvierzig hatten ihn geteilt. Dabei waren noch keine drei Minuten vergangen!

Einer hatte geschrieben: *Möchte euch gern besuchen kommen, um euer Vorhaben zu unterstützen. Bringe ein paar Freunde mit.*

Am nächsten Tag brach die Hölle los. Ab acht Uhr morgens klingelten Noras Festnetzapparat und ihr Handy nonstop. Lokale Radiosender aus ganz Deutschland riefen an und wollten Interviews mit Nora.

Zuerst gab sie zögerlich ihre Antworten, aber allmählich kam sie konkreter auf das zu sprechen, was ihnen wichtig war: Land, Erde, ungeklärte Besitzverhältnisse, ihr Engagement, ihre Friedfertigkeit und der Traum, zusammen etwas zu schaffen.

Um halb neun fuhren Margarete, Udo und Charlie in die alte Gärtnerei. Sie wollten unbedingt da sein, falls jemand dort auftauchte. Nora und Ellie beschlossen, später mit Fanny in Margaretes Wagen nachzukommen.

Gerade rief eine Journalistin an, und Nora beantwortete ihre Fragen, so gut sie konnte, als es an der Tür klingelte.

„Ich mach auf“, flüsterte Ellie und ging in den Flur.

Nora hörte sie an der Tür reden. Sie beantwortete die letzte Frage am Telefon. In diesem Moment kam Ellie zurück.

„Es ist das ZDF!“, rief sie. „Clemens Weber will mit dir sprechen!“

Gebannt sah Nora zur Tür, durch die gerade der Journalist eintrat, sein schiefes Lächeln wirkte genauso charmant wie im Fernsehen. Er sah sich um, sein Blick streifte anerkennend Noras Bücherwand. Ihm folgten weitere Leute. Plötzlich war das Wohnzimmer voller Fremder, die Nora erwartungsvoll anschauten.

Immer noch überwältigt von dem Trubel, der um ihre Person und ihr Projekt gemacht wurde, chauffierte Nora Ellie und Fanny zwei Stunden später gen Norden. „Sie wollen morgen Abend einen Bericht über uns im *heute-journal* bringen“, erzählte sie. „Ich weiß nicht … hoffentlich haben wir uns nicht doch zu viel vorgenommen. Wir müssen einen Plan machen, wer wann als Ansprechpartner in der Gärtnerei ist. Und wir müssen überlegen, ob wir ein Schriftstück mit Forderungen aufsetzen. Was wollen wir eigentlich? Wollen wir einen Pachtvertrag mit dem Land Brandenburg? Wollen wir die freie Nutzung? Wollen wir Unterstützung?“

Ellie zuckte mit den Achseln. „Meinst du wirklich, dass das nötig ist?“

„Ich denke, ja. Clemens Weber hat mich das gefragt. Nicht vor laufender Kamera, was ich sehr nett von ihm fand. Und er hat mich gewarnt.“

„Was hat er denn gesagt?“

„Wir könnten nicht eine Lawine lostreten und dann erstaunt sein, wenn sie das Tal unter sich begrabe.“

„Nun, das klingt wirklich wie eine Warnung“, gab Ellie zu. „Meinte er, dass wir im Tal stehen oder jemand anderes?“

„Das hat er leider nicht gesagt.“

Als sie in den Weg zur Gärtnerei einbogen, standen auf beiden Seiten Autos. Achtlos waren kleine Büsche umgefahren und Zweige geknickt worden. Nora sah es mit Missfallen. War das der Preis für die öffentliche Unterstützung – die Zerstörung der Natur rund um das Grundstück?

Sie parkten direkt hinter Udos Wagen.

Irgendwer hatte eine Gulaschkanone aufs Grundstück gebracht, die nun auf der Grünfläche stand. Davor hatte sich eine Schlange gebildet. Ein Mann fuhrwerkte mit einer Kelle herum und teilte aus.

„Sag mal, ist das nicht Fleischermeister Kanitz? Der mit dem Laden neben Fritschs Floristik?“, raunte Nora Ellie zu.

Ellie kniff die Augen etwas zusammen, um ihn besser sehen zu können. „Ja, du hast recht! Das finde ich ja nett von ihm. Ich frag ihn mal, wie er sein Gulasch macht.“ Sie strebte der Gulaschkanone entgegen.

Diejenigen, deren Teller gefüllt worden waren, hatten sich auf die Wiese gesetzt und aßen. Es herrschte eine Stimmung wie auf einem friedlichen Volksfest. Immer wieder fing Nora, die mit Fanny Hand in Hand in Richtung der Gewächshäuser ging, Gesprächsfetzen auf. Die Stimmen klangen nachdenklich oder ein bisschen traurig, erstaunt oder träumerisch. So hatten Fanny, Charlie, Margarete und die Moderatorin geklungen. Und sie selbst sicher auch.

Was sie hörte, brachte sie zum Lächeln: „Die Hände klebten immer so, wenn wir Ringelblumenblüten pflückten, um Salbe daraus herzustellen. Meine Großmutter schwor auf Ringelblumensalbe. Sie schickte uns im Juli immer mit einem Korb ins Beet. Ich frage mich, was aus ihrem Ringelblumenkörbchen geworden ist …"

„Wir sollten Sonnenblumenkerne für die Vögel im Winter ernten. Aber die Vögel knabberten sie immer schon im Herbst weg, und über die Kerne, die sie fallen ließen, machten sich die Mäuse her. Komisch, ich hab so lange nicht mehr daran gedacht …"

„Ich finde das Blau von Vergissmeinnicht einfach himmlisch. Wirklich eine Himmelsfarbe. Es ist die Blume des Widerstands, wusstest du das? Das hat mir mein Großvater erzählt und mir klitzekleine Emailohrringe geschenkt, die wie Vergissmeinnicht aussahen, in Gold und Himmelblau …"

Schließlich erreichten Nora und Fanny das erste Gewächshaus. Entlang der Mauer, an der die Tontöpfe gestapelt waren, standen etliche Gefäße, in denen sich Ableger verschiedenster Pflanzen befanden. Nora entdeckte Fingerhüte, einen Frauenmantel, der kurz vor der Blüte stand, sogar eine kleine Pfingstrose und einen Rittersporn mit hängendem Kopf. Daneben stand eine Holzkiste mit Kräuterablegern: Melisse und Schnittlauch, Borretsch, Pfefferminze, Pimpinelle, Oregano und Weinraute. Es gab Tomatenpflanzen, eine Paprika und eine Zucchinipflanze mit einer einzelnen gelben Blüte. Irgendjemand hatte sogar einen kleinen Obstbaum mitgebracht, an dem winzige Äpfel hingen!

Meine Güte, dachte Nora. Hätte ich bloß nicht beim Interview mit dem *rbb* gesagt, dass Pflanzenspenden willkommen sind! Das alles einzupflanzen würde bedeuten, sich von jedem Konzept zu verabschieden. Aber es nicht einzupflanzen ging auch nicht. Und so wie manche der Pflanzen die Köpfe hängen ließen, musste unbedingt heute noch etwas geschehen. Wie sollten sie in so kurzer Zeit so viele Beete vorbereiten?

Fanny und Nora fanden Udo, Charlie und Margarete schließlich im Gewächshaus. Nora erkannte schnell, dass ihre Sorge um die geschenkten Pflanzen unnötig gewesen war. Charlie hatte mehrere Leute, die ihre Spaten mitgebracht hatten, zu einem Arbeitstrupp zusammengestellt, saß wie eine Generalin in einem alten Korbstuhl, und unter ihrer Anleitung gruben die Helfer systematisch, Reihe für Reihe, die Erde des Gewächshauses um. Andere hockten zwischen den frisch aufgeworfenen Reihen, rissen Unkraut aus und warfen sie über die Mauer ins Freie. Draußen stand ein Helfer, der alles, was kompostiert werden konnte, zusammenrechte. Jeder schien mit Spaß bei der Arbeit zu sein.

„Hallo Nora!“, rief Charlie ihr zu. „Gut, dass du kommst. Du kannst die Pflanzen von draußen schon mal reinbringen. Der erste Trupp ist mit dem Graben fertig und kann sie einsetzen. Ich hab mir einen Plan ausgedacht, wo was hinkommt.“

Moment mal … Charlie hatte sich einen Plan ausgedacht? War das hier nicht eine Gemeinschaftsaktion? Die Generalin würde sie jetzt erst mal freundlich bestimmt degradieren. Sie ging quer über die umgegrabene Erde auf die neue Freundin zu.

„He!“, rief die unwillig. „Du trittst wieder fest, was die anderen …“

Nora beugte sich vor. „Hör mir mal zu, meine kleine forsche Kolonnenführerin“, sagte sie und drohte im Spaß mit dem Zeigefinger. „Nicht in diesem Ton. Wir sind hier alle gleichberechtigt, liebe Charlie, okay?“

Charlie grinste. „Hast recht“, gab sie zu. „Sorry. Da ist mein Temperament mal wieder mit mir durchgegangen. Leute!“, rief sie durchs Gewächshaus, und alle sahen von der Arbeit auf. „Das ist Nora Dittbrenner. Sie verwaltet die Facebook-Seite, durch die ihr uns gefunden habt. Nora ist vom Fach und wird euch Anweisungen geben, welche Pflanzen wohin gesetzt werden sollen.“ An Nora gewandt flüsterte sie: „Besser?“

„Viel besser“, flüsterte Nora zurück und zwinkerte Charlie zu.

Von nun an fuhr jeden Tag mindestens einer von ihnen in die alte Gärtnerei. Am Mittwochmorgen saßen sie bei Ellie in der Küche zusammen. Udo hatte Fanny in die Schule gebracht und war hinterher zum Kiosk gegangen, nachdem sie eine Nachricht von Charlies Journalistenfreund Steinbrech erhalten hatten, dass sein Bericht über sie im Internet veröffentlicht worden sei. Am Kiosk hatte Udo in mehreren Zeitungen Artikel über sie gefunden und einen ganzen Stapel gekauft.

Nachdem sie die Zeitungen durchgeschaut hatten, gab Nora „Alte Gärtnerei in der Mark“ und „Novemberrosen“ in die Internet-Suchmaschine ein und überflog die Einträge. Die meisten basierten auf einer dpa-Meldung, die sachlich richtig war, wenn auch das Herzblut, mit dem sie ihr Projekt verfolgten, nicht herauszulesen war. Nur die Überschriften waren unterschiedlich: „Mein Spaten gehört mir“ (auf einer feministischen Website), „Wer sich nicht wehrt, gärtnert verkehrt“ (eine Unterstützergruppe aus dem Wendland). „Mehrgenerationenbesetzung“ lautete eine andere Überschrift, als Anlehnung an ihr Mehrgenerationenhaus in Berlin.

„Druck den Artikel aus.“ Margarete war sehr angetan, als Nora ihn vorlas. „Wir schicken ihn Stegemann. Mehrgenerationenhaus war ja auch unser Argument, warum wir dieses Haus unbedingt so erhalten wollen, wie es ist.“

„Mach ich gleich." Nora las weiter. Dann sagte sie erstaunt: „Huiiii! Wir sind jetzt international! Hier ist tatsächlich ein Artikel auf Englisch!" Nora überflog ihn, so gut es mit ihrem Schulenglisch ging. Er hieß „Nature Belongs to Everybody, as *Novemberroses* Prove".

Der Artikel, in dem sie namentlich genannt wurden, nutzte die Besetzung der Gärtnerei als Aufhänger für die Frage nach der Verantwortung von verlassenem Besitzstand in Gegenden, in denen kein öffentliches Interesse an Grundstücken bestand, unterschied zwischen rechtlichem und moralischem Anspruch, schlug den Bogen zur Bodenreform siebzig Jahre zuvor und zu dem Skandal von 2007, als der Bundesgerichtshof rügte, das Land Brandenburg habe sich „sittenwidrig" Grundstücke angeeignet, weil nicht konsequent nach den Erben gesucht worden sei. Zudem zog der Artikel noch Parallelen zur englischen Gartengeschichte, in der die Tradition des individuellen Gärtnerns viel früher als in Deutschland ihren Anfang genommen hatte.

Nora las den Artikel zu Ende. Die Engländer wussten um den ideellen Wert ihrer Gärten. Kein Wunder, in England war die Gartenkunst anderen Künsten gleichgestellt, Namen wie Edwin Lutyens – ein Gartenarchitekt – oder Gertrude Jekyll – eine Gartengestalterin – kannte jeder Brite …

Nora seufzte laut vernehmlich.

„Was hast du denn?", fragte Ellie.

„Ich wünschte, ich könnte mal eine Gartenreise nach England machen", antwortete Nora. „Wenn ich das hier lese, dann weiß ich wieder, warum ich Gärtnerin geworden bin. Ich finde alles in diesem Artikel wieder. Alles! Der Autor spricht nicht Englisch, er spricht Grün. Also … *green.*"

„Warum machst du eine solche Gartenreise nicht? Wir können uns um Fanny kümmern", schlug Margarete vor. „Solange wir noch zusammenwohnen, müsste das doch machbar sein. Und finanziell …"

„Das ist genau der Punkt. Das bisschen Geld, das ich habe, werde ich bestimmt nicht für eine Reise ausgeben! Mit Grauen denke ich daran, wie es wird, wenn wir wirklich rausmüssen. Hat Stegemann mal von sich hören lassen, Margarete?"

„Nein. Hätte ich euch gesagt."

„Seht ihr. Er schweigt sich aus, und wir warten … Nein, das ist bestimmt nicht der richtige Zeitpunkt zum Verreisen. Erst will ich wieder eine vernünftige Arbeit und die Sicherheit, dass das Geld, das ich verdiene, für Fanny und mich reicht. Und wenn ich das nicht bekomme, dann will ich wenigstens in der Gärtnerei bleiben. Aber die Wohnung, den Job *und* die Gärtnerei zu verlieren – das wäre echt zu bitter."

Am Tag zuvor hatte Nora zwei weitere Bewerbungsgespräche gehabt, eines bei einer Gärtnerei (sie suchten jemanden für die Kasse …) und das andere bei einem Verlag, der einen Gärtner zum inhaltlichen Korrekturlesen suchte. Beide Personalchefs hatten lachend gefragt, ob sie etwa *die* Nora Dittbrenner sei, deren Name gerade in den Medien als Gartenbesetzerin genannt wurde. Nora hatte das ehrlich bejaht, woraufhin sie sofort aufgehört hatten zu lachen und das Gespräch mit ihr beendeten.

Nora befürchtete, dass sie viel zu naiv an die Sache herangegangen war. Man konnte eben nicht öffentlich die Obrigkeit herausfordern, sie in Medien infrage stellen und dann glauben, dass es privat blieb.

„Wahrscheinlich verhandelt Stegemann, während wir die alte Gärtnerei retten, mit dem englischen Konsortium. Bald flattern uns die Kündigungen ins Haus, ihr werdet schon sehen“, prophezeite Udo pessimistisch.

„Mir macht etwas anderes Sorge“, gestand Ellie. „Ich wundere mich, dass sich das Amt in Löwenberg nicht mehr gemeldet hat. Ich meine, die Tschirch hat das Grundstück verriegeln lassen. Wir haben das Schloss geknackt. Warum wehrt sie sich nicht?“

„Ich weiß, was du meinst“, sagte Margarete. „Insgeheim warte ich jedes Mal auf eine unangenehme Überraschung.“

„Das brauchst du nicht“, tröstete Udo. „Die freiwilligen Helfer, die in der Nähe wohnen, unterstützen uns … Und wenn nur das allerkleinste bisschen Gefahr droht, werden wir informiert. Heute ist Charlie dort. Sie opfert ihren ganzen Jahresurlaub für unsere Aktion. Um acht ist sie schon losgefahren. Sie hätte sich garantiert bei uns gemeldet, wenn irgendwas gewesen wäre.“

Margarete und Ellie nickten, sahen aber nicht sehr überzeugt aus.

In diesem Moment klingelte Noras Handy. „Es ist Charlie“, erkannte Nora und griff danach. „Hallo?“

„Hallo Nora, seid ihr gerade alle zusammen? Ich will euch bestimmt nicht beunruhigen …“

Zu spät, dachte Nora. „Warte mal, Charlie, ich stell auf laut.“

„Ja, na klar, stell laut. Also, als ich vorhin hier ankam, da zeltete ein Typ direkt vor der Gärtnerei.“

Das klang nicht so, als ob die Tschirch mit einem gerichtlichen Räumungsbeschluss aufgetaucht wäre. Nora hätte vor Erleichterung fast gelacht. „Das hat doch am Wochenende schon mal ein Pärchen gemacht. Die haben uns einen Tag geholfen und sind dann friedlich weitergezogen.“

„Ja, ich weiß, aber dieser Typ ist irgendwie anders.“ Charlie sprach etwas leiser. „Warte mal, ich gehe ein Stückchen weiter, damit er mich nicht hört. Also, er hat gefragt, ob er ein paar Tage in der Gärtnerei bleiben kann, auch über Nacht. Allein! Er will uns helfen, hat er gesagt.“ Nora hatte keine

Ahnung, worauf Charlie hinauswollte. „Ich hab mich mit ihm unterhalten, er spricht ganz gut Deutsch. Aber er ist … Engländer. Und da hab ich mich gefragt … Ich hab mich gefragt, ob er etwas mit dem englischen Konsortium zu tun hat, das euer Haus kaufen will. Vielleicht hat ihn euer Hauswirt geschickt, um euch etwas anzuhängen. Warum sonst macht jemand den langen Weg aus England in die Mark Brandenburg? Doch nicht ernsthaft, um uns bei der Besetzung der Gärtnerei zu unterstützen, oder?"

Siedend heiß fiel Nora der englische Artikel ein. Wie hatte sie nur so naiv sein können! Wahrscheinlich hatten Stegemann und Wilbur alles über die Besetzung der Gärtnerei im Internet gefunden! Das hatten sie an die englischen Heuschrecken weitergeleitet, und die hatten dann jemanden geschickt. Und zwar genau den, der jetzt sein Zelt vor der Gärtnerei aufgeschlagen hatte! Wenn er ihnen half, wie er vorgab, würde er die fabelhafte Gelegenheit haben, sich lieb Kind bei ihnen zu machen. Sie plauderten dann, womöglich ganz unbedacht, Dinge aus, die ihn nichts angingen. Und so könnte er sie an das Amt ausliefern. Wenn ihre Aktion erst mal den Stempel „illegal" trug, hätten sie ihre Sympathien in der Öffentlichkeit verspielt. Das Thema „Mehrgenerationenhaus" hätte sich dann ganz schnell erledigt. Oder übertrieb Charlie?

Es gab nur eine Möglichkeit, das herauszufinden. Sie mussten mit dem Besucher sprechen und sich eine eigene Meinung bilden. *Sie* musste mit ihm sprechen. „Ich verstehe, was du meinst, Charlie. Ich komme sofort." Sie schaute in die Runde. „Wer fährt noch mit zu Charlie?"

„Ich", sagte Udo so laut, dass es auch Charlie verstand. „Ich fahre dich, Nora. Wir müssen sehen, dass wir diesen Mann so schnell wie möglich loswerden. Wir sind in einer guten Stunde da."

„Beeilt euch." Charlie klang drängend.

Nora beendete das Gespräch und bat Margarete: „Margarete, kannst du dich um Fanny kümmern? Sie muss von der Schule abgeholt werden."

„Natürlich hole ich unseren Goldschatz ab", versprach Margarete.

„Und ich koche uns derweilen etwas Schönes", fügte Ellie hinzu.

15. Kapitel

Nora fragte sich, was das für ein Mann war, der Charlies Verdacht geweckt hatte. Nervös spielte sie mit der Klappe des Handschuhfachs – auf, zu, auf, zu –, bis Udo ihr einen ungehaltenen Seitenblick zuwarf. „Fünfzehn Jahre hat dieses Handschuhfach gehalten. Und dann kamst du, Nora", schimpfte er. „Du bist schlimmer als Fanny."

Da erst riss Nora sich zusammen, doch dass die Gedanken in ihrem Kopf Karussell spielten, konnte sie nicht verhindern. Unsympathisch auf den ersten Blick wird er mir sein, vermutete sie. Jemand, der in engem Kontakt zu den Heuschrecken stand, musste ja wohl unsympathisch sein! Jemand, dem man schon von Weitem ansah, dass sein Interesse an der alten Gärtnerei nur gespielt war, dessen manikürte Broker-Hände ausschließlich zum Scheckausfüllen gut waren. Wahrscheinlich trug er einen edlen Freizeitanzug, der noch nie mit Erde in Berührung gekommen war.

Den ersten Hinweis, dass sie sich möglicherweise getäuscht hatte, bekam Nora, als sie den Wagen mit dem gelben englischen Nummernschild vor dem Tor entdeckte. Sie hatte nicht darüber nachgedacht, wie jemand aus England in diese entlegene Gegend kommen würde. Mit dem Flugzeug und dann mit einem Mietwagen, wenn sie es sich recht überlegte. Einem BMW-Cabrio, mindestens.

Aber offensichtlich lag der Fall anders.

Er war mit einem alten, verschrammten Kombi gekommen. Passenderweise in Englischgrün, diesem dunklen Farbton, der an Kiefernnadeln erinnerte. Obwohl der Wagen ein bisschen schäbig wirkte, war er für Nora eine angenehme Überraschung. Warum eigentlich?, fragte sie sich. Weil er wie ein Fahrzeug wirkt, das Lasten transportiert, und weil es so gar nichts mit dem zu tun hat, das ich von einem geldgierigen Undercover-Banker erwartet habe, beantwortete sie sich die Frage selbst. Auf der anderen Seite konnte das auch alles nur Tarnung sein, um keinen Verdacht aufkommen zu lassen und ihr Vertrauen schneller zu erschleichen.

Sie gingen durch das offene Tor, den mittlerweile komplett von Moos und Unkraut befreiten Kiesweg entlang, am Haus vorbei. Charlie saß allein auf der Terrasse hinter dem Haus und schaute versonnen in die Weite. „Ach, da seid ihr ja“, sagte sie vergnügt.

„Wo ist er?“, fragte Udo und sah sich um.

„Wer denn?“ In aller Gemütsruhe nippte Charlie an ihrem Tee.

„Na, der Engländer!“

„Ach der. Der ist …“, Charlie machte eine unbestimmte Handbewegung, „… wahrscheinlich irgendwo dahinten.“

„Und? Hat er noch etwas Verdächtiges gesagt?“, fragte Nora.

„Vielleicht war ich am Telefon ein bisschen zu aufgeregt“, gab Charlie zu. „Ich … also vorhin hab ich mich mit ihm länger unterhalten, und ich … ich glaub eigentlich nicht …“

Nora sah in Richtung Gewächshäuser. „Ich schau ihn mir mal an.“

„Anschauen wird wohl für eine Beurteilung nicht reichen“, bemerkte Udo und setzte sich neben Charlie.

Nora ging langsam die Treppe in Richtung Garten hinunter. Flüchtig kam ihr der Gedanke, ob Udo mit ihr gar nicht wegen des Fremden hergefahren war, sondern nur, weil er es ohne Charlie nicht lange aushielt. Oder hatte Charlie nur deshalb so alarmiert geklungen, weil sie Udo herlocken wollte?

Nora warf über die Schulter einen Blick zurück. Da saßen sie nun, unterhielten sich und lächelten sich an. Udo hatte seinen Arm um Charlies Schultern gelegt. Was hatten die beiden sich eigentlich immer zu erzählen, selbst wenn sie nur ein paar Stunden getrennt gewesen waren?

ZUERST sah Nora ihn nicht. Dann glaubte sie ein Geräusch aus dem Gewächshaus zu hören, aber auch hier war niemand. Allerdings lag in der hintersten Ecke etwas, was wie eine grellorangefarbene Decke aussah. Beim Nähertreten sah Nora, dass es sich um das Zelt handelte, von dem Charlie gesprochen hatte. Eine alte abgewetzte Reisetasche aus Leder stand daneben und ein Campingkocher, ein Wasserkessel und eine Thermoskanne. Sie berührte den Kessel, zog die Hand aber hastig zurück. Er war heiß.

Als Nora wieder nach draußen ging, entdeckte sie ihn endlich. Der Engländer stand gebückt an der Stirnseite des Schattenbeetes. Aber was machte er da? Fingerte er an der großen Hosta herum? Er wollte doch nicht eines ihrer wunderschönen Blätter abreißen? Nora hatte schon einen Unmutsruf auf den Lippen, da richtete er sich auf, wischte sich die Hände an seiner verwaschenen Jeans ab und sah ihr entgegen.

Nora musterte den Mann. Er hatte ein schmales Gesicht, war schlank, fast hager, nicht viel größer als sie selbst. Zu den Jeans trug er ein kurzärmeliges dunkelblaues Polohemd, sodass sie seine braun gebrannten, sehnigen Arme sah. Sein dunkles Haar fiel ihm in die Stirn, er hatte einen dunklen Bartschatten. Und dann lächelte er sie an. Freundlich, aber nicht zu freundlich, aufmerksam, aber nicht zu aufmerksam.

„Hi. Ich bin Liam“, stellte er sich vor. „Deine Freundin hat erlaubt, dass ich aufs Grundstück komme. In die alte Gärtnerei. Ich mag euer Projekt. *Nature belongs to everybody*.“

Er zitierte den Titel des englischen Artikels, der Nora so gut gefallen hatte. Obwohl sein Deutsch sehr gut war, hatte er einen unüberhörbaren englischen Akzent. Jetzt fuhr er sich über das Haar. Ein Schmetterling flatterte auf, flog ein paar Meter weiter und ließ sich im Gras nieder.

Liam sah ihm hinterher. „Ihr habt hier seltsame Schmetterlinge. Sie fliegen ständig um mich rum. Weißt du, was das für einer war?“

„Ein Kohlweißling?“, schlug Nora vor.

„Ein *Cabbage White?* Nein, den hätte ich erkannt.“

Wieder flatterte ein Schmetterling vorbei. Nora sah, dass Liam recht hatte. Es war kein Kohlweißling. Er war wesentlich kleiner und hatte auf seinen Flügeln keine schwarzen Flecken, sondern ein grünes Muster. Immer wenn die Flügel zusammenschlugen, war für den Bruchteil eines Moments ein Stern zu sehen, der bei der nächsten Flügelbewegung auseinanderbrach.

„Ich habe diese Schmetterlingsart noch nie zuvor hier gesehen. Keine Ahnung, was das für einer ist. Vielleicht der ‚Grün-weiße Maischmetterling‘?“ Nora lächelte.

„Meine Großmutter hat immer gesagt, Schmetterlinge sind wie gute Gedanken. Sie kommen und gehen. Davon scheint es hier viele zu geben“, sagte Liam. Dann wandte er den Blick von den Faltern ab und musterte Nora. „Du bist die Organisatorin?“

Nora nickte. „Ich heiße Nora Dittbrenner.“ Er schaute sie nur an. Sein Schweigen machte Nora nervös, und sie plapperte weiter: „Wir freuen uns, wenn wir unterstützt werden. Aber aus England war bisher noch niemand da. Charlie hat uns angerufen, sie war sich nicht sicher …“ Sie beendete den Satz nicht, und er fragte auch nicht nach.

Stattdessen zeigte er auf die Hosta. „Das ist eine schöne *Sum and Substance*“, sagte er. „Aber viel kleiner als unsere.“

„Ihr habt den Golfstrom, und wir haben diese strenge Steppenkälte aus dem Osten. Vielleicht ist sie deshalb bei uns kleiner.“

Liam schaute Nora skeptisch an. „Sie braucht Dünger. Und Wasser. Die Erde ist bei euch sehr leicht. *Sandy*.“

„So ist das in der Mark Brandenburg. Intensiv wässern wir bisher nur im Gewächshaus, die Sämereien und die Neupflanzungen“, antwortete Nora. „Wir haben noch keinen so langen Schlauch, dass er bis hierher reichen würde.“ Auf eine seltsam unangenehme Weise hatte sie das Gefühl, dass sie sich rechtfertigen musste.

„Wie alt ist diese Pflanze?“

„Ich habe keine Ahnung. Sie steht hier aber bestimmt länger als vier Jahre, und dafür, dass das Beet nicht gepflegt wurde, sieht sie gut aus.“

„Wieso vier Jahre?“

„Wir haben herausgefunden, dass eine alte Frau ein paar Dörfer weiter die Gärtnerei gepflegt hat. Vor vier Jahren ist sie gestorben. Seitdem hat sich niemand mehr um dieses Schattenbeet gekümmert. Wieso übrigens Sum and Substance? Ich dachte, das wäre eine *Hosta sieboldiana*.“

„O nein. Bestimmt nicht. Die Blätterfarbe, dieses helle Grün, das muss eine Sum and Substance sein. Die *Sieboldiana* hat blaugrüne Blätter und eine festere … wie sagt man … *texture* der Blätter."

„Blattstruktur?"

„Ja."

Sie standen sich gegenüber und sahen sich kritisch an. Plötzlich kam Nora die Situation völlig irreal vor. Wie konnte es sein, dass sie mit diesem Mann, den sie weniger als zehn Minuten kannte, über Funkienarten diskutierte? „Bist du ein *garden guerilla*, der heimlich Funkien pflanzt?"

Er lächelte, und diesmal sah sie, dass er auf der linken Wange ein kleines Grübchen hatte. „In England gibt es Gärtnereien, die nur auf eine Pflanzenart spezialisiert sind. Auch auf Funkien. Wenn man sie besucht, lernt man eine Menge. Jedenfalls, wenn es einen interessiert."

„Und dich interessiert es wohl?"

„Ja. Ich bin Gärtner."

Nora erstarrte. „Ein Gärtner?" War das ein besonders raffinierter Schachzug des Konsortiums, einen Gärtner zu schicken, der ihr Vertrauen erschlich?

„Ja. Ist das so erstaunlich? In England ist Gärtnern ein durchaus angesehener Beruf. Man findet leicht Jobs. Es gibt kaum arbeitslose Gärtner." Er kam besorgt näher. „Alles okay, Nora Dittbrenner? Du bist blass."

„Du weißt, dass ich eine arbeitslose Gärtnerin bin …", sagte sie.

Er versuchte nicht, es abzustreiten. „Auch das stand in einem Artikel über euch. Mit einem Foto von dir. Einem hübschen Foto. Entschuldige, aber du siehst angespannt aus. Als könntest du jetzt gut einen Tee gebrauchen."

Nora fühlte sich ausspioniert. Und dass er so schrecklich höflich war, half kein bisschen. Im Gegenteil. „Bist du deshalb aus England hergekommen? Um dich mit mir darüber zu unterhalten, dass es Gärtner in England leichter haben? Außerdem haben wir hier keinen Tee."

„Ihr nicht. Ich schon. Ich bin Engländer. Komm mit."

Er griff nach ihrer Hand und zog sie in Richtung Gewächshaus, als wäre es das Natürlichste auf der Welt. Frech, fand Nora und entzog ihm ihre Hand.

„Du scheinst schon eine ganze Menge über uns zu wissen. Ich weiß nicht mal deinen Nachnamen."

„Tremayne. Liam Tremayne. Ein englischer Gärtner aus Leidenschaft. Damit weißt du schon das Wichtigste über mich."

„Aber warum bist du zu uns gekommen?"

Er antwortete wieder nicht, sondern betrat das Gewächshaus und ging zu seinen Sachen. Nora blieb am Eingang stehen und beobachtete, wie er in seiner Reisetasche kramte. Er zog schließlich einen Becher heraus, griff nach der Thermoskanne, schraubte sie auf, schenkte ein.

„*Milk? Sugar?* Milch und Zucker?“, rief er ihr fragend zu.

Sie schüttelte den Kopf. „Schwarz.“

Er nickte und kam mit dem vollen Becher zu ihr und reichte ihn ihr. „Englisches Allheilmittel.“

Sie trank einen Schluck. Der Tee war dunkel und stark, schmeckte leicht nach Malz. „Der ist gut. Danke.“

„Deine Freundin Charlie mag ihn auch.“

Damit hatte er Charlie also besänftigt! Nora schaute auf den Becher. *Lost Gardens* las sie. Trotz des Tees war sie sich nicht sicher, ob sie Liam Tremayne trauen konnte. Also fragte sie: „Was sind die Lost Gardens?“

Einen Moment lang schaute er sie ungläubig an. Dann wurde sein Gesichtsausdruck wieder neutral. „Lost Gardens of Heligan sind eine riesengroße Gartenanlage in Cornwall. Sie gehörte vierhundert Jahre einer englischen Familie, Ende des 19. Jahrhunderts fiel sie in einen Dornröschenschlaf, überwuchert von Efeu und Brombeeren. Die viktorianischen Gewächshäuser waren fast komplett zerstört. In den Neunzigerjahren begann der Wiederaufbau, und über die Zeit ist die Anlage prächtig geworden. Sie haben das Motto der Gärten in einem unterirdischen Raum gefunden, es war in Stein geritzt. *Don't come here to sleep and slumber*. Das trifft doch das Leben eines Gärtners sehr gut. Schlafen und schlummern sollte man dort nicht. Es wäre auch ein schöner Friedhofsspruch für einen Gärtner.“

„*Vivat, crescat, floreat* finde ich auch gut“, sagte Nora. „Das steht auf dem Grab des Gärtnermeisters Kirsch.“

Liam sah sie an. „Wirklich? Du kennst das Grab des Gärtnermeisters?“

„Wir wissen nicht genau, ob es der Gärtner ist, der hier gearbeitet hat“, sagte Nora. „Aber wir vermuten es. Alles spricht dafür.“

„Warum kann man das nicht herausfinden?“

„Es gibt keine Unterlagen zu der Gärtnerei. Wir wissen nicht, wem sie gehörte und was mit dem Besitzer passiert ist. Warum interessiert dich das?“

„Eine alte deutsche Geschichte …“ Liam schaute in die Ferne, in Richtung Rose und Ligusterhecke und bis zum Feld, das durch die Hecke schimmerte. „Aber irgendwem muss das alles hier gehören.“

Nora zuckte mit den Schultern. „Das Archiv ist im Krieg abgebrannt, und danach hat sich niemand gemeldet. Wir denken, dass der Gärtnermeister keine Nachfahren hatte. Nach dem Krieg war hier ein Kinderferienheim. Und nach der Wende nichts mehr. Es ist verlassenes Land. Lost Gardens of Brandenburg.“

Von der Terrasse her drangen Stimmen zu ihnen herüber. Jemand lachte. Offenbar standen die meisten anderen Freiwilligen später auf. „Wie groß sind denn die Lost Gardens?“, fragte Nora.

„Riesig. Rund zweihundert Hektar Land. Es gibt Nutzgärten, Blumengärten, ein verlorenes Tal und sogar einen Dschungel. Und im Frühjahr sieht es aus, als ob der Himmel auf die Erde gefallen wäre, weil in den Wäldern der Boden komplett von *Bluebells* – Glockenblumen – bedeckt ist. Es ist einfach *wonderful.*“ Liam seufzte.

Nora wurde von Sehnsucht ergriffen nach einem Ort, den sie nicht kannte. Wie gern würde sie die Lost Gardens sehen! „Warum weißt du so viel über die Lost Gardens?“

„Ich war bis vor einem halben Jahr dort.“

„Und was hast du dort gemacht?“

Liam blickte zu dem sparrigen Rosendickicht vor der Ligusterhecke. „Ich war für die Rosen zuständig.“

„Englische Rosen?“

„Auch. Historische Rosen, Teerosen, wilde Rosen, Strandrosen, Duftrosen. Rosen faszinieren mich.“

„Warum?“

Er breitete die Arme aus. „*Where to begin?* – Wo soll ich anfangen? Die Rose ist die Königin der Blumen, die *queen of all flowers!*“

Ja … *where to begin*, dachte Nora. Rosen erinnerten sie schmerzlich an ihre Kündigung. Und dann war da noch Udo mit seinen Rosenerinnerungen an Anne und die tausendjährige Rose, der Entschluss, sich Novemberrosen zu nennen, und schließlich ihre weiße Rose … Rosen schienen sie neuerdings durch ihr Leben zu begleiten.

„Warum bist du hier, Liam?“ Sie stellte ihm die Frage erneut.

„Es war ein spontaner Entschluss. Ich mochte den Artikel. Was ihr hier macht, hat mich an die Lost Gardens erinnert. Einen vergessenen Garten wiederzufinden. Ihn nicht verloren zu geben. Ich hab in der Schule Deutsch gelernt und dachte, dass es eine gute Gelegenheit ist, die Sprache mal wieder zu sprechen. Ich kenne Deutschland überhaupt nicht. Ich weiß fast nichts über eure Gartenkultur. Und diese Gärtnerei … sie ist nicht weit von Berlin. Interessante Stadt, in den letzten Jahren eine Weltstadt geworden.“

Es klang plausibel. Das ja. Aber glaubte sie ihm? Ja. Nein. Vielleicht.

Nora konnte später fast auf die Minute sagen, wann sie ihre Zweifel an Liam aufgegeben hatte.

Sie gingen zu Liams grünem Kombi, und auf dem Weg dahin kamen sie an Charlie vorbei. Die händigte soeben zwei Männern, die so jung aussahen, als machten sie gerade ihr Freiwilliges Soziales Jahr, auf der Terrasse zwei Spaten aus.

Liam öffnete die Tür zur Ladefläche des Autos. Dort lagen mehrere Säcke.

„Mulch", erklärte er. „Kalkstein. Und in dem kleinen Sack ist Rosendünger. Hab ich alles aus England mitgebracht."

Er fuhr über tausend Kilometer mit Dünger, Mulch und Kalk im Gepäck? Überhaupt daran zu denken, dass die alte Gärtnerei das brauchen könnte, war erstaunlich, selbst wenn er nur aus Berlin gekommen wäre. Aber so zielgerichtet loszufahren – Nora fand das so perfekt, dass es fast schon wieder verdächtig war. „Woher wusstest du, dass wir hier Rosen haben?"

Liam lächelte. „Auf eurer Facebook-Seite habe ich ein Foto dieses Rosenstocks gesehen", antwortete er. „Ihm wird der Dünger sicher guttun, oder?"

Er griff nach dem Sack, und sie gingen aufs Grundstück zurück.

„Wie lange willst du bleiben, Liam?", fragte Nora.

„Solange wir brauchen, um den Dünger einzuarbeiten. Und bis ich besseres Gärtnerdeutsch spreche", antwortete er.

„Willst du dir eine Pension suchen?"

Liam schüttelte den Kopf. „Nein. Wenn es okay ist, würde ich gern auf dem Grundstück zelten."

Nora konnte ihr Erstaunen kaum verbergen. „Aber es ist total primitiv hier! Und einsam ist es auch. Wir fahren abends immer nach Hause."

„Das macht mir nichts. Ihr habt Wasser hier, und ich hab meinen Wagen da, also kann ich auch herumfahren und mir etwas anschauen. Ihr habt nicht zufällig eine Schubkarre?" Er klopfte auf den Sack mit dem Rosendünger.

„Charlie bringt manchmal eine mit, aber nein, wir haben keine eigene."

„Man kann nicht ohne Schubkarre gärtnern. Die Säcke, die ich im Wagen habe, sind zu schwer. Wollen wir eine kaufen?"

EINE HALBE STUNDE SPÄTER waren Nora und Liam beim Baumarkt in Zehdenick. Eine Schubkarre fanden sie schnell, aber dann bestand Liam noch darauf, durch den dazugehörigen Gartenmarkt zu gehen.

Noras erster Impuls war Flucht. Vorhin das Gespräch über Rosen, dann die Gartenabteilung eines Baumarktes … Sie fasste sich ein Herz und erzählte Liam von dem Gespräch, das sie direkt in die Arbeitslosigkeit geführt hatte.

„Oh, die Märkte, in denen nur gehandelt, aber nie gezogen und wirklich gegärtnert wird, kenne ich aus England auch", sagte er.

„Am allerschlimmsten sind die Discounter", meinte Nora. „Manchmal würde ich am liebsten den ganzen Rollwagen mitnehmen, wenn ich sehe, wie sie die Pflanzen verdursten lassen."

„Das kenne ich. Es gibt Menschen, die kaufen aus Mitleid Pflanzen, und es gibt Menschen, die kaufen nur gesunde Pflanzen und werfen die anderen weg“, sagte Liam. „Wozu gehörst du?“

Nora überlegte kurz. „Ich würde keine Pflanze kaufen, der ich nicht zutraue, in sehr kurzer Zeit gesund zu wachsen. Aber ich habe Respekt vor der Zeit, die die Pflanze brauchte, um groß zu werden.“

„Eine kluge Antwort.“ Er hob prüfend eine blau blühende Hortensie hoch. „Da zieht man so eine Pflanze ein paar Jahre hoch, damit sie in einigen Monaten auf den Kompost geworfen wird. Wenn wir Pflanzen für die Gärtnerei suchen, werden wir sie nicht in diesem Baumarkt finden.“

„Sag ich ja“, bestätigte Nora. „Leute mit grünem Daumen müssen weiter fahren.“

„Hast du einen grünen Daumen?“, fragte Liam.

„Kommt drauf an, was du darunter verstehst. Ich glaube, Pflanzen können fühlen, Blumen haben eine Seele. Und wir hinterlassen in jeder Pflanze, die wir pflegen, einen Teil unseres Selbst. Vielleicht ist das, was wir einen grünen Daumen nennen, die Fähigkeit, die Sprache und die Gefühle von Pflanzen zu verstehen.“

Liam nickte langsam. „Das muss ich mir merken.“

„Die schenke ich euch. Dafür, dass ich auf euerm Grundstück zelten darf“, sagte Liam, als er die verzinkte Karre in den Wagen hob.

„Es ist leider nicht unser Grundstück“, antwortete Nora. „Das ist es ja.“

„Aber ihr seid diejenigen, die es mir erlauben. Weil ihr es besetzt habt.“

Bis jetzt hatte jede Autofahrt, die Nora mit den Freunden von Berlin in die Mark Brandenburg unternommen hatte, ein Ziel gehabt: möglichst schnell die Gärtnerei zu erreichen. Dabei achtete sie natürlich auf die Pflanzen, die entlang der Straßen wuchsen: wilde Möhren, Schaumkraut, Mohn am Feldrand. Einen Acker mit blühendem Raps. Ein Gerstenfeld.

Liam dagegen schien die Landschaft anders wahrzunehmen. Ständig machte er Bemerkungen darüber, verglich, stellte Fragen. „Wie weit der Blick hier ist! Bei uns stehen links und rechts der Landstraßen oft Hecken, die sind meterhoch!“ – „Wie heißt der Vogel, der da hinten fliegt?“ – „Roter Milan, was bedeutet das denn?“ – „Da hinten kann man Honig kaufen – am Straßenrand. Ich halte mal an. Dann hab ich gleich was zum Frühstück.“

Nora fühlte sich wie eine Fremde im eigenen Land. Aber vielleicht lag das auch nicht an Liams Bemerkungen, sondern daran, dass sie auf der Seite saß, die normalerweise die Fahrerseite war.

„Oh, da ist ein See!“, rief Liam aus. „Wie heißt er?“

„Dreetzsee, glaube ich."

Liam bog ab, und der kleine grüne Kombi ruckelte über einen Sandweg in Richtung Wasser. Dann öffnete sich vor ihnen ein Stückchen Wiese, das in einem schmalen Streifen Sand endete, links und rechts davon Schilf.

Liam stieg aus und streckte sich, wobei seine Jeans bedenklich weit nach unten rutschten. Nora wandte den Blick ab. Sie waren ganz allein.

Er drehte sich zu ihr um. „Wollen wir baden?", fragte er. „Und uns dann in die Sonne legen?"

„Es ist Mai! Das Wasser ist bestimmt noch viel zu kalt! Ich hab keinen Badeanzug dabei!"

„Hast du noch nie gebadet, wenn es zu kalt war? Ohne Badeanzug?"

„Nein. Nie. Und ich werde heute auch nicht damit anfangen", erwiderte sie und kreuzte heimlich Zeige- und Mittelfinger. Sie log. Es hatte mal eine Nacht vor über acht Jahren gegeben, als sie genau das getan hatte. Mit Fannys Vater. Und sie wusste, wie einsames Nacktbaden enden konnte. Vorsichtshalber stieg sie deshalb nicht aus dem Wagen aus, sondern beobachtete Liam durch das offene Fenster, wie er da am See stand. „Ich möchte jetzt zurück!", rief sie ihm zu. „Die anderen warten bestimmt schon auf uns."

„Udo und Charlie? Die merken bestimmt nicht, wie lange wir weg sind", erwiderte er und stieg wieder ein. „Ich mag deutsche Gärtnerinnen", sagte er, als er den Motor startete. „Auch wenn sie nicht gern baden."

„Wie viele kennst du denn?", fragte sie.

Er antwortete nicht, lächelte sie nur an und sagte auch weiter kein Wort mehr, bis sie die Gärtnerei erreichten.

DORT gruben die beiden Freiwilligen unter Charlies Anleitung in dem Gewächshaus, in dem Liams Zelt lag, die Erde um. Udo reparierte seine Wasserleitung, behielt die jungen Leute aber genau im Auge. Wahrscheinlich war nichts kaputt, und er brauchte nur eine Ausrede, um vor Ort zu sein.

„Hier rein?", fragte Liam, als er die beladene Schubkarre über den Kiesweg, an der Terrasse und den Störchen vorbei auf den Heckenpfad geschoben hatte und schließlich vor dem Gewächshaus stand. Nora nickte, und zusammen luden sie die schweren Säcke in einer Ecke ab.

„Das wird der Erde guttun. Wenn alles umgegraben ist, bringe ich es gern ein", sagte Liam.

„Das wird heute aber bestimmt nichts mehr." Einer der jungen Männer rammte ungehalten den Spaten in die Erde. „Ich mache jetzt nämlich Schluss. Habt ihr 'n Bier?"

Er war ein kräftiger Kerl, der ziemlich verschwitzt aussah. Die beiden jungen Männer hatten gerade mal ein paar Quadratmeter umgegraben. Aber Nora hütete sich, etwas zu sagen. Sie arbeiteten ja unentgeltlich.

Charlie grinste. „Bier gibt's hier nicht. Wasser könnt ihr haben. Da!" Sie zeigte auf Udo, der sich über das Wasserrohr beugte.

„Mir reicht's schon lange", sagte der zweite und ließ den Spaten fallen, wo er gerade stand. „Wir wollten euch helfen, nicht alles allein machen."

Liam hob die Augenbrauen. „In England kann kein großer Garten ohne die Hilfe von *volunteers* – Freiwilligen – existieren. Es ist eine Ehre, wenn man mitarbeiten darf. Und die *headgardeners* leiten einen an."

„Echt? Ich finde, es ist eine blutige Schinderei. Und man wird nicht mal bezahlt", entgegnete der eine und verließ das Gewächshaus, ohne sich noch einmal umzudrehen. Sein Freund folgte ihm.

„Danke für eure Hilfe!", rief Nora ihnen nach.

„Hmmmm", machte Liam und sah ihnen hinterher. „Die beiden hätten keine Chance in den Lost Gardens."

Udo rappelte sich hoch und klopfte sich die Hose ab. „Was hältst du davon, wenn wir langsam nach Hause fahren, Nora?"

„O ja. Natürlich. Aber wir sollten unbedingt noch im anderen Gewächshaus gießen."

„Ich gieße. Dafür müsst ihr nicht bleiben", bot Liam an.

„Dann lass uns fahren", meinte Nora. „Fanny wird schon warten."

Nora warf einen Blick auf ihr Handy, aber Margarete oder Ellie hatten ihr keine Nachricht geschickt. Was bedeutete, dass bei ihnen alles gut war.

„Wer ist Fanny?", fragte Liam.

„Meine Tochter."

Nora hatte sehr darauf geachtet, dass Fanny in dem ganzen Medienhype nicht namentlich erwähnt wurde. Und so hervorragend, wie Liam ansonsten über die alte Gärtnerei informiert war, war es ihr wohl geglückt, ihre Tochter zu schützen. Sonst hätte er gewusst, wer Fanny ist.

Oder er schwindelte sie einfach an.

16. Kapitel

Nora und Udo fuhren zurück nach Berlin, Charlie blieb noch. Sie war mit ihrem eigenen Wagen da, und es gehörte zu den Aufgaben des Tagesverantwortlichen in der besetzten Gärtnerei, mindestens bis sieben auszuharren. Es konnte immer sein, dass ein Freiwilliger noch nach der Arbeit in die Gärtnerei kam.

Nur Liam würde über Nacht bleiben.

Während sie gen Berlin brausten, stellte Nora sich vor, wie Liam sein Zelt aufstellte und seinen Schlafsack hineinlegte. Frieren würde er nicht, das war klar. Der Frühling bescherte ihnen hochsommerliche Temperaturen, die Nächte waren lau. Er ging sicher noch einmal allein zum See, um zu baden.

Aber vielleicht fuhr er auch ins nächste Dorf, um in einer Kneipe ein deutsches Bier zu trinken, weil er sich in der verlassenen Gärtnerei doch nach Gesellschaft sehnte. Hatte er Gesellschaft in England? Und würde er, wenn sie das nächste Mal kam, wirklich noch da sein?

„Der Engländer hat es dir wohl angetan", brummte Udo.

Nora schrak zusammen. „Wie kommst du denn darauf?"

„Zum einen sagst du keinen Ton. Und außerdem habt ihr beide ewig gebraucht, um die Schubkarre zu kaufen."

Nora lachte. „Es ist ja ein ganz schönes Stückchen bis Zehdenick." Den Miniausflug an den See verschwieg sie vorsichtshalber.

„Hast du noch etwas über ihn herausbekommen?", fragte Udo.

„Er ist Gärtner. Aus Leidenschaft und Interesse. Das klang echt."

„Was hat er euch bloß in seinen vermaledeiten englischen Tee getan? Eine Art Trau-mir-einfach-Kraut? Charlie legt auch ihre Hand für ihn ins Feuer." Udo war alles andere als überzeugt. „Hat er Englisch mit dir gesprochen?"

„Nein. Liams Deutsch ist wirklich fantastisch." Nora lehnte sich im Autositz zurück. Zu ihrer Verwunderung füllten sich ihre Augen mit Tränen.

Udo schien das nicht entgangen zu sein. Er tätschelte unbeholfen ihre Hand. „Ist ja schon gut, meine Kleene. Fühlst du dich wirklich so allein mit uns alten Leuten? Verstehen wir dich nicht?"

„Nein, so ist es nicht. Es hat nichts mit euerm Alter zu tun. Ihr seid großartig! Ich könnte mir keine besseren Freunde vorstellen", sagte Nora. „Aber du hast jetzt Charlie, und ihr seid so glücklich. Margarete und Ellie sind auf einer Wellenlänge – na ja, jedenfalls meistens. Und ich … Ich brauche einen Job, den es nicht zu geben scheint. Ich mache mir Sorgen, was aus Fanny und mir wird. Ich hoffe auf eine besetzte Gärtnerei, die uns nicht gehört. Das ist doch verrückt! Und dann unterhalte ich mich einen Nachmittag lang mit einem Wildfremden aus England, den wir verdächtigen, uns auszuspionieren, und ausgerechnet dieser Mann erinnert mich daran, wie es wäre, wenn ich wirklich mal das machen würde, was ich gern machen möchte."

„Was denn?"

„Na, Gärtnern auf eine Art und Weise, die Pflanzen und Formen und Farben miteinander verbindet. Gärtnern an einem Ort, an dem man davon ausgeht, dass die kreative Idee sich irgendwann rentiert, weil sie etwas Einzigartiges erschafft. Ich habe eben bis jetzt noch nie jemanden gefunden, der dasselbe denkt wie ich! Und das macht mich glücklich!"

„Warum weinst du denn, wenn es dich glücklich macht?"

„Ach, Udo. Woher soll ich das denn wissen?" Tränen rollten Nora über die Wangen. Sie putzte sich die Nase und wischte sich über die Augen. „Entschuldige. Ich bin blöd. Bitte glaub nicht, dass ich Charlie nicht schätze. Ich gönne dir dein Glück mit ihr so sehr!"

„Das habe ich keine Sekunde bezweifelt, Nora."

Sie schwiegen, bis sie zu Hause ankamen. Nachdem sie endlich einen Parkplatz gefunden hatten, schlenderten sie die ruhige Straße entlang. An ihrem Vorgärtchen blieben sie stehen.

„Schau mal!", sagte Nora. „Sticht Margarete den Löwenzahn nicht mehr aus? Hier ist ja plötzlich alles voller Unkraut."

„Vielleicht will sie Blüten sammeln, um Löwenzahnhonig zu machen."

In diesem Moment wurde die Haustür aufgerissen. Margarete winkte ihnen mit einem Briefbogen in der Hand zu. „Wir haben ein Einschreiben von Stegemann bekommen!", rief sie aufgeregt.

Rasch liefen sie zu Margaretes Wohnung, wo Fanny schon auf sie wartete.

„Was schreibt er?", fragte Nora, nachdem sie Fanny begrüßt hatte.

„‚Sehr geehrte Mietparteien'", las Margarete vor. „‚Ich möchte Sie in der in meinem letzten Brief dargestellten Angelegenheit am Samstag, dem 30. Mai, in Berlin sprechen. Ich würde Sie gegen 14 Uhr aufsuchen. Bitte teilen Sie mir mit, ob Ihnen der Termin genehm ist. Hochachtungsvoll, Werner Stegemann.'"

„Was will er von uns, dass er es uns nicht gleich mitteilen kann? Das kann nichts Gutes bedeuten", sorgte sich Udo.

„Warten wir's ab", beruhigte Nora ihn. „Ist uns der Termin genehm? Er drückt sich reichlich geschwollen aus, unser Herr Stegemann." Dann fiel Nora noch etwas ein. „Udo, meinst du, das hat etwas mit Liam zu tun?"

„Wer ist Liam?", fragte Margarete neugierig.

„Der Engländer. Nora hat heute viel Zeit mit ihm verbracht", antwortete Udo und zwinkerte Nora zu.

Nora streckte ihm die Zunge raus.

„Mama!", schalt Fanny streng.

DANN schlug die Sommergrippe zu. Fast drei Wochen war Nora krank gewesen. Und hatte natürlich Fanny angesteckt. Gerade jetzt, da sich in der Gärtnerei alles entwickelte! Sie hatten beide das Bett hüten müssen, zwischendurch hatte Nora nur matt im Internet nach Stellenangeboten gesucht.

Nun schaute sie auf die Ausbeute ihrer Stellensuche, die sie auf einem

Zettel notiert hatte. Es sah nicht gut aus: *Assistent des Pflanzeneinkaufs im Baumarkt* (Bloß nicht! Das hatte ich schon mal!); *Gärtner und Hausmeister, Führerschein Klasse C bis 7,5 t* (Wozu denn ein 7,5-Tonnen-Laster? Was sollte der Gärtner denn transportieren? Ausgewachsene Eichen?); *Gärtner für Feldversuche mit Rückstandsanalytik in Karlshorst* (Da verstehe ich nicht mal die Anzeige! Außerdem wäre ich mit den öffentlichen Verkehrsmitteln jeden Tag eine Stunde unterwegs. Und eine Stunde wieder zurück. Wie soll das mit Fanny gehen? Unmöglich.).

Nora zerknüllte den Zettel und warf ihn in den Papierkorb. Niemand konnte ihr nachsagen, dass sie sich nicht genug um einen Job kümmerte. Aber sie konnte und wollte sich nicht mehr für etwas verpflichten, das ihr keinen Spaß machte. Die Freude, die das selbstbestimmte Gärtnern in der alten Gärtnerei in ihr geweckt hatte, war zu groß. Und sie vermutete, dass sie diese Unwilligkeit, sich einem reinen Brotjob zu unterwerfen, bei ihren Bewerbungsgesprächen nicht würde verbergen können.

Ihre Unlust war einerseits bedrohlich, andererseits stand sie auf eine Art und Weise dazu, die sie von sich selbst nicht kannte. „Die Zeit der Kompromisse ist vorbei“, murmelte sie und schaute auf die Uhr. Sie musste ihre Campingsachen raussuchen. Da es ihnen mittlerweile wieder besser ging, hatte sie Fanny versprochen, von Freitag auf Samstag in der alten Gärtnerei im Freien zu campen, auch wenn sie beide noch ein bisschen matt waren. Durch Liam und sein Zelt war sie auf diese Idee gekommen. Es würde ein Abenteuer werden, das sie Fanny wünschte. Allerdings mussten sie am Samstag unbedingt pünktlich um zwei wieder zurück in der Stadt sein. Denn dann war ihr großes, wichtiges Treffen mit Stegemann.

DIE STÖRCHE klapperten in den bleigrauen Himmel, als Margarete vorfuhr. Es war drückend, kein Lüftchen wehte. Als Ellie, Nora, Fanny und Margarete aus dem Wagen stiegen, trat ihnen sofort der Schweiß auf die Stirn.

„Fühlt sich nach Gewitter an“, sagte Ellie, während sie den Picknickkorb herausholte. „Gut, dass ich den Kartoffelsalat nicht mit Majo gemacht habe. Würde bei diesem Wetter bestimmt kippen.“

„Am liebsten würde ich schwimmen gehen“, murmelte Margarete.

Nora hörte nur mit halbem Ohr zu. So lange war sie nicht hier draußen gewesen. Sie suchte mit Blicken das Gelände ab. Dass Liam noch da war, wusste sie von den anderen, die jeden Morgen in die Gärtnerei gefahren und abends mit vielen Geschichten im Gepäck wieder zurückgekehrt waren.

Nora sah auf Anhieb, wie viel sich in den letzten Wochen getan hatte. Die Hecke, die die Terrasse vom hinteren Teil des Gartens abtrennte, war beschnitten worden. Die Brombeerranke, an der sie sich regelmäßig geschrammt hatten, war verschwunden, und so hatte die kleine Birke, die zwischen dem dunkelroten Haselnussstrauch und der inzwischen verblühten Felsenbirne wuchs, viel Platz und war ein weiß-grüner Blickfang.

Nora nahm Fanny an die Hand und gemeinsam gingen sie los. Der Trampelpfad durch die Hecke war verbreitert und gepflastert worden. Irgendwer hatte Mörtel angerührt und Tonscherben von zerbrochenen Blumentöpfen mosaikartig darin verlegt. Es war handwerklich gut gemacht, und obwohl der Weg durch die Hecke höchstens vier Meter lang war, musste es ein ziemliches Stück Arbeit gewesen sein.

Ein Bild war entstanden. Der gepflasterte Weg in Lehmgelb und Grau bildete den unteren Rand, links und rechts wurde er von der Hecke begrenzt. Darüber wölbte sich der Himmel. Man sah auf die Gewächshäuser, die Beete und das Wiesenstück, und ganz in der Ferne entdeckte sie etwas Weißes, das bei ihrem letzten Besuch noch nicht da gewesen war – es wirkte wie ein Gemälde in einem Naturrahmen.

Nora ging weiter, und plötzlich verstand sie. Der gewaltige Rosenstock hatte seine ersten weißen Knospen geöffnet.

„Mama, meine Rose blüht!“, rief Fanny begeistert und flitzte los. Als sie den Rosenstock fast erreicht hatte, blieb sie jedoch unvermittelt stehen. Sie schien angespannt. Oder verunsichert?

Was war da?

Nora ging schneller. Als sie an den Gewächshäusern vorbei war, blieb auch sie erstaunt stehen. Da war Liam. Er beschnitt die Ligusterhecke an der Stelle, wo die Rose in die Hecke hineinwuchs. In Fannys Höhle. Aber nicht das hatte ihre Tochter verblüfft, sondern etwas anderes. Liam war umgeben von einem Schwarm Schmetterlinge. Wieder waren es diese merkwürdigen Weißen mit dem grünen Stern auf den Flügeln. Nur dass es jetzt mehr waren als letztes Mal, viel mehr. Sie umflatterten ihn, ließen sich auf seinem Haar, seinen Schultern und seinen Armen nieder. Er schien sie nicht zu bemerken, jedenfalls ließ er sich vom Schneiden der Hecke nicht ablenken. Er hatte auch Fanny und Nora noch nicht bemerkt.

„Das ist ein Schmetterlingsmann, Mama“, wisperte Fanny.

Das hörte Liam. Er ließ die Schere sinken und drehte sich um. Nora sah, dass sogar auf dem Rand seiner Sonnenbrille ein Schmetterling saß.

Liam lächelte. „Hi Nora. Ich hatte irgendwie im Gefühl, dass du heute kommst. Geht es dir wieder besser?“

„Hallo, Liam. Ja, jetzt geht’s wieder. Es ist herrlich, wieder hier zu sein“, antwortete sie. „Das ist meine Tochter Fanny.“

Fanny nickte abwesend, gefesselt von den Schmetterlingen, die ihn umflatterten. „Wie machst du das? Hast du sie gezähmt?"

„Nein", antwortete Liam lächelnd. „Ich glaube nicht, dass man Schmetterlinge zähmen kann. Sie scheinen mich zu mögen. Vielleicht rieche ich gut?"

„Oder sie denken, du bist eine Blume", schlug Fanny vor.

„Ja, auch möglich. Wie alt bist du, Fanny?"

„Sieben."

„Mein Sohn ist neun", sagte er.

„Hast du ihn mitgebracht?" Fanny sah sich gespannt um.

Nora war verwirrt. Fanny hatte nach zwei Minuten mehr von Liams Leben erfahren als sie an einem ganzen Nachmittag.

„Nein. David ist bei seiner Ma geblieben."

„Ich bin auch bei meiner Ma geblieben." Fanny griff nach Noras Hand.

„Das war sicher eine gute Entscheidung." Liam verscheuchte einen Schmetterling von seiner Nase.

„Du redest komisch", bemerkte Fanny.

„Das kommt daher, dass ich eigentlich Englisch spreche und nur manchmal Deutsch", erklärte Liam.

„Er heißt Liam", sagte Nora.

„Willst du mal meinen Spaten sehen, Leim? Ich hab ihn gefunden. Udo hat ihn repariert."

„Wo hast du ihn denn gefunden?"

Aber da war Fanny schon in Richtung Auto zurückgerannt.

Nora ging um den prachtvollen Rosenstock herum. „Ich kann nicht glauben, wie wunderschön diese Rose ist. Was mag es bloß für eine Sorte sein?"

„Das hab ich mich auch schon gefragt." Liam umfasste eine der Blüten. „Die Kelche sind ungefüllt und haben gelbe Staubgefäße. Es sind fast so viele Blüten an einem Stiel wie bei der *Bobbie James*", sagte er. „Aber es ist keine Rambler-Rose wie die *Bobbie James*, sonst wären die Ranken viel länger. Ich denke, es ist eine alte *Polyanthus*. Oder eine *Floribunda*. Unsere *Moonlight*, die wir in den Lost Gardens haben, sieht ähnlich aus. Aber wer weiß es schon genau? Es gibt über dreißigtausend Rosensorten."

Längst nicht alle Knospen waren geöffnet, aber um die vielen offenen Tellerchen schwirrten Bienen und Hummeln, als hätte es nie einen blühenden Weißdorn gegeben, als wäre die Felsenbirne überhaupt nicht der Rede wert gewesen – als hätten sie allein auf dieses Spektakel gewartet.

„Sie ist atemberaubend", sagte Nora andächtig. „Und wenn man sich vorstellt, dass sie jahrelang nicht beschnitten wurde … He, was ist das denn?" Sie hockte sich hin.

„Ich habe rund um die Rose gedüngt“, erklärte Liam.

„Das meine ich nicht! Der Boden hier sieht komisch aus. Als ob ein Tier darin gescharrt hätte. Und es gibt lauter kleine Löcher.“ Nora sah, dass sich die Spuren im Boden bis zu dem kräftigen Stamm der Rose hinzogen. Sie versuchte, sich aufzurichten, aber … „Autsch!“ Eine Ranke hatte sich in ihren Locken verfangen.

„Warte! Ich helfe dir“, sagte Liam.

Behutsam löste er die Haarsträhne aus dem Dornengestrüpp. Seine Finger streiften sacht über die empfindsame Haut in ihrem Nacken. Als Nora wieder frei war, richtete sie sich hastig auf.

Liam ließ die Arme sinken. „Es wird bestimmt ein Tier gewesen sein“, meinte er und warf einen flüchtigen Blick auf den Boden. „In England haben wir häufig Probleme mit … *badgers*. Was heißt das auf Deutsch? Es sind graue Tiere, weiß-schwarz gestreifter Kopf und … nachtaktiv …“

„Vielleicht … Dachse?“

„Ja, Dachse. Dachse scharren in der Erde, um nach Insekten zu suchen.“

„Hoffentlich kommen sie nicht heute Nacht. Wir wollen nämlich hier zelten, Fanny und ich.“

„Das finde ich schön“, sagte er, schaute sie aber nicht an.

„Schau mal, Leim.“ Fanny kam angerannt und hielt ihm den Spaten hin.

Liam nahm ihn ihr ab und hielt ihn so, dass sich der graue Himmel in dem stählernen Spatenblatt spiegelte. „Und den hast du gefunden, Fanny?“

„Ja! Er war im Gewächshaus vergraben.“ Sie nahm ihm den Spaten wieder ab. „Mama sagt, ich kann ihn behalten. Er hat bestimmt mal einem Kind gehört. Udo hat mir einen neuen Stiel gemacht.“

Liam nickte abwesend.

„Hast *du* den Weg gepflastert, Liam?“, fragte Nora.

Er nickte wieder.

„Der ist toll geworden! Die Rose sieht dort hinten aus wie eingerahmt.“

„Ah, natürlich, ich hätte wissen müssen, dass du es erkennst! *If you have a view, use it*“, sagte er. „Das ist nicht von mir, sondern von Vita Sackville-West. Aber es stimmt.“

„Die Gärtnerin von Sissinghurst? Die Gartenschriftstellerin?“, fragte Nora begierig. „Oh, ihren Weißen Garten möchte ich so gern mal sehen! Du kennst ihn sicher, oder?“

Liam setzte sich ins Gras, Schmetterlinge ließen sich auf seinen Knien nieder. „Er ist wunderbar. Vita hat ihn angelegt, weil es im Garten keine Lampen gab. Die weißen Blüten und die silbrigen Blätter haben das Mondlicht reflektiert, wenn sie von ihrem Schlossturm, in dem sie schrieb, nachts zurück ins Familienhaus ging. Im Mittelpunkt dieses Weißen Gartens gibt es einen Pavillon, an dem eine Bobbie James wächst. Sie ist riesig! Da muss man als Gärtner mal gewesen sein."

Nora seufzte. „Wenn heute Nacht der Mond scheint, gehe ich raus und schaue, ob unsere Rose auch den Mondschein reflektiert. Dann schreibe ich ein Gedicht im Zelt und bilde mir ein, ich sitze in einem Turm."

„Wenn es wirklich eine Moonlight ist, sollte sie im Mondlicht schimmern. Sonst wird sie ihrem Namen nicht gerecht."

Nora schaute Liam nicht an. Also sah sie auch nicht, dass er lächelte.

ALS NORA das zweite Gewächshaus betrat, staunte sie nochmals. Auch hier war alles fertig umgegraben. Die schweren Tüten mit dem Dünger waren verschwunden, also nahm sie an, dass er bereits eingebracht worden war. Gegossen war auch. Der Duft von feuchter Erde hing in der Luft.

Liam folgte ihr.

„Wie hast du die Freiwilligen zu so harter Arbeit getrieben?", fragte Nora und sah anerkennend auf die unkrautfreie Fläche vor sich.

Liam sah geschmeichelt aus. „Ich hab niemanden getrieben. Ich hab das Gewächshaus allein umgegraben."

„Wow!", erwiderte Nora und sah auf seine muskulösen Arme. „Nun könnte man pflanzen. Wenn wir nur wüssten, was …"

„Wir haben mit dem Pflanzen und Säen extra auf dich gewartet. Das andere Gewächshaus ist ja schon fast voll."

Nora sah sich um. „Wo hast du dein Zelt gelassen?"

„Im anderen Gewächshaus. Hier lagen übrigens alte Rosenstöcke, hast du das gesehen? Vielleicht sollte man es als Zeichen nehmen und ein Gewächshaus ausschließlich mit Rosen bepflanzen."

„Essen!", rief in diesem Moment Ellie von der Terrasse zu ihnen herüber.

Nora zuckte mit den Achseln. „Ich weiß nicht, wofür ich mich entscheiden soll", gestand sie, während sie in Richtung Haus gingen. „Ich habe mal von Mohn geträumt. Beeteweise Mohn! Klatschmohn, Schlafmohn, Goldmohn, Islandmohn, Orientalischer Mohn. Einjähriger Mohn, zweijähriger Mohn, Staudenmohn."

„Wusstest du, dass wir in England am 11. November den *Poppy Day* feiern? Da steckt sich jeder eine Mohnblüte an."

„Im Herbst blüht der Mohn doch gar nicht", meinte Nora.

„Es ist eine Mohnblüte aus Stoff, Pappe oder Papier. Poppy Day ist der Gedenktag an die Gefallenen des Ersten Weltkriegs. Auf ihren Gräbern wuchs zuerst roter Mohn, auf der frisch aufgeworfenen Erde. So steht es in einem Gedicht. Wir mussten es in der Schule auswendig lernen."

„Mohn mag offenen Boden“, bestätigte Nora. „Wie gepflügte Felder. Oder wie Gräber.“ Sie schüttelte sich. „Wie schrecklich. Das ist das Aus für meine Mohnpläne in der alten Gärtnerei.“

„Vielleicht ist auch nur eine Pflanzenart zu wenig für das große Gewächshaus“, gab Liam zu bedenken.

Nora nickte. „Stimmt. Aber wenn wir jemals etwas hier anpflanzen, fände ich es schön, wenn es eine Art übergeordnetes Thema gäbe. So etwas wie alte Nutzpflanzen, Steppenpflanzen oder Duftpflanzen. Für das eine Gewächshaus ist es okay, so viel Unterschiedliches anzubauen, es sind geschenkte Pflanzen, aber in Zukunft …“ Sie wagte nicht weiterzudenken.

„Den Garten, den man haben will, bekommt man nur, wenn man streng ist“, sagte Liam. „Das ist übrigens auch nicht von mir …“

„… sondern wieder von Vita Sackville-West?

„Genau. Du möchtest also eine Vision für die Gärtnerei?“ Liam klang nachdenklich.

„Ja, falls es mit dieser Gärtnerei jemals ernst werden sollte … Ach, wahrscheinlich ist das alles sowieso nur Träumerei. Wir werden sie niemals behalten dürfen. Und selbst wenn … Für einen gut gehenden Betrieb ist sie viel zu weit von Berlin entfernt. Einen Sponsor brauchen wir auch, aber das Grundstück liegt zu einsam für ein Unternehmen. Wir haben es schließlich selbst nur durch Zufall gefunden. Wer sollte hier schon herkommen?“

„Das kommt drauf an“, erwiderte Liam, während sie die Treppen zur Terrasse hochgingen. „Es gibt PR, es gibt Marketing. Ihr habt es noch nie versucht. Es könnte ein Ausflugsort für Berliner sein, meinst du nicht? Sissinghurst ist auch zwei Stunden von London entfernt. Und du solltest mal sehen, was da los ist. Vita Sackville-West hatte ebenfalls eine Vision. Der Weiße Garten, der Sonnenuntergangsgarten, der Frühlingsgarten …“

„Das klingt wunderbar …“ Nora überlegte, wie sie einen Sonnenuntergangsgarten gestalten würde. Warme Rot- und Violetttöne – Rosen, Sonnenhüte und Fette Henne, Pfingstrosen und ja, vielleicht auch ein, zwei Mohnstauden. Orangefarbene Fackellilien und Taglilien, ein bisschen Gelb von Sonnenhüten und Schafgarbe, und dunkles, duftendes Braunrot wie das von der Schokoladenblume …

„*Ich* habe die Vision von Kartoffelsalat und Buletten“, verkündete Ellie strahlend, die ihre letzten Worte gehört hatte. „Von Schwärmereien allein werdet ihr nicht satt.“

Nora und Liam lachten und setzten sich an den Tisch, an dem Margarete und Fanny bereits aßen.

Da bemerkte Nora aus den Augenwinkeln eine Bewegung. „Oh, da kommen wieder Freiwillige! Wie schön!“ Sie zeigte in Richtung Tor, durch das gerade Hand in Hand ein Mann und eine Frau schlenderten.

Der Mann war groß und breitschultrig. Er hatte ein offenes, freundliches Gesicht und sah aus, als würde er jeden, der die zierliche Frau an seiner Seite mit einem falschen Wort bedachte, persönlich aus dem Weg schaffen.

Die Frau, fast einen Kopf kleiner als ihr Begleiter, kam Nora bekannt vor, aber es dauerte einen Moment, bis sie sie erkannte. „Das ist ja Romy Fritsch!“, rief sie dann überrascht.

„Wer ist Romy Fritsch?“, fragte Liam.

„Die begabteste junge Floristin, die ich kenne. Eine Frau, die ein Händchen für alles Blühende hat. Sie ist die Enkelin der Frau, die im Krieg in der alten Gärtnerei gearbeitet hat. Unsere letzte Verbindung zur Vergangenheit.“

Liam ließ die Gabel sinken.

17. Kapitel

Romy lächelte Nora schüchtern an. „Hallo Frau Dittbrenner. Ich wollte schon lange mal vorbeikommen, aber die Hochzeit hat mich ziemlich in Atem gehalten. Sie haben ja ganz schön Staub aufgewirbelt. Ich hab alles über die alte Gärtnerei im Internet gelesen. Und im Fernsehen waren Sie auch! Oh, und das ist mein … Mann. Tino.“ Sie wirkte, als wäre es noch sehr ungewohnt für sie, Tino als ihren Ehemann vorzustellen.

„Herzlichen Glückwunsch!“, beglückwünschte Nora sie. „Und wollen wir uns nicht duzen? Schön, dass du es zu uns geschafft hast, Romy. Ellie und Margarete kennst du ja. Und das ist Liam Tremayne.“ Sie wies auf Liam. „Er ist extra aus England gekommen, um uns zu unterstützen.“

„Sie haben da einen Schmetterling im Haar“, sagte Romy zu Liam. „Ach nein, es sind zwei!“

Liam fuhr sich übers Haar, und die Schmetterlinge flatterten hoch. Aber nur, um sich gleich wieder niederzulassen.

„War eure Hochzeit schön?“, fragte Nora.

Aber plötzlich schien Romy Nora nicht mehr zu hören. Sie schaute verträumt in die Ferne.

„Romy?“, fragte Tino besorgt. Er nahm sie an den schmalen Schultern und rüttelte sie sanft. „Romy!“

Wieder eine, dachte Nora.

Romy kam in ihre Welt zurück. Sie sah irritiert aus. „Ich weiß noch, wie ich früher mit meiner Oma Beete angelegt habe“, sagte sie unvermittelt.

„Am liebsten im Wald, nur mit Moos, Blättern, ausgegrabenen Pilzen und Blaubeerkraut. Wie seltsam, ich hab mich eben genau wie damals gefühlt. Als würde ich Pilzluft riechen und feuchtes Moos in den Händen halten."

„Nora hat gefragt, wie unsere Hochzeit war", wiederholte Tino.

Romy strahlte, jetzt wieder ganz im Hier und Jetzt. „Wunderbar war sie!"

Sie sah verändert aus, fand Nora. Sie leuchtete von innen. Als ob die Ehe sie sehr glücklich machen würde. „Willst du dich mal umsehen?", fragte sie.

Romy zögerte. „Eigentlich nicht. Die alte Gärtnerei war irgendwie ... das Geheimnis meiner Oma. Wenn sie gewollt hätte, dass ich herkomme, hätte sie mich einfach mitnehmen können, oder?" Nora verstand, was sie meinte. „Ich ... wollte dir noch etwas sagen, das mir zur Gärtnerei eingefallen ist."

„Ja?"

„Als mein Vater starb, vor fünfzehn Jahren, da hat meine Oma nach dem Begräbnis gesagt, sie hätte nur einmal im Leben so sehr geweint wie an jenem Tag. Und das wäre gewesen, als Gärtnermeister Kirsch sich das Leben genommen hätte."

„Er hat sich umgebracht?", fragte Nora.

„Ja, das hat er wohl. Das hat meine Oma jedenfalls damals gesagt. Ich fand das so unfassbar traurig, dass ich es verdrängt habe. Ich meine, mein Vater war gerade gestorben."

Die Gedanken überschlugen sich in Noras Kopf, aber sie brauchte etwas Zeit, das Gehörte einzuordnen. „Und die kunstvollen Blumengebinde, die machst du hoffentlich weiter, Romy?", fragte sie abwesend.

„Ja! Ich habe durchgesetzt, den Blumenschmuck für unsere Hochzeit allein zu entwerfen, und danach haben ein paar Freunde von mir gefragt, ob ich das bei ihren Hochzeiten nicht auch machen kann. Die Kirche sah toll aus, mit Sommerblumen und ein bisschen wild, als ob mitten in der Kirche eine Blumenwiese wachsen würde ..."

Nora warf Liam einen kurzen Blick zu, und er nickte unmerklich. Ich verstehe, was du meintest, schien das zu bedeuten. In diesem Moment spürte sie einen Tropfen auf ihrer Hand.

„Endlich! Es fängt an zu regnen. Das wird auch höchste Zeit! Es ist viel zu trocken!", rief Romy fröhlich. „Ich nehme das mal als Zeichen, dass wir lieber fahren sollten. Oh ... bevor ich's vergesse ... Hier ist meine Visitenkarte! Wenn du mal jemanden brauchst, der außergewöhnliche Sträuße bindet. Tschüs dann! Wir bleiben in Kontakt – über Facebook. Komm, Tino!"

Sie wollten gehen, aber da trat Liam auf einmal auf Romy zu. Er griff nach ihrer Hand, führte sie zu seinem Mund und hauchte einen leichten Kuss darauf. Dann ließ er sie los.

„Wofür war das denn?“, fragte Romy errötend.

„Eine Erinnerung. *A memory of the past*“, sagte Liam. Er machte keine Anstalten zu erklären, was er damit meinte.

„Dankeschön. Auch wenn ich nicht weiß warum.“ Romy knickste verlegen, was so seltsam wirkte, dass alle lächelten.

Nora schaute zum Himmel. „Wir müssen rasch unser Zelt aufbauen, wenn wir wirklich hier schlafen wollen.“

„Im Regen wollt ihr doch sicher nicht hier zelten, oder?“, fragte Liam.

„Doch, bitte, bitte, du hast es versprochen, und was man verspricht, muss man halten“, quengelte Fanny.

„Da kennst du uns Dittbrenner-Frauen aber schlecht!“, erwiderte Nora. „Jetzt erst recht.“

Fanny quietschte begeistert und klatschte in die Hände.

„Ich helfe euch.“

Zu dritt joggten sie zu Margaretes Wagen, holten das Zelt mitsamt dem Campingzubehör heraus und brachten es in das Gewächshaus, in dem auch Liams Zelt stand. Viel Schutz bot es ihnen nicht, trotzdem fühlte Nora sich hier geborgener, als wenn sie draußen auf der Wiese gezeltet hätten.

Als das Zelt stand, hörte man es in der Ferne über dem Feld donnern. Sie liefen zurück zur Terrasse, wo Ellie und Margarete rasch zusammenpackten.

„Wir fahren nach Hause!“, erklärte Ellie. „Und morgen um zwei wird es ernst! Charlie holt euch rechtzeitig ab!“

„Und bis dahin – viel Spaß, ihr drei!“, sagte Margarete munter.

„Was machen wir jetzt?“, fragte Nora und schaute auf die Uhr. „Es ist noch nicht sehr spät.“

„Tee trinken“, antwortete Liam. „Was sonst?“

„Tee trinken ist langweilig. Ich geh in meine Höhle, spielen“, sagte Fanny und zog sich die Kapuze über.

„Wenn es doller gewittert, komm wieder zurück, okay?“, mahnte Nora.

Fanny nickte.

„Darf ich dich in mein Zelt einladen?“, fragte Liam.

Nora lachte. „Gesprochen wie ein englischer Gentleman. Ja, du darfst.“

„Du darfst auch die Schuhe anbehalten“, bemerkte er zuvorkommend.

Nora lachte wieder. „Danke.“

Liam reichte ihr einen Becher Tee. „So. Gärtnermeister Kirsch hat sich also umgebracht“, sagte er und nahm einen Schluck. „Warum wohl?“

„Ich weiß es nicht.“ Nora nippte an ihrem Tee. „Es waren harte Zeiten. 1942 tobte der Krieg. Er muss sehr allein gewesen sein.“

Liam sah sie schweigend an. Nora wartete darauf, dass er auch über das Leben des Gärtners spekulierte. Aber sein Schweigen zog sich hin. Dann donnerte es laut, diesmal dicht über ihnen. Ein Blitz zerschnitt den Himmel und erleuchtete das Gewächshaus. Fanny, dachte Nora. Wo bleibt sie nur?

In diesem Moment holte Liam tief Luft. „Nora, ich …“

Da kam plötzlich Fanny auf sie zugerannt. „Schau mal, wie nass ich bin, Mama!“, rief sie. Sie schüttelte sich wie ein kleiner Hund, sodass die Wassertropfen von ihrer Jacke abspritzten.

„Lass das, Fanny!“, schimpfte Nora und kroch aus Liams Zelt. „Es wird doch alles nass hier drin!“

Liam blickte zu Noras Zelt. „Ich glaube, in eurem Zelt *ist* schon alles nass.“ Er ging hinüber und fuhr mit der Hand zwischen Außenplane und Bodenplane entlang. „Tatsächlich, da muss etwas kaputt sein.“

Inzwischen trommelten die Regentropfen schwer auf sie herunter.

„Vielleicht müssen wir doch nach Hause fahren“, meinte Nora.

„Bei mir im Zelt ist es auch ziemlich feucht. Kein Wunder, bei dem heftigen Regen. Aber wir könnten im Haus schlafen“, schlug Liam vor.

„Au ja, im Haus! Da ist es trocken!“ Fanny zerrte ihren Schlafsack aus dem Zelt, in den Regen hinein, der unvermindert auf sie niederprasselte. Wieder donnerte es. Hastig griffen Nora und Liam nach Isomatten, Schlafsäcken und Fannys Kuschelkissen. Dann rannten sie zu dritt los, raus aus dem Gewächshaus, über die Wiese und durch den Heckenpfad. Das Wasser schien von allen Seiten auf sie einzustürzen, der Himmel hatte grollend und blitzend seine Schleusentore geöffnet.

Nora hatte keine Angst vor Gewitter, trotzdem war sie froh, als sie das Haus erreichten. Still und dunkel stand es da. Im Inneren war es düster, aber es roch nicht mehr ganz so muffig wie bei ihrer ersten Besichtigung.

„Ich möchte auf gar keinen Fall oben schlafen“, sagte Nora. Sie musste an Gärtnermeister Kirsch denken, der vor vielen Jahren seinem Leben ein Ende gesetzt hatte, an die unheimliche Atmosphäre auf dem Dachboden … Dort hat er es getan, dachte sie.

Sie durchquerten den Flur. Das große Zimmer, an das sich die Terrasse anschloss, war mehr als renovierungsbedürftig.

„Hier ist es nicht schön, aber wenigstens trocken“, sagte Nora und breitete ihre beiden Isomatten nahe der Terrassentür aus. So konnten sie das Gewitter noch ein bisschen beobachten.

Fanny zog sich Schuhe und Jacke aus und krabbelte gleich in ihren Schlafsack hinein. Zufrieden seufzend schloss sie die Augen und war im nächsten Moment eingeschlafen.

Nora strich ihrer Tochter übers Haar. „Gute Nacht, mein Schatz."

Das Gewitter schien weiterzuziehen. Nur gelegentlich erhellte noch ein Blitz den dunklen Raum.

Nora schlüpfte in ihren Schlafsack. Liam hatte seine Campingsachen ein paar Meter weiter ausgebreitet. Er kam zu ihr herüber. Sie konnte seinen Gesichtsausdruck nicht erkennen, als er sagte: „Nora, ich würde morgen gern zu dem Grab des Gärtners gehen. Du weißt doch, wo das ist, oder?"

„Ja. Das machen wir."

„Danke. Und gute Nacht." Er ging zurück zu seinem Lager.

„Gute Nacht, Liam."

EIN GELLENDER SCHREI weckte Nora. Sie fuhr auf, ihr Herz raste, und sie brauchte einen Augenblick, bis sie sich orientieren konnte.

„Fanny!" Da sank ihre Tochter auch schon weinend auf ihren Schoß. „Fanny! Was hast du?"

„Hier … sind … tote Kinder …", schluchzte Fanny. „Im Haus … "

Nora schlang die Arme um Fanny. „Du hast geträumt. Alles ist gut. Es gibt hier keine toten Kinder. Beruhige dich, mein Schatz. Komm, schlaf weiter."

Fanny jammerte. „Nein … ich kann hier nicht schlafen. Ich will we…eg." Sie zitterte am ganzen Körper. Besorgt legte Nora ihr die Hand auf die Stirn.

Liam hatte seine Taschenlampe angemacht und kam zu ihnen herüber.

„Sie ist völlig außer sich", sagte Nora leise, als er sich neben sie kauerte. „Was machen wir denn jetzt?"

„*Einen* Ort haben wir noch, an dem wir schlafen können."

Minuten später wanderten sie zum zweiten Mal in dieser Nacht über das Gelände, ihre Isomatten und Schlafsäcke unter den Arm geklemmt. Es hatte aufgehört zu regnen, die Nacht war schwer von der Feuchtigkeit.

Nora warf einen Blick auf ihre Armbanduhr: Es war halb drei.

Die kleine Prozession zog zu Liams Wagen. Liam öffnete die Hecktür des Kombis und klappte die Rückbank um. Sie legten Noras und Fannys Isomatten und Schlafsäcke auf eine alte karierte Decke. Fanny streifte die Schuhe ab und krabbelte in ihren Schlafsack.

Nora legte sich neben sie. „Besser?", fragte sie und strich ihr übers Haar.

„Ja. Viel besser", gab sie mit vom Weinen heiserer Stimme zurück.

„*Night, night, sleep tight*", flüsterte Liam.

Fanny drehte sich ein paar Mal hin und her, seufzte tief – dann war sie auch schon wieder eingeschlafen. Nora schloss die Tür hinter sich und versuchte, es sich irgendwie gemütlich zu machen. Sie warf sich hin und her und seufzte. Dann setzte sie sich halb auf und blickte zu Liam nach vorne.

Liam saß in seinem Schlafsack mit angezogenen Beinen quer auf der Vorderbank. Mit dem Rücken hatte er sich gegen das beschlagene Fenster gelehnt. „Was hat Fanny so verängstigt?", fragte er leise.

„Dieses Grundstück und dieses Haus wecken Erinnerungen. Fanny scheint dafür besonders empfänglich zu sein. Am Anfang hatte sie auch entsetzliche Albträume, besonders nachdem sie in der Nähe der Rose gespielt hatte", gab Nora leise zurück. „Sind bei dir keine Erinnerungen hochgekommen, als du die alte Gärtnerei das erste Mal betreten hast?"

„Nein, kann ich nicht sagen. Zu mir kommen dafür Schmetterlinge."

Nora nickte. „Wenn ich es mir recht überlege … Es scheinen nur Frauen zu sein, die das spüren. Ich glaube, es hat etwas mit der Erde zu tun. Vielleicht heißt es deshalb Mutterboden?" Sie gähnte. „Was für eine Nacht."

„Nora …"

„Ja?"

„Musst du in Berlin aus euerm Haus ausziehen? Ihr habt euch neulich darüber unterhalten."

„Das kann sein. Wir haben morgen Nachmittag ein Gespräch mit dem Hausbesitzer. Wir glauben, dass er unser Haus an ein englisches Konsortium verkaufen will. Deshalb waren wir so misstrauisch, als du plötzlich auftauchtest. Wir konnten uns nicht vorstellen, dass es ein Zufall war, dass du auch aus England kommst."

„Ach deshalb! Ich hab mich schon über euer Misstrauen in den ersten Tagen gewundert … Und jetzt seid ihr überzeugt, dass ich nichts damit zu tun habe?"

Nora zögerte. „Ich kann nicht für die anderen sprechen. Aber ich bin überzeugt, dass du nichts damit zu tun hast."

„Gut. Denn das habe ich nicht." Er schwieg kurz. Dann fragte er: „Wenn du die Wahl hättest, euer Haus zu retten oder die Gärtnerei … Wie würdest du dich entscheiden?"

Nora dachte kurz nach. Das Haus war das Zuhause ihrer kleinen Familie und ihrer Freunde. Die Gärtnerei dagegen war das Zuhause ihrer Träume.

„Ich würde die Gärtnerei nehmen", flüsterte sie.

Liam beugte sich über die Rückenlehne, bis sein Gesicht ihrem ganz nah war. Mit der Hand fasste er sanft in ihre Locken.

„Ich denke, es ist Zeit für einen Gutenachtkuss. *Don't you think?*"

NORA wurde davon wach, dass Fannys Beine samt Schlafsack auf ihrem Bauch lagen. Vorsichtig schob sie sie zur Seite und rappelte sich hoch, um durchs Seitenfenster schauen zu können.

Es war noch früh. Die Sonne schien durch die Kiefern. Im Wagen war es kühl. Sie legte sich wieder hin und ließ die Nacht Revue passieren. Das düstere Haus, Fannys Albtraum. Liams Wagen. Liams Kuss.

Schön war es gewesen. Sie hielt einen Moment lang die Luft an. Dann atmete sie langsam wieder aus, bedacht darauf, kein verräterisches Geräusch zu machen.

Aber offenbar war sie nicht leise genug. Denn Liam war auch wach.

„Nora … Ich habe gerade gedacht … Wie wäre es mit Pflanzen, die je nach Tageszeit ihre Blüten öffnen?“, flüsterte er. „Dann wäre jetzt die Zeit für die *Morning Glory*. Und abends für die *Mother-of-the-evening*. Man braucht keine Uhr. Man braucht nur Blumen.“ Er setzte sich auf und lächelte sie erwartungsvoll an.

Sie lächelte zurück. „Eine Zeitgärtnerei. Das ist eine schöne Idee. Auch wenn ich keine Ahnung habe, was das für Blumen sind, die du im Sinn hast“, antwortete sie. „Macht ihr so etwas in der Gärtnerei, in der du arbeitest? Wo arbeitest du überhaupt zurzeit? Und bei wem?“

„Nein, das mit den Blumen, die die Zeit bestimmen, ist mir eben erst eingefallen. Die Gärtnerei, in der ich arbeite, gehört … meiner Familie.“

„Den Tremaynes?“

„Genau.“

„Wie schön muss es sein, wenn man bei dem, was man am liebsten macht, von der Familie unterstützt wird. So was hab ich mir immer gewünscht.“

„Manchmal geht das nicht so einfach“, widersprach Liam. „Mein Sohn zum Beispiel fasst keine Blume freiwillig an. Die Gärtnerei interessiert ihn einfach nicht. Und trotzdem ist David ein toller kleiner Kerl. Es ist so schön, wenn ich ihn habe. Und meine Mutter verwöhnt ihn immer nach Strich und Faden. Ist ja auch ihr einziges Enkelkind.“

Die Erinnerung an den Kuss erlaubte Nora zu fragen: „Wie ist denn Davids Mutter?“

Liam seufzte. „Amy … *a beautiful mistake*. Ein Citygirl. Sie fasst auch keine Blume freiwillig an. Das hat sie mit David gemeinsam. Muss sie ja auch nicht. Sie hat in London jemanden gefunden, der besser zu ihr passt.“

„Keinen Gärtner“, riet Nora.

„Nein. Sie würde wohl genauso wenig denselben Fehler zum zweiten Mal machen wie ich.“

In diesem Moment regte Fanny sich. Sie setzte sich auf, mit rosigen Wangen, die blonden Locken zerzaust. „Ich hab Hunger“, verkündete sie.

Eine halbe Stunde später saßen sie in einem Café an der B96, das zu einer Tankstelle gehörte. Der junge Tankwart gähnte, als er ihnen Kaffee, Kakao und belegte Brötchen über den Tresen reichte.

Es schmeckte erstaunlich gut. So sieht also das erste Frühstück nach dem ersten Kuss aus, dachte Nora und biss in ihr Salamibrötchen. Das hatte sie schon vergessen, so lange war das letzte Mal her. Liam blinzelte ihr kurz zu, und sie hätte schwören können, dass er dasselbe dachte wie sie.

„Da ist es." Nora zeigte auf den Grabstein von Theodor Kirsch. Seit ihrem letzten Besuch hatte sich das Grab verändert. Die Funkie hatte ihre großen grünen Blätter ausgebreitet, die Maiglöckchen waren bereits verwelkt, der Efeu hatte sich mit seinen Ranken zum Nachbargrab hin breitgemacht.

Nora ärgerte sich. Sie hätte gern ihr Gartenwerkzeug zur Hand gehabt, um die Ruhestätte des Gärtnermeisters ein bisschen zu pflegen.

Liam stand neben ihr und ließ den Blick über das Grab wandern. Er las die Inschrift wieder und wieder und sah Nora schließlich fragend an.

„Es möge leben, wachsen und gedeihen", sagte sie.

Er nickte, blieb weiter regungslos stehen.

Da zupfte ihn Fanny am Ärmel. „Soll ich dir mal zeigen, wo ich die Steine gefunden habe?", fragte sie.

„Welche Steine?" Liam sah fragend zu Nora.

„Fanny sammelt gern Dinge. Hier hat sie auch etwas gefunden", erklärte sie, aber da zog Fanny ihn schon in Richtung Grabstein.

„Hier, guck mal, Leim! Mama hat gesagt, ich darf nur drei mitnehmen", beklagte sie sich. „Dabei liegen hier noch so viele."

„Wir wissen nicht, wer sie hingelegt hat, da kannst du nicht einfach alle einsammeln", erklärte Nora geduldig.

Liam kniete sich neben Fanny. Mit dem Zeigefinger fuhr er über den Kieselhügel. Dann wanderte sein Blick über den Grabstein. Der obere Rand war mit einer dicken grünen Moosschicht bedeckt. Liam kratzte ein bisschen an dem Moospolster, und plötzlich hielt er einen kleinen Stein auf der flachen Hand. „*Look* – sieh mal hier!", sagte er.

Da erst sah Nora, dass unter der Moosschicht viele Steine lagen. Plötzlich machte der kleine Kieselberg hinter dem Grabstein Sinn: Jemand hatte immer und immer wieder Steine auf den Grabstein gelegt, die irgendwann heruntergefallen waren. „Den Brauch mit den Steinen kenne ich nur von jüdischen Friedhöfen", meinte sie. Fanny sah sie fragend an. „Immer wenn man das Grab besucht, legt man einen kleinen Stein darauf", erklärte Nora.

„Warum?", fragte Fanny.

„Das ist ein Zeichen der Erinnerung."

„Warum Steine?"

„Das weiß ich nicht, Fanny. Muss ich zu Hause nachschauen, okay?"

„*I know it* – ich weiß es", sagte Liam. „Die Israeliten wurden in der Wüste unter kleinen Steinpyramiden begraben. Aber diese wurden im Laufe der Zeit abgetragen, und deshalb haben alle, die das Grab besucht haben, Steine mitgebracht, um die Pyramiden wieder aufzustocken."

„Dann hat jemand, der den jüdischen Brauch kannte, Theodor Kirschs Grab besucht und immer wieder einen Stein hingelegt. Nur seltsam, dass das hier kein jüdischer Friedhof ist", fügte Nora hinzu. „Und Kirsch war auch kein Jude, sonst wäre auf seinem Grabstein wohl kein Kreuz. Dennoch muss es eine Verbindung zur Gärtnerei geben. Ich bin sicher, dass Magda Fritsch die Steine hingelegt hat. Als Erinnerung an Kirsch. Vielleicht hatte er jüdische Wurzeln, und sie hat mit den Steinen daran erinnern wollen?"

Liam wandte sich ab und ging zu einem großen rechteckigen Granitstein, der am Ende des Ganges stand. „Was bedeutet das?", fragte er.

„Das ist ein Grabstein für fünfzehn Häftlinge vom Todesmarsch", sagte Nora.

„Was war der Todesmarsch?", fragte Liam.

„1945 wollten die Nazis die Gefangenen aus dem Konzentrationslager Sachsenhausen wegschaffen, als die russischen Truppen näher kamen. Sie mussten nach Nordosten marschieren. Viele überlebten das nicht. Wie die Armen hier." Sie zeigte auf den Grabstein. „Sachsenhausen ist keine zwanzig Minuten entfernt."

„So nah … ein Konzentrationslager?", fragte Liam. Entsetzen schwang in seiner Stimme mit.

„Du bist in Deutschland. Vielleicht ist die Vergangenheit da allgegenwärtiger als bei euch in England."

Liam schüttelte den Kopf. „Nein. Wir und die Monarchie, die alten Gebäude – das ist auch allgegenwärtig. Aber nicht so verstörend."

Während Nora sich noch wunderte, was genau er damit meinte, klingelte ihr Handy. „Das ist Margarete." Nora nahm ab. „Ja, Margarete, was gibt's?" Sie lauschte Margaretes aufgeregten Worten und spürte Panik in sich aufsteigen. Als sie das Gespräch beendete, sah sie Liam an.

„*What's up* – was ist los?", fragte Liam.

Nora wollte antworten, brachte aber kein Wort heraus. Es musste an dem Kloß in ihrem Hals liegen, an dem die Wörter nicht vorbeikamen. Sie räusperte sich, und dann gelang es endlich. „Wir haben ein Einschreiben bekommen. Sie kündigen die Räumung des Grundstücks an. Bitte, Liam, lass uns zur Gärtnerei zurückfahren! Ich hab ein ganz schlechtes Gefühl. Die anderen kommen so schnell wie möglich. Nur Margarete bleibt in der Stadt."

„Warum?"

„Weil heute Nachmittag unser Treffen mit Stegemann ist! Hoffentlich sagt er uns nicht, dass wir aus dem Haus müssen. O Gott, hoffentlich ist dies nicht der Tag, an dem wir alles verlieren!"

„DAS IST DER BRIEF!“, rief Ellie und überreichte Nora mit zittrigen Fingern ein Blatt Papier, kaum dass sie aus dem Wagen gestiegen war.

Nora las laut: „*Aktenvorgang 83/37/78. Da Sie das Grundstück der Gemarkung 11 Kat 97-14 trotz wiederholter Aufforderung, dieses zu unterlassen, weiterhin eigenmächtig nutzen, erheben wir Anklage wegen Landfriedensbruch. Für das Schloss, das von Amts wegen angebracht und wenig später von Ihnen zerstört wurde, werden Sie sich gerichtlich zu verantworten haben. Zudem verlangen wir dafür Schadensersatz (Zustellung erfolgt mit gesondertem Schreiben).*“

„Korinthenkacker“, murmelte Udo.

„*Wir werden die Räumung der Gemarkung 11 Kat 97-14 nach erfolgtem Räumungsbeschluss umgehend einleiten*“, fuhr Nora fort. „*Hochachtungsvoll … Amtsleiter sowieso …*“

Ellie schniefte, Udo hatte die Fäuste geballt, Charlie sah wütend aus.

„Oh, und hier steht noch was“, sagte Nora und drehte das Schreiben um. „*Dem Schreiben liegt die gerichtliche Verordnung zugrunde, dass sich für die Gemarkung 11 Kat 97-14 trotz öffentlichen Aufrufs kein anspruchstellender Erbe gemeldet hat und somit das Bundesland Brandenburg der Eigentümer ist. Der Eintrag in das Grundbuch ist am 20. Mai dieses Jahres erfolgt und somit rechtsgültig.*“

„Schaut euch dieses Datum an!“, schimpfte Charlie. „Das heißt, sie wussten nichts von dem Grundstück, sind erst durch uns darauf aufmerksam geworden! Von wegen öffentlicher Aufruf!“

„Aber wenn doch nie jemand Anspruch erhoben hat?“, gab Ellie zu bedenken. „Und es nun mal dem Land Brandenburg gehört? Das ist doch das, was wir nicht wollten. Mit dem Gesetz in Konflikt zu geraten!“

„Mir ist das egal“, behauptete Charlie.

Nora war das überhaupt nicht egal, aber sie kommentierte es nicht. Stattdessen fotografierte sie das Schriftstück. „Ich poste das auf Facebook. Wir haben so viele Freunde, da kann doch jemand herkommen und uns helfen“, sagte sie. „Vielleicht ist ja ein Rechtsanwalt dabei!“

Sie drückte auf *Posten*, und schon war der Aufruf im Äther verschwunden.

Zu sechst gingen sie aufs Grundstück. Und warteten.

ZEHN MINUTEN SPÄTER klingelte ein Handy.

„Ist nicht meins“, sagte Charlie.

„Meins auch nicht“, stellte Nora fest.

„Mein Handy ist im Wagen“, erklärte Udo, und auch Liam machte keine Anstalten, in seine Hosentasche zu greifen.

„O Gott, das ist meins!“, rief Ellie. Sie bekam so selten einen Anruf, dass sie grundsätzlich nicht damit rechnete. Es klingelte und klingelte, bis sie ihr altes Klapphandy endlich aus den Tiefen ihrer Tasche hervorgekramt hatte.

„Guten Tag, Sie sprechen mit Ellie Wagenknecht“, begrüßte sie schließlich den Anrufer, als ob sie in einem Call Center arbeitete.

Nora verdrehte die Augen.

„Wer? Wie? Ach, du bist das! Du! Ach! Ach! Das ist ja … Das ist … großartig! Wo? Das hast du gesehen? Ja! Ja! Komm!“ Und dann war das Gespräch auch schon wieder beendet. Ellie klappte das Handy zu und schaute mit glänzenden Augen in die Runde. „Ihr ratet niemals, wer das war!“

„Dann sag’s uns doch!“, forderte Nora sie ungeduldig auf.

„Stefan! Er hat eben bei Facebook gelesen, dass das Grundstück geräumt werden soll. Er setzt sich ins Auto und kommt her! Mein Junge!“

„Ellie, nun übertreib nicht!“, fuhr Udo sie an. „Jahrelang meldet er sich kaum, und dann bist du bei einem einzigen Anruf ganz aus dem Häuschen.“

Ellie ließ die Hände sinken. „Ich hab mich so gefreut, seine Stimme zu hören. Du verstehst das nicht. Du hast ja keine Kinder“, sagte sie bebend.

„Nein, hab ich nicht“, entgegnete Udo. „Aber ich verstehe ganz gut, wie das zwischen euch funktioniert. Er ist nicht nett zu dir, und du bist für jedes Krümelchen Zuneigung dankbar. So, ich gehe jetzt ins Heizhaus und suche meine Sachen zusammen. Falls sie kommen, will ich vorbereitet sein. Kannst du mir tragen helfen, Liam?“

„Sure.“

„Ich komme auch mit.“ Charlie ging hinter Udo und Liam her.

„Ich geh zu meiner Rose!“ Fanny rannte unbeschwert in Richtung Wiese.

„Udo meint es nicht so“, sagte Nora tröstend zu Ellie.

„Doch, er meint es genau so“, widersprach Ellie, und in ihren Augen standen Tränen. „Und das Schlimmste ist, dass er recht hat. Aber verdammt noch mal, man liebt seine Kinder eben!“ Zwei Tränen kullerten ihre Wangen hinunter. „Und ich hab Stefan so lange nicht gesehen.“

Nora strich ihr über den Rücken. „Ich versteh dich, Ellie …“ Mitten in der Bewegung hielt sie inne. „Was ist das?“

„Was denn?“, fragte Ellie. Dann schwieg sie. „Oh … Ich fühle es auch.“

Die Erde vibrierte. Nur ganz leicht, aber immerhin so, dass sie es durch die Sohlen ihrer Sommerschuhe spürten.

Udo, Charlie und Liam kamen zurück, beladen mit Udos Werkzeug und Elektrokabeln aus dem Heizhaus. Sie kamen von der einen Seite auf Ellie und Nora zu.

Von der anderen Seite kamen Mannschaftswagen der Polizei. Viele.

Die Wagen hielten, und schwer bewaffnete Polizisten mit Schutzschilden, Helmen und kugelsicheren Westen sprangen heraus. Eine Hundertschaft.

„Was wollen die denn hier?“, fragte Ellie verblüfft.

Aber da waren etliche von ihnen bereits links und rechts des Tores in den Wald gerannt.

„Sie räumen das Gelände! Mein Gott, sind die verrückt geworden? Wir sind doch keine Staatsfeinde!“, rief Nora entsetzt. „Fanny! Wo ist Fanny?“

Sie drehte sich um. Ihre Tochter war nirgends zu sehen. Sie rannte los, sprintete durch den Heckenweg und sah aus den Augenwinkeln, wie links und rechts vom Zaun Polizisten Stellung bezogen. Sie spurtete zur Rose.

„Fanny!“, rief sie keuchend. Keine Antwort. Sie rannte um die weiße Rose herum – und da sah sie Fanny. Sie hockte im Gras, in ihr Spiel versunken. Mit den Fingern bohrte sie in den seltsamen Löchern, die Nora am Abend zuvor entdeckt hatte. „Fanny! Hast du mich nicht gehört? Komm schnell, wir müssen weg!“ Sie zerrte das Kind hoch und wollte es mit sich fortreißen.

„Nein!“, protestierte Fanny. „Ich will hierbleiben! Ich hab was ganz Schönes gefunden! Es ist ein Schatz!“ Bockig blieb sie stehen.

„Das ist jetzt egal! Siehst du die Polizisten? Wir müssen zu den anderen.“

Vielleicht war es die Furcht in Noras Augen, jedenfalls war Fanny endlich bereit mitzugehen. Während sie zurückliefen, sah Nora durch die Ligusterhecke hindurch, dass sich die Polizisten auf dem Feld zu einer Kette formiert hatten. Auf der Waldseite sah es genauso aus!

„Ich hab was gefunden!“, rief Fanny aufgeregt, als sie endlich auf der Terrasse standen. „Was ganz Tolles! Soll ich es euch zeigen?“

Keiner der Erwachsenen beachtete sie. Sie beratschlagten, ob sie gleich zum Tor gehen sollten. Oder würde man es als Fluchtversuch werten?

„Ich hab was gefunden“, schrie Fanny plötzlich so laut, dass alle zusammenzuckten.

„Herrgott, Fanny, erschrick uns doch nicht so!“, fuhr Nora sie an. „Was ist es denn? Sag schnell.“

Fanny trat in den Kreis der Erwachsenen und öffnete langsam die Faust. Ihre kleine Hand war sehr schmutzig, und so mussten sich alle vorbeugen, um zu erkennen, was sie ihnen präsentierte.

„Ich habe einen Stern gefunden“, erwiderte sie. „Darf ich ihn behalten?“

Es war ein kleiner Davidstern. Er war stark angelaufen, an den sechs Sternenecken, wo sich die Dreiecke des Hexagramms überlappten, hafteten Sandkörner. Aber als Fanny mit dem Zeigefinger darüberfuhr, schimmerte der Stern schwach golden. An einer Zacke war eine Öse angebracht, als ob er dort mal an einer Kette gehangen hatte. Verblüfft schauten die Erwachsenen auf das Schmuckstück.

Liam sank vor Fanny in die Knie. „Oh, Fanny. Du hast Liliannes Stern gefunden“, sagte er und zog sie an sich.

Einige weiß-grüne Schmetterlinge ließen sich auf seinen Schultern nieder.

„Was sagst du, Liam? Wer ist Lilianne?“ Nora verstand gar nichts mehr.

In diesem Moment erklang über ein Megafon eine Stimme. „Wir haben die Gärtnerei umstellt! Wir werden das Gelände jetzt räumen! Leisten Sie keinen Widerstand! Zugriff!“

Charlie schrie angstvoll auf. Udo schloss sie in seine Arme. Ellie wurde blass. Fanny sah fragend zu Nora, die sie an sich zog.

Liam erhob sich, klopfte sich die Knie seiner Jeans ab und ging in Richtung Tor. Er war noch nicht weit gekommen, da rannte auch schon ein Polizist auf ihn zu. Liam riss die Arme hoch. „Stopp! Ich muss mit dem Einsatzleiter sprechen!“, verlangte er zur Überraschung seiner Freunde, die immer noch wie gebannt auf der Terrasse standen.

Ein Mann in Zivil – der Einsatzleiter – trat Liam entgegen. „Festnehmen!“, befahl er und gab seinen Männern ein Zeichen.

Liam wich ein paar Schritte zurück. „Ich bin der Besitzer der alten Gärtnerei“, erklärte er, zog ein Bündel Papiere aus seiner Hosentasche und hielt sie dem Einsatzleiter entgegen. „Ich kann es beweisen! Hier steht, worauf sich mein Anspruch auf das Grundstück begründet! Ich möchte Ihnen diesen Brief vorlesen. Und auch euch möchte ich ihn vorlesen“, sagte er und blickte zur Terrasse. „Vor allem dir, Nora. Er ist von meiner Großmutter. Sie ist Anfang März gestorben.“

18. Kapitel

My dear Liam,
diesen Brief schreibe ich auf Deutsch. Du sprichst diese Sprache. Ich habe deine Eltern gedrängt, dich auf eine zweisprachige Schule zu geben. Und ich bin froh, dass deine Eltern meinem Wunsch gefolgt sind, auch wenn mein Sohn, dein Vater, nie Deutsch lernen wollte.

Daran bin ich schuld. Theo hat das, was ich erlebt habe, mit der deutschen Sprache gleichgesetzt. Es ist kein Wunder, dass er sich verweigert hat. Er wollte vergessen, was ich ihm über meine Vergangenheit erzählt habe. Aber ich wollte meine Sprache nicht verlieren, und schließlich: Zu vergessen, was man erlebt hat, ist unmöglich.

Dein Vater war ein wunderbarer Mann. Als er starb, zerbrach etwas in deinem Großvater und mir. Es ist nicht richtig, dass Kinder vor ihren Eltern sterben, doch danach fragt ein Herzinfarkt nicht.

Zu unserem großen Glück hatten wir dich und deine Mutter, unsere wunderbare Schwiegertochter Alice, und das gab uns Mut. Du warst der lebende Beweis, dass das Leben weitergeht. Und du warst auch der Beweis dafür, dass Neigungen häufig eine Generation überspringen. Seit du als Vierjähriger Apfelkerne in die Erde gesteckt, sie jeden Tag gegossen und die kleine Pflanze dann gehegt und gepflegt hast, wusste ich, dass uns etwas verbindet, das dein Vater nie mit uns geteilt hat: die Liebe zum Gärtnern.

Mit Freuden haben Grandpa und ich deine College-Ausbildung bezahlt, wir waren stolz, als du Headgardener in den Lost Gardens wurdest, und wir haben immer darauf gehofft, dass du unsere Gärtnerei einmal übernehmen wirst. Dieser Zeitpunkt ist nun gekommen. Es gibt niemanden, der besser dafür geeignet wäre als du.

Aber das ist nicht der Grund für meinen Brief. Ich möchte dir erzählen, wer ich wirklich bin.

Ich komme nicht aus London, wie ich dir immer erzählt habe, sondern ich wurde 1930 in Deutschland geboren. Mein Vater hieß Theodor Kirsch und besaß eine Gärtnerei. Unseren Sohn, deinen Dad, haben wir nach ihm benannt.

Ich weiß fast nichts über meine Eltern. Ich weiß nicht, wo und wann sie geboren wurden und gestorben sind, nicht, wo die Gärtnerei liegt, die mein Vater betrieb. Wahrscheinlich im Umland von Berlin, denn manchmal fuhren wir in die Stadt, und die Fahrt dauerte nicht sehr lange. Aber ob sie nun im Süden, Westen, Norden oder Osten der Stadt lag, kann ich nicht sagen.

In jedem Fall muss sie im Gebiet der späteren DDR gelegen haben. Das war lange Zeit einer der Gründe, dass ich sie verloren glaubte.

Theodor Kirsch wäre ein Urgroßvater nach deinem Geschmack gewesen, mein Junge. Niemand kannte sich mit Pflanzen so aus wie er. Er wusste, was sie wollten, er verstand ihre wortlose Sprache.

Meine Mutter hieß Leni, Leni Kirsch. Sie war Jüdin, an ihren Mädchennamen erinnere ich mich nicht. Ich habe mich manchmal gefragt, wo sich meine Eltern kennengelernt haben – wie auf viele andere Fragen zu meiner eigenen Vergangenheit habe ich auch darauf keine Antwort. Ich war zu jung, um die richtigen Fragen zu stellen, und dann war es zu spät. Wenn niemand mehr aus deiner Familie da ist, liegt ein Stück deiner Vergangenheit für immer im Dunkeln.

Unser Leben war nicht religiös geprägt. Auch für meine Mutter hat das Judentum, soweit ich mich erinnern kann, keine Rolle gespielt. Wir lebten in relativer Einsamkeit auf dem Lande, wir haben nie Sabbat oder Chanukka gefeiert, sind nie in eine Synagoge gegangen. Wir haben Weihnachten wie alle Christen um uns herum gefeiert, hatten einen Tannenbaum und haben bestimmt nicht koscher gegessen. Ich vermute, dass die Aufgabe ihrer eigenen Religion der Preis war, den meine Mutter gezahlt hat, als sie meinen Vater heiratete. Und doch gehört der jüdische Glaube zu meiner Vergangenheit und damit auch zu deiner. Ich habe mich dieser Vergangenheit nicht gestellt. Es war leichter, sie zu verdrängen. Aber ich will sichergehen, dass du es zumindest weißt.

Wie dir bekannt ist, haben die Nazis in Deutschland 1933 die Macht ergriffen. 1935 erließen sie die Rassengesetze, und als Kind einer Jüdin war ich danach in großer Gefahr.

Im November 1938, nach der Reichskristallnacht, begann man, Kinder aus jüdischen Familien ins Ausland zu schicken, um sie vor dem Zugriff der Nazis zu retten. Mehrere europäische Länder beteiligten sich daran, England nahm die meisten von uns auf. Ich war eins der Kinder, die im November 1938 weggeschickt wurden.

Erst sieben Jahre alt war ich damals, und ich verstand nichts von dem, was vor sich ging. Wortlos fuhren meine Mutter und ein Arbeiter mich an jenem Novembertag zum Bahnhof, und ich kehrte nie wieder zurück. Es war eine Zeit, in der man Kindern nichts erklärte. Und was hätten meine Eltern auch sagen sollen: Wir schicken dich weg, damit du in Sicherheit bist? Hitler will uns vernichten, weil wir Juden sind? Das hätte ich erst recht nicht verstanden.

Man sagt, Schmerz vergeht. Daran glaube ich nicht. Mein Herz fühlt sich auch heute noch an, als müsste es brechen, wenn ich daran denke, wie meine Mutter mich am Bahnhof in fremde Hände übergab. Ich weiß noch, dass sie ihren grauen Filzhut trug. Seitlich war eine Blume angebracht. Das ist meine letzte Erinnerung an sie. Ich habe sie nie wiedergesehen, nie wieder von ihr gehört. Auch über meinen Vater habe ich nichts mehr erfahren. Ich durfte mich nicht mal von ihm verabschieden. Er war ein empfindsamer Mensch, und ich vermag mir nicht vorzustellen, wie es für ihn war, mich wortlos in die Fremde zu schicken.

Ich habe nie erfahren, was aus meinen Eltern geworden ist. Eine Anfrage blieb ohne Ergebnis. Ich bin fest davon überzeugt, dass weder mein Vater noch meine Mutter den Krieg überlebt haben. Sonst hätten sie so lange gesucht, bis sie mich gefunden hätten.

In der ersten Zeit in England habe ich mir vorgestellt, wie meine Eltern mich abholen würden. Ich war mir sicher, dass sie zu meinem achten Geburtstag kommen würden. Ich hatte schließlich noch nie ohne sie Geburtstag gefeiert. Zu dritt würden wir dann zurück in die Gärtnerei nach Deutschland fahren.

Ich weiß nicht mehr, ob ich an meinem neunten Geburtstag auch daran dachte. Vielleicht. Aber vermutlich nicht mehr an meinem zehnten.

Als der Krieg vorbei war, war ich vierzehn.

Wie meine Eltern wirklich gewesen waren und wie ich sie mir vorstellte, ging im Laufe der Jahre ineinander über. Schließlich war ich mir nicht mehr sicher, was wahr und was erträumt war. Zurück blieb nur das Gefühl, dass sie mich weggeschickt hatten, weil ich irgendetwas falsch gemacht hatte. Es musste eine Erklärung geben. Etwas, das den Schluss zuließ, dass man mich nicht mehr liebte. Das ist das traurige Erbe, das uns Kindern, die man wortlos in den Zug gesetzt hat, geblieben ist. Die ewige Unsicherheit, ob man es überhaupt wert ist, geliebt zu werden. Das Trauma der Verlassenen.

Trotzdem habe ich Glück gehabt, denn ich habe überlebt. Im Gegensatz zu den Kindern, die man nach Frankreich und Holland geschickt hatte, hatten die Nazis keinen Zugriff auf jüdische Kinder, die nach England gebracht worden waren. Und die Cunninghams waren die liebevollste Pflegefamilie, die man sich vorstellen kann. Dass sie mich adoptierten, als nach dem Krieg kein Zeichen von meinen Eltern kam, war das Beste, was mir passieren konnte.

Als ich 1953 deinen Großvater traf, rückte die Vergangenheit endgültig fort von mir. Ich wollte nicht mehr zurück-, sondern nur noch nach vorn schauen. Ich war keine Kirsch mehr, sondern eine Cunningham, die später eine Tremayne wurde.

An dem Tag, als meine Mutter mich zum Bahnhof brachte, hatte mein Vater mir eine Rose gegeben, die ich selbst pflanzen durfte. Ich fragte mich später immer wieder, was meine Mutter und er wohl gedacht haben, als sie diese Rose wachsen sahen. Wenn sie es überhaupt erlebt haben. Bei jeder Rose, die ich später gesetzt habe – und es müssen im Laufe meines Lebens Tausende gewesen sein –, habe ich an diese eine Rose gedacht, die ich im November 1938 in der Gärtnerei meiner Eltern gepflanzt habe.

Warum ich dir das schreibe, lieber Liam? Du sollst von deinen Ursprüngen erfahren, sonst ist das Wissen für immer verloren.

Vielleicht willst du dich mit unserer verlorenen Religion auseinandersetzen. Vielleicht willst du auch die Gärtnerei suchen, in der die Wurzeln meiner und deiner Leidenschaft liegen. Viel weiß ich nicht mehr über den Ort meiner Kindheit: Es gab ein Haus, eine Terrasse, zwei Gewächshäuser, einen Schornstein, viele Beete, eine Hecke, dahinter Felder.

Falls du die Gärtnerei tatsächlich findest, schau nach der Rose. Wer weiß, vielleicht gibt es sie noch. Rosen werden alt. Sie sollte weiß blühen, das hat mein Vater mir damals gesagt. Und wenn du sie findest, ganz hinten auf dem Grundstück, vor der Hecke zu den Feldern, halt die Augen offen nach meinem kleinen goldenen Davidstern. Er war mein Glücksstern, eine Erinnerung an meine Großmama Ava. An jenem Morgen, beim Pflanzen der Rose, habe ich ihn verloren. Wahrscheinlich wusste er, was kommt, und wollte seine Heimaterde nicht verlassen. Er gehört wie alles, das ich besitze, dir.

Your loving Grandma
Lilianne Tremayne

19. Kapitel

Liam ließ den Brief sinken und schaute in die Runde. Tränen liefen ihm übers Gesicht. Udo drückte Charlies Hand, Ellie fuhr sich über die Augen. Nora starrte Liam ungläubig an.

Stille herrschte, nur unterbrochen von Vogelgezwitscher. Erst als der krächzende Ruf eines Eichelhähers aus dem Wald zu ihnen herüberscholl, löste sich der Bann, den seine Worte auf sie gelegt hatten.

Der Einsatzleiter griff nach seinem Handy. Er entfernte sich ein paar Schritte von der Gruppe, aber sie hörten trotzdem, was er sagte.

„Hallo? Frau Tschirch? Hier gibt es Neuigkeiten die Besitzverhältnisse betreffend. Es sieht so aus, als gäbe es einen Eigentümer. Ja, er hat Dokumente. Ja, das muss noch geprüft werden. Ja, das würde ich auch vorschlagen. Nein. Wir räumen nicht. Ich rufe meine Leute zurück. Ja. Mache ich."

Er beendete das Gespräch. „Sie möchten Montag mit Ihren Unterlagen ins Büro des Katasteramtes nach Löwenberg kommen", sagte er zu Liam.

„Leute!", rief er dann ins Megafon. „Der Einsatz ist abgebrochen!"

Hinter der Hecke begann es zu rascheln, wieder vibrierte der Boden, dann liefen die Männer in Blau zurück zu ihren Autos.

Nora sagte noch immer nichts. Auch ihr waren beim Vorlesen Tränen in die Augen gestiegen. Allerdings nicht nur Tränen der Trauer über ein kleines Mädchen, das seine Familie verloren hatte und sich erst als alte Frau entschließen konnte, über diesen Verlust zu sprechen, sondern auch Tränen des Zorns. Liam hatte sie betrogen! Alles, was ihr seltsam vorgekommen war, ergab jetzt einen Sinn! Sein Interesse an Kirschs Grabstätte, an der weißen Rose … Das heimliche Buddeln auf der Suche nach dem Davidstern … Dachse – lachhaft! Nora wusste nicht, wann sie sich das letzte Mal so hintergangen gefühlt hatte. Die Gespräche mit Liam hatten ihr so viel bedeutet. Aber wahrscheinlich hatte er sie nur strategisch geführt, um herauszufinden, was sie noch über die Gärtnerei wusste! Und sie wollte sich nicht vorstellen, was ihn zu dem Gutenachtkuss bewegt hatte … Ihr wurde übel.

Sie ging zu Liam, ignorierte die Frage, die sie in seinen Augen zu erkennen glaubte. „Wie kannst du mich so in die Irre führen! Was bist du denn für ein Mensch?", zischte sie. „Es gab so viele Situationen, in denen du mir hättest sagen können, dass deine Familie etwas mit der Gärtnerei zu tun hat! Aber nein, kein Wort hast du gesagt! Im Dunkeln hast du mich gelassen!"

„Nora …", sagte er bittend.

„Du nennst meinen Namen nicht mehr! Es ist mir egal, ob dir diese

Gärtnerei gehört oder nicht. Mach, dass du wegkommst! Sonst greife ich nach dem nächstbesten Gartenwerkzeug und tue etwas, das ich später vielleicht bereuen werde!“, fauchte sie.

„Nora“, sagte Udo beschwichtigend und legte einen Arm um sie. „Gib Liam eine Chance, sich zu erklären. Hier.“ Er reichte ihr ein Taschentuch.

Da erst bemerkte Nora, dass ihr die Tränen übers Gesicht liefen. „Haltet ihr jetzt auch noch zu diesem Betrüger?“, rief sie. „Ihr seid doch meine Freunde! Versteht ihr nicht, wie er uns alle ausgetrickst hat?“

„Ich gehe“, verkündete Liam. „Ich will nicht, dass ihr euch meinetwegen streitet.“ Er ließ Nora nicht aus den Augen, sah sie auch noch an, als er seinen Rucksack schulterte. „*Thank you for all you have done* – danke für alles. Ich wollte euch nicht hintergehen. Ich wollte mir nur ein Bild machen, ob das wirklich die Gärtnerei ist, in der meine Großmutter die ersten sieben Jahre ihres Lebens verbracht hat. Und dann habe ich viel mehr gefunden, als ich gehofft hatte.“ Damit verließ er das Grundstück. Einige Schmetterlinge flatterten hinter ihm her.

Alle schwiegen und sahen Nora an.

„Was ist?“, fragte sie erbost. „Zuerst wart ihr es doch, die ihn für einen Spion gehalten habt! Freut euch, dass ihr recht hattet!“

Udo sah sie skeptisch an. „Nora, vielleicht ist jetzt nicht der richtige Zeitpunkt, das zu klären. Charlie, wollen wir ein Stück spazieren gehen?“

„Gern“, antwortete sie. „Ich komm mit!“, rief Fanny. Zu dritt schlenderten sie davon, und plötzlich kam Nora sich sehr verlassen vor.

In diesem Moment klingelte ihr Handy. Mit zittrigen Fingern fischte sie es aus ihrer Tasche. Margaretes Name stand auf dem Display. „Ja, Margarete, was gibt's?“, fragte sie.

Sofort kam Ellie erwartungsvoll zu ihr. Das Gespräch mit Stegemann, schoss es Nora durch den Kopf. Sie hatte es ganz vergessen!

„Stell mal laut. Was ist bei euch los?“, fragte Margarete. „Ist was passiert?“

„Wir sollten geräumt werden! Eine Hundertschaft war da! Wir waren umzingelt!“, rief Ellie. „Sie wollten das Gelände stürmen, aber stell dir vor, Liam ist der Besitzer der Gärtnerei! Sie gehörte der Familie seiner Großmutter! Er kann es wohl beweisen. Die Polizei ist wieder weg!“

„Du meine Güte!“, sagte Margarete staunend. „Warum hat er denn davon nichts gesagt? Dann wäre uns doch viel erspart geblieben!“

Nora schnaubte.

„Und was für Neuigkeiten gibt's bei dir, Margarete? Was ist mit Stegemann? Müssen wir raus?“ Ellies Stimme überschlug sich vor Aufregung.

Margarete lachte vergnügt. „Alles ist ganz anders. Der Mann, der Stegemann begleitet hat, ist ein Architekt. Das Haus soll endlich saniert werden, wir bekommen neue Heizungen und ein neues Dach, das Treppenhaus wird gestrichen! Von Verkauf ist keine Rede. Stegemann will, dass alles in einem guten Zustand ist, damit seine Kinder später keine Arbeit damit haben. Er wollte uns das so schonend wie möglich beibringen. Ich hab ihm gesagt, dass ihm das nicht gelungen ist. Er hat sich entschuldigt."

„Aber was ist denn mit diesem Wilbur?", fragte Nora. „Ich hab ihn doch im Internet gefunden. Er arbeitet für diese Investorengruppe."

„Ach, Nora ... Wilbur ist offenbar kein so seltener Name im Schwabenland", gluckste Margarete. „Das H steht nicht für Harry, sondern für Heinrich."

„O nein!", stöhnte Nora. In welche unnütze Panik hatte sie sie alle versetzt, getrieben von ihrer eigenen Angst?

In diesem Moment schrie Ellie auf.

„Was ist denn bei euch los?", fragte Margarete, die von Berlin aus natürlich nicht sehen konnte, dass ein großer schlaksiger Mann am Tor stand.

Neben dem Mann stand ein Junge. Ellie rannte auf die beiden zu.

„Ich glaube, Stefan und Magnus sind gekommen", raunte Nora ins Handy.

Nora setzte sich auf eine der Terrassenstufen. Sie fühlte sich entsetzlich.

Wenigstens Ellie, die auf der Terrasse stand und sich mit Stefan und Magnus unterhielt, klang glücklich. Nora hörte mit halbem Ohr zu. Wenn sie es richtig einschätzte, war der Grund für Stefans Rückzug sein Unmut darüber gewesen, dass Ellie sich ihrer ärmlichen Lebenssituation hingegeben hatte, obwohl er sie immer hatte unterstützen wollen, seit er sich beruflich etabliert hatte. Das hatte Ellie ihnen wohl verschwiegen. Dass sie neuerdings so kämpferisch war, sich gegen Unrecht zur Wehr setzte, hatte ihn sehr beeindruckt. Die Entfremdung zwischen Ellie und Stefan schien ein riesiges Missverständnis zu sein, das in diesem Moment ein Ende fand. Das war wunderbar für Ellie ...

In Nora dagegen herrschte nichts als Leere. Die Angst der letzten Wochen, sie würden ihr Zuhause verlieren, war unbegründet gewesen. Warum konnte sie sich darüber nicht freuen? Wohl weil die Freude, die sie an der Gärtnerei gehabt hatte, verschwunden war. Was daraus werden würde, wusste niemand. Außer Liam. Und von ihm wollte sie nichts wissen. Ihre Hoffnung, dass sie in ihm einen Mann gefunden hatte, dem sie vertrauen konnte, war verloren wie ... Klatschmohn im Winter. Kurz erblühte er blutrot im Schnee, dann war er schon erfroren. „Auf ein Neues, Nora", murmelte sie und stand auf.

In diesem Moment kam Fanny mit hängendem Kopf von ihrem Spaziergang zurück. Auch Udo und Charlie wirkten ernst.

„Was ist passiert?“, fragte Nora.

„Schau mal, Mama. Da hinten liegen ganz viele. Sie sind alle tot“, sagte Fanny mit zitternder Unterlippe.

Sie öffnete die Hände, die sie hohl aneinandergelegt hatte. Schillernde weiße Flügel flatterten zu Boden. Fanden sich zwei kleine Hälften auf ihrem kurzen Weg zum Boden, konnte man einen winzigen Moment lang einen grünen Stern erkennen.

20. Kapitel

Die Sache mit dem Engländer – so nannte Nora es einige Wochen später. Das Wort „Sache“ hatte so etwas … Neutrales. Fern aller Gefühle, die sie nur noch vergessen wollte. Fern von ihren Gesprächen über Pflanzen, Gärten und Visionen, die sie ebenfalls vergessen wollte. Mit „Sache“ konnte sie umgehen. Und wenn sie nicht seinen Namen aussprechen musste, war das umso besser. Ihre Traurigkeit wurde allerdings nicht schwächer, sondern stärker.

Nora hatte die alte Gärtnerei nicht mehr betreten. Die Freunde schienen sich anders entschieden zu haben. Gelegentlich waren sie den ganzen Tag weg, und wenn sie zurückkamen, sagten sie nicht, wo sie gewesen waren. Als ob Nora das nicht wüsste! Sie hatten schmutzige Fingernägel, fuhren sich seufzend mit der Hand übers Kreuz und gingen früh schlafen …

Die Sommerferien beginnen bald, und verreisen werden wir dieses Jahr wieder nicht, dachte Nora, während sie online Stellenanzeigen durchforstete. Mehr denn je war sie entschlossen, künftig keine Kompromisse einzugehen. Was sie in der Gärtnerei gemacht hatte, war einfach zu gut gewesen.

Inzwischen hatte sie einen Plan B. Sie wollte eine Weiterbildung zur Gärtnermeisterin besuchen. Es schien ihr der einzige Weg zu sein, beruflich wieder glücklich zu werden. Für die kommende Woche hatte sie einen Termin mit ihrer Bank verabredet. Und wenn die zusagte, würde sie die Freunde fragen, ob sie Fanny betreuen könnten. Sie würde dann nämlich auch manchmal abends oder an den Wochenenden weg sein.

Vor ein paar Wochen hätte sie gewusst, dass die Antwort der Freunde ein freudiges Ja gewesen wäre. Aber seit dem Tag, an dem Li…, der Engländer, in seinem Wagen davongebraust war, verhielten sie sich ihr gegenüber verändert. Sie verurteilten sie nicht, aber sie waren … anders als früher. Reservierter.

Nora klickte sich online von Job zu Job, und plötzlich öffnete sich ein Fenster mit einer höchst ungewöhnlichen Stellenanzeige.

Gartenvisionär/in gesucht!
Pflanzen können fühlen, Blumen haben eine Seele. Wir hinterlassen in jeder Pflanze, die wir pflegen, einen Teil unseres Selbst. Vielleicht ist das, was wir einen „grünen Daumen" nennen, die Fähigkeit, die Sprache und die Gefühle von Pflanzen zu verstehen.

Wenn Ihnen diese Sätze etwas bedeuten, lesen Sie weiter.

Wir suchen eine/n erfahrene/n Gärtner/in für ein neues Projekt in der Mark Brandenburg: Eine alte Gärtnerei soll wieder zum Leben erweckt werden. Die enge Zusammenarbeit mit dem englischen Besitzer ist ebenso erwünscht wie ein kreatives Konzept. Häufige Reisen zur Stammgärtnerei nach England sind unerlässlich, Interesse an englischer Gartenkunst wird vorausgesetzt. Sackville-West, Lutyens und Jekyll sollten für den Bewerber/die Bewerberin keine Unbekannten sein. Ein Geschäftswagen wird gestellt. Alleinerziehende Mütter werden bei gleicher Eignung bevorzugt berücksichtigt.

Zuschriften an info@allscents-tremayne.uk.co

Nora klickte die Anzeige weg und tat so, als hätte sie sie nie gesehen. Aber sie konnte nicht ignorieren, dass ihr Herz wie verrückt klopfte.

WANN IMMER NORA in der kommenden Woche die Seite des Stellenanzeigen-Portals öffnete, poppte die Anzeige sofort wieder auf. Und auch in anderen Jobbörsen entdeckte sie sie. Es war so unfair. Li…, der Engländer, hatte genau gewusst, was er tat, als er die Stellenanzeige geschaltet hatte. Sie beinhaltete nichts weniger als die Essenz ihrer eigenen Gartenleidenschaft. Sogar ihre Definition eines grünen Daumens hatte er wiedergegeben …

Was sollte sie tun?

Nora fasste sich ein Herz, druckte die Anzeige aus und lud die Freunde am Abend zu sich auf ein Glas Wein ein.

„Überleg es dir doch!", bat Margarete. „Ich meine, er muss doch sehr viel von dir als Gärtnerin halten, wenn er so etwas macht. Was er da anbietet, klingt perfekt! Oder hast du Angst, dass du das nicht schaffst?"

„Davor hat Nora keine Angst", warf Udo ein. „Sie hat Angst vor einer Enttäuschung. Sie traut ihren Gefühlen nicht."

„Wieso das denn? Liam war doch ganz reizend." Ellie sah ihn fragend an.

„Das meine ich. Er war *zu* reizend", erklärte Udo. „Davor hat sie Angst. Das Glück zu riskieren, für das es keine Garantien gibt."

„Hört auf, über mich zu reden, als wäre ich nicht da!", protestierte Nora heftig. „Ich habe keine Angst vor meinen Gefühlen!"

„Nora", sagte Margarete versöhnlich, „lies noch einmal die Stellenanzeige. Bitte. Lies sie. Und dann sag uns, ob du dich wirklich von deinem Traum verabschieden kannst."

Nora musste sie nicht noch mal lesen. Sie kannte sie auswendig. Schließlich waren es ihre eigenen Worte. Die Anzeige war perfekt. „Findet ihr denn, dass Liam sich richtig verhalten hat? Dass man jemandem trauen kann, der einem so viel verschweigt?“ Da! Sie hatte das „L“-Wort ausgesprochen!

„Ich würde ihn erst mal fragen, warum er es dir verschwiegen hat. Das hast du nämlich noch nicht gemacht. Du hast bis jetzt nur angenommen, vermutet und beschuldigt“, bemerkte Udo, und die anderen nickten.

In diesem Moment klingelte es an der Tür. Und nicht nur bei Nora. Jemand schien mit der Handfläche auf sämtliche Klingeln gleichzeitig zu drücken. Sie hörten es durchs ganze Haus schrillen.

Nora stand auf und drückte den Türöffner. Die defekte Gegensprechanlage funktionierte noch nicht, sie war Teil der Sanierung. In einer Woche ging es los. Bis dahin war es immer eine Überraschung, wer die Treppe heraufkam.

Sie schaute nach unten. Jemand nahm sportlich die Treppenstufen nach oben. Sie hörte Schritte, sah eine Hand über das Geländer gleiten, sah dunkles Haar – und fuhr erschrocken zurück. Es war Liam! Was wollte er hier?

Nora überlegte fieberhaft, was sie tun sollte, aber noch bevor sie irgendeine Idee hatte, stand er schon vor ihr. „Liam …“ Warum fehlten ihr nur plötzlich die Worte? Warum klopfte ihr Herz so heftig, als wollte es ihr aus der Brust springen?

„Wie lange muss ich denn noch warten, bis du dich endlich bewirbst, Nora?“, fragte Liam sanft.

„Bis ich eine vernünftige Erklärung habe! Oder besser noch … eine Entschuldigung! Warum hast du mir verschwiegen, wer du bist, Liam?“

„Wollt ihr nicht erst mal reinkommen und drinnen vernünftig miteinander streiten?“, fragte Udo, der auf einmal hinter ihnen stand. Er lächelte, und plötzlich war Nora überzeugt, dass er von Liams Kommen gewusst hatte. Margarete dagegen sah verblüfft aus, und Ellie verschluckte sich an ihrem Rotwein, als sie zu dritt das Wohnzimmer betraten.

„Margarete, Ellie, wir gehen jetzt besser“, sagte Udo.

Obwohl Margarete und Ellie aussahen, als wenn sie liebend gern geblieben wären, erhoben sie sich. Kurz darauf fiel die Haustür hinter ihnen ins Schloss.

„Was machst du in Berlin, Liam?“ Nora trat ans Fenster und wandte ihm den Rücken zu. Alles war besser, als Liam anzuschauen.

„Ich musste etwas wegen der Gärtnerei klären. Und ich habe einen Termin im Centrum Judaicum.“

„Du willst wissen, was mit Liliannes Mutter passiert ist?“

„Ja. Mit meiner Urgroßmutter. Aber es ist kompliziert, weil ich ihren Mädchennamen nicht kenne.“

„Es beschäftigt dich.“ Sie drehte sich um, sah Liam an.

„Natürlich beschäftigt es mich, Nora! Der Brief meiner Großmutter hat mehr Fragen aufgeworfen, als er beantwortet hat. Alles, was vorher für mich selbstverständlich war, ist es nicht mehr. Ich glaube nicht, dass Lilianne das wollte, aber ihre Entwurzlung ist auch meine. Ihre Vergangenheit hat mich verändert. Ich musste über so vieles nachdenken.“

„Auch über deine Religion?“

„Ich habe mich immer als Atheist gesehen. Aber ich möchte mehr über die Religion meiner Vorfahren wissen.“

„Und warum hast du mir nichts von dem Brief gesagt, Liam?“ Das war es, das Herz ihrer Fragen.

„Ich hab mich nicht getraut. Ich hatte vor mir selbst Angst. Ich wollte nur mal rasch nach Deutschland kommen, schauen, ob es wirklich die Gärtnerei meiner Urgroßeltern war. Ich hatte nicht damit gerechnet, dass ich jemanden finden würde, der das Recht hat, von meiner Vergangenheit zu erfahren.“

„Habe ich das? Das Recht?“

Er trat auf sie zu. „Vom ersten Moment an war ich beeindruckt von dir als Gärtnerin. Von dir als Frau, die meine Leidenschaft teilt. Das musst du doch gespürt haben!“ Er ergriff Noras Hand.

Nora überlegte, ob sie sie ihm entziehen sollte. Aber es fühlte sich zu gut an.

„Entschuldigung“, sagte Liam. „Ich hätte es dir früher sagen sollen.“

Es war an der Zeit, das Leben zu ändern, dachte Nora. Sich für ihre größte Leidenschaft zu entscheiden. Und endlich zuzugreifen, wenn das Glück zur richtigen Zeit am richtigen Ort vorbeischlenderte. „Weißt du, was für eine Vision ich für die alte Gärtnerei hatte, als ich deine Anzeige las?“, fragte sie. „Ich habe sofort eine Gärtnerei gesehen, die nur Silberblättriges und Weißblühendes hat.“ Sie ließ seine Hand vorsichtig los.

„Weiß …“, sagte Liam. „Oh, was für eine schöne Idee! Weiß wie der Garten in Sissinghurst. Zebragras. Weißer Phlox. Weißer Rittersporn. Weißrandfunkien. Weiße Astern, weiße Lilien, weiß blühende Kräuter. Maiglöckchen. Silberne Blätter. Weiße Hortensien. Es gibt sogar weißen Mohn, Nora!“

Sie nickte. Sie sah es bereits vor sich, aber das war ja schließlich auch ihre Aufgabe als Gartenvisionärin. „Und weiß wie Liliannes Rose, die sie zurücklassen musste. Dafür soll sie nun einen ganzen Garten bekommen“, fügte sie hinzu und machte endlich den kleinen Schritt, der den großen Unterschied ausmachte. Direkt in Liams Umarmung hinein.

21. Kapitel

Wir bringen euch was aus England mit", versprach Nora und umarmte die Freundinnen.

„Hoffentlich viel Saatgut aus Liams Gärtnerei. Und ein paar Stauden dürfen es auch sein. Obwohl er uns sicher welche schickt, wenn es im Herbst ans Pflanzen geht. Damit wir seine Zweigstelle bewirtschaften. *Zweigstelle*, lustiger Name." Ellie lachte. „Ach, was rede ich! Er wird selbst kommen!"

„Es gibt sogar panaschierten Giersch, wusstest du das?" Margarete hatte sich, seit von der Weißen Gärtnerei die Rede war, über weiß blühende Stauden schlaugemacht. Aus der pingeligen Vorgartengärtnerin war eine generöse Staudenliebhaberin geworden. Es war erstaunlich. Sie plante, mit Stegemann bei einem seiner nächsten Besuche – seit Beginn der Bauarbeiten in ihrem Haus war er schon zweimal da gewesen – die Freundschaftsinsel in Potsdam zu besuchen.

„Bring Toffee mit", schnurrte Ellie bei dem Gedanken an die weiche Süßigkeit. „Und eine Teetasse mit einem Bild von Princess Charlotte!"

„Alles, was du willst", versprach Nora und umarmte sie.

Auch Fanny umarmte ihre beiden Ersatzomis, dann stiegen sie in den Wagen. Udo und Charlie würden sie an der S-Bahn absetzen.

„Warum weinst du denn, Ellie?", fragte Margarete, als sie ins Haus zurückkehrten. „Ist doch schön für unsere beiden Mädels. Sie kommen in drei Wochen zurück."

„Das ist es ja." Ellie wischte sich über die Augen. „Es ist so, so schön. Ich heul nur vor Glück. Ich gönne es ihnen von Herzen. Und Liam und Nora passen wunderbar zusammen! So einen Mann hätte ich auch gern gehabt."

„Ist doch noch nicht zu spät. Schau dir Udo an."

Bei Udo und Charlie war zum ersten Mal das Wort „Hochzeit" gefallen, wie er ihnen mit glühenden Ohren bei einem Wein erzählt hatte. Er sei noch nicht so weit, brauche Zeit, hatte er im gleichen Atemzug gestanden, was Margarete burschikos mit „Na ja, so viel Zeit hast du ja nun auch nicht mehr" quittiert hatte.

„Hab ich dir gesagt, dass ich übermorgen bei Stefan und Katja zum Essen eingeladen bin?", fragte Ellie plötzlich ganz verlegen. „Nach all der Zeit haben wir uns endlich ausgesprochen … Ich kann es noch gar nicht fassen."

„Na siehst du", sagte Margarete, und untergehakt gingen sie ins Haus, unter dem Gerüst hindurch, das das Haus umgab.

„TSCHÜS, CHARLIE. Tschüs, Udo. Sagt den Störchen, sie sollen noch nicht in den Süden fliegen!"

„Das werden sie schon nicht. Ihr kommt doch Ende August zurück", beruhigte Udo Fanny durch das geöffnete Autofenster. Dann gab er Gas.

„Komm, wir müssen los", sagte Nora, als der Wagen verschwunden war.

Sie gingen zur Rolltreppe und standen schließlich auf dem Bahnsteig. Nora wollte weiter vorlaufen, um einen Waggon im Mittelteil zu erwischen, da blieb Fanny plötzlich wie angewurzelt stehen. Sie sah Nora an, und blankes Entsetzen stand in ihren Augen geschrieben.

„Mama, wir fahren aber wirklich zusammen, oder? Nicht dass es so ist wie bei Leims Oma. Als sie klein war und ganz allein nach England musste? Ihre Mama hat sie zum Bahnhof gebracht und in den Zug gesetzt. Sie hat nur so getan, als ob sie zusammen fahren würden. Und dann haben sie sich nie wiedergesehen. Nie, nie wieder. Das hat Leim doch vorgelesen."

Nora erschrak. „Aber Fanny! Um nichts in der Welt würde ich dich allein fortschicken! Natürlich fahren wir zusammen! Das war eine schlimme Zeit damals, und wenn du älter bist, erzähl ich dir mehr darüber. Wir besuchen Liam, wie versprochen. Jetzt nehmen wir die S-Bahn, dann steigen wir in das Flugzeug nach London. Dort wartet Liam auf uns." Nora sah erleichtert, dass Fanny heftig nickte. „Wir machen bei ihm Urlaub. Sein Haus steht auf dem Gelände seiner Gärtnerei. Sie heißt *Allscents* – ‚alle Düfte' bedeutet das übersetzt. Wir haben viel vor. Wir wollen Liliannes Grab besuchen. Wir wollen nach Sissinghurst. Das ist ein kleines Schloss mit diesem tollen weißen Garten. Daher haben wir die Idee, in unserer Gärtnerei auch ganz viele weiße Blumen zu ziehen."

„Und wegen der weißen Rose", ergänzte Fanny.

Nora nickte. „Genau. Liams Sohn wird auch da sein, weil er Schulferien hat wie du. Das hab ich dir ja schon erzählt. Da hast du jemanden zum Spielen." Abrupt stellte Nora ihren Rollkoffer ab und drückte Fanny fest an sich.

„Ollsents", murmelte Fanny gedämpft gegen Noras Sommerjacke.

„Und egal was passiert, wir beide bleiben zusammen. Uns gibt es nur im Doppelpack", fügte Nora hinzu und strich ihr über die Locken. Sie sagte Fanny nicht, dass sie und Liam erste Pläne für die Weiße Gärtnerei machen würden. Welche Stauden? Welche Gehölze? Welche Mitarbeiter? Einige Gespräche hatte Nora bereits geführt. Sie hatte Romy aufgesucht, ihr von ihrem Plan erzählt, und Romy hatte begeistert versprochen, dabei zu sein. Es fühlte sich richtig an: Magda Fritsch zu Kirschs Zeiten, ihre Enkelin Romy zu Tremaynes Zeiten. Alles begann von Neuem.

Und noch etwas sagte Nora ihrer Tochter nicht. Weil es dafür noch zu früh war. Weil sie vorsichtig war. Weil sie und Fanny noch nie mit einem Mann zusammengelebt hatten. Aber es fühlte sich so richtig mit Liam an, dass die Zusammenarbeit in der Weißen Gärtnerei nur ein Teil ihrer Verbindung sein würde. Da war mehr, so viel mehr. Er war ihr Seelenverwandter. Die Voraussetzungen stimmten, und damit meinte sie nicht die Bodenbeschaffenheit für Rosen. Obwohl …

Die S-Bahn fuhr ein.

Nora nahm Fanny an die Hand. Den großen Rollkoffer griff sie mit der anderen Hand. Er war schwer. Gummistiefel und Regenjacken hatten sie eingepackt – sie fuhren schließlich nach England. Sogar Fannys Spaten fuhr mit. Stiel und Spatenblatt hatte Udo wieder auseinandermontiert, nachdem Fanny erklärt hatte, dass sie ihn unbedingt mitnehmen wollte. Schließlich hatte er Lilianne gehört, da war es ein bisschen, als ob der Spaten seine ehemalige Besitzerin besuchte.

Geduldig warteten Mutter und Tochter, bis die Leute ausgestiegen waren. Dann betraten sie den Waggon und setzten sich. Hinter ihnen schlossen sich die Türen. Fanny kuschelte sich auf Noras Schoß. Nora drückte ihre kleine Tochter an sich.

Die Bahn fuhr los.

Und irgendwo lächelten ein paar Schmetterlinge.

„Auch in New York habe ich gegärtnert, gerade, als ich von dort wegzog, trugen die Kiwis das erste Mal."

Tania Krätschmar

Tania Krätschmar, die 1960 in Berlin zur Welt kam, hat ein ausgeprägtes Faible für Natur und Botanik. Bereits in ihrem Romandebüt *Die Wassergärtnerin* (2008) spielt dieses Thema eine zentrale Rolle; ihr Buch *Der immerblühende Garten* (2012) hilft mit Ratschlägen, Fotos und literarischen Texten, die Jahreszeiten zum „himmelblauen Frühling", „feuerroten Sommer", „goldgelben Herbst" und „blütenweißen Winter" erblühen zu lassen. Auch ihrem Roman *Nora und die Novemberrosen* spürt man diese Leidenschaft auf jeder Seite an. „Man sagt, Neigungen überspringen oft eine Generation", erzählt die Autorin. „Sowohl mein Großvater mütterlicherseits als auch meine Großmutter väterlicherseits hatten den ‚grünen Daumen'. Meine Eltern hatten nicht mal einen Balkon. Als ich angefangen habe zu studieren, wohnte ich in einer alten Villa in Berlin, da ging es richtig mit mir durch. Seit dieser Zeit hatte ich immer Zugang zu Erde, Schaufel und Schubkarre. Seit letztem Jahr habe ich sogar mit meinem Sohn zusammen einen Schrebergarten."

Nach einigen Jahren in den USA und den Niederlanden lebt Tania Krätschmar seit 1988 wieder in Berlin, „mit größeren und kleineren Aufenthalten in Hamburg und im Berliner Umland". Hier spielen auch ihre Romane. Die Idee zu *Nora und die Novemberrosen* kam ihr beim Besuch von Freunden an der Müritz: „In ihrer Datscha lag auf dem Fensterbrett ein kleiner goldener Davidstern. Sie hatten ihn beim Umgraben eines Beetes entdeckt und herausgefunden, dass auf diesem Land früher eine jüdische Familie eine Gärtnerei betrieben hatte …"

MEINE SEELE SO KALT
Originalausgabe: *I Let You Go*
erschienen in Großbritannien bei Sphere, an imprint of Little, Brown Book Group

LUTHER

WATCH ME – ICH WERDE ES WIEDER TUN
Originalausgabe: *Watch Me*
erschienen bei Faber & Faber Ltd., London

NORA UND DIE NOVEMBERROSEN

Übersetzer
Meine Seele so kalt: Rainer Schumacher
Watch Me – Ich werde es wieder tun: Wolfram Ströle

Illustrationen und Fotos
Meine Seele so kalt
Einband, S. 4 (oben), S. 6/7: Getty Images/Mihaela Muntean; S. 8: iStockphoto.com/tuaindeed (Strand, Meer), iStockphoto.com/Oktay Ortakcioglu (Buchstaben im Sand)
Luther
Einband, S. 4 (unten), S. 148/149: Getty Images/aluxum; S. 150: iStockphoto.com/Estherrr
Watch Me – Ich werde es wieder tun
Einband, S. 5 (oben), S. 328/329: Getty Images/Anthony Bradshaw; S. 330: Carsten Blind
Nora und die Novemberrosen
Einband, S. 5 (unten), S. 468/469: Getty Images/Frank Möller/EyeEm; S. 470: iStockphoto.com/DYN59

Autorenfotos
Clare Mackintosh (Einband, S. 147): Smartphotography.co.uk
Guido Dieckmann (Einband, S. 327): privat, Guido Dieckmann
James Carol (Einband, S. 467): Faber
Tania Krätschmar (Einband, S. 607): Hoffotografen

Die ungekürzten Ausgaben von „Meine Seele so kalt“, „Luther“, „Watch Me – Ich werde es wieder tun“ und „Nora und die Novemberrosen“ sind im Buchhandel erhältlich.